D1722360

ANGLISTISCHE FORSCHUNGEN
Band 447

Begründet von
Johannes Hoops

Herausgegeben von
Rüdiger Ahrens
Heinz Antor
Klaus Stierstorfer

ALEIDA ASSMANN

This
Blessed Plot

Studien zur englischen Literatur-
und Kulturgeschichte

Herausgegeben von
INES DETMERS
MICHAEL C. FRANK
ANA SOBRAL

Universitätsverlag
WINTER
Heidelberg

Bibliografische Information der Deutschen Nationalbibliothek

Die Deutsche Nationalbibliothek verzeichnet diese Publikation
in der Deutschen Nationalbibliografie;
detaillierte bibliografische Daten sind im Internet
über *http://dnb.d-nb.de* abrufbar.

Die Vorlage wurde erstellt von Michael C. Frank
mit Unterstützung von Eva Mendez (Konstanz)
und Kristina Mundt (Düsseldorf)

ISBN 978-3-8253-6391-8

© 2016 Universitätsverlag Winter GmbH Heidelberg
Imprimé en Allemagne · Printed in Germany
Druck: Memminger MedienCentrum, 87700 Memmingen

Gedruckt auf umweltfreundlichem, chlorfrei gebleichtem
und alterungsbeständigem Papier.

Den Verlag erreichen Sie im Internet unter:
www.winter-verlag.de

Inhalt

Vorwort der HerausgeberInnen

Das vorliegende Buch vereint erstmals die wichtigsten deutschsprachigen Aufsätze Aleida Assmanns aus dem Bereich der Anglistik. Eine solche Anthologie ist seit langem überfällig. Denn zum einen hat Aleida Assmann in ihrer Karriere das seltene Kunststück vollbracht, neben ihren (vor allem in jüngerer Zeit) zahlreichen Monographien noch weitaus zahlreichere Beiträge zu Sammelbänden und Zeitschriften zu verfassen, wobei sie oftmals ganz eigene Gegenstände erschloss. Anstatt im vertrauten Terrain ihres jeweils aktuellen Großprojekts zu verweilen, nutzte sie die kleinen Schriften dazu, eine Vielzahl anderer Interessen zu verfolgen. Leider widerfuhr manchen dieser Essays das Schicksal, das allen derartigen Veröffentlichungen droht: In der Flut von wissenschaftlichen Neuerscheinungen sind Aufsatzsammlungen stets in Gefahr, unterzugehen. Und so enthält *This blessed plot* zwar einige Texte, die viel zitiert wurden – gewissermaßen die ‚Hits' auf dieser ‚Best of'-Zusammenstellung –, daneben aber auch diverse Aufsätze, die aufgrund ihres Publikationsorts (oder vielmehr ihrer Publikationsart) etwas ins Abseits geraten sind, obgleich sie einen ebenso wichtigen Forschungsbeitrag leisten. Sie verdienen eine größere Aufmerksamkeit.

Zum anderen entstammen die hier versammelten anglistischen Studien in der Mehrzahl interdisziplinären Publikationen. Das hat dazu geführt, dass sie zum Teil ausgerechnet Aleida Assmanns unmittelbaren FachkollegInnen unbekannt blieben, wohingegen sie in fachfremden Kontexten durchaus wahrgenommen wurden. Diese Rezeptionsgeschichte liegt auch in Aleida Assmanns Ausnahme-Status als Anglistin begründet, die einer breiten und zunehmend internationalen Leserschaft primär als eine Kulturwissenschaftlerin bekannt ist, deren Name eng mit der Erforschung des kulturellen Gedächtnisses in Verbindung steht. Seit der Veröffentlichung ihrer *Erinnerungsräume* im Jahre 1999 ist Aleida Assmann am häufigsten und am weitesten sichtbar als eine Koryphäe im Gebiet der deutschen und europäischen Erinnerungsdebatten in Erscheinung getreten. Das bezeugen neben einem (abgelehnten) Ruf auf eine germanistische Professur in Yale zahlreiche bedeutende Ehrungen und Auszeichnungen, darunter 2014 der Heineken-Preis für Geschichte, verliehen von der Königlich-Niederländischen-Akademie der Wissenschaften. Außer mit Germanistik und Geschichtswissenschaft berühren sich Aleida Assmanns Arbeiten mit Medienwissenschaft, Soziologie, Psychologie sowie sämtlichen anderen Disziplinen, die an der Gedächtnisforschung teilhaben oder verwandte kulturwissenschaftliche Fragestellungen und Methoden verfolgen.

Angesichts dieser fächerübergreifenden und weit über den universitären Kontext hinausgehenden Wirkung ihrer Arbeiten kann man leicht übersehen, dass Aleida Assmann ihre gesamte akademische Laufbahn hindurch eine passionierte Anglistin geblieben ist, die die englische Literatur und Kultur nicht nur in der Lehre kontinuierlich und intensiv bearbeitet, sondern auch in ihrer Forschung nie aus den Augen verloren hat. Diese Anthologie soll dazu beitragen, Aleida Assmann auch jenseits ihrer

8

beiden Qualifikationsschriften als Anglistin (wieder) zu entdecken.[1] Denn der Anglistik ist hier wirklich etwas entgangen.

Doch das vorliegende Buch richtet sich keineswegs nur an LeserInnen mit einem spezifischen Interesse an den Arbeiten Aleida Assmanns. Es bietet zugleich einen ebenso faszinierenden wie facettenreichen Parcours durch die englische Literaturgeschichte und ist deshalb von allgemeinerer fachlicher Relevanz. In ihren kulturhistorisch orientierten Lektüren ruft Aleida Assmann immer wieder Vergessenes in Erinnerung und lässt vermeintlich Vertrautes in neuem Licht erscheinen, indem sie es in überraschenden Konstellationen und unter originellen Gesichtspunkten betrachtet. Dementsprechend richtet sich *This blessed plot* an eine breite, anglistisch interessierte Leserschaft – und ganz ausdrücklich auch an Studierende. Wer die hier versammelten Beiträge liest, dem wird unmittelbar einleuchten, warum Aleida Assmann im Jahr 2011 den Ernst-Robert-Curtius-Preis für Essayistik überreicht bekam, der zusätzlich zu den wissenschaftlichen Errungenschaften des jeweils geehrten Lebenswerks ausdrücklich auch dessen sprachliche Vorzüge honoriert. Innerhalb von vier Jahrzehnten hat Aleida Assmann einen eigenen Stil perfektioniert, der sich nie bei modischen Jargons angebiedert hat, sondern konsequent auf Prägnanz und Luzidität setzte. Diese Vorzüge sind sicherlich ein wichtiger Faktor ihres Erfolges – und erklären auch die große Beliebtheit ihrer *Einführung in die Kulturwissenschaft* bei Studierenden.[2] *This blessed plot* stellt gleichsam das literatur- und kulturgeschichtliche Pendant zu diesem (ebenfalls mit anglistischen Beispielen arbeitenden) theoretischen Einführungsbuch dar.

Die hier präsentierten Studien sind in einem Zeitraum entstanden, der von der Mitte der 1970er-Jahre bis in die jüngere Gegenwart reicht. Wir haben die Kapitel bewusst nicht in der Reihenfolge ihres Erscheinens angeordnet, sondern nach der Chronologie der in ihnen behandelten Gegenstände. Auf diese Weise ergibt sich ein durchgängiges Narrativ – mit oftmals überraschend flüssigen Übergängen –, das fast wie eine Monographie gelesen werden kann. Es bietet einen Überblick über Schlüsselepochen und -texte der englischen Literatur. Die drei Abschnitte des Buches widmen sich schwerpunktmäßig jeweils der Frühen Neuzeit (Teil I), der Aufklärung und Romantik (Teil II) sowie der Klassischen Moderne (Teil III). Diese chronologische Anordnung soll einerseits die Orientierung im weiten Feld der englischen Literaturgeschichte erleichtern; andererseits gestattet sie es, Epochen-spezifische Akzente zu setzen, ohne dabei übergreifende thematische wie formalästhetische Traditionslinien preiszugeben.

Mit neun Beiträgen ist der erste Teil zugleich der umfangreichste. Die Untersuchungen laufen thematisch auf den zentralen Aspekt der Nationenbildung zu, der aus den

---

[1] Aleida Assmanns Dissertationsschrift widmete sich dem Fiktionsbegriff in der englischen Literatur der frühen Neuzeit; vgl. Aleida Assmann: *Die Legitimität der Fiktion. Ein Beitrag zur Geschichte der literarischen Kommunikation*, München 1980. Die Publikationsfassung ihrer Habilitationsschrift kombinierte eine theoretische Reflexion des kulturellen Gedächtnisses u.a. mit anglistischen Fallstudien (etwa zu den Historien William Shakespeares); Aleida Assmann: *Erinnerungsräume. Formen und Wandlungen des kulturellen Gedächtnisses*, München 1999 (5., durchges. Aufl. 2011).

[2] Aleida Assmann: *Einführung in die Kulturwissenschaft. Grundbegriffe, Themen, Fragestellungen*, Berlin 2006 (3., neu bearb. Aufl. 2011).

Blickwinkeln so unterschiedlicher Autoren wie Geoffrey Chaucer, Boethius, William Shakespeare, Edmund Spenser, Sir Philipp Sidney und nicht zuletzt John Milton beleuchtet wird. Diese Dichter und ihre heterogenen Werke decken zugleich eines der wichtigsten Interessengebiete ab, das Aleida Assmann seit Beginn ihres Studiums der englischen Literaturwissenschaft 1966 in Heidelberg und dann im Verlauf ihres akademischen Wirkens an den Universitäten Mannheim und Konstanz kontinuierlich beschäftigt hat: die Frage nach dem Beitrag der Dichtung zur nationalen Traditionsbildung und Identitätsfindung.

Am Anfang steht mit *„This blessed plot, this earth, this realm, this England"* ein Beitrag, der gleich in mehrfacher Hinsicht programmatisch ist. Dem berühmten Shakespeare-Stück *Richard II* entlehnt, verdankt sich der Obertitel der vorliegenden Sammlung dieser suggestiven Referenz. Sie markiert den historischen Punkt, an dem die Untersuchungen einsetzen, und verweist ferner auf das 16. Jahrhundert als Initialmoment eines aufkommenden und wachsenden Nationalbewusstseins. Im Anschluss daran schlägt *Let it be* analytisch einen Bogen von Chaucer zu Shakespeare und spielt den facettenreichen Prozess der (nationalen) Traditionsbildung mit Blick auf die Umbrüche der Frühen Neuzeit durch. Während die folgenden Untersuchungen zu Spenser und Sidney ihr Augenmerk auf Formen und Funktionen literarischer Traditionsbildung im engeren Sinne richten, sucht die Studie *Erinnerung und Erwählung* über Shakespeares Historiendrama *Henry V* und Miltons Abhandlung zur Glaubens- und Pressefreiheit *Areopagitica* die Vorgeschichte des „Erfolgsmodells" der modernen Nation auf, das erst im 19. Jahrhundert zur vollen Blüte kommen sollte. Die dort gewonnene Einsicht, dass das Zusammenwirken von kulturellem Gedächtnis und Religion für die Entwicklung eines Nationalbewusstseins konstitutiv ist, entfalten die abschließenden vier Beiträge in Richtung der Grundlegung und Ausbildung eines „modernen Zeitregimes" im Spannungsfeld von Eigenem und Fremdem. So werden in *Geister, Gespenster, Dämonen* übernatürliche Erscheinungen als literarische Figurationen eines unterdrückten kollektiven Wissens diskutiert, das den Übergang der englischen Gesellschaft vom paganen Polytheismus zum christlichen Monotheismus veranschaulicht. Dieser Wandel prägt auch die Überlegungen zur ‚fremden Moderne' in *Späthumanismus im Zeitalter der Konfessionalisierung* sowie den Beitrag *Die Träume von Adam und Eva*, der Miltons *Paradise Lost* einer fruchtbaren Re-Lektüre unterzieht.

Die sieben Studien des zweiten Teils wenden sich den Epochen von Aufklärung und Romantik zu. Den Einstieg bilden zwei Beiträge, die unter den Obertiteln *Festen und Fasten* und *Der Sammler als Pedant* in literarischen Texten Kulturtechniken auf- und nachspüren, welche im Verlauf des 17. und 18. Jahrhunderts einem tiefgreifenden Wandel unterworfen waren. Die folgende Untersuchung *„Opting in" und „Opting out"* widmet sich poetologischen Debatten der Zeit und präpariert im Zuschnitt auf die titelgebenden Konzepte Diskursstrategien bürgerlicher Identitätsfindung heraus, die wahlweise über eine Aneignung oder Ablehnung aristokratischer Normen- und Werterepertoires – buchstäblich – ins Werk gesetzt werden. Die drei folgenden Studien richten den Fokus auf die Romantik und erkunden mit Blick auf die Lyrik als tragende Gattung dieser wechselvollen Epoche deren besondere Beziehung zu kulturellen Praktiken der Traditionsbildung und -brechung. So nimmt der Beitrag *Wordsworth und die romantische Krise* den Vers „the Child is father of the Man" als gleichermaßen poetischen wie programmatischen Ausgangspunkt für die Entfaltung der traditionsstiftenden kulturellen

Konzepte ‚Generation‘ und ‚Genealogie‘. In *Römische Ruinen in der englischen Romantik* arbeitet Assmann in Analysen zu Percy B. Shelleys Elegie *Adonais* und Lord Byrons *Childe Harold's Pilgrimage* ein Bild von Rom heraus, das sich auf Ruinen als „Momente der Vergeblichkeit“ konzentriert und das alte Rom so als „Friedhof der Kultur“ (wieder)erstehen lässt. Ausgehend vom Begriff des *saeculum* – verstanden als semantisches Palimpsest, das unterschiedliche Bedeutungen von ‚Zeiten(w)ende‘ birgt – kreist die Studie *Weltende und Spätzeit* mit Blick auf *Urne-Burial* und *Marius the Epicurean* die Epochenschwellen zum 18. und 20. Jahrhundert im Sinne ästhetischer Orte eines je eigenen *fin de siècle* ein. Der übergreifende Zusammenhang von Zeit und Tradition, der sich als roter Faden durch sämtliche Beiträge zieht, bestimmt auch den Essay *Fluchten aus der Geschichte*, mit dem der zweite Teil schließt. In einem Längsschnitt vom 18. zum 20. Jahrhundert werden hier (kultur)poetische Formen und Funktionen einer *reinvention of tradition* anhand zentraler Texte von Jonathan Swift, Alexander Pope und T. S. Eliot diskutiert.

Letzterer Beitrag schlägt zugleich einen Bogen zum dritten Teil, in dem sich sechs Studien mit dem weiten Themenfeld ‚Zeit und Erinnerung‘ in der Epoche der Klassischen Moderne befassen. Eingeleitet wird diese Sektion von der Studie *Pan, Paganismus und Jugendstil*, die den Zeitrahmen der Moderne zur Vergangenheit hin überschreitet und damit wie ein Brennglas wirkt, das die vorherigen Diskussionen zur Frühen Neuzeit, der Aufklärung und zum *fin de siècle* konzentriert aufnimmt und daraus weitere fruchtbare Ansätze generiert. Als Beispiel wird die künstlerische und literarische Rezeption der mythologischen Figur des Pan in Werken um 1900 herangezogen, die den (abendländischen) Rationalismus als gleichermaßen philologisches wie philosophisches Dilemma veranschaulicht. Daran anschließend eruiert der Beitrag *Die Bedeutung der Zeit in der englischen Moderne* Widerstände modernistischer Autoren gegen chronometrische‚ Konzeptualisierungen von Zeit als Ausgangspunkt eines ganzen Spektrums innovativer Formen des Zeit-Erzählens. Dazu zählen Virginia Woolfs Experimente mit dem „Zersprengen von Zeit“ in *Orlando* ebenso wie Ezra Pounds imagistische Einhegung des Augenblicks in seinem Haiku *In a Station of the Metro*, James Joyces Entwicklung der Epiphanie als Modus zeitreflexiven Erzählens im *Ulysses* ebenso wie T. S. Eliots Versuche einer „Neuordnung der Zeit“ in seinem Langgedicht *Four Quartets*. Eliots Arbeiten bilden auch die zentralen Gegenstände der beiden folgenden Studien, *Das Gedächtnis der Moderne* und *Verhaltenslehre der Kälte*, die das Verhältnis von Tradition, Innovation und Gedächtnis als entscheidendes Anliegen der Moderne herausarbeiten. Während Eliots Rolle als Vorreiter der Moderne in seiner Zeit wie innerhalb der Literaturgeschichtsschreibung gefestigt ist, kann in Bezug auf Ezra Pound von einem besonderen Fall von De-Kanonisierung gesprochen werden. Wie die Kapitelüberschrift *Der Sturz vom Parnass* bereits verdeutlicht, geht es in dem betreffenden Aufsatz um die politisch motivierte Diskreditierung Pounds während der 1980er-Jahre, die zugleich, so Assmann, „die komplexe Dialektik der Moderne“ illustriert. Den Schlusspunkt dieser *tour de force* durch die politischen und ästhetischen Erinnerungslandschaften der Klassischen Moderne bildet ein Beitrag zu *Joyces Dublin*. Im Fokus steht die irische Hauptstadt als komplexer *lieu de mémoire* in der und für die einzigartige Literatur von Joyce.

In ihrer Gesamtheit veranschaulichen die Beiträge die Bedeutung von Literatur als einem unverzichtbaren Archiv, das mannigfaltige kulturwissenschaftliche Einblicke und

Erkenntnisse ermöglicht: Es gibt Auskunft über (literatur)ästhetische Trends und deren Transformationen; zugleich weist und eröffnet es Wege über Raum- und Zeitgrenzen hinweg in eine Vergangenheit, die unsere Gegenwart – wie breit, schnelllebig oder zerstreut diese auch immer sein mag – unmittelbar und aufs tiefste berührt. So gesehen speist sich der sprichwörtliche *blessed plot* des anglophonen Imaginären aus Motiven und Mythen früherer Epochen, um sich im fortdauernden Prozess des Wiederlesens und Weiterschreibens durch die kreative Arbeit an literarischen Texten zu entfalten. Möchte man abschließend Aleida Assmanns Leistungen für ein besseres und tieferes Verständnis der englischen Literatur auf einen Nenner bringen, so bietet sich folgendes Zitat an: „Dieses Inventar an Bildern und [...] Bedeutungen ist nie geschlossen. Für den auf die Welt gerichteten emblematischen Blick gibt es kein Ende der sinnhaften Anschauung."[3]

*   *   *

Es ist keine Floskel, wenn wir sagen, dass der vorliegende Band in dieser Form niemals hätte realisiert werden können, wenn wir nicht die tatkräftige Hilfe verschiedener geschätzter MitstreiterInnen erhalten hätten, die uns in jeweils unterschiedlichen Entstehungsphasen des Buches unterstützten.

An erster Stelle unserer Dankesliste steht niemand geringeres als Jan Assmann. Er brachte das gesamte Publikationsprojekt ins Rollen und hat es in seiner frühesten Phase entscheidend geprägt. Darüber hinaus stellte er den Kontakt zum Verlag her. Dies geschah im Zuge heimlicher Vorbereitungen zu Aleida Assmanns 65. Geburtstag im Frühjahr 2012. Fünf Jahre zuvor war die Festschrift *Arbeit am Gedächtnis. Für Aleida Assmann* erschienen.[4] Deren HerausgeberInnen waren sich einig, dass nun kein einfacher Fortsetzungsband nachgelegt werden sollte. Stattdessen entstand die Idee, Aleida Assmann mit einer Sammlung ihrer eigenen Aufsätze zu beschenken. Es folgten mehrere konspirative Treffen in Konstanz, an denen Jan Assmann zusammen mit Janine Firges und Michael Frank die erste (später von Aleida Assmann geringfügig revidierte) Textauswahl traf.[5] Janine Firges hat dabei die Grundlagen für alle weiteren Arbeiten gelegt, indem sie nicht nur den Inhalt des Buches mit konzipierte, sondern auch die ausgewählten Texte in digitalisierter Form zusammentrug.

Der zweite Arbeitsschritt bestand in der ausgesprochen mühsamen Übertragung der PDF-Dateien in „Word"-Dokumente, die weiterbearbeitet werden konnten. Diese Herkulesaufgabe stemmte Eva Mendez (mit Unterstützung von Janine Quinger). Eva

---

[3]   Aleida Assmann: *Im Dickicht der Zeichen*, Berlin 2015, S. 48.
[4]   Michael C. Frank und Gabriele Rippl (Hg.): *Arbeit am Gedächtnis. Für Aleida Assmann*, München 2007.
[5]   Aleida Assmanns Aufsätze (es handelt sich um mehrere hundert!) sind so zahlreich und erforschen so viele verschiedene Felder, dass bei diesen Treffen letztlich nicht nur der hier vorliegende anglistische Band konzipiert wurde, sondern auch das inzwischen bei Suhrkamp erschienene Buch *Im Dickicht der Zeichen* (Anm. 3), in welchem Aleida Assmann Aufsätze zu Semiotik, Hermeneutik und der Geschichte des Lesens in eine zusammenhängende Monographie umgearbeitet hat.

12

Mendez besorgte überdies die erste Korrektur des so entstandenen Manuskripts sowie dessen Umgestaltung nach Verlagsvorgaben, wobei sie auch unzählige bibliographische Referenzen vereinheitlichen musste (assistiert von Olga Sachartschuk, Lia Techand, Janine Quinger und Jasmin Bieber).

Letztere Aufgabe wurde in einem dritten Arbeitsschritt an der Heinrich-Heine-Universität Düsseldorf fortgeführt und abgeschlossen. In akribischer Arbeit schlossen Kristina Mundt und Denise Schlichting letzte bibliographische Lücken und brachten sich darüber hinaus als Lektorinnen ein. Zuvor hatte an der Universität Zürich Michiel van Gulpen bei der Einholung von Abbildungsrechten und digitalen Abbildungsvorlagen geholfen. Erst nach diesen wichtigen letzten Schritten konnte die Druckvorlage erstellt werden. Den Index erarbeiteten auf dieser Grundlage Kristina Mundt und Denise Schlichting.

Wir möchten allen hier genannten Personen für ihre großzügige und kompetente Mitarbeit an diesem Publikationsprojekt ganz herzlich danken; es war ein Privileg, unter so angenehmen Voraussetzungen an dem Buch arbeiten zu können.

Ein ganz besonderer Dank geht schließlich von den HerausgeberInnen persönlich an Aleida Assmann. Dieses Buch entstand zum Abschluss unserer gemeinsamen Konstanzer Zeit – ist aber zugleich ein Zeichen unserer bleibenden Verbundenheit.

Ines Detmers, Michael C. Frank und Ana Sobral

Teil I:

Frühe Neuzeit

KAPITEL 1

„This blessed plot, this earth, this realm, this England." Zur Entstehung des englischen Nationalbewusstseins in der Tudorzeit

> That State or Kingdome that is in league with all the world, and hath no forraine sword to vexe it, is not halfe so strong or confirmed to endure, as that which liues every houre in feare of inuasion.
>
> Thomas Nashe, *Pierce Penilesse* (1592)

In einem besonderen Sinne darf man von der Literatur als „Fortsetzung der Politik mit anderen Mitteln" sprechen. So sind Handlungen, die realiter mit dem Schwert ausgeführt wurden, symbolisch mit der Schreibfeder beantwortet worden. Ein Plinius-Übersetzer der Renaissance verstand sein Werk als einen verspäteten Ausgleich für die römische Invasion, und er war stolz darauf, „to triumph now over the Romans in subduing their literature under the dent of the English pen, in requitall of the conquest sometime over this Island, atchieved by the edge of their sword".[1] Die Funktionsgleichung von Schwert und Feder ist eine pointierte Art, das Verhältnis von Politik und Literatur zu bestimmen. Man mag darin wiederum eine literarische Waffe sehen dürfen und sie stillschweigend dem Inventar überzogener Topoi zurechnen, mit denen die Literaten ihre notorische Belanglosigkeit polemisch zu kaschieren pflegen. In Wahrheit erstreckt sich aber zwischen diesen Polen der Ohnmacht und der Allmacht ein weites Feld für die politische Funktion von Literatur.

In der frühen Neuzeit traute man den Dichtern eine aktive Rolle bei der Staatenbildung zu.[2] In der Tat fällt in der formativen Phase der Staats- und Nationsbildung der Literatur eine wichtige Rolle zu, die von Historikern und Sozialwissenschaftlern

---

[1] Philemon Holland: *Preface to Pliny's Natural History* [1601], in: *The English Renaissance. An Anthology of Sources and Documents*, hg. von Kate Aughterson, London 2002, S. 309-311, hier: S. 311.

[2] Thomas Lodge: *Defence of Poetry* [1579], in: *Elizabethan Critical Essays*, hg. von G. Gregory Smith, 2 Bde., London 1967, Bd. 1, S. 61-86, hier: S. 77: „Lo now you see that the framing of common welthes, and the defence therof, proceedeth from poets, how dare you therfore open your mouth against them? how can you disprayse the preseruer of a countrye?"

vielfach übersehen wird. Im Folgenden wird zu untersuchen sein, welchen Anteil die Literatur – im weitesten Sinne von Schrifttum überhaupt – an der Ausbildung der englischen Nation im 16. Jahrhundert hatte. Im ersten Teil werden einige politische und soziale Voraussetzungen der englischen Nationsbildung zur Sprache gebracht und diese, soweit dies möglich ist, im Spiegel der Literatur geschildert. Der zweite Teil ist dem Problem der Nationalkultur, und zwar in den drei Dimensionen der Sprache, der Literatur und der Geschichte, gewidmet. Am Schluss steht die Frage nach den Bedingungen für unterschiedliche Steigerungsformen von Nationalbewusstsein im Wechselverhältnis von Identität und Alterität.

Voraussetzungen der englischen Nationsbildung

Separation und Integration

Von welchem Zeitpunkt an macht es Sinn, den Namen Englands mit Begriffen wie Staat und Nation zu verbinden? Britannien war eine römische Provinz, die angelsächsische Periode war eine Extension des christlichen und feudalen Europas, und in normannischer Zeit war die Insel ein Teil des westfränkischen Reichs. Obwohl seit Chaucers Zeiten deutlich eine Entwicklung in Richtung auf eine bodenständige englische Kultur in Gang kam, blieb die englische Geschichte im Spätmittelalter noch ein integraler Bestandteil der europäisch-französischen Geschichte. Erst nach dem Hundertjährigen Krieg, in dem die Häuser von Paris und London um die westfränkische Herrschaft konkurriert hatten, endete der englische Anspruch auf den französischen Königstitel. Die englische Herrschaft konzentrierte sich von nun an auf das Inselterritorium.[3] Diese historische Zäsur ist in ihren Konsequenzen kaum zu überschätzen. Mit der *Separation*, der Entflechtung Englands aus dem genealogischen und territorialen Netz des mittelalterlichen Europas, war eine entscheidende Voraussetzung für die Entstehung autonomer Territorialstaaten geschaffen. ‚La France', das Hoheitsgebiet der Herren von Francien, und das Inselgebiet bestanden fortan nebeneinander; sie entwickelten ihre je eigene Geschichte, eigene Institutionen sowie eine eigene Sprache und Literatur.[4] Nicht überschätzt werden darf jedoch die geopolitische Lage Englands als „precious stone set in the silver sea".[5] Es wird zu zeigen sein, dass die schiere räumliche Abkoppelung noch kein hinreichender Impuls zur Nationsbildung ist. Die Nation entstand erst im Diskurs einer bewussten Distinktion, ein Vorgang, der gerade nicht *splendid isolation*, sondern

---

[3] Noch Heinrich VIII. verausgabte sich in Kriegen gegen Frankreich; Calais, die letzte Position Englands auf dem Festland, fiel im Jahre 1558.

[4] Zur Auseinander-Entwicklung von Frankreich und England und den dabei bestimmenden soziologischen Mechanismen vgl. Norbert Elias: *Über den Prozess der Zivilisation. Soziogenetische und psychogenetische Untersuchungen. Bd. 2: Wandlungen der Gesellschaft; Entwurf zu einer Theorie der Zivilisation* [1939], Frankfurt a.M. 1997, S. 188-213.

[5] William Shakespeare: *The Tragedy of King Richard the Second*, in: ders.: *The Norton Shakespeare. Based on the Oxford Edition*, hg. von Stephen Greenblatt u.a., New York/London 1997, S. 952-1014, hier: S. 967 (II.1, 46).

ein enges Polaritäts- und Konkurrenz-Verhältnis mit anderen europäischen Nationen voraussetzt.

Mit der Separation der Herrschaftsbereiche auf Insel und Festland sind also noch keineswegs automatisch ein englischer Staat und eine englische Nation geboren. Beide sind erst das Ergebnis eines nun einsetzenden mühsamen Prozesses der *Integration*. Ein erster Schritt der Integration gelang Heinrich VII., der 1485 nach dreißigjährigem Bürgerkrieg die rivalisierenden Häuser der weißen und der roten Rose in der Tudor-Rose vereinigte und nach einer friedlichen Regierungszeit von 24 Jahren die Krone seinem Sohn und legitimen Nachfolger, Heinrich VIII., übergab. Ein Staat im neuzeitlichen Sinne setzt voraus, dass ein Gebiet höherer Größenordnung unter einer Herrschaftsapparatur zusammengefasst wird. Dazu gehören das Steuer- und Gewaltmonopol sowie eine Zentralisierung der Administration. Eine besondere Funktion fiel dabei den sogenannten ‚Justices of Peace' zu, die als Vertreter der Krone in den einzelnen Bezirken einigermaßen selbstherrlich für Recht und Ordnung zu sorgen hatten. Zu den langfristigeren Faktoren der Integration gehörte vor allem aber die Großstadt London als wirtschaftliches Zentrum mit einem expandierenden Markt sowie die Verbesserung der Transport- und Kommunikationswege.

Norbert Elias hat gezeigt, dass Staatsbildung, also der Prozess der Zentralisierung, begleitet und untermauert wird von einem Prozess der Zivilisation, worunter er den „Zwang zum Selbstzwang" versteht.[6] Dem äußerlichen Integrationsprozess korrespondiert ein innerer Subordinationsprozess, ohne den kein größerer Gesellschaftsverband langfristig und stabil regierbar ist. In der Tat wird auch in England die Staatsbildung von einer reichhaltigen Erziehungsliteratur begleitet, die die neuen Standards des gesellschaftlichen Wohlverhaltens einschleifen soll.[7] Es gibt jedoch noch einen anderen, nicht weniger entscheidenden Integrationsfaktor: die Ausbildung einer nationalen Kultur. *So wesentlich die Zivilisierung für die Staatsbildung ist, so wesentlich ist die Kulturalisierung für die Nationsbildung.* Im einen Falle wird Integration durch einen allgemeinen Standard der Domestikation erreicht, im anderen Fall durch gemeinsame Partizipation an einer nationalen Identität. Im Widerspruch zu solchen Stimmen, für die die Entstehung der englischen Nation nicht weiter erklärungsbedürftig ist und die mit Selbstverständlichkeit von einer englischen Nation bereits zu Chaucers Zeit sprechen – „England was already organized as a nation and conscious of her nationhood" schreibt Trevelyan[8] –, möchte ich zeigen, dass der Gründung des englischen Staates durch die Tudor-Monarchie die Gründung einer englischen Nation folgte.

---

[6] Elias: *Über den Prozess der Zivilisation* (Anm. 4), S. 188-213.

[7] Die Erziehung setzt nicht, wie man vermuten könnte, bei den unteren Schichten, sondern ganz oben an der Spitze der Gesellschaft an. Der erste, der erzogen werden muss, ist der König. Bereits im 16. Jahrhundert können wir verfolgen, wie ein Weg von der Prinzenerziehung zur Höflingserziehung und von dort zur Erziehung des Bürgertums, also zur allmählichen Verbreiterung gewisser Verhaltensstandards führt.

[8] „In Chaucer's time the English people first clearly appear as a racial and cultural unit." Ein paar Sätze weiter liest es sich allerdings etwas vager: „It is true that there was nothing sudden in this growth of our distinctive nationhood" (George Macaulay Trevelyan: *Illustrated English Social History. Vol. 1: Chaucer's England and the Early Tudors*, London 1965, S. xv f.).

Die Staatsgründung

Es gibt ein literarisches Dokument, in dem sich das politische Geschehen der Staatsgründung spiegelt. Es stammt aus dem Jahre 1534, dem dramatischen Höhepunkt in Heinrichs VIII. Kampf um die absolute weltliche und kirchliche Macht. Es ist das Jahr, in dem der König jeden neuen Handlungsschritt durch ein neues Gesetz stützen musste. In dieser Situation gab es nur die Alternative zwischen unbedingter Gefolgstreue und Widerstand. Zum Widerstand zählte Sir Thomas Morus, der ein halbes Jahr später wegen Hochverrats hingerichtet wurde, zu den Gefolgstreuen zählte der Bischof John Bale, aus dessen Feder *King John*, das erste englische Historiendrama, stammt.

Die neue Gattung war zunächst ein Instrument offizieller, politischer Propaganda, bevor sie zwei Generationen später durch Shakespeare zur höchsten Kunstform avancierte. In ihr wurden die Denkmäler eines nationalen Geschichtsbewusstseins geschaffen. Das historische Schicksal des König Johann wurde von Bale martyrologisch umgedeutet; an Johanns Schwäche und Scheitern wurde Heinrichs Stärke und Triumph offenbar. Drei Viertel des Stücks schildern, wie der schwache König einer Verschwörung von Adel, Klerus und Zivilbeamten zum Opfer fällt. Unter der Führung von Sedition, der Personifikation für Revolte, sinnen die drei Stände auf private Bereicherung, auf Macht und Betrug. Als passiv und willenlos erscheint auf der Bühne die Gestalt Commonality, die die recht- und mittellose Einwohnerschaft Englands repräsentiert; blind und verarmt wie sie ist, kann sie dem König nicht beistehen. Im letzten Viertel schwingt das Rad herum. In dem Augenblick, wo Johann sein Leben aushaucht, tritt als Transfiguration das wiederhergestellte Königtum auf, jedoch nicht in *einer*, sondern in *zwei* Gestalten: Verity und Imperial Majesty.

Es ist signifikant, dass hier neben der absoluten Macht auch noch die Wahrheit als herrscherliches Attribut erscheint. Man versteht den politischen Gehalt des Stückes erst, wenn man sieht, dass die Wahrheit als Scharnier des Umschwungs eine Doppelrolle spielt. Sie entlarvt mit einem Streich die Verschwörung der römischen Kirche und entzieht ihr damit ihre Macht. In dieser Rolle verkörpert sie *Aufklärung* und *Befreiung*. Sie kämpft gegen Magie und Hypnose, Bilderkult und Aberglauben, sowie jegliche Form der Unmündigkeit, aus der die katholische Kirche ihre Autorität bezog:

> If superstitions and ceremonies from us fall,
> Farewell monk and canon, priest, friar, bishop and all![9]

In ihrer anderen Rolle verkörpert die Wahrheit *Dogma* und *Bindung*. Das klare und verständliche Wort des Evangeliums und der Predigt, das die Wahrheit als Waffe gegen Volksverdummung und -verführung ins Feld führt, wird im selben Zuge an die königliche Autorität gebunden. Der reformatorische Befreiungsimpuls, der auf Individualisierung und (was kein Widerspruch ist) Universalisierung der Wahrheit zielt, wurde in England umgehend wieder blockiert. Das liegt daran, dass Aufklärung hier ein Privileg des Königs und ein strategisches Element im politischen Kampf der Ablösung vom

---

[9] John Bale: *King John*, in: *Elizabethan History Plays*, hg. von William A. Armstrong, London 1965, S. 17-87, hier: S. 61.

Papst blieb. Die Doppelrolle der Wahrheit besagt, dass diese der Unabhängigkeit des Königs und zugleich der Abhängigkeit des Untertanen dient. Das Wahrheitsmonopol ging also direkt vom Papst an den König über. Es nahm die Gestalt des Tudor-Königsdogmas an und lautete wie ein offizieller Gesetzestext:

> *Verity.* For God's sake obey, like as doth you befall;
> For, in his own realm, a king is judge over all
> By God's appointment; and none may him judge again
> But the Lord Himself: in this the Scripture is plain.
> He that condemneth a king, condemneth God, without doubt;
> He that harmeth a king, to harm God goeth about.
> He that a prince resisteth, doth damn God's ordinance;
> And resisteth God in withdrawing his affiance.
> All subjects offending are under the king's judgment:
> A king is reserved to the Lord omnipotent.
> He is a minister immediate under God,
> Of His righteousness to execute the rod.
> I charge you, therefore, as God hath charge[d] me,
> To give to your king his due supremity;
> And exile the Pope this realm for evermore.[10]

Im Doppelspiel der Wahrheit, der allegorischen Gestalt eines Historiendramas, spiegelt sich das historische Drama der Staatsgründung. Dieses zerfällt in einen Akt der Separation, die Befreiung von der päpstlichen Autorität, und in einen Akt der Integration, die Bindung der Untertanen durch ein absolutes Gehorsamsgebot. Das mittelalterliche Prinzip der spannungsreichen Allianz von weltlicher und geistlicher Macht, symbolisiert durch Schwert und Zepter, wird von Heinrich zugunsten des absoluten Herrschaftsmonopols der Staatskirche zerschlagen. Verglichen mit dem übrigen Europa fällt an dem englischen Modell eine Neuerung auf: Hier ist die erste religiös definierte Nation in Gestalt einer Theokratie entstanden, während anderswo die Religion entweder eine supranationale (wie im Falle der römisch-katholischen Kirche) oder subnationale Bedeutung hatte (wie im Falle des Protestantismus). Aus dieser besonderen Situation heraus ist es zu verstehen, dass im England des 16. Jahrhunderts Protestantismus und Patriotismus gleichbedeutend sind und dass die befreiende Wahrheit eine *englische Wahrheit* ist. Auf dem Frontispiz eines Buches aus dem Jahre 1545 findet sich das folgende Gedicht, in dem Truth, eine Variante von John Bales Verity, hypostasiert wird:

> O Reioyse Englande, be gladde and merie,
> TROTHE ouercommeth thyne enemyes all,
> The Scot, the Frencheman, the Pope, and heresie.
> OVERCOMMED by Trothe, haue had a fall:
> Sticke to the Trothe, and euermore thou shall,
> Through Christ, King Henry, the Boke and the Bowe
> All maner of enemies, quite ouerthrowe.[11]

---

[10] Bale: *King John* (Anm. 9), S. 77.

Die neue Allianz von Religion und Politik, von „Christ and King Henry", „the Boke and the Bowe" wird durch „Truth", was hier so viel heißt wie „Staatsdogma", konsolidiert.

John Bales Drama steht in der Tradition des *political morality play*. In dieser Gattung steht das Schicksal Englands auf dem Spiel, „with good and evil forces grouped on either side of her".[12] So gibt es im Personarium des Stückes noch eine Gestalt, die dramaturgisch von geringer Bedeutung, für unsere Fragestellung dagegen interessant ist. Es handelt sich um eine allegorische Figur mit Namen England, die auf der Bühne in Witwenkleidern erscheint.[13] So ohnmächtig sie auch ist, deutet diese Gestalt an, dass das politische Gemeinwesen mehr ist als die Summe seiner Stände. Existiert doch quer zu den sozialen Gruppierungen ein Kollektivbegriff, auf den alle gemeinsam bezogen sind. Die blasse Figur der Witwe England, die noch kaum die Substanz einer sozialen Realität hat, tritt in dem Drama doch als eigentlicher Partner des Königs auf. Ein Partner, der in geschlossener Einheit zu seinem Herrscher steht und bis zum letzten Atemzug in Treue verharrt – „I will not away from mine own lawful king, | Appointed of God, till death shall us depart"[14] –: So wird im aktuellen historischen Moment der Staatsgründung die englische Nation gezeichnet. Die Einheit von Nation und Königtum wird durch einen Schwur befestigt, der dieser Bindung eine sakramentale Weihe gibt.

Auf dieser ersten Stufe der Entwicklung bedeutet Nation die Homogenisierung der Bevölkerung als Untertanenverband eines Königs. Der souveräne Herrscher und der neue Staat sind auf dieses Maß von Integration angewiesen. Das impliziert keineswegs die Nivellierung der sozialen Hierarchie, wohl aber die Herstellung eines sozialen Gleichgewichtes, das keiner einzelnen Gruppe die Chance der Autonomie oder der unkontrollierbaren Machtsteigerung gibt. Eine Nation in diesem Sinne entstand, indem alle Stände dem König durch Gehorsam verpflichtet und die Relikte feudaler Herrschaft, besonders im Norden, gebändigt wurden.

[11] Roger Ascham: *Toxophilus. A Treatise on the Art of Shooting with the Bow*, in: ders.: *The Whole Works of Roger Ascham. Now First Collected and Revised, with a Life of the Author. Bd. 2: Letters Continued, and Toxophilus*, hg. von Rev. Dr. Gilles, New York 1965, S. 1-168, hier: Frontispiz.

[12] Irving Ribner: *The English History Play in the Age of Shakespeare*, London 1965, S. 136.

[13] Auch in anderen Stücken wird England als allegorische Figur in Witwenkleidern dargestellt, z.B. in *Respublica. An Interlude for Christmas 1553. Attributed to Nicholas Udall*, hg. von Walter Wilson Greg, Oxford 1952. Die Witwenkleider zeigen an, dass England durch die Missstände und Interventionen der römischen Kirche von Gott, ihrem rechtmäßigen Gemahl, getrennt ist. Dieses zweifellos kühne Bild gehört in die Metaphorologie der politischen Theokratie, die den gesalbten Herrscher als irdischen Vertreter Gottes begreift.

[14] Bale: *King John* (Anm. 9), S. 53. In *The Tragedie of Gorboduc* von Thomas Sackville und Thomas Norton (London 1561), einem Stück, das eine dynastische Tragödie aus englischer Vergangenheit „moralisiert", avanciert „England" zur Zentralfigur und beherrscht bis zum letzten Akt das Geschehen.

Die Nationsbildung

Es ist ein weiter Weg von diesem abstrakten und pragmatischen Begriff von Nation zur Nation als einer Identifikationsfigur. Im Verlauf des 16. Jahrhunderts sollte die blasse Witwe England ihre Trauergewänder ablegen und zu einer prallen Gallionsfigur des Staates werden. Das heißt, dass die Loyalität, die Heinrich noch mit dem Druck von Dogma und Gesetz auf sich vereinigte, sich nicht mehr ausschließlich an den Souverän, sondern zunehmend an das eigene Land als einen kollektiven Gemeinbesitz heftete. Es entstand ein Bewusstsein nationaler Eigenheit, durch das sich Engländer als Engländer verstehen und identifizieren konnten. Wie kam es zu diesem Nationalbewusstsein? Normalerweise pflegt man von ihm zu sagen, dass es irgendwann „erwacht".[15] In Wirklichkeit ist dies die kollektive Anstrengung Vieler, gegebenenfalls auch die planmäßige Konstruktion Weniger.[16] Wie man sich die Nationalkultur als das Ergebnis einer solchen gemeinsamen Arbeit an der kollektiven Identität vorzustellen hat, ist die Frage, die uns im folgenden Kapitel beschäftigen wird. Zuvor soll auf das Problem der sozialen Voraussetzungen, genauer: auf die Entstehung der Trägerschaft der neuen Nationalkultur, eingegangen werden.

Der Historiker Werner Conze hat zwei historische Typen der Nationsbildung unterschieden, einen mittelalterlichen und einen modernen. Als *mittelalterlichen* Typ bezeichnet er die Adelskriegernation mit monarchischer Spitze: „Nationsbildung hieß Adels- und Kriegerorganisation unter Führung großer Geschlechter, deren eines die Führung übernehmen musste, wenn die Einheit einer zeitgemäß zusammenwachsenden Nation erreicht und gesichert werden sollte."[17] Es handelte sich dabei um ein vorwiegend strategisches Bündnis, das nach innen Schutz gab und nach außen fremden Eroberern widerstand. Ganz anders die Motivation zur *modernen* Nationsbildung, die durch die Parolen der französischen Revolution eingeläutet wurde und im Europa des 19. Jahrhunderts kulminierte. Sie nahm den Charakter einer Bewegung an, die den Abbau „aller ständischen Rechte und Freiheiten zugunsten einer auf der Gleichheit aller Individuen" beruhenden neuen Herrschafts- und Sozialordnung forderte.[18]

---

[15] Werner Conze spricht geradezu von einem „Erweckungsnationalismus". Damit ist die Vorstellung verbunden, die im 19. Jahrhundert eine große Suggestivkraft hatte, dass archaische und latente Traditionsinhalte durch Erinnern, also Erwachen, wieder befreit und zugänglich gemacht werden könnten. Werner Conze: *Ethnogenese und Nationsbildung – Ostmitteleuropa als Beispiel*, in: *Studien zur Ethnogenese* (Abhandlungen der Rheinisch-Westfälischen Akademie der Wissenschaft Bd. 72), 2 Bde., Opladen 1985, Bd. 1, S. 189-206, hier: S. 202, 204. Vgl. auch Volker Sellin: *Nationalbewusstsein und Partikularismus in Deutschland im 19. Jahrhundert*, in: *Kultur und Gedächtnis*, hg. von Jan Assmann und Tonio Hölscher, Frankfurt a.M. 1988, S. 241-264.

[16] Diesem letzteren Fall geht der Sammelband von Eric Hobsbawm und Terence Ranger (Hg.) nach: *The Invention of Tradition*, Cambridge/New York 1983. Traditionalistische Bewegungen und Wiederbelebungen sind stets von einem Traditionsbruch her bestimmt. Fahnen, Abzeichen, Trachten und Lieder sind häufig die geschaffenen Identifikationssymbole einer verhältnismäßig jungen Vergangenheit.

[17] Conze: *Ethnogenese und Nationsbildung* (Anm. 15), S. 196.

[18] Ebd., S. 199.

Nationalisierung in diesem modernen Sinne beinhaltete Einbeziehung der Unterschichten, parlamentarisch-demokratische Staatsordnung, Assimilierung von Minderheiten und das Bekenntnis zu der einen, unteilbaren Nation.

Wenn wir uns den Verhältnissen im England des 16. Jahrhunderts zuwenden, wird sofort klar, dass hier von einer Nationsbildung weder im mittelalterlichen noch im modernen Sinne die Rede sein kann.[19] Weder haben wir es mit einem Kriegerverband noch mit Volkssouveränität zu tun. Was sich hier binnen weniger Generationen ereignete, war eine schleichende soziale Revolution, die zur *massiven Verbreiterung der kulturtragenden Schicht* führte. Die politische Bedeutung dieser Entwicklung hat Norbert Elias am Schema des „Königsmechanismus" erläutert. Er meint damit einen balancierten Antagonismus in der sozialen Verflechtungsstruktur, in der sich verschiedene gesellschaftliche Kräfte zugunsten des Zentralherren annähernd die Waage halten. Als Beispiel nennt er die Situation, „in der ein schwächer werdender Adel mit aufsteigenden, bürgerlichen Gruppen [...] rivalisieren muß".[20] Auch andere haben die Bedeutung dieser sozialen Veränderung für die Nationsbildung gesehen; was Elias als Konkurrenzmechanismus darstellt, beschreiben sie als „Eliten-Koalition".[21] In der Tat entsteht in

---

[19] Der moderne Nationsbegriff hat seinerseits eine erhebliche Spannbreite und ist in mindestens zwei Positionen aufzulösen. Nation kann für kulturelle Einheit und Besonderheit unabhängig von der politischen Einheit des Staates stehen; in diesem Sinne definierte Adelung in seinem deutschen Wörterbuch: „Nation, die eingebornen Einwohner eines Landes, so fern sie einen gemeinschaftlichen Ursprung haben, eine gemeinschaftliche Sprache reden, und in etwas engerem Sinne auch durch eine ausgezeichnete Denk- und Handlungsweise oder den Nationalgeist sich von andern Völkerschaften unterscheiden, sie mögen übrigens einen einigen Staat ausmachen, oder in mehrere verteilet sein" (Johann C. Adelung: *Versuch eines vollständigen grammatisch-kritischen Wörterbuchs der hochdeutschen Mundart, mit beständiger Vergleichung der übrigen Mundarten, besonders der Oberdeutschen. Bd. 3: Von M – Scr*, 4 Bde., Leipzig 1798, S. 439). Nach der Reichsgründung und vor dem ersten Weltkrieg erhielt der Begriff sein prägnant politisches Pathos. Max Weber definierte Nation als eine politische Gemeinschaft, die sich als „Träger einer ,Staats'-Idee als der Idee eines unbedingte Hingabe fordernden imperialistischen Machtgebildes" versteht (Max Weber: *Machtprestige und Nationalgefühl*, in: ders.: *Wirtschaft und Gesellschaft. Abteilung 1: Reden und Schriften. Band 22,1: Gemeinschaften*, hg. von Wolfgang J. Mommsen, Tübingen 2009, S. 65-77, hier: S. 74). Vgl. Horst Günther: *Der Begriff einer deutschen Nation*, in: *Neue Rundschau* 97.4 (1986), S. 137-154, hier: S. 138 f.

[20] Elias: *Über den Prozess der Zivilisation* (Anm. 4), S. 252. Der von Elias so genannte „Königsmechanismus" (ebd., S. 245) ist bereits von Zeitzeugen scharfsichtig analysiert worden. Fulke Greville schrieb über die fürstliche Weisheit Heinrichs VIII.: He „gave the gentry free and safe appeal unto his feet, against the oppressions of the grandees; and found it wisdome, by the stronger corporation in number, to keep down the greater in power: inferring else, that if they should unite, the over-grown might be tempted by still coveting more, to fall – as the angels did – by affecting equality with their Maker" (Fulke Greville: *The Life of the Renowned Sr. Philip Sidney*, in: ders.: *The Works in Verse and Prose of the Right Honourable Fulke Greville, Lord Brooke*, hg. von Rev. Alexander B. Grosart, 4 Bde., Blackburn 1870, Bd. 4, S. 1-224, hier: S. 70).

[21] Stein Rokkan: *Nation-Building, a Review of Recent Comparative Research and a Select Bibliography of Analytical Studies*, in: *Current Sociology* 19.3 (1971), S. 7-38, hier: S. 12.

diesem Zeitraum eine starke Interdependenz zwischen der landbesitzenden Schicht der *gentry* und dem Stadtbürgertum. Beide Gruppen profitieren von der raschen Monetarisierung und Kapitalisierung im 16. Jahrhundert, was sie von dem verarmenden Hochadel und den verelendenden Bauern stark unterscheidet.[22] Die politisch und wirtschaftlich geförderte Entstehung einer breiten Mittelschicht bedeutete zugleich eine Demokratisierung der Kultur. Pauschal kann man sagen, dass Reformation und Buchdruck wie in anderen Ländern auch zur Nivellierung ständischer Gegensätze und zur Verbreitung gewisser Standards beigetragen haben. Im Einzelnen stellt sich dieser Prozess als ein sukzessiver *Abbau von Partizipationsschwellen* dar. Nach Umstellung auf die Vulgärsprache als offizieller Schriftsprache war vielen der passive und aktive Zugang zum Schrifttum eröffnet, die vorher durch Bildungsschranken ausgeschlossen waren. Dass viele, sobald ihre wirtschaftliche Lage sie in den Stand einer gewissen Muße setzte, von diesen neuen Möglichkeiten Gebrauch machten, wissen wir nicht zuletzt aus den Klagen derer, die diese neue Entwicklung mit Entsetzen beobachteten. Roger Ascham spricht mit Irritation von denen, welche meinen, nur weil sie Englisch reden könnten, dürften sie sich deshalb auch schon das Schreiben anmaßen.[23] John Foxe artikuliert bereits im Jahre 1583 ein Unbehagen, das jedermann kennt, der einen Rundgang durch die Buchmesse hinter sich hat: „books now seem rather to lack readers, than readers to lack books!" Und er beklagt sich über „this insatiable boldness of many now-a-days both in writing and printing".[24] Foxe selbst hat wie kein anderer zur Erziehung der Massen beigetragen; mit seiner Geschichte der englischen Märtyrer hat er den Bestseller des 16. Jahrhunderts geschrieben. Er hat sein Werk der Königin gewidmet, aber für das gemeine Volk bestimmt. Bei Bale erschien dieses Volk auf der allegorischen Bühne als unmündig, verarmt und blind. Foxe dagegen bediente sich der volkstümlichen Sprache, um dieses Volk zu erreichen: „I considered they were the flock of Christ, and your subjects, who, as they have been long led in ignorance, and wrapped in blindness, for lack especially of God's word, and partly also for wanting the light of history, I thought pity but that such should be helped, their ignorance relieved, and simplicity instructed."[25]

Aber auch in der entgegengesetzten Richtung waren Partizipationsschwellen abzubauen. Für eine im Geschäft der Waffen geschulte Schicht war der Umgang mit Bü-

---

[22] Nach der Säkularisierung der Klöster hatten wohlhabende Londoner Bürger die Möglichkeit, Landbesitz zu erwerben, während „der Adel, der von den Einkünften seiner Güter lebt, der seine Einnahmen nicht entsprechend der Geldentwertung vermehren kann, verarmt" (Elias: *Über den Prozess der Zivilisation* [Anm. 4], S. 269). Die ärmeren Bauern hatten unter der Eingrenzung von Gemeindeländern („enclosure of commons") zu leiden. Im Zuge einer rationalisierten und privatisierten Produktion für den Markt verloren sie damit eine wesentliche Basis ihrer Subsistenz.

[23] „And they which had least hope in Latin, have been most bold in English: when surely every man that is most ready to talk, is not most able to write" (Ascham: *Toxophilus* [Anm. 11], S. 7).

[24] John Foxe: *The Acts and Monuments. A New and Complete Edition*, hg. von Rev. Stephen R. Cattley, 8 Bde., London 1841, Bd. 1, S. 521.

[25] Ebd., S. 504.

chern nicht standesgemäß. Aus Rittern mussten Höflinge werden, es musste ein neues Ideal eines Gentleman geschaffen werden, mit dessen Selbstbild die Künste und höfischen Lebensformen ebenso wie Bildung und Gelehrsamkeit vereinbar waren. Zu einer Zeit, da immer mehr Staatsbeamte ihre Karriere in Oxford oder Cambridge begannen, versicherte George Pettie, dessen Überzeugung es war, *„that it is Learnyng which accomplisheth a Gentleman"*, allen Edelleuten: *„Alas, you wyll be but vngentle Gentlemen, yf you be no Schollers"*![26] Die nächste erhebliche Schwelle bestand zwischen aristokratischer Schrift-Kultur, die in der abgeschiedenen Privatheit exklusiver Zirkel florierte und ausschließlich in Manuskripten unter Eingeweihten von Hand zu Hand ging, und bürgerlicher Schrift-Kultur, die sich im Medium des Drucks und im Forum einer neuen Öffentlichkeit vollzog. Unzählige Ermutigungen, doch mit der eigenen Produktion auch öffentlich hervorzutreten, verweisen ebenso auf diese Schwelle wie die notorische Unsicherheit über die Autorschaft in den frühen Anthologien.[27] Dass man sich so, von unten wie von oben, in der Mitte einer breiten Öffentlichkeit traf, war eine wesentliche Voraussetzung für die Entstehung der englischen Nationalkultur.

Dimensionen der Nationalkultur

Die Sprache

Zu dem Zeitpunkt, als Chaucer seine Werke auf Englisch schrieb, hatte diese Sprache noch keineswegs einen offiziellen Status. Die Sprache am Hofe Richards II. war Französisch, und die Sprache des gelehrten Schrifttums, der Kirche wie der Universitäten, war Latein. Englisch war sozial deklassiert und dem mündlichen Verkehr vorbehalten. Eine Sprache, die nur in der Mündlichkeit existiert, ist notwendig mundartlich. Ihre Beschränkung auf Face-to-Face-Interaktionen schlägt sich in der dialektalen Vielfalt nieder. Sie ist weit entfernt von einem einheitlichen Idiom, das überlokal verständlich und allgemein anerkannt wäre. Zu einer *lingua franca* fehlte dem Englischen zu Chaucers Zeit noch zweierlei: ein allgemeiner Standard und kulturelles Prestige.

a) *Das Problem eines allgemeinen Standards.* – Als einer der ersten hatte sich mit diesem Problem William Caxton auseinanderzusetzen. Er war ein wohlhabender Wollhändler, der die neue Errungenschaft der Druckerpresse auf dem Kontinent gesehen hatte und auf seine alten Tage in Westminster die erste englische Druckerei einrichtete. Die *technische Innovation* des Buchdrucks koppelte er an eine *kulturelle Innovation*: Mithilfe des neuen Mediums etablierte er die Volkssprache als Schriftsprache. Als

---

[26] George Pettie: *The Preface to the Readers*, in: Stefano Guazzo: *The Civile Conversation of M. Steeven Guazzo*, übers. von George Pettie, 2 Bde., New York 1925, Bd. 1, S. 7-12, hier: S. 8 f., kursiv im Original.

[27] Im neuen Zeitalter der Buchkultur, so meint Pettie, gibt es zwei Wege zur Unsterblichkeit: *„either to doo thinges woorth the writing, or to write thynges woorthy the readyng"* (ebd., S. 9, kursiv im Original). Die im Jahre 1600 erschienene Vers-Anthologie *Englands Helicon* bezeugt in der Vorrede an den Leser das Dilemma der Namenszuschreibung im Übergang von mündlicher zu schriftlicher Kultur.

erfahrenem Unternehmer war ihm klar, dass er den neuen Distributionsradius des gedruckten Buches nur voll nutzen konnte, wenn er sich dabei der Vulgärsprache bediente. Caxton, der Drucker, arbeitete in Personalunion mit Caxton, dem Übersetzer. Mit seinem immensen technischen und sprachlichen Fleiß hat er eine kulturelle Schallmauer durchbrochen: „mit den Büchern, die er produzierte, schenkte er seinen Landsleuten jene Sprache, die den Ruhm der englischen Renaissanceliteratur ermöglichte."[28]

Freilich war zu Caxtons Zeit diese Sprache noch alles andere als ein handliches Geschenk mit der Aufschrift: ‚für die englische Nation'. Sie war zunächst einmal nichts weiter als ein Desiderat. Im berühmten Prolog zu seiner *Aeneis*-Übersetzung listete Caxton alle Widerstände auf, die dem Ziel einer Einheitssprache im Wege standen:

- der rapide Sprachwandel: Caxton bestätigte nicht nur, dass er das Englisch in alten Büchern nicht mehr verstehen konnte, er fügte auch hinzu, dass sich die gesprochene Sprache bereits innerhalb einer Generation zur Unkenntlichkeit veränderte: „And certaynly our langage now vsed varyeth ferre from that whiche was vsed and spoken whan I was borne."[29]
- der Sprachprovinzialismus: „And that comyn Englysshe that is spoken in one shyre varyeth from another",[30] was dazu führte, dass eine fremde Dialekt-Variante für unverständliches Französisch gehalten werden konnte.
- die Wahl der Register: Es bestand ein deutliches Gefälle zwischen elaborierter Gelehrtensprache und intimer Umgangssprache; „and thus bytwene playn rude and curyous I stande abasshed".[31]

In dieser Wahl entschied sich Caxton für die Mittellage, doch damit war die latente Gefahr eines sozialen Sprachschismas noch keineswegs für alle Mal gebannt. Zwei Generationen später hatte die lexikalische Überfremdung aus dem Englischen eine Muttersprache gemacht, die, wie Thomas Wilson sarkastisch bemerkte, von keiner Mutter mehr verstanden werden könne. „Therfore, either we must make a difference of Englishe, and saie some is learned Englishe, and other some is rude Englishe, or the one is courte talke, the other is countrey speache, or els we must of necessitee, banishe al suche affected Rhetorique, and vse altogether one maner of laguage."[32]

Am präzisesten hat – wiederum eine Generation später – George Puttenham die Kriterien für eine englische Standardsprache umrissen. Er empfahl dem Dichter als Material die natürlichste und gebräuchlichste Variante des Englischen, worunter er die Spra-

---

[28] Manfred Görlach: *Sprachliche Standardisierungsprozesse im englischsprachigen Bereich*, in: *Sociolinguistica* 2 (1988), S. 131-85, hier: S. 145.

[29] William Caxton: „Prologue to *Eneydos*" [1490], in: *Sixteenth-Century English Prose*, hg. von Karl. J. Holzknecht, New York 1954, S. 44-45, hier: S. 44.

[30] Ebd.

[31] Ebd. So instruktiv diese Klagen sind, so übertrieben sind sie auch. Denn Caxton „findet den Weg zur überregionalen Buchsprache" durch eine seit ca. 1450 verfestigte Kanzleisprache „weitgehend gebahnt" (Görlach: *Sprachliche Standardisierungsprozesse* [Anm. 28], S. 145).

[32] Thomas Wilson: *The Arte of Rhetorique* [1553], hg. von Robert Hood Bowers, Gainesville 1962, S. 185.

che des Hofes und der großen Städte verstand. Im selben Atemzug warnte er vor dem Englisch der Peripherie, der internationalen Umschlagshäfen, aber auch vor dem der Universitäten und Dörfer. Genauer als er konnte man sich nicht festlegen: „ye shall therefore take the vsuall speach of the Court, and that of London and the shires lying about London within lx. myles, and not much aboue."[33] Das Beispiel der Sprache zeigt, dass die innere Kolonisierung Englands vom Süden ausging. Diese Option für Urbanität und gegen Pedanterie und Rustikalität hat den englischen Nationalcharakter nachhaltig mitbestimmt.

Der entscheidende Impuls für die Ausbildung eines sprachlichen Standards kam aber aus einem anderen Gebiet. In England ist die Uniformität der Sprache aufs Engste mit der Uniformität der Religion verbunden. Die Nationalsprache in allen Gottesdiensten wurde 1549 und 1552 durch zwei sogenannte *acts of uniformity* obligatorisch. Als Grundlage dafür diente die *Great Bible* (1539) und das von Thomas Cranmer geschaffene *Common Prayer Book* (1548). Beide Editionen bildeten den Kanon sakraler Literatur in allen Kirchen Englands, zu dem als drittes Werk noch die bereits erwähnte Geschichte der Märtyrer von John Foxe (1563) hinzukam. Diese Texte wurden landesweit sonntäglich im Gottesdienst gelesen. In den Teilen des Königreichs, in denen Englisch nicht die Muttersprache war (wie in Irland oder Wales), musste die Nationalisierungs-Strategie der Tudors, die politische Einheit, kirchliche Konformität und sprachliche Uniformität miteinander verkoppelte, auf erheblichen Widerstand stoßen.

b) *Das Problem des kulturellen Prestiges.* – Ein anderes Problem entsteht dadurch, dass das sozial deklassierte Idiom der Vulgärsprache in den Rang der offiziellen Sprache aufrückt. Die Umstellung von der zum flüchtigen und alltäglichen Verkehr taugenden Muttersprache zur Hof- und Literatursprache erwies sich als ein langwieriger und mühsamer Prozess. Davon können jene unzähligen apologetischen Vorreden zeugen, in denen Autoren für ihren Umgang mit der Nationalsprache um Nachsicht und Verständnis werben. Angesichts der schwierigen neuen Aufgaben wurden zunächst einmal die Unzulänglichkeiten der Vulgärsprache schonungslos offenbar. Deshalb litt der gebildete Engländer um die Mitte des 16. Jahrhunderts unter einem linguistischen Minderwertigkeitskomplex. Man schimpfte auf das untaugliche Medium der Muttersprache; die Humanisten, deren Maßstab die Eleganz und Präzision der klassischen Sprachen war, fanden sie barbarisch, die Aristokraten, die sich am Geschmack und Stil europäischer Sprachen orientierten, fanden sie vulgär.

Es ist höchst erstaunlich, mitzuerleben, wie im Laufe der zweiten Hälfte des 16. Jahrhunderts aus dem Stiefkind der englischen Sprache allmählich ein nationales Heiligtum wurde. Roger Ascham, Tutor in den klassischen Sprachen der Prinzessin und Königin, erklärte noch 1545: „as for the Latin or Greek tongue, every thing is so

---

[33] George Puttenham: *The Arte of English Poesie* [1589], in: *Sixteenth-Century English Prose* (Anm. 29), S. 478-482, hier: S. 478. Edmund Bolton spricht über das Englisch, das am besten zur literarischen Übung taugt, und nennt dieselben Zentren: „the Phrase of Court, and [...] the Speech used among the noble and among the better sort in *London,* the two sovereign Seats and, as it were, Parliament tribunals to try the question in" (Edmund Bolton: *Hypercritica* [1618], in: *Critical Essays of the Seventeenth Century,* hg. von Joel E. Spingarn, 3 Bde., London 1957, Bd. 1, S. 82-115, hier: S. 110).

excellently done in them, that none can do better: in the English tongue contrary, every thing in a manner so meanly, both for the matter and handling, that no man can do worse."[34]

Aus dem Jahre 1582 dagegen stammt dieses dreifache Credo des Pädagogen Richard Mulcaster: „I loue *Rome* but *London* better, I fauor *Italie* but *England* more, I honor the *Latin*, but I worship the *English*."[35] Der Historiker Raphael Holinshed war derselben Meinung (1577): „there is no one speache vnder the sonne spoken in our time, that hath or can haue more varietie of words, copie of phrases, or figures or floures of eloquence, then hath our English tongue."[36] Offensichtlich hatten sich die vielfältigen Investitionen in die Muttersprache, besonders seitens der unermüdlichen Übersetzer, gelohnt. Die englische Sprache war zu einem kollektiven Kapital angewachsen, auf das man immer weniger mit Skrupeln und immer mehr mit patriotischem Stolz blickte.

Noch vor Bezwingung der spanischen Armada, als sich England als Führungsmacht des protestantischen Europa erwies, stoßen wir bereits auf den patriotischen Superlativ. Er entstand nicht im Reflex tagespolitischen Geschehens, sondern im kulturellen Konkurrenzverhältnis zwischen England und seinen europäischen Nachbarn. In der gegenseitigen Beobachtung, im mutuellen Distinktionszwang wuchs das Bewusstsein der nationalen Eigenart. Die Sprache ist die erste Dimension, in der eine Nation sich ihrer Besonderheit bewusst wird. Der schon genannte Mulcaster hatte hierfür eine besondere Sensibilität; ihm kam es weniger auf die Geste der Übertrumpfung als auf die Geste der Identifikation an, als er die Besonderheit der englischen Sprache mit diesen Worten hervorhob: „whatsoeuer shall becom of the English state, the English tung cannot proue fairer then it is at this daie, if it maie please our learned sort to esteme so of it, and to bestow their trauell vpon such a subiect so capable of ornament, so proper to themselues, and the more to be honored bycause it is their own."[37]

Die Literatur

Eine ähnliche Entwicklung wie die der Sprache lässt sich in der Dimension der Literatur beobachten. Auch hier vollzog sich der Prozess der Selbstbewusstwerdung – gewissermaßen das Mündigwerden der englischen Literatur – über verschiedene Phasen hinweg. Die Rolle der Geburtshelfer spielten die vielen Rhetoriken und Poetiken des 16. Jahrhunderts. Mit großem Fleiß zusammengestellt und unglaublicher Pedanterie durchgegliedert, bieten diese Kompendien in der Nachfolge französischer und italienischer Werke einen Überblick über alle greifbaren historischen und technischen Daten der Dichtkunst. Der Gestus dieser autoritativen Manuale ist apotropäisch. Nachdem

---

[34] Ascham: *Toxophilus* (Anm. 11), S. 6 f.

[35] Richard Mulcaster: *The First Part of the Elementaire* [1582], in: *Sixteenth-Century English Prose* (Anm. 29), S. 413-417, hier: S. 413.

[36] Raphael Holinshed, zit. nach Richard Foster Jones: *The Triumph of the English Language. A Survey of Opinions Concerning the Vernacular from the Introduction of Printing to the Restoration*, London 1953, S. 189.

[37] Mulcaster: *The First Part of the Elementaire* (Anm. 35), S. 416.

die Vulgärsprache zur Schriftsprache avancierte, glaubten viele, wie wir von Ascham wissen, bloß weil sie zu sprechen verstünden, seien sie auch schon imstande zu schreiben. Diesem Missverständnis beugten die poetischen Gesetzbücher vor. Sie zogen einen Ringwall um das Territorium des Schrifttums. Es gibt kein Kontinuum zwischen Sprechen und Schreiben. Gerade weil die Sprache zum Allgemeinbesitz wurde, mussten die Gattungsgrenzen verschärft werden. Solange der Begriff ‚Literatur' mit ausschließlich lateinischem Schrifttum verbunden war, verstanden sich diese Grenzen von selbst. Der Humanist John Colet, Freund von Erasmus und Morus, unterschied zu Beginn des Jahrhunderts noch mit großer Selbstverständlichkeit zwischen (lateinsprachlicher) „litterature" und (vulgärsprachlicher) „blotterature".[38]

Die Poetiken des 16. Jahrhunderts sollten deutlich machen, dass Gelehrsamkeit die Wurzel der Dichtung ist und dass es keinen freien Zugang zum Raum der Schrift gibt. Denn eines galt es von vornherein klarzustellen: Die Einsetzung der Vulgärsprache bedeutete *nicht* die Anerkennung und Aufwertung der bestehenden mündlichen Volksdichtung. Im Gegenteil, es wurde eine *neue* Dichtung geschaffen, die sich polemisch von der heimischen Tradition absetzte. Dazu gehörte die mündliche Erzählliteratur. Die populären Ritterromanzen *Bevis of Hampton, Guy of Warwick, Arthur of the Round Table, The Seven Champions, The Mirror of Knighthood* und wie sie alle heißen, erscheinen geschlossen auf der Zensurliste der Elisabethaner. Diese Erzählstoffe wurden entwertet, indem sie der müßigen Phantasie korrupter Mönche zugeschrieben wurden: „In which book [die Rede ist von *Morte Arthure*] those be counted the noblest knights, that do kill most men without any quarrel, and commit foulest adulteries by subtlest shifts [...]."[39] Aus solchen Zeilen spricht in erster Linie natürlich die Entrüstung des Protestanten, jedoch zeichnen sich hinter der plakativen Polemik bereits die Umrisse einer neuen Sensibilität ab, die das Alte entlässt, nicht weil es sündhaft ist, sondern weil es unverständlich geworden ist.

Zur devaluierten heimischen Tradition gehört auch das reiche Liedgut. Man schwelgte in Hohn und Verachtung für das zahllose Pack der Balladendichter, deren Wirtshauslieder von 120 Strophen Länge durch eine ländliche Melodie mühsam in Gang gehalten werden. Nicht besser ergeht es den vielen „compylers of senceless sonets",[40] die sich neuerdings mit fröhlicher Unbefangenheit auf der literarischen Bühne produzierten: „I scorne and spue out the rakehelly rout of our ragged Rymers [...] which without learning boaste, without iudgment iangle, without reason rage and fume, as if some instinct of poeticall spyrite had newlie rauished them aboue the meanesse of common capacity."[41]

---

[38] John Colet: *Statutes of St. Paul's School*, in: J. H. Lupton: *A Life of John Colet, D.D., Dean of St. Paul's, and Founder of St. Paul's School*, Hamden, Conn. 1961, S. 271-284, hier: S. 280.

[39] Zensurlisten dieser Art finden sich z.B. bei Roger Ascham: *The Scholemaster*, in: ders.: *The Whole Works of Roger Ascham* (Anm. 11), Bd. 3, S. 88-276, hier: S. 159, oder Francis Meres: *Palladis Tamia* [1598], in: *Elizabethan Critical Essays* (Anm. 2), Bd. 2, S. 308-324, hier: S. 308 f.

[40] William Webbe: *A Discourse of English Poetrie* [1586], in: *Elizabethan Critical Essays* (Anm. 2), Bd. 1, S. 226-302, hier: S. 246.

[41] Ebd., S. 247. Nicht zufällig wird in diesem Zusammenhang auf Spensers *Shepheardes*

Die Umstellung auf die Nationalsprache als Medium der Literatur bedeutete einen emphatischen *Ausschluss der Vulgärtradition und Gelegenheitskunst.* Nachdem die Trennung von Muttersprache und klassisch-sakraler Sprache aufgehoben war, wurde die strukturale Dichotomie in einer neuen Form wiederhergestellt. Die Grenzlinie verlief nunmehr zwischen populärer und gelehrter Tradition, zwischen *Volkskultur und Hochkultur.* Gleich ursprünglich mit der Etablierung einer Nationalliteratur wurde diese Grenze neu befestigt. Bis heute stehen wir im Banne dieser kulturpolitischen Weichenstellung, wenn die Zunft der Anglisten den Kanon der englischen Dichtung mit Spensers *Shepheardes Calender*, einer genialen Synthese von klassisch-pastoraler Tradition und nationalem Impuls, beginnen lässt und weder von der reichen Balladentradition noch von der weitgehend anonymen höfischen Liedkultur Notiz nimmt.

Da die heimischen Wurzeln ausschieden, musste die neue Literatur auf eine andere Tradition gegründet werden. Dafür bot sich die klassisch-antike an. Wenn *Abschreckung* eine Funktion der Poetiken war, dann war die *Ermutigung* zur Produktion nach klassischen Vorbildern die andere. War man doch zuversichtlich, dass die Kunst der Griechen und Römer, von Gelehrten in Form von Regeln und Vorschriften destilliert, auch auf englischem Boden Fuß fassen könne. Die Poetiken bieten den Anstoß und die Orientierung für die neue literarische Produktion. Der mühevolle Start der Nationalliteratur stand ganz im Zeichen der Übersetzungen und Imitationen. Jeder Schritt in Richtung auf eine eigene literarische Tradition musste sich legitimieren durch den Schutz eines klassischen Patrons. In dieser Phase schritt die englische Literatur *pari passu* mit der antiken voran, und der Stolz der Nationalliteratur kulminierte in langen Listen, die heimische und klassische Autoren als ebenbürtig nebeneinanderstellten.[42] Die so beliebten Vergleiche hat am weitesten ein gewisser Francis Meres getrieben, teilt er uns doch allen Ernstes (?) mit, so wie Archesilaus Prytanoeus bei einem Gelage an Trunkenheit starb, so sei Robert Greene durch übermäßigen Genuss eingemachter Heringe und Rheinweins umgekommen.[43]

Es gibt ein Dokument, das die Stunde Null der englischen Nationaldichtung eindrucksvoll illustriert, und das ist die Vorrede des Druckers Richard Tottel, die er 1557

     Calender verwiesen, den Text, mit dem die seriöse englische Lese-Literatur ihren Anfang nimmt.

[42] Puttenham schreibt in seiner *Arte of English Poesie* [1589] (Anm. 33), S. 5: „If againe Art be but a certaine order of rules prescribed by reason, and gathered by experience, why should not Poesie be a vulgar Art with vs aswell as with the Greeks and Latines [...]?" – Richard Carew stellt die folgenden Gleichungen zwischen antiken und modernen Autoren auf: „Will you haue *Platos* vayne? reede Sir *Thomas Smith*: The *Ionick*? Sir *Tho. Moor*: *Ciceros*? *Aschame*: *Varro*? *Chaucer*: *Demosthenes*? Sir *Iohn Cheeke* (who in his treatise to the Rebells hath comprised all the figures of Rhetorick). Will yow reade *Virgill*? take the *Earll of Surrey*: *Catullus*? *Shakespheare*, and *Marlowes* fragment: *Ouid*? *Daniell*: *Lucane*? *Spencer*: *Martiall*? Sir *Iohn Dauis* and others. Will yow haue all in all for prose and verse? take the miracle of our age Sir *Philip Sydney*." (Richard Carew: *The Excellency of the English Tongue*, in: *Elizabethan Critical Essays* [Anm. 2], Bd. 2, S. 285-294, hier: S. 293).

[43] Francis Meres: *A Comparative Discourse of our English Poets with the Greeke, Latine, and Italian Poets* [1598], in: *Sixteenth-Century English Prose* (Anm. 29), S. 308-324, hier: S. 324.

einer Publikation von Gedichten verschiedener Autoren vorangestellt hat. Es lohnt, sie hier in ihrer ganzen Länge zu zitieren:

> That to haue wel written in verse, yea and in small parcelles, deserueth great praise, the workes of diuers Latines, Italians, and other, doe proue sufficiently. That our tong is able in that kynde to do as praiseworthely as ye rest, the honorable stile of the noble earle of Surrey, and the weightinesse of the depewitted sir Thomas Wyat the elders verse, with seuerall graces in sondry good Englishe writers, doe show abundantly. It resteth nowe (gentle reder) that thou thinke it not euill doon, to publish, to the honor of the Englishe tong, and for profit of the studious of Englishe eloquence, those workes which the vngentle horders vp of such treasure haue heretofore enuied thee. And for this point (good reder) thine own profit and pleasure, in these presently, and in moe hereafter, shal answere for my defence. If parhappes some mislike the statelinesse of stile remoued from the rude skill of common eares: I aske help of the learned to defend their learned frendes, the authors of this work: And I exhort the vnlearned, by reding to learne to be more skilfull, and to purge that swinelike grossenesse, that maketh the swete maierome [=Majoran] not so smell to their delight.[44]

Das unsichere Prestige der heimischen Dichtung macht dieser Text überwältigend deutlich, der vom ersten bis zum letzten Satz ebenso patriotisch wie apologetisch eingefärbt ist. In der Nachfolge klassischer Vorbilder die Verdienste englischer Dichter herauszustellen, ist die patriotische Pflicht des Sammlers und Druckers, der „zur Ehre der englischen Sprache und zum Vorteil englischer Beredsamkeit" diesen Schatz ans Licht gehoben hat. Der Akt der Veröffentlichung hat allerdings auch etwas von einem prometheischen Frevel. Er durchbrach alle Konventionen, die bislang für den Umgang mit dieser Art von Dichtung galten. Durch die Publikation wurde exklusiver Privatbesitz in öffentlichen Allgemeinbesitz verwandelt. Keiner der von Tottel gedruckten Texte war zur Veröffentlichung bestimmt. Diese Gedichte zirkulierten in handschriftlichen Abschriften innerhalb eines geschlossenen höfischen Zirkels. Sie existierten auf losen Blättern, wurden gesammelt in privaten Anthologien, die sich Kenner und Liebhaber wie Sir John Harington anlegten, und waren verstreut in diversen *Commonplace Books*, wo sie mit medizinischen Rezepten, Horoskopen, historischen Daten und frommen Sprüchen zum individuellen Gebrauch vereinigt waren.

Indem dieser Schatz „aus der geheimen Obhut weniger Freunde"[45] ans Licht gehoben wurde, hatte er sich bereits nachhaltig verändert. Zum ersten Mal gerieten die Texte aus ihren diversen persönlichen Sammlungskontexten in den homogenen Kontext anderer Gedichte und das heißt: in den Kontext von ‚Literatur'. In diesem Kontext hatten sie Teil an einer neuen Zeitdimension. Wyatt und Surrey waren bereits 15 und 10 Jahre lang tot, bevor sie von Tottel anthologisiert und als nationale Klassiker kanonisiert wurden. Der Druck und die exponierte Position bedeuteten für sie den Beginn einer neuen literarischen Ewigkeit. George Puttenham war sicher nicht unbeeinflusst von

---

[44] Richard Tottel: *The Printer to the Reader*, in: *Tottel's Miscellany. Songes and Sonettes*, hg. von Edward Arber, London 1870, S. 2.

[45] „In the close custodie of certaine his freends" (Webbe: *A Discourse of English Poetrie* [Anm. 40], S. 232).

Tottel, als er dreißig Jahre später in seinem Kapitel über die Geschichte der englischen Literatur schrieb: „*Henry* Earle of Surrey and Sir *Thomas Wyat*, betweene whom I finde very litle difference, I repute them [...] for the two chief lanternes of light to all others that haue since employed their pennes vpon English Poesie [...]."[46]

Zum anderen gerieten die Texte mit ihrer Publikation in eine neue Sozialdimension. Auch von diesen Schwierigkeiten teilt die Vorrede einiges mit. An diesem Punkt bekommt Tottel, der ein öffentliches Forum und ein neues Publikum schaffen will, Angst vor seiner eigenen Courage. Das Risiko, das der Pionier des literarischen Marktes in Kauf nimmt, besteht darin, dass er erhabene Verse gemeinen Ohren anvertraut und Perlen vor die Säue streut. Dieses Risiko muss er ganz bewusst eingehen, denn schließlich ist seine Textsammlung *zugleich Gegenstand und Instrument der Bildung*. Das Publikum, an das er sich wenden will, muss er sich erst heranziehen.

Die Elisabethaner schreiben ihren Dichtern einen nationalen Auftrag zu. Präziser und konkreter kann man sagen, dass sich die gesellschaftliche Verantwortung der Literaten auf drei Bereiche erstreckt. Ihnen obliegt die Reinigung und Vitalisierung der Sprache, „[f]or the purity of Speech and greatness of Empire have in all Countries still met together";[47] ferner die Veranschaulichung und Profilierung der Werte durch plastische Gestaltungen von Tugenden und Lastern; und schließlich die Verewigung denkwürdiger Menschen und Taten. In allen drei Bereichen, der linguistischen, der moralischen und der Gedächtnis-Dimension, haben die englischen Dichter Bedeutendes geleistet. Thomas Nashe steht dazu Rede und Antwort:

> To them that demaund, what fruites the Poets of our time bring forth, or wherein they are able to proue themselues necessary to the state? Thus I answere. First and formost, they haue cleansed our language from barbarisme and made the vulgar sort here in *London* (which is the fountaine whose riuers flowe round about *England*) to aspire to a richer puritie of speech, than is communicated with the Communaltie of any Nation vnder heauen. [Zweitens:] The vertuous by their praises they encourage to be more vertuous, to vicious men they are as infernall hags, to haunt their ghosts with eternall infamie after death.[48]

Die nationale Ehre aber liegt besonders in den Händen derer, die sich um die Geschichtserinnerung kümmern. Dazu gehören ganz besonders die Dramatiker, die ihre Stoffe aus den englischen Chroniken beziehen. Sie kümmern sich darum, „[that] our forefathers valiant acts (that haue line long buried in rustie brasse and worme-eaten bookes) are reuiued, and they themselues raised from the Graue of Obliuion, and brought to pleade their aged Honours in open presence [...]."[49]

---

[46] Puttenham: *Arte of English Poesie* (Anm. 33), S. 65.

[47] Thomas Sprat: *The History of the Royal Society* [1667], in: *Critical Essays of the Seventeenth Century* (Anm. 33), Bd. 2, S. 112-119, hier: S. 112 f.

[48] Thomas Nashe: *Pierce Penilesse* [1592], in: ders.: *The Works*, hg. von Ronald B. McKerrow, London 1910, S. 137-245, hier: S. 193.

[49] Ebd., S. 212.

Die Geschichte

Es gibt so etwas wie eine Leit-Metapher, die alle Texte durchzieht, die im Horizont der nationalen Bewusstwerdung stehen: Es ist der Eifer und das Interesse, etwas lange Zeit Verborgenes ‚ans Licht zu bringen'. Das gilt für den Impuls der Publikation ebenso wie für das Motiv, mit dem man sich im 16. Jahrhundert der eigenen Vergangenheit zuzuwenden beginnt. Mit der Publikation werden Texte in das Licht einer neuen Öffentlichkeit gestellt. Thomas Nashe spricht geradezu von einem „open Theater of opinions",[50] und es erscheint alles andere als abwegig, einen ‚Strukturwandel der Öffentlichkeit' (Habermas)[51] im Zusammenhang mit der Etablierung des literarischen Marktes anzusetzen. Der andere Aspekt, der mit der Licht-Metaphorik beschrieben wird, betrifft die Aufhellung einer dunklen Vergangenheit. Man erkennt sich plötzlich in der Vergangenheit wieder, nachdem man endlich aus einer dunklen Periode der (Selbst-) Vergessenheit herausgetreten ist. So spricht man in einem Zeitalter, das sich einer Epochenschwelle bewusst geworden ist, so spricht man im Bewusstsein des *Erwachens*. Erwachen heißt nichts anderes als der Impuls zur (Wieder-)Herstellung einer Tradition, zu der man nach einer Phase der Abkehr wieder zurückkehrt. Die Figur von Abkehr und Rückkehr spielt eine tragende Rolle bei der Fundierung kultureller Identitäten.[52]

Am Anfang der Tudor-Historiographie steht das kritische Bewusstsein vom Verfall und der Manipulierbarkeit historischer Daten. Die neuen Historiker treten nicht als beschauliche Antiquare, sondern als Kämpfer auf mit dem Anspruch, die eigene Vergangenheit wiederzugewinnen, indem sie sie der Opposition entreißen. Die Opposition, das sind die viel bescholtenen Mönche, die ihre Chroniken unter päpstlicher Autorität schrieben, es sind aber auch ausländische Historiographen, die eine feindliche Perspektive in die Darstellung bringen. Das Pathos der Rückeroberung der eigenen Vergangenheit, sowohl aus der Dunkelheit der Geschichte wie aus verderbten und entstellten Quellen, spricht deutlich aus den folgenden Zeilen, in denen das Werk eines elisabethanischen Chronisten gewürdigt wird:

> In this he hath brought things vnknowne from darknesse, vntrue reportes from error, confusion of affayres from disorder, impertynent tediousnesse to reasonable proportion, and hath made a large, playne, true, and meere historie of this Realme, wherby men may be certified of truth, the Reader may haue deliteful and profitable knowlege, our Countrie men and the subiects, but specially the princes therof, delyuered from slaunderous reportes of foreyne writers.[53]

---

[50] Nashe: *Pierce Penilesse* (Anm. 48), S. 192 f.

[51] Jürgen Habermas: *Strukturwandel der Öffentlichkeit. Untersuchungen zu einer Kategorie der bürgerlichen Gesellschaft; mit einem Vorwort zur Neuauflage 1990*, Frankfurt a.M. 2013, S. 225.

[52] Vgl. dazu: *Kanon und Zensur*, hg. von Aleida und Jan Assmann, München 1987.

[53] Richard Grafton: *A Chronicle at Large and Meere History of the Affyres of Englande* [1569], „Thomas N(orton) to the Reader", in: *Sixteenth-Century English Prose* (Anm. 29), S. 266-68, hier: S. 267.

Das erste englische Historiendrama, John Bales *King John*, ist bereits symptomatisch für dieses neue Geschichtsinteresse. Der Autor, der sich diesen historischen Stoff wählte, hatte dafür politische Gründe. Nach den gewaltigen Umpolungen war es notwendig, die Vergangenheit im Lichte der neuen Machtverhältnisse umzudeuten. Aber auch mit ‚Geschichtsfälschern' hatte er es zu tun. Ein gewisser Polydor Vergil hatte im Schicksalsjahr 1534, also gleichzeitig mit *King John*, eine englische Geschichte aus papistischer Sicht veröffentlicht. Die allerersten Worte, die von der allegorischen Figur der Wahrheit ausgesprochen werden, lauten im Drama:

> I assure ye, friends, let men write what they will,
> King John was a man both valiant and godly.
> What though Polydorus reporteth him very ill
> At the suggestions of the malicious clergy?
> Think you a Roman with the Romans cannot lie?
> Yes! therefore, Leland, out of thy slumber awake,
> And witness a truth for thine own country's sake![54]

Der Freund John Leland, den Bale hier als Mitstreiter im Kampf um die Geschichte aufruft, hat wie wohl kein anderer Gelehrter der Tudor-Zeit das Ethos historischer Verifikation mit patriotischem Eifer verbunden. Die Zeile: „witness a truth for thine own country's sake" könnte man als Motto über das Leben dieses Antiquars stellen.

Wie Bale war auch Leland humanistischer Gelehrter und Geistlicher. Seit 1530 hatte er eine Anstellung als königlicher Bibliothekar inne. Im Jahr 1534, als die päpstliche Herrschaft über England zu Ende war, erhielt er den königlichen Auftrag

> to peruse and diligently to serche al the libraries of monasteries and collegies of this yowre noble realme, to the intente that the monumentes of auncient writers as welle of other nations, as of this yowr owne province mighte be brought owte of deadly darkenes to lyvely lighte [...].[55]

Ähnlich wie die Abenteurer, die sich später unter Elisabeth daranmachten, die Welt zu umsegeln, neue Kontinente zu entdecken und den Märkten neue Rohstoffe zu erschließen, widmete sich unter Heinrich der Antiquar Leland der Eroberung der heimischen Region. Von seinen Bibliotheksreisen hat er einen bedeutenden Bestand an alten Büchern angesammelt, auf deren Grundlage er mehrere Projekte durchführen wollte, die aber nur zu einem kleinen Teil vollendet wurden. Er arbeitete zum Beispiel an

– einer Geschichte Englands, wobei er sich bemühte, die legendären Traditionen besonders König Arthurs historisch zu verifizieren, um sie als ruhmvolle Vorgeschichte für die Englische Nation in Anspruch nehmen zu können

---

[54] Bale: *King John* (Anm. 9), S. 72.
[55] John Leland: *Leland's New-Years Gift*, in: ders.: *The Itinerary of John Leland in or about the Years 1535-1543. Parts I to III*, hg. von Lucy Toulmin Smith, 5 Bde., London 1907, Bd. 1, S. xxxvii-xliii, hier: S. xxxvii f.

- einer Geschichte der alten Adelsgeschlechter Englands
- einer Sammlung von Biographien aller bedeutenden englischen Autoren (nicht zuletzt mit dem Interesse, ihre Leistungen damit den Ansprüchen anderer Nationen zu entziehen)
- einer detaillierten Topographie Englands, wofür er sich acht Jahre lang auf Reisen begab und teils aus der eigenen Anschauung, teils mithilfe von Augenzeugen ein monumentales Material in skizzenhaften Aufzeichnungen zusammentrug.

Das vielseitige Oeuvre dieses Antiquars ist von zwei gleich starken Grundhaltungen bestimmt: einer Leidenschaft für das Authentische, sowohl im Studium der Monumente und Quellen als auch in der Wahrnehmung konkreter Räumlichkeit, und einer Leidenschaft für das Englische, dem er sich mit seinem unermüdlichen Fleiß verpflichtet. An die Adresse des Monarchen richtete er in einem Neujahrsbrief des Jahres 1546 die Wünsche, die mehr ausdrücken als die Loyalität eines devoten Untertanen: „I truste that this yowr reaulme shaul so welle be knowen, ons payntid with his natives colours, that the renoune therof shaul gyve place to the glory of no other region."[56]

Die Anfänge der nationalen Identität und der neue Sinn für historische Evidenz gehören eng zusammen. Bei aller Leidenschaft für das Authentische hat die Historiographie des 16. Jahrhunderts wenig mit dem Historismus des 19. Jahrhunderts zu tun.[57] Für die Tudor-Historiker ist kein Dokument für sich ‚interessant', sondern dient stets zur Markierung nationaler Identität. Die Vergangenheit als objektive Gegenständlichkeit ist eine späte Erfindung. Im 16. Jahrhundert ist die Beschäftigung mit der Geschichte weniger von einem wissenschaftlichen als von einem patriotischen Impuls geleitet. Die Vergangenheit rückt in den Blick, weil man einen vitalen Gebrauch von ihr macht.[58] Es gibt prinzipiell zwei Möglichkeiten, von der Vergangenheit Gebrauch zu machen. Die Vergangenheit kann zur *Legitimation* bestehender Herrschaftsverhältnisse

---

[56] Leland: *Leland's New-Years Gift* (Anm. 55), S. xlii f.

[57] In den ersten Jahrzehnten des 17. Jahrhunderts finden sich bereits erstaunliche Ansätze eines neuen kritischen Geschichtsbewusstseins. Der Philologe Casaubonus wäre hier zu nennen, oder auch der wenig bekannte Antiquar Edmund Bolton, von dem diese Leitsätze stammen: „Indifferency and even dealing are the Glory of Historians. [...] This admirable Justice and Integrity of Historians, as necessary as it is, yet is nothing in these Days farther of from Hope. For all late Authors that ever yet I could read among us convey with them, to Narrations of things done fifteen or sixteen hundred years past, the Jealousies, Passions, and Affections of their own Time. Our Historians must therefore avoid this dangerous Syren, alluring us to follow our own Prejudices, unless he mean only to serve a Side and not to serve Truth and Honesty" (Bolton: *Hypercritica* [Anm. 33], S. 91, 93).

[58] Vgl. hierzu im Allgemeinen John H. Plumb: *The Death of the Past*, London 1969, und im Besonderen Lily B. Campbell: *Tudor Conceptions of History and Tragedy in* A Mirror for Magistrates, Berkeley 1936, S. 1 f.: „History became during the Tudor dynasty not only literature in itself but also a cause, a subject, an inspiration of literature. [...] The growing national consciousness, progressively developing under the Tudors to the final triumphant patriotism of Elizabeth's reign, impelled the English to seek in history the way to immortality through fame, the immortality for which the men of the Renaissance never ceased to yearn. To rescue their country from oblivion became a patriotic duty."

herangezogen werden. Je weniger selbstverständliche Tradition, desto größer der Bedarf an einer legitimierenden Vor-Geschichte. Die Vergangenheit kann andererseits der *Stabilisierung einer Identität* dienen. In diesem Falle, der nichts mit Rechtfertigung und Ermächtigung zu tun haben muss, geht es um die Ausbildung eines distinkten Profils und damit einer Identität, die die Chance einer kollektiven Identifikation eröffnet. Bales Historiendrama steht mit seiner massiven und expliziten Ideologisierung mehr auf der einen, Lelands archivarische Bestrebungen mehr auf der anderen Seite. Der neue Staat brauchte Legitimation und ein scharfkantiges Königsdogma, aber er brauchte auf lange Sicht auch Identitätsangebote, die eine breitere Integration beförderten.

Die Geschichtsschreiber von Leland über Richard Grafton und Raphael Holinshed bis hin zu John Foxe erfüllten eben dieses Desiderat. Sie schufen eine Ahnengalerie der englischen Nation, die von der trojanischen Legende bis zur Gegenwart Elisabeths reichte. Und sie modellierten (wie Foxe) das Selbstbild der Nation, indem sie auf polemische Weise jene römisch-katholische Vergangenheit im Kollektivgedächtnis präsent hielten, gegen die sich die nationale Identität siegreich profiliert hatte.

Identität und Alterität

Die nationale Kultur, deren Entstehung wir in den drei Dimensionen der Sprache, der Literatur und der Geschichte verfolgt haben, ist das Ergebnis einer kollektiven Anstrengung. Wir haben auf einige soziopolitische Voraussetzungen für ein solches Unternehmen hingewiesen, haben aber die Frage nach der unmittelbaren Motivation bisher außer Acht gelassen. Auf welche Art von Herausforderung antwortet eine Gesellschaft mit der Ausbildung einer nationalen Identität? Unter welchen Umständen wird die Ausprägung kultureller Eigenart zu einer dringlichen Aufgabe?

Der Impuls kommt schwerlich von innen; er steht immer im Zusammenhang einer übergreifenden soziokulturellen Dynamik. Die Forcierung kultureller Eigenart entsteht zum Beispiel in einer Situation des *Assimilationsdrucks*, den eine dominante Kultur auf Minderheiten ausübt. Diese können sich einer fortschreitenden Nivellierung nur erwehren, indem sie der expandierenden kulturellen Überformung distinkte Kulturprofile entgegensetzen. Dies war etwa die Situation des pharisäischen Judentums im Hellenismus, und es ist heute die Situation jener Staaten, die gegen den Sog der globalen Modernisierung ihre angestammten Traditionen festigen und fundamentalistisch aufrüsten. Eine andere Herausforderung für die Genese kultureller Identitäten ist der *Konkurrenzdruck*. Dies beschreibt die Situation des frühneuzeitlichen Europas. Nachdem der Dachverband der römischen Kirche zerbrochen war, etablierte sich eine Vielzahl konkurrierender Nationalkulturen. Die Dominanz der Kirche, die supraterritorial kulturelle Einheit gestiftet hatte, wich einem beweglichen Gefüge individueller Kulturprofile, die in einem gegenseitigen Distinktionsprozess entstanden.

Im Konzert der europäischen Stimmen tritt England als ‚verspätete Nation' auf.[59] Diese Stimme ist zunächst noch unsicher. Die Antike, aber auch Italien und Frankreich

---

[59] Helmut Plessner: *Die verspätete Nation. Über die politische Verfügbarkeit bürgerlichen*

sind Vorbilder, an denen sie sich ausrichtet. In dieser ersten Phase der Nationalisierung spielt vor allem der Nachweis der Ebenbürtigkeit eine Rolle. Die eigenen Leistungen werden im angestrengten Vergleich mit anderen gemessen, die eigene Identität in permanenter Auseinandersetzung mit Alterität bestimmt. In einer zweiten Phase der Nationalisierung geht es darum, sich von anderen Nationen abzusetzen und das kulturelle Selbstbild in den verschiedenen Dimensionen der Religion, der Sprache, des Schrifttums, des Brauchtums, der Region, der Geschichte zu konsolidieren. In einer dritten Phase wird das Verhältnis von Identität und Alterität in einer Konfrontation von Selbstbild und Feindbild polemisch zugespitzt. Dazu sollen hier abschließend noch einige Beispiele aufgeführt werden.

Beginnen wir mit Roger Aschams berühmter Tirade auf den italienisierten Engländer.

> If some yet do not well understand, what is an Englishman Italianated, I will plainly tell him: ‚He that by living and travelling in Italy, bringeth home into England out of Italy, the religion, the learning, the policy, the experience, the manners of Italy.‘ That is to say, for religion, papistry, or worse; for learning, less commonly than they carried out with them; for policy, a factious heart, a discoursing head, a mind to meddle in all men's matters; for experience, plenty of new mischiefs never known in England before; for manners, variety of vanities, and change of filthy living. These be the enchantments of Circes, brought out of Italy, to mar men's manners in England.[60]

Die beliebte Freizeitbeschäftigung des elisabethanischen Höflings, die *continental tour*, war dem stockprotestantischen Gelehrten Ascham ein Dorn im Auge, sah er in dem Kontakt mit der anderen Kultur doch nichts anderes als eine Unterminierung der eigenen. Das Fremde bedeutete für ihn „falsche Doktrin und ausschweifender Lebenswandel",[61] also eine direkte Subversion religiöser und gesellschaftlicher Grundsätze. Deshalb hielt er es für unwahrscheinlich, dass der aus Italien heimgekehrte Engländer je wieder das Leben eines ordentlichen Menschen und gottesfürchtigen Untertanen führen könne.

Roger Ascham argumentierte im Rahmen einer rigiden Polarisierung, ja, man kann hier bereits von einer manichäischen Blockbildung sprechen. Das Fremde ist das schlechthin Feindliche, dem der Anspruch auf ein kulturelles Eigenrecht abgesprochen wird. Diese Haltung ist charakteristisch für eine historische Situation, in der das Eigene nur auf Kosten des Fremden durchgesetzt werden kann, in der – wie dies in England der Fall war – Protestantismus und Patriotismus gleichbedeutend sind. Hier ist der Vergleich mit einem anderen Elisabethaner instruktiv, der eine wesentlich kosmopolitische Grundhaltung zeigt. George Pettie, der sich durch Übersetzungen jener italienischen Literatur hervorgetan hat, die Ascham auf der Zensur-Liste sehen wollte, beurteilte das Verhältnis von Inland und Ausland mit anderen Augen. Auch er nahm Anstoß am Verhalten des europareisenden Engländers. Er berichtet, er habe sich geschämt, in Paris mit

Geistes, Stuttgart 1959.

[60] Ascham: *The Scholemaster* (Anm. 39), S. 157.

[61] Ebd., S. 158 (Übers. A. A.).

ansehen zu müssen, wie seine Landsleute ihre eigenen Sitten verleugnet und stattdessen Gestik, Verhalten und Kleidung jedes fremden Tölpels nachgeäfft hätten. Darin sah Pettie nun aber nicht einen desaströsen Verfall elementarer Kulturwerte, sondern lediglich eine verpasste Chance. Gerade im Ausland nämlich gelte es zu dokumentieren,

> that we liue in lawes as orderly, in maners as decently, in apparell as comly, in diet as delicately, in lodging as curiously, in buildinges as sumptuously, in all thinges as aboundantly, and euery way as ciuilly, as any Nation under Heauen.[62]

In der direkten Polarisierung, wo das Fremde als das schlechthin Feindliche wahrgenommen wird, entsteht ein Selbstbild, das die eigene Kultur als alternativenlosen Heilsweg der Menschheit bewertet. Wo die Grenzen dagegen durchlässiger sind, weil die Wahrnehmung des Fremden nicht als eine unmittelbare Bedrohung des Eigenen erfahren wird, kann sich so etwas wie ein kultureller Relativismus einspielen, innerhalb dessen das Eigene als eine Variante im Spektrum anderer Möglichkeiten erscheint. Jedes Nationalbewusstsein changiert prinzipiell zwischen diesen beiden Polen; ob es zu militanten – defensiven oder offensiven – Steigerungsformen kommt, das hängt vom jeweiligen Handlungsspielraum in der konkreten politischen Situation ab.

Mit Elisabeth I., deren Regierungsantritt eine neue Friedensära einleitete, erhielt das englische Nationalbewusstsein enormen Auftrieb. In dieser Epoche spielte die Herrscherpanegyrik eine zunehmende Rolle. Das Lob des Herrschers wurde dabei immer untrennbarer mit dem nationalen Selbstlob verquickt. John Lyly kann uns bezeugen, wie der Größenwahn in dieser superlativischen Gattung rhetorisch vorprogrammiert ist: „O blessed peace, oh happy Prince, O fortunate people: The lyuing God is onely the Englysh God, wher he hath placed peace [...]. This peace hath the Lorde continued with great and vnspeakeable goodnesse amonge his chosen people of *England*."[63]

Aber noch entscheidender als der Frieden wurde für den Nationalstolz der Krieg. Unter Elisabeth übernahm Spanien die Rolle des Staatsfeindes, die unter Heinrich der Papst gespielt hatte. Die englische Nationalisierung verdankt ihre entscheidenden Impulse diesen Feindbildern. Wer sich in die kontroverse und polemische Literatur jener Zeit einliest, wird immer wieder auf den Vergleich mit den Türken stoßen. Diese Feind-Schablone des Mittelalters, mit deren Hilfe sich die Christenheit Europas wehrhaft gefestigt hatte, wurde von neuen Antagonisten übertrumpft: Verglichen mit den Agenten des Papstes erschienen die Türken als menschenfreundlich, verglichen mit der Rohheit der Spanier galten sie als zivil.[64]

---

[62] Pettie: *The Preface to the Readers* (Anm. 26), S. 10 f.

[63] John Lyly: *Euphues and his England* [1580], in: *Sixteenth-Century English Prose* (Anm. 29), S. 348-356, hier: S. 353.

[64] Das mögen zwei Zitate veranschaulichen, die zeigen, dass es sich hier um einen eingespielten Topos handelt. In Bales *King John* (Anm. 9), S. 58, seufzt das allegorische England: „Alas, I had rather be underneath the Turk | Than under the wing of such a thief to lurk." Sir Walter Raleigh schreibt mit Blick auf die Spanier: „that the obedience euen of the Turke is easie and a libertie in respect of the slauerie and tyrannie of *Spaine*" (Walter Raleigh: *A Report of Truth*

Es gab in der Tudor-Zeit aber noch eine andere Alteritäts-Erfahrung als die, die in der allgemeinen Konkurrenz europäischer Nationalkulturen oder in der Polarisierung gegen Staatsfeinde gründete. Außer den europäischen Nachbarn und den politischen Feinden rückten in diesem Jahrhundert die Exoten in das Bewusstsein der Engländer. Kein anderer Elisabethaner hat dazu so viel beigetragen wie Richard Hakluyt, der aus demselben patriotischen Eifer, mit dem Leland alte Steine umdrehte und historische Dokumente sammelte, ein monumentales Werk über alle greifbaren von Engländern unternommenen Expeditionen zusammenstellte. Mit seiner immensen Materialsammlung wollte er den Beweis dafür erbringen, dass die Reise- und Expeditionsleistungen Englands die „aller Nationen und Völker der Erde übertrifft".[65] Noch entscheidender als der patriotische Gestus der Überbietung war dabei, dass er die Summe individueller und disparater Aktionen auf ein neues kollektives Zurechnungssubjekt mit dem Namen ‚England' überschrieb.

Man hat diese Reiseschilderungen nicht zu Unrecht als das Epos des neuzeitlichen Merkantilismus bezeichnet. In der Perspektive dieser Welteroberer gewann das Verhältnis von Identität und Alterität einen neuen historischen Akzent. Die Fremden, die jenseits Europas an der Peripherie sichtbar wurden, wurden weder als Nachbarn noch als Feinde wahrgenommen. Es waren Menschen, die von den Enden der Welt aus auf England als Zentrum blicken und die Macht und Größe dieser Nation bezeugen sollten. Handel und Kolonialisierung verträgt sich nicht mit wasserdichter Abschottung und Blockbildung, beides verlangt durchlässige Grenzen. Hakluyt, der die englische Nation nicht zufällig mit dem römischen Imperium verglich, beschrieb genau, was über diese Grenze wanderte. In der einen Richtung waren es die exotischen Rohstoffe und Schätze ferner Königreiche, in der anderen Richtung war es „der unvergleichliche Schatz der christlichen Wahrheit": „For mine owne part, I take it as a pledge of Gods further fauour both vnto vs and them: to them especially, vnto whose doores I doubt not in time shalbe by vs caried the incomparable treasure of the trueth of Christianity, and of the Gospell, while we vse and exercise common trade with their merchants."[66] Mit solchen Worten war eine neue Phase des englischen Nationalbewusstseins markiert. „This blessèd plot, this earth, this realm, this England"[67] erlangte im Laufe des 16. Jahrhunderts durch den Bruch mit dem Papst seine politische Unabhängigkeit, entdeckte innerhalb des neuen europäischen Kräfteverhältnisses seine eigene Nationalkultur und antizipierte schließlich die Rolle einer kolonialen Weltmacht, ein Programm, dessen historische Erfüllung späteren Jahrhunderten vorbehalten war.

Wie jeder Nationalismus so ist auch der englische eine Variable je konkreter historischer Herausforderungen. Wenn wir uns zum Schluss gestatten, den Blick einmal über die selbstgesetzte Zeitgrenze hinüberschweifen zu lassen, dann wird sogleich etwas von dieser Variabilität sichtbar. Und zwar scheint das Wort ‚Nation' immer dann einen

---

of the Fight about the Isles of Açores, in: *Sixteenth-Century English Prose* [Anm. 29], S. 485-93, hier: S. 492).

[65] Richard Hakluyt: *The Principal Voyages, Traffiques, and Discoveries of the English Nation*, hg. von Edmund Goldsmid, 16 Bde., Edinburgh 1885, Bd. 1, S. 6.

[66] Ebd., S. 7.

[67] Shakespeare: *Richard II* (Anm. 5), S. 967 (II.1, 50).

neuen Akzent zu erhalten, wenn der Staat bestrebt ist, neue gesellschaftliche Bereiche unter seine Herrschaft zu zwingen. Das war der Fall im 16. Jahrhundert, als Heinrich VIII. die Kirche unter die Hoheit der Krone stellte. Das war der Fall im 17. Jahrhundert, als mit der Gründung der Royal Society die Bereiche der Sprache und der Wissenschaften unter staatliche Kontrolle gerieten; es ist wohl kein Zufall, dass der Historiograph dieser Institution, Thomas Sprat, gleich im ersten Teil seiner Geschichte von „our Nation" und „the English Genius" sprach.[68] Und das war der Fall, als im 18. Jahrhundert die *East India Company* die Verstärkung britischer Truppen erhielt und damit, folgenschwer, in Indien aus einer Handelsstation eine imperiale Militärbasis machte. Auch hier war wieder der Nexus von Alterität und Identität im Spiel, sei es durch Vorbild (die englische Akademie ist ein Ableger der französischen), sei es durch Konkurrenz (die Politik imperialer Expansion ist im Krieg gegen Frankreich geboren). Womit zuletzt noch einmal bestätigt wäre, dass sich unter dem Druck des Fremden das Eigene erhärtet.

---

[68] Sprat: *The History of the Royal Society* (Anm. 47), S. 112.

KAPITEL 2

Let it be. Kontingenz und Ordnung in Schicksalsvorstellungen bei Chaucer, Boethius und Shakespeare

> Jede Sicherheit ist einer Unsicherheit abge-
> kämpft und schafft neue Unsicherheit.
>
> Helmuth Plessner, *Macht und menschliche Na-*
> *tur* (1931)

Zur Einstimmung ins Thema kann eine Medaille dienen, die gegen Ende des 15. Jahrhunderts für einen gewissen Stefano Taverna, Sekretär des Herzogs von Mailand, geprägt worden ist (Abb. 1).

Abb. 1: Die Tugend zwischen Liebe und Zufall – Medaille von Niccolò Fiorentino[1]

---

[1] Abgebildet nach Rudolf Wittkower: *Chance, Time and Virtue*, in: *Journal of the Warburg and Courtauld Institutes* 1:2 (1937/1938), S. 313-321, hier: o.S. (zwischen S. 320 und 321), Abb. 53a.

Sie zeigt eine dreifigurige Szene, bei der in der Mitte ein kräftiger junger Mann zwei ihn rahmende Personen festhält. Mit der rechten Hand hält er den nackten Knaben Cupido an dessen Augenbinde im Zaum, mit der linken packt er eine nackte Frauengestalt an einem Haarschopf über der Stirn, die an dieser Haartracht als allegorische Verkörperung der Occasio zu erkennen ist.[2] Darüber ist in Großbuchstaben das Motto zu lesen: *VIRTUTI OMNIA PARENT* – der Tugend gehorchen alle. Rudolf Wittkower hat zeigen können, dass diese Medaille einem in diesem Zeitraum gängigen Bildschema folgt, bei dem Herkules als Inbegriff des Tugendhelden verschiedene Verkörperungen des Lasters besiegt, deren häufigste Gestalt die der Fortuna ist. Dabei wird das antagonistische Tugendschema mit der bezwingenden Geste immer mehr zu einem Komplott, bei dem der beherzte Mann die Faktoren seines Geschicks selbstbewusst in die Hand nimmt.[3]

Die Medaille aus Mailand steht zwischen mittelalterlicher Psychomachie und moderner Selbstverwirklichung. Die männliche Figur wird dargestellt, wie sie über Liebe und Zufall triumphiert, Inbegriff irrationaler Mächte, die urplötzlich ins menschliche Leben einbrechen und es in seinen Grundfesten erschüttern. So besehen ist die Medaille ein Monument männlicher Selbstbehauptung und Souveränität. Im Folgenden soll der Blick auf einen nur hundert Jahre älteren Text gerichtet werden, der zwei Helden in genau entgegengesetzter Position zeigt. Denselben Mächten, die der Renaissance-Held so fest im Griff hat, sind die mittelalterlichen Helden Palamon und Arcite aus Chaucers *Knight's Tale* wehrlos ausgeliefert. Chaucers Erzählung ermöglicht einen idealen Einstieg in den vormodernen Kontingenzdiskurs,[4] denn sie bildet einen Knotenpunkt, von dem aus sich intertextuelle Linien in die Vorgeschichte zu Boethius und Aristoteles, sowie in die Nachgeschichte zu Shakespeare und Montaigne ausziehen lassen.

---

[2] Occasio, darüber belehren uns mittelalterliche Beschreibungen ebenso wie Emblemata der Renaissance, besitzt einen nach vorne fallenden Haarschopf, an dem man sie zu ergreifen hat; wer diesen Augenblick verpasst, hat keine zweite Chance, denn von hinten ist die Dame kahl. Zu den identifizierenden Attributen, die die Ikonographie für Fortuna herausgebildet hat, gehören: Steuerruder, Segel, Füllhorn und die Seifenblase als ihr Thron.

[3] Vgl. hierzu Klaus Reichert: *Fortuna oder die Beständigkeit des Wechsels*, Frankfurt a.M. 1985.

[4] Auf das Wort ‚Kontingenz' habe ich im mittelalterlichen und frühneuzeitlichen Kontext allerdings bewusst verzichtet und mich an die quellensprachlichen Begriffe wie Fortuna, Occasio und Zufall gehalten. Zur Kontingenzbewältigung in traditionellen Gesellschaften vgl. Klaus E. Müller: *Reguläre Anomalien im Schnittbereich zweier Welten*, in: *Zeitschrift für Parapsychologie und Grenzgebiete der Psychologie* 34:1-2 (1992), S. 33-50.

Spiel von Liebe und Zufall: Chaucers *The Knight's Tale*

Die Erzählung, mit der Chaucer den Reigen seiner *Canterbury Tales* eröffnet, ist einem Ritter in den Mund gelegt.[5] Seine Geschichte handelt sozial- und gattungstypisch von Liebe und Kampf, von Leidenschaften und Ehre, von Venus und Mars. Dieser amourös-heroische Themenkomplex wird gekreuzt von einer anderen Macht, nämlich Fortuna, die das Pathos der Geschichte immer wieder zerbricht und die Fäden der Handlung bis zur Unkenntlichkeit verwirrt. Diese gegenstrebige Fügung von heroischer Topik und banalem Zufall, die die gesamte Erzählung regiert, wird bereits in der ersten Episode deutlich. König Theseus kehrt von einem Feldzug aus Skythien heim, wo er über die Amazonen gesiegt hat. Dieser Sieg ist, wie ausdrücklich vermerkt wird, seiner Weisheit und seiner Ritterlichkeit geschuldet. Zur Siegesbeute zählen auch die Amazonenkönigin Ipolita, die er als Gemahlin nach Athen zurückführt, sowie deren Schwester Emilie. Vom zielgeraden Heimweg bringt ihn allerdings eine Gruppe von Witwen ab, deren Männer in Theben im Kampf gegen den Tyrannen Kreon gefallen sind, und denen nun eine menschenwürdige Bestattung verweigert wird. Theseus, dessen kämpferisches Rittertum eben zwei Frauen erobert hat, kann sich nun im Einsatz für diese Frauen noch einmal bewähren. Er biegt ab nach Theben, kämpft und siegt über Kreon, lässt die Helden ehrenvoll bestatten und plündert seinerseits das besiegte Theben, wobei er wiederum zwei Gefangene heimführt, die sodann in den Mittelpunkt des Geschehens rücken. Von den klagenden Witwen ist nie wieder die Rede; für die weitere Handlung bleiben sie bedeutungslos. Wichtig sind sie dagegen auf der thematischen Ebene, weil sie als erste das Fortuna-Leitmotiv anstimmen. Aus der Perspektive der geschädigten Frauen gesehen verdankt Theseus seinen Sieg nämlich nicht den hehren ritterlichen Tugenden, auf die im Eingang der Erzählung hingewiesen wird, sondern derselben Fortuna, die sie ins Unglück, in den Witwenstand und die Knechtschaft gestürzt hat:

> Thanked be Fortune, and hir false wheel,
> That noon estat assureth to be weel. (S. 28 [925-926])

Das Thema Rittertum wird von Chaucer also von Anfang an in doppelter Perspektive eröffnet: aus der jeweiligen Sicht des männlichen Siegers und der weiblichen Besiegten, eine Ambivalenz, die ihrerseits der wechselhaften Göttin Fortuna zugeschrieben wird. Was die Eingangsepisode vorführt, bleibt für die gesamte Erzählung bestimmend; Fortuna ist die wahre Muse dieses Erzählers, der beständig die Perspektiven wechselt und die hohen Tugenden und den zeremoniellen Ton mit realistischem Detail und abgründiger Skepsis unterlegt.

Die Erzählung des Ritters gehört zum Genre der Romanze, in der das Wunderbare gattungstypisch ist. Unwahrscheinliche Begegnungen, Trennungen und Wiederfinden, plötzliche Schicksalswenden sowie Zeichen, Wunder und göttliche Interventionen

---

[5] Geoffrey Chaucer: *The Knightes Tale*, in: ders.: *The Complete Works of Geoffrey Chaucer* [1894], hg. von Walter W. Skeat, 6 Bde., London 1963, Bd. 4, S. 26-88. Alle folgenden Zitate aus *The Knightes Tale* beziehen sich auf diese Ausgabe. Weitere Angaben erfolgen im Fließtext.

gehören zum Romanzen-Alltag. Von diesem Überraschungs-Repertoire hebt sich Chaucers Erzählung dadurch ab, dass sie Fortuna konsequent ins Zentrum versetzt – auf der Ebene des Geschehens wie auf der Ebene der Reflexion. Das wird bereits aus wenigen Angaben über den Handlungsverlauf ersichtlich. Palamon und Arcite, ein thebanisches Vettern-Paar, die als Kriegsgefangene nach Athen verschleppt wurden, sind von König Theseus lebenslänglich in einem Turm eingesperrt. Die narrative Dynamik beginnt in dem Moment, wo Palamons Blick durchs Kerkerfenster auf die reizende Emilie fällt, die im Park anmutige Mairiten vollzieht. Der männliche Blick schießt heraus auf die Frau, während in Gegenrichtung das Herz des Blickenden durch einen Pfeil Amors unheilbar verwundet wird. Dieses Geschehen kulminiert in einem Schrei, der sich der Brust des Liebenden entringt: „A!". Mit diesem „A!" öffnet sich eine Klammer, die sich erst mit der allerletzten Episode der Geschichte, der Hochzeit des Paares, schließen wird. Das entspräche guter Romanzenkonvention, wenn das, was in der Klammer steht, ein umwegiger Aufschub wäre, der die Sehnsucht steigert, das Glück anreichert oder die Partner füreinander reifen lässt. Nichts von alledem ist der Fall; es ist ein Schwelgen in Zufällen, das die narrative Logik der Erzählung sprengt und sie streckenweise über die Grenze des Erträglichen ins Absurde treibt.

Der Zufallsfaktor wird erheblich gesteigert durch die Verdoppelung des Helden zu einem rivalisierenden Heldenpaar. Hierdurch wird Platz nicht nur für satirisch beleuchtete Kontraste, sondern vor allem für das Prinzip Zufall geschaffen. Denn nach Palamon wird prompt auch Arcite durchs Auge liebeswund und gelobt lebenslange Treue der Unbekannten, die von all dem nichts weiß und bis zum Schluss keine Rolle in ‚ihrer' Geschichte spielen darf. Das Romanzen-Gesetz der schicksalhaften Unbedingtheit der Liebe verkommt in der Verdoppelung zur Karikatur. Die Frage, die fortan den Motor der Erzählung antreibt, lautet nicht mehr: wie wird der Held endlich zu seiner Geliebten finden, sondern: wer von beiden kriegt sie wohl, X oder Y? Dass diese Frage entschieden werden muss, fordert die narrative Logik, warum sie aber so oder so entschieden wird, lässt sich nicht weiter begründen. Chaucer hat dieses Problem ausgehöhlt, indem er die fällige Entscheidung von einer Instanz zur nächsten verschoben hat. 1. Verschiebung: die beiden Liebenden, die beide unter verschiedenen Bedingungen aus ihrem Gefängnis entkommen konnten, wollen nach wahrer Ritterart durch einen Zweikampf eine Entscheidung herbeiführen, was Theseus verhindert, der die Vettern zu einem standesgemäßen Turnier lädt, bei dem jeder mit hundert Mann anzutreten hat. 2. Verschiebung: nicht Theseus hat über den Ausgang dieses schicksalhaften Turniers zu wachen, sondern die olympischen Götter, die über das Schicksal ihrer Günstlinge wachen. 3. Verschiebung: im Götterhimmel werden die Ansprüche des Palamon von Venus, die des Arcite von Mars und die der Emilie von Diana vertreten; es entsteht ein Rechtsstreit im Himmel, dem Jupiter nicht gewachsen ist. Recht und Autorität, Ordnung und Herrschaft sind im Himmel ebenso wenig zu haben wie auf Erden. Jupiter tatsächlich überlegen ist der ältere Saturn, dessen Wissen von weiter her kommt. So triumphiert schließlich nicht die rationale Entscheidung, sondern die List des Saturn, der ein abgefeimter Schurke ist und seiner Tochter Venus einen kleinen Gefallen versprochen hatte. Je weiter der Horizont wird, in dem menschliches Handeln sichtbar wird, desto weniger ist Verlass auf eine Teleologie des Willens oder der Vernunft.

Die Verschiebung der Entscheidung von der zweiten zur dritten Instanz spiegelt sich auf Erden folgendermaßen wieder: Palamon und Arcite ziehen ins Turnier, nachdem ihnen ihre beiden Schutzgötter Venus und Mars je ein Zeichen ihres bevorstehenden Glücks übermittelt haben. Damit steht es immer noch 1:1. Als Günstling des Mars geht Arcite als Sieger aus dem Turnier hervor und Emilie, die wie alle Frauen stets dem Sieger hold ist, nimmt ihn strahlend als ihren Gemahl entgegen. Doch es ist noch nicht aller Tage Abend, denn im nächsten Moment passiert etwas völlig Unerwartetes: eine Furie schießt aus der Unterwelt hervor, das Pferd des Siegers strauchelt und Arcite fällt vom Ross, wobei er sich so schwer verletzt, dass auch die Kunst der Ärzte nichts mehr auszurichten vermag und er nach wenigen Tagen stirbt. Die mit höchstem herrscherlichen und zeremoniellen Aufwand inszenierte Entscheidung läuft ins Leere – das füreinander bestimmte Paar kommt nicht zur Paarung. Palamon kann in die entstandene Lücke nicht einfach einspringen; Trauerriten auf beiden Seiten halten das potentielle zweite Paar auf mehrere Jahre auseinander. Eine Annäherung kann erst stattfinden, nachdem Theseus eine lange Rede über kosmische Zusammenhänge, Wandelbarkeit und Sterblichkeit in der Natur, Schicksal und den ehrenvollen frühen Tod Arcites gehalten hat. Erst dann ist die Atmosphäre gereinigt und ohne Verletzung der Pietät kann, wie Chaucer es ausdrückt, zweimal Kummer zu einmal Freude addiert und die Klammer, die mit dem „A!" des liebesverwundeten Palamon geöffnet wurde, endlich geschlossen werden:

I rede that we make, of sorwes two,
O parfyt joye, lasting ever-mo. (S. 87 [3071-3072])

Es ist durchaus möglich, die abenteuerliche Ritter-Romanze als eine Allegorie der *conditio humana* zu lesen. Die Blicke, die aus dem Gitterfenster des Gefängnisses auf die schöne Emilie treffen, können platonisierend als Durchblicke gedeutet werden, in denen die im Körper eingekerkerte Seele einer transzendenten Wahrheit ansichtig wird. Die Dame wird dabei im Sinne mittelalterlicher Liebesmetaphysik zu einem gespaltenen Signifikanten: Palamon erscheint sie als eine Verkörperung der himmlischen Venus, Arcite sieht sie als irdisches Objekt körperlichen Begehrens. Aber auch ganz explizit werden im Text an kritischen Wendepunkten von den Figuren der Erzählung Reflexionen über die *conditio humana* artikuliert. Diese Reflexionen zeichnen ein Menschenbild im Schatten der Fortuna, das weit entfernt von Autonomie und Planungssicherheit ist. Es lohnt sich, diese Stellen etwas näher anzusehen.

Die erste Gelegenheit dazu bietet sich Arcite, als er den bereits erwähnten Stoßseufzer seines Leidensgenossen im Kerker vernimmt. Da er das wahre Motiv nicht kennt – er selbst hat Emily noch nicht zu Gesicht bekommen –, schreibt er den Schmerz ihrer beider allgemeinen desolaten Lage zu, genauer: der Fortuna, die sich zusammen mit Saturn bereits in der Stunde ihrer Geburt gegen die Vettern verschworen habe (1086-1091). Auf Fortuna berufen sich beide wieder bei der nächsten Gelegenheit, nachdem Theseus die Freilassung des Arcite beschlossen hat mit der Auflage, dass dieser sich lebenslänglich außerhalb des Landes aufhalten müsse. Während Arcite angesichts der Hölle eines lebenslänglichen Exils von Emilie die Gefangenschaft rückwirkend als Paradies einstuft, beurteilt Palamon umgekehrt das Los seines Vetters als ein glückliches, weil chancenreiches, während er seine eigene Situation in den schwärzesten Farben malt. Trotz gegensätzlicher Lage wird von beiden das eigene Schicksal beklagt und der grausamen Fortuna angelastet. Arcite ist davon überzeugt, dass Fortuna mit ihrem Würfelspiel diesmal den Rivalen begünstigt habe:

> Wel hath fortune y-turned thee the dys,
> That hast the sighte of hir, and I thabsence.
> For possible is, sin thou hast hir presence,
> And art a knight, a worthy and an able,
> That by some cas, sin fortune is chaungeable,
> Thou mayst to thy desyr som-tyme atteyne. (S. 36 [1238-1243])

Daran schließt Arcite eine grundsätzliche Reflexion über die Blindheit menschlichen Strebens an. Die Götter und *Fortuna* verhängen oftmals schwere Schicksale, die sich aber bei tiefergehender Betrachtung als *blessing in disguise* erweisen; während umgekehrt die erfüllten Ziele und Wünsche der Menschen ihnen selbst meist das genaue Gegenteil, nämlich Tod und Verderben einbringen. Die folgenden Verse, die die Unergründlichkeit menschlicher Schicksale beklagen, sprechen in der Sprache biblischer Proverbien und platonisierender Resignation diesen reifen Skeptizismus aus:

> We witen nat what thing we preyen here.
> We faren as he that dronke is as a mous ;
> A dronke man wot wel he hath an hous,
> But he noot which the righte wey is thider ;
> And to a dronke man the wey is slider.
> And certes, in this world so faren we ;
> We seken faste after felicitee,
> But we goon wrong ful often, trewely. (S. 37 [1260-1267])

Palamon, der weiter in Gefangenschaft bleibt, kommt zur umgekehrten Einschätzung der Lage. Verzweiflung und Neid treiben ihn zu einer noch weit pessimistischeren Sicht des menschlichen Schicksals, als wir es von Arcite vernommen haben. Palamon klagt Fortuna und die Götter an, die den Menschen unter ihre Gesetze beugen und behandeln wie ein Stück Vieh, mit dem großen Unterschied, dass sich das Tier den sinnlichen Freuden in sorgloser Gegenwart überlassen darf:

> 'O cruel goddes, that governe
> This world with binding of your word eterne,
> And wryten in the table of athamaunt
> Your parlement, and your eterne graunt,
> What is mankinde mor un-to yow holde
> Than is the sheep, that rouketh in the folde ?
> For slayn is man right as another beste,
> And dwelleth eek in prison and areste,
> And hath siknesse, and greet adversitee,
> And ofte tymes gilteless, pardee !
>   What governaunce is in this prescience,
> That giltelees tormenteth innocence ?
> And yet encreseth this al my penaunce,
> That man is bounden to his observaunce,

For Goddes sake, to letten of his will,
Ther as a beest may al his lust fulfille. (S. 38-39 [1303-1318])

Das Regime dieser Götter, repräsentiert durch Fortuna, ist ebenso erratisch wie ada-mant. Diese maligne Verbindung von Beliebigkeit und Unentrinnbarkeit kennzeichnet eine Weltsicht, die nicht mehr als reife Skepsis, sondern nur noch als pessimistischer Fatalismus qualifiziert werden kann. „What governaunce is in this prescience?" – Die Menschen sind in ihrer Handlungsfreiheit durch Mächte gebunden, die an nichts weni-ger denken als eine planvolle Fügung. Die Götter, die diese trostlose Welt regieren, treten im Folgenden noch deutlicher in Erscheinungen.[6] Venus, Mars und Diana sind die Schutzpatrone der Protagonisten, die bestimmte Riten vor den Tempel-Statuen vollzie-hen in der Hoffnung auf eine positive Einwirkung ins jeweilige Schicksal. Die ausführ-liche Beschreibung der einzelnen Kultbilder zeigt das mittelalterliche (Zerr-)Bild der klassisch antiken Gottheiten. Dieses Bild ist durchgehend pejorativ: Der Venustempel ist bebildert mit Personen, die durch ihre Macht zerstört wurden; ihr ist die Faulheit als Begleiter zur Seite gestellt, womit sie die Physiognomie eines christlichen Lasters an-nimmt; der Marstempel zeigt ausschließlich die Gräuel des Krieges: ihm sind ebenfalls negative Personifikationen zugeordnet wie Verrat, Zorn und Unglück, und der Sieg, der durch ihn errungen wird, ist dargestellt als eine Person, die auf einem Thron sitzt, über dem am seidenen Faden ein Damokles-Schwert aufgehängt ist. Die zentralen Werte der ritterlich feudalen Welt sind gründlich kompromittiert, wo der Akzent eindeutig auf der trügerischen Qualität des Liebes- und Kriegsglücks liegt.

Die heroischen aristokratischen Werte erscheinen somit in einem grellen kritischen Licht, wobei die hoffnungslose Divergenz von menschlichem Streben und schicksalhaf-ter Fügung zutage tritt. Es ist die pessimistische Stimmung des biblischen Prediger-Buches, die die profunde Ungerechtigkeit und Irrationalität des Weltlaufs anprangert. Der Mensch selbst hat keinen Einfluss auf sein Geschick, dieses wird ihm von unbere-chenbaren Mächten zugewiesen; und auch die Macht des Herrschers ist lediglich eine theatralische, die Souveränität von Urteil und Entscheidung sind ihm aus der Hand genommen. Ähnliches gilt für die Macht der Göttinnen und Götter; Diana, Venus und Mars agieren auf ihre Weise, doch es ist der zwielichtige Saturn, der in letzter Instanz die Fäden zieht. Er, der Krankheiten schickt und die Todesarten bestimmt, der Anarchie und Aufruhr sät, stattliche Gebäude zum Einsturz bringt und Menschen unter ihnen begräbt, offenbart sich zum Schluss als die mächtigste Gottheit. Der Fall des Arcite von der Höhe seines Sieges und Triumphes fällt mit einem physischen Sturz zusammen. Er passiert, während Arcite mit abgenommenem Helm seine Ehrenrunde reitet,

Loking upward up-on this Emelye ;
And she agayn him caste a freendlich yë,
(For wommen, as to speken in commune,
They folwen al the favour of fortune),

---

[6]   Zur ,Saturnfürchtigkeit' vgl. Aby Warburg: *Heidnisch-antike Weissagung in Wort und Bild zu Luthers Zeiten* [1919], in: ders.: *Ausgewählte Schriften und Würdigungen*, hg. von Dieter Wuttke, Baden-Baden 1980, S. 199-304.

> And she was al his chere, as in his herte.
> Out of the ground a furie infernal sterte,
> From Pluto sent, at requeste of Saturne,
> For which his hors for fere gan to turne,
> And lep asyde, and foundred as he leep ;
> And, er that Arcite may taken keep,
> He pighte him on the pomel of his heed,
> That in the place he lay as he were deed [...] (S. 76-77 [2679-2690])

Der abrupte Glückswechsel bringt auch einen Stilwechsel mit sich; war das Turnier auf epischer Stilhöhe mit einem Klangrausch von Alliterationen inszeniert worden, so ist das klägliche Ende des Helden in detaillierter medizinischer Fachsprache abgefasst. Dieser stilistische Absturz vom Heroischen ins Penible entspricht dem Übergang aus der Domäne des Mars in die des Saturns, der für körperliche Krankheiten, Vergiftungen und Verfall zuständig ist. Die folgende physiologische Beschreibung des unheilbaren Zustandes des Protagonisten nimmt sich im Kontext einer Ritter-Romanze erstaunlich aus:

> The pypes of his longes gonne to swelle,
> And every lacerte in his brest adoun
> Is shent with venim and corrupcioun.
> Him gayneth neither, for to gete his lyf,
> Vomyt upward, ne dounward laxatif ;
> Al is to-brosten thilke regioun,
> Nature hath now no dominacioun.
> And certeinly, ther nature wol nat wirche,
> Far-wel, phisyk ! go ber the man to chirche ! (S. 78 [2752-2760])

Auf diesem nüchternen Tiefpunkt kann die Geschichte jedoch nicht enden. Nicht nur die narrative Spannung zielt auf Erfüllung jenes Begehrens, das mit dem ersten schicksalhaften Blick angestoßen wurde, auch das resignative Fazit einer kontingenten Welt drängt auf Überwindung und Integration in einen größeren, planvollen Rahmen. So wird dem ersten Schluss der Erzählung, der im Tod des Arcite und im Triumph des Saturn gipfelt, noch ein zweiter Schluss angefügt, der in der Hochzeit des Palamon und im Triumph des Jupiter endet. Der Überleitung vom ersten zum zweiten Schluss entspricht weniger eine metaphysische Wende als eine Umperspektivierung. Sie entspricht der Lektion, die Boethius von der trostreichen Philosophie gelernt hat, als sie ihn im Kerker besuchte. Es besteht kein Zweifel, dass Chaucer, der den Dialog des Boethius aus dem 8. Jahrhundert übersetzte, diesen Text als Subtext für seine Ritter-Geschichte verwendet hat.

Boethius über Schicksal und Vorsehung

Dieser Subtext tritt mit der Parlamentsrede des Theseus, in der er nach Jahren und Ablauf der Trauerzeit die Verbindung von Palamon und Emilie proklamiert, an die Oberfläche. Diese Rede artikuliert eine kosmologisch-theologische Vision, die zum guten

Ende den himmlischen Prototyp des irdischen Herrschers, Jupiter, wieder in seine Rechte einsetzt.[7] An die Stelle des schwachen Jupiter, der nicht Herr war im eigenen Hause, tritt nun ein umfassend allmächtiger Jupiter, der als Apotheose des aristotelischen Weltgottes erscheint. Er ist es, der alle Gegensätze in einer Liebeskette bindet, der allem Vergänglichen seine Zeit zumisst, und von dessen Ewigkeit, Einheit und Vollkommenheit alles, was existiert, seinen Ausgang nimmt und zu ihm zurückkehrt. Dieser große positive Schlussakkord mag nach allem Vorangegangenen narrativ wenig überzeugend und wie eine forcierte, sehr oberflächlich bleibende Wende zum Guten anmuten. Nimmt man die Brücke, die Chaucer an diesem Punkt zu Boethius schlägt, jedoch ernst, so bietet sich dem Leser ein anderes Bild. Dafür muss kurz auf den Subtext zurückgegangen werden.

Im Text seines Dialogs vollzieht Boethius eine Konversion vom Adepten der Fortuna zum Schüler der Philosophia: er tritt aus dem Bannkreis der einen Göttin heraus und in die Gefolgschaft der anderen ein. Während jedoch bei einer Konversion das erste Wertesystem vernichtet werden muss, ehe das zweite zum Zuge kommen kann, bleibt in diesem Fall der Machtbereich der Fortuna bestehen und wird nur in seiner Bedeutung neu bewertet. Die wichtigsten Grundsätze der Lektion, die Boethius von der Philosophie lernt, lassen sich folgendermaßen zusammenfassen: Fortuna, die wechselhafte Göttin, ist allein beständig in ihrem Wandel.[8] Deshalb ist es nur eine Frage der Zeit, wann der allfällige Umschlag von Glück in Unglück oder Unglück in Glück erfolgt. Die erste Prämisse lautet: „alle fortune is good",[9] denn es gibt nur *eine* vollkommene Ordnung, aus der das Schlechte durch Abfall und Verformung austritt, das aber wieder zurückgeholt und ins Gute zurückgebogen wird. Aus menschlicher Perspektive hat *jedwedes* Geschick pädagogischen Charakter, weil es die Guten belohnt oder prüft und die Schlechten züchtigt oder läutert. Zufälle gibt es nicht, denn Leerstellen sind in der göttlichen Ordnung weder denkbar noch zulässig.

Chaucer übersetzt das Wort Zufall (*accidens*) mit ‚hap‘, das von Boethius als „ein aus planlosem Anlass und aus keinerlei ursächlichem Zusammenhang hervorgegangenes Ereignis" definiert wird.[10] Was so definiert wird, kann es jedoch nicht geben, also ist das Wort Zufall ein bloßer Sprachlaut (*vois*) ohne Bedeutung (*significatioun*). Das wird an einem Beispiel erläutert. Jemand gräbt seinen Garten um und stößt auf einen Schatz. Da dieses Ergebnis außerhalb der Intention seiner Handlung liegt, spricht er von Zufall. Im Licht der Philosophie besehen handelt es sich jedoch nur um die Verknüpfung zweier unabhängiger Handlungsketten, die von den Betroffenen nicht überschaut

---

7   Boethius: *De Consolatione Philosophiae*, übers. von Ernst Neitzke, Stuttgart 1959, S. 89-90 (III, ix).

8   Die Philosophie erklärt ihrem Schüler: „Thou wenest that Fortune be chaunged ayein thee ; but [...] she hath rather kept, as to thee-ward, hir propre stablenesse in the chaunginge of hir-self" (Geoffrey Chaucer: *Boethius De Consolatione Philosophie*, in: ders.: *Complete Works* [Anm. 5], Bd. 2, S. 1-152, hier: S. 24 [Book II, Prose i, 35-39]). Vgl. ferner dazu Reichert: *Fortuna oder die Beständigkeit des Wechsels* (Anm. 3), passim.

9   Boethius: *De Consolatione Philosophiae* (Anm. 7), S. 89-90 (III, ix).

10   Chaucer: *Boethius De Consolatione Philosophie* (Anm. 8), S. 127 (V, P i, 23-24). „Hap is bitydinge y-brought forth by foolish moevinge and by no knettinge of causes".

werden können, aus einer überlegenen Perspektive dagegen durchaus notwendig sind. Der Zufall wird nach diesem Exkurs von der Philosophie zum zweiten Mal, und jetzt richtig definiert: „Zufall ist das unvermutete Ergebnis aus zusammenfließenden Ursachen bei dem, was um irgendeines Zweckes willen betrieben wird."[11] Was aus menschlicher Perspektive zufällig und beliebig ist, das ist in der Perspektive göttlicher Vorsehung sinnvoll zusammengefügt. Fortuna, die eigenwillig und zügellos erscheint, wird von der göttlichen Vorsehung im Zaume gehalten, deren Gesetze sie ausführt.[12] Wo aber Ordnung und Gesetz walten, da hat der Zufall keinen Raum. Zufall ist also nur ein Effekt der beschränkten menschlichen Perspektive. Der Mensch allerdings steht auf einem Grat und vermag in zwei Richtungen zu blicken. In der einen Richtung hat er teil am Vergänglichen und sieht das Schicksal in seiner Vielfalt und Bewegung; in der anderen hat er teil am Göttlichen und sieht die kosmische Ordnung in ihrer Einheit und ewigen Dauer. Der immanente Blick erfasst die Peripherie des Kreises, in der sich die Schöpfung vervielfältigt und zeitlich entfaltet, der transzendente Blick dringt ins Zentrum des Kreises, in dem die Schöpfung als einfache Form bewegungslos und vollendet in sich ruht: „Jenes eine ist gewiß augenscheinlich, daß die unveränderliche und einheitliche Form der Geschehnisse die Vorsehung ist, das Schicksal dagegen die veränderliche Verknüpfung und die zeitliche Ordnung dessen, was nach der Ordnung der göttlichen Einheitlichkeit geschehen soll."[13] Eine entsprechende Umperspektivierung, so meine These, vollzieht sich am Ende von Chaucers Erzählung mit der Rede des Theseus. Dieser vollzieht eben jene von der Philosophie empfohlene Wendung von der Peripherie zum Zentrum, wenn er sich nach allen Wirren des Geschehens auf den ersten Beweger und die Liebeskette konzentriert, in der die in sich widersprüchliche und gegenstrebige Welt zusammengehalten wird. Mit dieser Rede wird das Vorangegangene in all seiner erratischen Widersprüchlichkeit nicht durchgestrichen und schon gar nicht geleugnet, sondern aufgehoben, heraufgehoben, zurückgeholt aus der Irrationalität der Fortuna in die Rationalität göttlicher Ordnung, zurückgebogen aus den Bahnen verformender Abweichung zur Stabilität des ewigen Ursprungs. Das Fazit seiner Rede ist die geduldige Annahme jedweden Geschicks:

'Thanne is it wisdom, as it thinketh me,
To maken vertu of necessitee,
And take it wel, that we may nat eschue,
And namely that to us alle is due. (S. 86 [3041-3044])

---

[11] Boethius: *De Consolatione Philosophiae* (Anm. 7), S. 144 (V, P i, 100-105). Philosophen der Gegenwart definieren den Zufall weniger bildlich, aber im Kern erstaunlich ähnlich: „Zufällig ist etwas (nicht an sich, sondern) aus der Perspektive dessen, dem es geschieht; so hat man den Zufall auch das (vom einzelnen System aus nicht-antizipierbare) Durchkreuzen verschiedener Kausalketten definiert. [...] Das Bestreben vernünftigen Erkennens muß sein, eine Perspektive zu gewinnen, aus welcher diese Lücke zu schließen ist: eine höher-stufige Erkenntnis, welche Zusammenhänge durchschaut, die innerhalb des zu nächst gegebenen Rahmens nicht erfaßbar sind." Emil Angehrn: *Vernunft und Kontingenz. Zur Standortbestimmung der Philosophie*, in: *Studia philosophica* 51 (1992), S. 221-240, hier: S. 222.

[12] Chaucer: *Boethius De Consolatione Philosophie* (Anm. 8), S. 127 (V, P i, 23-24).

[13] Boethius: *De Consolatione Philosophiae* (Anm. 7), S. 131 (IV, P vi, 111-117).

Die Argumentationshypotheken von Theologie und Philosophie sind durchaus vergleichbar. Dem *unde malum?* im Namen der Theodizee entspricht ein *unde accidens?* im Namen der Metaphysik. Beide „teilen die Sehnsucht nach einem zufallsfreien Weltbild."[14] Die Philosophie des Boethius macht bei ihrer Argumentation von dem alten Kunstgriff Gebrauch, der das Widerständige nicht durch Leugnung eliminiert, sondern durch ein ontologisches Gefälle von Wesentlichem und Unwesentlichem in seiner Bedeutung herabstuft. Über Zufälle, die als bloße Äußerlichkeit (Peripherie des Kreises) eingestuft werden und das Wesen (Zentrum des Kreises) nicht tangieren, kann man gut und gern hinwegsehen. Während diese Argumentationsstrategie der Philosophie es dem Boethius ermöglicht, Zufall und Ordnung zusammenzudenken und ein neues Weltvertrauen zu fundieren, wirkt bei Chaucer der Schluss mit seinem unvermittelten Perspektivenwechsel eher aufgesetzt. In seiner Erzählung driften Zentrum und Peripherie so weit auseinander, dass es größter Anstrengung bedarf, sie noch einmal zusammenzudenken. Was sie schließlich zusammenhält, ist nicht eine Erleuchtung, sondern ein herrscherliches Dekret, ein dezisionistischer Akt, der nicht mehr in Lebenserfahrung übersetzbar ist. Was schließlich als scheinhaft hätte durchschaut werden sollen, hat bei Chaucer zu viel Eigengewicht und sperrige Realität angesetzt, um es am Ende mit einem bloßen Blickwechsel noch bewältigen zu können. Ein knappes Jahrtausend nach Boethius zeigt Chaucer in seiner Erzählung, die einer vergangenen Epoche und Mentalitätsform ein Denkmal setzt, wie sich erratische Erfahrungswirklichkeit und unterstellter Ordnungszusammenhang immer weniger miteinander vermitteln lassen.

Skepsis und Weltvertrauen bei Shakespeare

Shakespeare hat Chaucers Erzählung gekannt und benutzt. Deutlichster Beleg dafür ist der *Sommernachtstraum*, in dem er das Königspaar Theseus und Hippolita noch einmal auf die Bühne gebracht hat.[15] Die bevorstehende und schließlich vollzogene Hochzeit zwischen dem Athener Herrscher und der als Kriegsbeute heimgeführten Amazonenkönigin bildet die Rahmenhandlung eines Stücks, das die eine Hälfte von Chaucers Themenkomplex auslotet: die Irrationalität der Liebe. Um nur ein Beispiel zu nennen: der eselsköpfige Bottom, Opfer des launischen Liebesgottes Cupido, der hier durch Puck vertreten ist, erscheint als eine groteske Inversion des herkuleischen Tugendhelden, wie ihn die Medaille des Stefano Taverna portraitierte.

---

14 Dietrich Harth: *Schatten der Notwendigkeit. Ein Versuch über den Zufall in Wissenschaften und Künsten*, in: *Neue Hefte für Philosophie* 24.25 (1985), S. 79-105, hier: S. 84. Harth spricht in diesem Zusammenhang von Philosophie und Wissenschaft im 18. Jahrhundert, widmet sich in dem Aufsatz aber insbesondere der Kunst- und Kontingenz-Theorie Valerys, der die Kunst vom Ideal der Vollkommenheit entfernen und sie mit dem Verfall liieren möchte.

15 Zu Chaucer als Quelle für Shakespeare vgl. Dorothy Bethurum: *Shakespeare's Comment on Medieval Romance in Midsummer Night's Dream*, in: *MLN* 60 (1945), S. 85-94; Ethelbert Talbot Donaldson: *The Swan at the Well – Shakespeare reading Chaucer*, New Haven/London 1985.

52

Die andere Hälfte von Chaucers Themenkomplex – die Irrationalität der Fortuna – hat
Shakespeare in seinen Tragödien, allen voran im *Hamlet* und *King Lear* wieder aufgegriffen. Shakespeares Tragödien stehen in vielem der mittelalterlichen Gattungsdefiniti-
on näher als der aristotelischen. Diese lautet bei Boethius in der Übersetzung Chaucers:
„What other thing bewailen the cryinges of tragedies but only the dedes of Fortune, that
with an unwar stroke overtorneth realmes of grete nobley? – Glose. Tragedie is to seyn,
a ditee of a prosperitee for a tyme, that endeth in wrecchednesse."[16] Fortuna, die nach
mittelalterlicher Auffassung die Muse der Tragödie ist, bestimmt auch in Shakespeares
Tragödien das Strukturgesetz der Handlung; blinder Zufall vereitelt die Möglichkeit
sinn- und planvollen Handelns. Die Tragödie, die das Scheitern jeglicher Form von
Rationalität ausstellt, rückt bei Shakespeare an die Grenze des Absurden. In ihr wird
vorgeführt, dass menschliche Handlungen nicht zu ihrem Ziele kommen, sondern permanent von erratischen Mächten abgebogen, unterbrochen, vereitelt werden. Das Prinzip Zufall, dass die Szenenfolge im *Hamlet* regiert, wird in der Schlussrede des Horatio
ausdrücklich beim Namen genannt. Im Angesicht des Leichenbergs stellt er fest, dass
sich die Summe dieser Ereignisse zu keiner kohärenten Geschichte zusammenfügen
lässt:

> And let me speak to th' yet unknowing world
> How these things came about. So shall you hear
> Of carnal, bloody, and unnatural acts,
> Of accidental judgements, casual slaughters,
> Of deaths put on by cunning and forced cause;
> And, in this upshot, purposes mistook
> Fall'n on th' inventors' heads. All this can I
> Truly deliver.[17]

Horatios letzte Worte sprechen die Hoffnung aus, dass die maligne Kette heilloser Zu-
fälle schließlich unterbrochen werden kann: „lest more mischance | On plots and errors
happen" (S. 1756, V.2, 338-339), wobei sein buchstäblich letztes Wort – „happen" –
etymologisch, wie wir gesehen haben, mit dem mittelalterlichen Begriff des Zufalls
verbunden ist. Horatio kann das Nachwort zu dieser Tragödie sprechen als einer, der es
verstand, sich außerhalb des Bannkreises der Fortuna zu stellen. Sein römischer Name
lässt jene stoischen Tugenden anklingen, die ihm die besondere Wertschätzung und
Freundschaft Hamlets eingetragen haben:

> for thou hast been
> As one, in suff'ring all that suffers nothing,
> A man that Fortune's buffets and rewards
> Hath ta'en with equal thanks; and blest are those

---

[16] Chaucer: *Boethius De Consolatione Philosophie* (Anm. 8), S. 28 (II, P ii, 48-52).
[17] William Shakespeare: *The Tragedy of Hamlet, Prince of Denmark*, in: ders.: *The Norton
Shakespeare. Based on the Oxford Edition*, hg. von Stephen Greenblatt u.a., New York/Lon-
don 1997, S. 1668-1759, hier: S. 1756 (V.2, 323-329). Alle folgenden Zitate aus *Hamlet*
beziehen sich auf diese Ausgabe. Weitere Angaben erfolgen im Fließtext.

Whose blood and judgement are so well commingled
That they are not a pipe for Fortune's finger
To sound what stop she please. (S. 1709 [III.2, 58-64])

Horatio nähert sich hier dem Renaissance-Ideal des herkuleischen Tugendhelden an. In deutlichem Kontrast zu diesem Ideal ist das Portrait des Hamlet gezeichnet. Der Sicherung und Steigerung männlicher Handlungskompetenz korrespondiert spiegelsymmetrisch ein neues Bewusstsein von männlicher Angst, von Sinnverlust und Ohnmacht. Während der eine sich durch geschärfte Vernunft gegen den Zufall zu wappnen sucht, unterhöhlt der andere die Vernunft, indem er sich dem Zufall ausliefert. Hamlet verkörpert den Gegenpol zum heroischen Selbstbehauptungswillen. Er, der die Erfahrung macht, dass der reine Wille nicht durchzusetzen ist und gefasste Pläne nicht zum Ziele gelangen, weil jede Handlung von ungewollten, vielleicht katastrophalen Nebenfolgen begleitet ist, vertraut schließlich auf den Zufall. In dieser Perspektive ist nicht der Zufall blind, sondern menschliches Planen. Zufälle sind Ausschnitte einer Ordnung, die dem Menschen aufgrund seiner beschränkten Einsicht niemals voll einsichtig ist. Von der Blindheit menschlichen Wollens und Planens überzeugt, vertraut er deshalb auf seine unüberlegten mehr als auf seine geplanten Handlungen:

Rashly –
And praised be rashness for it: let us know
Our indiscretion sometime serves us well
When our dear plots do pall, and that should teach us
There's a divinity that shapes our ends,
Rough-hew them how we will – (S. 1747 [V.2, 6-11])

Im letzten Akt hat er dem Wollen und Planen so weit abgeschworen, dass er trotz deutlicher Warnungen seines Freundes nicht einmal mehr der tödlichen Gefahr aus dem Wege gehen möchte. Was kommt, soll nur kommen, denn es kommt immer zur rechten Zeit.

> HORATIO: If your mind dislike anything, obey it. I will forestall
>   their repair hither, and say you are not fit.
> HAMLET: Not a whit. We defy augury. There's a special provi-
>   dence in the fall of a sparrow. If it be now, 'tis not to come. If
>   it be not to come, it will be now. If it be not now, yet it will
>   come. The readiness is all. Since no man has aught of what he
>   leaves, what is't to leave betimes? [Andere Editionen ergänzen
>   hier den Satz: „Let be."[18]] (S. 1751, V.2, 155-161)

---

[18] Vgl. etwa William Shakespeare: *Hamlet* (The Arden Shakespeare), hg. von Harold Jenkins, London/New York 1982, S. 407 (V.2, 220). Nachdem Hamlet vom vergifteten Degen tödlich getroffen ist, reagiert er auf die Unmöglichkeit, seine Geschichte zu Ende zu erzählen, mit den Worten „But let it be" (Shakespeare: *Hamlet* [Anm. 17], S. 1755, V.2, 280). Der Rest ist nicht Schweigen, sondern die Kommemoration der Ereignisse durch den Zeugen Horatio.

Mit dieser neutestamentlichen Haltung lebt Hamlet nach dem Satz aus Boethius, welcher lautete: „alle fortune is good", sowie nach der Weisheit des Theseus, welcher mahnte: „And take it wel, that we may nat eschue, | And namely that to us alle is due."[19] Was uns allen bevorsteht, ist der Tod; er ist der Zu-Fall schlechthin, der jenseits sinnvoller Handlungszusammenhänge und planender Berechnung liegt. Die Möglichkeit des Selbstmordes holt diesen Zu-Fall in die eigene Intentionalität zurück; mehr noch, der Selbstmord wird zum letzten Garanten der Autonomie angesichts der schlimmsten Schläge der Fortuna und der Gewalt des Tyrannen.[20] Horatio will nach römischem Vorbild Hamlet in den Tod folgen, was dieser jedoch nicht zulässt. Ausführlicher wird das Selbstmord-Problem im *King Lear* erörtert. Die Nebenhandlung zeigt Gloucester und Edgar, Vater und Sohn, jeden auf seine Weise als Opfer der Fortuna. Edgar, „A most poor man, made tame to fortune's blows" (S. 2443 [IV.5, 214]), hat Besitz, Rang, Namen und die Liebe seines Vaters verloren. Am Tiefst-Stand seines Unglücks glaubt er sich vor weiteren Schlägen der Fortuna sicher, um zu erfahren, dass selbst dieser Tiefst-Stand noch bodenlos ist: „And worse I may be yet. The worst is not | So long as we can say, This is the worst." (S. 2417 [IV.1, 28-29]) Gloucester, der seinem Leben ein Ende machen möchte, muss seinerseits lernen, dass er den Tod nicht selbst suchen darf, sondern ihn als eine Gabe empfangen muss. Edgar hat dafür eine besondere Therapie parat: er inszeniert einen Schein-Selbstmord, den er als Akt providentieller Rettung ausgibt:

> Therefore, thou happy father,
> Think that the clearest gods, who make them honours
> Of men's impossibilities, have preserved thee. (S. 2435 [IV.5, 72-74])

Edgars ,Kontingenz-Therapie' will die Grenzen menschlicher Planbarkeit demonstrieren: er inszeniert das schlechthin Unverfügbare, nämlich eine wunderbare göttliche Intervention, um damit dem Tod seine Unverfügbarkeit zurückzugeben. Gloucester gibt zu verstehen, dass er diese Lektion gelernt hat:

> I do remember now. Henceforth I'll bear
> Affliction till it do cry out itself
> "Enough, enough", and die. (S. 2435 [IV.5, 75-77])

Noch schwerer als sein eigenes Schicksal anzunehmen, fällt es ihm, den Untergang des Königs zu ertragen. Edgars Mahnung muss den Verzweifelten noch einmal zum Leben zurückrufen:

---

[19] Chaucer: *The Knightes Tale* (Anm. 5), S. 86 [3043-3044]).

[20] Vgl. William Shakespeare: *The Tragedy of King Lear: The Folio Text*, in: ders.: *The Norton Shakespeare* (Anm. 17), S. 2319-2478, hier: S. 2435 (IV.5, 61-64): „[GLOUCESTER:] Is wretchedness deprived that benefit | To end itself by death? 'Twas yet some comfort | When misery could beguile the tyrant's rage | And frustrate his proud will." Alle folgenden Zitate aus *King Lear* beziehen sich auf diese Ausgabe. Weitere Angaben erfolgen im Fließtext.

> Men must endure
> Their going hence even as their coming hither.
> Ripeness is all. Come on. (S. 2455 [V.2, 9-11])

Hamlets und Edgars Worte gehören aufs Engste zusammen, auch wenn sie Gegenteiliges artikulieren; Hamlets Worte gegenüber Horatio signalisieren die Bereitschaft, jetzt zu sterben und keinen Aufschub zu suchen; Edgars Worte gegenüber Gloucester signalisieren die Bereitschaft, jetzt nicht zu sterben und den Aufschub zu ertragen. Beide stimmen darin überein, dass sie sich zur Kontingenz ihres eigenen Todes durchringen, den sie aus den Bahnen ihrer planenden Verfügung herausgenommen haben. Die Weisheit des Boethius und des Theseus bestand darin, demütig das Gute und das Schlechte anzunehmen, weil es sich doch nicht abwenden lässt. Die Weisheit des Montaigne, der Shakespeare in diesem Punkt besonders nahe steht, geht noch weiter.[21] Sie besteht darin, die Unterscheidung zwischen Gutem und Schlechtem überhaupt zu überwinden:

> Man muß ertragen lernen, was man nicht vermeiden kann. Unser Leben ist, wie die Harmonie der Welt, aus widersprechenden Dingen, gleichfalls aus verschiedenen, langen und kurzen, hohen und tiefen, weichen und rauhen Tönen zusammengesetzt. [...]
> [...] Unser Dasein kann ohne diese Vermischung nicht bestehen, und eine Saite ist ebenso nötig dazu als die andere.[22]

Harmonie ist kein neues Bild für kosmische Ordnung; doch wird dieses Bild von Montaigne neu gefasst. An die Stelle einer Welt mit einer von Kontingenzen gereinigten transzendenten Ordnung und Harmonie tritt eine Welt, in der sich Ordnung und Kontingenz unentwirrbar verschränken. Was ehemals als Gegensatz konstruiert war, ist nunmehr so miteinander verbunden, dass das eine nicht ohne das andere bestehen kann. Skeptizismus, das heißt Kritik des menschlichen Wollens einerseits und Fideismus, das heißt Vertrauen in eine übergreifende Harmonie der Gegensätze andererseits, berühren sich in dieser Weisheit, die auf die Lebenshaltung der Indifferenz und Gelassenheit gerichtet ist.[23] Das folgende Zitat aus Montaignes Essays kann als eine direkte Parallele zu Hamlets Wort über den Sperling gelesen werden:

---

[21] Ich habe in anderem Zusammenhang Bezug genommen auf die Weisheit des Montaigne; vgl. Aleida Assmann: *Was ist Weisheit? Wegmarken in einem weiten Feld*, in: *Weisheit* (Archäologie der literarischen Kommunikation 3), hg. von Aleida Assmann, München 1991, S. 15-44, hier: S. 39-43.

[22] Michel de Montaigne: *Von der Erfahrung*, in: ders.: *Gesammelte Schriften Michel de Montaignes. Historisch-kritische Ausgabe*, mit Einleitungen und Anmerkungen unter Zugrundelegung der Übertragung von Johann Joachim Bode hg. von Otto Flake und Wilhelm Weigand, München/Berlin 1915, Bd. 6, S. 158-256, hier: S. 205 f.

[23] Hugo Friedrich hat sich 1949 zu diesem Syndrom geäußert. Im gleichen Zeitraum hat Heidegger den Begriff der Gelassenheit zu philosophischen Ehren gebracht. Die Konjunktur dieser Geisteshaltung im Nachkriegs-Westdeutschland bedürfte einer eigenen Untersuchung.

Die Macht, welche für Flöhe und Maulwürfe sorgt, sorgt auch für solche Menschen, welche sich mit eben der Geduld regieren lassen wie die Flöhe und Maulwürfe. Wir mögen an einer Fähre so viel schreien als wir wollen: Holt über! Heiser kann es uns wohl machen, aber der Fährmann kommt uns darum nicht schneller.[24]

Systemische Kontingenz – Halt in der Haltlosigkeit?

Das Problem der Kontingenz wird in Spätmittelalter und Renaissance in der Begrifflichkeit der Fortuna reflektiert. Fortuna in ihrer mittelalterlichen Gestalt ist ein Abspaltungsprodukt. Indem sie für alles Irrationale, Ordnungswidrige einsteht, entlastet sie die höchste Gottheit von der unmittelbaren Verantwortung für die schlechten Züge des Kosmos. Fortuna hat in der Hierarchie eine untergeordnete Stellung inne; sie verkörpert kein Gegenprinzip, das in einen offenen manichäischen Konflikt führen würde. In der älteren Fortuna-Theologie des Boethius sind folgende Axiome dogmatisch festgelegt:

1. Es besteht eine klare Wert-Dichotomie zwischen der guten göttlichen Ordnung/Einheit und der schlechten irdischen Unordnung/Vielfalt, über die Fortuna herrscht.
2. Wandel, Zeitlichkeit, Schicksal, Zufall, Kontingenz gehören dem Reich der Fortuna an, sind also notwendig negativ konnotiert.
3. Zwischen den Bereichen des Guten und des Schlechten besteht kein Verhältnis der Rivalität, sondern eines der Unterordnung und Abhängigkeit.
4. Was aus dem Reich der Fortuna hervorgeht, hat keinen Bestand; alles Seiende hat seinen Ursprungsort in der göttlichen Ordnung und kann, vorübergehend gekrümmt und aus dem Lot gebracht, heil zu diesem zurückkehren.

Diese Solidarität von Gott, Ordnung, Einheit und dem Guten ist in der abendländischen Kultur zur verbindlichen Norm erhoben worden. Sie besitzt jedoch keine zwangsläufige Evidenz. Der Gottesname etwa, der Moses von Jahwe aus dem brennenden Dornbusch offenbart wird, lautet: „Ich bin, der ich sein werde." Diese Formel erhebt keinerlei Anspruch auf zeitlose Ordnung; ebenso radikal entzieht sie sich dem menschlichen Bedürfnis der Erwartungssicherheit. „Ich bin, der ich sein werde" – das heißt so viel wie: „Mein ist die Kontingenz."[25] Im Gegensatz dazu ist der aristotelische Gott, der der Gott der Philosophen und unter ihnen auch der des Boethius ist, als unbewegter Beweger auf seine Rolle als Garant der kosmischen Ordnung festgelegt. Um der Reinheit des göttlichen Ordnungsprinzips willen müssen alle ordnungswidrigen Elemente auf eine andere Instanz übertragen werden. Hier kommt Fortuna ins Spiel, deren Walten allerdings nicht selbstverantwortet und eigenmächtig, sondern mit göttlicher Lizenz sich vollzieht. Auf diese Weise stabilisiert sich eine totalisierende Ordnungsvorstellung, die Kontingenz

---

[24] Michel de Montaigne: *Inwiefern ähneln die Kinder ihren Vätern?*, in: ders.: *Gesammelte Schriften* (Anm. 22), Bd. 4, S. 350-401, hier: S. 367.

[25] Vgl. dazu den Aufsatz von Gabriel Motzkin: *„Eyheh" and the Future. „God" and Heidegger's Concept of Becoming Compared*, in: *Ocular Desire/Sehnsucht des Auges*, hg. von Aharon Agus und Jan Assmann, Berlin 1994, S. 173-182.

zwar anerkennen und wegstecken, aber nicht zu einer grundsätzlichen Positivierung von Kontingenz durchstoßen kann. Für die Lebensführung heißt das, dass der Mensch den Wandlungen der Fortuna nicht entgehen kann, dass er aber Strategien erlernen kann, um sich gegen ihre trügerischen Gaben und Schläge zu wappnen. Distanz und innerer Vorbehalt gegenüber den Wechselfällen des Schicksals ermöglichen eine Autonomie, die nicht aus der Selbstermächtigung, sondern aus dem Transzendieren irdischer Zwänge auf die hintergründige Ordnung hervorgeht. Bei Shakespeare haben wir es oberflächlich gesehen noch mit derselben Gegenüberstellung von kosmischer Ordnung und Fortuna zu tun, doch haben sich die Voraussetzungen bereits gründlich verschoben. Bei Chaucer geht es in der Nachfolge des Boethius darum, durch einen Blick auf die transzendente Ordnung die Irrationalität der Fortuna zu durchschauen und sich gegen ihre Erschütterungen zu wappnen. Unter den Shakespeareschen Figuren kommt Horatio dieser Haltung am nächsten, die in der Renaissance als Neostoizismus wieder auflebt und mit dem Namen Justus Lipsius verbunden ist.[26] Shakespeare hat jedoch dem Horatio den Hamlet gegenübergestellt. In diesem Wittenberger Freundespaar ist einer das Korrektiv des anderen; Horatio verkörpert die urteilende und entscheidungsmächtige Fakultät der Ratio, die Hamlet fehlt, Hamlet verkörpert die Imagination und Weisheit der Kontingenz, die Horatio fehlen. Der eine hat sich gegen Fortuna gewappnet und damit zugleich seine Empfindlichkeit und Empfänglichkeit für die Zeichen der Transzendenz eingebüßt, der andere ist der Fortuna ausgeliefert, hat jedoch seine Offenheit für den Augenblick bewahrt. Shakespeare hat nicht nur in der Figur des Hamlet, sondern auch in der Edgar-Gloucester-Handlung im *Lear* die Grundlagen der neostoischen Fortuna-Theologie revidiert und sie in ein neues Konzept transformiert, das das Prinzip Kontingenz aus seinem mittelalterlichen Rahmen löst und über die Schwelle der Neuzeit trägt.

Was ist neu an diesem Konzept? Besonders drei Aspekte sind hier zu nennen:

1. Die Entdifferenzierung von Ordnung und Kontingenz.[27] – Die mittelalterliche Dichotomie von Ordnung und Kontingenz erforderte es, dass man schielend in die Welt blickte, ein Auge auf Wandel und Chaos, das andere auf ewige Ordnung gerichtet, wohl wissend, dass ersteres nur eine optische Täuschung des letzteren war. Mit diesem doppelten Blick ist es an der Schwelle der Neuzeit vorbei; Ordnung und Kontingenz sind untrennbar miteinander verbunden. Das hat Konsequenzen für den Stellenwert der Kontingenz, die nunmehr zu schillern beginnt; sie ist – traditionell – noch verbunden mit *Fortuna* als der ostentativen Negation von Ordnung, sie wird aber auch – modern – zum ephemeren Zeichen, in dem sich die Ordnung als fragmentiert zeigt. Durch die Überblendung von Ordnung und Kontingenz verlieren die unzusammenhängenden Einzelheiten das *Odium* der Verbiegung von Ordnung oder Verzerrung von Wahrheit und

---

26 Justus Lipsius: *Von der Bestendigkeit (De Constantia)* [Faksimiledruck der deutschen Übersetzung des Andreas Viritius nach der 2. Aufl. von 1601], hg. von Leonard Forster, Stuttgart 1965.

27 Angehrn nennt die „Entdifferenzierung von Ordnung und Chaos, von Gesetz und Zufall" die vierte Kränkung nach Kopernikus, Darwin und Freud. Emil Angehrn: *Vernunft und Kontingenz. Zur Standortbestimmung der Philosophie*, in *Studia Philosophia: Vernunftnähe, Vernunftferne* 51 (1992), S. 221–240, hier: S. 234. Edgar Morin hat dafür den Begriff vom ‚Chaos-Kosmos' geprägt.

können zu Hinweisen auf eine Ordnung werden, die der Mensch niemals in ihrer Ganzheit zu Gesicht bekommt.

2. Die Entdifferenzierung von Transzendenz und Immanenz. – Der Übergang vom vorneuzeitlichen zum frühneuzeitlichen Kontingenz-Denken ist am Wandel des Transzendenz-Begriffs ablesbar. Transzendenz bezog sich traditionellerweise auf eine höhere, vom Irdischen abgesetzte und dem Irdischen enthobene Seinsordnung; sie markierte eine scharfe Trennungslinie zwischen göttlichem Jenseits und irdischem Diesseits. Diese Zwei-Welten-Theorie, die die doppelte Buchführung von Ordnung und Kontingenz ermöglichte, wird in Frage gestellt; Transzendenz kippt um in die Immanenz. Unter ‚modernen' Voraussetzungen bezieht sich Transzendenz auf das, was die Horizonte menschlichen Denkens, Wollens und Planens übersteigt. Diese übergreifende, entzogene Ordnung ist weder außerweltlich, noch ist sie als stabile Struktur vorstellbar. Sie rückt ab von allen Ordnungsvorstellungen, die bislang der metaphysischen Versicherung des Menschen in der Welt gedient hatten.

3. Die Verborgenheit der Ordnung. – Diese Ordnung hat nichts mehr mit der totalisierenden Struktur des aristotelischen Kosmos zu tun. Jene Ordnung war bis ins letzte Detail geometrisch ausgemessen und, obschon transzendent, in ihrer Gesamtheit erfasst und bekannt. Sie war deduzierbar als eine logische Notwendigkeit und daher unerschütterlich gültig, somit war sie auch das Gegenteil von geheimnisvoll, nämlich klar und eindeutig. In dieser Ordnungsstruktur geht der Komplexitätswert gegen Null, denn ihre Signatur ist grade die Einfachheit und Einheit. Die Ordnungsstruktur bei Shakespeare und Montaigne beruht auf einem Ganzheitskonzept, das dieses Ganze nicht als geschlossene Gestalt, sondern als in sich widersprüchliches, offenes Gefüge maximaler Komplexität voraussetzt. Um die Klarheit und Eindeutigkeit der Ordnung ist es geschehen. Sie ist nicht mehr offensichtlich, sondern konstitutiv verborgen, geheimnisvoll. Keinem Menschen ist mehr möglich, was Boethius von der Philosophie lernte: sie mit einem Blick zu überschauen. Ihre Gesetzmäßigkeit zu erschließen ist dem Menschen unmöglich; er kann sie nur vertrauensvoll voraussetzen, aber nicht mehr nomothetisch setzen.

Vom „Let be" in *Hamlet* zum „Let it be" der Beatles ist es nur ein Schritt. Oder? Gestatten wir uns abschließend noch einen Ausblick auf die Gegenwart. Nietzsche hatte Hamlets Handlungsunfähigkeit auf einen zu tiefen Blick zurückgeführt. Wer „einen wahren Blick in das Wesen der Dinge" getan hat, kann nichts mehr anpacken. Seine eigene Schlussfolgerung aus der Lehre des Hamlet, wie er sie nannte, lautete: „Erkenntnis tötet das Handeln, zum Handeln gehört das Umschleiertsein durch die Illusion."[28] Damit war das Programm einer Selbstbehauptung durch Kontingenz-Bewältigung verbunden, die Geburt eines neuen Herkules sozusagen, der sich nicht mehr durch Tugend, sondern nur noch durch Stärke und Vitalität auszeichnet. Ein Jahrhundert nach

---

[28] Friedrich Nietzsche: *Die Geburt der Tragödie*, in: ders.: *Werke in drei Bänden*, hg. von Karl Schlechta, München 1962, Bd. 1, S. 7-134, hier: S. 48. Vgl. dazu auch den Aphorismus § 519 aus der *Morgenröte:* „Sobald ihr handeln wollt, müßt ihr die Tür zum Zweifel verschließen, – sagte ein Handelnder. – Und du fürchtest dich nicht, auf diese Weise der Betrogene zu werden? – antwortete ein Beschaulicher" (Friedrich Nietzsche: *Morgenröte*, in: ders.: *Werke in drei Bänden* [s.o.], Bd. 1, S. 1010-1279, hier: S. 1253).

Nietzsche hat Gregory Bateson diese Lehre wiederum auf den Kopf gestellt: er erkannte in ‚Systemblindheit' die Ermöglichung eines unheilvollen Aktivismus. Bateson entwickelte ein nichtlineares, systemisch nach allen Seiten offenes Denken, das mehrspurig orientiert ist und Nebenfolgen und unerwünschte Resultate ins Kalkül einbezieht. Indem er die Prinzipien der gegenseitigen Hervorbringung (*Koevolution*) und Rückkoppelung stark machte, ließ er Kontingenz nicht mehr außen vor, sondern machte sie zum zentralen Impuls seines Denkens. Mehr noch: seines Lebens, denn er verkörperte, wie uns seine Biographen mitteilen, die systemische Weisheit des „Let (it) be". Nach dem Bericht seiner Tochter Mary Catherine Bateson

> ging er weder zum Zahnarzt, um das Verfaulen und Ausfallen seiner Zähne zu verhindern, noch behandelte er die eiternden Blasen an seinen Füssen. Systemische Weisheit, wie er sie verstand, veranlaßte ihn, hier eher nichts als überhaupt etwas zu tun, da alles Tun nur dazu angetan war, unbeabsichtigte, wenn nicht paradoxe und unerwünschte Resultate zu erzeugen.[29]

Trotz großer Ähnlichkeit bestehen auch tiefgreifende Unterschiede zwischen dem Indifferentismus eines Hamlet oder Montaigne einerseits und dem eines Gregory Bateson oder Niklas Luhmann andererseits. Für den Boezischen Trost der Philosophie hatten die Skeptiker der Renaissance keinen Bedarf mehr, weil sie ein neues Weltvertrauen im kosmischen Zusammenhang fanden, der das Gleichgewicht seiner sämtlichen Bestandteile zuverlässig regulierte. Hamlet spricht hier von „divinity", Montaigne von „nature". Diesen metaphysischen Rückhalt hat die Systemtheorie unserer Tage aufgegeben. Luhmann spricht von einer „nach innen und außen ins Leere fallenden Welt", einer Welt, „die sich nur an sich selbst festhalten kann, aber alles Haltbare ebensogut ändern kann".[30] Dieses Weltbild einer verabsolutierten Kontingenz ist, wie Luhmann hinzufügt, „für gesellschaftliche Orientierung untauglich".[31] Kontingenz, so scheint es, ist dem Menschen nur in bestimmten Dosierungen zumutbar. Möglicherweise ist es inzwischen schon wieder geboten, Nicht-Kontingentes zu erfinden, damit die nicht ganz unplausible Fiktion des verantwortlichen und urteilsfähigen Individuums aufrechterhalten werden kann.

[29] Helm Stierlin: *Haltsuche in Haltlosigkeit. Evolutionäre Perspektiven* (unveröffentlichtes Manuskript), S. 18.

[30] Niklas Luhmann: *Ökologische Kommunikation. Kann die moderne Gesellschaft sich auf ökologische Gefährdungen einstellen?*, Opladen 1988, S. 164.

[31] Ebd. Aus der Sicht des Therapeuten, der seine Aufgabe darin sieht, seinen Klientinnen zu einem Halt in der Haltlosigkeit zu verhelfen, stellt sich diese Situation als Gratwanderung dar zwischen der Chance, angesichts von Verunsicherung durch Um-Deutung Neues anzustoßen, und der Gefahr, die Offenheit des Prozesses durch apodiktische Verordnungen zu verstellen. Stierlin: *Haltsuche* (Anm. 29), S. 21.

Der Eigen-Kommentar als Mittel literarischer Traditions-stiftung. Zu Edmund Spensers *The Shepheardes Calender*

Der Auftritt der Edition

Zu den ersten literarischen Werken, die in England von ihrem Verfasser eigenhändig in Druck gegeben wurden, zählt Edmund Spensers Eklogenzyklus *The Shepheardes Calender*. Dieses Gedicht erblickte das Licht literarischer Öffentlichkeit in voller editorischer Armierung. Unter dem Titel stand die Widmung an den damals bereits allgemein hochverehrten Philip Sidney. Druck und Vertrieb waren in der Hand eines Hugh Singleton in London. Das sparsam dekorierte Deckblatt des Buchs verzeichnet das Erscheinungsjahr 1579. Doch damit noch nicht genug, es folgen weitere Schriftstücke, bevor das Werk endlich selbst zur Sprache kommt.

Das erste davon ist ein dreistrophiges Envoi-Gedicht, das der Autor unter dem verschlüsselten Namen *Immeritó* an sein Buch richtet. Dieses wird nackt und anonym als Waise in die Öffentlichkeit entlassen und dem Schutz des renommierten Patrons Philip Sidney empfohlen. Das Inkognito des Autors soll dessen literarische Kühnheit schützen, und er verspricht, es mit weiteren Proben seiner Kunst zu lüften, wenn die Aufnahme positiv ausfalle. Der zweite Text stammt ebenso von einem Anonymus, der sich als E. K. vorstellt. Es handelt sich um einen ausführlichen, an den Freund des Dichters, Gabriel Harvey, gerichteten Brief, dem die Patronage des neuen Autors und seines Werks anempfohlen wird. Der gefürchtete Misserfolg wird, wie schon im Envoi-Gedicht, in der Gestalt von „Envy" personifiziert. Gemeinsam mit Philip Sidney möge der Freund das wehrlose Opus vor seinen Feinden schützen, wenn diese es aus Unverständnis und Missgunst angreifen. Dieser direkte Schutz-Appell macht jedoch den geringsten Teil des Schreibens aus. Vier grundsätzliche Themen werden in diesem Vorspann angesprochen: 1. Probleme der Veröffentlichung, 2. die Archaisierung der Sprache, 3. die neue Poetik, 4. die Rechtfertigung des Kommentars, mit dem dieser Text weiter ausgestattet ist.

1. Die *Probleme der Veröffentlichung* sind für diese Autorengeneration gänzlich neu. Denn sie sind die Pioniere, die erstmals das Medium des Buchdrucks nicht zur religiösen oder moralischen Volksbildung einsetzen, sondern es in den Dienst ihres eigenen literarischen Ehrgeizes stellen. Die anfängliche Personalunion von Unternehmer, Drucker, Verleger, Übersetzer, Herausgeber und Autor beginnt sich auszudifferenzieren zugunsten einer klaren Arbeitsteilung in der Dreiecks-Konstellation von Drucker, Autor und Patron. Im Erstdruck des *Shepheardes Calender* werden drei Personen mit Namen genannt, der Drucker und die beiden Patrone, während die Namen des Autors

und des Kommentators im Dunkeln bleiben. Autorschaft ist zu diesem Zeitpunkt allerdings noch keine einheitliche Institution. Während sich der Autor als biographisches und rechtliches Subjekt bedeckt hält und noch nicht bereit ist, das unsichere Terrain der Öffentlichkeit zu betreten, stellt sich der Autor als Schöpfer seiner Verse und Exponent einer literarischen Tradition dagegen ins volle Rampenlicht. So sehr sich jener hinter seinem Werk verbirgt, so pompös tritt dieser darin auf und macht das ganze Gedicht zu einer Plattform seiner grandiosen literarischen Selbstinszenierung.

Die Publikationsschwelle wurde in dieser Frühphase literarischer Druckproduktion mythisch dramatisiert als eine Grenze zwischen Dunkel und Licht, die es mit prometheischem Eifer zu überschreiten galt. Das Licht der Druck-Öffentlichkeit war dabei allerdings zweischneidig. Als kaltes und gnadenloses Licht mobilisierte es die Angst existentieller Schutzlosigkeit, was im Bild vom Buch als Waisenkind anklingt; als warmes Licht des Ruhms dagegen versprach es Anerkennung, Unsterblichkeit und eine gute Pension. „Unknowne, unkist, and lost that is un-sought" – mit diesen Worten, die so viel heißen wie: „wer unerkannt bleibt, bleibt ungeküsst; was nicht gesucht wird, bleibt verloren", überzeugt bei Chaucer der Kuppler Pandarus den liebeskranken Troilus von der Notwendigkeit, sich seiner Geliebten zu erklären.[1] Mit der Formel „vncovthe vnkiste" wird bei Spenser der Widmungsbrief eröffnet, der sie auf das Verhältnis von literarischem Werk und Öffentlichkeit anwendet. Ohne Öffentlichkeit kein Ruhm. Der Name des Autors sollte „in der Fanfare der Fama erschallen, aber er soll nicht nur geküsst, sondern auch von allen geliebt, von den meisten verehrt und von den besten bewundert werden".[2] In einem Postscript zu diesem Brief wird Gabriel Harvey aufgefordert, es dem Freund gleichzutun und seine literarischen Werke ebenfalls der Öffentlichkeit zu übergeben: „Ich hoffe, dass Sie, Mr. Harvey, sich überzeugen lassen, manche Ihrer ausgezeichneten englischen Gedichte der schwarzen Dunkelheit zu entreißen und ins ewige Licht zu stellen."[3]

2. Die Theorie von der *Archaisierung der Sprache*, die im Widmungsbrief entwickelt wird, steht in unmittelbarem Zusammenhang mit der Suche nach einem einheimischen poetischen Idiom. Eine Literatursprache muss sich, so die unterschwellige Prämisse, unbedingt von der gesprochenen Umgangssprache abheben. Die von unserem Autor propagierte Lösung besteht in einer Verfremdung der Muttersprache durch Einschluss fremd klingender oder obsolet gewordener Wörter. Der Briefschreiber ahnte aber bereits, dass diese mit altertümlichen und unverständlichen Wendungen angereicherte poetische Diktion auf wenig Gegenliebe unter den Lesern stoßen würde. Zur Rechtfertigung dieser Praxis führte er verschiedene Gründe an, darunter die

---

[1] Geoffrey Chaucer: *Troilus and Criseyde*, in: ders.: *The Complete Works of Geoffrey Chaucer*, hg. von Rev. Walter W. Skeat, 7 Bde., Oxford 1894, Bd. 2, S. 153-417, hier: S. 179 (Book I, v. 809; Übers. A. A.).

[2] Edmund Spenser: *The Shepheardes Calender*, in: ders.: *The Poetical Works of Edmund Spenser*, hg. von James C. Smith und Ernest de Sélincourt, London u.a. 1960, S. 416 (Übers. A. A.).

[3] Ebd., S. 419 (Übers. A. A.): „Now I trust M. Haruey [...] you will be perswaded to pluck out of the hateful darknesse, those so many excellent English poemes of yours, which lye hid, and bring them forth to eternall light."

Ehrwürdigkeit des Alters, dem Respekt und Achtung gebührt („a certein religious regard"); eine Ästhetik der Dunkelheit, die schroffe Klippen, Dissonanzen und dunkle Schatten rühmt („disorderly order"); und schließlich die Wiederherstellung und Aneignung eines verlorenen Kulturschatzes: „er hat sich bemüht, jene guten und natürlichen englischen Wörter, die lange Zeit außer Gebrauch und schon fast verloren waren, in ihr rechtmäßiges Erbe wieder einzusetzen."[4]

3. Das Werk wird als Paradigma einer *neuen Poetik* vorgestellt. Es setzt sich polemisch ab von der zeitgenössischen Produktion der Zunft, die als „liederliche Rotte unserer zerlumpten Reimer" („rakchellye route of our ragged rymers")[5] etikettiert wird. Mit der satirischen Bezeichnung ist bereits ein vorherrschendes Stilmittel dieser Gruppe gegeißelt, die lautmalende Alliteration. Ebenso wird der Reim als poetische Pflichtübung außer Kurs gesetzt. Die neue Poetik, das wird dabei klar, orientiert sich nicht an einheimischen, sondern an europäischen und antiken Normen. Die wichtigsten Unterscheidungsmerkmale zwischen der indigenen Reimerei und der neuen Poetik sind Kunstfertigkeit und Gelehrsamkeit. „Denn was bei den meisten englischen Schriftstellern locker und unbeholfen war, ist bei diesem Autor wohlbegründet, kunstvoll arrangiert und kraftvoll zusammengebunden."[6] Die neuen Dichter sind Hochschulabsolventen, sie haben alte Sprachen und ihre Literaturen studiert, sie messen sich am humanistischen Bildungsstandard europäischer Poesie. Spensers *Shepheardes Calender* ist ein programmatischer Text, der dazu verhelfen soll, diesen Maßstab auch in England verbindlich zu machen.

4. Das vierte Motiv des Widmungsbriefes ist die Ankündigung und *Rechtfertigung des Kommentars*. Ein Text, der so radikal von sprachlichen Normen und poetischen Konventionen abweicht, läuft Gefahr, sein Publikum zu verfehlen. Dieses Publikum entbehrt ja noch die Grundvoraussetzungen, um diesen Text, der sich als Manifest einer „neuen" Sprache und Tradition gibt, in seiner Qualität überhaupt würdigen zu können. Im Medium des Kommentars soll dieses Problem durch direkte Rezeptionssteuerung gelöst werden.

> [Ich habe] eine gewisse Glosse oder Scholie angefügt für die Erläuterung altertümlicher Worte und schwieriger Wendungen. Ich bin mir bewusst, dass diese Form der Glossierung oder Kommentierung in unserer Sprache seltsam und gesucht erscheinen mag. Da ich mir aber sicher war, dass viele ausgezeichnete und gelungene Kunstgriffe sowohl in der sprachlichen Form als auch im Gehalt im Verlauf einer schnellen Lektüre überlesen würden, sei es, dass sie unerkannt bleiben, sei es, dass sie übersehen werden, und damit wir es auf diesem Gebiet den Gebildeten anderer Nationen gleichtun mögen, hielt ich es für angemessen, mich der Mühe zu unterziehen, und das umso mehr, als ich durch nahe Be-

---

[4] Spenser: *Shepheardes Calender* (Anm. 2), S. 417 (Übers. A. A.): „[...] he hath laboured to restore, as to theyr rightfull heritage such good and naturall English words, as haue ben long time out of vse and almost cleane disherited."

[5] Ebd. (Übers. A. A.).

[6] Ebd. (Übers. A. A.): „For what in most English writers vseth to be loose, and as it were vngyrt, in this Author is well grounded, finely framed, and strongly trussed vp together."

kanntschaft in die Pläne des Autors eingeweiht war und hier wie bei etlichen anderen seiner Werke seine ureigensten Gedanken teilen durfte.[7]

Vier Gründe führt der Kommentator hier für sein ungewöhnliches Unternehmen an: 1. den Bedarf an Worterklärungen und sprachlichen Paraphrasen, 2. Hinweise auf besondere Kunstgriffe und literarische Leckerbissen, 3. die Ambition, mit anderen Kulturnationen zu wetteifern, und 4. das Privileg, in die Intentionen des Autors und dessen Werk eingeweiht zu sein.[8]

Die editorische Armierung, von der eingangs die Rede war, ist mit der Epistel an Gabriel Harvey aber noch nicht abgeschlossen. Es folgt (ebenfalls aus der Feder des E. K.?) eine Gesamtübersicht über das Werk, betitelt: „The generall argument of the whole booke".[9] Der Titel hält kaum, was er verspricht. Statt eines Resümees wird dem Leser ein Exkurs über die subtile Unterscheidung zwischen poetischen Schaf- und Ziegenhirten beziehungsweise zwischen „Aeglogen" und „Eclogen" zugemutet. Die dann folgende Einteilung der Gedichte in klagende („plaintiue") und erbauliche („recreatiue")[10] ist wiederum zu unspezifisch, um die Textmasse wirklich zu ordnen und der Lektüre eine Orientierung anzubieten. Den weitaus größten Teil des „Arguments" nimmt ein gelehrter Traktat über Zeitmessung und Jahres-Einteilung ein, wobei vor allem die Unterschiede zwischen dem christlichen Kalender, der mit der Geburt Christi beginnt, und dem heidnisch-astrologischen Kalender, der mit der zyklischen Erneuerung

---

[7]   Spenser: *Shepheardes Calender* (Anm. 2), S. 418 (Übers. A. A.): „[I haue] added a certain Glosse or scholion for thexposition of old wordes and harder phrases: which maner of glosing and commenting, well I wote, wil seeme straunge and rare in our tongue: yet for somuch as I knew many excellent and proper deuices both in wordes and matter would passe in the speedy course of reading, either as vnknowen, or as not marked, and that in this kind, as in other we might be equal to the learned of other nations, I thought good to take the paines vpon me, the rather for that by meanes of some familiar acquaintaunce I was made priuie to his counsell and secret meaning in them, as also in sundry other works of his."

[8]   In der Frage nach der geheimnisvollen Identität des E. K. teilt sich die Forschung in Stimmen, die ihn von Spenser fernhalten wollen („we should be sorry to think Spenser capable of the pedantry and folly which the comments of E. K. display"), und solche, die ihn ihm näherrücken („whoever E. K. may have been, it is evident that throughout his commentary he speaks the poet's sentiments as well as his own"). Eine salomonische Formel ist die von der „joint editorship" (Edmund Spenser: *The Works of Edmund Spenser. A Variorum Edition; The Minor Poems I*, hg. von Edwin Almiron Greenlaw u.a., Baltimore 1943, S. 646 und 648). Im Gegensatz zum Fremdkommentar, der dem Text eine nachträgliche, von einem betont anderen Standpunkt ausgehende Lektüre zukommen lässt, handelt es sich hier um einen (selbstverfassten oder an einen Freund delegierten) Eigenkommentar, der das Werk von vornherein in den verschiedenen Registern von Text und Metatext anlegt. Es überrascht, dass die Zweischichtigkeit des Werks in der Literatur noch wenig Beachtung gefunden hat, obwohl die Kommentierung literarischer Werke in der Renaissance eine bedeutende Rolle spielt. Vgl. dazu *Les Commentaires et la naissance de la critique littéraire – France/Italie (14.-16. siècles)* (Actes du Colloque international sur le Commentaire, Paris, Mai 1988), hg. von Gisèle Mathieu-Castellani und Michel Plaisance, Paris 1990.

[9]   Spenser: *Shepheardes Calender* (Anm. 2), S. 419.

[10]   Ebd.

der Natur im März beginnt, herausgearbeitet werden. Erstaunlich ist dabei, dass Spenser als überzeugter Protestant in seinem Eklogenzyklus ausschließlich auf den paganen und folkloristischen Kalender Bezug nimmt und dabei den heilsgeschichtlichen Zeitrahmen gänzlich ausgeblendet hat.

Die Ekloge als Gattung poetischer Selbstreferentialität

Spensers Eklogenzyklus verzichtet auf die Bibel als kulturellen Referenztext und öffnet in der Nachfolge italienischer (Mantuanus) und französischer Vorbilder (Marot) mit seinem Text den neuen Referenzraum antiker Dichtung und Mythologie. Indem sich die Wege von Dichtung und Christentum trennen, wird eine neue Allianz von Dichtung und Fiktion besiegelt: Geschichten, Gestalten und Bilder des heidnischen Altertums, die in keinem vordergründigen Sinn wahr sind, werden als poetische Chiffren entdeckt.

Die Ekloge ist die paradigmatische Gattung poetischer Selbstreferentialität. In diesem Medium reflektieren Dichter seit Theokrit und Vergil in der Rolle von Schäfern über ihren Status und ihre Dichtung.[11] In England wurden in dieser Gattung zum ersten Mal Geschick und Aspirationen des Dichters zum Gegenstand der Dichtung. Colin Clout, der vom Kommentator von Anfang an als persona des Dichters eingeführt wird, tritt mit seinen persönlichen Problemen in drei Eklogen auf, in drei weiteren stehen Gedichte von ihm im Mittelpunkt, die formell rezitiert werden. Hinzu kommt die Oktober-Ekloge, die dem Renommee des Dichters in Antike und Gegenwart sowie dem Niedergang des Mäzenatentums gewidmet ist. Cuddie, der dieses vorbringt, wird vom Kommentator ebenfalls für eine Dichter-persona gehalten.

Mit der Wahl der Gattung Ekloge hat der Dichter einen neuen Bildungshorizont geöffnet und den Weg konsequenter Selbstinszenierung eingeschlagen. Programmiert ist dieser Weg durch die *rota Virgilii*, die spätantike Kanonisierung einer Dichterbiographie zum verbindlichen literarischen Produktionsmuster.[12] Die Eklogen sind der erste Schritt auf einem vorgezeichneten Weg, sie sind das Ausgangs-Genre der literarischen Fingerübungen (der Kommentator spricht, an Pegasus denkend, von „Flugübungen"[13]). Das Curriculum schreitet von den Hirten-Eklogen über die Landbaugedichte zum nationalen Epos fort. Spenser, daran besteht kein Zweifel, hat von Anfang an seinen poetischen Auftrag in den Dimensionen einer nationalkulturellen Mission verstanden.

---

[11] In einem aus dem Geist Moritz Eschers geschriebenen Kapitel hat Ernst A. Schmidt diesen Sachverhalt dargelegt: „Der Dichter dieser poetischen Welt mit ihren Dichtern und deren Liedern, die wiederum diese poetische Welt erzeugen, dichtet seine eigene Dichtung, indem er Dichter dichtet, die wie er eine poetische Welt schaffen" (Ernst A. Schmidt: *Poetische Reflexionen. Vergils Bukolik*, München 1972, S. 107).

[12] Spenser spielt auf die *rota Virgilii* in der Oktober-Ekloge, v. 57-59, an (Spenser: *Shepheardes Calender* [Anm. 2], S. 457); zur Geschichte des Topos vgl. Ernst R. Curtius: *Europäische Literatur und Lateinisches Mittelalter*, Bern/München 1963, S. 238.

[13] Spenser: *Shepheardes Calender* (Anm. 2), S. 458 f. (Übers. A. A.).

Ebenfalls zum Gattungsschema gehört, dass die Grundstimmung dieser poetischen Selbstreflexion die Klage ist. Sie wird vordergründig genährt vom Schmerz unerwiderter Liebe, die den Dichter am Anfang und am Ende des Werks zu Szenen dramatischer Dichtungsverweigerung inspiriert. In der ersten Ekloge wird die Flöte zerbrochen, in der letzten wird sie an einen Baum gehängt. Der Dichter inszeniert sich in seinem Erstlingswerk im schroffen Gestus der Verweigerung. Der Akzent fällt damit auf die Einsamkeit, die soziale Ortlosigkeit und Abgehobenheit dieses *poeta novus*. All seine literarischen Bemühungen, so das bittere Fazit der letzten Ekloge, waren vergeblich. In scharfem Kontrast zur dieser Resignation steht die Anerkennung, ja tiefe Verehrung der Freunde und Mit-Schäfer; für sie besteht kein Zweifel, dass die Kunst des Colin Clout alle anderen überragt. Ebenso wenig Zweifel bestehen für den Kommentator an der Bedeutung des Werks selbst, von dem in einem Epilog gesagt wird, ein Kalender messe üblicherweise die Zeit, der *Shepheardes Calender* jedoch überdaure sie und messe die Ewigkeit. Für ein literarisches Debüt ist das eine recht steile Selbstglorifikation!

Zur Funktion des Kommentars

Zum Dekorum der Gattung der Ekloge gehört die affektierte Schlichtheit. Die Schäfer dürfen nicht wie Cambridge-Studenten oder Höflinge reden, obwohl sie sich aus ihnen rekrutieren. Zur Draperie der pastoralen Szenerie gehören ländliche Einfalt und eine kernige Sprache. Das bedeutet, dass alles Spitzfindige, Gelehrte, Komplizierte von diesem Text fernzuhalten ist. Der Kommentar, der als komplementäre Ergänzung zum Text hinzutritt, bildet das Auffangbecken für einen dem Dekorum zuliebe abgespaltenen Informationsüberschuss. So wird paradoxerweise der pedantische Kommentar zur Bedingung der Möglichkeit eines ‚rustikalen' Textes. Darüber hinaus hat er weitere Funktionen: Er etabliert den Status des Textes als eines poetologischen Manifests und legt durch direkte Rezeptionssteuerung die Grundlagen für eine literarische Bildung des Publikums. Im Medium des Kommentars schafft sich dieses Werk seine eigene Tradition und sein eigenes Publikum. Sechs Aspekte des Kommentars sollen im Folgenden besonders hervorgehoben werden:

- Die Stiftung einer neuen Tradition
- Die Öffnung eines neuen Bildungshorizonts
- Die Konstruktion eines poetischen Idioms
- Historisierung und Poetisierung
- Referenzbezüge
- Bewertungsvorgaben

Die Stiftung einer neuen Tradition

Die allererste Glosse für den Januar führt den Namen Colin Cloute ein, „[v]nder which name this Poete secretly shadoweth himself".[14] Decknamen gehören zur pastoralen Konvention, doch werden für die Schäfer die bekannten antiken Namen als zu unwahrscheinlich ausgeschlossen. Dennoch spielt der Name Tityrus, den Vergil für sich wählte, in Spensers Calender eine große Rolle. In der allerersten Glosse wird er bereits als Name des Vergil eingeführt und taucht in der Februarglosse mit neuer Referenz wieder auf: „Mit Tityrus kann nur Chaucer gemeint sein, dessen Ruhm für unterhaltsame Erzählungen unsterblich ist, solange die Erinnerung an seinen Namen weiterlebt und der Name der Dichtung bestehen wird."[15] Der Fortbestand der Dichtung wird hier programmatisch mit der Erinnerung an den Namen Chaucer verbunden. Noch emphatischer ist in dieser Hinsicht die Juni-Ekloge, in der Colin seine Dichtung aus dem Wirkungsbereich der Musen heraus und in die Nachfolge des einheimischen Tityrus stellt. Auf diesen stimmt Colin eine Klage an:

> The God of shepheards *Tityrus* is dead,
> Who taught me homely, as I can, to make [...]
> Nowe dead he is, and lyeth wrapt in lead,
> (O why should death on hym such outrage showe?)
> And all hys passing skil with him is fledde,
> The fame whereof doth dayly greater growe.[16]

Zu betonen, dass Chaucer-Tityrus tot ist, heißt beklagen, dass die große Tradition einheimischer Dichtung auf englischem Boden abgerissen ist. Sie gilt es zu erneuern. Spenser tut dies, indem er eine poetische Ahnentafel aufstellt und sich zum Stammhalter jener abgebrochenen Genealogie macht. Mit einigen Tropfen, die aus der poetischen Quelle Chaucers auf ihn übergehen, hofft er auch in England das europäische Wunder der Renaissance nachzustellen:

> But if on me some little drops would flowe,
> Of that the spring was in his learned hedde,
> I soone would learne these woods, to wayle my woe,
> And teach the trees, their trickling teares to shedde.[17]

Spenser, der Stifter einer neuen Tradition, zeigt sich als Erneuerer einer abgebrochenen Tradition, die er mit hohem Selbst-, ja Sendungsbewusstsein als eigenen Sonderweg abseits vom Hauptstrom poetischer Praxis etabliert.[18]

---

[14] Spenser: *Shepheardes Calender* (Anm. 2), S. 422.

[15] „[Tityrus] I suppose he meane Chaucer, whose prayse for pleasaunt tales cannot dye, so long as the memorie of hys name shal liue, and the name of Poetrie shal endure" (Spenser: *Shepheardes Calender* [Anm. 2], S. 426 [Übers. A. A.]). Vgl. auch ebd., S. 443: „That by Tityrus is meant Chaucer, hath bene already sufficiently sayde [...]".

[16] Ebd., S. 442.

[17] Ebd.

Obwohl die Identifikation von Tityrus und Chaucer immer wieder bestätigt wird, bleibt sie doch alles andere als selbstverständlich. Es ist höchst eigenwillig, Chaucer als „God of shepheards" anzureden. Dieser Titel gebührt keinem anderen als Vergil, der für das Abendland zum Vater pastoraler Dichtung geworden ist. Mit der Übertragung des Namens auf Chaucer macht Spenser diesen zum englischen Vergil. Er vollzieht hier einen Akt poetologischer *translatio*, jedoch nicht im Geiste agonalen Kulturwettstreits und Überbietungseifers. Der englische ‚Moderne', Chaucer, wird hier vielmehr an den Kanon antiker Dichtung angeschlossen. Deshalb heißt Chaucer „Tityrus", was so viel bedeutet wie Pseudo-Vergil, wobei zwei Traditionen eher zusammengeschlossen als polemisch auseinanderdividiert werden.

Als Kanonisierungsstrategie betrachtet, erfüllt der Name Tityrus eine Doppelfunktion. Er affirmiert Vergil und mit ihm die antik-europäische Tradition pastoraler Poesie, und er affirmiert Chaucer und mit ihm die autochthone Vorgeschichte englischer Dichtung. Vergil wird kanonisiert als Gründerfigur bestimmter poetischer Gattungen, Chaucer wird kanonisiert als nationale Identifikationsfigur. Mit Vergil schließt Spenser an eine bestehende Tradition an, mit Chaucer erhebt er den Anspruch, eine eigene zu gründen. Der Name Tityrus ist eine Klammer um beide Traditionen.[19]

Die Öffnung eines neuen Bildungshorizonts

Es wurde bereits betont, dass Spenser die Bibel als Referenztext durch den antiken Bildungskosmos ersetzt.[20] Diese Entscheidung führt zu einem tiefgreifenden Umbau des kulturellen Gedächtnisses. Spenser muss die Bildungswelt, die er in seiner Dichtung beschwört, erst einmal explizit aufbauen. Diese Aufgabe erfüllt der Kommentar; er legt

---

[18] Geradezu als Emblem für diese poetologische Situation darf man die erste Strophe der Dezember-Ekloge lesen, in der es heißt: „The gentle shepheard satte beside a springe, | All in the shadowe of a bushye brere, | That Colin hight, which wel could pype and singe, | For he of Tityrus his songs did lere. | There as he satte in secreate shade alone, | Thus gan he make of loue his piteous mone." (Spenser: *Shepheardes Calender* [Anm. 2], S. 464 [1-6]).

[19] Zu demselben Schluss kommt Helen Cooper: „[H]is highest authority, in fact, is English, but the highest compliment he can pay him is to give him the name of the Classical master-poet" (Helen Cooper: *Pastoral. Mediaeval into Renaissance*, Ipswich 1977, S. 152).

[20] Einige biblische Anspielungen tauchen weiterhin auf, aber sie sind deutlich relativiert und in Distanz gerückt. So wird das Stichwort „Paradies" nicht mit dem Buch Genesis belegt, sondern mit Diodor (VI), und so nimmt Pan-Christus die universalen Züge eines Weltgotts an (V). Der Name Aarons darf nicht erwähnt werden, weil er ein Spezialwissen bezeugt, das einem schlichten Schäfer schlecht ansteht. In der Juli-Glosse heißt es: „he meaneth Aaron: whose name for more Decorum, the shephearde sayth he hath forgot, lest his remembraunce and skill in antiquities of holy writ should seeme to exceede the meanenesse of the Person" (Spenser: *Shepheardes Calender* [Anm. 2], S. 447). Die Formulierung „antiquities of holy writ" scheint mir symptomatisch für eine historisierende Distanzierung der hebräischen Bibel, ein Phänomen, auf das wir noch zurückkommen werden.

den Grundstein zu diesem Bildungsfundus, indem er den Lesern gewissermaßen ein Elementarbuch kultivierter Lektüre in die Hand gibt.[21]

Motivsammlungen und mythologische Lexika waren damals noch nicht auf dem Markt. Diese Lücke muss der Eklogen-Kommentar füllen, indem er die epischen und mythologischen Zusammenhänge dessen aufhellt, was in der Dichtung nur in Anspielungen auftaucht. Man erfährt hier ausführlich, was es mit der Ferse des Achilles (III), mit den Geschicken von Atlas (IV), Argus (X), Pan (V) oder der Io (VI), mit den Parzen (XI), dem Urteil des Paris oder dem Streit zwischen Phoebus und Pan auf sich hat. Alle diese Namen und Geschichten sind gegen Ende des 16. Jahrhunderts erklärungspflichtig, sicher nicht für den engen Kreis humanistisch Gebildeter, aber für das breitere bürgerliche Publikum, das Spenser im Medium des Buchdrucks erreichen will.

Ebenso wichtig wie der Fundus antiker Sagen und Mythen ist der Raum der Intertextualität, in den Spenser sein Werk hineinschreibt. Am Schluss jeder Ekloge steht ein Motto des betreffenden Schäfers in lateinischer oder italienischer Sprache; weitere übersetzte Zitate von Chaucer, Vergil, Ovid sowie modernen europäischen Autoren weist der Kommentar aus. Spensers Eklogen zeigen sich als anspruchsvolle literarische Produktion, indem sie sich an das Zitationsgefüge lateinisch-romanischer Tradition anschließen. Diesen kulturellen Standard auch auf englischem Boden heimisch zu machen ist das Ziel, dem der Kommentar den nötigen Nachdruck verleiht.

Zum Bildungshorizont[22] seiner Dichtung gehört noch eine andere Dimension. Wir können sie ‚enzyklopädisches Weltwissen‘ nennen. Auch diesen Horizont von Sachwissen und Realreferenzen baut der Kommentar auf. Er enthält Belehrungen und Exkurse über meteorologische,[23] geographische, astrologische und historische Themen. Man wird ebenso präzis unterrichtet über die Gesetze von Ebbe und Flut (XII) wie über die Divinationspraktiken der Römer (XII) und erfährt allerhand über Geschichte und

---

[21] Spenser muss hier natürlich nicht ganz von Null anfangen. Neben einzelnen einheimischen Vorläufern wie Barclay wurde die pastorale Welt vor allem durch die neulateinischen Eklogen Mantuans verbreitet, die zum Standard-Textbuch im europäischen Schulunterricht erhoben wurden.

[22] Statt „Bildungshorizont" können wir ebenso gut mit Gisèle Mathieu-Castellani von einem „Intertext" sprechen, der sich aus Referenzbezügen konstituiert; er setzt sich zusammen aus „l'Ecriture, la Tradition, notamment scripturaire, mais aussi les légendes et les mythes, le corpus hétérogène des œuvres érudites et savantes et des croyances". Die Autorin betont dabei besonders die Beglaubigungsfunktion des literarischen Kommentars: „Il s'agit toujours de fonder en vérité le discours de la poésie" (Gisèle Mathieu-Castellani: *Le commentaire de la poesie (1550-1639). L'ecriture du genre*, in: *Les Commentaires* [Anm. 8], S. 41-50, hier: S. 43).

[23] Die meteorologische April-Glosse stellt zugleich ein bedeutsames Bindeglied zwischen Chaucers Beginn der *Canterbury-Tales* („Whan that Aprille with his shoures soote | The droghte of Marche hath perced to the roote", Geoffrey Chaucer: *The Canterbury-Tales: The Prologue*, in: ders.: *The Complete Works of Geoffrey Chaucer* [Anm. 1], S. 419-430, hier: S. 419) und Eliots *Waste Land* („April is the cruellest month [...]", T. S. Eliot: *The Waste Land*, London 1967, S. 51) dar: „Aprill, which moneth is most bent to shoures and seasonable rayne : to quench, that is, to delaye the drought, caused through drynesse of March wyndes" (Spenser: *Shepheardes Calender* [Anm. 2], S. 433).

Geographie des eigenen Landes, zum Beispiel wann die Wölfe vertrieben wurden oder dass die Grafschaft Kent besonders waldreich ist und spät christianisiert wurde. Damit wird der literarische Text explizit an jenes Sachwissen angeschlossen, das im Druckzeitalter einer Prüfung unterzogen und rapide ausgeweitet wurde.

Die Konstruktion eines poetischen Idioms

Das historische Bewusstsein hat seine markanteste Erfahrungsgrundlage im Sprachwandel. Seit als Schriftsprache nicht mehr nur das invariante ‚tote‘ Latein, sondern auch die veränderlichen, ‚lebendigen‘ Vulgärsprachen in Gebrauch kamen, hielt die Kodifizierung ältere Sprachstufen fest und machte die Differenz zur jeweiligen Gegenwart offenbar. Spenser war von der Sprache Chaucers bereits durch sieben Generationen getrennt, ein Abstand historischer Fremdheit, den er durch intensive und pietätvolle Lektüre kompensierte. Das poetische Idiom seines Eklogenzyklus hat er als eine Art Brückenschlag zwischen seiner eigenen und der Sprache Chaucers konzipiert. Damit war der unmittelbare Anstoß zur Kommentierung gegeben: Ungewöhnliche Wendungen und obsolete Formen machten das Geschäft der Erklärung unumgänglich. Dem Leser musste Fremdheit zugleich zugemutet und über sie hinweggeholfen werden.

Wie kam es überhaupt zu dieser paradoxen Sprachsituation? Spensers Problem bestand darin, dass das Englische nicht die erforderlichen Qualitäten einer Literatursprache aufwies. Obwohl sich im Spektrum der Dialekte bereits eine Leitvarietät herausgebildet hatte, die sich zunehmend als Schriftsprache etablierte, wies die englische Muttersprache als Literatursprache doch noch zwei gravierende Mängel auf: Sie unterlag einem rapiden Wandel, und es fehlten ihr die wichtigen Resonanzen. Sie entbehrte jene semantische Tiefe, wie sie durch die kumulativen Investitionen von Dichtern über Generationen hinweg entsteht. Beide Mängel gedachte Spenser durch künstliche Archaisierung zu beheben. Indem er die sprachgeschichtliche Uhr zurückdrehte und obsolete Wendungen aufnahm, hoffte er, seine Kunstsprache dem historischen Veränderungsrhythmus entziehen und sich an die Blütezeit Chaucers anschließen zu können. Spenser strebte mit seinem linguistischen Experiment eine klassische Literatursprache an, die der Gegenwart entrückt war und überzeitliche Geltung beanspruchte.

Spensers Sprach-Experiment ist, wie wir wissen, gescheitert. Weder ist Spensers poetisches Idiom klassisch geworden, noch konnte er verhindern, dass Chaucers Sprache für die Engländer der folgenden Jahrhunderte gänzlich obsolet wurde.[24] Schon die Zeitgenossen, angefangen bei den engsten Freunden, zeigten wenig Verständnis für eine poetische Diktion, in der es von Archaismen und Dialektausdrücken wimmelte. Unabhängig von der Wirkung muss aber der Anspruch selbst gewürdigt werden, der neben Miltons oder Wordsworths Arbeit an der poetischen Diktion zu stellen ist.

---

[24] Noch einmal vier Generationen später stellt Dryden, der Chaucer ins Neuenglische übersetzte, die Frage: „How few are there who can read Chaucer, so as to understand him perfectly? And if imperfectly, then with less profit, and no pleasure." (John Dryden: *Preface to* Fables [1700], in: *Geoffrey Chaucer. A Critical Anthology,* hg. von John A. Burrow, Harmondsworth 1969, S. 60-73, hier: S. 70).

Die Ersetzung geläufiger Wörter durch solche einer bereits vergangenen Sprachstufe gibt dem Kommentator immer wieder Anlass zu etymologischen Exkursen. Damit erschließt er dem Text eine historische Tiefendimension, in der das gegenwärtig Gültige als das durch die Zeit Gewordene erscheint. Manche etymologische Spurensicherung wird unversehens zu einer Zeitreise in die Vergangenheit mit Besichtigung abgelebter Vorstellungen und Praktiken. Anlässlich des Lexems „spell" zum Beispiel wird dem Leser nicht nur die Bedeutung ‚magischer Spruch' und der Zusammenhang mit „gospel" mitgeteilt, sondern er lernt gleich auch noch etwas über die Gepflogenheiten „in elder tymes", sich durch Zaubersprüche („nightspel") gegen Diebe in der Nacht zu versichern.[25]

Historisierung und Poetisierung

Nicht nur auf der Ebene des Sprachwandels hat Spenser ein historisches Bewusstsein ausgebildet. Dieses erstreckt sich, wie bereits angedeutet, gerade auch auf die Veränderlichkeit von Sitten und Gebräuchen. Den Menschen nicht als immer gleiches Bündel bestimmter Laster und Tugenden wahrzunehmen, sondern in der historischen Dimension qualitativer Veränderung zu sehen, gehört zu den neuzeitlichen Errungenschaften protestantisch-humanistischer Denkart. Die Reformation, das Schisma mit der katholischen Kirche, markiert einen Traditionsbruch, der den Anstoß zu einem kritischen Geschichtsbewusstsein gab. Nachdem man den Faden einer kontinuierlichen Tradition durchschnitten hatte, fand man sich in der Zugluft historischen Wandels und unverbundener Epochen wieder.

Auch die kulturelle Praxis des Kommentierens ist eng mit dem Problem historischen Wandels verbunden. Der Kommentar ist eine Antwort auf die Herausforderung, dass sich ein schriftlicher Text im Laufe der Zeit unvermeidlich von der gesellschaftlichen Wirklichkeit entfernt, in der er gelesen wird, und mit der neuen Gegenwart stets neu vermittelt werden muss. Bei Spenser hat der Kommentar auch etwas mit historischem Wandel zu tun, jedoch mit dem wesentlichen Unterschied, dass hier Differenz nicht überbrückt, sondern erst richtig herausgestellt wird. Der Kommentar wird so zu einem Medium, um über Diskontinuität, kulturellen und historischen Abstand zu reflektieren. Dafür möchte ich zwei prominente Beispiele anführen.

In der Glosse zur Mai-Ekloge wird das Lemma „Great pan" erläutert mit einem Hinweis auf Christus, den wahren Gott der Schäfer und guten Hirten, der für seine Herde in den Tod geht. Die Etymologie von *pan* = „alles" motiviert diese Allegorese, die den griechischen Bocksgott mit dem allmächtigen Gott der Christenheit identifiziert. An die Worterklärung angeschlossen wird die Geschichte vom Tod des Großen Pan, die Plutarch in seiner Schrift *Über den Verfall der Orakel* zum ersten Mal berichtet. Der Kommentator folgt in seiner Nacherzählung aber nicht Plutarch, sondern Eusebius, der dieses Ereignis als Sieg des Christentums über das Heidentum interpretiert. Die Moral dieser Geschichte ist, dass durch Christus die Welt entzaubert ist, weil die

---

[25] Spenser: *Shepheardes Calender* (Anm. 2), S. 430.

paganen Gottheiten ein für alle Mal entmächtigt wurden. Für Spenser wiederum war die Entmächtigung der paganen Götter die Voraussetzung ihrer Wiedergeburt in der Poesie. Nachdem ihre Wirkungsmacht gebrochen war, konnten sie als Fiktionen die Phantasie der Dichter bevölkern. Die kulturelle Differenz zwischen römischer Antike und christlichem Abendland war für Spenser die Bedingung der Wiederkehr der heidnischen Götter.

Das ‚Nachleben der Antike' nahm in der Renaissance ganz unterschiedliche Formen an. Spensers Gebrauch antiker Mythologie als poetische Staffage steht gewiss am entgegengesetzten Pol jener Form des Nachlebens, für das sich Aby Warburg interessierte. Warburg faszinierte umgekehrt der unbewusste Transfer menschheitlicher Grunderschütterungen; er suchte im paganen Dekor der Renaissancemalerei die prekären Affekt-Potentiale auf, die antike Gottheiten im modernen Gewand unvermittelt freizusetzen vermochten. Für Spenser dagegen bot die antike Kultur ein Reservoir unverbindlicher Wahrheiten, die als Fiktionen literarisch nutzbar gemacht werden konnten. Sie fügten sich in einen Diskurs, der sich im Modus des Als-ob etablierte und auf keine affirmativen Wahrheiten mehr festlegen ließ.

„Ästhetische Erfahrungen", schreibt Heinz Schlaffer im Anschluss an C. S. Lewis, „machen wir mit klassischen Dämonen, nicht mit einheimischen Gespenstern."[26] Dieses Aperçu führt uns zum zweiten Beispiel, es betrifft das Überleben der Dämonen im volkstümlichen Aberglauben. In der Juni-Glosse gibt es einen längeren Exkurs zum Stichwort „Feen". Der Glaube an solche Wesen, so heißt es dort, sei ebenso alt wie hartnäckig („sticketh very religiously in the myndes of some").[27] Diese Disposition mache sich die katholische Kirche zunutze, ja sie nähre sie noch, weil sie darauf bedacht sei, das einfache Volk im Zustand der Unwissenheit und Abhängigkeit festzuhalten. Dagegen wendet sich das protestantische Aufklärungspathos: „Um den blühenden Unsinn über Elfen aus den Herzen der Menschen auszurotten: in Wahrheit gibt es keine solchen Wesen, und noch nicht mal deren Schatten. Es handelt sich dabei um reine Erfindungen kahlköpfiger Mönche und schurkischer Pfarrer."[28] Exorziert wird der Aberglaube mit dem, was der Kommentator für historisch kritisches Sachwissen hält. Als Waffe dient ihm die Etymologie: „elfes" und „goblins" werden auf die Namen der rivalisierenden Florentiner Häuser *Guelfen* und *Gibelinen* zurückgeführt. Die Fehde

---

[26] Heinz Schlaffer: *Poesie und Wissen. Die Entstehung des ästhetischen Bewusstseins und der philologischen Erkenntnis*, Frankfurt a.M. 1990, S. 140. Schlaffer hat den Zusammenhang zwischen Historisierung und Ästhetisierung zum Kennzeichen des neuzeitlichen Fiktionsbegriffs gemacht. Der Mechanismus ist einfach: Die „negative [...] Macht des historischen Denkens" (S. 132) setzt beständig Sinnentwürfe außer Kurs, die dann von der Poesie als Fiktionen bewahrt werden. „Unter dem Titel des Ästhetischen leben veraltete Welterfahrungen und -deutungen trotz ihres bedenklichen Status dennoch mit allgemeiner Zustimmung weiter" (S. 123).

[27] Spenser: *Shepheardes Calender* (Anm. 2), S. 443.

[28] Ebd. (Übers. A. A.): „But to roote that rancke opinion of Elfes oute of mens hearts, the truth is, that there be no such thinges, nor yet the shadowes of the things, but onely by a sort of bald Friers and knauish shauelings so feigned."

habe dazu geführt, den Namen der gegnerischen Seite zu einem Schreckgespenst zu machen, mit dem man widerspenstigen Kindern gedroht hätte.[29]

Wie erklärt es sich dann aber, dass Spenser sein Hauptwerk, das Versepos *The Fairie Queene*, ausgerechnet in das Szenario der Feen- und Elfenwelt verlegt hat? Es gilt für die folkloristische Mythologie dasselbe, was für die römische Mythologie gilt. Oder, um es noch einmal mit Heinz Schlaffer zu sagen: Die Fiktion lebt „aus der Erinnerung an Götter, die die Erde verlassen haben, und der Erleichterung darüber, dass sie die Erde verlassen und nur ihre Abbilder zurückgelassen haben".[30] Spenser unterscheidet zwei Arten von Fiktionen, die der Dichter und die der Mönche. Der Status dieser Fiktionen ist diametral verschieden, denn die Mönche produzieren falsche, die Dichter unverbindliche Wahrheiten. Erst wenn Glaube und Aberglaube überwunden sind, kann der Leser für den Status poetischer Fiktionen empfänglich werden. Nur was man wirklich hinter sich gelassen hat, wird in literarischer Gestalt wieder zugelassen.

Referenzbezüge

Der Status literarischer Fiktionalität als unverbindliche, das heißt in historischen Lektüren grundsätzlich immer wieder neu zu bestimmende Wahrheit, ist freilich auch bei Spenser noch keineswegs selbstverständlich gesichert. Das zeigen nicht zuletzt die vielen Stellen im Kommentar, die den Text auf eindeutige Referenzbezüge festlegen. Die Schäfer stehen als poetische Figuren noch nicht ganz frei, sie sind wie Skulpturen, die sich aus Gründen der Statik an einen rudimentären Baumstamm anlehnen. So wird kein Zweifel darüber gelassen, dass sich in Colin Clout der Dichter selbst thematisiert und hinter Hobbinol der Freund Gabriel Harvey steht. In der Juni-Ekloge, die einer elegischen Selbstthematisierung des Dichters gewidmet ist, rät Hobbinol dem Freund, den Ort zu verlassen, der ihm nur Schmerz und Enttäuschung beschert. Im Kommentar heißt es dazu: „Verlass den Boden) Dies ist keine poetische Fiktion, vielmehr wird hier unverstellt über den Dichter gesprochen, der aus privaten Gründen (wie ich teilweise von ihm selbst erfuhr) und um der Verbesserung seiner beruflichen Stellung willen vom Norden nach Süden übersiedelte, wie Hobbinol ihm riet."[31] Diese Informationen lassen sich biographisch verifizieren: Spenser hatte sich 1576 nach Abschluss seines Studiums in Cambridge in seine nördliche Heimat nach Lancashire zurückgezogen, von wo er sich ein bis zwei Jahre später südwärts nach London begab. Doch ist der Kommentator

---

[29] Moderne Wörterbücher bringen *elf* mit deutsch ‚Alp' und lateinisch *alba* in Verbindung, während *goblin* auf Griechisch *kobalos* = deutsch ‚Kobold' zurückgeführt wird. Uns interessiert hier jedoch nicht der Wahrheitsgehalt der Aussage, sondern die Strategie der Argumentation.

[30] Schlaffer: *Poesie und Wissen* (Anm. 26), S. 140.

[31] „Forsake the soyle) This is no poetical fiction, but vnfeynedly spoken of the Poete selfe, who for speciall occasion of priuate affayres (as I haue bene partly of himselfe informed) and for his more preferment remouing out of the Northparts came into the South, as Hobbinoll indeede aduised him priuately" (Spenser: *Shepheardes Calender* [Anm. 2], S. 443 [Übers. A. A.]).

nicht immer so gut im Bilde. Oft muss er Unkenntnis bezeugen und Lücken ausdrücklich offen lassen. Man erfährt nicht, wer mit Menalcas gemeint ist (VI), wer Perigots Geliebte ist (VIII), und auch die Identität der verstorbenen Dido und ihres Vaters bleibt im Dunkeln (IX).[32] Die Geste der Verweigerung von Referenzbezügen ist um nichts weniger auktorial als deren Supplementierung.

Neben biographischen Verweisen gibt es auch solche auf realgeschichtliche Ereignisse. Ein Beispiel dafür ist eine Anspielung auf die Bartholomäusnacht von 1572, die für Spenser erst fünf bis sechs Jahre zurücklag und eine traumatische Erinnerung im Gedächtnis der protestantischen Elite Europas blieb (V). Hinzu kommen die allegorischen Verweise, die teilweise von einer erstaunlichen Bandbreite sind. Gegenstrebig zum Bedürfnis, den poetischen Text realweltlich zu fixieren, läuft das Bedürfnis, ihn in der allegorischen Dimension semantisch in der Schwebe zu halten. Am deutlichsten wird diese variable Referenz im Falle von Pan, hinter dem einmal Heinrich VIII. (IV), ein andermal Apoll (XII), Christus (V) ebenso wie der Papst bzw. der Antichrist (VII) stehen können. Das heißt jedoch nicht, dass die Texte selbst widersprüchlich und das Verlangen nach gesicherter Referenz schlechthin unterlaufen wären. Es heißt lediglich, dass in der Poesie keine vorgegebenen allegorischen Bezüge mehr anerkannt werden, sondern diese nur noch innerhalb des Bedeutungszusammenhangs des einzelnen Gedichts etabliert werden können.[33]

Bewertungsvorgaben

Zum Schluss müssen wir noch auf den Aspekt des Kommentars eingehen, der zur Autoreferentialität des Textes beiträgt. Im Widmungsbrief war bereits das Programm einer anspruchsvollen, artifiziellen Poesie umrissen worden, das eine neue Form kultivierter Lektüre voraussetzt. Erstes Gebot dieser kultivierten Lektüre ist die Verlangsamung des Lesetempos. Man muss lernen, neben dem *Sachverhalt* auch auf den *Sprachverhalt* der Dichtung zu achten.[34] Das ,Wie' darf über dem ,Was' nicht aus dem Auge verloren werden. Der Kommentar hat deshalb auch die Aufgabe, in den Vordergrund zu rücken, was notorisch übersehen zu werden droht: die technische Dimension der Kunstfertigkeit.

---

[32] „The person both of the shephearde and of Dido is vnknowen and closely buried in the Authors conceipt" (Spenser: *Shepheardes Calender* [Anm. 2], S. 463 [Übers. A. A.]).

[33] In dieser Beurteilung unterscheide ich mich von Wolfgang Isers Lektüre, die in Spensers Eklogen eine Veränderung des Repräsentationsbegriffs aufdeckt. Iser stellt fest, dass die Referenzbezüge in der Folge expandierender Kontexte schattenhaft werden, dass die Topoi in den Tropen zerbrechen und dass Zeichen und Welt irreversibel auseinanderdriften (Wolfgang Iser: *Das Fiktive und das Imaginäre. Perspektiven literarischer Anthropologie*, Frankfurt a.M. 1991, S. 77).

[34] Ich beziehe mich hier auf eine terminologische Unterscheidung von Jan Assmann. Vgl. dazu Jan Assmann: *Text und Kommentar. Einführung*, in: *Text und Kommentar* (Archäologie der literarischen Kommunikation IV), hg. von Jan Assmann und Burkhard Gladigow, München 1994, S. 9-34.

Als selbstreferentielle, künstlerisch anspruchsvolle Dichtung stellen sich die Eklogen auch selber aus. Die poetologische Oktober-Ekloge spielt in alliterierenden Versen auf die desolate Situation der heimischen Dichtung an, die sich in „zotigen Reimen" („rymes of rybaudrye")[35] ergeht. Im Kommentar wird dem reimenden Rüpel eine Form der Kunstfertigkeit gegenübergestellt, die auf Bildung und Urteil gegründet ist („skill grounded vpon learning and iudgment").[36] Dieselbe Opposition taucht auch an anderer Stelle, in der Korrespondenz zwischen Edmund Spenser und Gabriel Harvey, wieder auf. Dort wird Bezug genommen auf „unser neues, bedeutendes Unternehmen, die barbarischen und ungehobelten (?) Reime durch kunstvolle Verse zu ersetzen".[37]

Das neue Unternehmen bedarf neuer kundiger Leser. Sie sollen mithilfe des Kommentars zu einem gebildeten Publikum erzogen werden. Zur kultivierten Lektüre verhelfen neben unterschiedlichen Hintergrundinformationen und gelehrter rhetorischer Terminologie auch explizite Bewertungsvorgaben. Sie sind in den Kommentar eingelassen und erfüllen die Funktion von Zeigehändchen, wie sie in Ausgaben des 17. und 18. Jahrhunderts auf den Rand gedruckt waren, um auf poetisch besonders wertvolle, blumige und memorable Verse aufmerksam zu machen.

Im Kommentar der November-Ekloge wird eine Strophe als besonders eindrucksvoll hervorgehoben: „moralisch von großer Weisheit und mit wuchtigem Pathos eingefärbt."[38] Auf diese Strophe, die Spensers Lieblingsthema der *vanitas* variiert, wird der Dichter besonders stolz gewesen sein, von dieser Strophe mag er sich erhofft haben, dass sie unter Kennern Bekanntheit erlangt und in neuen Kontexten zitiert wird. In der Februar-Ekloge wird auf eine besonders geglückte Beschreibung des Winters aufmerksam gemacht, in der das allegorische Antlitz des Winters aufscheint: „eine ausgezeichnete und lebhafte Beschreibung des Winters, die sich ebenso gut aufs Alter wie auf die Jahreszeit beziehen lässt."[39] Solche Hinweise unterstreichen die Selbstreferentialität der neuen Dichtung und schulen den Leser zum gebildeten Connaisseur anspruchsvoller Poesie.

Der Kommentar deutet die neue Form literarischer Lektüre an, die dieses als nationales Kulturdenkmal inszenierte Werk erfordert. Text und Kommentar gehören zusammen in diesem Programm einer neuen Literatur, die sich durch Artifizialität, Selbstreferenz, gelehrten Bildungsfundus und hohes poetisches Selbstbewusstsein von der gängigen Produktion abhebt. Spenser konnte wahrlich nicht ahnen, wie erfolgreich er mit diesem Programm sein sollte. Er schuf mit seinem *Shepheardes Calender* genau jenen Typ von ‚Primärliteratur', der bis heute in aufwendigen Editionen konserviert, in akademischen Instituten kanonisiert und in einer regen Produktion professionalisierter ‚Sekundärliteratur' interpretiert wird. Die Vertreter dieser Zunft haben die Nachfolge

---

35 Spenser: *Shepheardes Calender* (Anm. 2), S. 459.
36 Ebd.
37 Ebd., S. 623 (Übers. A. A.): „[...] our new famous enterprise for the Exchanging of Barbarous and Balductum Rymes with Artificial Verses".
38 „[...] moralized with great wisedom and passionate wyth great affection" (ebd., S. 463 [Übers. A. A.]).
39 „[...] A verye excellent and liuely description of Winter, so as may bee indifferently taken, eyther for old Age, or for Winter season" (ebd., S. 426 [Übers. A. A.]).

des ominösen E. K. angetreten und damit den Autoren die Mühe abgenommen, ihre Werke selbst mit pädagogischen Fingerzeigen zu spicken.

Schluss: Spenser und Steiner

Spenser steht als Pionier am Kreuzungspunkt einer literaturgeschichtlichen Weichenstellung. Mit seinem *Shepheardes Calender* wurde die große Tradition englischer Höhenkamm-Literatur sozusagen aus der Taufe gehoben. Diese große Tradition wird heute von ihrem Ende her sichtbar, nachdem die entsprechende kulturelle Infrastruktur (schulische und akademische Bildungsinstitutionen, Medientechnik des Buchzeitalters, Geschlechterrollen, gesellschaftlicher Wertekanon, abendländische Kulturhegemonie) ins Wanken geraten ist. George Steiner hat 1971, also knapp vierhundert Jahre nach Spenser, in einem Essay den Abbruch jenes Bildungsuniversums beklagt, an dessen Errichtung Spenser als Pionier maßgeblich beteiligt war. Es ist aufschlussreich, diese beiden Stimmen, die dasselbe Phänomen einmal von seinem Anfang und das andere Mal von seinem Ende her im Blick haben, nebeneinanderzustellen.

Spenser konnte als Dichter bei seinen Lesern eigentlich noch nichts voraussetzen. Das Mitwissen, dessen sich Milton, Pope, Keats oder Eliot sicher sein konnten, musste er erst selbst in die Köpfe seiner Leser einpflanzen. In der Dezember-Ekloge kommt zweimal der Name *Venus* vor, jedes Mal erscheint im Kommentar eine kurze Erläuterung, die die mythologische und astrologische Dimension des Wortes aufhellt.

> Venus) die Göttin der Schönheit und des Vergnügens. Obendrein ein Planet, die letztere Bedeutung ist hier gemeint. [...]
> Venus) Der Venus-Stern heißt auch Hesperus, Vesper, Luzifer, Abendstern oder Morgenstern, weil er größer als die anderen erscheint und als erster auf- und als letzter untergeht.[40]

Spensers unbefangener Praxis des Kommentierens steht George Steiners kulturkritische Resignation entgegen. Für einen kulturellen Analphabeten, den die Schwingungen der poetischen Sprache nicht mehr erreichten und der mit Venus nichts mehr anfangen konnte, war die ganze literarische Tradition gestorben: „What presence in personal delight can *Endymion* have when recent editions annotate ‚Venus‘ as signifying ‚pagan goddess of love‘?"[41] Der verlorene Bildungshorizont, den Spenser einst bei seinen

---

[40] Spenser: *Shepheardes Calender* (Anm. 2), S. 466 (Übers. A. A.): „Venus) the goddesse of beauty or pleasure. Also a signe in heauen, as it is here taken. So he meaneth that beautie, which hath alwayes aspect to Venus, was the cause of all his vnquietnes in loue. | Venus) [...] Venus starre, otherwise called Hesperus and Vesper and Lucifer, both because he seemeth to be one of the brightest starres, and also first ryseth and setteth last. [...]"

[41] George Steiner: *In Bluebeard's Castle. Some Notes towards the Re-definition of Culture*, London 1971, S. 82. Ich zitiere nach dem Original, denn die deutsche Übersetzung übergeht hier das wichtige Stichwort „presence": „Und wie kann der *Endymion* uns noch im Innersten entzücken, wo doch in den Auflagen aus jüngster Zeit ‚Venus‘ sich in einer Fußnote als ‚heidnische Göttin der Liebe‘ bezeichnen lassen muß?" (George Steiner: *In Blaubarts Burg.*

Lesern einbürgern wollte, war für Steiner durch Kommentare nicht mehr zu reparieren. Steiners Ausdrücke für diesen Bildungshorizont sind „classical literacy", „the main legacy of our civilization", „the grammar of Western literature" oder „the unbroken arc of English poetry".[42] Diesen literarischen Resonanzraum sah er unwiederbringlich aus dem lebendigen Bewusstsein schwinden.

> Der größte Teil unserer westlichen Literatur mit ihrer seit zweitausend Jahren und länger bestehenden, ganz bewußt geübten Interaktion – mit ihrem Heraufrufen, Widerspiegeln und Ausspielen der Werke aller Tradition im eigenen Werk –, dieser Teil unserer Literatur entgleitet heute nur allzu rasch unserem geistigen Bereich. [...] Festgegründet wie er war in einem tiefverwurzelten, weiterverzweigten Bezugssystem klassischer wie biblischer Herkunft, zum Wort geworden in gehobener Syntax und mit gehobenem Vokabular, schwindet der bruchlose Bogen englischer Dichtung, also jener Wechselrede, die Chaucer wie Spenser mit Tennyson und Eliot verbindet, mehr und mehr aus dem Gesichtskreis gebildeter Lektüre [im Orig.: natural reading].[43]

„Natural reading" setzt eine Vertrautheit mit diesem Bildungshorizont voraus, die kulturell so tief einverseelt ist, dass sie ,intuitiv', ,unmittelbar', mit einem Wort: ,lebendig' wirksam ist. Das Gegenteil der natürlichen oder lebendigen Lektüre ist für Steiner die archivalische Lektüre der Zunftgelehrten, die die Dichtung mit Fußnoten beschweren und die Texte aus der Kontaktzone unmittelbarer Gegenwart verstoßen, um sie in die musealen Räume verstaubten Spezialwissens einzuschließen.

> Schon ist ja ein dominierender Anteil an Dichtung, religiösem Denken und auch an Bildender Kunst aus dem unmittelbar persönlichen Bereich hinübergewechselt in die Kompetenz der Spezialisten. Dort führt er eine Art groteskes Pseudodasein und erzeugt um sich einen eigenen Bezirk lebloser Kritik.[44]

Nach Steiner, der hier Symptom und Ursache kurzschließt, erleidet die Dichtung ihren Tod im Kommentar, und es ist daher nur folgerichtig, dass er in einem weiteren Essay seinen eigenen utopischen Staat erfand: „Ich stelle mir eine gegen-platonische Republik vor, aus der die Rezensenten und Kritiker verbannt wurden; eine Republik für Schriftsteller und Leser."[45]

Von der Illusion, dass eine „Republik für Schriftsteller und Leser" einen paradiesischen Urzustand darstellt, kann ein Blick auf Spensers Situation befreien. Wenn man einmal gesehen hat, mit welcher Mühe der abendländische Bildungshorizont aufgebaut wurde, kann man sich auch umgekehrt – an Steiners donnernder Rhetorik von Natürlichkeit, Gegenwart und Lebendigkeit vorbei – seine Labilität vorstellen. Mehr noch:

    Anmerkungen zur Neudefinition der Kultur, übers. von Friedrich Polakovics, Wien/Zürich 1991, S. 100).
[42] Steiner: *In Bluebeard's Castle* (Anm. 41), S. 78, 82, 78.
[43] Steiner: *In Blaubarts Burg* (Anm. 41), S. 94 f.; ders.: *In Bluebeard's Castle* (Anm. 41), S. 78.
[44] Steiner: *In Blaubarts Burg* (Anm. 41), S. 101.
[45] George Steiner: *Von realer Gegenwart. Hat unser Sprechen Inhalt?*, übers. von Jörg Trobitius, München/Wien 1990, S. 16.

Die verhängnisvolle Spaltung in Primär- und Sekundärliteratur, die Steiner als Todes-
symptom der Kunst diagnostiziert, zeigt sich voll ausgeprägt bereits in der Geburtsstun-
de der englischen Literatur. Die Allianz von Dichtung und Kritik, die bei Spenser noch
in einer Hand vereinigt war, hat sich mit der Zeit institutionell ausdifferenziert. Der
Eigenkommentar, die direkte Rezeptionssteuerung, ist dem Fremdkommentar und damit
offeneren Deutungsformen gewichen, die aber dem Spenser-Kommentar in seinen wesentlichen Funktionen der Historisierung, der Referentialisierung, der Aufdeckung intertextueller Bezüge und der Evaluation folgen. Spenser, der noch von der Unselbst-
ständigkeit seines Textes ausging, stellte ihm als Stütze einen Kommentar an die Seite.
Wir, die wir von der Autonomie des literarischen Textes ausgehen, stellen ihm die Institution der Literaturwissenschaft an die Seite. Eigentlich hat sich gar nicht so viel geändert.

KAPITEL 4

Die bessere Muse. Zur Ästhetik des Inneren bei Sir Philip Sidney

Wiederholung und Innovation

Die Sehnsucht nach dem Neuen ist selbst nicht neu. Es gibt eine Stimme aus dem zweiten Jahrtausend vor unserer Zeitrechnung, die auf eine radikale, ja selbstquälerische Weise auf der Suche ist nach Neuem, das heißt nach etwas, das nicht nach Vorfahren schmeckt und sich bei näherer Betrachtung nicht als bloße Wiederholung erweist.

> O dass ich unbekannte Sätze hätte, seltsame Aussprüche,
> neue Rede, die noch nicht vorgekommen ist,
> frei von Wiederholungen,
> keine überlieferten Sprüche, die die Vorfahren gesagt haben.
> Ich wringe meinen Leib aus und was in ihm ist
> und befreie ihn von allen meinen Worten.
> Denn was gesagt wurde, ist Wiederholung
> und gesagt wird nur, was gesagt wurde.
> [...]
> O wüsste ich, was die anderen nicht wissen,
> was keine Wiederholung darstellt![1]

Der hier so klagt heißt Cha-cheper-re-seneb und ist ein ägyptischer Autor des Mittleren Reichs, der uns eine Lebenslehre hinterlassen hat.

> Denn was gesagt wurde, ist Wiederholung
> und gesagt wird nur, was gesagt wurde.

Mit diesen Worten kann man sehr gut den Überlieferungsmodus und Reproduktionsprozess mündlicher Gesellschaften beschreiben. Wo es keine zuverlässigen Kodierungs- und Speichertechniken für Wissen gibt, muss dieses in die „Sicherungsform der Wiederholung"[2] und das heißt: einer mündlichen, verkörperten Performance gebracht

---

[1] Der Text ist um 1800 vor unserer Zeitrechnung entstanden, übers. von Jan Assmann. Zit. n. Erik Hornung: *Gesänge vom Nil. Dichtung am Hofe der Pharaonen*, Zürich 1990, S. 101-102.

[2] Niklas Luhmann: *Gleichzeitigkeit und Synchronisation*, in: ders.: *Soziologische Aufklärung. Bd. 5: Konstruktivistische Perspektiven*, Opladen 1990, S. 95-130, hier: S. 111.

werden. In einer mündlichen Gesellschaft hat jedoch keiner die Sorgen des Cha-cheper-re-seneb. Denn dort ist Wiederholung ja die Grundlage kultureller Überlieferung und somit kein Ärgernis. Die zitierten Verse sprechen allerdings eine andere Sprache, denn sie sind uns schriftlich überliefert. So kann überhaupt erst ein Schreiber und Leser sprechen; einer, der Reden und Sprüche, Formeln und Floskeln, Topoi und Tropen nicht mehr in sich, sondern bereits vor sich hat. Ein Baum, so bemerkt Nietzsche einmal, hat seine Wurzeln unter sich und nicht vor sich.[3] Die Überlieferung, auf die sich Cha-cheper-re-seneb bezieht, ist schriftlich fixiert und hat sich in Texten niedergeschlagen. Die Schrift als Speicher wirkt wie ein Sammelbecken, das den Strom der Überlieferung aufstaut. Es entsteht dabei so etwas wie ein synchroner Horizont des Geschriebenen. Und dabei kommt es dann erbarmungslos an den Tag: Was man für eine begnadete Wendung hielt, steht doch schon auf jener Stele zu lesen, und was sich als neuer Einfall gibt, hat seine Parallelen in diesem Papyrus.

Bevor Überlieferungen gesammelt und schriftlich festgehalten wurden, waren sie nicht synchron überschaubar, und keiner konnte einen Sprecher als puren Wiederholer entlarven. Ebenso wenig gab es ein Interesse, partout das Neue zu sagen. Wiederholung und Innovation waren gleich unverständliche Begriffe. Was gesagt wurde, musste vor allem das Richtige und Wahre sein, und dieser Maßstab war durch die Erwartung der Zuhörer, durch den festlichen Anlass, durch die rituelle Aufgabe des Vortragenden, durch seine Ausbildung und Virtuosität bestimmt. Man schenkte ihm Gehör, nicht weil er Neues zu sagen wusste – schließlich war er ja kein Bote, den jemand geschickt hatte –, sondern weil er das Vertraute auf überzeugende Weise zu vergegenwärtigen verstand.

Im Zeitalter des Cha-cheper-re-seneb hat sich diese Situation grundlegend geändert. Man schrieb in Ägypten bereits seit über tausend Jahren, es gab Textsammlungen, die in Schreiberschulen als Vorlagen dienten, die sorgfältig abgeschrieben und auswendig gelernt wurden. Es wurde also gesammelt, wiederholt, gelernt, und vor diesem Hintergrund konnte auch Neues goutiert werden. Man muss Verschiedenes gleichzeitig im Blick haben, bevor man irgendetwas als neuartig oder gar sich selbst als unabhängig und eigenständig begreifen kann. Diese notwendige Bedingung des Vergleichs wird aber erst durch Schrift hergestellt. Deshalb konnte in einer Schriftkultur wie der ägyptischen der Autor bereits unter Innovationsdruck stehen. Nur: woher das Neue nehmen und nicht stehlen? War in der Perspektive des auf Innovation Sinnenden die schriftliche Überlieferung mit einem Schlag entwertet? Wie konnte man sich von ihr freimachen?

> Ich wringe meinen Leib aus und was in ihm ist
> und befreie ihn von allen meinen Worten.

Denn „*meine* Worte", so entdeckt der Sprecher, sind eben nicht unbedingt die *eigenen* Worte. „Wer spricht, wenn ich spreche?" ist eine Grundfrage der Individualisierung, der

---

[3] „Mit einiger Freiheit des Bildes gesprochen: der Baum fühlt seine Wurzeln mehr, als daß er sie sehen könnte" (Friedrich Nietzsche: *Vom Nutzen und Nachteil der Historie für das Leben*, in: ders.: *Werke in drei Bänden*, hg. von Karl Schlechta, München 1977, Bd. 1, S. 209-285, hier: S. 227).

Gesellschaft und Kultur, die sich in dem ägyptischen Text bereits abzeichnet.[4] In der Unterscheidung zwischen Eigenem und Fremdem entwertet der Sprecher die Überlieferung und wendet sich nach innen. Im Prozess solcher Entäußerung wird der innere Mensch entdeckt. Denn er spricht hier ja bezeichnenderweise nicht seine Mitmenschen an, sondern sein eigenes Herz:

> Komm mein Herz, dass ich zu dir spreche,
> dass du mir meinen Spruch beantwortest
> und mir erklärst, was im Land vor sich geht.[5]

Nicht nur Innovationsdruck wird also durch Schrift befördert, auch die Entdeckung des inneren Menschen. Dieser neue Habitus, bestehend aus Entfremdung, Einsamkeit und Innerlichkeit, hat in Cha-cheper-re-seneb eine frühe Verkörperung gefunden. Auf der Grundlage einer schriftlichen Überlieferung können gleich mehrere für die Kulturentwicklung folgenreiche Oppositionen entstehen: die zwischen alt und neu, zwischen Fremdem und Eigenem und zwischen Äußerem und Innerem.

Ich möchte dem altägyptischen Weisen einen berühmten englischen Autor an die Seite stellen, dem ähnliche Innovationsnöte offenbar nicht ganz fremd waren:

> If there be nothing new, but that which is
> Hath been before, how are our brains beguiled,
> Which, labouring for invention, bear amiss
> The second burden of a former child!
> O that record could with a backward look
> Even of five hundred courses of the sun
> Show me your image in some antique book
> Since mind at first in character was done,
> That I might see what the old world could say
> To this composèd wonder of your frame;
> Whether we are mended or whe'er better they,
> Or whether revolution be the same.
>   O, sure I am, the wits of former days
>   To subjects worse have given admiring praise.[6]

Das Nebeneinanderrücken der Klage des Cha-cheper-re-seneb und des 59. Sonetts Shakespeares bestätigt den in beiden Texten geäußerten Verdacht, es gebe nichts Neues unter der Sonne. Anders aber als beim ägyptischen Text handelt es sich bei Shakespeares Sonett allerdings nicht um eine Klage, sondern um ein kühnes Gedankenexperiment. Das ganze Gedicht ist vom ersten Wort, dem hypothetischen „if", regiert. Angenommen, es gäbe nur einen endlichen Bestand an Formen und Erscheinungen, die sich

---

[4] Tilman Borsche: *Wer spricht, wenn wir sprechen? Überlegungen zum Problem der Autorschaft*, in: *Allgemeine Zeitschrift für Philosophie* 13.3 (1988), S. 37-50.

[5] Hornung: *Gesänge vom Nil* (Anm. 1), S. 101.

[6] William Shakespeare: *Sonnet 59*, in: ders.: *The Norton Shakespeare. Based on the Oxford Edition*, hg. von Stephen Greenblatt u.a., New York/London 1997, S. 1942 f.

ewig wiederholen, so argumentiert der Sprecher im ersten Quartett, dann wäre das Neue nichts als das Trugbild des Alten; die Neugeburt der kühnsten Erfindung wäre nichts anderes als der unbekannte Zwilling einer vorangegangenen Leistung. Im zweiten Quartett spricht er den Wunsch aus, fünfhundert Jahre Vergangenheit wie ein Buch („record", „in character") aufschlagen zu können. Beim Zurückblättern möchte er feststellen, so verrät er im dritten Quartett, ob die Menschen damals oder heute vollkommener waren. Von der schriftlich dokumentierten Vergangenheit erhofft er sich eine Vergleichsgrundlage, auf welcher Fortschritt, Rückschritt oder auch die Gleichwertigkeit der Epochen messbar werden. Im Schlusscouplet endlich wird die hypothetische Struktur des Gedankenspiels in Richtung auf eine klare Aussage überschritten. Nach allen offengelassenen Möglichkeitssätzen wird eindeutig festgestellt, dass – wie repetitiv die Texte auch immer sein mögen – das Objekt der Huldigung einzigartig ist. Das bedeutet: das Vorrecht, etwas Neues zu schaffen, wird hier zuletzt doch der Natur zurückgegeben. Die Schöpfungen der Literatur mögen sich endlos wiederholen, die Geschöpfe dagegen sind einmalig. Die unwiederholbare Einmaligkeit des Individuums offenbart sich dem Liebenden, der den geliebten Menschen als das Andere jedweder Wiederholung erlebt.

Zum Begriff der Originalität

„Born originals, how comes it to pass that men die copies?" So lautet die berühmte Frage, die Edward Young in seinen *Conjectures on Original Composition* (1759) gestellt hat.[7] Auch er ging vom Geschöpf als dem wahren Novum aus und wunderte sich darüber, wie ein Mensch, der als einmaliges und unverwechselbares Exemplar der Gattung geboren wird, im Laufe seines gesellschaftlichen Lebens durch Anpassungen und Habitualisierungen zwangsläufig standardisiert und in Schablonen gepresst wird. ‚Original' wird von Young mit der unwiederholbaren Einmaligkeit des Individuums verbunden, die für ihn dort am ausgeprägtesten ist, wo der Mensch seinem Ursprung am nächsten ist.[8] Vor Young wurde der Begriff *original* im Englischen in Wendungen wie *original state* oder *original sin* gebraucht. In diesen Fällen bezog sich der Ursprung nicht auf die Geburt des Individuums, sondern auf die göttliche Schöpfung. ‚Original' war alles, was mit der Urgeschichte im Paradies zu tun hat. Im berühmten Lexikon des Dr. Johnson von 1755 kommt der Begriff kein einziges Mal in der von Young

---

[7] Edward Young: *Conjectures on Original Composition* [1759], in: ders.: *The Complete Works, Poetry and Prose, of the Rev. Edward Young*, hg. von James Nichols, London 1854, Bd. 2, S. 547-586, hier: S. 561. Diese Ansicht ist insofern berechtigt, als die Natur in ihren Reproduktionsverfahren die exakte Kopie nicht kennt. Zwei absolut identische Ausprägungen eines Typs kommen in der Natur nicht vor. Zur genialen Originalität im Zeitalter des Kopierens vgl. Niklas Luhmann: *Gesellschaftsstruktur und Semantik* (Studien zur Wissenssoziologie in der modernen Gesellschaft 3), Frankfurt a.M. 1989, S. 221.

[8] Vgl. dazu Aleida Assmann: *Werden was wir waren. Anmerkungen zur Geschichte der Kindheitsidee*, in: *Antike und Abendland* 24 (1978), S. 98-124, sowie dies.: *Wordsworth und die romantische Krise. Das Kind als Vater*, in: *Das Vaterbild im Abendland*, hg. von Hubertus Tellenbach, Stuttgart u.a. 1978, S. 48-61 (Kapitel 4 im 2. Teil des vorliegenden Bands).

verwendeten Bedeutung vor. ‚Original' bedeutet dort stets ‚ursprünglich' entweder im Sinne von ‚uranfänglich', ‚archaisch' oder ‚vorgängig'.[9]

Young setzte einen ganz anderen Ursprung an als die Schöpfung. Dieser Ursprung war im 18. Jahrhundert die Natur. Damit trat der Begriff des Ursprungs aus der mythischen in die anthropologische Sphäre über. Der neue Ursprung war nun mit einer genetischen Denkweise verbunden[10] und löste sich ab von der christlichen Überlieferung des Sündenfalls, in dessen Lichte die Menschen als verderbte Gattungsexemplare definiert waren. Erst nachdem man sich von der Hypothek der Erbsünde gelöst hatte, kam der neue Ursprung in den Blick, mit dem nun ein jedes Leben seinen Anfang nahm. Der Sündenfall kehrte in veränderter Gestalt wieder als Entfremdungspotential, mit dem die Gesellschaft das Leben des Einzelnen in ihre Bahnen zwingt. Im Zuge dieses folgenreichen historischen Paradigmenwechsels, bei dem an die Stelle des jüdisch-christlichen Mythos die Naturgeschichte des Menschen trat, erhielt das Wort ‚original' einen völlig neuen Klang. Im frühromantischen Begriff von Originalität schießen zum ersten Mal Ursprünglichkeit, Einmaligkeit und Individualität zusammen. Die Hochschätzung von Individualität in der Frühromantik hatte mit jenem neuen emphatischen Naturbegriff zu tun, dessen negativer Erfahrungshintergrund die technisch-industrielle Welt serienförmiger Warenproduktion war.

In der Renaissance, also vor der durch Young markierten Schwelle, mussten Innovation und Originalität, Kunst und Natur grundsätzlich anders verstanden werden. Ein entscheidender Unterschied bestand darin, dass Originalität noch nicht den Geschmack der Naturwüchsigkeit haben konnte („born originals"). Sie war noch keine kulturelle Norm, sondern im Gegenteil noch unwahrscheinlich und erklärungsbedürftig. Vor Young lautete die Frage eher: „Born copies, how comes it to pass that some men die originals?"

Ein Sonett von Sir Philip Sidney

Machen wir einen Sprung ins Jahr 1580 und wenden uns einem Gedicht zu, das diese Problematik pointiert entfaltet. In diesem Jahr schrieb Sir Philip Sidney einen Sonettzyklus, der ihm später, nach postumer Veröffentlichung 1591, den Ehrentitel „our English Petrarch" eintrug.[11] Konzentrieren wir uns auf das erste Sonett, das in geräumig ausschwingenden Alexandrinern dem Zyklus als eine Vorrede und poetisches Programm vorangestellt ist. Es handelt sich um ein poetologisches Meta-Gedicht über die

[9] Vgl. Samuel Johnson: Eintrag zu *Original*, in: ders.: *A Dictionary of the English Language*, 2 Bde., London 1755, Bd. 2, S. 1414.
[10] Zu den Begriffen ‚Ursprung' und ‚Anfang' im 18. Jahrhundert und der französischen Revolution vgl. Hans Robert Jauß: *Mythen des Anfangs. Eine geheime Sehnsucht der Aufklärung*, in: ders., *Studien zum Epochenwandel der ästhetischen Moderne*, Frankfurt a.M. 1989, S. 23-66.
[11] Der Aristokrat Sidney verkörperte für seine Zeitgenossen das Ideal höfischer Tugenden als das eines Verbunds von künstlerischer Bildung und heroischer Tat, ein Ideal, das sich in einer wahren Flut von Epitaphen niederschlägt, die nach seinem frühen Tod in der Schlacht bei Zutphen (1586) entstanden.

84

rechte Kunst, Sonette zu schreiben. Die falsche Kunst wird in diesem Text wortreich in dreizehn Zeilen ausgebreitet, die richtige dagegen ist auf eine einzige, die Schlusszeile, konzentriert. Diese Zeile wirkt wie ein Blitz, der nach langer Dürreperiode einschlägt und den erquickenden Regen der Inspiration ankündigt, dessen Frucht dann die Folge der Sonette ist.

> Loving in truth, and faine in verse my love to show,
> That the deare She might take some pleasure of my paine:
> Pleasure might cause her reade, reading might make her know,
> Knowledge might pitie winne, and pitie grace obtaine,
> I sought fit words to paint the blackest face of woe,
> Studying inventions fine, her wits to entertaine:
> Oft turning others' leaves, to see if thence would flow
> Some fresh and fruitfull showers upon my sunne-burn'd braine.
> But words came halting forth, wanting Invention's stay,
> Invention, Nature's child, fled step-dame Studie's blowes,
> And others' feete still seem'd but strangers in my way.
> Thus great with child to speake, and helplesse in my throwes,
> Biting my trewand pen, beating my selfe for spite,
> "Foole", said my Muse to me, "looke in thy heart and write."[12]

Die Form des Sonettzyklus lebt seit Petrarca von der Spannung zweier extrem verschiedener Dinge: Lieben und Dichten.

> Loving in truth, and faine in verse my love to show

heißt der Auftakt der Serie. In dieser rhetorischen Tradition galt es, den natürlichen Affekt und die schriftliche Wortkunst aufs engste zu verschränken. Wo die Leidenschaft des Gefühls aufhört und der Erfindungsreichtum des Dichters anfängt, das sollte im vollendeten Gedicht auf keine Weise mehr feststellbar sein. Liebessonette der Renaissance inszenieren den Kontakt zwischen zwei Personen und streben an, unmittelbar auf dieses persönliche Verhältnis einzuwirken. Die sehr viel später von John Austin im Rahmen seiner Sprechakttheorie formulierte Frage „How to do things with words?"[13] steckt in der Gattung selbst; sie wird von Sidney im ersten Quartett ausbuchstabiert, das den pragmatischen Horizont des Gedichts – den Kontext des Textes – skizziert. Er schreibt in der Hoffnung, es möge ein gradliniger Weg führen

- – von der Liebe des Mannes („loving in truth")
- – über das Gedicht und seine Wirkungsmacht („faine in verse my love to show")
- – zum Ziel der weiblichen Gunst („grace obtain").

---

[12] Sir Philip Sidney: *Astrophil and Stella. Sonnet 1*, in: *The Poems of Sir Philip Sidney*, hg. von William A. Ringler Jr., Oxford 1962, S. 162. Alle Seitenangaben zu den Sonetten beziehen sich auf diese Ausgabe.

[13] John L. Austin: *How to Do Things with Words. The William James Lectures Delivered at Harvard University in 1955*, Oxford 1962.

Das strategische Ziel, das die Gattung des Liebessonetts absteckt, erweist sich im Verlauf des Gedichts aber als ein frommer Wunsch. Von Gradlinigkeit kann keine Rede sein; zielstrebige Intention und begehrte Wirkung klaffen hoffnungslos auseinander. Das zweite Quartett gewährt Einblick in die Werkstatt des Dichters, der seine Aufgabe wahrlich ernst nimmt. Es werden Rhetorik-Handbücher studiert, Vorbilder zur Hand genommen, Lexika gewälzt, Tropen recherchiert.[14] Das erste Terzett beschreibt das Ergebnis dieser Bemühungen. Es ist vernichtend; denn je mehr er sich anstrengt, desto weiter entfernt er sich von seinem Ziel. In den beiden Anfangszeilen des letzten Terzetts landet das Gedicht auf dem Nullpunkt: Nie waren Wollen und Können, Leidenschaft und Poesie, Intention und Wirkung weiter voneinander entfernt. Mitten in die bedingungslose Kapitulation fährt dann in geradezu Zen-hafter Manier eine Erleuchtung. Die wahre Inspiration, die Muse, erhebt plötzlich ihre Stimme und überrumpelt den Verzweifelten mit ihrem Befehl: „Looke in thy heart and write!"

Die Muse spielt in Sidneys Sonett die Rolle eines Überraschungsgastes. Mit ihr war nicht zu rechnen, sie sprengt mit ihrem Erscheinen die Ökonomie des Gedichts. Wer einen Blick in Sidneys Sonettzyklus wirft, stellt schnell fest, dass das Verhältnis des Dichters zu den Musen ein äußerst gespanntes ist. Um dieses besser bestimmen zu können, ist es notwendig, kurz auf die Musen und ihre wechselnde Bedeutung für die Dichtung einzugehen.

Die Musen und ihre Metamorphosen

Das Schicksal der Musen, der Offenbarungs-Medien, ist aufs engste verflochten mit der Entwicklung der technischen Medien. Ich möchte hier in aller Kürze drei Stufen ihrer Geschichte skizzieren:

1. die Musen als Garantinnen der Überlieferung (Oralkultur)
2. die Musen als Form der Selbstlegitimierung (Schriftkultur)
3. die Musen als Fiktionssignale (Druckkultur).

1. Die Musen als Garantinnen der Überlieferung

In den homerischen Gesängen ist der Musenanruf das Einlasstor in den epischen Kosmos. Dieser Kosmos wurde nicht aus dem Nichts erschaffen, sondern aus der Erinnerung. Der Name (von Akteuren oder Orten) galt dabei als das schlechthin Spezifische

---

[14] Die *Apologie der Dichtung*, eine theoretische Schrift, die Sidney etwa gleichzeitig verfasste, lässt sich streckenweise als Paralleltext zu den Sonetten lesen: „But truly, many of such writings as come under the banner of unresistible love, if I were a mistress would never persuade me they were in love; so coldly they apply fiery speeches, as men that had rather read lovers' writings [...] than that in truth they feel those passions" (Sir Philip Sidney: *An Apology for Poetry*, in: *English Critical Texts. 16th Century to 20th Century*, hg. von D. J. Enright und Ernst de Chickera, London 1966, S. 3-49, hier: S. 44).

und Verbindliche. Er wurde nicht erfunden, sondern von den Musen *genannt*. Der ausführlichste Musenanruf in der *Ilias* ist einem Schiffskatalog vorangestellt. Die Gegenwart der Musen signalisiert auch hier, dass es um verbindliches und verbürgtes Wissen geht, nicht um freie poetische Erfindung. Burkhard Gladigow hat gezeigt, dass im homerischen Epos zwei Wissensformen unterschieden werden.[15] Die eine wird durch ‚Erzählung' wiedergegeben, die andere durch ‚Aufzählung'. Aufzählung nimmt die Form des Katalogs an, sie zeichnet sich durch Authentizität und Detailliertheit aus und ist durch Autopsie garantiert. Da der Sänger selbst nicht am Schauplatz war, muss er sich dafür auf einen Augenzeugen als Vermittler berufen. Diese Rolle übernehmen die allwissenden, alles sehenden Musen.

> Sagt mir nun, Musen! [...]
> Denn ihr seid Göttinnen und seid zugegen bei allem und wißt alles,
> Wir aber hören nur die Kunde und wissen gar nichts –:
> Welches [...] waren [...][16]

Diese vor Kataloge eingeschalteten Musenanrufe können sogar „ausführlicher und nachdrücklicher sein" als jene, die das ganze Epos in Gang setzen.[17] Was bedeutet das? In den Katalogen nimmt Wissen die gedrungene Form von ‚Memoraten' (im Sinne von streng auswendig gelernten Passagen) an. Hier kommt es vor allem auf Vollständigkeit und Genauigkeit der Überlieferung an. In solch verbindlicher und verbürgter Wiedergabe wird die Memoria an bestimmte Wortlaute gebunden. Die Invokation der Musen ist ein Ausdruck sowohl für die Verbindlichkeit der Worte wie für den gesteigerten Kraftakt der Erinnerung. Die Reproduktionsform der Erinnerung ist dabei eine andere, je nachdem, ob ein Fundus narrativ vergegenwärtigt oder ob er nach Diktat so akkurat wie möglich aufgelistet wird. Die Musen sind also Verkörperungen der epischen Gedächtnisarbeit, die uns in verschiedenen Konzentrationsstufen begegnet, mal lockerer und variierbar, mal fester und dichter gewebt. Als Töchter der Mnemonsyne sind sie Stützen der Erinnerung und Garantinnen der Überlieferung und damit die Schutzgöttinnen der Dichtung in der Gedächtniskultur.

2. Die Musen als Form der Selbstlegitimierung (Schriftkultur)

Mit dem Übergang zur Schriftkultur änderten sich die Bedingungen musischer Inspiration und dichterischer Produktion. Ende des 5. Jahrhunderts tauchte ein neuer Begriff auf, der *poietes*. Von ihm heißt es in einem Satz Demokrits, dass er ‚schreibt'.[18] Er zeigt

---

[15] Burkhard Gladigow: *Verbürgtes und gewusstes Wissen. Wissensformen und ihre Wertungen im frühen Griechenland*, in: *Weisheit* (Archäologie der literarischen Kommunikation 3), hg. von Aleida Assmann, München 1991, S. 59-72, hier: S. 60.

[16] Homer: *Ilias*, übers. von Wolfgang Schadewaldt, Frankfurt a.M. 1975, S. 35 (II, 484 ff.).

[17] Gladigow: *Verbürgtes und gewusstes Wissen* (Anm. 15), S. 60.

[18] Demokrit B 18; nach Eike Barmeyer: *Die Musen. Ein Beitrag zur Inspirationstheorie* (Humanistische Bibliothek 1/2), München 1968, S. 85.

die Ankunft einer neuen Dichterfigur an, die sich von den Bedingungen mündlicher Überlieferung ablöste. Die Ankunft des *poietes*, darauf hat der Musikwissenschaftler Th. Georgiades hingewiesen, war verbunden mit dem Zerfall von etwas anderem, der sogenannten *mousiké*. Dichten und Komponieren gingen fortan getrennte, arbeitsteilige Wege.[19] Ähnliches galt für Dichtung und Vortrag. Solcher Differenzierung voraus lag eine ganzheitliche Form musischer Kunst, die im Rhythmus der griechischen Sprache ihr Fundament hatte und beides in Verbunde setzt mit Gesang, Musik, Tanz, Fest und gehobener Stimmung. Die Namen der neun Musen verbürgten als Ensemble diesen vorschriftlichen Zusammenhang von *mousiké*, jede von ihnen akzentuiert einen Aspekt des gesamten Komplexes. Schrift dagegen ist ein lineares Medium von ungeheurer Einseitigkeit und sinnlicher Askese; ihre Einführung in die Kultur bedeutete radikale Reduktion. Wo sie sich entfaltete, wurde der multimediale Komplex der *mousiké* abgebrochen und zum Schweigen gebracht.

Nun war es aber keineswegs so, dass im Zeichen der Schrift die Musen gänzlich ihres Amtes enthoben wurden. Im Gegenteil wurden sie weiterhin verehrt und mit Nachdruck angerufen. Die Musen lernten schreiben, wie es ein prägnanter Buchtitel formuliert.[20] Aber damit änderte sich auch ihre Funktion. Waren sie in der Oralkultur *Garantinnen der Erinnerung*, so wurden sie in der Schriftkultur *Quellen der Inspiration*. Wer mit sich und der Schrift alleine ist, bedarf neuer Formen der Selbstlegitimierung. Die Musen wurden zu persönlichen Schutzpatroninnen, die die individuellen Texte autorisieren sollen. Da nun aber an die Stelle der einen Überlieferung die vielen, zum Teil widersprüchlichen Texte traten, entstand zugleich ein regelrechter Wettstreit um das Privileg der (r)echten Inspiration. Bei Hesiod sind die Musen bereits ebenso vielsagend wie unzuverlässig. Auf dem Boden der Schrift zeichnete sich mit dieser Entwicklung eine neue kulturelle Leit-Opposition ab, die zwischen Wahrem und Falschem, von Sein und Schein:

> Wir wissen trügenden Schein in Fülle zu sagen,
> Dem Wirklichen ähnlich,
> Wir wissen aber auch, wenn es uns beliebt,
> Wahres zu künden.[21]

Bei Vergil singt nicht mehr die Muse, sondern der Dichter selbst in der ersten Person: „Arma virumque cano".[22] Die Muse wurde nur noch aufgerufen, wo es um Erinnerungsmasse ging. Sie sollte dem Dichter die mythologische Vorgeschichte seines Stoffs vergegenwärtigen („Musa mihi causas memora").[23] Für verborgene, unsichtbare Gründe

---

[19] Barmeyer: *Die Musen* (Anm. 18), S. 83 f.

[20] Erik Havelock: *The Muse Learns to Write. Reflections on Orality and Literacy from Antiquity to the Present*, New Haven/London 1986.

[21] Hesiod: *Theogonie*, in: ders.: *Sämtliche Gedichte. Theogonie, Erga, Frauenkataloge*, übers. von Walter Marg, Zürich/Stuttgart 1970, S. 27-81, hier: S. 28.

[22] Vergil: *Aeneis. Lateinisch/Deutsch*, übers. und hg. von Edith und Gerhard Binder, Stuttgart 2012, S. 6 (I, 1).

[23] Ebd. (I, 8). Dieselbe Formel begegnet uns in Miltons *Paradise Lost* I, 27 f. (John Milton:

sind die Musen auch im 2. Buch der *Georgica* zuständig,[24] wo sie Einblicke in verborgene kosmologische Weisheit vermitteln sollen („rerum cognoscere causas").[25]

3. Die Musen als Fiktionssignale (Druckkultur)

Die Verfallsgeschichte der Musen nahm in der englischen Renaissance ihren Lauf. Deshalb stellt sich Sidney im 74. Sonett seines Zyklus selbstbewusst als Analphabet der musischen Künste dar.

> I never dranke of *Aganippe* well,
> Nor ever did in shade of *Tempe* sit,
> And Muses scorne with vulgar braines to dwell;
> Poore layman I, for sacred rites unfit.[26]

Ganz entsprechend stellt sich der Schäfer Colin Clout in der Juni-Ekloge des *Shepheardes Calender* dar, den Spenser 1579 seinem Freund Sidney gewidmet hatte:

> Of Muses *Hobbinol*, I conne no skill:
> For they bene daughters of the hyghest *Ioue*,
> And holden scorne of homely shepheards quill.
> [...]
> I neuer lyst presume to *Parnasse* hyll,
> But pyping lowe in shade of lowly groue,
> I play to please my selfe, all be it ill.[27]

Diese Musenverweigerung steht ihrerseits in einer Tradition. Persius aus dem ersten nachchristlichen Jahrhundert bekannte bereits, nie an der Hippokrene-Quelle getrunken, noch je auf dem Parnass genächtigt zu haben. Die Musen überlässt er den lorbeergekrönten Dichterhäuptern, er selbst nennt sich einen „Außenseiter" (*semipazanus*).[28] Hier macht sich das neue Selbstbewusstsein einer Gegentradition geltend. Nachdem die Dichtung nicht mehr als Medium verbindlichen oder geheimen Wissens auftrat, waren die Musen als Inspirationsquellen obsolet geworden. Sie wurden durch neue Autoritäten

---

Paradise Lost, in: ders.: *The Poems of John Milton*, hg. von John Carey Lewalski und Alastair Fowler, London u.a. 1968, S. 457-1060, hier: S. 459 f.). Auch hier wird ein ‚Memorat' abgerufen, das durch keine Autopsie (was in diesem Falle so viel heißt wie: durch keine biblische Quelle) zugänglich ist. Diese Einsicht verdanke ich Walter Magaß.

[24] Vergil: *Landleben*, hg. von Johannes und Maria Götte, Zürich 1995, S. 140 (475 ff.).

[25] Auf spätrömischen Sarkophagen verkörpern die Musen jenes Wissen, das die menschliche Seele braucht, um in die Unsterblichkeit einzugehen. So nach Ernst Robert Curtius: *Europäische Literatur und Lateinisches Mittelalter*, Bern/München 1984, S. 241.

[26] Sir Philip Sidney: *Sonnet 74*, in: ders.: *The Poems of Sir Philip Sidney* (Anm. 12), S. 203.

[27] Edmund Spenser: *The Shepheardes Calender*, in: ders.: *The Poetical Works of Edmund Spenser*, hg. von James C. Smith und Ernest de Sélincourt, London u.a. 1960, S. 442 (65 ff.).

[28] Vgl. Curtius: *Europäische Literatur und Lateinisches Mittelalter* (Anm. 25), S. 239 f.

ersetzt: durch den eigenen Geist (*animus*) bei Ovid, durch den Freund bei Properz, durch die Geliebte bei Tibull, aber auch durch den Herrscher oder den Heiligen Geist und schließlich durch das Unbewusste.[29]

Für Sidney waren die Musen nur mehr Fiktionssignale, literarische Attrappen oder papierne Göttinnen, die die Authentizität seiner Texte eher gefährdeten als steigerten. Die neun Musen werden mit leeren Konventionen, artifiziellem Pomp, Verkleidung und Maskenwerk assoziiert. Ihre poetische Kraft war verbraucht. Diese Verurteilung der Musen als inauthentisch und äußerlich geht auf einen in der Renaissance vollzogenen Bewusstseinswandel zurück. Es ist nicht nur die Schrift, die die Wiederholung offenbar macht, es war darüber hinaus die Entdeckung des Originals, die die Nachahmung offenbar machte. Im Bilde gesprochen: Sidney hatte von einem Baum der Erkenntnis gegessen und die Differenz zwischen echt und unecht, zwischen Original und Fälschung kennengelernt. Sie wurde zu einem obsessiven Thema seiner Sonette. Von billiger Nachahmung musste er sich allenthalben distanzieren. Pindars Größe hat nichts zu tun mit denen, die ihn nachäffen, betont er in einem Sonett und in einem anderen erklärt er, dass sich Petrarcas Seufzer nicht mit neuem Pathos füllen lassen.[30] Was die großen Vorbilder geleistet haben, lässt sich nicht wiederholen. Im Raum der Schrift wurde die Imitation als klägliches Echo vernehmbar. Deshalb war der Dichter peinlich darauf bedacht, sich vom Verdacht des geistigen Diebstahls zu befreien; die Voraussetzung für Echtheit war Ehrlichkeit: „And sure at length stolne goods do come to light"[31] oder: „I am no pick-purse of another's wit".[32]

Sidneys Sonette inszenieren also nicht nur Liebe, sondern auch Authentizität. Wie macht man das? Sidney bediente sich dafür des pietistischen Modells von Erweckungserlebnis und Konversion. Er stellt sich in seinen Sonetten als ein Musen-Konvertit dar. Von den neun Musen kehrte er sich ab, um der einen, der eigenen Muse zu dienen: „For me in sooth, no Muse but one I know".[33] Es ist dieselbe Muse, die in der Schlusszeile des ersten Sonetts interveniert: „„Foole' said my Muse to me, ‚Looke in thy heart and

---

[29] Curtius: *Europäische Literatur und Lateinisches Mittelalter* (Anm. 25), S. 239. Zur Verabschiedung der Musen in der modernen Lyrik vgl. Gerhard Neumann: *L'Inspiration se retire. Musenanruf, Erinnern und Vergessen in der Poetologie der Moderne*, in: *Memoria. Vergessen und Erinnern* (Poetik und Hermeneutik 15), hg. von Anselm Haverkamp und Renate Lachmann unter Mitwirkung von Reinhart Herzog, München 1993, S. 433-455.

[30] Vgl. Sir Philip Sidney: *Sonnet 3* und *Sonnet 15*, in: ders.: *The Poems of Sir Philip Sidney* (Anm. 12), S. 166 und S. 172.

[31] Sidney: *Sonnet 15*, in: ders.: *The Poems of Sir Philip Sidney* (Anm. 12), S. 172.

[32] Sidney: *Sonnet 74*, in: ders.: *The Poems of Sir Philip Sidney* (Anm. 12), S. 204. Freilich ist das Echte und Eigene nicht schon das Neue. Wichtig ist darum Walter Haugs Betonung des kleinen Wörtchens ‚ut': „[M]aßgebend ist wohl doch das ‚ut nova' – nicht ‚nova'! –, also die eigenständige Verwandlung des Vorgegebenen aus der Kompetenz eines kongenialen Geistes heraus, und nicht etwa schon die Idee schöpferischer Originalität" (Walter Haug: *Francesco Petrarca – Nicolaus Cusanus – Thüring von Ringoltingen. Drei Probestücke zu einer Geschichte der Individualität im 14./15. Jahrhundert*, in: *Individualität* [Poetik und Hermeneutik 13], hg. von Manfred Frank und Anselm Haverkamp, München 1988, S. 291-324, hier: S. 301).

[33] Sidney: *Sonnet 3*, in: ders.: *The Poems of Sir Philip Sidney* (Anm. 12), S. 166.

write.'" Die *neun Musen* stehen für unproduktive Schwerarbeit, die *eine Muse* für spontane Schöpfung. Der Inspirationsgrund der Dichtung wird aus den Büchern zurück in die Natur verlagert. Nicht aus staubigen Folianten und Lexika entsteht das Neue, sondern aus dem Antlitz der Geliebten:

> in *Stella's* face I reed,
> What Love and Beautie be, then all my deed
> But Copying is, what in her Nature writes.[34]

Die neun Musen werden angerufen, um das Liebeswerben des Dichters so wirkungsvoll wie möglich zu gestalten. Die Geliebte als bessere Muse dagegen ist nicht mehr nur Adressatin der Werbung, sie ist zugleich die Patronin des besseren Gedichts. Sie verhilft zu mehr als erfüllter Liebe, nämlich zu Dichterruhm. Am Ende seiner Verteidigungsschrift für die Dichtung hat Sidney die beiden strategischen Funktionen von Dichtung, nämlich Liebesgunst und Unsterblichkeit, nebeneinandergestellt. Die Apologie schließt mit einer Verfluchung derjenigen, die glauben, auf die Dienstleistungen der Dichter verzichten zu können; sie werden lieblos leben und ruhmlos sterben![35] Wie sich in seinem Sonettzyklus zeigt, sind beide Zielsetzungen allerdings unlöslich miteinander verschränkt: Das Gedicht wirbt um die Gunst der geliebten Person und je gelungener das Gedicht, desto sicherer der Ruhm des Dichters. Auf der ersten Ebene ist das Gedicht Medium für die Liebe, auf der zweiten ist die Liebe Medium für die Dichtung. Die Geliebte wechselt dabei die Position von der Adressatin zur Muse. Sie wird in diesem Austausch zum Medium der Inspiration und der Selbstverewigung des Dichters.

Die ‚neue Ästhetik des Inneren'

Der neuen Ästhetik einer natürlichen Poesie, wie sie uns in Sidneys Einleitungssonett begegnet, liegt die basale Opposition ‚Inneres versus Äußeres' zugrunde. Die bessere Muse, das Herz, das Wahre und Echte sind als ‚Innen' qualifiziert, die neun Musen, die Bücher, das Falsche und Minderwertige sind als ‚Außen' disqualifiziert. Diese Gegensätze sind uns nur allzu vertraut. Auf der Innen-Außen-Differenzierung ruht eine Wert-Hierarchie auf, die vier Jahrhunderte lang die westliche Ästhetik bestimmt hat. Ich möchte einige ihrer Leitsätze anführen und angesichts der überwältigenden Traditionsmächtigkeit dieser Ästhetik fragen, aus welchen Quellen sie sich speist und welche impliziten Prämissen sie bestimmt haben.

---

[34] Sidney: *Sonnet 3* (Anm. 33), S. 166.

[35] „[...] thus much curse I must send you in the behalf of all poets: that while you live, you live in love, and never get favour, for lacking skill of a sonnet; and when you die, your memory die from the earth, for want of an epitaph" (Sidney: *An Apology for Poetry* [Anm. 14], S. 49).

Das Einfache vor dem Schwierigen

Eine der polemischen Kehrtwendungen, mit denen sich die Epoche der Renaissance von der voraufgegangenen abgesetzt hat, betrifft den neuen Kult der Schlichtheit. Der der Volkssprache verbundene *idiota* wurde zum Gegenspieler des Gelehrten, der jetzt die Züge des Pedanten annahm.[36] Der *idiota* verkörperte den neuen Typ eines Weisen, der mühelos, weil von innen her, durchdringt, womit der Pedant als erdrückendem Wissensballast vergeblich ringt und nie fertig wird. Weil er sich vom Bücherwissen freizumachen vermag, kann der *idiota* zu neuen und unmittelbaren Formen der Erkenntnis durchstoßen.

In seiner *Apology for Poetry* geht Sidney auch auf den Pedanten ein. Ihm wirft er vor, er bediene sich der Kunst, um Kunst zu zeigen, statt Kunst zu verschleiern: „using art to show art and not to hide art (as in these cases he should do)".[37] Natur ist für Sidney die verschleierte Kunst; ihr Gegenstück ist ostentative Künstlichkeit. Diese Norm der Natürlichkeit entstammt dem aristokratischen Verhaltenscode. In seinem Werk über den Höfling, *Il Cortegiano* (1528), hat Baldassare Castiglione das Gebot der Anstrengungsvermeidung oft genug wiederholt, um es für kommende Generationen zu einem Gemeinplatz höfisch-höflicher Gesittung zu machen. Sidney lag die Übersetzung von Sir Thomas Hoby vor, die 1561 in England erschienen war und 1588 eine Neuauflage erlebte. Das Schlichtheitsgebot wurde als eine Art Überregel eingeführt, die menschliches Verhalten in Wort und Tat leiten sollte. Umständlichkeit („curiousnesse"), Schwierigkeit („precisenesse") wurden als Laster geächtet; sie waren zu meiden wie gefährliche Felsen bei der Navigation. Empfohlen wurde die Kunst der Dissimulation, der affektierten Schlichtheit. „Therefore that may be said to be a very art that appeereth not to be arte, neyther ought a man to put more diligence in any thing than in covering it."[38]

Das Eigene vor dem Fremden

Ein wirkungsvoller Weg zur Schlichtheit führte über die Aneignung, die erfolgreiche Umschmelzung von Fremdem in Eigenes. Dieses Prinzip begegnet uns in einem der von Dr. Johnson herangezogenen Belege zum Stichwort *originality*. Dort heißt es:

> For what *originally* others writ,
> May be so well disguis'd and so improv'd

---

[36] Neben Nikolaus von Kues bieten Erasmus (*Lob der Torheit*) und Agrippa von Nettesheim Beispiele für die Figur des *idiota*. In der späteren Pedantismus-Kritik wird der Pedant von Thomasius affektpsychologisch als eine „Kombination von Unvernunft und undisziplinierter Eigenliebe" gefasst. Dazu Wilhelm Kühlmann: *Gelehrtenrepublik und Fürstenstaat. Entwicklung und Kritik des deutschen Späthumanismus in der Literatur des Barockzeitalters* (Studien und Texte zur Sozialgeschichte der Literatur 3), Tübingen 1982, S. 449.

[37] Sidney: *An Apology for Poetry* (Anm. 14), S. 46.

[38] Baldassare Castiglione: *The Book of the Courtier* [1561] (The Tudor Translations 1, 23), übers. von Sir Thomas Hoby, New York 1967, S. 59.

That with some justice it may pass for ours.[39]

In dem Universum, von dem dieser Beleg kündet, hat die moderne Bedeutung von ‚Originalität' offensichtlich noch nicht Fuß gefasst. Im Gegenteil bestand das Ziel des Schreibens darin, das im Horizont der Schrift vorgängig Vorhandene so umzufälschen, dass dabei der Eindruck eines Neuen entstehen kann. Die Qualität der Originalität kann dabei durch Formen gelungener Aneignung von der Vorlage auf die eigene Komposition übergehen.

Über die Umfälschung von Fremdem in Eigenes hat sich Seneca im 84. Brief an Lucilius ausgelassen.[40] In diesem Brief wird das poetische Verfahren am Bienengleichnis illustriert. Die Bienen, so heißt es dort, beherrschen eine doppelte Kunst: die des Sammelns und Konservierens (*scientia colligendi*) und die der Verwandlung und Einschmelzung (*scientia mellis faciendi*). Von den Bienen kann der Dichter deshalb lernen, was es bedeutet, ‚alles, was immer wir auch aus verschiedener Lektüre zusammengetragen', durch die Kraft des *ingenium* zu verwandeln und jene verschiedenen Probestücke in einem einzigen Geschmack zusammenfließen' zu lassen. Sidney könnte diese Kunst des Schreibens bei Petrarca kennengelernt haben, der sich ebenfalls auf das Bienengleichnis bezog: „Laßt uns schreiben, wie die Bienen Honig machen [...], damit aus Vielem und Verschiedenem Eines werde, und zwar etwas Anderes und Besseres."[41] Seine Lesefrüchte sammelte Petrarca in einem ‚Bienenstock des Herzens' (*in alveario cordis*), wo sie nicht nur aufbewahrt, sondern kraft des *ingenium* ‚in etwas Anderes und Besseres', kurz: in etwas Eigenes, umgeschmolzen wurden. Originalität bedeutet in der Renaissance also noch nicht das schlechthin Eigene, sondern das virtuos Angeeignete.

Petrarca hat sich in einem Brief an Boccaccio aus dem Jahre 1359 über die schwierige Grenze zwischen Eigenem und Fremdem ausgesprochen. Dabei machte er eine wichtige Unterscheidung: Für *sein Leben* bleibt er auf die fremden Worte und Ermahnungen angewiesen, *seinen Stil* jedoch möchte er als das natürliche Gefäß des Eigenen und nur ihm Gemäßen verstanden wissen.[42] Der Wille zur Originalität beschränkt sich also auf den Stil, aber auch dieser ist nicht unbedingt. Was sich mit augustinischer Inbrunst als unmittelbare Sprache des Herzens gibt, ruht auf einer Hochschätzung der Bildung und Rhetorik auf. Sein Anspruch geht dahin, wie er es ausdrückt, „das

---

[39] Samuel Johnson: Eintrag zu *Originality*, in: ders.: *A Dictionary of the English Language* (Anm. 9), Bd. 2, S. 1414.

[40] Ich danke Alfons Reckermann, der mich auf diesen Brief aufmerksam gemacht hat. Vgl. dazu Alfons Reckermann: *Das Konzept kreativer imitatio im Kontext der Renaissance-Kunsttheorie*, in: *Fortuna vitrea* 9 (1993), S. 98-132. Dazu ausführlich: Jürgen von Stackelberg: *Das Bienengleichnis. Ein Beitrag zur Geschichte der literarischen* Imitatio, in: *Romanische Forschungen* 68 (1956), S. 271-293.

[41] Francesco Petrarca: *Le Familiari*, in: ders.: *Edizione Nazionale delle Opere di Francesco Petrarca. Le Familiari, Volume Primo: Introduzione e Libri I-IV*, hg. von Vittorio Rossi, 13 Bde., Firenze 1968, Bd. 10, S. 44 (I, 8 [Übers. A. A.]).

[42] Vgl. dazu Karl-Otto Apel: *Die Idee der Sprache in der Tradition des Humanismus von Dante bis Vico*, Bonn 1980, S. 168.

von anderen schon Gesagte schöner noch einmal zu sagen". Karl-Otto Apel, der diesen Satz Petrarcas zitiert, fährt fort:

> Dieses literarische Programm sowie das zugehörige antike Gleichnis von den Bienen, die das aus allen Blumen Gesaugte in Honig verwandeln [...], zeigen, daß der italienische Neubegründer des Humanismus bei aller Betonung der Originalität letztlich doch der Idee der profanen Bibel der lateinischen Bildungsliteratur verpflichtet ist, die der heiligen Schrift und den Kirchenvätern zur Seite tritt.[43]

Dieser Gedanke ist auch für Sidney zentral. Er bedeutet, dass für Autoren der Renaissance Innovation nicht mit Traditionsbruch verbunden ist, sondern im Gegenteil mit der Kanonisierung bestimmter Autoren, mit bewusstem Herstellen von Tradition, mit entschiedenem Einrücken in ein Überlieferungsgeschehen. Dabei hatte die Devise: ‚das Eigene vor dem Fremden' in England um 1600 noch einen besonderen Klang. Sie bezog sich auf den kulturpolitischen Imperativ, fremde Muster zu importieren, um sie auf heimischem Boden zu verwurzeln.[44]

Das sinnlich Unmittelbare vor dem schriftlich Vermittelten

Die Abstriche, die wir am Konzept der Originalität machen mussten, müssen wir auch am Konzept der Unmittelbarkeit machen. Gewiss, durch den gesamten Zyklus der Sonette hindurch zieht sich das Motiv, dass die Gedichte keinen Regeln und Vorbildern, keinen Texten und Autoren verpflichtet sind, sondern dass sie allein und ausschließlich von der Geliebten selbst, der besseren Muse, inspiriert sind. Aber auch dieser Unmittelbarkeitstopos ist durch die Hochschätzung von Bildung und Rhetorik begrenzt. Das zeigt in aller Klarheit die Auseinandersetzung Sidneys mit Platon in seiner Dichtungsapologie.

In Platons Dialog *Phaidros* sind die Weichen der abendländischen Schriftkritik gestellt worden. Hier wurde zum ersten Mal die Schrift (*graphé*) mit dem Außen, die Erinnerung (*anámnesis*) mit dem Innen korreliert. Das berühmte Urteil über die Schrift lautet: „Denn Vergessenheit wird dieses in den Seelen derer, die es kennenlernen, herbeiführen durch Vernachlässigung des Erinnerns, sofern sie nun im Vertrauen auf die Schrift von außen her mittels fremder Zeichen, nicht von innen her aus sich selbst, das Erinnern schöpfen."[45]

---

[43] Apel: *Die Idee der Sprache in der Tradition des Humanismus* (Anm. 42), S. 169.

[44] Die Position eines Freundes von Sidney, Edmund Spensers, war in diesem Punkt besonders entscheidend. Er schrieb Eklogen nach dem Vorbild Vergils, stellte sich jedoch selbst in die Nachfolge Chaucers, den er mit Vergils Pseudonym „Tityrus" nannte. Vgl. dazu Aleida Assmann: *Der Eigenkommentar als Mittel literarischer Traditionsstiftung. Zu Edmund Spensers „The Shepheardes Calender"*, in: *Text und Kommentar* (Archäologie der literarischen Kommunikation IV), hg. von Jan Assmann und Burkhard Gladigow, München 1994, S. 355-373 (Kapitel 3 im 1. Teil des vorliegenden Bands).

[45] Platon: *Phaidros*, in: ders.: *Sämtliche Werke*, hg. von Erich Loewenthal, 3 Bde., Heidelberg

Das Gegenbild zur schriftlichen Weitergabe ist die unmittelbare Berührung der Geister. Nicht aus Buchstaben, „sondern aus häufiger familiärer Unterredung gerade über diesen Gegenstand sowie aus innigem Zusammenleben entspringt plötzlich jene Idee in der Seele wie aus einem Feuerfunken das angezündete Licht und bricht sich dann selbst weiter seine Bahn".[46] Im Dialog *Ion* schildert Platon, wie aus solcher Unmittelbarkeit die Kette der Begeisterten entsteht. Er vergleicht in diesem Zusammenhang die Dichter mit den Bienen, „Denn ein Dichter ist ein luftiges, leichtbeschwingtes und heiliges Wesen und nicht eher imstande zu dichten, als bis er in Begeisterung gekommen und außer sich geraten ist und die klare Vernunft nicht mehr in ihm wohnt."[47]

Die Ingenium-Theorie ist nicht nur schriftfeindlich, sie ist auch traditions- und rhetorikfeindlich. An einer Stelle seiner *Apologie* bezieht sich Sidney direkt auf die Enthusiasmus-Theorie im *Ion*. Dabei lässt er aber keinen Zweifel, dass ihm dieses platonische Pathos der Unmittelbarkeit ebenso fernliegt wie eine religiöse Überhöhung der Dichtung.[48] Wenn Sidney die spontane Herzensschrift fordert, handelt es sich dabei eher um einen literarischen Topos als um eine auf Inspiration gegründete Dichtungstheorie. Er gibt zwar zu, dass Fleiß allein keinen Dichter macht, wenn nicht der Genius im Spiele ist. Aber er ist ebenso überzeugt, dass ohne den Daedalus der Rhetorik der Ikarus des Ingeniums abstürzen muss: „Yet confess I always that, as the fertilest ground must be manured, so must the highest-flying wit have a Daedalus to guide him."[49] Die drei Flügel, mit denen sich der Poet in der Luft zu halten vermag, heißen „art", „imitation", „exercise": Regeln, Vorbilder und Fingerübungen. Die technisch-handwerkliche Seite der Dichtung, die Sidney in seinen Sonetten anmutig verschleierte, hat er, wie ein Blick in seine *Apologie* zeigt, keineswegs unterschätzt.

Männliche Kreativität vor weiblicher Reproduktivität

Kehren wir noch einmal zu Sidneys Eingangssonett zurück. Dort wird der Vorgang poetischer Kreativität in zwei Pole aufgespalten, einen weiblichen und einen männlichen. Das Einsammeln wird als rein rezeptiver Vorgang weiblich konnotiert. Das geht so weit, dass sich der Dichter als eine Gebärende in Wehen darstellt:

1982, Bd. 2, S. 411-481, hier: S. 475 (275a).

[46] Platon: *Siebenter Brief*, in: ders.: *Sämtliche Werke* (Anm. 45), Bd. 3, S. 717-758, hier: S. 742 (341d).

[47] Platon: *Ion*, in: ders.: *Sämtliche Werke* (Anm. 45), Bd. 1, S. 131-148, hier: S. 137 (534b).

[48] Sidney: *An Apology for Poetry* (Anm. 14), S. 37: „[...] he [i.e. Plato] attributeth unto poesy more than myself do, namely to be a very inspiring of a divine force, far above man's wit as in the aforenamed dialogue is apparent." Am Schluss verweist er auf Landinos Überzeugung vom *furor divinus* des Dichters. Ganz deutlich distanziert er sich von der platonischen Enthusiasmus-Theorie im 74. Sonett: „Some do I heare of Poets' furie tell, | But (God wot) wot not what they meane by it" (Sidney: *Sonnet 74*, in: ders.: *The Poems of Sir Philip Sidney* [Anm. 12], S. 204).

[49] Sidney: *An Apology for Poetry* (Anm. 14), S. 39.

Thus great with child to speake, and helplesse in my throwes.

Weibliches Gebären zeichnet sich durch Anstrengung und Dauer, Schmerz und kreatürliche Hilflosigkeit aus. Das Gegenstück dazu ist das männliche Zeugen, seine Merkmale sind Souveränität und Geschwindigkeit. Der Blick, der Blitz, der einfallende Lichtstrahl, die Befehlskraft des Schöpfungswortes – sie alle gehören in die Metaphernreihe der männlichen Zeugung. „Looke in thy heart and write!" – im letzten Augenblick kommt das männliche Ingenium des Dichters zum Zuge und überwindet das fleißige, aber schöpferisch unproduktive weibliche Prinzip.

Weibliches Gebären wird nicht nur, wie auch bei Shakespeare im eingangs zitierten Sonett, mit Schwerarbeit und unproduktiver Wiederholung[50] assoziiert; es wird darüber hinaus überraschenderweise mit Zitaten, Zetteln, Lexika, Büchern, kurz: mit dem Raum der Schrift, verknüpft. Worin, so fragt man sich, könnte der gemeinsame Nenner bestehen zwischen Schriftlichkeit und Weiblichkeit? Es ist die Reproduktivität, die endlose Wiederholung vorgeprägter Muster, sei es in der Welt der Natur, sei es in der Welt der Buchstaben. Von dieser weiblichen Form von *Produktivität als Reproduktivität* hebt sich die männliche Form von *Produktivität als Kreativität* ab. Sie allein vermag sich über die ewige Wiederkehr des Gleichen zu erheben und etwas Neues, etwas Ureigenes zu schaffen, das Anspruch hat auf Individualität, auf Eigennamen und Unsterblichkeit. Sidneys Verhältnis zum Weiblichen ist ebenso negativ wie das zu den traditionellen Musen. Sie drehen sich im Kreise und können nur reproduzieren, also wiederholen, was bereits gesagt wurde. Dieser reproduktiven Welt des Weiblichen, der Musen, der Künstlichkeit und der Bücher wird die Welt des Männlichen, der einen Muse, der Natürlichkeit und des vollkommenen Werks gegenübergestellt.

Es überrascht, dass hier nicht das weibliche, sondern ausgerechnet das männliche Prinzip mit ‚Natur' verbunden wird. Auf diese Verbindung fällt noch einmal ein erhellendes Licht aus der *Apologie*. Dort heißt es:

> Neither let it be deemed too saucy a comparison to balance the highest point of man's wit with the efficacy of nature; but rather give right honour to the Heavenly Maker of that maker, who, having made man to His own likeness, set him beyond and over all the works of that second nature. Which in nothing he showeth so much as in poetry, when, with the force of a divine breath, he bringeth things forth far surpassing her doings [...].[51]

Die Ebenbildlichkeit zwischen Gott und Mensch wird in der Renaissance auf den Mann, genauer: auf den Künstler, eingeschränkt. In diesem Sinne hat noch Coleridge die lebendige Kraft der Imagination als Wiederholung des ewigen Schöpfungsaktes definiert und damit die Frau von diesen höheren Weihen ausgeschlossen. In dieser Tradition bewegt sich George Steiner, der sie noch einmal mit neuer polemischer Stoßkraft aufge-

---

[50] Seit dem Genesis-Mythos ist Arbeit ebenso wie der Vorgang der Geburt mit Fluch und Strafe konnotiert. Im Englischen bedeutet *labour* sowohl ‚arbeiten' als auch ‚in Wehen liegen'; in diesem Doppelsinn ist die Doppelstrafe zusammengefasst, mit der das erste Menschenpaar aus dem Paradies vertrieben wurde.

[51] Sidney: *An Apology for Poetry* (Anm. 14), S. 9.

laden hat. Nach Steiner wiederholt der Künstler nicht mimetisch den ewigen Schöpfungsakt, er ist vielmehr der große, prometheische Rivale Gottes. Sein Werk ist wesentlich Gegenschöpfung. Ohne männliche Zeugungskraft keine Schöpfung und ohne männlichen Neid auf den Schöpfer keine große Kunst. Steiner, der die provokante Frage stellt nach dem Verhältnis von „Geschlecht, Sexualität und dem Impuls zur Fiktion", vermutet einen Zusammenhang zwischen der natürlichen Bestimmung zum Gebären und der „Abstinenz von poiesis". Und er fährt fort: „,Begraben' Frauen ihre ‚reifen Gedanken im Hirn, | Machen den Schoß zu ihrem Grab, in dem sie wuchsen'?"[52] Bei Sidney wird in der Tat der weibliche Schoß zum Grab vergeblicher Mühen und zum Gegenpol des Herzens als dem wahren Geburtsschoß großer Schöpfungen. Der sich selbstbewusst auf den Boden der neuen Ästhetik stellende Dichter definiert seinen Ort durch Ausgrenzung des Weiblichen. Genauer gesagt, er findet seinen Ort zwischen zwei Formen männlich fingierter Weiblichkeit: zwischen der Frau als Symbol des nichtkreativen Mannes einerseits und der Frau als Muse, als Impuls und Quellgrund männlicher Kreativität andererseits.

Das Ende des Zeitalters der Originalität oder: die Verwischung der Grenze von Innen und Außen

Fassen wir zusammen. Obwohl der Begriff von Originalität erst im 18. Jahrhundert die Schwingungen annimmt, mit denen wir ihn heute verwenden, gibt es doch in der frühen Neuzeit eine bedeutende Vorgeschichte dieses Konzepts. Um diese Vorgeschichte klarer eingrenzen zu können, müssen wir drei historische Kontexte von Originalität unterscheiden:

1. Originalität, die dem göttlichen Schöpfer vorbehalten und im hebräischen Schöpfungsmythos und der Urgeschichte des Menschengeschlechts verankert ist;
2. Originalität, die den Künstler als zweiten Schöpfer dazu legitimiert, Eigenes zu schaffen;
3. Originalität, die auf die anthropologische Ressource der Natur rekurriert.

Mit diesem Beitrag haben wir uns ausschließlich im Umkreis des zweiten Kontextes von Originalität bewegt. Ausgehend von einem programmatischen Sonett Sir Philip Sidneys ließen sich die Konturen einer ‚neuen Ästhetik des Inneren' herausarbeiten, die eine Anzahl uns nur allzu vertrauter Normen vereinigt: das Einfache vor dem Schwierigen, das Eigene vor dem Fremden, das Unmittelbare vor dem Vermittelten, das Männliche vor dem Weiblichen. Angesichts der Evidenz und Permanenz solcher Normen galt es, deren historisch spezifischen Index näher zu bestimmen. Dabei stellte sich die Begrenzung dieser Prinzipien im Horizont von Bildung, Rhetorik und Tradition heraus. Innovation erwies sich überraschenderweise als eine Strategie der Traditionsbildung

---

[52] George Steiner: *Von realer Gegenwart. Hat unser Sprechen Inhalt?*, übers. von Jörg Trobitius, München/Wien 1990, S. 267 und 272.

und nicht der Traditionszerstörung. Es ging darum, die vorbildlichen Autoren zu verin-nerlichen, nicht sie zu vergessen.

Sidney ist noch weit entfernt von einer Welt, die persönliche Differenz um ihrer selbst willen prämiert. Ebenso wenig hätte er Sinn gehabt für eine Form der Originalität, die sich als Traditionsbruch inszeniert, denn ohne den überhistorischen Resonanzraum der Tradition hätte er sich gar nicht selber hören können. Die Möglichkeit, das Eigene auf Kosten des anderen durchzusetzen, stellt die Bedingung für eine neue historische Stufe von Originalität dar. Sie ist nicht mehr durch Erinnern, sondern durch Vergessen bestimmt. Nietzsche hat Originalität und Kreativität als Zustände verstanden, die sich in erster Linie dem Vergessen verdanken:

> Es ist der ungerechteste Zustand von der Welt, eng, undankbar gegen das Vergangene, blind gegen Gefahren, taub gegen Warnungen, ein kleiner lebendiger Wirbel in einem to-ten Meer von Nacht und Vergessen; und doch ist dieser Zustand – unhistorisch, widerhis-torisch durch und durch – der Geburtsschoß [...] jeder rechten Tat; und kein Künstler wird sein Bild, kein Feldherr seinen Sieg, kein Volk seine Freiheit erreichen, ohne sie in einem derartig unhistorischen Zustande vorher begehrt und erstrebt zu haben.[53]

Es besteht kein Zweifel, dass die Normen und Prämissen der Originalität seit den 1980er Jahren in eine Krise geraten sind. Originalität, Kreativität und die ihr kongeniale Form der Subjektivität sind im Begriff, ihre Selbstverständlichkeit, ihre Unschuld zu verlieren. An der Rückseite dieser Begriffe zeichnet sich ab, was ein halbes Jahrtausend lang ausgegrenzt und dem Vergessen überantwortet war. Um dies schärfer ins Bild zu rücken, brauchen wir uns nur die entwerteten Pole der alten Dichotomien vorzunehmen. Sie feiern allenthalben eine fröhliche Auferstehung. Dazu gehört anstelle des Einfachen das Schwierige, Komplexe, Unübersichtliche, nachdem die Welt ihren Mittelpunkt verloren hat und sich die Wahrheit in keinem Brennpunkt mehr sammeln lässt. Dazu gehört anstelle des Eigenen das Fremde, das zu einem Schlagwort von unauslotbarer Faszination geworden ist. Dazu gehört anstelle des Unmittelbaren das Mittelbare, das sich mit dem neuen auratischen Begriff ‚Schrift‘ und dem damit verbundenen Interesse an Medien und der Materialität der Zeichen zur Geltung bringt. Und dazu gehört, last but not least, das Weibliche in der Kultur, das mit der Wucht des Verdrängten wieder-kehrt und im Begriff ist, die Ordnung der Zeichen in Verwirrung zu bringen.

Die Kurve der Originalität, die sich von Petrarca und Sidney aus in gesteigerten Formen der Traditionsaneignung und Selbstinszenierung erhoben hat, ist wieder am Fallen. In der Neige haben wir gesteigerte Formen von Selbstverlust und Traditionsent-eignung vor Augen. Die großen Integrationsleistungen, auf die das Bienengleichnis anspielt, sind Formen der Desintegration und Dekonstruktion zum Opfer gefallen. Was sich hier abspielt, ist nichts anderes als der Schritt zurück vom fertigen Produkt zum offenen Prozess. Der Blick dringt durch den Text hindurch und schweift entgrenzt im Labyrinth der Intertextualität. Oder anders gewendet: Wer die Augen vom Honigtopf hebt, bekommt das vielstimmige Summen der Bienen zu hören.

---

[53] Nietzsche: *Vom Nutzen und Nachteil der Historie für das Leben* (Anm. 3), S. 215 f.

KAPITEL 5

Erinnerung und Erwählung. Zwei Modelle von Nationsbildung im England des 16. und 17. Jahrhunderts

Obwohl heute der Nationalstaat im Zuge eines globalisierten Kapitalismus immer öfter für obsolet erklärt wird, ist er von der politischen Bildfläche doch noch keineswegs verschwunden. Es gibt nicht nur eine ganze Reihe neuer Nationen, die mit der Dekolonisierung und nach dem Zerfall der Sowjetunion entstanden sind, es gibt auch solche, die sich derzeit noch *in statu nascendi* befinden. Zu diesen gehören zum Beispiel die Palästinenser, die im Juni 1998 anlässlich des 50. Jahrestages ihrer Vertreibung (Naqba) erklärten: „Unsere Geschichte als Menschen begann bereits mit der Geschichte der Menschheit. Unsere arabische Geschichte begann mit der Geschichte der Araber, das Bewusstsein unserer nationalen Geschichte begann mit unserem Widerstand gegen Eroberung und Gier, die sich unseres Landes bemächtigte."[1]

Die Geburt der Nation aus dem Geist des politischen Widerstands – dieses Programm stand am Anfang des 19. Jahrhunderts auch hinter der neuen deutschen Nation, die nach dem Ende des ‚Heiligen Römischen Reiches deutscher Nation' aus dem Geist der napoleonischen Befreiungskriege entstand. Damals wie heute spielte in diesem Prozess der Nationsbildung die gemeinsame historische Erinnerung eine bedeutende Rolle. In der eben zitierten Erklärung heißt es weiter:

> Ihres Geburtsrechts beraubt trugen die palästinensischen Flüchtlinge Palästina so in ihren Herzen, wie sie die Besitztitel und die Schlüssel zu ihren Häusern bewahren. In unserer kollektiven Erinnerung und in unserem Weiterleben blieben die alten Orte und Menschen lebendig. Wir haben uns geweigert, ihre Version der Zerstörung als unsere Geschichte anzunehmen und zu akzeptieren, und wir bleiben die Anwälte und Zeugen einer authentischen palästinensischen Tradierung und des Willens zu überleben.[2]

Nationen, so dürfen wir dieses Beispiel verallgemeinern, konstituieren sich als *Erinnerungsgemeinschaften*. Sie rekonstruieren ihre Geschichte und leiten dabei ihre Deutung der Gegenwart und ihre Ansprüche an die Zukunft aus dieser fundierenden Erzählung ab.

---

[1] Mahmoud Darwish: *Appell des palästinensischen Volkes am 50. Jahrestag der Nakba*, übers. von Khaled al-Khatib und Rainer Zimmer-Winkel, in: *Inamo* 14.15 (Sommer/Herbst 1998), S. 71-72, hier: S. 71.

[2] Ebd., S. 72.

Ich möchte in diesem Kapitel *zwei* Modelle von Nationsbildung aus einer Epoche vorstellen, die deutlich vor der Phase der modernen Geschichte der Nationalisierung anzusetzen ist, wie sie uns aus dem späteren 18. und 19. Jahrhundert vertraut ist. Meine Beispiele stammen aus England und datieren vom Ende des 16. und vom Anfang des 17. Jahrhunderts. An Shakespeares Historiendrama *Henry V* soll gezeigt werden, wie sich eine Nation als Erinnerungsgemeinschaft konstituiert; auch wenn es in diesem Fall nicht wie bei den Palästinensern um die Erinnerung an eine Katastrophe, sondern um die an einen Sieg geht. Mit meinem zweiten Textbeispiel, Miltons *Areopagitica*, soll der Fall einer Nationsbildung aus dem Geist religiöser Erwählung dargestellt werden. Bevor ich auf diese beiden Beispiele eingehe, sollen einige allgemeinere Überlegungen und Definitionsvorschläge vorangestellt werden, die als eine Einführung in die Problematik und als begriffliche Orientierungsmarken in einem notorisch unübersichtlichen Terrain gedacht sind.[3]

Grundlagen und Definitionen

Nationalstaaten im modernen Sinne sind aus drei historischen Schüben hervorgegangen. Der *erste Schub* vollzog sich um 1800 als Reaktion auf die Errichtung des napoleonischen Imperiums. Mit den Befreiungskriegen verschärfte sich noch einmal die Grenze zwischen dem Eigenen und dem Fremden, wobei diesmal die deutsche Romantik an der Konzeptualisierung mitwirkte. Die Erfindung eines organischen Volksgeistes garantierte dabei die Eigenart und Einmaligkeit des Kollektivs und vertiefte den Abgrund der Differenz zu anderen Nationen. Der *zweite Schub* erfolgte mit dem ersten Weltkrieg, als die Herrschaftsverbände der Habsburger Monarchie und des Osmanischen Reichs zerfielen und eine Reihe neuer Nationalstaaten ihre Nachfolge antrat. Ein *dritter* Nationalisierungsschub fand nach dem Zweiten Weltkrieg mit der Auflösung der Kolonialreiche statt.[4] In diesem Fall waren die Kolonisatoren nicht nur die Unterdrücker und Repräsentanten einer Fremdheit, gegen die sich neue emphatische Selbstdefinitionen profilieren konnten, sondern auch die Geburtshelfer der neuen Nationen. Die Kolonialmächte, die ethnische Grenzlinien in die Landkarten eingezeichnet hatten, um passende Verwaltungseinheiten abzugrenzen und die Beherrschbarkeit der Gebiete sicherzustellen, markierten damit keineswegs, wie uns die Ethnologen heute versichern, vorgängige, naturwüchsige Organisationsmuster indigener Lebenswelten. Die kolonialen Definitionen waren eine künstliche Projektion der Kolonialverwaltung, aber als solche durchaus

---

[3] Ich verweise hier auf die ausführlichere Fassung dieser Grundlagen in meinem Aufsatz: *Die Gleichzeitigkeit des Ungleichzeitigen. Nationale Diskurse zwischen Ethnisierung und Universalisierung*, in: *Bilder der Nation. Kulturelle und politische Konstruktionen des Nationalen am Beginn der europäischen Moderne*, hg. von Ulrich Bielefeld und Gisela Engel, Hamburg 1998, S. 379-400.

[4] Vgl. Aleida Assmann: *Theories of Cultural Memory and the Concept of ‚Afterlife'*, in: *Afterlife of Events. Perspectives of Mnemohistory*, hg. von Marek Tamm, Basingstoke 2014, S. 79-94, hier: S. 83-85.

folgenreich, denn die neuen Nationalismen identifizierten sich mit den ihnen auferlegten Grenzen und verwandelten so nicht selten erfundene Ethnien in reale Nationalstaaten.[5]

Mit meinen Beispielen möchte ich vor diese historischen Schwellen zurückgreifen und Prozesse der Nationsbildung im frühneuzeitlichen England analysieren. Diese Epoche hat für die Nationalismusforschung in den letzten 15 Jahren eine immer stärkere Bedeutung gewonnen.[6] Die Gemeinsamkeiten und Unterschiede zwischen den früheren und den späteren Fällen lassen sich besser fassen, wenn wir zuvor einige allgemeinere Merkmale der Nationsbildung festhalten. *Nationale Diskurse* gehen stets der Gründung von Nationalstaaten voraus und flankieren deren Entwicklung. Im Zentrum dieser Diskurse stehen Visionen, die dazu bestimmt sind, die Identifikationsbereitschaft von Individuen zu mobilisieren, indem sie für das Gemeinwesen ein klar konturiertes Selbstbild entwerfen. In ihrer Geschichte haben diese Diskurse eine Anzahl von Topoi und Erzählmustern hervorgebracht, von denen ich hier nur vier kurz erläutern möchte: den Einheitstopos, den Herkunftstopos, den Befreiungstopos und den Entfremdungstopos.

Der *Einheitstopos* nationaler Diskurse ist nicht notwendig mit ethnischer Homogenisierung gleichzusetzen. Bestehende ethnische, regionale, konfessionelle und soziale Differenzen sollen durch die Vergemeinschaftung als Nation nicht beseitigt, wohl aber durch eine umgreifende Einheitsvision überformt werden. Das Identifikationsangebot nationaler Diskurse ist also nicht zwangsläufig auf soziale Gleichheit oder ethnische Homogenität ausgerichtet. Das Identifikationsangebot nationaler Diskurse kann quer zu Ständen, Klassen und Rassen verlaufen, die in einer neuen übergeordneten Einheit ‚aufgehoben' werden sollen, einer Einheit, die also weniger durch eine gemeinsame Substanz als durch eine gemeinsame Erfahrung oder ein gemeinsames Projekt (beziehungsweise beides) zusammengehalten wird. Eine solche Einheitsvision entspricht dann der zweiten Mitgliedschaft in einer kollektiven Identität, die eine bestehende Vielheit zusammenhält. Nationen konstruieren Einheit in der Differenz, wobei dieser allgemeine Zusammenschluss zu einem neuen kollektiven Handlungssubjekt in der Regel politisch motiviert ist. Shakespeares Heinrich V. erklärt, wie wir noch genauer sehen werden, am Vorabend der Schlacht von Agincourt Iren, Schotten, Waliser und Engländer jedweden Standes zu seinen Brüdern; später erklärte Kaiser Wilhelm II. am Ausbruch des Ersten Weltkrieges: „Ich kenne keine Parteien mehr, ich kenne nur noch Deutsche", und entsprechend rühmt der Vers: „Noch gestern, Brüder, wart ihr nur ein Haufen; | Ein Volk, o Brüder, seid ihr heut."[7]

Nationale Diskurse verankern die Identität einer Gruppe in der Dimension der Geschichte. Die Identifikation mit der Wir-Gruppe, die auf der Teilhabe an bestimmten Werten und Zielen beruht, ist mit einem bestimmten *Geschichtsbild* verbunden. Dieses

[5] Georg Elwert: *Nationalismus und Ethnizität. Über die Bildung von Wir-Gruppen*, in: *Kölner Zeitschrift für Soziologie und Sozialpsychologie* 3 (1989), S. 440-464, hier: S. 443 ff.

[6] Vgl. Mervyn James: *Society, Politics and Culture. Studies in Early Modern England*, Cambridge 1986; Richard Helgerson: *Forms of Nationhood. The Elizabethan Writing of England*, Chicago/London 1992; Thomas Healy: *Nationale und konfessionelle Identität. Das nationale Drama im England der Frühen Neuzeit*, in: *Bilder der Nation* (Anm. 3), S. 265-298.

[7] Reinhart Koselleck: *Volk, Nation, Nationalismus, Masse*, in: *Geschichtliche Grundbegriffe. Bd. 7: Verw-Z*, hg. von Otto Brunner u.a., 8 Bde., Stuttgart 1992, S. 141-431, hier: S. 147.

begründet gemeinsam geteilte Überzeugungen, zu denen „mythische oder wissenschaftliche Geschichts- und Herkunftslegenden, religiöse und missionarische Berufungen, kulturell-zivilisatorische Sendungen" gehören.[8] Der Mangel an konkreter Anschaulichkeit der Werte und Ziele, die den mythischen Selbstentwurf untermauern, tut ihnen erstaunlicherweise keinen Abbruch. Im Gegenteil gewinnen sie ihre besondere Eindruckskraft gerade aus diesem Defizit. Handelt es sich doch weniger um eine ein für allemal zugeschriebene Qualität als um ein unabgeschlossenes Projekt, einen Vorgriff, der erst noch zeitlich zu realisieren ist. Die Werte und Ziele werden auf die Zeitachse projiziert, weshalb nationale Diskurse grundsätzlich historisch-teleologische Diskurse sind. Sie leben von einer Vision, die sich erst noch im Prozess der Geschichte verwirklichen soll.

Die besondere Mobilisierungskraft nationaler Diskurse hat darüber hinaus etwas mit der Erfahrung beziehungsweise Konstruktion von Fremdheit zu tun. Der *Befreiungstopos* richtet sich gegen ein als oppressiv und wesensfremd erfahrenes Anderes, sei dies die Abwehr einer äußeren *Fremd*herrschaft oder eine im Modernisierungsprozess erfahrene innere Ent*fremdung*. Nationale Diskurse fördern Integration ebenso wie Desintegration. Während mit Hilfe des Einheitstopos heterogene Gruppen zu einem neuen Ganzen zusammengefasst werden, werden durch den Befreiungstopos kleinere Einheiten aus größeren Herrschaftsverbänden herausgelöst. Indem diese sich nicht mehr als Teil eines Ganzen verstehen, müssen sie das Eigene gegen das Fremde absichern. Der erste Schub des Zerfalls eines solchen größeren Herrschaftsverbandes ist im 15. und 16. Jahrhundert anzusetzen mit dem Zerfall des Heiligen Römischen Reiches. Die politische Autonomie, die Heinrich VIII. im Bruch mit dem Papst affirmierte, ging einher mit einer kulturellen Entdeckung des Eigenen. Die Tudormonarchie, die aus der europäischen Hierarchie der Kirche ausbrach, um ihren kulturellen Sonderweg in Sprache, Geschichte und Literatur anzutreten, erfand die Nation als neue Form der Abgrenzung nach außen und Integration nach innen. Aus den überlokalen Dachverbänden der Kirche und des dynastischen Imperiums scherten die entstehenden Nationalstaaten aus, die mit diesem Austritt ihre politische Selbstbestimmung und kulturelle Besonderung vorantrieben. Die revolutionäre Energie dieses Befreiungsschubs kam von der protestantischen Bewegung, die die päpstliche Autorität als Fremdbestimmung ablehnte und die Kultur auf Volkssprache umstellte; eine Energie, die dank der neuen Technologie der Printmedien geschichtsmächtig werden konnte.

Der Befreiungstopos nationaler Diskurse erzeugt zugleich Fremdheit. Wir haben es hier mit einer Dialektik von Eigenem und Fremdem zu tun: Das eine zu affirmieren heißt notwendig, das andere mit hervorzubringen. Polydore Vergil, einem italienischen Gelehrten, der als Historiograph an den Hof Heinrichs VII. berufen wurde, fiel bereits am Anfang des 16. Jahrhunderts als einem kosmopolitischen Beobachter die Verschärfung des politischen Klimas in der Phase der frühen Nationsbildung auf. Er registrierte eine neue Grenze, die nunmehr zwischen Mitbürgern und Ausländern gezogen wurde und die dazu geführt habe, „dass man die Gemeinschaft der Menschheit zerbrach und ein gewisser natürlicher Hass in beiden Völkern [gemeint sind England und Frankreich]

---

[8] Koselleck: *Volk, Nation, Nationalismus, Masse* (Anm. 7), S. 146.

Fuß fasste".[9] Dieser „gewisse natürliche Hass" ist keineswegs natürlich, sondern Produkt nationaler Diskurse und damit ein kulturelles Artefakt.

Doch ist die Mobilisierungskraft nationaler Diskurse nicht nur dem Befreiungstopos geschuldet. Im Laufe des 19. Jahrhunderts tritt immer stärker der *Entfremdungstopos* an seine Seite. Dieser Topos antwortet auf die Erfahrung des Verlusts stabiler Lebenswelten und der mangelnden Verhaltenssicherheit unter den Bedingungen beschleunigter Modernisierung. Die Entwicklung der Warenökonomie und die Migration führen zu einem Verlust an ‚kontrolliertem Lebensraum', verbürgt durch Familie, Hof, Werkstatt, und zu einem Gewinn an ‚effektivem Lebensraum', der nicht mehr zu überschauen, geschweige denn zu kontrollieren ist. In diesem Prozess des Umbaus und Neuaufbaus von Sozialbeziehungen werden Visionen attraktiv, die klare Grenzen ziehen, eine übersichtliche Ordnung suggerieren und eindeutige Identifikationsangebote machen. Der Verlust an Orientierung und Identität, kurz das Entfremdungssyndrom, soll durch ein emphatisches Identitätsangebot und eine neue Geschichtsvision überwunden werden.

An diese allgemeinen Merkmale anschließend möchte ich eine Reihe von Definitionen vorschlagen und zwischen Ethnie, Nation, Nationalstaat und Nationalismus unterscheiden.[10] *Ethnien* sind landsmannschaftliche Verbände, die Herkunft, Region, Sprache und Brauchtum miteinander teilen. Diese ethnische Identität ist räumlich begrenzt, sie wird in Nähe-Kommunikation interaktiv vermittelt und ist als Tradition historisch gewachsen. Die Teilhabe an einer ethnischen Identität lässt sich als ‚erste Mitgliedschaft' bezeichnen. *Nationen* sind demgegenüber Wir-Gruppen von ausgedehnterer Reichweite und abstrakterer Kohärenz. Sie bilden einen Integrationsverband für unterschiedliche Regionen und Ethnien, deren Differenzen nicht eingeebnet, sondern von einer gemeinsamen Vision überwölbt werden. Die Teilhabe an einer nationalen Identität lässt sich deshalb als ‚zweite Mitgliedschaft' bezeichnen. *Nationalstaaten* sind solche Herrschaftsformen, die der Nation politische Selbstbestimmung zuerkennen. Charakteristisch für den Nationalstaat ist seine Kombination von Organisationsform und Identitätsdiskurs. Die Organisationsstruktur, bestehend aus Organen wie Volksvertretung, Wahlrecht, Heer, Gerichtswesen, Kommunikationsnetzen und Bürokratie, ist verkoppelt mit einem klar eingegrenzten Territorium und einem *nationalen Diskurs,* der die Mitglieder des Gemeinwesens mit einer gemeinsamen Vision ausstattet und als Wir-Gruppe zusammenschließt. *Nationalismus* schließlich ist eine kämpferische Bewegung, die entweder die Politisierung, das heißt die politische und territoriale Selbstbestimmung einer Ethnie anstrebt oder aber die Ethnisierung eines Nationalstaats betreibt. Im Zuge einer Ethnisierung des Nationalen mit den Mitteln der Politik wird die Differenz von Eigenem und Fremden aggressiv aufgeladen. Sie führt zu einer Homogenisierung nach innen durch Diskriminierung, Ausweisung, Verfolgung und Vernichtung bestimmter als ‚fremd' und ‚feindlich' ausgegrenzter Minoritäten. Der Nationalismus, der eine Eins-zu-

---

[9] Polydore Vergil: *Three Books of Polydore Vergil's English History, Comprising the Reigns of Henry VI, Edward IV, and Richard III*, hg. von Sir Henry Ellis, London 1844, S. 82.

[10] Bei meinen Definitionen bleibt die Wortgeschichte, wie Reinhart Koselleck sie aufgezeichnet hat, außer Betracht. Für meine Argumentation ist es dagegen unerlässlich, dass etwas, wofür es bisher nur ein Wort gab, nämlich ‚Volk', nun durch zwei Worte mit klar unterschiedenem Bedeutungsumfang bezeichnet wird.

eins-Beziehung zwischen Nationalstaat und Ethnie anzielt, ist aber keineswegs das einzige Muster des Nationalstaats, sondern seine pathologische Deformation. Unter diesen Umständen wird dann der integrative Einheitstopos durch den ausgrenzenden Reinheitstopos ersetzt.

Nation als Erinnerungsgemeinschaft in Shakespeares *Henry V*

Nationsbildung können wir im Anschluss an diese Vorüberlegungen als einen Wir-Gruppen-Prozess bestimmen, der oberhalb des Niveaus von Ethnien und unterhalb des Niveaus der Menschheit ansetzt. Damit ist eine relativ abstrakte Position bezeichnet, die schwer zu markieren, anschaulich zu machen und aufrechtzuerhalten ist. Shakespeare hat in seinem Historiendrama *Henry V* ein Modell von Nationsbildung entworfen, das wenig mit der Errichtung eines modernen Nationalstaats zu tun hat, weil das moderne Prinzip nationaler Selbstbestimmung und Volkssouveränität am Ende des 16. Jahrhunderts noch nicht als politische Option am historischen Horizont stand. Dennoch lässt sich sagen, dass Shakespeare in seinem Drama Natiogenese als eine neue historische Formation exemplarisch dargestellt und die dafür wichtigsten Motive und Strategien beleuchtet hat.

Ein wichtiger Motivationshintergrund für die Natiogenese ist in diesem Stück die Überzeugung, dass politische Schwäche auf interne Zersplitterung und die Konfrontation von Gruppen-Egoismen zurückzuführen ist. Dieser innere Zerfall in widerstreitende Interessengruppen hat die blutige Geschichte der Rosenkriege vorangetrieben und das Gemeinwesen ruiniert. Vor diesem düsteren Hintergrund innerer Zersplitterung hebt sich darum der Einheitstopos umso strahlender ab. Für den neuen Willen zur Einheit gibt es zwei förderliche Bedingungen, die in Shakespeares Stück beide vorhanden sind: einen charismatischen Herrscher und einen Außenfeind, gegen den Krieg zu führen ist. Das Kernstück der politischen Lehre, die Heinrich IV. seinem Sohn auf dem Sterbebett weitergibt, lautet:

> [...] my Harry,
> Be it thy course to busy giddy minds
> With foreign quarrels, that action hence borne out
> May waste the memory of the former days.[11]

„Foreign quarrels", also strategische oder providentielle Feinde, sind erforderlich zur Stabilisierung der nationalen Integration. In der Epoche, mit der wir es zu tun haben, waren Loyalitäten und Feindschaften noch vorwiegend religiös definiert. Das christliche Mittelalter zum Beispiel hatte die Rolle des Innenfeindes den Juden und die des Außenfeindes den Muslimen zugewiesen, gegen die sich in den Kreuzzügen die Christenheit Europas zusammenschloss. Demgegenüber haben sich in der Renaissance im Zuge der

---

[11]   William Shakespeare: *The Second Part of Henry the Fourth*, in: ders.: *The Norton Shakespeare. Based on the Oxford Edition*, hg. von Stephen Greenblatt u.a., New York/London 1997, S. 1304-1379, hier: S. 1363 (IV.3, 340-343).

kulturellen Differenzierung mit ihrer Etablierung von Nationalsprachen und Konfessionen die Binnengrenzen Europas deutlich verschärft. Es entstanden somit Kriege, die nicht mehr der christenheitlichen, sondern neuerdings der nationalen Selbstbehauptung dienten. Ein solcher Krieg, die Schlacht bei Agincourt zwischen Engländern und Franzosen, steht im Zentrum von Shakespeares Drama. Sie wird beschrieben als ein Siedepunkt, an dem die Integration unterschiedlicher Ethnien zu einer bis dahin historisch nicht existenten Wir-Gruppe, genannt Nation, vollzogen wird. Shakespeare macht mit erheblichem Aufwand deutlich, dass in diesem Prozess die ethnischen Identitäten, geprägt durch genealogische, regionale, sprachliche und kulturelle Besonderheiten, nicht aufgelöst werden, sondern in der neuen nationalen Einheit erhalten bleiben. Auf der Theaterbühne wird diese Vielfalt durch drei Offiziere, jeder mit seinem besonderen Dialekt, verkörpert: Ein walisischer Captain Fluellen, ein irischer Captain Macmorris und ein schottischer Captain Jamy treten in der Schlacht auf. Die Markierung von Dialekten, die sonst der satirischen Ridikülisierung sozial marginalisierter Personen dient, dient hier der Markierung der multikulturellen Vielfalt der Nation, die sich ganz explizit als ein multiethnischer Zusammenschluss und nicht als eine homogene Einheit versteht.

In Shakespeares Drama wird auch explizit die Frage gestellt, was einen solchen Zusammenschluss denn über die gemeinsame kriegerische Aktion langfristig abstützt. Die Antwort auf diese Frage ist zugleich die Antwort, die der charismatische Herrscher am Vorabend der Entscheidungsschlacht von Agincourt den angesichts ihrer geringen Zahl kleinmütigen Soldaten gibt. Heinrich V. mobilisiert ihren Kampfesmut mit einer Vision. Wer in dieser Schlacht mitgekämpft hat, so verspricht der Soldatenkönig, der wird diesen Tag niemals vergessen und obendrein seinerseits durch eine fortgesetzte gemeinsame Kommemoration des Jahrestages der Schlacht auf ewig ins Gedächtnis der Gruppe eingeschrieben bleiben. Die Nation konstituiert sich also, noch ehe die erste Kampfhandlung begonnen hat, als eine prospektive Erfahrungs- und Erinnerungsgemeinschaft. Mit folgenden Worten appelliert der König an seine Soldaten:

> We few, we happy few, we band of brothers.
> For he today that sheds his blood with me
> Shall be my brother; be he ne'er so vile,
> This day shall gentle his condition.[12]

Die Wunden der kommenden Schlacht, so verspricht Heinrich V. seinen Soldaten, werden einst kostbare Erinnerungsmale sein und im Mittelpunkt einer rituellen Kommemoration stehen:

> This day is called the Feast of Crispian.
> He that outlives this day and comes safe home
> Will stand a-tiptoe when this day is named
> And rouse him at the name of Crispian.
> He that shall see this day, and live t'old age

---

[12] William Shakespeare: *The Life of Henry the Fifth*, in: ders.: *The Norton Shakespeare* (Anm. 11), S. 1454-1523, hier: S. 1500 (IV.3, 60-63).

Will yearly on the vigil feast his neighbours
And say, "To-morrow is Saint Crispian."
Then will he strip his sleeve and show his scars
And say, "These wounds I had on Crispin's [sic] day."
Old men forget; yet all shall be forgot,
But he'll remember, with advantages,
What feats he did that day.[13]

Die Schlacht kann nur dann langfristig einen nationalen Zusammenhalt verbürgen, wenn sie ins nationale Gedächtnis eingeschrieben wird. Für dieses nationale Gedächtnis werden drei Formen des Erinnerns zum Zweck gegenseitiger Stabilisierung miteinander verbunden: der Festtag im Kalender, der in rhythmischer Wiederkehr Anlässe zur Kommemoration bietet, die familiären Erzählungen zwischen Freunden und Nachbarn, über die die Erinnerung sprachlich gefestigt, kommuniziert und tradiert wird, und schließlich die Narben als ein körperliches Unterpfand der Erinnerung. Das Körpergedächtnis der Narben ist zuverlässiger als das mentale Gedächtnis. Auch wenn dieses im Alter, was zu erwarten ist, zerrüttet sein wird, wird jenes immer noch nichts von seiner Kraft verloren haben: „Old men forget; yet all shall be forgot, | But he'll remember [...]"!

Nietzsche ist der erste Theoretiker dieses Körpergedächtnisses geworden. In seiner Schrift *Zur Genealogie der Moral* hat er die Grundfrage der Kultur gestellt, welche lautet: „Wie macht man dem Menschen-Tiere ein Gedächtniss? Wie prägt man diesem theils stumpfen, theils faseligen Augenblicks-Verstande, dieser leibhaftigen Vergesslichkeit etwas so ein, dass es gegenwärtig bleibt?" Und seine Antwort darauf ist: „Man brennt Etwas ein, damit es im Gedächtnis bleibt: nur was nicht aufhört, weh zu thun, bleibt im Gedächtniss."[14] Im Unterschied zu Nietzsche fundiert Shakespeare das Gedächtnis aber nicht ausschließlich auf dem das Individuum isolierenden Schmerz, sondern auf der kommunikativen Kraft der Sprache und der gemeinschaftsbildenden Erzählung. Denn auch wenn der Schmerz vergangen ist, hält die Erzählung, zumal wenn sie regelmäßig wiederholt wird, die Erinnerung noch immer fest und macht sie tradierbar auch für die, die keinen direkten Erfahrungsbezug mehr zu dem Ereignis haben.

Rituelle Wiederholung, familiäre Kommunikation und ein leibhaftiges Körpergedächtnis wirken bei Shakespeare zusammen als Medien des nationalen Gedächtnisses. In diesem Zusammenwirken deutet sich an, wie aus einem kommunikativen Gedächtnis, das auf der lebendigen Interaktion zwischen Betroffenen beruht, ein kulturelles Gedächtnis werden kann, in das auch nachfolgende Generationen einbezogen werden können. Denn durch ihre dauerhafte Ritualisierung im Jahreszyklus kann die Erzählgemeinschaft der Veteranen allmählich in die Erinnerungsgemeinschaft der Nation übergehen. Über die unterschiedlichen Stämme und Stände hinweg schweißt die Schlacht ein einendes Band, das die Soldaten zu einer nun nicht mehr *genealogischen*, sondern

---

13 Shakespeare: *Henry V* (Anm. 12), S. 1499 f. (IV.3, 40-51).
14 Friedrich Nietzsche: *Zur Genealogie der Moral. Eine Streitschrift*, in: ders.: *Sämtliche Werke. Kritische Studienausgabe in 15 Einzelbänden*, hg. von Giorgio Colli und Mazzino Montinari, 15 Bde., München 1993, Bd. 5, S. 247-289, hier: S. 295.

nationalen Bluts-Bruderschaft verbindet. Diese neue Wir-Gruppe ist die Nation; deren Geburtstag, der Jahrestag der Schlacht, wird zum Nationalfeiertag, wofür ein Tag im Heiligenkalender, der Tag des Heiligen Crispian, politisch überschrieben wird.[15]

Wohlgemerkt: Shakespeare ist keine historische Quelle. Er bildet keinen Nationsbildungsprozess ab. Aber er entwirft ein bemerkenswertes Modell von Nationsbildung in einer Zeit, wo die Nation eben erst ihr Debüt auf der Bühne der Geschichte gibt. Bemerkenswert an seiner Darstellung ist bis heute das Modell der Nation als eines multiethnischen Verbandes, der sich durch eine gemeinsame Kriegserfahrung und die Kultivierung einer gemeinsamen Erinnerung zusammenschließt. Die Nation ist bei ihm ganz emphatisch eine *imagined community*, die ihre Gemeinschaft durch gemeinsame Erinnerungen und Symbole beschwört; deshalb verwundert es auch nicht, dass Shakespeares nationale Rhetorik im England des 19. und 20. Jahrhunderts in Kriegs- und Krisenzeiten immer wieder aktiviert werden konnte.

Nation als Erwählungsgemeinschaft in Miltons *Areopagitica*

Der zweite Text, der hier zur Sprache kommen soll, ist Miltons Rede, die er 1644 zur Verteidigung der Pressefreiheit vor dem englischen Parlament gehalten hat. In dieser Rede rückte er die Zensur in die Nähe der Inquisition und diskreditierte sie als eine papistische Institution. Protestantische Staaten machen sich unglaubwürdig, so argumentierte er, wenn sie ein derartiges Instrument zur Kontrolle der Wissensproduktion und -zirkulation einsetzen. Neben diesem negativen Argument entwickelte er aber auch ein positives. Er ging nämlich davon aus, dass sich in den zu druckenden Schriften nicht nur der Geist des jeweiligen Verfassers, sondern auch der Heilige Geist niederschlagen kann, was bei ihm zu einer Sakralisierung von Schrift und Buch als potentiellen Trägern göttlich inspirierter Botschaften führte. In schroffem Gegensatz zur paulinischen Theologie, die Geist und Buchstabe in eine polemische Konstellation gebracht hatte, bei der hebräische Schrift beziehungsweise jüdisches Gesetz durch christlichen Geist überwunden wird, beharrte Milton auf der engen Verschränkung und Gleichordnung von Geist und Buchstabe. Denn im Zeitalter des neuen Mediums Buchdruck wurde die Schrift geheiligt als eine zentrale Waffe im konfessionspolitischen Kampf.

Ein wichtiges Argument Miltons war, dass es in einer von Zensur beherrschten Kultur das wirklich Neue nicht geben kann. Dann hätte auch der Geist Gottes als Inbegriff von Alterität gegenüber der menschlichen Welt keinerlei Chance. Milton zitierte in diesem Zusammenhang den geistesverwandten Francis Bacon, welcher schrieb: „authoriz'd books are but the language of the times";[16] das Außergewöhnliche, das Umwälzende, das Neue findet unter Zensurbedingungen keinen Einlass in die Kultur, und wenn es das Diktat des Heiligen Geistes persönlich wäre: „and who knows whether it

---

[15] Vgl. dazu Thomas Schmidt: *Der Kalender und die Folgen. Uwe Johnsons Roman* Jahrestage. *Ein Beitrag zum Problem des kollektiven Gedächtnisses* (Johnson-Studien Bd. 4), Göttingen 2000.

[16] John Milton: *Areopagitica*, hg. von John W. Hales, Oxford 1882, S. 32. Alle folgenden Zitate aus *Areopagitica* beziehen sich auf diese Ausgabe. Seitenangaben erfolgen im Fließtext.

might not be the dictat of a divine Spirit" (S. 32). Miltons Betonung des lumen naturale, das jedem Individuum einen unvermittelten Zugang zur göttlichen Wahrheit öffnet, verband sich mit einer charismatischen Spiritualität und trieb ihn zu einer scharfen Kritik an einer Materialisierung, Kommodifizierung und Kommerzialisierung von Kultur, die fast schon etwas von dem Ton der Frankfurter Schule vorwegnimmt: „Truth and understanding are not such wares as to be monopoliz'd and traded in by tickets and statutes and standards. We must not think to make a staple commodity of all the knowledge in the Land, to mark and license it like our broad cloath, and our wooll packs" (S. 33).

Von der Bücherzensur und vom Buchmarkt gingen für Milton gefährliche Tendenzen der Homogenisierung und Standardisierung aus. Gegen beide baute er eine spiritualisierte Wahrheit auf, die sich der Freiheit und Verbreitungsmöglichkeit des neuen Mediums Schrift versichern wollte, ohne von diesem gemaßregelt oder trivialisiert zu werden. Milton appellierte an das Selbstverständnis des Parlaments, an dessen revolutionären Impuls: „that while Bishops were to be baited down, then all Presses might be open; it was the people's birthright and priviledge in time of Parliament, it was the breaking forth of light" (S. 38). Mit diesen Worten bekräftigt Milton die modernistische Vision der *Geburt der Nation aus dem Geist der Aufklärung und der Druckerpresse.* Nation und Individuum gehören in dieser Vision ebenso eng zusammen wie die Druckerpresse und der Geist Gottes. Denn die neue Nation sollte aus erweckten Individuen bestehen, und das neue technische Medium würde dem Geist Gottes in ganz neuer Weise Ausdruck verschaffen. Milton schrieb im Zeitalter der Konfessionskriege, in dem die Puritaner für eine aktive und innerliche, nicht an Institutionen, Konventionen, Traditionen delegierbare Ausübung von Religion eintraten. Er erfuhr seine eigene Epoche als eine spirituelle Ära aktiv religiösen Bekenntnisses (nichts anderes heißt ja ‚Konfession') und unmittelbarer Erleuchtung: „We boast our light; but if we look not wisely on the Sun it self, it smites us into darknes" (S. 43).

An dieser Stelle fügte Milton eine nationale Panegyrik in seine Rede ein, die den politisch Verantwortlichen ihre große historische Verantwortung vor Augen stellen sollte: „Lords and Commons of England, consider what Nation it is whereof ye are and whereof ye are the governours: a Nation not slow and dull, but of a quick, ingenious, and piercing spirit, acute to invent, suttle and sinewy to discours, not beneath the reach of any point the highest that human capacity can soar to" (S. 44). An diese schmeichelhafte Beleuchtung des englischen Nationalcharakters schließen sich in Miltons Rede weitere Beispiele der Überlegenheit an: Die Gelehrsamkeit und die Wissenschaften sind auf britischem Boden gewachsen („ev'n the school of *Pythagoras* and the *Persian* wisdom took beginning from the old Philosophy of this Iland" [ebd.]), die römischen Besatzer zogen britischen Mutterwitz den gequälten französischen Studien vor („preferr'd the naturall wits of Britain before the labour'd studies of the French" [S. 45]), während aus aller Welt die Menschen strömen, um die englische Sprache (das klingt fast wie eine unter den Bedingungen der Globalisierung wahr gewordene Prophetie!) und Theologie zu erlernen. Aber damit nicht genug:

> Yet that which is above all this, the favour and the love of heav'n, we have great argument to think in a particular manner propitious and propending towards us. Why else was this Nation chos'n before any other, that out of her as out of *Sion* should be proclam'd and sounded forth the first tidings and trumpet of Reformation to all *Europ*? (S. 45)

Wäre Wyclif von der Kirche nicht zurückgedrängt worden, hätte es weiterer Reformatoren wie Hus, Calvin oder Luther gar nicht mehr bedurft. Nach dieser ersten frühen Phase, so Milton, sei nun die zweite Epoche der Reformation angebrochen, in der sich diese selbst unter göttlicher Führung reformiert. „What does he [God] then but reveal Himself to his servants, and as his manner is, first to his English-men" (ebd.). Die Proliferation von Schrifttum, die von katholischer Seite als Sektenbildung, Schisma und Häresie aufgefasst und somit als große Gefahr eingestuft wurde, wird von Milton als Segen, das heißt als Manifestation unabhängigen Wissensdurstes, Lerneifers und Wahrheitsliebe gepriesen. Deshalb fungieren als Basis und Beweis für dieses neue Zeitalter der Wahrheit der Buchdruck und die freie Zirkulation des Schrifttums. „What wants there to such a towardly and pregnant soile but wise and faithfull labourers, to make a knowing people, a Nation of Prophets, of Sages, and of Worthies?" (S. 46)[17]

Wie bei Shakespeare mündet auch bei Milton die Parlamentsrede in eine Vision der Nation als einer übergeordneten Einheit, die bestehende Unterschiede nicht auflöst, sondern in einem neuen Ganzen transzendiert. Milton imaginiert die Nation als Einheit, doch auch diese Einheit ist keine homogene Masse, sondern ein freier Bund individueller Wahrheitssucher („joyn and unite in one generall and brotherly search after Truth" [ebd.]), die ihre Differenzen und Unebenheiten ebenso wenig aufgeben wie die heterogenen Blöcke, aus denen das Haus Gottes gebaut ist. Miltons Vision von Nation nivelliert nicht die Differenz zwischen den Individuen; denn nicht Kontinuität, sondern nur Kontiguität, so betont er, sei hier auf Erden zu erreichen:

> And when every stone is laid artfully together, it cannot be united into a continuity, it can but be contiguous in this world; neither can every peece of the building be of one form; nay, rather the perfection consists in this: that out of many moderat varieties and brotherly dissimilitudes that are not vastly disproportionall arises the goodly and the gracefull symmetry that commends the whole pile and structure. (S. 47)

Milton spricht in diesem Zusammenhang auch von einer ,spirituellen Architektur'; sein Modell des *nation-building* ist das Volk als Tempel Gottes; damit überträgt er die politische Theologie des Volkes Israel auf die Situation der englischen Reformation in ihrer zweiten und – wie Milton glaubt – endgültigen Stufe. Die neue Einheit scheint ihm

---

[17] Etwa gleichzeitig entsteht in den Niederlanden eine ähnliche religiös motivierte Erwählungsgemeinschaft. Dort findet sich ebenfalls die Selbstbezeichnung der Nation als ,neues Israel'. „,Sie sind die Israeliten, die das Rote Meer durchqueren', schrieb Owen Felltham 1652 zur Charakterisierung der Niederländer, die die Prädestinationslehre vergemeinschaftet und schließlich nationalisiert hatten." Für das puritanische England gilt wie für die Niederlande ein Begriff von Nation, der an einen nichtstaatlich definierten Gemeinschaftsbegriff angelehnt ist. Vgl. dazu Ulrich Bielefeld: *Die lange Dauer der Nation*, in: *Bilder der Nation* (Anm. 3), S. 401-435, hier: S. 405 (Zitat ebd.).

schon zum Greifen nahe, und er tut das Seine, um sie beschwörend herbeizureden. England sei ganz kurz davor, eine neue Nation, ein Gottesvolk zu werden, das wie das alttestamentliche aus lauter Propheten bestehen wird: „For now the time seems come, wherein *Moses* the great Prophet may sit in heav'n rejoycing to see that memorable and glorious wish of his fulfill'd, when not only our sev'nty Elders but all the Lords people are become Prophets" (S. 47).

Dieses Modell der Nationsbildung ist von der Begeisterung religiöser Endzeiterwartung getragen. Es gehört ins Zeitalter der Konfessionalisierung und in die Situation des englischen Bürgerkriegs im 17. Jahrhundert. Was hier mit religiösem Eifer beschworen wird, ist die Vision einer radikalen Demokratie. Der Sakralisierung von Herrschaft und Monarchie stellte Milton die Sakralisierung der Nation entgegen. Er hat lange genug gelebt, um erfahren zu müssen, dass sich seine Visionen nicht verwirklichten. Die englische Nationsbildung ging weiter, aber sie vollzog sich im 18. Jahrhundert nicht entlang den von ihm vorgezeichneten Bahnen. Dennoch wäre es voreilig, Miltons Vision von Nationsbildung als historisch wirkungslos abzutun. Dass sein puritanisch-reformatorisches Pathos auch bei der Bildung der amerikanischen Nation im 19. Jahrhundert noch eine untergründige Rolle gespielt hat, möchte ich wenigstens mit einem Zitat von Walt Whitman andeuten. Im Vorwort zu seinen *Grashalmen* (*Leaves of Grass*, 1855) beschwor Whitman eine ähnliche spirituelle Architektur wie die des Puritaners Milton, als er schrieb:

> There will soon be no more priests. Their work is done. [...] A superior breed shall take their place – the gangs of kosmos and prophets en masse shall take their place. A new order shall arise and they shall be the priests of man, and every man shall be his own priest. They shall arise in America and be responded to from the remainder of the earth.[18]

*   *   *

Ich fasse zusammen. Benedict Anderson hat sich allgemein mit seinem Vorschlag durchgesetzt, Nationen als „vorgestellte Gemeinschaften" (*imagined communities*) zu definieren.[19] Mit dieser Definition hat er darauf aufmerksam gemacht, dass im Prozess der Nationsbildung neben politischen Organisationsformen die Dimension der Kommunikations-Medien und Symbole von zentraler Bedeutung sind. Damit hat er das Problem aus der Domäne der Historiker, Soziologen und Politikwissenschaftler herausgeholt und zu einer kulturwissenschaftlichen Frage gemacht, zu der auch Kunst- und Literaturwissenschaftler etwas beizutragen haben.

Ich habe zwei Beispiele von Nationsbildung im frühneuzeitlichen England untersucht, die in vieler Hinsicht sehr verschieden sind. In Shakespeares *Henry V* wird dargestellt, wie sich die englische Nation als eine Erinnerungsgemeinschaft konstituiert; in

---

[18] Walt Whitman: *Preface to Leaves of Grass, 1855*, in: ders.: *Walt Whitman* (The Viking Portable Library), hg. von Mark van Doren, New York 1965, S. 29-56, hier: S. 54.

[19] Benedict Anderson: *Die Erfindung der Nation. Zur Karriere eines folgenreichen Konzepts*, übers. Benedikt Burkhard und Christoph Münz, Frankfurt a.M./New York 1988.

Miltons Rede über Pressefreiheit wird dargestellt, wie sie sich als eine Erwählungsgemeinschaft konstituiert. Im einen Falle richten sich die Vorstellungen auf die Vergangenheit, im anderen auf die Zukunft. Shakespeares Nation als Erinnerungsgemeinschaft ist kompatibel mit der Regierungsform der Monarchie und sogar kompatibel mit Formen der Sakralisierung von Herrschaft. Miltons Nation als Erwählungsgemeinschaft schließt politische Hierarchiebildung dagegen programmatisch aus, sie ist mit ihrer beispiellosen Anerkennung von Individualität und Differenz radikal demokratisch orientiert. Von ethnischer Homogenität und Reinheitsidealen ist in beiden Texten nicht die Rede, im Gegenteil schließt die nationale Einheitsvision regionale und individuelle Differenz ausdrücklich ein. Die Integration von Differenz macht jedoch an einer harten Außengrenze halt; beide Visionen von Nationsbildung kommen nicht ohne polemische Abgrenzung aus; bei Shakespeare wird Frankreich, bei Milton die katholische Kirche zum identitätsstabilisierenden Außenfeind.

Ich schließe mit der Frage, ob Erinnerungsgemeinschaft und Erwählungsgemeinschaft nicht Beispiele frühneuzeitlicher Nationsbildung sind, die durch spätere und gegenwärtige Formen immer noch erkennbar hindurchschimmern. Die nachhaltige Bedeutung einer fundierenden Erinnerung für die Nationsbildung habe ich eingangs am Beispiel der Palästinenser angedeutet. Aber auch die Nation als Erwählungsgemeinschaft ist ein Modell, das, wie das Beispiel Whitmans zeigen konnte, aus seinen religiösen Bezügen in die säkulare Welt des 19. Jahrhunderts übersetzt worden ist. Deshalb ist die historische Frage nach Vor- und Frühformen für das Problem der Nationsbildung so wichtig: Sie zeigen uns die Ausprägung dessen, was wir aus späteren Zeiten kennen, oft in besonders klaren Mustern.

KAPITEL 6

Vom vormodernen zum modernen Zeitregime.
Shakespeare und Milton

Das zentrale Stichwort, unter dem heute das Zeitproblem der Moderne diskutiert wird, heißt ‚Beschleunigung'. Mit diesem Plastikwort wird ein diffuses Lebensgefühl und eine Lebenskrise ausdrückt. Der Stichwortgeber dieses Diskurses, Hartmut Rosa, hat das surreale Szenario ultramoderner Zeitbefindlichkeit in schrillen Farben ausgemalt:

> Es scheint, als sei alles um uns herum ständig in Bewegung, als stünden wir gleichsam auf einem Abhang, der erdrutschartig in die Tiefe gleitet. Wer nicht pausenlos nach oben rennt, sein Wissen aktualisiert, neue Kleider kauft, die neueste Software installiert, die Nachrichten verfolgt, den Körper trainiert, das Freundesnetz pflegt, kann seinen Platz nicht halten und wird von der über ihn hinwegrollenden Zeit begraben.[1]

Christoph Bartmann beschreibt diese Lebensform als „fortwährende Flucht aus der Gegenwart", Paul Virilio hat dafür den Begriff des „rasenden Stillstands" beigesteuert.[2] Die Droge der Beschleunigung hat inzwischen ihre euphorisierende Wirkung in vielen Bereichen eingebüßt und wird heute primär als Verunsicherung und Überforderung erfahren.

Angesichts dieser neuen Entwicklung ist zu fragen: Was hat die Zeit überhaupt auf den Beschleunigungs-Kurs gesetzt, mit dem wir uns heute auseinandersetzen? Die Betonung der Kürze der Lebenszeit kann es nicht gewesen sein, denn die hat es schon immer gegeben. Davon ist in den Psalmen die Rede, aber auch in dem berühmten römischen Spruch „ars longa – vita brevis". Unser Leben ist, medizinisch betrachtet, ja nicht kürzer, sondern länger geworden, warum dann also die Zeitpanik der Beschleunigung? Von Beschleunigung – auf diesen Punkt kommt es mir besonders an – kann man erst

---

[1]   Hartmut Rosa: *Kein Halt auf der Ebene der Geschwindigkeit*, in: *Frankfurter Rundschau* (3. August 2004), S. 16; vgl. auch ders.: *Beschleunigung. Die Veränderung der Zeitstrukturen in der Moderne*, Frankfurt a.M. 2005, sowie ders.: *Jedes Ding hat keine Zeit? Flexible Menschen in rasenden Verhältnissen*, in: *Zeitgewinn und Selbstverlust. Folgen und Grenzen der Beschleunigung*, hg. von Vera King und Benigna Gerisch, Frankfurt a.M./New York 2009, S. 21-39.

[2]   Christoph Bartmann: *Leben im Büro. Die schöne neue Welt der Angestellten*, München 2012, S. 53 f.; Paul Virilio: *Rasender Stillstand* [1990], übers. von Bernd Wilczek, München/Wien 1992. Vgl. auch King und Gerisch (Hg.): *Zeitgewinn und Selbstverlust* (Anm. 1).

sprechen, seit man die Vorstellung von Zeit als einer *knappen Ressource* entwickelt hat. Darauf möchte ich mich im Folgenden konzentrieren. Wann ist diese Vorstellung von der Zeit als einer kostbaren und knappen Ressource entstanden, wo kam sie zum ersten Mal auf? Als Anglistin habe ich auf diese Frage eine klare Antwort gefunden: um 1630 in England im Übergang von Shakespeare zu Milton.

Shakespeare und Milton

Shakespeare und Milton bilden ein etwas schräges Paar. In der englischen Literaturgeschichte werden beide als absolute Einzelgänger gehandelt, die wie Sonne und Mond jeder ihr eigenes Textuniversum mit kultischer Verehrung und sehr klar abgetrennter Rezeptions- und Forschungsgeschichte hervorgebracht haben. Die großen Unterschiede zwischen beiden sind sofort evident: Der eine hat sein Genie auf der Bühne des Theaters verwirklicht, der andere hat seine Epen vom *Verlorenen* und *Wiedergefundenen Paradies* auf der Bühne der Imagination seiner Leser inszeniert; der eine gilt als Krypto-Katholik, der andere ist ein öffentliches Sprachrohr der Puritaner geworden; der eine hat das goldene Zeitalter der Tudor-Dynastie als Friedensära gerühmt, der andere hat sich im englischen Bürgerkrieg engagiert und den Königsmord an Karl I. europaweit öffentlich gerechtfertigt; der eine hatte gute Beziehungen zum Hof und Adligen, der andere galt nach dem Ende des Bürgerkriegs als Hochverräter, dem die Todesstrafe drohte und der in Einsamkeit gegen den Zeitgeist der monarchischen Restauration anschrieb.

Aber es gab auch Verbindungen. Von ihren Lebensdaten her gesehen überschneiden sie sich um acht Jahre: William Shakespeare (1564-1616) und John Milton (1608-1674). Miltons Vater, der ebenfalls John Milton (1562-1647) hieß, ist in seiner Jugend von seinem streng katholischen Vater beim Bibellesen ertappt worden, worauf dieser ihn wütend enteignete. Der musikalische Sohn zog daraufhin vom Land nach London und wurde ein Komponist, der auch ab und zu dichtete, sein Geld jedoch als Schreiber und Geldverleiher verdiente. Da Vater Milton finanziell überaus erfolgreich war, konnte er seinem Sohn die beste klassische Bildung und ein berufsfreies Leben ermöglichen, in dem sich dieser allein seiner literarischen Berufung widmete. Einen Teil seines Geldes hatte der kunstliebende Vater Milton in das Blackfriars Theatre investiert, für das Shakespeare schrieb und in dem seine Truppe The King's Men auftrat. Bei Shakespeares Tod war der Sohn Milton erst 8 Jahre alt; seine Begegnung mit Shakespeare erfolgte über den Druck der Folio-Gesamt-Ausgabe, die sieben Jahre nach Shakespeares Tod erschien. Tatsächlich ist der erste publizierte Text des jungen Dichters ein Huldigungsgedicht an Shakespeare, das er mit 22 Jahren schrieb und das in der zweiten Folio-Ausgabe von 1632 abgedruckt wurde; ein weiteres Huldigungsgedicht Miltons erschien in einer späteren Folio-Ausgabe. Sprache und Bildlichkeit dieses ersten Huldigungsgedichts ist dabei deutlich von Shakespeares Sonetten inspiriert, zu denen ich nun übergehen möchte.

Shakespeare

In Shakespeares Dramen und Sonetten gibt es viele tiefgründige Reflexionen über Zeit, die in antiken und christlichen Vorstellungen von Zeit verankert sind. Als Beispiel dafür möchte ich hier das 73. Sonnet anführen:

That time of year thou mayst in me behold	Herbst/
When yellow leaves, or none, or few, do hang	Winter
Upon those boughs which shake against the cold,	
Bare ruined choirs, where late the sweet birds sang.	
In me thou seest the twilight of such day	Abend/
As after sunset fadeth in the west,	Nacht
Which by and by black night doth take away,	
Death's second self, that seals up all in rest.	
In me thou seest the glowing of such fire	Glut/
That on the ashes of his youth doth lie,	Asche
As the death-bed whereon it must expire,	
Consumed with that which it was nourished by.	
This thou perceiv'st, which makes thy love more strong,	
To love that well which thou must leave ere long.[3]	

Den späten Herbst kannst du in mir besehen:
die letzten gelben Blätter eingegangen
an Zweigen, die dem Frost kaum widerstehen,
und Chorruinen, wo einst Vögel sangen.

In mir siehst Du den späten Tag sich neigen,
das Dunkel in die graue Dämmrung dringen,
die Nacht mit ihrer Schwärze langsam steigen
und Todes Bruder, Schlaf, die Welt umschlingen.

In mir siehst Du die Glut von alten Bränden,
gebettet auf die Asche bessrer Zeiten –
ein Sterbelager, wo sie muss verenden,
verzehrt vom Brennstoff eigner Lustbarkeiten.

Siehst Du all dies, wird's Deine Liebe steigern:
Denn was Du liebst, wird Tod Dir bald verweigern.[4]

Das Ich dieses Gedichts spricht darin die Erfahrung des Alterns aus der subjektiven Perspektive aus. Dem jüngeren Freund, dem im Gedicht angeredeten Du, werden die altersbedingten Veränderungen in Sinnbildern des Vergehens vor Augen geführt. Das Zur-Neige-Gehen des menschlichen Lebens wird nacheinander mit drei Bildern

---

[3]   William Shakespeare: *Sonnet 73*, in: ders.: *The Norton Shakespeare. Based on the Oxford Edition*, hg. von Stephen Greenblatt u.a., New York/London 1997, S. 1947.

[4]   William Shakespeare: *Sonett 73*, in: ders.: *Du, meine Rose, bist das All für mich. Die Sonette von William Shakespeare*, übers. von Michael Mertes, 2., überarb. Aufl., Bonn 2014, S. 89.

veranschaulicht: (1.) der Herbst in Gestalt der entblößten und verstummten Natur; (2.) der Abend mit seiner Ruhe nach Sonnenuntergang; und (3.) die Stunde des Todes als erkaltendes Feuer in der Glut der Asche. Die Reihe dieser Bilder führt von den sichtbaren Anzeichen des Alterns zum Versiegen der unsichtbaren Lebenskraft selbst, dem belebenden und animierenden Feuer, das den Menschen gleichzeitig ernährt und verzehrt. (Diese großartige Formulierung hat übrigens ihre Bestätigung in der medizinischen Forschung gefunden: Der Sauerstoff, der uns das Leben einhaucht, ist zugleich die Kraft, die den menschlichen Organismus zerstört.) Das Leitmotiv in allen Variationen des Niedergangs ist die Zeit selbst, die bereits mit dem zweiten Wort des Gedichts genannt ist. Die vernichtende Kraft der Zeit, die entzieht, raubt und zerstört, erweist sich als Verbündete der Nacht und des Todes: „black night [...], | Death's second self, that seals up all in rest". In der Abfolge der drei Quartette über Jahreszeit, Tageszeit und Todesstunde verknappt sich die Zeit merklich im Gedicht: Wie der Sand im Stundenglas fließt sie immer schneller und sichtbarerer zum Ende hin. Von Zeitverknappung und Beschleunigung ist auch im Schluss-Couplet noch einmal explizit die Rede: Da die Zeit schwindet, werden die letzten Stunden immer kostbarer. Vor dem Hintergrund der manifest gewordenen Vergänglichkeit des Lebens, so die Hoffnung, soll die Liebe des Freundes in dem Maße gestärkt werden, wie die eigene Vitalität abnimmt.

Das 73. Sonett ist charakteristisch für Shakespeares Darstellung der Zeit. In dieser Tradition ist Zeit eine Urkraft, die dem Menschen unerbittlich entgegentritt, sei es im Kleinen als ein Zahn, der alles anknabbert und zernagt, sei es im Großen als eine Naturgewalt der Zerstörung, der nichts standhält. Die Zeit flieht, schwindet, frisst und bringt zum Verschwinden – das ist das alte Lied, das in immer neuen Strophen von ihr gesungen wird.

Die klassische Ikonographie der Zeit bringt diese Gewalttätigkeit anschaulich zum Ausdruck. Das Bild von der fressenden Zeit (*Tempus edax*) geht auf einen Schreibfehler im Griechischen zurück. Wenn man die Buchstaben K und CH austauscht, kann man leicht Kronos, den Titan, der seine Kinder frisst, mit Chronos, dem Wort für Zeit, verwechseln. Eine weitere Allegorie der Zeit geht ebenfalls auf die griechische Antike zurück: Kairos ist der Augenblick, der zu erfassen ist und in dem gehandelt werden muss. Diese geflügelte Gestalt, die eine Waage austariert und wie der Götterbote Hermes auch Flügel an den Füssen hat, steht für die Flüchtigkeit der Zeit und den Aspekt des richtigen *timing*. Das bringt besonders die seltsame Frisur dieser mythischen Figur zum Ausdruck, die nach vorne mit einem üppigen Haarschopf ausgestattet, am Hinterkopf jedoch glatzköpfig ist. Die Kairos-Zeit symbolisiert die Gelegenheit, die im wahrsten Sinne des Wortes ‚beim Schopfe ergriffen sein will'.

Die Figur des Kairos ist in der Renaissance als ‚Vater Zeit' wieder auferstanden und in der Vorstellungswelt in verschiedenen Metamorphosen bis in die Gegenwart präsent. ‚Vater Zeit' wird in der englischen Kultur mit Bart, Flügeln und Sense dargestellt. Die Flügel verweisen auf seine Geschwindigkeit, die Sense ist das Attribut, das ‚Vater Zeit' mit dem Tod teilt. In dieser Gestalt ist er auch als Skulptur auf Friedhöfen anzutreffen. Dort ist ihm aber die Sense aus der Hand genommen und auch seine Eile hat er an dieser Ruhestätte abgelegt, wie die meditative Ruhe-Pose zeigt. Im Deutschen ist die Zeit weiblich, weshalb Wilhelm Busch sie als ein rastloses Weib ohne Flügel, aber dafür mit anderen Attributen wie Stundenglas, Sense oder Besen dargestellt hat. Der frühneuzeitliche Father Time, wie er im Englischen heißt, ist aber nicht ausschließlich mit Tod und

Vergängnis verbunden. Das Renaissance-Motto „Veritas Filia Temporis" kehrt diese Bewegung sogar um. Der Vater Zeit waltet hier nicht nur über Vergessen und Verschwinden, sondern auch über Erinnern und Wiederfinden. Er kann nämlich seiner Tochter, der Wahrheit, zu Hilfe kommen und sie aus der Höhle befreien, in die sie sich vor der aggressiven Lüge geflüchtet hat. Diese positive Rolle der Zeit, die der Wahrheit nach einer Phase des Irrtums zur Durchsetzung verhilft, drückt zugleich das neue Selbstgefühl einer Epoche aus, die nach dem verdunkelnden Mittelalter der untergegangenen Kultur der Antike noch einmal zu einem strahlenden Comeback verholfen hat. Shakespeares *Winter's Tale* ist eng mit diesem Renaissance-Motto verknüpft, das in diesem Drama auch ausagiert wird. Die Bühnenhandlung wird in diesem Fall von der Verblendung der Hauptfigur angetrieben, der ein Regime der Lüge einsetzt. Nach dem dritten Akt leitet eine Personifikation der Zeit die Umkehr ein und stellt sich dabei als Father Time vor:

> I that please some, try all; both joy and terror
> Of good and bad; that makes and unfolds error,
> Now take upon me in the name of Time,
> To use my wings.[5]

> Ich, die ich einigen gefalle und alle auf die Probe stelle,
> die ich Freude wie Schrecken verbreite, mal Böses mal Gutes bringe,
> die ich Verwirrung stifte und wieder löse,
> spanne nun, im Namen der Zeit, meine Flügel aus.

Shakespeares Dramaturgie der Zeit ist also durchaus ambivalent: sie befördert zunächst Lügen und Verwirrungen, die sie dann aber auch selbst wieder aufklärt. Dass Shakespeare der Zeit neben ihrer vernichtenden Gewalt auch eine rein positive und produktive Kraft zugesprochen hat, zeigt das 77. Sonnet:

Thy glass will show thee how thy beauties wear,	Spiegel
Thy dial how thy precious minutes waste,	Uhr
The vacant leaves thy mind's imprint will bear,	Notiz-
And of this book, this learning mayst thou taste:	buch
The wrinkles which thy glass will truly show	Spiegel
Of mouthèd graves will give thee memory;	
Thou by thy dial's shady stealth mayst know	Uhr
Time's thievish progress to eternity;	
Look what thy memory cannot contain	
Commit to these waste blanks, and thou shalt find	Notiz-
Those children nursed, delivered from thy brain,	
To take a new acquaintance of thy mind.	
These offices so oft as thou wilt look	
Shall profit thee and much enrich thy book.[6]	buch

---

[5] William Shakespeare: *The Winter's Tale*, in: ders.: *The Norton Shakespeare* (Anm. 3), S. 2873-2953, hier: S. 2916 (IV.1, 1-5).

Im Spiegel siehst du deine Schönheit schwinden,
die Uhr zeigt dir, wie die Minuten fliehn.
Im leeren Buch wird sich dein Geist befinden,
und daraus kannst du jetzt schon diese Lehre ziehn:

Dein Spiegel wird dir Runzeln zeigen nur,
die dich an offne Gräber dann gemahnen,
Wie sich der Schatten fortstiehlt auf der Uhr,
zeigt dir die Zeit als Dieb auf ew'gen Bahnen.

Was dein Gedächtnis nicht behalten kann,
das lass auf diese Seiten sich ergießen,
bis die vergessnen Geisteskinder dann
erneut mit deinem Geist Bekanntschaft schließen.

Üb so den Geist, dann siehst du auch sogleich:
du profitierst, und auch dein Buch wird reich.[7]

Das Gedicht beschreibt drei Gegenstände mit unterschiedlicher Zeitqualität. Die beiden ersten Objekte sind Spiegel und Uhr, an denen Zeit auf die übliche Weise in Form von Altern, Vergehen und Verschwinden ablesbar ist. Während diese Zeit unaufhaltbar auf den Tod („Time's thievish progress to eternity") zuläuft, bringt der dritte Gegenstand eine ganz andere Zeit ins Spiel. Es geht um das *Commonplace Book*, ein zu Shakespeares Zeit beliebtes Notizbuch mit Leerseiten, in das man Verse, Gedanken, Lesefrüchte und Bonmots eintrug. Was immer die Schrift auf diesen Seiten fixiert hat, wird nicht vergehen, so verspricht der Sprecher des Gedichts, der seinem Gegenüber ein solches Buch zum Geschenk macht. Die Gedanken, die Kinder des Geistes, werden im Buch sicher aufgehoben sein („thou shalt find | Those children nursed, delivered from thy brain"). Sie werden ausnahmsweise von der Zeit nicht geraubt, sondern erlauben dank ihrer Fixierung auf Papier wiederholte Begegnungen mit jedem Akt des Wiederlesens. Diese bewahrende, schützende und kreative Zeit der Schrift im Allgemeinen und der geformten Sprache der Dichtung im Besonderen, die in vielen anderen Sonetten formuliert wird, ist bei Shakespeare die Rückseite des alles vernichtenden Terrors des *tempus edax*. In der Natur ist sie nicht zu finden, sondern allein in der Kulturtechnik des sichernden, fixierenden Aufschreibens. Während alles Leben und Wachstum der Natur periodisch auf seine Vernichtung angelegt ist und alle noch so starken Materialien über kurz oder lang erodieren und zerfallen, öffnet sich mit Dichtung und Schrift für die nichtleiblichen Kinder des Geistes eine andere Zeit der Dauer, die vom Vertrauen auf Bewahrung und Erneuerung getragen ist.

6   William Shakespeare: *Sonnet 77*, in: ders.: *The Norton Shakespeare* (Anm. 3), S. 1949.
7   William Shakespeare: *Sonett 77*, übers. von Markus Marti, in: https://shine.unibas.ch/Sonette2.htm#77 (letzter Zugriff 20.02.2016).

Milton

Wie anders klingt das Lied von der Zeit, das eine Generation nach Shakespeare John Milton angestimmt hat! Ich beginne mit einem Sonett, das er an seinem 23. Geburtstag geschrieben hat. Darin bringt der ehrgeizige junge Autor im Jahr 1631 seine Sorge darüber zum Ausdruck, dass er nun seine Jugend hinter sich hat, aber noch immer nichts für die Ewigkeit getan hat. Der Anfang dieses Gedichts ist noch ganz in der traditionellen Bildlichkeit von Father Time gehalten.

Sonnet VII.

How soon hath Time the suttle theef of youth,
   Stoln on his wing my three and twentith yeer!
   My hasting dayes flie on with full career,
   But my late spring no bud or blossom shew'th.
Perhaps my semblance might deceive the truth,
   That I to manhood am arriv'd so near,
   And inward ripenes doth much less appear,
   That som more timely-happy spirits indu'th.
Yet be it less or more, or soon or slow,
   It shall be still in strictest measure eev'n,
   To that same lot, however mean, or high,
Toward which Time leads me, and the will of Heav'n;
   All is, if I have grace to use it so,
   As ever in my great task Masters eye.[8]

Wie schnell hat mir die Zeit im Flug gestohln
   ein weitres meiner jungen Lebensjahre.
   Es gehn die Tage voller Hast dahin,
   doch zeigt mein später Frühling keine Blüte.
Vielleicht sieht man es mir noch gar nicht an
   dass ich das Mannesalter schon erreichte,
   es fehlt bislang der Schimmer innrer Reife,
   der zeitbegnadetere Geister ziert.
Sei's mehr, sei's weniger, sei's bald, sei's später
   Das Maß wird ausgewogen und gerecht
   mir zugeteilt, bescheiden oder groß
Wohin die Zeit mich führt und höchster Wille.
   Alles, wenn ich nur Demut hab, es anzunehmen,
   ist Ewigkeit für meinen Auftraggeber.

---

[8]   John Milton: *Sonnet VII.*, in: ders.: *The Complete Works of John Milton. Vol. III: The Shorter Poems*, hg. von Barbara Kiefer Lewalski und Estelle Haan, Oxford 2012, S. 44 (Prosaübersetzung A. A.).

Mit jedem Jahr, das vergeht und in dem die großen Leistungen, die er von sich erwartet, ausbleiben, steigt der Druck auf den Dichter. Dieser Druck kommt nicht von außen – von seinem Vater oder seinem Tutor an der Universität –, sondern allein von innen. Während er äußerlich erwachsen ist, lassen innerlich geistige Reife und schöpferische Blüte auf sich warten. Der Grundton des Gedichts ist die Ungeduld. Der Sprecher muss erkennen, dass seine Wünsche, seine hohen Erwartungen an sich selbst nicht bestätigt wurden. Seine Enttäuschung und Frustration versucht er poetisch in fromme Bescheidenheit und Demut umzuarbeiten. Er muss seine jugendliche Zielstrebigkeit zügeln, die Demut lernen und sich Gott beziehungsweise der Zeit vorbehaltlos anvertrauen: „Toward which Time leads me and the will of Heav'n". Das sind wahrlich ganz andere Koordinaten des Zeitverständnisses: eine sehr persönliche Stimme mit einem konkreten autobiographischen Problem und unverwechselbaren, nicht generalisierbaren psychischen Spannungen und Emotionen, die im poetischen Raum des Gedichts ausagiert werden. Die Öffnung dieses Innenraums ist erst durch die puritanische Tradition der ‚Selbstverschriftung'[9] möglich geworden. In dieser Tradition ist Zeit keine mythische Größe mehr, gegen die man ankämpft, oder eine anonyme Kraft, der man immer unterliegt, sondern eine kostbare Gabe, mit der der Schöpfer jedes Leben ausstattet. Wir können hier geradezu von einer neuen *Zeitfrömmigkeit* sprechen: Zeit ist weder ein unerbittlicher Motor noch ein kosmisches Gesetz, sondern die Dimension, in der Gott und Mensch miteinander kommunizieren. Diese göttliche Gabe der Zeit verlangt nach Buchführung, Rechenschaft und einer Gegengabe. Weil Gott den Dichter mit Zeit und Talenten ausgestattet hat, will sich dieser mit einem großen Werk bedanken, das seinen Schöpfer preist. Fleiß, Ehrgeiz und Ambitionen beruhen für Milton deshalb nicht primär auf Selbstsucht, sondern sind für ihn eine Art Gottesdienst.

Als der Dichter 22 Jahre später erblindete, traf ihn diese Krankheit schwer. Er haderte mit Gott und seinem Schicksal. Wie sollte er unter diesen Umständen das große Lebenswerk vom *Verlorenen Paradies*, das er sich vorgenommen hatte, vollenden? Sein Dilemma vor dem Hintergrund des puritanischen Arbeitsethos hat zweieinhalb Jahrhunderte später Max Weber in einem berühmten Aufsatz mit dem Titel „Asketischer Protestantismus und kapitalistischer Geist" auf den Punkt gebracht. Weber hat dafür nicht die Schriften John Miltons, sondern die seines Zeitgenossen, des puritanischen Pfarrers und Erbauungsschriftstellers Richard Baxter, studiert:[10]

> Es heißt noch nicht wie bei Benjamin Franklin „Zeit ist Geld", aber der Satz gilt gewissermaßen im spirituellen Sinn: sie ist unendlich wertvoll, weil jede verlorene Stunde der Arbeit im Dienst des Ruhmes Gottes entzogen ist. Wertlos und eventuell direkt verwerflich ist daher auch untätige Kontemplation, mindestens wenn sie auf Kosten der Berufsar-

9   Vgl. Jürgen Schlaeger: *Das Ich als beschriebenes Blatt. Selbstverschriftlichung und Erinnerungsarbeit*, in: *Memoria. Vergessen und Erinnern* (Poetik und Hermeneutik XV), hg. von Anselm Haverkamp und Renate Lachmann, München 1993, S. 315-337.

10   Vgl. Robert A. Wells: *Richard Baxter, Oliver Cromwell, and John Milton. The Attitudes of Three Puritans Towards Art and Literature*, Eckert College 1974.

beit erfolgt. Denn sie ist Gott *minder* wohlgefällig als das aktive Tun seines Willens im Beruf.[11]

Vor diesem Hintergrund muss man den persönlichen Normenkonflikt verstehen, den Milton in einem weiteren Sonett ausgetragen hat, das zu den ergreifendsten Zeugnissen der Weltliteratur gehört und in dem „Krankheit als existentielle Prüfung ausgetragen wird".[12]

Sonnet XVI.

When I consider how my light is spent
  E're half my days in this dark world and wide
  And that one Talent which is death to hide,
  Lodg'd with me useless, though my Soul more bent
To serve therewith my Maker, and present
  My true account, least he returning chide,
  Doth God exact day labour, light deny'd
  I fondly ask; But patience to prevent
That murmur, soon replies, God doth not need
  Either man's work or his own gifts, who best
  Bear his milde yoak, they serve him best, his State
Is Kingly. Thousands at his bidding speed
And post o're Land and Ocean without rest:
They also serve who only stand and waite.[13]

Wenn ich bedenk, wie mir das Licht erlosch,
  umdunkelt in der Hälfte meiner Tage,
  und das Talent, das anvertraut mir ward,
  liegt in mir brach, wo ich doch danach trachte
des Schöpfers Lob zu mehren und mein Soll
  recht zu erfüllen, wie es angemahnt.
  „Doch wie kann ich Gott dienen ohne Licht?"
  frag ich verstört. Geduld erwidert mir
In sanftem Ton: „Gott braucht nicht Menschenwerk
  und eigne Gaben. Am besten dient ihm, wer
  sein mildes Joch am besten trägt. Sein Stand
ist königlich. Tausend auf sein Geheiß
sind rastlos unterwegs auf Land und Meer.
Doch dienen ihm auch die, die stehn und warten."

[11] Max Weber: *Asketischer Protestantismus und kapitalistischer Geist* [1905], in: ders.: *Soziologie, Universalgeschichtliche Analysen, Politik*, hg. von Johannes Winckelmann, 5. Aufl., Stuttgart 1973, S. 357-381, hier: S. 359.
[12] Diese Formulierung stammt von dem Mediziner und Wissenschaftshistoriker Michael Hagner, der im Januar 2014 auf einem DFG Kolloquium in Hannover über Ästhetische Eigenzeit einen Vortrag hielt.
[13] John Milton: *Sonnet XVI.*, in: ders.: *The Complete Works of John Milton* (Anm. 8), S. 245 (Prosaübersetzung A. A.).

Die erste Hälfte des Sonetts beschreibt, wie radikal die Erblindung den ehrgeizigen Dichter ausgebremst hat. Wie zwei Jahrzehnte zuvor reagiert er mit Frustration und Ärger, die ganz offen zum Ausdruck kommen. Das Wort *murmur* (Murren) stammt aus der Sprache des Alten Testaments und beschreibt das widerspenstige Verhalten des Volkes Israel gegenüber den großen Zukunftsplänen Jahwes mit seinem Volk. Milton, der sich berufen fühlte, Großes von Weltrang zu schaffen, war plötzlich von all seinen Ressourcen als Dichter und Gelehrter abgeschnitten. Die Schrift als wichtigste Stütze des Geistes – die Shakespeare in seinem Sonett gepriesen hat – war ihm gänzlich entzogen, die Bücher seiner Bibliothek waren ihm alle verstummt; er musste sich nun auf andere Menschen verlassen und konnte nur noch hören und diktieren.

Miltons Sonett hat die Form eines Mini-Psychodramas, in dem zwei Stimmen unvermittelt aufeinanderstoßen: Das Ego, das seine Verzweiflung über die so verknappte und entzogene Zeit zum Ausdruck bringt, und ein Alter Ego, das einen Standpunkt außerhalb der eisernen Produktionslogik von Leistung und Ertrag einnimmt. Denn diese Rechnung geht hier nicht auf. Der Stimme der Verzweiflung antwortet die Stimme der personifizierten Geduld, die dem Sprecher beibringt, dass Stillstand keine Lähmung ist und dass Warten auch eine Form der Aktivität sein kann. Warten allerdings nicht als leere Zeit, sondern als eine gehobene Zeit bewusster Existenz in der Beziehung zu Gott: „his State | Is kingly. Thousands at his bidding speed | And post o're Land and Ocean without rest. | They also serve who only stand and waite." Als ich meine Studierenden fragte, wer wohl mit den „Tausenden" gemeint sein könnte, die ruhelos und blitzschnell über Land und Meer unterwegs sind, verwiesen sie mich auf den *jet set*, die Business-Kaste der *frequent flyer*, die permanent zwischen den Kontinenten unterwegs ist. Dass hier von Engeln die Rede sein könnte, kam den jungen Menschen gar nicht mehr in den Sinn. Wir allerdings erfahren von Milton, dass es auch entschleunigte Engel gibt, die ihm hier als Vorbild dienen.

Miltons Ethos von der Deutung und Ausnutzung der eigenen Lebenszeit ist aufs Engste mit dem Geist des Kapitalismus verschränkt, wie Max Weber in seiner Studie herausgearbeitet hat. „Zeit ist Geld" – dieses Grundgesetz des Kapitalismus hat Benjamin Franklin aber erst ein Jahrhundert nach Milton formuliert.[14] Miltons Vater war, wie bereits gesagt, Geldverleiher, der von Zinsen lebte und seinem Sohn auf diese Weise ein Leben für die Kunst finanzieren konnte. Puritaner wie Vater und Sohn Milton haben im Neuen Testament die ‚kapitalistische' Botschaft sehr klar herausgehört und wussten, dass man Talente nicht vergraben, sondern mit ihnen wuchern sollte. Vater und Sohn Milton waren rastlos tätig; Untätigkeit war ein Laster; die Gaben, die man erhalten hatte, sollten etwas bringen und am Ende vermehrt zurückgegeben werden. Indem sie ihre Erträge steigerten, konnten die Puritaner gleichzeitig fromm und geschäftstüchtig sein. Die Geschichte des Kapitalismus erhielt aus dieser Einstellung einen wichtigen religiösen Antrieb, kam aber auch bald ohne ihn aus. Die Ausbeutung menschlicher Arbeit im unerbittlichen Takt der Maschinen geschah dann nur noch im Interesse des

---

[14] „Remember, that Time is Money. [...] Remember that Money is of a prolific generating Nature" (Benjamin Franklin: *Advice to a Young Tradesman* [1748], in: ders.: *The Political Thought of Benjamin Franklin*, hg. von Ralph Louis Ketcham, Indianapolis 1965 [Reprint Indianapolis 2003], S. 51-54, hier: S. 51 f.).

regierenden Kapitals. Der Motor dieser Entwicklung, der zuvor die Selbstdisziplin gewesen war, wurde nun die erbarmungslose Ausbeutung ganzer Menschengruppen. Gleichzeitig ist aus dem leichten Mantel der puritanischen Geschäftstüchtigkeit über die Jahrhunderte ‚das stahlharte Gehäuse' des Kapitalismus (wie Max Weber es später nannte) geworden, das wir uns nach der Wirtschaftskrise gerade wieder neu zurechtzubiegen versuchen.

*   *   *

Abschließend möchte ich die Ergebnisse meines Vergleichs noch einmal zusammenfassen. Shakespeares Zeitverständnis, so die These, ist vormodern. Es ist in sich zwar keineswegs einheitlich und durchaus ambivalent, aber es fügt sich in mythische und kosmische Denktraditionen. Shakespeare kennt Zeit als Agens der Zerstörung, des Entzugs, der Vernichtung; sie befördert den Wandel vom Weniger zum Nichts. In Ausnahmefällen kann die Zeit auch der Wahrheit zur Erscheinung verhelfen, aber was immer entdeckt wird, war vorher schon da, sie bringt es nicht hervor. Im Drama bindet und löst die Zeit die Knoten der Verwirrung, indem sie den Bösen demaskiert und dem Guten zum Sieg verhilft. Das tut sie im Fall der Komödie rechtzeitig und im Fall der Tragödie zu spät. Schrift und Poesie gelten als die wichtigsten Gegenmittel, die die Zeit außer Kraft setzen können in einem Freiraum der Kunst, in dem menschliche Werke geschützt, bewahrt und erneuert werden.

Was es bei Shakespeare jedoch nicht gibt, ist die Auffassung von Zeit als Motor des Wandels im Sinne der Entwicklung des Neuen und der Beförderung des Fortschritts. Da diese Auffassung zur Grundlage des modernen Zeitregimes geworden ist, bezeichne ich Shakespeares Zeitauffassung als vormodern. Die Zeit als positiv besetzte kreative Kraft, die Neues in die Welt bringt und weiterbildet, ist bei ihm noch nicht vorgesehen. Bei Milton dagegen ist die Zeit nicht mehr der mythische Widersacher und auch keine zerstörerische Naturkraft, sondern eine überaus kostbare Gabe und Chance, die genutzt werden will. Die Erfahrung der Verknappung von Zeit ist bei ihm nicht erst eine Sache des Alters wie in Shakespeares 73. Sonett. Sie beginnt schon im 23. Lebensjahr, und im 47. Lebensjahr ist es auch nicht das Alter, das die Zeitkrise hervorbringt, sondern der Schaffensdruck. Jedes Mal besteht die Herausforderung für den Dichter darin, von Beschleunigung auf Entschleunigung umzustellen, ein sehr modernes Problem, wie wir aus heutiger Perspektive hinzufügen dürfen. Zu diesen Unterschieden im Umgang mit Zeit passt übrigens auch, dass Shakespeares Biographie auf vormoderne Weise löchrig ist. Weder ist sein genaues Geburtsdatum bekannt, noch weiß man, wo sich der Dichter von seinem 21. bis zum 28. Lebensjahr rumgetrieben hat. In Miltons Biographie dagegen gibt es keine *lost years*. Seinen 23. Geburtstag hat er selbst zum Anlass genommen, um über seine persönliche Zeitkrise nachzudenken. Reinhart Koselleck hat die Epoche des modernen Zeitregimes mit der Sattelzeit am Ende des 18. Jahrhunderts beginnen lassen. Ich wollte mit einem Vergleich der Sonette auf eine Sattelzeit *en miniature* aufmerksam machen, die sich um 1630 abzeichnet und an den gegensätzlichen Zeitkonzeptionen von Shakespeare und Milton belegen lässt.

KAPITEL 7

Geister, Gespenster, Dämonen bei Shakespeare und Milton

Durch die grundstürzende kulturelle Revolution, die mit dem Übergang vom paganen Polytheismus zum christlichen Monotheismus einherging, sind die alten Gottheiten und Geister keineswegs abrupt und gänzlich verschwunden. Nach der Christianisierung gingen sie lediglich in den Untergrund; sie verschwanden aus den kulturellen Texten und überlebten im mündlichen Volksglauben und den Riten und Praktiken der ländlichen Folklore. Ein eindrückliches Dokument dieses Nachlebens ist das Buch Robert Kirks, eines Pfarrers in den schottischen Highlands. Dieser hat am Ende des 17. Jahrhunderts, drei Jahrzehnte nach der Gründung der Neuen Naturwissenschaften durch die Royal Society, eine gelehrte Abhandlung über den *Secret Commonwealth of Elves, Fauns, and Fairies* veröffentlicht.[1] Der Geistliche Kirk hatte keine Berührungsängste mit dem unorthodoxen Wissen seiner Gemeindemitglieder, das er mit einem weiten Herzen und großen Interesse für menschliche Erfahrung und Brauchtum einsammelte. Von der Präsenz unsichtbarer übernatürlicher Wesen, die zwischen Himmel und Erde herumwandern oder auch zwischen den Toten und Lebenden verkehren, soll auch dieses Kapitel handeln.[2] Meine wichtigste Quelle werden allerdings nicht die Gemeindemitglieder von Kirk, sondern literarische Texte von Shakespeare und Milton sein, die, wie ich zeigen möchte, ebenfalls ein beredtes Zeugnis von dieser im Volksglauben verankerten Geisterwelt ablegen. „Es gibt mehr Dinge zwischen Himmel und Erde, | als Deine Schulweisheit sich träumen lässt!", hat Hamlet bekanntlich seinem Freund Horatio (in dessen Name das Wort ,Ratio' verborgen ist) und mit ihm allen Empirikern und Skeptikern entgegengehalten.[3] Das schlichte Wort ,Ding' kann in diesem Fall, wie öfter

---

[1]   Robert Kirk: *The Secret Commonwealth of Elves, Fauns, and Fairies* [1691], Introduction by Marina Warner, New York 2007.

[2]   Eine englische Fassung dieses Aufsatzes erschien in *Renaissance Go-Betweens. Cultural Exchange in Early Modern Europe*, hg. von Andreas Höfele und Werner von Koppenfels, Berlin 2005, S. 200-213.

[3]   William Shakespeare: *The Tragedy of Hamlet, Prince of Denmark*, in: ders.: *The Norton Shakespeare. Based on the Oxford Edition*, hg. von Stephen Greenblatt u.a., New York/ London 1997, S. 1668-1759, hier: S. 1687: „There are more things in heaven and earth, Horatio, | Than are dreamt of in our philosophy" (I.5, 168 f.). Viele andere Editionen von *Hamlet* folgen an dieser Stelle dem Wortlaut des zweiten Quarto, demzufolge Hamlet sagt: „your philosophy". Vgl. etwa William Shakespeare: *Hamlet* (The Arden Shakespeare), hg. von Harold Jenkins, London/New York 1982, S. 226 (I.5, 175). Alle folgenden Zitate aus *Hamlet* beziehen sich auf die Norton-Ausgabe. Seitenangaben erfolgen im Fließtext.

im Stück, durchaus auch auf Geister und Gespenster angewendet werden. Wie Hamlet seinen Freund Horatio, belehrt auch Adam seine Eva in Miltons *Paradise Lost* über diesen unsichtbaren Commonwealth: „Millionen Geister durchstreifen die Welt, wenn wir wachen und wenn wir schlafen."[4] Seine Welt ist zu diesem Zeitpunkt noch eine paradiesisch prä-lapsarische, bevölkert mit Engeln, die Gott preisen und sich als seine Boten unentwegt und gedankenschnell zwischen Land und Meer bewegen, wie es in seinem berühmten Blindheits-Sonett heißt: „Auf sein Geheiß sind rastlos | wohl tausend unterwegs auf Land und Meer" („[...] thousands at his bidding speed, | And post o'er land and ocean without rest").[5] Ganz anders sieht die Welt Hamlets am dänischen Hof aus, die eine gefallene Welt des Mordes, der Sünde, der Sinnenlust und der Rache ist. In diesem Stück steht das Wort ‚thing' nicht zuletzt für ‚Leiche' und Revenant, das unkörperliche Gespenst, das als Geist des toten Vaters zurückkehrt, die Ruhe der Lebenden stört und die Hölle auf die Erde bringt.

Nach dem Siegeszug des Monotheismus sind also keineswegs alle Erscheinungsformen übernatürlicher Akteure und Relikte einer beseelten Welt von der Bildfläche verschwunden. Es lag in der christlichen Welt aber nahe, die ambivalenten polytheistischen Götter und Geister in einen klaren Gegensatz zu bringen und zwischen wohltätigen und bösartigen Kräften zu unterscheiden. Auf der einen Seite gab es die Engel als göttliche Boten, die zwischen Mensch und Gott verkehrten und dabei zwischen der vergänglichen und der ewigen Sphäre vermittelten. Auf der anderen Seite wirkte Satan in vielfältigen Verwandlungen, um die Seelen der Menschen zu versuchen und zu verführen. So klar die moralische Grenze zwischen Gut und Böse im Prinzip gezogen wurde, so unklar war sie jedoch oft für diejenigen, die sich unverhofft mit übernatürlichen Erscheinungen konfrontiert sahen. Sie boten, wie gerade auch der Geist von Hamlets Vater dem Sohn, ein so fragwürdiges äußeres Bild („Thou com'st in such a questionable shape"), dass man in keiner Weise zuverlässig auf deren Echtheit oder inneres Wesen schließen konnte. Nachdem der Geist des Vaters Hamlet wieder verlassen hat, ist sich der Sohn über die wahre Bedeutung dieser Erscheinung völlig im Unklaren. Er muss sich in dieser gefährlich verwirrenden Situation der guten Geister vergewissern und ruft deshalb „die Engel, Boten der Gnade" („Angels and ministers of grace") an, um ihm beizustehen. An den soeben entschwundenen Geist des Vaters hat er gleich drei Fragen:

> Be thou a spirit of health *or* goblin damned,
> Bring with thee airs from heaven *or* blasts from hell.
> Be thy intents wicked *or* charitable [...] (S. 1682 [I.4, 21-23]; Hervorh. hinzugefügt)

In dieser dreifach wiederholten Entweder/Oder-Struktur (Heilbringend oder verdammt? Himmlisch oder höllisch? Boshaft oder freundlich?) heben Hamlets Worte deutlich das

---

[4] John Milton: *Paradise Lost*, in: ders.: *The Poems of John Milton*, hg. von John Carey und Alastair Fowler, London/Harlow 1968, S. 457-1060, hier: S. 652 (IV, 677 f.): „Millions of spiritual creatures walk the earth | Unseen, both when we wake, and when we sleep".

[5] John Milton: *On His Blindness [When I consider how my light is spent]*, in: ders.: *The English Poems of John Milton*, hg. von H. C. Beeching, London 1971, S. 80.

dualistische Wesen der Geister in der moralisierten christlichen Welt hervor. Doch obwohl die christliche Religion darauf bedacht ist, die Geisterwelt in ein dualistisches Schema von gut oder böse zu bringen, verwischen sich die klaren Gegensätze in der aktuellen Begegnung. Die ursprüngliche Ambivalenz der heidnischen Götter geht dabei über in die Ununterscheidbarkeit in der Bewertung des Status der Geister. Die Entscheidung, um die Hamlet ringt, verlangt zunächst einmal eine klare Scheidung in gut oder böse, und genau hier fängt sein Problem schon an. In Gestalt von Geistern, Feen, Kobolden, Gespenstern und Dämonen bevölkern diese Zwischenwesen die frühneuzeitliche Literatur und suchen die Lebenden heim mit erschreckenden Erscheinungen, boshaften Streichen und beunruhigenden Botschaften. Mit ihrem Pendeln zwischen den Welten der Natur und der Menschen sowie der der Toten und der Lebenden verwirren sie die menschliche Wahrnehmung und bringen immer wieder fundamentale Begriffe von Wahrheit, Substanz und Vernunft durcheinander.

Die verschiedenartigen Manifestationen und dramatischen Funktionen dieser übernatürlichen Agenten sind ein beliebtes Thema der Shakespeare-Forschung.[6] Ich möchte mich diesem Thema von einer etwas anderen Seite annähern und (in Ergänzung zu Hegels ‚Phänomenologie des Geistes‘) so etwas wie eine ‚Phänomenologie der Geister‘ versuchen. Es wird darum gehen, ihre Genealogie zurückzuverfolgen in ihre heidnischen Ursprünge hinein und sie als Manifestationen einer nur scheinbar überwundenen Vergangenheit zu deuten, die noch lange durch den christlichen Kosmos geistern. Meine leitende Hypothese ist, dass diese Geister die Relikte einer religiösen Vorgeschichte und somit heterodoxe Agenten einer überholten, vergessenen oder verdrängten Welt sind. Ihr Auftauchen in literarischen Texten von Shakespeare und Milton signalisiert die Wiederkehr eines vergessenen, entwerteten oder verdrängten kulturellen Wissens, das im kreativen Rahmen der Kunst erforscht, erprobt und ästhetisch verwandelt wird.

---

[6] Helen Hinton Stewart: *The Supernatural in Shakespeare* [1908], London 1908; Minor White Latham: *The Elizabethan Fairies. The Fairies of Folklore and the Fairies of Shakespeare* [1930], New York 1972; Cumberland Clark: *Shakespeare and the Supernatural* [1931], New York 1972; Katherine M. Briggs: *The Anatomy of Puck. An Examination of Fairy Beliefs among Shakespeare's Contemporaries and Successors*, London 1959; dies.: *Pale Hecate's Team: An Examination of Witchcraft and Magic among Shakespeare's Contemporaries and his Immediate Successors*, London 1962; Keith Thomas: *Religion and the Decline of Magic. Studies in Popular Beliefs in 16th and 17th Century England*, London 1971; Frances A. Yates: *The Occult Philosophy in the Elizabethan Age*, London 1979; Kristian Smidt: *Spirits, Ghosts and Gods in Shakespeare*, in: *English Studies* 77 (1996), S. 422-438. Zur Folklore in Shakespeares Werken vgl. das immer noch lesenswerte Buch von Thomas F. Thiselton-Dyer: *Folk-lore of Shakespeare* [1883], New York 1966.

Die Entzauberung der Welt

Die Formel von der ‚Entzauberung der Welt' geht auf den Soziologen Max Weber zurück.[7] Doch war er nicht der erste, der diesen Prozess hellsichtig beschrieben hat. Das haben vor ihm die Dichter der Romantik getan, die diesen Prozess parallel mit der industriellen Revolution vor Augen hatten. Es gibt allerdings ein noch sehr viel älteres Dokument in der englischen Literatur aus dem ausgehenden Mittelalter, in dem der Vorgang, der in Webers Formel zusammengefasst ist, in höchst anschaulicher Weise beschrieben ist. Das ist der Anfang der Erzählung der Frau aus Bath in Chaucers *Canterbury Tales*. Diese heterodoxe Erzählerin leitet ihre Geschichte mit einer Satire auf den Klerus und das religiöse Dogma ein. Sie erinnert dabei an eine mythische Vergangenheit, die Zeit König Arthurs, als die Welt noch voll war von kosmischen Geistern, die durch die Ankunft der Bettelmönche in England ein abruptes Ende nahm.

> Zu alter Zeit, in König Arthurs Tagen,
> Von dem viel Rühmliches die Briten sagen,
> War dieses Land erfüllt mit Feeerei.
> Der Elfen Kön'gen lust'ge Kumpanei
> Tanzte gar oft auf manchen grünen Matten.
> Dies war die Meinung, die die Alten hatten.
> Das ist schon manche hundert Jahre her,
> Doch jetzo sieht man keine Elfen mehr.
> Durch das Gebet und Sammeln milder Gaben
> Der Bettelmönch' und Brüder, die durchtraben
> Das Land und Flußgebiet so dicht an Zahl,
> Wie Stäubchen wimmeln in dem Sonnenstrahl,
> Und Hallen segnen, Kammer, Küch' und Scheuer,
> Flecken und Städte, Turm und Burggemäuer,
> Gemach und Speicher, Dorf und Meierei -
> Ist jetzt das Land vom Feenwesen frei,
> Da jetzo auf den frühern Elfen-Wegen
> Die Bettelmönche selbst zu wandeln pflegen
> Und morgens früh und an den Nachmittagen
> Die Metten lesen und Gebete sagen
> Und ordnungsmäßig ihr Revier durchschreiten.
> Ein Weib kann sicher jetzt nach allen Seiten
> Jedes Gebüsch und jeden Wald durchziehn
> Und findet keinen Inkubus als ihn,
> Der ihr nichts Andres mehr als ihre Ehre raubt.[8]

---

[7] Max Weber: *Die protestantische Ethik und der Geist des Kapitalismus*, in: ders.: *Gesammelte Aufsätze zur Religionssoziologie*, Tübingen 1988, S. 17-204, hier: S. 94, 114, 156, 158; sowie ders.: *Wirtschaftsethik der Weltreligionen*, in: ebd., S. 237-273, hier: S. 263, 513, 564.

[8] *Geoffrey Chaucers Canterbury-Erzählungen*, nach Wilhelm Hertzbergs Übersetzung neu herausgegeben von John Koch, Berlin 1925, S. 179.

Die Frau aus Bath gibt ironisch zu verstehen, dass nach den Anstrengungen der Christi-anisierung und der Ankunft so vieler Mönche die Seelen der Frauen zwar nicht länger in Gefahr waren; die einzige noch lauernde Gefahr galt allerdings ihrem Körper und ihrer Ehre. Webers Begriff der ‚Weltentzauberung' bezieht sich auf eine radikale Wandlung des Naturbegriffs, die mit der Konversion zum jüdischen und später christlichen Mono-theismus einherging: von einem lebendigen, von spiritueller Energie erfüllten Kosmos zu einem stofflichen Universum aus toter Materie.[9] Die heidnische Religion basiert demgegenüber auf einem ‚kosmotheistischen' Naturbegriff, für den die Welt von einer Fülle lebendiger Götter und Geister bewohnt und beseelt ist.[10] Stephen Greenblatt, der die Welt des Waldes in Shakespeares *Midsummer Night's Dream* als „hyperanimated" beschreibt, hat damit die dominierende Eigenschaft der kosmotheistischen Welt sehr gut getroffen.[11]

Chaucers Einleitung der Erzählung der Frau von Bath ist die Variation eines noch viel älteren Themas, das in Plutarchs Text *De defectu oraculorum* (*Über den Verfall der Orakel*) ausführlich behandelt wird.[12] Den Kern dieses Textes bildet eine Erzählung, die Plutarch in eine Sammlung von Anekdoten verschiedener Reisender aufnahm. Sie han-delt von einem ägyptischen Seemann namens Tammuz, der bei seinem Aufbruch einen seltsamen Auftrag erhält. Wenn er sich auf der Höhe von Palodes einer Insel nähert, soll er die Botschaft vom ‚Tod des Großen Pan' ausrufen. Der Lotse entscheidet sich, die Botschaft nur dann auszurufen, wenn das Schiff durch eine Flaute aufgehalten wird. Tatsächlich tritt Windstille ein, als das Schiff den bezeichneten Ort erreicht. So ruft dann Tammuz schließlich doch die seltsame Botschaft zur Insel hinüber. Kurz nachdem diese verklungen ist, erhebt sich dort ein großes Geschrei von Stimmen, obwohl keine Einwohner zu sehen sind. Die ganze Insel hallt unheimlich wider von den Klagerufen unsichtbarer Trauernder.

Plutarch sah den Grund für den „Verfall der Orakel" in einer Entmächtigung der heidnischen Götter. Die Kirchenväter griffen die Legende begierig auf und formten die melancholische Erzählung vom Ende der heidnischen Kultur um in die verheißungs-volle Erzählung eines Neubeginns des Christentums, einer Ära, die nach ihrer Deutung mit Christi Geburt beginnt. Auf diese Weise wurde durch Umperspektivierung ein

---

[9] Allerdings wurde die Natur in der christlichen Tradition nicht so radikal entgöttlicht wie in der jüdischen. Christliche Denker des 12. Jahrhunderts, wie zum Beispiel Hugo von St. Viktor, betrachteten die Schöpfung als das zweite Buch Gottes, das sorgfältige Lektüre und fromme Aufmerksamkeit heischte. Die Natur wurde als ein Zeichenuniversum verstanden, das eine göttliche Botschaft enthielt für die, die es zu entziffern verstanden; sie wurde jedoch nicht als ein göttlich beseelter Kosmos verehrt. Zur Lehre von den zwei Büchern Gottes siehe Aleida Assmann: *Die Legitimität der Fiktion. Ein Beitrag zur Geschichte der literarischen Kommunikation*, München 1980, S. 39-48.

[10] Siehe dazu: Jan Assmann: *Moses der Ägypter. Entzifferung einer Gedächtnisspur*, München 1998 und ders.: *Monotheismus und Kosmotheismus. Sitzungsberichte der Heidelberger Aka-demie der Wissenschaften*, Heidelberg 1993.

[11] Stephen Greenblatt: *Hamlet in Purgatory*, Princeton, NJ 2001, S. 153.

[12] *Plutarch's Moralia in 16 Vols.*, hg. von Frank C. Babbitt (Loeb Classics), Cambridge, MA 1936, Bd. 5, S. 347-501.

griechisches Trauma in einen christlichen Triumph verwandelt.[13] Nichtsdestoweniger verschwanden aber aller solcher triumphalistischer Rhetorik zum Trotz die heidnischen Götter und Geister keineswegs vollkommen aus der Welt. Sie überlebten im christlichen Zeitalter in verschiedenen Diskursformen, die ich im Folgenden als ‚Folklorisierung‘, ‚Fiktionalisierung‘ und ‚Dämonisierung‘ unterscheiden möchte.

Folklorisierung. Wenn man die Texte von Plutarch und Chaucer vergleicht, gewinnt man den Eindruck, dass es im mittelalterlichen England zu einem ähnlichen Zusammenstoß der Kulturen kam zwischen einer traditionell heidnischen und einer neuerlich christianisierten Welt. Mit der Ankunft der Mönche und Bischöfe ging eine entsprechende Umwertung der Werte einher: Die polytheistische Welt verlor ihre Geltung und Autorität. Der neue offizielle Glaube überlagerte den älteren Glauben und zwang ihn in den Untergrund, wo er in den inoffiziellen Raum von Volksreligion, Aberglauben und Folklore einging.

Geister, Kobolde, Elfen und Feen lassen sich als okkulte Relikte des heidnischen Polytheismus beschreiben, an dessen Stelle sich abrupt und gewaltsam das monotheistische Christentum gesetzt hatte. Die inoffizielle Tradition überdauerte jedoch von Chaucers Mittelalter bis in Shakespeares Renaissance und war sogar noch zur Zeit der Romantiker lebendig, die ein neues Interesse an den volkstümlichen Spuren okkulten Glaubens entwickelten. Heinrich Heine zum Beispiel sammelte einschlägige Überlieferungen und beschrieb ausführlich die Geschichten und Erscheinungsformen der ‚Elementargeister‘. Er sammelte und rekonstruierte Geschichten und Motive der verschiedenen Geister, die in den vier Elementen wohnen, also nicht nur in „every land and every streem“, sondern auch in Luft und Feuer.

Fiktionalisierung. Eine andere Form der Bewahrung abgewerteten kulturellen Wissens ist die Fiktionalisierung. Die heidnischen Geister, die im Volksglauben überlebten, wurden von Dichtern und Künstlern, denen sie ihre Stoffe lieferten, in die Hochkultur zurückgeholt. Als „sprites“, „goblins“, „elves“ und „fairies“ spielen diese Geister eine wichtige Rolle in der elisabethanischen und jakobäischen Literatur. In *The Fairie Queene* schuf Spenser einen pompösen allegorischen Rahmen für ein imperiales Epos, das die Tugenden des idealen Herrschers behandelt. In seiner Komödie *A Midsummer Night's Dream* schuf Shakespeare eine subversive ‚hyper-animierte‘ Traumwelt, in der die sozialen Normen zeitweise ausgehängt sind und die Phantasie ohne die Kontrolle von Vernunft und Bewusstsein regiert. In *The Tempest* erfand Shakespeare eine wiederverzauberte Insel und stattete eine seiner Figuren zeitweilig mit der magischen Kraft aus, andere Menschen mit Hilfe der kosmischen Geister der Gegend nach seinen Wünschen und Plänen zu manipulieren. Ich möchte hier noch ein weiteres, weniger bekanntes Beispiel nennen, das die enge Verflechtung der poetischen Welt der Renaissance mit dem Kosmos der paganen antiken Mythologie illustriert. In der zweiten Hälfte von Miltons frühem Doppelgedicht *L'Allegro/Il Penseroso* zieht sich der melancholische Dichter zur kreativen Inspiration in den Schatten eines Hains zurück. Dieser locus amoenus, in den noch kein Mensch gewalttätig mit seiner Axt eingebrochen ist,

---

[13] Prudentius: *Apotheosis*, in: ders.: *Prudentius*, hg. von H. J. Thomson, 2 Bde., London 1962, Bd. 1, S. 153-155 (Z. 435 ff.).

wird als ein verzauberter, „geheiligter" („hallowed"), von Nymphen bewohnter Ort beschrieben. Er besteht aus hohen Tannen und dicken, uralten Eichen:

> Of pine, or monumental oak,
> Where the rude axe with heaved stroke
> Was never heard the nymphs to daunt,
> Or fright them from their hallowed haunt.[14]

An solchen Rückzugsorten kann sich der Dichter in eine vorchristliche Natur hineinphantasieren und eine mit der Realwelt kommunizierende Geisterwelt durch eine poetische Sprache, eine allegorische Erzählung, einen Traum oder die Fiktion einer Zauberinsel beschwören. Die Nymphen und Feen, die in einer durch Christentum oder neues Wissen entzauberten Welt keine Geltung mehr besitzen, gewinnen im elisabethanischen Zeitalter einen neuen Wert als Stoff für Dichtung. Das verworfene kosmologische oder religiöse Wissen wird in Fiktion umgeformt. Dichtung, die paradigmatische Domäne des ,Als ob', bietet dem obsoleten Wissen die Chance eines sinnlich reichen und farbigen Nachlebens.[15] In diesem Raum werden philosophisch, wissenschaftlich und theologisch ausrangierte Ideen nicht mehr nach ihrem Wahrheitswert gemessen, sondern mit neuen Funktionen und Bedeutungen belegt. Die Fiktion von Elfen und Feen beruht weniger auf einer Ausschaltung des Unglaubens („suspension of disbelief") als auf der kontrollierten Reaktivierung eines ausgeschlossenen älteren Glaubens.

Dämonisierung. Wie wir gesehen haben, denkt sich Miltons Adam die prälapsarische Welt angefüllt mit unsichtbaren engelhaften Geschöpfen. Nach dem Sündenfall aber zerstört Satan diese harmonische Wohngemeinschaft von Menschen und Engeln mit seinem Eindringen als eine neue antagonistische Kraft. Satan erweist sich als der ,Behälter', der bei der epochalen Umwertung der Werte viele Energien der verdrängten Götter in sich aufgenommen hat. Deren frühere Macht und Energie wird in der christlichen Welt bewahrt durch Negation; sie wird überschrieben an den Teufel als die zentrale Gegenkraft im moralisierten christlichen Kosmos.

Der Kunsthistoriker Aby Warburg, der sich ganz besonders für diese Form der Bewahrung des Ausgegrenzten und Unterschwelligen im kulturellen Gedächtnis interessierte, sprach in solchen Fällen von einer ,energetischen Inversion'; Jan Assmann verwendet (in Bezug auf die Theorie der Umkodierung heidnischer Riten in mosaische Gesetze) den Ausdruck ,normative Inversion'.[16] Beide beziehen sich auf Fälle, in denen die höchsten Werte der einen Religion oder Kultur von einer anderen entwertet und umkodiert werden. In der christlichen Welt hat sich Satan der Nacht bemächtigt als eines von allen verabscheuten Gestalten und Mächten bevölkerten Raumes, den das Christentum als sein ,Anderes' ausgegrenzt hat. Während die Folklore die frühere

---

[14] John Milton: *L'Allegro/Il Penseroso*, in: ders.: *The English Poems* (Anm. 5), S. 20-28, hier: S. 27, Z. 135-138.

[15] Das ist auch ein zentrales Thema von Heinz Schlaffers inspirierendem Buch *Poesie und Wissen. Die Entstehung des ästhetischen Bewußtseins und der philologischen Erkenntnis*, Frankfurt a.M. 1990.

[16] Vgl. Assmann: *Moses der Ägypter* (Anm. 10), S. 88-94 und öfter.

Macht der Götter und Geister dadurch beschränkt, dass es sie zu inoffiziellem Wissen herabstuft, und während die Kunst deren Macht im Rahmen der Fiktion bändigt, reaktiviert Dämonisierung indirekt ihre Macht in Akten der Negation, Inversion und Verdrängung. Im Christentum absorbiert der Teufel die Macht alles dessen, was von christlichen Werten verleugnet und verdrängt wurde, einschließlich der obsoleten Götter und Geister der heidnischen Religionen. Dämonisierung holt sie in die offizielle Vorstellungswelt zurück und schreibt ihnen gefährliche und bedrohliche Energien zu. Nach dieser Einführung ist ein begrifflicher Rahmen entworfen, in dem wir nun einige literarische Beispiele von Shakespeare und Milton diskutieren können. Dabei wird sich zeigen, dass die Grenze zwischen kosmischen Geistern und ,untoten' Gespenstern wichtig, wenn auch nicht immer leicht zu ziehen ist.

Geister und Gespenster

In einer Szene in Shakespeares *Sommernachtstraum* kommt Puck (alias Robin Goodfellow), selbst einer der kosmischen Geister, auf wandernde Gespenster und verdammte Geister zu sprechen, die eilends vor der Morgendämmerung zu ihren Friedhöfen, Gräbern und Leichnamen zurückkehren. An diesem Punkt wird er von seinem Meister Oberon unterbrochen, der darauf besteht: „But we are spirits of another sort."[17] Es gilt hier ganz offensichtlich, verschiedene Arten von Geistern zu unterscheiden. Die kosmischen Geister, so dürfen wir ergänzen, leiden nicht unter Schuld und Schande, auch wenn sie mit einer Art von Erinnerung beladen sind wie Ariel, der virtuose Gehilfe von Prospero im *Sturm*. Ihre Wohnstätte ist nicht der Friedhof, sondern das ganze Reich der Natur; sie bewegen sich frei in den Wäldern, der Luft, dem Ozean und dem Sonnenlicht. Oberons Antwort bezieht sich indirekt auf die vier Elemente als die natürliche Wohnung kosmischer Geister und unterstreicht damit ihre elementare Differenz gegenüber menschlichen Totengeistern. Er ruft nicht nur die Dimensionen des Waldes, der Luft, des Morgenlichtes und des Ozeans als sein Reich auf, sondern betont auch noch, dass sich dieses bis zur äußersten Westgrenze erstreckt. Die Elementargeister existieren frei in horizontaler Beweglichkeit auf der Erde und verschwinden nicht unter der Erde.

Nichtsdestoweniger treibt Oberon seinen Boten Puck zur Eile an und befiehlt ihm „[to] effect this business yet ere day" (S. 843 [III.2, 396]). Für Stephen Greenblatt lässt dieses Drängen, die Handlung an die finstre Nacht zu binden, einigen Grund zum Zweifeln aufkommen, ob die Grenze zwischen Gespenstern und Geistern wirklich so klar zu ziehen ist.[18] In seinem brillanten und gelehrten Buch *Hamlet in Purgatory* hat er deshalb nicht zwischen Gespenstern und Geistern unterschieden. „Die Feen", schreibt er, „sind nicht unbedingt Gespenster, aber sie sind auch nicht unbedingt *keine* Gespenster."[19] Das ist ein ziemlich vager Versuch einer Klassifizierung. Es gibt in der Tat Fälle, wo ihr

---

[17] William Shakespeare: *A Midsummer Night's Dream*, in: ders.: *The Norton Shakespeare* (Anm. 3), S. 814-863, hier: S. 843 (III, 2, 389). Alle folgenden Zitate aus *A Midsummer Night's Dream* beziehen sich auf diese Ausgabe. Seitenangaben erfolgen im Fließtext.

[18] Vgl. Greenblatt: *Hamlet in Purgatory* (Anm. 11), S. 162 f.

[19] Ebd., S. 162 (Übers. A. A.).

Status zweifelhaft ist, weil es Momente gibt, wo beide Typen ineinander übergehen und zusammenfallen. Aber auch solche Interferenzen kann man nur analysieren, wenn man zunächst einmal eine Grenze zwischen ihnen gezogen hat. Ich teile daher Greenblatts Agnostizismus nicht und bestehe auf dem fundamentalen Unterschied zwischen Gespenstern als einer Verkörperung der Seelen abgeschiedener Menschen, die aus einer anderen Welt kommen und ihren Tod hinter sich haben, und den unsterblichen Geistern, die in der immanenten Natur leben und einen Tod weder vor noch hinter sich haben.

Der Ausdruck ‚Gespenst' bezieht sich hier also auf die (Un-)Toten, die aus ihren Gräbern zurückkehren und den Lebenden verwirrende Botschaften überbringen. Dabei überschreiten sie eine Grenze, welche vielleicht die entscheidendste Schwelle in jeder Kultur darstellt: die Grenze zwischen den Welten der Lebenden und der Toten. Religiöse Kulte und Rituale befestigen diese Grenze, um chaotische Interaktion auszuschließen und den Zusammenbruch der entgegengesetzten Bereiche zu verhindern. Die Grenze schließt aber Kommunikation nicht völlig aus. Während der ‚Wiedergänger' (*revenant*) eine wilde und bedrohliche Form des Grenzgängers darstellt, gibt es auch Kontaktzonen, in denen eine gewisse Kommunikation zwischen beiden Welten kulturell geregelt ist. Die Kirche erschloss im 13. Jahrhundert einen wichtigen Kommunikationskanal zwischen Lebenden und Toten, als sie das Fegefeuer als eine Zwischenzone einrichtete zwischen dem Bereich der Seligen (Paradies) und der Verdammten (Hölle). Hinter dem Begriff des ‚Fegefeuers' steht der Glaube, dass die lebenden Angehörigen das Schicksal der in dieser Zone geparkten Toten verbessern können durch Gebete, Totenmessen und Spenden für die Armen. Die Möglichkeit der Manipulation des Totenschicksals im Fegefeuer erreichte geradezu industrielle Ausmaße, bis sie in den protestantischen Ländern im 16. Jahrhundert abgeschafft wurde. „Im Jahr 1563", erinnert uns Greenblatt, „hatte die Church of England die römisch-katholische Vorstellung des Fegefeuers und die in seinem Kontext entwickelten Praktiken ausdrücklich abgelehnt", mit der Begründung, dass sie Teil eines Götzendiensts seien und auf eine Rückkehr zu heidnischen Riten hinausliefen.[20] Die Puritaner konnten auf das Fegefeuer verzichten, weil sie einen viel effektiveren Präventiv-Ersatz dafür geschaffen hatten, der allerdings den Institutionen der Kirche keinen Pfennig mehr einbrachte: die kulturelle Praxis der Autobiographie. Anstatt den Seelenzustand eines Menschen nach seinem Tode zu verbessern, wurde nun das Individuum selbst ermächtigt, das eigene Leben als Kampfplatz von Tugenden und Lastern, Segnungen und Versuchungen sorgfältig zu überwachen. Die Institution des Fegefeuers wurde damit gewissermaßen von den Toten auf die Lebenden übertragen und jede Biographie als eine Art diesseitiges Purgatorium in die Verantwortung des Einzelnen gestellt.

---

[20] Greenblatt: *Hamlet in Purgatory* (Anm. 11), S. 235 (Übers. A. A.).

Zweideutige Botschaften

Warum aber kehren die Toten von ihren Gräbern zurück und suchen die Orte der Lebenden heim? In seiner Anrede an den Geist von Hamlets Vater bietet Horatio die folgenden drei Gründe an:

1. Grund: purgatorische Praxis

> If there be any good thing to be done
> That may to thee do ease, and grace to me,
> Speak to me. (S. 1671 [I.1, 111-113])

2. Grund: Wahrsagung

> If thou art privy to thy country's fate
> Which happily foreknowing may avoid,
> O speak! (S. 1671 [I.1, 114-116])

3. Grund: Verborgene Schätze

> Or if thou hast uphoarded in thy life
> Extorted treasure in the womb of earth –
> For which, they say, you spirits oft walk in death –
> *The cock crows*
> Speak of it, stay and speak. [...] (S. 1671 f. [I.1, 117-120])

Keiner dieser Gründe trifft im Falle von Hamlet Senior jedoch zu. Daher erhält Horatio keine Antwort von dem Geist, der sich von ihm zurückzieht. Sein eigentliches Motiv enthüllt der Geist nur Hamlet gegenüber:

4. Grund: unbeglichene Rechnungen

> If thou didst ever thy dear father love –
> [...]
> Revenge his foul and most unnatural murder. (S. 1684 [I.5, 23-25])

Im Fortgang der Rede des Geistes verlagert sich dieser Auftrag schließlich auf einen letzten und

5. Grund: Appell zum Gedenken

> Adieu, adieu, Hamlet. Remember me. *Exit* (S. 1686 [I.5, 91])

Die letzten beiden Imperative, die Rache und Gedenken fordern, erweisen sich allerdings als höchst problematisch. Sie stehen für zwei unterschiedliche Normen der Schuldigkeit gegenüber Toten. Der erste Auftrag, die Rache, gehört in die traditionale Welt der Feudalgesellschaft, in der ein Sohn als Stellvertreter des Vaters gilt und seine erste

Pflicht in der Wiederherstellung des entehrten Vaterbildes und der Begleichung seiner offenen Rechnungen besteht. In diesem kulturellen Rahmen besitzt der Sohn keine eigene Identität, sondern ist der Nachfolger seines Vaters und tritt in dessen Fußstapfen. Die religiöse Sitte des Totengebets und die Riten um das Fegefeuer entsprechen darin dem feudalen Code, dass sie beide dem Sohn die Verantwortung aufbürden, den unglücklichen Zustand des toten Vaters zu verbessern. Allerdings gilt es, den Unterschied zwischen dem feudalen und dem religiösen Code zu beachten: Im ersten Fall ist der Vater ein *Opfer*: „foul crimes" wurden an ihm begangen, die Rache fordern zur Wiederherstellung seines Bildes und sozialen Status'; im zweiten Fall ist er ein *Täter*: die üblen Taten wurden von ihm selbst begangen und erfordern eine rituelle Reinigung seiner Seele. Der Sohn Hamlet empfängt daher höchst zweideutige Botschaften und ist unfähig, zu entscheiden, ob er nach dem Code der *feudalen Schamkultur* oder nach dem der *christlichen Schuldkultur* handeln soll. Zu Shakespeares Zeit hatten beide Codes, der feudale Rachecode und der katholische Ablass-Code ihren Status als legitime kulturelle Normen verloren. Hamlet konnte folglich nur zwischen falsch und verkehrt wählen; er hätte mit seinem Handeln entweder ein altes Verbrechen perpetuiert oder ein neues Gesetz der Church of England gebrochen.

Shakespeares Stück formt die beiden illegitimen Normen der feudalen Rache und des Ablassglaubens um in die legitime kulturelle Norm der Totenmemoria, die an die Stelle der älteren Codes getreten ist. Sie beruht auf einer verfeinerten und verinnerlichten Form der Sohnespietät, die die Grenze zwischen den Welten der Lebenden und der Toten, von Sohn und Vater respektiert und dem Sohn das Recht auf eine eigene Identität als individuelle Person zugesteht.

Nacht und Tag

Der Geist des Vaters stellt sich Hamlet vor mit einer Beschreibung des schrecklichen Zustands seiner gequälten Seele:

> I am thy father's spirit,
> Doomed for a certain term to walk the night,
> And for the day confined to fast in fires
> Till the foul crimes done in my days of nature
> Are burnt and purged away. But that I am forbid
> To tell the secrets of my prison-house
> I could a tale unfold [...] (S. 1684 [I.5, 9-15])

In diesen Worten beschreibt der Vater den Zustand seiner Seele im Fegefeuer, wo er darauf angewiesen ist, dass andere für ihn „any good thing" tun könnten, das seinen beklagenswerten Status verbessert. Dafür muss er selbst etwas tun, nämlich aus seinem Feuer-Gefängnis nachts ausschwärmen und die Lebenden heimsuchen. Diese Bewegung hat nichts mit den weit ausgreifenden Bewegungen des Oberon zu tun, sondern wird als eine Art von Zwang und Strafe beschrieben. Der Geist des Vaters ist „doomed for a certain term to walk the night", bis seine Untaten weggefegt sind und er ewige Ruhe finden kann. Beim ersten Anzeichen des nahenden Tages wird er in sein Gefängnis zurückgerufen, in dem er für die Länge des Tages eingesperrt bleibt.

Wohin kehren die Untoten zurück nach ihren qualvollen Wanderungen? Die Antwort gibt Puck im *Midsummer Night's Dream*, der uns informiert, dass bei Eintritt der Morgendämmerung, „Aurora's harbinger",

> [...] ghosts, wand'ring here and there
> Troop home to churchyards; damnèd spirits all,
> That in cross-ways and floods have burial
> Already to their wormy beds are gone,
> For fear lest day should look their shames upon.
> They wilfully themselves exiled from light,
> And must for aye consort with black-browed night. (S. 843 [III.2, 381-388])

In *Hamlet* gehören auch Hamlets Vater, Polonius und Ophelia zu diesen verdammten Seelen, die alle ohne die letzte Ölung und/oder ein christliches Begräbnis gestorben sind. Die Untoten kehren unaufgefordert in ihre Gefängnisse zurück, getrieben von der Schande einer Schuld, die sie vor dem Sonnenlicht verbergen müssen.

Wir haben gesehen, dass Oberon in seinem Gespräch mit Puck auf der Differenz zwischen Geistern und Gespenstern besteht: „But we are spirits of another sort". In *Hamlet* verwechselt auch Horatio die schuldbeladenen Gespenster, die es in ihre Gräber zurücktreibt, mit kosmischen Geistern, die die vier Elemente bewohnen. Bernardo, einer der Wächter, bemerkt, dass der Geist „was about to speak when the cock crew", und Horatio fährt fort:

> And then it started like a guilty thing
> Upon a fearful summons. I have heard
> The cock, that is the trumpet of the morn,
> Doth with his lofty and shrill-sounding throat
> Awake the god of day, and at his warning,
> Whether in sea or fire, in earth or air,
> Th'extravagant and erring spirit hies
> To his confine [...] (S. 1672 [I.1, 129-136])

„I have heard ..." – mit diesen Worten leitet Horatio nicht nur eine Serie von Motiven landläufiger Folklore ein, sondern verwechselt auch Gespenster und kosmische Geister in genau der von Oberon beanstandeten Weise. Diese Verwechslung lässt sich zurückführen auf die Überlagerung und Vermischung heterogener Schichten in dem, was ich ‚das Palimpsest des kulturellen Unbewussten' nennen möchte. In diesem Palimpsest werden die älteren Geister der heidnischen Kultur absorbiert unter die dunklen Mächte der Nacht, die Christus als der ‚Gott des Tages' und ‚sol invictus' besiegt hat. Die Unterscheidungen werden verunklärt durch ein übergeordnetes Muster, das Nacht und Tag in einem manichäischen religiösen Symbolismus einander entgegenstellt. Dieses Muster wird in *Hamlet* explizit ausbuchstabiert. Nachdem Horatio seine Meinung über „th'extravagant and erring spirit" abgegeben hat, der „in sein Gefängnis zurückeilt" beim Krähen des Hahns, bringt Marcellus, ein anderer Offizier noch ein anderes Stück Folklore in die verwirrte Diskussion auf den Zinnen des dänischen Schlosses ein:

It faded on the crowing of the cock.
Same say that ever 'gainst that season comes
Wherein our saviour's birth is celebrated
The bird of dawning singeth all night long;
And then, they say, no spirit can walk abroad,
The nights are wholesome; then no planets strike,
No fairy takes, nor witch hath power to charm,
So hallowed and so gracious is the time. (S. 1672 [I.1, 138-145])

„Some say", „they say ...".Wieder haben wir es nicht mit dogmatischer oder poetischer Wahrheit zu tun, sondern mit Folklore, diesmal aus der landläufigen christlichen Überlieferung.[21] Hier geht es um die besondere Nacht von Christi Geburt, die offenbar darin ‚anders ist als alle anderen Nächte', dass sie als gesegnet gilt und also gänzlich frei ist von Schreckgespenstern und unheimlichen Geistern.

Dämonen

1629, nur ein paar Jahre später, griff der junge Dichter John Milton das Stichwort des Marcellus auf und verarbeitete dieses Stück christlicher Folklore in einem elaborierten Weihnachtsgedicht. Seine *Hymne auf den Morgen des Weihnachtsfestes* (*Hymn on the Morning of Christ's Nativity*) ist in der scheinbaren metrischen Unregelmäßigkeit einer Pindarischen Ode verfasst, die einen Zustand sublimer, ja ekstatischer Erhebung produziert.[22] Nach einer Einführung von vier Strophen schließt sich das eigentliche Gedicht mit 27 Strophen an, die sich in drei Abschnitte gliedern. Der erste Abschnitt (Strophen 1-12) feiert die Geburt Christi als eine Wiederherstellung kosmischer Harmonie und eine Wiederkehr der Goldenen Zeit. Der zweite Abschnitt (Strophen 13-18) handelt (eher untypisch für ein Weihnachtsgedicht) vom Ende der Welt und dem jüngsten Gericht. Der letzte Abschnitt (Strophen 19-27) ist hier für uns von besonderem Interesse, weil er vom christlichen Sieg über die heidnischen Götter handelt. In Strophe 19 führt Milton das Thema vom Tod des Großen Pan ein und bedient sich dabei direkter Zitate von Plutarch.

„Die Orakel sind verstummt!" („the oracles are dumb"). Apollo ist der erste der fliehenden Götter, und er tut dies auf eine sehr unapollinische Art und Weise: „mit hohlem Schrei verlässt er Delphis Abhang" („with hollow shriek the steep of Delphos leaving"). Der Rest ist Schweigen in diesem berühmten Tempel; Priester und Propheten, seine divinatorischen Medien, sind mit Stummheit geschlagen. Die nächste Strophe gilt dem Höhepunkt von Plutarchs Erzählung, der geheimnisvollen Trauer in Antwort auf die rätselhafte Botschaft. Die Nymphen betrauern den scheidenden Genius, der Quellen und Bäume bewohnt hatte. Für Milton bedeutet der Abschied der Dämonen das Ende einer

---

[21] Vgl. zu diesen Bezugnahmen auf Folklore bei Shakespeare Thiselton-Dyer: *Folk-lore of Shakespeare* (Anm. 6).

[22] John Milton: *On the Morning of Christ's Nativity* [1629], in: ders.: *The English Poems* (Anm. 5), S. 1-8.

besessenen Natur, ein Ereignis, das Romantiker wie Wordsworth später in nostalgischem Ton als Entzauberung der Natur gedeutet haben.

Milton beschreibt die Vertreibung der heidnischen Götter und Dämonen nicht nur von ihren natürlichen Wohnstätten in Quellen, Tälern und Hainen, sondern auch von ihren kulturellen Wohnstätten in Häusern, Tempeln und Gräbern. In seinem Gedicht erscheinen die alten polytheistischen Götter der mediterranen und orientalischen Welt in einer langen Prozession als in Ketten geschlagene Kriegsgefangene. Sie sind entmachtet und exiliert von ihren Schreinen und Gemeinden. Die Reihe wird angeführt von griechischen und römischen Göttern und endet mit den ägyptischen Göttern Isis, Horus, Anubis und Osiris. Der allerletzte in der Reihe ist ‚Typhon'. Dieser schlangenhafte Drache erscheint als die Verkörperung aller anderen Götter und Prototyp des absoluten Fremden und Bösen. In Strophen 18 und 20 tritt er als ein satanischer Archetyp auf und verkörpert den ultimativen Feind der puritanischen Christenheit.

Diese heidnischen Götter, so erfahren wir aus Miltons Gedicht, wurden besiegt von der wahren Gottheit des Jesuskindes, das „in seinen Windeltüchern die Gruppe der Verdammten im Griff hat" („in his swaddling bands controls the damned crew"). Mit der Geburt des Sohnes / der Sonne Gottes haben sie sich in einen Trupp bleicher Schatten aufgelöst. Miltons Weihnachtsgedicht endet nicht mit schlichten Schäfern, sondern schwer bewaffneten Wächtern: „Und um den ganzen Stall herum warten Engel in leuchtendem Harnisch auf" („All about the courtly stable | Bright-harnessed angels sit in order serviceable".) Der Ton des Gedichts ist nicht pastoral, sondern episch-militärisch. Diese Atmosphäre hängt mit der unmittelbaren Bedrohung und Gefahr zusammen, die von der Gruppe der verdammten Götter noch immer ausgeht. Diese hat trotz aller Beteuerungen des Gegenteils offensichtlich noch nicht all ihre Macht eingebüßt. Die heidnischen Götter, so können wir annehmen, sind weder vollständig besiegt noch sind sie gänzlich verschwunden. Sie befinden sich in einem Exil und sind in einem höllischen Gefängnis eingesperrt, aus dem sie während der Nacht entkommen, genau wie die Geister, die regelmäßig ihre Gräber verlassen, um die Seelen der Lebenden heimzusuchen.

Wie die kosmischen Elementargeister, die in Folklore und Kunst überleben, sind auch die paganen Götter in Miltons Gedicht nicht völlig überwunden. Obwohl sie durch die Macht Christi besiegt sind, überleben sie in einem Zustand der Latenz. Sie bewohnen eine Nische oder ‚Krypta' im christlichen kulturellen Unbewussten.[23] Sie überleben im kulturellen Gedächtnis im Status der Dämonisierung. In der Negation ist das Christentum weiter auf sie angewiesen, um ihr überwundenes Gegenteil anzuzeigen in einer radikalen Polarisierung der Werte.

Sie existieren somit weiter durch die Negation. Das ist auch die sprachliche Form, in der der Dichter sie als letzte Götter in die Prozession der Dämonen einreiht:

> Nor is Osiris seen [...]
> Nor can he be at rest [...]
> Nor all the gods beside [...]
> Not Typhon huge ending in snaky twine [...]

---

[23] Jan Assmann: *Die Mosaische Unterscheidung oder Der Preis des Monotheismus*, München 2003, S. 151-154.

In Miltons Gedicht nimmt die wiederholte Negation die Kraft einer apotropäischen Magie an; die Verneinungen sind nicht deskriptiv, sondern performativ. Negation wird hier eingesetzt als eine linguistische Form des Exorzismus. Sie führt nicht dazu, ihren Gegenstand auszulöschen und aufzuheben, sondern ganz im Gegenteil befördert sie ihn in eine kryptische Form von Existenz. Der verneinte Pan und die verneinten ägyptischen Götter sind nicht wirklich tot, sie sind vielmehr untot und gewinnen die Eigenschaft von Geistern. Sie existieren nicht nur in der Dimension von Nacht und Hölle, sondern auch im kulturellen Unbewussten des puritanischen Christentums.

Zusammenfassung

In meiner kleinen ‚Phänomenologie der Geister' habe ich einige Zwischenwesen untersucht, die zwischen der verzauberten und der entzauberten Welt, zwischen den Lebenden und den Toten, zwischen der heidnischen Antike und dem puritanischen Christentum hin und her wandern. Kosmische Geister, Totengeister und Dämonen verschwinden nicht einfach, wenn sie vom christlichen Glauben verworfen oder von der Wissenschaft abgeschafft werden. Sie bleiben im kulturellen Gedächtnis in einem Latenzzustand erhalten. Wir haben drei unterschiedliche Formen besichtigt, in denen das offiziell entwertete Wissen in den Herzen und Köpfen der Menschen fortlebt. Die erste Form ist die Folklorisierung beziehungsweise der Aberglaube. Dabei handelt es sich um unautorisiertes und inoffizielles Wissen mündlicher Tradition innerhalb einer Schriftkultur. Die zweite Form ist die Fiktionalisierung oder Ästhetisierung. Dabei wird das verworfene und entwertete Wissen in ein Kunstwerk überführt, in dem Wahrheitsfragen eingeklammert werden. Die dritte Form, die Dämonisierung, ist das Gegenteil der Ästhetisierung. Sie reaktiviert das verworfene Wissen durch Umwertung: Das Heiligste der einen Kultur wird zum Abscheu der anderen. Dämonisierung ist eine besonders hartnäckige Form der Erinnerung durch Negation und Repression.

Sowohl Shakespeare wie Milton haben mit Vorliebe Elemente eines ausgemusterten Wissens wieder aufgenommen, die sie im inoffiziellen Archiv der volkstümlichen mündlichen Überlieferung fanden, und diese in ihre literarischen Kompositionen eingebaut. Ihre Werke selbst jedoch atmen einen sehr unterschiedlichen ‚Geist'. Miltons Poetik, die innerhalb eines religiösen Rahmens entwickelt wurde, nähert sich der Dämonisierung. Die entmachteten heidnischen Götter behalten bei ihm eine gewisse Macht, obwohl sie in die christliche Hölle verbannt sind. Mit der Abschaffung des Fegefeuers hat die Church of England die mittlere Zone zwischen den polaren Regionen des Himmels und der Hölle, des Guten und des Bösen, der Verdammten und der Geretteten, abgeschafft. Dabei hat die Kirche eine dreiteilige Struktur auf eine binäre Opposition reduziert. Der mentale Habitus des Puritanismus ist charakterisiert durch einen manichäischen Geist der Polarisierung und Dämonisierung. Dadurch wird jede Option in die Zwangsalternative eines rigiden Entweder/Oder gebracht, was für Miltons Gedicht ebenso auffällig ist wie für Hamlets Denkweise. Der Unterschied zwischen den beiden Dichtern besteht allerdings darin, dass Shakespeare diese Denkweise auf einen seiner Charaktere projiziert. Statt die Dichotomie selbst zur Struktur seines Werkes zu machen, fiktionalisiert und distanziert er sie auf diese Weise. Milton hat seine Kunst in den Dienst seiner Religion gestellt, Shakespeare war frei, einen Freiraum der Kunst zu schaffen, in dem der Glaube ‚aufgehoben' war und in dem Geister und Gespenster frei herumwandern können.

Der Unterschied zwischen Shakespeares und Miltons Behandlung von Gespenstern, Geistern und Dämonen zeigt sich am deutlichsten in ihrem jeweiligen Umgang mit dem Unheimlichen. Miltons Art besteht darin, das Unheimliche zu vereindeutigen durch das Überstülpen eines dualistischen Rasters von Entweder/Oder beziehungsweise Gut und Böse. Shakespeare dagegen heißt das Seltsame und Fremde willkommen (S. 1687 [I.5, 166-167]): „Das ist aber äußerst seltsam!" („but this is wondrous strange"), sagt Horatio einmal zu Hamlet, worauf ihm dieser entgegnet: „Darum heiße es willkommen wie einen Fremden!" („And therefore as a stranger give it welcome!"). In diesem Sinne behandelt Shakespeare das Fremde als eine Herausforderung für Geist und Herz. Seine Kunst dehnt sich bis an die Grenzen des Wahnsinns und der Häresie, um der Erkundung des Seltsamen willen, das in unheimlichen Gestalten, gefährlichen Ideen oder destruktiven Haltungen durch seine Stücke geistert. Obwohl sein Werk voller Skepsis ist, ist Shakespeares Haltung niemals die des Skeptikers Theseus, der sagt:

> More strange than true. I never may believe
> These antique fables, nor these fairy toys. (S. 851 [V.1, 2-3])

Er hält es eher mit Hippolyta, die in einem Zustand der Unentschiedenheit verharrt und sich auf folgende Gedanken einlässt:

> But all the story of the night told over,
> And all their minds transfigured so together,
> More witnesseth than fancy's images,
> And grows to something of great constancy;
> But, howsoever, strange and admirable. (Ebd. [V.1, 23-27])

Kunst ist dem Traum und dem Wahnsinn nahe, doch überschreitet sie beide durch ihre Formgebung. Ihre Tätigkeit kann nicht besser beschrieben werden denn als ein Prozess, der sein Material in ein Objekt von ‚großer Beständigkeit' verwandelt. Shakespeare unterschied sich von Milton vor allem durch sein Vertrauen in Kunst als ein unabhängiger Rahmen, in dem ernsthaft untersucht und geprüft werden kann, was als „äußerst seltsam" („wondrous strange") gilt. Seine Geister und Gespenster sind niemals wie die von Milton eindeutig identifizierbar als entweder wohltuende Geister („spirits of health") oder verdammte Teufel. Sie sind weder Repräsentanten des Himmels noch der Hölle. Sie sind wahre *go-betweens*, die solche klaren Gegensätze unterwandern und zwischen den Welten der Toten und der Lebenden, zwischen dem beseelten heidnischen Kosmos und der entzauberten modernen Welt, zwischen den expliziten und verborgenen Schichten des kulturellen Gedächtnisses, zwischen den bewussten und den unbewussten Reichen des menschlichen Geistes vermitteln.

KAPITEL 8

Späthumanismus im Zeitalter der Konfessionalisierung. John Milton und Thomas Browne

Dieses Kapitel entstand als Beitrag zu einer Tagung zum Thema ‚Späthumanismus‘. In meinem Beitrag zu diesem Rahmenthema möchte ich zwei englische Vertreter als Späthumanisten vorstellen. Dabei werde ich die Zeitspanne des Untersuchungsraums auf die 40er- und 50er-Jahre des 17. Jahrhunderts ausdehnen in der Überzeugung, dass der Humanismus in England mit dem Jahre 1620 keineswegs abgeschlossen war, sondern unter den konfessionspolitischen Bedingungen auch neue, bemerkenswerte Erscheinungsformen hervorgebracht hat. Mit dieser zeitlichen Ausdehnung möchte ich eine für das Rahmenthema wichtige Kontrollfrage verbinden. Sie lautet: Was ist aus dem Humanismus nach dem Ende des Humanismus unter dem Druck der Konfessionskriege geworden?

Im Mittelpunkt meiner Untersuchung stehen zwei Gestalten, die fast exakte Zeitgenossen sind (John Milton 1608-1674, Thomas Browne 1605-1682), von denen wir aber kein Zeugnis darüber haben, dass sie sich je begegnet wären oder auch nur gegenseitig Notiz voneinander genommen hätten. Dieser Sachverhalt in Bezug auf zwei kanonisierte intellektuelle Größen der Zeit in England ist höchst sonderbar und erklärungsbedürftig. Gehen wir doch davon aus, dass Humanisten sich als *res publica litteraria* wesentlich über persönliche Kontakte etablieren, dass sie Zirkel und Gruppen bilden und dass sie Spezialisten auch gerade überregionaler Netzwerke sind. Milton und Browne gehören in zwei politische Lager, die in England die Einheit der *res publica litteraria* gesprengt haben, nämlich zur Gruppe der Puritaner und zu der der Anglikaner. Ihr Humanismus ist somit bereits konfessionspolitisch eingefärbt, wir haben es hier, wie ich zeigen möchte, mit durchaus verschiedenen Spielarten von Humanismus zu tun. Es wird nicht nur zu zeigen sein, dass der Religionsstreit in England nicht ohne humanistische Basis ausgekommen ist, sondern auch, dass der Humanismus in dieser Situation neue Entwicklungen und Verschärfungen erfahren hat.

Über diese Binnengrenze hinweg weisen die beiden zu untersuchenden Figuren auch Gemeinsamkeiten auf. Beide stehen für eine Form von Humanismus, der nicht in erster Linie mit der Erschließung antiker Quellen oder der normativen Etablierung lateinisch-griechischer Tradition zu tun hat. Als durch und durch klassisch geschulte Autoren sind sie zweifellos ‚Liebhaber antiker Texte‘, die diesen klassischen Bildungshintergrund jedoch zu ihren eigenen Zwecken einsetzen – bei John Milton sind das aktuelle gegenwartspolitische Debatten, bei Thomas Browne sind es eher selbstbezogene, idiosynkratische Reflexionen und Meditationen. Das Interesse an beiden Autoren besteht für uns heute darin, dass sie eine ‚fremde Moderne‘ verkörpern. Ihr Gedankengut erscheint in gegenwärtiger Perspektive und Beurteilung als grundsätzlich ambivalent in dem Sinne, dass es eine uns zugewandte und eine uns abgewandte Seite enthält. Die uns zugewandte Seite empfinden wir als vertraut und sind bereit, sie als ‚modern' zu qualifizieren; die uns abgewandte Seite ist uns fremd, und wir sind daher geneigt, sie entweder zu übersehen oder zu übertreiben. Mit andern Worten: Uns verbindet mit beiden hier zu untersuchenden Späthumanisten eine unbequeme Zeitgenossenschaft, die neben Nähe und Identifikationsmöglichkeiten auch Differenz und Irritation mit einschließt.

Miltons *Areopagitica* – ein humanistisch-puritanisches Manifest

Miltons Rede über Pressefreiheit, die er 1644 vor dem englischen Parlament hielt, ist keineswegs nur ein politisches Dokument, sondern auch grundlegend für eine Betrachtung des englischen Humanismus. Diese Rede über die neue Erfindung des Buchdrucks und seine gesellschaftspolitische Bedeutung, die nicht nur in einer brisanten konfessionspolitischen Situation, sondern auch an einer kulturhistorischen Medienschwelle gehalten worden ist, enthält grundsätzliche Reflexionen über das Medium Schrift. In großen Partien darf sie in ihrer bereits nach wenigen Monaten gedruckten Fassung geradezu als ein Grundsatzpapier des Humanismus angesehen werden. Wenn Humanismus wirklich mit *litterae* gleichzusetzen ist, dann berührt die Frage nach dem Medienschicksal dieser Buchstaben ein humanistisches Grundlagenproblem. Milton geht in seiner Rede auf diese Grundlage des Humanismus, die *litterae*, ein und definiert die politischen und sozialen Bedingungen, die diesen Buchstaben die größten Entfaltungsmöglichkeiten sichern. Seine Bestimmung des Mediums Schrift und näherhin gedruckter Schrift kommt dabei nicht ohne eine Bestimmung des Menschen aus. Zugleich mit den Rahmenbedingungen für die neue Medialität wird von ihm ein neues Menschenbild entworfen; Anthropologie und Mediengeschichte modellieren sich gegenseitig.

Das zentrale Konzept dieser Schrift heißt *Geist* („spirit"). Neben Körper und Seele kommt Geist als eine dritte und entscheidende anthropologische Komponente des Menschen zur Sprache. Geist ist eine Gottesgabe, ein Charisma, das die Großen der Menschheit in verschiedenen Kulturen miteinander gemeinsam haben. Die Geist-Begabten lassen sich nirgendwo als eine homogene Gruppe abschließen, denn der Geist weht, wo er will. Grundsätzlich kann der Geist eines jeden (und einer jeden?) zum Gefäß eines noch größeren Geistes, des Geistes Gottes, werden. Schrift ist für Milton das kongeniale Medium des Geistes. Für ihn sind nicht wie für Luther „die Sprachen die Scheide, in denen das Messer des Geistes steckt",[1] sondern die Schrift. Ihr wird zugetraut, dass sie abwesenden Geist verlustlos und transparent zu konservieren vermag. Diese Prämisse ist alles andere als selbstverständlich. Denn, um es allgemein zu formulieren, ermöglicht Schrift zunächst einmal nichts anderes als die Kommunikation unter Abwesenden. In Schrift-Kommunikation sind Sender und Empfänger wechselseitig abwesend. Das bedeutet, dass diese Form der Kommunikation nicht auf das Korrektiv gegenseitiger

---

[1] Martin Luther: *An die Rathsherren aller Städte deutsches Lands* [1534], in: ders.: *Werke. Kritische Gesamtausgabe*, 18 Bde., Weimar 1899, Bd. 15, S. 27-53, hier: S. 27.

Nachfragen und Verständigung zurückgreifen kann. Sinn kann nicht in einem Prozess der Verständigung ausgehandelt, er kann nur noch „einseitig" artikuliert und interpretiert werden. Platon sah deshalb im Dispositiv der Schrift bekanntlich die denkbar schlechtesten Bedingungen für die Übertragungschancen von Wahrheit.

Nicht so Milton. Miltons Schriftkonzept ist aus dem ‚Geist' der Gegen-Gegen-Reformation geboren. Seine Argumentation zielt darauf, Zensur als katholisch-päpstliches Herrschaftsinstrument zu bekämpfen. Von einem solchen Instrument, das seine schärfste Ausprägung in der Inquisition hat, dürfen protestantische Regierungen keinen Gebrauch machen, wenn sie nicht ihre Glaubwürdigkeit verlieren wollen. Milton hat hier ein Konzept geistiger Freiheit entworfen, das seine Radikalität aus dieser polemischen Zuspitzung in der politischen Konfrontation des Bürgerkriegs bezieht. Vor diesem Hintergrund gewinnt die freie Artikulation des Individuums eine Würde, die Milton auf die Bücher als objektivierte Träger von Gedanken überträgt, mit dem Ergebnis, dass Bücher noch wichtiger als Menschen werden, da sie – so seine These – die Essenz eines menschlichen Geistes bergen. Er geht davon aus, dass Bücher wie lebendige Wesen mit einer immanenten Kraft begabt sind. Sie haben ihre eigene Form von Vitalität, die zum Guten wie zum Bösen ausschlagen kann. „For Books are not absolutely dead things, but do contain a potency of life in them to be as active as that soul was whose progeny they are; nay they do preserve as in a vial the purest efficacy and extraction of that living intellect that bred them."[2] Milton bedient sich der Sprache der Alchemie, um gedruckte Bücher als Destillat des Geistes, als reinste und konzentrierteste Form von Energie zu beschreiben. Um dies zu unterstreichen, geht er von dem alchemistischen Bild zu einem mythologischen über: „I know they are as lively, and as vigorously productive, as those fabulous Dragon's teeth; and being sown up and down, may chance to spring up armed men."[3] Milton bezieht sich dabei auf den griechischen Helden Kadmon, der die Zähne eines erlegten Drachen einpflanzte, aus denen ihm spontan neue Gefährten erwuchsen. In der Deutungsgeschichte dieses Mythos spielt tatsächlich die Parallele zwischen Zähnen und Buchstaben eine Rolle; man ging davon aus, dass die Anzahl beider die gleiche gewesen sei und dass die Zähne in zwei parallele Ackerfurchen eingelassen worden wären, womit eine Korrespondenz mit Schriftlinien angedeutet ist.[4]

Wie vor ihm Bacon betont Milton die immanente Produktivität der geschriebenen Worte, indem er sie mit Samen vergleicht, die ihre Keimkraft über die Zeit bewahren und die immer wieder ausschlagen können. Da das Buch der lebendige Abdruck eines Geistes ist, kann dieser Geist jederzeit wieder auferstehen, was zugleich eine Gefahr darstellt, die schwer einzudämmen ist. Milton hält die Zensur jedoch nicht für das geeignete Mittel, dieser Gefahr zu begegnen, da die Wahrscheinlichkeit zu groß ist, dass

---

[2] John Milton: *Areopagitica. A Speech for the Liberty of Unlicenc'd Printing. To the Parliament of England* [1644], in: ders.: *Milton's Prose*, hg. von Malcolm W. Wallace, London 1963, S. 275-324, hier: S. 279 f.

[3] Ebd., S. 280.

[4] Dazu ausführlicher Christian Kiening: *SchriftRäume. Inszenierungen und Deutungen der Buchstaben (1500-1800)*, in: *Raumkonzepte. Disziplinäre Zugänge*, hg. von Ingrid Baumgärtner u.a., Göttingen 2009, S. 29-50, hier: S. 33.

dieser gerade die guten Bücher zum Opfer fallen. Das gute Buch wird von Milton zu einem sakralen Gegenstand erhoben; keine Rhetorik greift zu hoch, wenn es darum geht, dieses Buch zu tabuisieren und zu auratisieren:

> who kills a Man kills a reasonable creature, God's image; but he who destroys a good Book, kills reason itself, kills the Image of God, as it were in the eye. Many a man lives a burden to the Earth; but a good Book is the precious life-blood of a master-spirit, embalmed and treasured up on purpose to a life beyond life.[5]

Die (guten) Bücher werden nicht nur zu den kostbarsten Kulturgütern erhoben, sie werden regelrecht heiliggesprochen. Damit steigert Milton noch einmal die humanistische Bewertung von Schrift und Buch als positive Kultursymbole. Reformatorisches und humanistisches Pathos vermischen sich, wenn er die Bücher generell (und eben nicht nur die Bibel!) gegen die Autorität der Institutionen ausspielt. Dieses Argument ist deutlich im konfessionspolitischen Kampf nach dem Tridentinum zwischen protestantischer Schrift- und katholischer Bild-Kultur situiert. Das Buch ist im Druckzeitalter zur hervorragendsten Waffe gegen die Institution der Kirche geworden, und Miltons Rede ergreift Partei in diesem religionspolitischen Prozess. Dem *Bilderkult* wird ein *Bücherkult* entgegengesetzt, der die humanistische Wertschätzung von Schrifttum ins Unermessliche steigert und ihm dabei magische Züge verleiht. Unter diesen polemischen Bedingungen ist Schrift weit mehr als eine bloße Notationsform; sie wird gleichgesetzt mit elementarem Leben, geheimnisvoller Quintessenz und Unsterblichkeit. In diesem Rahmen kann Milton die Vernichtung eines Buches dann als Mord ('homicide') anklagen. Wer gegen Bücher vorgeht, „ends not in the slaying of an elemental life, but strikes at that ethereal fifth essence, that breath of reason itself, slays an immortality rather than a life".[6]

Der Topos von Schrift als Medium für reinen Geist stammt, was ich hier nicht näher nachweisen kann, aus dem Renaissance-Diskurs über die Konkurrenz von Bild und Schrift als Gedächtnismedien. Die Einzigartigkeit der Schrift als Gedächtnismedium wird dadurch befestigt, dass ihr ein Rivale gegenübergestellt wird, der in dieser Konkurrenz schlecht abschneidet. Als Rivale der Schrift erscheinen Bilder, Skulpturen und Bauwerke. Von ihnen allen gilt, dass sie das, was sie darstellen, vor der Zeit nicht effektiv zu schützen vermögen, dass 'die Stürme der Zeit' über sie hinwegbrausen und sie als verwitterte Ruinen zurücklassen. In der Dimension der Schrift dagegen – so die These protestantischer Renaissance-Humanisten – gibt es kein Äquivalent zur Ruine, weil Sprachwandel bei der Kodifizierung von Gedanken eingeklammert wird und ihre Signifikanten deshalb keinem vergleichbaren Erosionsprozess unterliegen. Die historische Seite des Humanismus, die ein Bewusstsein dafür entwickelt hat, dass Texte fremd werden können, weil sich ihre Bedeutungsdimension mit wachsendem zeitlichem Abstand verdunkelt, wird bei Milton gänzlich ausgeblendet.

Durch Überspringen der sprachlichen Kodierung der Botschaft wird die „immaterielle" Qualität des Geistes mit der Transparenz der Schrift kurzgeschlossen; Schrift und

---

[5] Milton: *Areopagitica* (Anm. 2), S. 280.
[6] Ebd.

Geist geraten so in eine besondere Affinität zueinander, die ihre unverminderte kommunikative Kraft und überzeitliche Beständigkeit erklären soll. Während die härtesten Materialien wie Erz und Marmor von der Zeit erodiert werden, vermögen empfindliches Papier und ein paar Tropfen schwarzer Tinte beziehungsweise Druckerschwärze ihr zu trotzen. Denn je immaterieller die mediale Kodierung, desto größer wird die Chance der Unsterblichkeit.

Schrift wird von Milton sowohl als ein zeitbeständiger Speicher als auch als ein Impuls vorgestellt. Die statische und die dynamische Auffassung lassen sich am besten im Begriff der „Energieconserve"[7] zusammenfassen, den der Kunst- und Kulturwissenschaftler Aby Warburg zweieinhalb Jahrhunderte später (allerdings umgekehrt mit Blick auf Bilder) geprägt hat. An Buchstaben, *litterae*, wird ihre Keim- und Lebenskraft gepriesen. Diese okkulte Kraft der Buchstaben ist die einzige Art von Magie, die die aufgeklärten Humanisten noch zulassen können. Diese Magie besteht darin, aus etwas Totem neues Leben hervorzubringen und über Jahrhunderte des Vergessens hinweg ein Kontinuum an Erfahrungen sicherzustellen. Genau das aber ist das Projekt, beziehungsweise der epochale Mythos, auf den sich die Renaissance gründet. Wiederbelebung ist also wörtlich zu nehmen, sie bezieht sich allerdings nicht auf den Körper, sondern den Geist, der im Medium der Schrift in einen Latenzzustand versetzt ist und auf seine Wiederauferstehung im Akt der wiederbelebenden Lektüre harrt. Diese Wiederbelebungs-Magie, so meinen protestantische englische Humanisten wie Chapman, Bacon oder Milton, ist den Bildern nicht zuzutrauen. Bilder werden als bloße Abbilder gedeutet, die den ‚lebendigen Logos‘ nicht zu fassen vermögen. Von Buchstaben, die doppelt definiert werden als Aufzeichnungsmedium und Denkanstoß, gilt dagegen, was Bacon von den Hieroglyphen gesagt hat: „they do retain much life and vigour".[8] Der Humanist Bacon griff bereits zu religiösen Bildern, um die Errungenschaften des Drucks zu preisen; Bibliotheken nannte er „Schreine, wo die Reliquien der alten Heiligen mit ihrer geheimen Kraft – ohne faulen Zauber – ruhen und aufbewahrt sind". Auf den Betrug der Religion folgte für ihn die Wahrheit der Wissenschaft; die Magie der Buchstaben löste für ihn die der Rituale ab. Diese Magie wird nicht mehr von dubiosen Priestern, sondern von den Gelehrten einer neuen Disziplin verwaltet, die wir ‚Philologie‘ nennen. An die Stelle von kanonisierten Heiligen traten damit die kanonisierten Texte oder, noch einmal mit Bacon, „neue Ausgaben von Autoren in sorgfältigeren Drucken, verlässlicheren Übersetzungen, ergiebigeren Erläuterungen, besseren Anmerkungen und so weiter".[9] Diese englischen Späthumanisten sind medienbewusst geworden; sie waren nicht nur ‚Philologen‘, Liebhaber von Worten und Texten, sondern auch Liebhaber von Druckerschwärze und gedruckten Büchern.

---

[7] Die Formel „Energieconserve – Symbol" findet sich in Aby Warburgs Notizbuch von 1929, S. 21; zit. nach Ernst H. Gombrich: *Aby Warburg. Eine intellektuelle Biographie*, Hamburg 1992, S. 245. Vgl. dazu ausführlich Aleida Assmann: *Erinnerungsräume. Formen und Wandlungen des kulturellen Gedächtnisses*, München 1999, S. 372-375, hier: S. 373.

[8] Francis Bacon: *Advancement of Learning* [1605], in: ders.: *The Advancement of Learning and New Atlantis*, hg. von Thomas Case, London 1974, S. 98 (II, iv, 3).

[9] Ebd., S. 74 (I, viii, 6 [Übers. A. A.]).

In intimer Verschränkung von reformatorischem und humanistischem Pathos ist hier eine radikale Position hervorgetrieben worden, die noch heute als modern gilt und als liberales Leitprinzip einer demokratischen Kultur zitierfähig geblieben ist. Und auch die geschichtlichen Konsequenzen dieser Position sind nicht zu verkennen: Auf der Grundlage dieser verstärkten kulturellen Bedeutung von Schrift hat sich der Siegeszug des Buchdrucks und damit allmählich die Ausweitung des humanistischen Zirkels der auf persönlichen Verbindungen beruhenden *res publica litteraria* auf die anonyme, in Raum und Zeit entschränkte *scientific community* vollziehen können. Diese Entwicklung hat Jan-Dirk Müller anschaulich beschrieben und dabei das enge Verhältnis von Humanismus und Buchdruck unterstrichen:

> Der Humanismus ist älter als der Buchdruck, und der Buchdruck stellt sich keineswegs ausschließlich in seinen Dienst. Die planmäßige Suche humanistischer Gelehrter nach und die Entdeckung von verschütteten antiken Schriften kann aber erst durch den Druck zur Grundlage einer breiten Bildungsbewegung werden; erst durch den Druck kann das dabei angehäufte Wissen systematisch zusammengeführt werden; erst jetzt können Gelehrte, weit über Europa verstreut, miteinander kommunizieren, können die eigenen Argumente mit denen des anderen vergleichen und auf ihnen aufbauen, können planmäßig Texte emendieren und Überlieferungen gegeneinanderhalten; erst durch den Druck kann eine elitäre Veranstaltung kleiner Zirkel zu einem Programm allgemeiner Bildung werden.[10]

Das protestantische Engagement für Schrift und Druck hat nicht nur anthropologische, sondern auch geschichtsphilosophische Implikationen. Mit Eintritt des Wissens ins Druckzeitalter hielt Bacon zum Beispiel die große Gefahr eines zweiten Mittelalters und die Angst vor dem Verlust menschheitlicher Erinnerung (‚the alarms about the loss of mankind's memory') für alle Zeit gebannt. Und nicht nur das; es war der Boden bereitet für eine fortschreitende Kumulation von Wissen, das heißt für ein lineares ‚Advancement of Learning'. Milton dagegen sah in der Schrift nicht nur den Garanten für eine beständige Reaktivierung menschlichen Geistes, sondern auch, und das ist die religiöse Seite seiner Position, ein Medium göttlicher Offenbarung. Denn seine Forderung nach uneingeschränkter Freiheit des Geistes hat neben der humanistischen eine politische und eine religiöse Seite. *Humanistisch* insistiert er auf der Vereinbarkeit von biblischer und klassischer Tradition; er möchte die kulturellen Grenzen durchlässig halten und erinnert daran, dass Paulus drei griechische Dichter zitiert habe und dass der subtilste Feind des Christentums Julian Apostata gewesen sei, der das Studium heidnischer Schriften verboten habe.[11] *Politisch* macht er die geistige Freiheit und Verantwortung des Individuums gegen Institutionen entmündigender Autorität und eine Tradition stark, die er mit Verfestigung und Konformität gleichsetzt. Bei Religion, so betont er immer wieder, handle es sich um etwas, das grundsätzlich nicht delegierbar sei.[12] Die Frontstellung

---

[10]   Jan-Dirk Müller: *Universalbibliothek und Gedächtnis. Aporien frühneuzeitlicher Wissenskodifikation bei Conrad Gesner (Mit einem Ausblick auf Antonio Possevino, Theodor Zwinger und Johann Fischart)*, in: *Erkennen und Erinnern in Kunst und Literatur*, hg. von Wolfgang Frühwald u.a., Tübingen 1998, S. 285-309, hier: S. 287.

[11]   Milton: *Areopagitica* (Anm. 2), S. 287.

[12]   Ebd., S. 308.

gegen den katholischen Drang zur Einheit und Tradition stimuliert Milton zu einem Lob der Differenz, das geradezu postmodern anmutet. Das Bild, das er dafür verwendet, macht noch einmal die enge Verschränkung von klassischer Bildung und christlichem Bekenntnis, von Humanismus und eschatologischer Vision deutlich. Milton greift den von Diodor nacherzählten ägyptischen Mythos vom zerstückelten Osiris auf, dessen Glieder mühevoll von der treuen Gattin Isis zusammengesucht werden. In Miltons Version wird der zerstückelte Osiris mit der Wahrheit gleichgesetzt, die mit Christus in die Welt kam und nach seinem Tode in viele Stücke zerrissen wurde. Seither suchen die Wahrheitsfreunde nach ihren verstreuten Teilen, doch werden sie sie hier auf Erden nie wieder zusammenfügen. Ja, sie dürfen es auch gar nicht, wie Milton eigens betont: „We have not yet found them all, Lords and Commons, nor ever shall do, till her Master's second coming".[13] Mit der kalkulierten Suspendierung von Ganzheit, Vollständigkeit, Vollkommenheit gewinnen plötzlich die Einzelteile an Bedeutung. Und damit sind wir bei der *religiösen* Seite von Miltons Bekenntnis zu Freiheit und Differenz. Denn unter diesen Umständen kann jedes Fragment, jede Stimme, jede Schrift von zentraler Bedeutung sein. Zumal in der neuen Nation der englischen Puritaner, die sich als historische Ablösung des jüdischen Volks und als Medium einer neuen und letzten göttlichen Offenbarung versteht, kann jede Stimme, jede Schrift zum Träger einer entscheidenden Botschaft werden. In dieser Situation einer charismatischen Naherwartung hieße Zensur deshalb nichts anderes, als Gott selbst das Wort abzuschneiden.

Thomas Browne – Humanist und religiöser Skeptiker

Browne ist in jeder Hinsicht das Gegenstück zu Milton. Seine berühmteste Schrift, *Religio Medici*, beginnt mit einer Schmährede gegen die Presse, in der die Majestät beleidigt und das Parlament herabgewürdigt werde. Er selbst hat unter den anarchischen Zuständen des ungezügelten Buchmarktes zu leiden gehabt, da seine Schrift in verunstalteten Raubdrucken erschien. So wurde ohne sein Wissen und Zutun das Private und Geheime öffentlich, was mit einer Verfälschung und Verschiebung der Botschaft einherging: „the intention was not publick".[14] Wie andere wehrte sich Browne gegen den Missbrauch des Drucks mit Hilfe des Drucks; sieben Jahre nach der Niederschrift gab er 1643 eine autorisierte Fassung seines eigenen Buches heraus.

Browne spricht als loyaler Royalist und traditionsfreudiger Anglikaner. Ich möchte mich hier aber nicht auf das subjektive Religionsbekenntnis dieses ebenso toleranten wie neugierigen Naturforschers stützen, sondern auf einen Text Brownes über Urnenbegräbnisse mit dem gelehrten Titel *Hydriotaphia* eingehen und diesen als ein späthumanistisches Beispiel für historische Wissenschaft im 17. Jahrhundert lesen.[15] Seit Browne

13   Milton: *Areopagitica* (Anm. 2), S. 311.
14   Thomas Browne: *To the Reader [Religio Medici]*, in: ders.: *Sir Thomas Browne's Works Including His Life and Correspondence*, hg. von Simon Wilkin, London 1835, S. xxxi-xxxii, hier: S. xxxii.
15   Thomas Browne: *Hydriotaphia. Urne-Burial, or, A Brief Discourse of the Sepulcrall Urnes lately found in Norfolk* [1658], in: ders.: *The Prose of Sir Thomas Browne*, hg. von Norman

Anfang des 20. Jahrhunderts von der Literaturgeschichte als überragender Prosaschrift-steller wiederentdeckt wurde, gibt es unzählige Analysen seines sprunghaft assoziati-ven, bildreichen, subjektiv essayistischen Stils. Auf den Gehalt der Reflexionen wird dabei selten Bezug genommen. Ich möchte im Folgenden einige Themen und Thesen dieses Aufsatzes im Spannungsfeld von Humanismus, neuer Wissenschaft und Religion untersuchen.

Beim Studium der Vergangenheit hält sich Browne nicht an eine normative klassi-sche Tradition, sondern weitet seinen Fokus im Sinne eines durchaus historistisch zu nennenden Interesses aus. Historisch ist daran der relativistische Blick auf frühere Kulturen und Epochen, humanistisch ist daran die Überzeugung, dass man aus allen Vergangenheiten etwas lernen kann: „We have enough to do to make up our selves from present and passed times, and the whole stage of things scarce serveth for our instruction. A compleat peece of vertue must be made up from the *Cento* of all ages, as all the beauties of Greece could make but one handsome Venus."[16]

Thomas Browne hat seine antiquarische Schrift über Urnenbegräbnisse in fünf Kapi-tel eingeteilt. Das erste ist einer allgemeinen Reflexion über Zeit gewidmet. Browne schreibt über eine Vergangenheit, die nicht über klassische Texte erschlossen ist, son-dern über Relikte, die wenige Fuß tief in der Erde verschollen sind und wie die Urnen von Norfolk bei einer Umgrabung so überraschend wie unvermittelt aus ihrer prähisto-rischen Vorzeit in die Gegenwart eingebrochen sind. Anders als die Bodenschätze lie-gen die Schätze vergangener Kulturen dicht unter der Oberfläche. Dabei wird die Zeit verräumlicht und der Raum verzeitlicht; das Vergangene ist Jahrtausende entfernt und doch unter den Wurzeln der Pflanzen zum Greifen nahe. Browne verbindet concettis-tisch die horizontalen mit den vertikalen Entdeckungen und fasst sie im Bild der Urnen-bestattung zusammen: „That great Antiquity America lay buried for thousands of years; and a large part of the earth is still in the Urne unto us."[17] An den Anfang seiner Studie setzt Browne eine Reflexion über den Wandel der Zeit und das Fortschreiten von Ent-deckungen: „Time hath endlesse rarities, and shows of all varieties; which reveals old things in heaven, makes new discoveries in earth, and even earth it self a discovery."[18] Seneca hatte bereits die Entdeckung des Neuen als eine fortschreitende Offenbarung der Naturgeheimnisse beschrieben und sprach deshalb mit Blick auf den Fortschritt des Wissens von einem ‚großen Eleusis'. Browne schreibt sich ein in diese Tradition einer positiven Bewertung von Zeit und Wandel als Chance des Neuen, Fortschritt von menschlicher Entdeckung und kosmischer Offenbarung.

Das zweite Kapitel über die Fundumstände mit der minutiösen Beschreibung der Objekte und einer peniblen Diskussion der Datierungsprobleme kann als frühes Beispiel eines wissenschaftlich archäologischen Diskurses gelten. Die folgenden beiden Kapitel über Todesvorstellungen, Begräbnisriten, Grabräuber, Reliquien und Verwesungspro-zesse stellen eine uns heute skurril anmutende Mischung von religionswissen-schaftlichem, ethnographischem und medizinischem Diskurs dar. Sie münden in eine

---

Endicott, New York/London 1968, S. 241-286.

[16] Browne: *Hydriotaphia* (Anm. 15), S. 246.

[17] Ebd., S. 119.

[18] Ebd., S. 249.

anthropologische Reflexion über den Zukunftsbedarf des Menschen, der anders als die Tiere, „who in tranquility possesse their Constitutions",[19] durch das Prinzip Hoffnung in Unruhe und Bewegung gehalten wird. In diesem Punkt sind sich Browne und Milton trotz ihrer gegensätzlichen Positionen einig; Milton verwendet in ähnlichem Zusammenhang das Bild von der Wahrheit, die wie eine fließende Quelle in ständiger Bewegung gehalten werden müsse.

Das bedeutendste und für unseren Zusammenhang interessanteste Kapitel ist aber das fünfte und letzte, in dem der Wissenschaftler Browne zurück und der subjektive Skeptiker in den Vordergrund tritt. Ähnlich wie Milton geht auch Browne davon aus, dass die Welt ihrem Ende entgegengeht; in der ersten Hälfte des 17. Jahrhunderts war man sich einig, dass die Weltzeit nach 6000 Jahren ablaufen werde. Während Browne in den anderen Kapiteln noch von der Entdeckung des Neuen und Zukunftsbedarf geschrieben hatte, verfällt er nun in ein düsteres Spätzeitgefühl. Kulturelle Anstrengungen sind vergeblich, da es keine Nachwelt mehr geben werde, die die Leistungen noch erinnern wird. „Tis too late to be ambitious."[20] Es gibt kein Mittel gegen das „Opium der Zeit", die mit ihrem universalen Vergessen alle menschlichen Schöpfungen zunichte macht. Die Erinnerungsfristen werden immer kürzer, das kulturelle Gedächtnis ist eine Illusion: „Our fathers finde their graves in our short memories, and sadly tell us how we may be buried in our Survivors. Grave-stones tell truth scarce fourty years; Generations passe while some trees stand, and old Families last not three Oaks."[21]

Auch das humanistische Vertrauen in ein Nachleben in der Schrift, das der junge Milton so stark gemacht hat, wird von Browne gleichermaßen verworfen. „The iniquity of oblivion blindly scattereth her poppy", schreibt er und: „Oblivion is not to be hired. The greater part must be content to be as though they had not been, to be found in the Register of God, not in the record of man."[22] Alle humanistischen Erwartungen in eine Wiederbelebung (Renaissance) werden in dieser skeptischen Sicht zunichte. Diese negative Haltung könnte wiederum postmodern anmuten, solange wir nicht ihre positive Seite hinzunehmen. Geht es doch darum, die Rechnungen der Menschen zugunsten des göttlichen Registers zur Unscheinbarkeit zu reduzieren. Menschlicher Ehrgeiz und Aspirationen, die großen Kulturen mit ihren imposanten Schöpfungen und Leistungen – all das schrumpft zu nichts zusammen im Schatten des Todes und im Übergang zur Ewigkeit. Am Weltabend, wo die Zeit selbst alt geworden ist („time that grows old itself, bids us hope no long durations"[23]), muss im letzten Schritt auf dem Wege zur geistlichen Ewigkeit noch die Illusion einer weltlichen Unsterblichkeit überwunden werden.

*   *   *

[19] Browne: *Hydriotaphia* (Anm. 15), S. 278.
[20] Ebd., S. 279.
[21] Ebd., S. 281.
[22] Ebd., S. 281 und 282.
[23] Ebd.

Der Vergleich zweier englischer Autoren der ersten Hälfte des 17. Jahrhunderts hat gezeigt, wie sich (Spät-)Humanismus und Christentum im Zeitalter der Konfessionskriege immer stärker durchdringen. Bei John Milton und Thomas Browne nahm diese Verschränkung dabei sehr unterschiedliche Züge an. Milton versetzte die humanistische Säule der *litterae* auf den Marktplatz des neuen Druckzeitalters und transformierte damit die englische *res publica litteraria* in eine egalitäre und freie Republik des Geistes. Indem er humanistische Grundpostulate radikalisierte, hat Milton jedoch den Humanismus halbiert, denn mit ‚Freiheit des Geistes' meinte er nicht mehr die Verbindung von Gelehrsamkeit und Neugier, sondern die charismatische Offenbarung einer göttlichen Wahrheit.

Im Gegensatz zu Miltons spirituellem Enthusiasmus, der sich am Anbruch eines neuen Zeitalters der Wahrheit wähnte, schrieb Browne in der Stimmung weiser Resignation, weil er sich nicht auf Erneuerung, sondern auf das nahe Weltende einstellte. Bei Browne finden wir die andere, von Milton abgeblendete Seite des Humanismus in Gestalt der mäandernden Suchbewegungen seiner historischen Neugierde, seines toleranten Interesses an Brauchtum und Aberglauben, seines reifen, skeptischen Relativismus. Doch auch er halbierte den Humanismus, weil bei ihm das Grundaxiom des Humanismus, das Vertrauen in säkulare Dauer, von der Dominanz einer christlichen Ewigkeit regelrecht aufgezehrt wird. Ich habe eingangs nach dem Schicksal des Humanismus nach dem Ende des Humanismus gefragt. Meine Antwort am Schluss lautet: Es gibt ihn noch, den Humanismus, aber nur noch als einen – je anders – halbierten.

KAPITEL 9

Die Träume von Adam und Eva im Paradies

Vorspiel: Traum und Gender in einem Beispiel der Gegenwart

Träumen Frauen anders als Männer? Diese Frage ist im 17. Jahrhundert in England, wie ich im Folgenden zeigen möchte, entschieden mit ja beantwortet worden. Ist eine Geschlechtsspezifik des Träumens aber auch noch für unsere Zeit nachweisbar? Diese Frage möchte ich zu Beginn zumindest noch berühren. Ich wähle daher – gewissermaßen als Vorspann – einen Einstieg in unser Thema, der weit entfernt ist vom Paradies und uns mitten in eine amerikanische Großstadt führt. Dort spielt die Kurzgeschichte der amerikanischen Schriftstellerin Sylvia Plath mit dem Titel *Johnny Panic and the Bible of Dreams*. Diese Erzählung legt nicht unbedingt nahe, dass Frauen anders träumen. Aber sie macht deutlich, dass die Ich-Erzählerin ein anderes Verhältnis zu Träumen hat als die mit Träumen professionell befassten Männer. Als Sekretärin in einer Psychiatrie, die von morgens bis abends damit beschäftigt ist, Berichte von Träumen, Beziehungsproblemen und Phobien zu protokollieren, gewinnt die Erzählerin einen immer einseitigeren Blick auf die Realität. Die Klinik weitet sich für sie zu einem Universum, das von einer einzigen Macht beherrscht wird – der Angst. Den Gott dieser Welt nennt sie Johnny Panic, und ihre Aufgabe sieht sie darin, das Reich dieser Macht zu dokumentieren in einem Archiv aller Träume, in einer *Bible of Dreams*.

Zweierlei ist an diesem Projekt aufschlussreich: Die Träume, von denen hier die Rede ist, sind ausschließlich Alpträume, und die Beschäftigung mit diesen Träumen verfolgt keinerlei therapeutischen Zweck, sondern geschieht einzig und allein aus einer frommen, selbstlosen und zweckfreien Hingabe. Die Erzählerin beschreibt ihre Devotion gegenüber den Träumen in scharfer Abgrenzung von allen anderen Traum-Spezialisten: „Not a dream-stopper, a dream-explainer, an exploiter of dreams for the crass practical ends of health and happiness, but an unsordid collector of dreams for themselves alone. A lover of dreams for Johnny Panic's sake, the Maker of them all."[1] Über ihre Träume sind die Menschen der Großstadt miteinander verbunden. Denn alle diese Träume – so stellt es der Meta-Traum der Erzählerin dar – fließen in einen einzigen großen See. Dieses Bild mutet auf den ersten Blick jungianisch an: Die Menschen bewohnen tagsüber ihre separaten sozialen Kompartimente und verbinden sich nächtens

---

[1] Sylvia Plath: *Johnny Panic and the Bible of Dreams*, in: dies.: *Johnny Panic and the Bible of Dreams and Other Prose Writings*, with an Introduction by Ted Hughes, London 1977, S. 17-33, hier: S. 17 f.

im Ozean des gemeinsamen archetypischen Unbewussten. Diese romantische Entgrenzungsphantasie wird in der Erzählung jedoch sofort entromantisiert: Der große See des Unbewussten ist eine riesige Kloake, ein brackiges Abwasser, das den gesammelten Seelenschmutz der Großstadt aufnimmt. Im Gegensatz zum Trinkwasserreservoir, das als lebenswichtige Ressource sorgfältig bewacht wird, bleibt diese Psycho-Kloake, in die sich allnächtlich die Abwässer der schlechten Träume ergießen, jenseits der Wahrnehmung. Die Erzählerin macht sich zur Kustodin über diese Traum- und Nachtseite der Gesellschaft, die in Analogie zum Abwässersystem und zur Müllproduktion einer Großstadt beschrieben wird. Sie wird zum Reservoir für all das in Angst und unter Leidensdruck Geträumte, für das Verdrängte, Vergessene, Unausgesprochene. Nicht nur, dass sie die vielfältigen Ausgeburten der Angst dokumentiert, katalogisiert, klassifiziert und memoriert – in ihrer totalen, religiösen Hingabe an diese Aufgabe geht sie noch weiter und erfindet für bestimmte Menschen die zu ihnen passenden Träume. Als Traum-Prophetin unterscheidet sich die Erzählerin grundlegend von den männlichen Traum-Spezialisten in ihren weißen Kitteln, die ihre Arbeit für weltliche Zwecke ausüben wie Gesundheit und Geld, Geld und Gesundheit. Sie interessiert sich nämlich nicht für die Träumer, sondern allein für die Träume, die sie wie ein moderner Jeremiah in einer Traum-Bibel zusammenstellt. Ein neuer Fall in der Klinik ist für sie in erster Linie ein in ihrer Sammlung noch fehlender Traumtext. Den eben eingetroffenen Patienten taxiert sie so: „I figured him for a prominent part in Johnny Panic's Bible of Dreams, Third Book of Fear, Chapter Nine on Dirt, Disease and General Decay."[2]

Was hat all das mit unserer Frage nach der Geschlechtsspezifik von Träumen zu tun? Ich meine, die Erzählerin entdeckt eine Qualität der Poesie in der Panik und die Autorin, so könnte man ergänzen, eine Qualität der Panik in der Poesie. Diese besondere Mischung kennzeichnet die weibliche Perspektive Sylvia Plaths, die sich und ihre Texte zum Träger des kollektiven Traumas macht. Während sich die Männer als Spezialisten profilieren, die sich um Deutung und Therapie der Träume kümmern, macht sich die Erzählerin, die den traditionellen weiblichen Beruf der Schreibkraft innehat, zum Sprach- und Schreibrohr des kollektiven Traumtextes.

Ganz anders wird natürlich die Frage nach der Geschlechtsspezifik der Träume beantwortet, wenn wir in der Geschichte drei Jahrhunderte zurückgehen. Als der englische Dichter John Milton in den 60er-Jahren des 17. Jahrhunderts sein Epos über das *Verlorene Paradies* schrieb, hat er dabei, wie ich meine, sehr genau auf die Geschlechtsspezifik der Träume geachtet. Diese Differenz ist signifikant, weil sie uns deutliche Aufschlüsse über die weibliche und männliche Natur des Menschen gewährt, wie Mann sie in der Renaissance konzipierte. Doch ehe wir uns diesem Unterschied zuwenden, müssen wir noch eine grundsätzlichere Frage klären. Warum träumt man überhaupt im Paradies? Wenn das Paradies ein Ort der Präsenz, der Unschuld und der in sich ruhenden Erfüllung ist, kann es an diesem Ort dann überhaupt Träume geben, die ja stets von der Absenz, der Schuld, dem Begehren angestoßen sind?

Hierzu ist hervorzuheben, dass die Renaissance unsere psychologische Ursprungstheorie der Träume nicht teilte. In der Frühen Neuzeit sprach man zwar, wie Melan-

---

2   Plath: *Johnny Panic* (Anm. 1), S. 27.

chthon, von „Geschlechter der Träume", worunter er jedoch nicht ‚Gender-Spezifik‘, sondern spezifische ‚Traum-Gattungen‘ verstand.[3] Bevor man sich mit einem Traum beschäftigte, musste nämlich zunächst einmal geklärt werden, zu welcher Gattung dieser Traum gehörte. Diese Grundfrage entschied dann darüber, ob der Traum überhaupt eine Deutung verdiente und in welcher Form diese Deutung anzulegen war. Dabei ging man von vier Hauptgenera der Träume aus, die nach Ursache, Erlebnismodus und Bedeutungsfähigkeit unterschieden waren. Man teilte Träume in natürliche, weissagende, göttliche und teuflische Träume ein.[4] Der natürliche Traum wurde auf körperliche Vorgänge wie Verdauung zurückgeführt und als irrelevantes Bilderspiel einer luxurierenden Phantasie erklärt. Vom bedeutungslosen natürlichen Traum unterscheidet sich der weissagende Traum, den eine angeborene mantische Kraft der Seele anstößt, welche den Träumern persönliche, zukunftsrelevante Botschaften in Bildern verschlüsselt. Bei der Exegese dieser Träume ist ein Traumlexikon behilflich, in dem relevante Traumvokabeln mit ihren Übersetzungen aufgelistet sind. Im dritten Traumgenus, dem göttlichen Traum, wird der Mensch zum Medium einer Botschaft von allgemein gesellschaftlicher und historischer Bedeutung. Während der göttliche Traum klar strukturiert und in der Regel leicht lesbar ist, sind die teuflisch inspirierten Traumtexte durch eine starke affektive Qualität gekennzeichnet. Die vom Satan induzierten Lust- oder Schreckensbilder kodieren keine Botschaften, sondern ziehen die Träumer seelisch und körperlich in Mitleidenschaft. Vor dem Hintergrund dieser Auffassung von den Traumgenera wird eher plausibel, dass und wie Adam und Eva im Paradies geträumt haben könnten. Zwar erscheinen die biographischen Schicksalträume als unpassend in einer Welt, in der es noch keine Zeit und folglich noch keine Zukunft gibt, jedoch hatten ja beide einen Körper und waren den Einwirkungen himmlischer und teuflischer Mächte ausgesetzt. Als Milton beiden Stammeseltern die zu ihnen passenden Träume unterlegte, bot ihm dafür seine Vorlage zwar keinerlei Anhaltspunkte, die zeitgenössische Traumtheorie jedoch klare Richtlinien an.

Evas Traum

Wir erfahren von dem epischen Erzähler in *Paradise Lost*, dass Eva regelmäßig träumte, doch wir erfahren nicht, was sie träumte. Über diese regelmäßigen Träume, die sich um Adam und ihre alltäglichen Beschäftigungen drehten, verliert er aber keine weiteren

---

[3] Philipp Melanchthon: *Des Griechen Artemidori Grosses und Vollkommes Traum=Buch. In dem der Unterschied und die Bedeutung allerhand Träume, die einem im Schlafe vorkommen können, aus natürlichen Ursachen hergeleitet und erkläret wird, Nebst einer Erinnerung Philipp Melanchthons vom Unterschied der Träume und angehängtem Berichte, was von Träumen zu halten sey,* Leipzig 1753, S. 26 f.

[4] Thomas Rahn: *Traum und Gedächtnis. Memoriale Affizierungspotentiale und Ordnungsgrade der Traumgenera in der Frühen Neuzeit,* in: *Ars Memorativa. Zur kulturgeschichtlichen Bedeutung der Gedächtniskunst 1400-1750,* hg. von Jörg Jochen Berns und Wolfgang Neuber, Tübingen 1993, S. 331-350, hier: S. 333.

Worte. Da sich die Erzählung eben nicht auf das Übliche, sondern auf das Ungewöhnliche richtet, muss ein besonderer Fall eintreffen, bevor es überhaupt etwas zu erzählen gibt. Milton überspringt also die paradiesische Alltagsroutine, um vor diesem Hintergrund einen außergewöhnlichen Traum Evas in Szene zu setzen. Bevor wir hören, was das für ein Traum ist, erfahren wir einiges über seine näheren Umstände. Diese Umstände sind alarmierend. Ohne große Anstrengung hat Satan den Schutzwall des Paradieses überwunden und ist mitten in Eden gelandet. Obwohl eine Engels-Patrouille eigens angestellt wurde, um dieses Revier Tag und Nacht zu bewachen, entgeht ihnen der Eindringling, der sich als Kröte verwandelt zum Nachtlager des Paares begibt und sich dort an Evas Ohr aufbaut. Das Kompositionsprinzip dieses Epos ist die Kunst der Vorbereitung. Auf die Schlüsselszene der Handlung, die Verführung Evas und den Fall am Baum der Erkenntnis, müssen die Leser bis zum 9. von 12 Büchern warten. In diesem geräumigen Vorlauf gibt es kleinere Fälle, wobei jeder *Casus* in dieser Urgeschichte mit einem *Lapsus* verbunden ist. Bevor Satan, der bereits selbst gefallen und tief herabgestürzt ist, im 9. Buch Eva als Schlange den Kopf verdreht, attackiert er sie im 4. Buch als Kröte mithilfe eines Traums. In diesem ersten Schritt dringt er mitternächtlich in ihr Unbewusstes ein, bevor er dann zur Mittagsstunde ihr Wachbewusstsein auf die Probe stellt. Die wenig effizienten Engelspolizisten entdecken die teuflische Kröte erst, nachdem sie in aller Ruhe ihr Werk vollbracht und Eva einen Traum eingeflößt hat.

> him there they found
> Squat like a toad, close at the ear of Eve,
> Assaying by his develish art to reach
> The organs of her fancy, and with them forge
> Illusions as he list, phantasms and dreams;
> Or if, inspiring venom, he might taint
> Th'animal spirits, that from pure blood arise
> Like gentle breaths from rivers pure, thence raise
> At least distempered, disconnected thoughts,
> Vain hopes, vain aims, inordinate desires,
> Blown up with high conceits engendering pride.[5]

Daraus erhellt, dass Evas Traum eine äußere Ursache hat. Er ist vom Teufel eingegeben, der auf diesem Wege versucht, Körper und Geist der Träumerin zu infizieren. Für seine Attacken standen Satan nach Überzeugung mittelalterlicher und frühneuzeitlicher Anthropologie zwei Einfallstore zur Verfügung: die fünf Sinne und die Imagination. Die Imagination, auch *Phantasie* („fancy") genannt, die zusammen mit dem *common sense* und dem *Gedächtnis* zu den drei ‚inneren Sinnen' gehörte, wurde von mittelalterlichen Autoren mit großem Misstrauen betrachtet.[6] Diese bildproduzierende Fähigkeit

---

[5] John Milton: *Paradise Lost*, in: *The Poems of John Milton*, hg. von John Carey und Alastair Fowler, London 1968, S. 457-1060, hier: S. 661 (IV, 799-809). William B. Hunter bietet umfangreiche Hintergrundinformationen zu diesem Thema, von St. Thomas bis zu Joseph Glanvill reichend. Vgl. William B. Hunter: *Eve's Demonic Dream*, in: *English Literary History* 13 (1946), S. 255-265.

[6] In *De Anima* bietet Aristoteles eine Darstellung der verschiedenen Operationen des Geistes,

der menschlichen Seele, die die Realität mit Bildern verdoppelte, untergrub das Bedürfnis nach eindeutiger Wahrheit und epistemologischer Sicherheit. Ihre Produkte wurden als Trugbilder, als Idole und Simulacra denunziert. Die Fähigkeit der Phantasie wurde von puritanischen Theoretikern perhorresziert, die sie mit Lüge, Schein und Verstellung identifizierten und ihrem Ideal von Wahrheit und Wahrhaftigkeit entgegensetzten. Nach ihrer Ansicht war die Wahrheit einfältig und die Lüge zwiespältig. Eindeutigkeit ist für die *Puritaner*, wie schon ihr Name besagt, mit Reinheit konnotiert, Mehrdeutigkeit mit Schmutz. Aus dieser Perspektive gesehen, besteht eine besondere Affinität Satans zur Imagination und Verdopplung der Welt durch unzuverlässige Bilder sowie zur Ambiguität, der Spaltung der Bedeutung in widersprüchliche Komponenten, und zur Heuchelei, der verhaltensstrategischen Diskrepanz von Außen und Innen. Wo immer Satan einen Schauplatz betritt, verliert die Welt ihre Eindeutigkeit und ihre klaren Konturen. Dieser Komplexität, die in einem neuen Gegensatz zwischen Schein und Sein besteht und selbst eine Folge des Falls ist, der auch die Sprache, die Verhaltenscodes und Zeichensysteme infiziert, sind in Miltons Paradies weder Mensch noch Engel gewachsen.

> So spake the false dissembler unperceived;
> For neither man nor angel can discern
> Hypocrisy – the only evil that walks
> Invisible, except to God alone,
> By his permissive will, through Heaven and Earth;
> And oft, though Wisdom wake, Suspicion sleeps
> At Wisdom's gate, and to Simplicity
> Resigns her charge, while Goodness thinks no ill
> Where ill seems.[7]

Evas Traumerzählung

Nachdem er ungestört sein Werk vollbracht hat, entdecken und vertreiben die Engels-Wachen die teuflische Kröte vom Ohr der schlafenden Eva. Am nächsten Morgen wundert sich Adam über gewisse Veränderungen im Verhalten seiner Partnerin:

> His wonder was to find unwakened Eve,
> With tresses discomposed, and glowing cheek,
> As through unquiet rest.[8]

später als *faculty psychology* (Fähigkeitspsychologie) weitergeführt. In seinem langen arabischen Kommentar des frühen elften Jahrhunderts über *De Anima* systematisiert Avicenna ein Wissen, welches im 12. Jahrhundert, nachdem es ins Lateinische übersetzt worden war, Teil der scholastischen Tradition geworden ist. Eine ausführliche Darstellung dieser Geschichte ist in Harry A. Wolfson zu finden: *The Internal Senses*, in: *Harvard Theological Review* 28 (1935), S. 69-133. Vgl. auch Murray Wright Bundy: *The Theory of Imagination in Classical and Medieval Thought* (University of Illinois Studies in Language and Literature 12, No. 2-3), Urbana 1927.

[7]   Milton: *Paradise Lost* (Anm. 5), S. 604 (III, 681-689).

Die Normen der *harmonia* und *temperantia* sind hier offensichtlich verletzt, die das ausgewogene Gleichgewicht von Körper und Seele regulieren. Als Eva schließlich verwirrt und beschwert aus ihrem Traum erwacht, trägt sie die Zeichen einer Defloration. Dieser erste, nächtliche Fall hat die Doppelbedeutung einer *prima nox*. Zum ersten Mal hat sie von Aufstand und Durcheinander geträumt:

> I this night
> (Such night till this I never passed) have dreamed,
> If dreamed, not, as I oft am wont, of thee, [...]
> But of offence and trouble, which my mind
> Knew never till this irksome night.[9]

In ihrem Traume trennen sich die bisher so parallel verlaufenen Wege Adams und Evas; sie findet dort ein neues Gegenüber, das ihr ihr verborgenes Begehren aufschließt. Satan, der sich in ihren Traum projiziert hat, erweckt sie zu ungekanntem Selbstbewusstsein und narzisstischer Selbstvergottung. In der Verseuchung/Versuchung ihres Traumes wird sie aus ihrer untergeordneten weiblichen Rolle befreit und zur Naturgöttin erhoben, aus puritanischer Sicht nicht nur eine skandalöse Verkehrung der Geschlechter-Hierarchie, sondern auch ein Rückfall in pagane Riten. Ihre Apotheose hat obendrein sexuelle Konnotationen; dieser Fall wird als Aufstieg inszeniert, als ein Flugtraum. Nach dem Genuss einer Frucht erhebt sie sich mit ihrem Verführer und schwebt mit ihm in den Lüften, wobei sie eine ungekannte Ekstase erfährt. Auf die Erhebung und Ekstase folgt die ebenso neue Erfahrung einer Depression.

Adam als Evas Analytiker

Milton präsentiert uns nicht nur Evas Traum, er fügt auch noch Adams Analyse dieses Traumes hinzu. Adam, dem von Milton die Deutungsmacht[10] über Evas Traum zuerkannt wird, hält sich mit einer Deutung jedoch zurück. Denn er spricht nicht als Psychoanalytiker, sondern als Physiologe, das heißt, dass der Traum nicht *gedeutet*, sondern *erklärt* wird. Adam stuft Evas Traum kundig in die Gattung der natürlichen Träume ein, die keinen Deutungsaufwand verdienen. Die eigentliche Deutung des Traums fällt den Lesern zu, die für das semantische Spiel der Fingerzeige und Vorausdeutungen empfindlicher sind als der mit seinem medizinischen Wissen prahlende Adam. In überlegenem Tonfall doziert er hier jedoch über etwas, was offenkundig die Grenzen seiner Erfahrung übersteigt. Seine Belehrung ist durchschossen mit Überlegungen und Fragen,

---

[8] Milton: *Paradise Lost* (Anm. 5), S. 675 (V, 8-10).
[9] Ebd., S. 676 (V, 30-35).
[10] Der Begriff der ‚Deutungsmacht' gehört in eine aktuelle Diskussion zwischen Psychoanalyse und Psychotherapie. Vgl. dazu Helm Stierlin: *Der Traum in der Paarbeziehung. Systemische Perspektiven*, in: ders.: *Haltsuche in Haltlosigkeit. Grundfragen der systemischen Therapie*, Frankfurt a.M. 1997, S. 212-222.

was zeigt, dass er in diesem Fall trotz aller zur Schau gestellten Kenntnisse im Grunde mit seiner Weisheit am Ende ist.

> nor can I like
> This uncouth dream – of evil sprung, I fear;
> Yet evil whence?[11]

Unde malum? Im Gegensatz zum Leser kennt Adam die Quelle dieses bösen Traumes nicht; deshalb behandelt er ihn auch nicht als einen teuflischen, sondern als einen natürlichen Traum. Die umständliche Erklärung des Traumes, die Adam sodann vorbringt und die für Eva wenig praktischen Nutzen hat, fasst das gelehrte Wissen der Zeit kompakt zusammen. Milton paraphrasiert hier in Blankversen, was in zeitgenössischen Lehrbüchern steht. Schlagen wir zum Beispiel Robert Burtons *Anatomy of Melancholy* auf, so finden wir dort Folgendes zum Stichwort der „Inneren Sinne":

> Insgesamt gibt es drei innere Sinne. Sie werden so genannt, weil sie innerhalb der Hirnschale ihren Sitz haben. Sie heißen: Commonsense, Phantasie, Gedächtnis. Sie beziehen sich nicht nur auf Dinge in der Gegenwart, sondern empfangen auch die fühlbaren Zeichen von noch kommenden, vergangenen, abwesenden Dingen, die durch die Sinne hindurch gegangen sind. Der Commonsense ist der Richter oder Vermittler zwischen den restlichen Sinnen. Durch ihn können wir alle Unterschiede zwischen Objekten wahrnehmen; denn meine Augen liefern mir kein Wissen über das, was ich sehe, und meine Ohren nicht über das, was ich höre, aber mit Hilfe meines Commonsense kann ich Töne und Farben beurteilen.
>
> Bei der Phantasie oder Imagination [...] handelt es sich um einen inneren Sinn, der die durch den Commonsense wahrgenommenen Dinge genauer untersucht, die gegenwärtigen wie die abwesenden, und sie für längere Zeit erhält, indem diese Dinge wieder ins Bewusstsein zurückgerufen, oder zu etwas Neuem gemacht werden. Während des Schlafes wird diese Gabe freigesetzt und ersinnt dann häufig merkwürdige, erstaunliche, absurde Formen, ähnlich wie wir dies bei kranken Menschen beobachten. [...] Bei Dichtern und Malern ist die Imagination besonders wirksam, wie man an ihren Dichtungen, Possen, Bildern sehen kann: Man denke an Ovids „Haus des Schlafs" oder den „Palast der Seele" bei Apuleius, etc. Beim Menschen ist die Phantasie der Vernunft unterworfen und wird von ihr regiert; zumindest sollte dies so sein; bei den Tieren hingegen hat die Phantasie keine übergeordnete Instanz, und wird somit zur *ratio brutorum*, zur einzigen Vernunft, über die sie verfügen.
>
> Im Schlaf kommen die äußeren Sinne und der Commonsense zur Ruhe und werden gebunden, zum Schutz von Körper und Seele [...]; denn wenn der Common sense ruht, ruhen auch die äußeren Sinne. Nur die Phantasie ist dann frei und wird zur Befehlshaberin, zur Vernunft: Das zeigt sich in den imaginären Träumen, die sich in ihrer Art unterscheiden, sie können natürlich, göttlich oder dämonisch sein etc., und in Bezug auf die Humores, den Inhalt, die Handlung und das Objekt variieren etc.[12]

---

[11] Milton: *Paradise Lost* (Anm. 5), S. 679 (V, 97-99).
[12] Robert Burton: *Of the Inward Senses*, in: ders.: *The Anatomy of Melancholy. What It Is, with All the Kinds, Causes, Symptomes, Prognostickes & Severall Cures of It* [1621], hg. von Holbrook Jackson, New York 1977, S. 159 f. (I, 1, 7) (Übers. A. A.).

In epische Pentameter übersetzt lautet das vierzig Jahre später so:

> But know that in the soul
> Are many lesser faculties, that serve
> Reason as chief. Among these Fancy next
> Her office holds; of all external things
> Which the five watchful senses represent,
> She forms imaginations, aery shapes,
> Which Reason, joining or disjoining, frames
> All what we affirm or what deny, and call
> Our knowledge or opinion; then retires
> Into her private cell when Nature rests.
> Oft, in her absence, mimic Fancy wakes
> To imitate her; but, misjoining shapes,
> Wild work produces oft, and most in dreams,
> Ill matching words and deeds long past or late.[13]

In der menschlichen Seele besteht also eine deutliche Hierarchie zwischen Commonsense (oder Ratio) und Phantasie. Während Burton diese Hierarchie mithilfe einer Scheidelinie zwischen Menschen und Tieren befestigt, nimmt Milton eine Scheidelinie zwischen den Geschlechtern in Anspruch. Die Fähigkeit der Vernunft wird durch Adam repräsentiert, während Eva mit ihrem Traum die Irrwege einer von der Vernunft ungezügelten Phantasie darstellt. Was sich hier in der Interaktion oder Dissoziation der Seelenfakultäten abspielt, hat seine allegorische Entsprechung in dem, was sich in der Interaktion und Dissoziation zwischen Adam und Eva abspielt. Wenn Eva sich von ihrem Partner löst, um die Welt auf eigene Faust zu erforschen, entkoppelt sie sich von der Instanz der Vernunft und schafft die Voraussetzung für den Fall. Mit anderen Worten: Weibliche Emanzipation und Sündenfall sind hier engstens aufeinander bezogen. Auf den Traum angewendet heißt das: Im Zustand des Schlafs fällt der Mensch auf die Stufe ‚weiblicher' Rationalität zurück; ungeschützt durch ‚männliche' Urteilskraft. Phantasie ist die weibliche Vernunft, die dem Regiment (männlicher) Vernunft unterworfen ist beziehungsweise es sein sollte: „subject and governed by [male] reason, or at least should be".[14] Evas dämonischer Traum und wenig später der Sündenfall selbst zeigen, was für katastrophische Folgen es hat, wenn eine Frau auf die Stütze ihres Mannes – und das heißt: auf die höhere Form der Rationalität – verzichtet. Wenn sie sich von Adam löst, ist Eva auf die Phantasie zurückgeworfen, auf die *ratio brutorum*, die sie mit den Tieren gemeinsam hat.

---

[13] Milton: *Paradise Lost* (Anm. 5), S. 679 f. (V, 100-114).
[14] Burton: *Of the Inward Senses* (Anm. 12), S. 160.

Adams Traum

Milton hat neben diesem weiblichen auch noch einen männlichen Traum erfunden. Um die Geschlechtsspezifik seiner Traumerzählung erkennen zu können, müssen sie deshalb zusammen betrachtet werden, was in der Forschung, soweit ich sehe, noch nicht geschehen ist. Meine These ist, dass es gerade die Konfiguration und Polarisierung der beiden Träume ist, die jedem sein besonderes Profil verleiht. Die deutliche Unterscheidung beider Träume beginnt bereits bei den Umständen ihrer Erzählung; Eva erzählt ihren Traum Adam, Adam dagegen erzählt seinen Traum dem Erzengel Raphael. Hier zeigt sich eine aufsteigende Linie, die nahelegt, dass Adam für Eva ist, was der Engel für Adam ist – eine höhere geistige Instanz. Adams Traum ist in eine Erzählung seiner ersten Eindrücke als Menschenwesen eingebettet. Sie beginnt mit seinem ersten Erwachen, einem Ereignis, das in der Bildlichkeit der Geburt eines Tieres beschrieben ist:

> As new-waked from soundest sleep,
> Soft on the flowery herb I found me laid,
> In balmy sweat, which with his beams the Sun
> Soon dried, and on the reeking moisture fed.[15]

Adam, der nicht von einer Frau in eine menschliche Familie hineingeboren wird, wird in die Natur hinein geschaffen und von der Sonne trocken geleckt. Ebenfalls wie ein junges Tier springt er sofort auf seine Füße. Als Mensch gibt er sich dadurch zu erkennen, dass er sich dem Himmel zukehrt, wo er instinktiv seine Herkunft und Bestimmung verortet. Mit diesem Schritt beginnt seine Anthropogenese, ein geistiges Bildungsprogramm, das zu seiner körperlichen Ausstattung hinzukommt. Dieses Pensum wird im Zeitraffer absolviert. Es beginnt damit, dass Adam sich zunächst der neuen Umwelt über seine fünf Sinne vergewissert und die Motorik seines Körpers durch ziellose Bewegungen erprobt. Nach dieser animalischen Phase beginnt die kognitive Entwicklung mit der Entstehung eines Selbstbewusstseins. Diese Stufe beginnt mit einer Frage, mit der Suche nach einem Abwesenden:

> But who I was, or where, or from what cause,
> Knew not.[16]

Auf dieser Stufe entsteht die Sprache, die Adam ermöglicht, seine Frage zu artikulieren und sie an die übrigen Geschöpfe zu richten. Das instinktive Wissen von seinem Ursprung muss vom bewussten Wissen eingeholt werden. Sobald Adam zu sprechen beginnt, entfremdet er sich von der ihn umgebenden Natur, die auf seine Frage nichts zu antworten weiß und damit als ‚stumm' erfahren wird. *Natura non loquitur* gilt für Milton im Gegensatz zu anderen Autoren seiner Zeit; gegen neopagane und pantheistische Strömungen insistiert er auf dem Riss zwischen sprechendem Menschen und stummer Natur. Die Schöpfung kann durch den artikulierenden Menschen benannt werden, doch

---

[15] Milton: *Paradise Lost* (Anm. 5), S. 828 (VIII, 253-256).
[16] Ebd., S. 829 (VIII, 270-271).

sie hat auf seine drängenden existentiellen Fragen nichts zu antworten. Diese Erfahrung Adams vom hartnäckigen Schweigen der Natur ist der Hintergrund seiner religiösen Erfahrung. Metaphysisches Wissen ist weder durch die Sinne noch durch den Verstand, sondern ausschließlich durch Offenbarung vermittelt. Adam beschreibt sehr genau diese Schwelle zwischen menschlicher Frage und göttlicher Antwort. Es ist der Moment der Erschöpfung, Frustration und Resignation, von dem es heißt:

> Pensive I sat me down. There gentle sleep
> First found me, and with soft oppression seized
> My drowsed sense, untroubled, though I thought
> I then was passing to my former state
> Insensible, and forthwith to dissolve:[17]

Mit diesen Worten wird Adams erste Erfahrung des Schlafs beschrieben, der ihm wie eine Rückkehr in den Vorzustand des Nichtseins vorkommt. Vom Nichtsein unterscheidet sich der Schlaf jedoch durch den Traum, ebenfalls eine neue erste Erfahrung für Adam.

> When suddenly stood at my head a dream,
> Whose inward apparition gently moved
> My fancy to believe I yet had being,
> And lived.[18]

Während Eva, ans Träumen durchaus gewöhnt, ihren ersten subversiven Traum „von Aufruhr und Unordnung" hatte, beschreibt Adam den allerersten Traum der Menschheitsgeschichte. Dieser Traum, der von Gott kommt und nicht von Satan, ist der Anfang der religiösen Erziehung des Menschengeschlechts. In griechischer und römischer Tradition wird der Traum als eine Gestalt personifiziert, die am Kopf des Träumers steht. Auch hier ist der Kontrast zum dämonischen Traum offensichtlich, der sich ins Ohr einschleicht beziehungsweise als Alp auf dem Haupt oder der Brust der Schläfer lastet. Für Adam wie für Eva ist die Phantasie das Tor, durch das die Träume eintreten, doch es wird sofort klar, dass diesmal alle negativen Konnotationen dieses inneren Sinnes sorgfältig getilgt sind. Wir stellen jetzt erst fest, dass die bildproduzierende Kraft der Imagination nicht nur eine Verdunklung der Ratio ist, sondern auch ein Organ der Illumination. Bei Adams Traum wird die Phantasie nicht hinterrücks attackiert, sondern behutsam bewegt („gently moved"). Diese liebevolle Geste steht in markantem Kontrast zum Konzept einer Phantasie, die beständig auf der Hut sein muss gegen gefährliche Angriffe und Einflüsse.

Wie im Traum der Eva projiziert sich der Spender des Traums in diesen hinein. Die Antwort, die Adam von den Kreaturen verweigert wurde, erhält er von einer göttlichen Gestalt. Er, der sich als Benenner hervorgetan hat, erhält in dieser Anrede selbst einen Namen und mit diesem zugleich seine Bestimmung:

---

[17] Milton: *Paradise Lost* (Anm. 5), S. 830 (VIII, 287-291).
[18] Ebd. (VIII, 292-294).

One came, methought, of shape divine,
And said, "Thy mansion wants thee, Adam; rise,
First Man, of men innumerable ordained
First father! called by thee, I come thy guide
To the garden of bliss, thy seat prepared."[19]

Milton benutzt den Traum als Mittel göttlicher Kommunikation und nicht als Mittel göttlicher Offenbarung. Was Adam im Traum mitgeteilt wird, betrifft seine Identität als Herr des Paradieses, aber nicht die Gottes als Schöpfer des Paradieses. Diese Selbst-Offenbarung Gottes („Whom thou sought'st I am | [...] Author of all this thou seest | Above, or round about thee, or beneath."[20]) geschieht nicht im Traum Adams, sondern nach seinem Erwachen aus diesem Traum im Paradies. Die narrative Funktion des Traumes beschränkt sich auf Adams Entrückung ins Paradies. In der biblischen Erzäh-lung geht die Erschaffung des Menschen der Erschaffung des Paradieses voran, was dann einen Umzug nötig macht. Dort heißt es: „Und Gott der Herr pflanzte einen Garten in Eden gegen Osten hin und setzte den Menschen hinein, den er gemacht hatte" (Gen. 2, 8). In diesem Vers verankert Milton den von ihm hinzuerfundenen Traum, der den Schauplatzwechsel markiert:

So saying, by the hand he took me, raised,
And over fields and waters, as in air
Smooth sliding without step[21]

Abermals kommt es zu einer Entführung und Fluchtreise wie bei Eva, nur diesmal unter göttlichen Vorzeichen. Die sorgfältige Parallelisierung der Träume streicht ihre Diffe-renz heraus: Beide Träumer reisen mit einem übernatürlichen Wesen an einen Ort, wo die eine ihr wahres Selbst in einem Akt der Regression vergisst und der andere sein wahres Selbst kennenlernt. Beide haben einen Flugtraum, in dem ihnen ein Blick auf die Welt aus der Luft zuteil wird, was bei Eva als ein rauschhaftes und trügerisches Erlebnis beschrieben wird und bei Adam als ein Ermächtigungsakt der Übersicht und Kontrolle über seinen neuen Herrschaftsbereich. In beiden Träumen werden die Träumer mit dem Zentralmotiv des Epos, der verbotenen Frucht, konfrontiert, und beide verspüren den Drang „[with] sudden appetite | To pluck and eat". Während Eva jedoch das Verbot übertritt und in den Apfel hineinbeißt, wird Adam eine ähnlich beschämende Erfahrung erspart, indem er gerade noch im richtigen Moment erwachen darf.

Each tree
Loaden with fairest fruit, that hung to the eye
Tempting, stirred in me sudden appetite
To pluck and eat; whereat I waked, and found
Before mine eyes all real, as the dream
Had lively shadowed.[22]

---

[19] Milton: *Paradise Lost* (Anm. 5), S. 830 (VIII, 295-299).
[20] Ebd., S. 831 (VIII, 316-318).
[21] Ebd., S. 830 f. (VIII, 300-302).

Der letzte und vielleicht wichtigste Unterschied zwischen beiden Träumen besteht in der Art des Erwachens. Am Ende ihres Traumes fällt Eva in eine Depression; sie bleibt allein zurück, ihr Entführer ist verschwunden, und sie ist gefangen in einem lähmenden Schlaf, aus dem Adam sie glücklicherweise durchs Aufwecken befreit.

> but O, how glad I waked
> To find this but a dream![23]

Das Gegenteil gilt für Adams Traum. Er erfährt weder Rückfall noch Niedergeschlagenheit, sondern tritt aus seinem Traum in die neue, gesteigerte Wirklichkeit des Paradieses über. Der Traum erweist sich damit als Vorbereitung für diese neue Seinsstufe. So, wie der Traum Adam ins Paradies übersetzt, übersetzt ihn der Traum auch in einen höheren Bewusstseinszustand. Kein Bruch, kein Absturz zwischen Traum und Wirklichkeit also, sondern ein gleitender Übergang vom einen Bereich zum anderen.

Nachspiel: *Imagination* und *fancy* in der romantischen Dichtungstheorie

Dieser weiche Übergang von Traum in Realität hat die romantischen Milton-Leser fasziniert. Ihnen lag die idealistische Vorstellung nahe, dass Träume Wirklichkeit vorwegnehmen und schaffen können. Sie stellten den sensualistischen Grundsatz in Frage, nach dem nichts in den Intellekt gelangen kann, was nicht zuvor durch die Sinne hindurchgegangen ist. Ganz im Gegenteil waren sie davon überzeugt, dass alle Wirklichkeit auf geistige Aktivität zurückgeht und von ihr abhängt. Zu diesen Milton-Lesern gehörte Keats, der die epische Episode vom Traum Adams zu einem Paradigma seiner Kunsttheorie erhob. In einem berühmten Brief an Benjamin Bailey schrieb er über die Wahrheit der Imagination:

> The Imagination may be compared to Adam's dream – he awoke and found it truth. [...] And yet such a fate can only befall those who delight in Sensation, rather than hunger as you do after Truth. Adam's dream will do here, and seems to be a conviction that Imagination and its empyreal reflection is the same as human Life and its Spiritual repetition.[24]

Begriffe, die im 17. Jahrhundert in die Anthropologie gehörten (man denke an Robert Burton), gelangen im 19. Jahrhundert in die Kunsttheorie. Auf diesen Transfer möchte ich abschließend noch einen Blick werfen und fragen, was dabei aus der Geschlechtsspezifik geworden ist.

Bisher habe ich die Begriffe ‚Phantasie' und ‚Imagination' unterschiedslos verwendet. Diese Austauschbarkeit bestand bis ins 18. Jahrhundert hinein. In Dr. Johnsons

22 Milton: *Paradise Lost* (Anm. 5), S. 831 (VIII, 306-311).
23 Ebd., S. 679 (V, 92-93).
24 John Keats: *Letter to Benjamin Bailey. 22. Nov. 1817*, in: ders.: *The Letters of John Keats (1814-1821)*, hg. von Hyder Edward Rollins, 2 Bde., Harvard 1958, Bd. 1, S. 184-185, hier: S. 185.

Lexikon aus den 1770er-Jahren wird *fancy* mit *imagination* wiedergegeben und vice versa.[25] Das änderte sich in der Romantik, in der die Begriffe im Rahmen einer neuen Poetik terminologisch festgelegt wurden. Dabei ist allerdings nicht zu verkennen, dass sich in diesem Begriffspaar die Geschlechterpolarisierung wiederherstellt. In diesem Zusammenhang ist es signifikant, dass Keats den Begriff der *imagination* mit Adams Traum verbindet. Hier von *fancy* zu reden, wie Milton es ja tat, war nicht mehr möglich zu einem Zeitpunkt, wo der Begriff *imagination* auf Kosten des Begriffs *fancy* aufgewertet wurde. Coleridge entwickelte eine Theorie der Imagination, die die kreative geistige Fähigkeit – die Fähigkeit des Weltenschöpfers und des Dichters – zur höchsten menschlichen Fähigkeit erhob. Dafür musste der Begriff von allen anderen Konnotationen wie Unverbindlichkeit, Launenhaftigkeit, Irrationalität und Trug gereinigt werden. Diese abgespaltenen Bedeutungskomponenten nahm das Wort *fancy* in sich auf. Der Künstler, dem die Fähigkeit der Imagination zugesprochen wurde, wurde zum Inbegriff des Menschen, weil er das volle anthropologische Potential, welches in anderen nur schlummerte, verwirklichte. An diesem Punkt berühren sich frühneuzeitliche Anthropologie und romantische Kunsttheorie, denn das so konstruierte Genie der Imagination war weiblich nicht denkbar. Die Spaltung des inneren Sinnes der Renaissance-Psychologen, der einst Phantasie oder Imagination hieß, führte zur Dichotomie von kreativer, organischer, vitaler (männlicher) Imagination einerseits und repetitiver mechanischer, toter (weiblicher) Fancy andererseits. Von der Imagination gilt nach Coleridge:

> [I]t struggles to idealize and to unify. It is essentially vital, even as all objects (as objects) are essentially fixed and dead. Fancy, on the contrary, has no other counters to play with, but fixities and definites. The Fancy is indeed no other than a mode of Memory emancipated from the order of time and space.[26]

„In poets and painters imagination forcibly works, as appears by their several fictions, antics, images",[27] hatte Burton geschrieben. Zwei Jahrhunderte später entstand eine emphatische Kunsttheorie, die die Imagination aufwertete, gegen mögliche neue weibliche Konkurrentinnen vermännlichte und das Abfallprodukt dieser Wertsteigerung, die Fancy, verweiblichte und abwertete, indem sie es mit dem Gedächtnis assoziierte. Den Traum, in dem eine neue Realität projiziert und produziert wird, entdeckten die Romantiker als eine Domäne der Kunst, in der sich Vision mit Kreativität und Originalität zusammenschloss. Zwischen der Traumtypologie der Renaissance und der Traumtheorie von Freud steht die romantische Theorie, die Traum und Kunst miteinander verschränkte. Dass dieses Ideal des kreativen Traumes wiederum klar geschlechtsspezifisch ist, kann nicht übersehen werden: Keats fand das Urbild dazu eben nicht in Evas, sondern in Adams Traum.

---

[25] Vgl. Samuel Johnson: Einträge zu *Fancy* und *Imagination*, in: ders.: *A Dictionary of the English Language* [1755], 2 Bde., 6. Aufl., London 1785, Bd. 1, o.S.

[26] Samuel T. Coleridge: *Biographia Litteraria*, hg. von J. Shawcross, 2 Bde., Oxford 1979, Bd. 1, S. 202.

[27] Burton: *Of the Inward Senses* (Anm. 12), S. 159.

TEIL II:

AUFKLÄRUNG UND ROMANTIK

KAPITEL 1

Festen und Fasten. Zur Kulturgeschichte und Krise des bürgerlichen Festes

Adlige Feste: Die Hohe Schule der Geselligkeit

Wir besitzen sehr genaue Kunde davon, was sich an einem Winterabend des Jahres 1567 im Hause der Caterina Sacca del Ponte in Cassale zutrug. An diesem Abend versammelten sich bei ihr vier Damen und sechs Herren der Oberschicht zu einer festlichen Abendgesellschaft. Unter ihnen ist auch der Fürst Vespasian Gonzaga, was die Runde zunächst mit ehrwürdigem Schweigen quittiert, bis er erklärt, dass er als Privatmann unter ihnen weile, der seine Titel zuhause gelassen habe. Das numerische Ideal einer solchen Zusammenkunft beträgt neun Personen, die die Neunheit der Musen spiegeln. Aber wie Apoll ist auch ein Zehnter zugelassen, der den Vorsitz des Festes übernehmen soll. Mit einem literarischen Losverfahren (man sticht in einen Sonett-Band von Petrarca) wird die Gesellschaftskönigin ermittelt, die in ihrer förmlichen Thronrede gleich das erste Spiel ansagt und sich zwei Schiedsrichter wählt. Dieses erste Gesellschaftsspiel zum Anwärmen steht unter dem Thema Einsamkeit. Jeder soll einen Grund dafür nennen, warum man die Gesellschaft flieht und die Einsamkeit sucht, und dieses Motiv dann noch auf eine anmutige Sentenz bringen. Aus diesen fiktiven Einsamkeiten werden die Gäste wieder in die Gesellschaft zurückgeholt, wenn sie einer nach dem anderen die Antwort auf ein Rätsel parat haben. Das Rätselraten mündet in einen gemeinsamen Disput über die Frage, ob Liebe tötet.

Darüber meldet sich allmählich der Hunger. Die Hände werden gewaschen und nach einem Tischgebet werden Fleischgerichte aufgetragen. Die Hausherrin entschuldigt sich für die Frugalität des Mahls, doch man ist sich allgemein darin einig, dass der Genuss dieses Banketts „weniger im edlen Geschmack der Speisen als in den vergnüglichen Unterhaltungen der Festgesellschaft besteht".[1] Während des Essens werden Nutzen und Nachteil der Völlerei besprochen, ein Thema, zu dem jeder Gast mehr oder weniger drastische Anekdoten beisteuern kann. Nun wird der Wein eingeschenkt, was wiederum unerschöpfliche Assoziationen über das Trinken wachruft.

---

[1] Stefano Guazzo: *The Civile Conversation of M. Steeven Guazzo. The First Three Books Translated by George Pettie, Anno 1581, and the Fourth by Barth. Young, Anno 1586. With an Introduction by Sir E. Sullivan*, 2 Bde., London/New York 1925, Bd. 1, S. 134 (Übers. A. A.).

168

Anschließend tauchen zwei Probleme auf, die Geist und Witz der Teilnehmer des längeren beschäftigen. Das erste ist die Frage, wie denn der Widerspruch der beiden Maximen aufzulösen sei: 1.) dass der Geist eines nüchternen Menschen sich freier bewegen kann und 2.) dass von einem vollen Bauch heilsamer Rat kommt. Die zweite Frage lautet, ob Geist und Rat wohl eher bei dünnen oder dickleibigen Menschen zu suchen ist. Darauf wendet man sich dem Wein und der Kunst des Trinkens zu. Reihum nimmt man Stellung zu der Frage, welche Bedeutung dem Duft des Weines zuzumessen ist, eine Gelegenheit, um unerschöpflich Trinksprüche und Wein-Anekdoten zum Besten zu geben, die schließlich in allgemeinem Gelächter untergehen. Nach dem Dessert tritt ein Musikant auf, der zur Harfenbegleitung dem Fürsten ein Ständchen bringt und sein Lob in sechzehn Strophen variiert.

Nach Tisch wird die zweite Halbzeit eröffnet mit der Frage, wie man sich am besten gegen das verzehrende Gift der Melancholie schützen könne. Die Antworten umfassen stille Zufriedenheit, Abstand von Neid und Ambitionen, Fröhlichkeit und gute Gesellschaft als lebensverlängerndes Antidot. Jetzt steht – man hat sich inzwischen vom Tisch zum Kamin begeben – ein neues Gesellschaftsspiel an. Sein Thema lautet diesmal in symmetrischer Entsprechung zum ersten: Gemeinsamkeit. Es ist kein ganz leichtes Spiel: Die Damen fühlen sich in ihrer Improvisationskraft etwas überfordert, weshalb die Herren den Anfang machen, um ihnen etwas mehr Zeit zum Nachdenken einzuräumen. Wiederum folgen Rätsel, die die Schlagfertigkeit aller Gäste („suddaine and prettie aunsweres"[2]) unter Beweis stellen.

Den Rest des Abends regiert das Thema Liebe. Die erste Frage, ob Blicke oder Worte die mächtigeren Liebesboten sind, hält die Gesellschaft eine geschlagene Stunde in Atem. Es ist unter anderem die Rede von der Liebesleiter, der Hierarchie der Sinne sowie der Macht und Ohnmacht der Vernunft. Anschließend wird über die (Un)Glaubwürdigkeit der Liebesklagen und -schwüre debattiert, was einer der Gäste zum Anlass nimmt, zur allgemeinen Erbauung und Erheiterung eine vollendete Liebeswerbung szenisch zum Besten zu geben. Nach kunstvollen Preisgedichten auf die einzelnen Damen und den Fürsten kehrt man zurück zum Thema: Sinn und Unsinn der Liebesrhetorik. Je düsterer die Liebesklagen, desto höher steigt das Stimmungsbarometer, denn unter den Damen zumindest bildet sich ein Konsens darüber heraus, dass der Wortreichtum eines Liebhabers eher ein Gegenbeweis für seine Leidenschaft ist.

Die Nacht ist inzwischen vorgeschritten und erste Zeichen der Müdigkeit stellen sich ein. Das letzte Thema, Schlaf, regt noch einmal zu einem fröhlichen Gespräch über eheliche Treue und vor allem Untreue an. Soll der Ehemann sich dafür bei seinem eigenen Dienstpersonal oder lieber außerhalb des Hauses schadlos halten? Wie sollen Ehefrauen am besten mit jugendlichen Liebhabern fertig werden? Der Abbruch des Festes und der Aufbruch der Gäste schließlich wird befördert durch die Geschichte jenes Bräutigams, der seine Gäste loswerden wollte und sich nicht anders zu helfen wusste, als einen Wasserkessel aufs Feuer zu setzen und mit der Fußwäsche zu beginnen.

---

[2] Guazzo: *The Civile Conversation* (Anm. 1), Bd. 1, S. 175.

Die Festbeschreibung, die ich hier in groben Zügen resümiert habe, entstammt dem Werk *La Civil Conversazione* (1574) des Stefano Guazzo. Gibt es irgendeinen Grund dafür, diesen Text, eine unüberbietbare Mischung aus Klischees, Albernheiten und Banalitäten, vom Staub des Vergessens zu reinigen? Nein, entschied bereits kurz nach Erscheinen der englische Übersetzer George Pettie, der den vierten und letzten Teil des Werks über das Gastmahl beiseiteließ mit der Begründung, es enthielte „allerhand Triviales".

Nun könnte es ja sein, dass sich in eben dieser Trivialität der authentische Abdruck eines wirklichen Festes anzeigt. Das hätte immerhin Seltenheitswert. Literarische Feste als Rahmen, Brennpunkt oder Auflösung einer Handlung gibt es reichlich; dieses Fest aber ist nichts anderes als die Beschreibung eines Festes. In seiner peniblen Ausführlichkeit ohne Raffung und Dehnung hat es den herben Charme der Tonbandaufzeichnung von einer Abendeinladung, die sich später keiner mehr freiwillig anhören würde, wie amüsant der Abend auch immer gewesen sein mochte. Bei diesem Fest jedoch handelt es sich nicht um eine Dokumentation, sondern um eine Demonstration. Die extensive Festbeschreibung ist eingelassen in ein Gespräch zwischen zwei Freunden. Auf halber Strecke, wohl um dem Sprecher Gelegenheit zum Atemholen zu geben, wird der Redefluss vom beeindruckten Hörer unterbrochen, der sich ein so ergötzliches Fest in einem Buch für alle Zeiten festgehalten wünscht. „Hier könnte man lernen, auf Tumult und Streit zu verzichten, wie sie gewöhnlich bei solchen Gastmählern vorherrschen, die unweigerlich in abscheuliche Trunkenheit und sinnliche Ausschweifungen münden."[3] Besonders beeindruckt zeigt er sich dabei von dem sprachlichen Niveau der Gäste:

> An diesem Gastmahl kann man lernen, sich beim Essen zurückzuhalten, Stil mit Bescheidenheit zu vereinen, bei Spiel und Spaß nicht über die Stränge zu schlagen, sich zu verbrüdern, ohne zu lärmen, Wissen zu zeigen, ohne anzugeben, Höflichkeit zu beherrschen ohne Fehl und Tadel. Kurzum, hier sind Vergnügungen samt ihrer angemessenen Gesprächskunst niedergelegt, wie sie von allen Gästen eines jeglichen Festmahls beherzigt werden sollten.[4]

Prämissen der Mußekultur

Man fragt sich: woher dieser didaktische Eifer? Wem könnte mit einem solchen Fest-Modell gedient sein? Wer sind die Adressaten dieser Hohen Schule der Geselligkeit, deren wichtigstes Lernziel „Höflichkeit ohne Fehl und Tadel" ist? Das Werk des Stefano Guazzo gehört der Gattung der sogenannten Anstandsbücher (*courtesy-books*) an, die vom 14. Jahrhundert an den wirtschaftlichen und kulturellen Aufschwung der oberitalienischen Stadtstaaten begleitete.[5] Ihr Monument hat diese Gebrauchsliteratur der

---

[3] Guazzo: *The Civile Conversation* (Anm. 1), Bd. 1, S. 162 (Übers. A. A.).

[4] Ebd. (Übers. A. A.).

[5] Die höfischen Anstandsbücher oder *courtesy-books* sind deutlich zu unterscheiden von ihrem bürgerlichen Pendant, den *conduct books*. Beide Gattungen spiegeln zuverlässig die betref-

Renaissance in Baldassare Castigliones *Il Cortegiano* (1528) gefunden. Die rapide Verbreitung dieser Texte in vor allem französischen und englischen Übersetzungen und Neuauflagen zeigt eine Bedeutung an, die wir heute weder nachfühlen noch überschätzen können. Sie begleitet und stützt ein Phänomen, das man ,Aristokratisierung' (*gentrification*) der Gesellschaft genannt hat. Zu diesem Phänomen gehört auch der allmähliche Wertwandel vom Adel der Geburt zum Adel des Verhaltens. In einer Zeit, da der Landadel in die Stadt zog und wohlhabende Bürger als *Condottieri* im Fürstenrang regierten, trat die Bedeutung der Genealogie zugunsten einer allgemeinen Persönlichkeitsbildung immer mehr in den Hintergrund. Italien war in diesem Punkt in Europa führend und vorbildlich; Höflichkeit galt als ein italienischer Exportartikel.

Während Castigliones *Höfling* sich noch ganz auf den engen Verkehr bei Hofe spezialisiert hatte, lässt Guazzo die Sittenreform einer breiteren Schicht zugutekommen. Lag das zentrale Motiv der Erziehung zur Höflichkeit bislang darin, *dem Fürsten zu gefallen* (um ihm dann gegebenenfalls, ohne zu verletzen, die Wahrheit sagen zu können), so besteht das neue Ziel der Geselligkeits-Schule darin, *sich gegenseitig zu gefallen*. Indem der Fürst als Brennpunkt der Höflichkeit entfiel, konnten sich die Umgangsformen verallgemeinern.

Universal wurden diese Umgangsformen darum aber noch lange nicht. Im Gegenteil, die guten Manieren ersetzten (zumindest tendenziell) die Stammbäume als Standesabzeichen einer privilegierten Klasse, die sich durch den Wert der Muße definierte. Thorstein Veblen hat um die Jahrhundertwende eine Theorie der *leisure class* vorgelegt, deren Beschreibungskategorien auf die Oberschicht der Renaissance weit besser passen als auf die der amerikanischen Industrie-Gesellschaft.[6] Veblen sieht eine bestimmte archaische Gesellschaftsform dadurch gekennzeichnet, dass sich eine zur Muße privilegierte Schicht ausdifferenziert. Proprium dieser Kaste sind alle Tätigkeiten, die sich unter dem Begriffe der Ehre oder Muße zusammenfassen lassen. Tabuisiert sind dagegen alle Handlungen, die irgend auf Nützlichkeit oder Brauchbarkeit hin angelegt sind. Von allem, was die alltägliche Subsistenz sichert, ist diese Kaste befreit. Ihre

---

fende ständische Wert-Welt. Über die Bildungsideale der italienischen Oberschicht vgl. Jacob Burckhardt: *Die Kultur der Renaissance in Italien*, Leipzig 1928, S. 335-400.

6   Thorstein Veblen: *Theorie der feinen Leute* [1899], München 1981. Veblens Motiv ist der kritische Blick auf archaische Züge der Gegenwart. Er möchte die Welt gereinigt sehen von den „beschwerlichen Überresten, die eine angemessene Anpassung menschlicher Institutionen an die herrschende Situation verhindern. Jene Denkgewohnheit", so fügt er hinzu, „die den Zwecken einer friedlichen industriellen Gesellschaft am angemessensten ist, besteht in der sachlichen Einstellung, welche die Bedeutung materieller Gegebenheiten anerkennt" (S. 225). Religiöse Feste rangieren bei ihm als „Konsum im Dienste einer anthropomorphen Gottheit", der „eine Verminderung der wirtschaftlichen Leistungsfähigkeit der Gesellschaft bewirkt" (S. 228). Sieht man einmal von materialistischem Reduktionismus und Fortschrittsoptimismus ab, dann bleibt als gravierender Mangel des überaus anregenden Buches, dass es die historische Zäsur der Geldwirtschaft und den damit verbundenen Einbruch der bürgerlichen Wertwelt nicht registriert, sondern eine Kulturgeschichte aus der einen Wurzel der Muße heraus zu entwickeln versucht. Dass von einem bestimmten Zeitpunkt an der „Arbeit" (und nicht mehr der Muße) das Prädikat Ehre zuerkannt wurde, will Veblen nicht wahrhaben.

Verhaltensnorm schreibt vor, dass sie lieber ihr Blut im ehrenvollen Gefecht vergießt als einen Tropfen Schweiß bei ehrlicher Arbeit.[7]

Beide Handlungsräume, der Bereich der Ehre wie der der Muße, haben ihren Niederschlag in literarischen Gattungen der Renaissance gefunden. Die Ehre herrscht in der Domäne der Epik und der Ritterromanzen, die Muße in der Domäne der Lyrik und den Pastoralen. In beiden Fällen bleibt die Welt der Arbeit ausgeschlossen. Weder die mühevolle Plackerei noch die unscheinbare Emsigkeit besitzen Ereignischarakter; dieser bleibt an das Heroische und das Erotische gebunden. Wer es auf soziale Sichtbarkeit anlegt, muss sich in dem einen oder anderen Code darzustellen wissen.[8]

Aber nichts wird so sehr zur Signatur jenes Standes, der sich durch das Tabu produktiver Arbeit definiert, wie das Fest. Es ist der Inbegriff des ‚demonstrativen Konsums‘, der barocken Zurschaustellung von Nobilität, Lebensstil, Reichtum. Wie die monumentalen Fassaden der Stadtpaläste mit ihrem allegorischen und heraldischen Prunk bieten die Feste Gelegenheit zur spektakulären Prachtentfaltung.[9] Das Prinzip der Mußekultur, nämlich die verschwenderische Verausgabung, ist jedoch nicht an den materiellen Wettstreit im Luxuskonsum gebunden. Es begegnet uns auf einer neuen Ebene als vollendete Sprachbeherrschung wieder. Die Bedeutung eines Werks wie das von Guazzo liegt in dieser Transposition von einer materiellen auf die linguistische Ebene. Eine neue *Kultur der Sprache* ist hier zum Desiderat einer Gesellschaft geworden, in der man enger als bisher üblich zusammengerückt ist. Die Adelsfamilien, die von ihren Landsitzen in die Stadt gezogen sind, müssen ebenso wie die in die Nobilität aufgestiegene Kaufmannsschicht lernen, sich auf dem geselligen Parkett zu bewegen. Manieren werden so wichtig wie Kleider und Titel, um die ständischen Differenzen zu markieren. Die materiellen Aufwendungen allein tun es nicht; in der Theatralik der Selbstinszenierung spielt die Artikulationsfähigkeit eine immer größere Rolle. Das aber macht ein umfassendes sprachliches Erziehungsprogramm erforderlich.

Auf dieses Bedürfnis antwortet ein Werk wie das des Guazzo. Es ist im Grunde ein einziges Kompendium von Floskeln, Sentenzen, Sprichwörtern, Bildungszitaten, Anekdoten und Witzen. In seiner Massierung bildet dieses Material das Repertoire des vollendet höflichen Menschen, in dessen Gegenwart keinen Augenblick lang Verdruss oder Langeweile aufkommen. Die sprachliche Virtuosität, die perfekte Kunst der

---

[7] Vgl. Robert Burton: *The Anatomy of Melancholy* [1621], hg. von Holbrook Jackson, London 1972, S. 70 (2.2.4): „[...] like our modern Frenchmen, that had rather lose a pound of blood in a single combat than a drop of sweat in any honest labour."

[8] Gewiss dürfen wir in literarischen Stilisierungen, die die soziale Realität hartnäckig zu überleben pflegen, kein getreues Abbild aristokratischer Lebensformen suchen. Was sie allerdings spiegeln, ist das Wertsystem dieser gehobenen Schicht, die Prinzipien der Mußekultur. Dieses Wertsystem hat mit der Etablierung des englischen Territorialstaats unter der Tudor-Monarchie einen deutlichen Wandel erfahren. Die heroisch-feudale Aggressivität wird als Patriotismus domestiziert, der artifizielle Verhaltenscode weicht einem allgemeineren Standard der Höflichkeit.

[9] Zum „Konsum als Form der Kommunikation" vgl. Peter Burke: *Städtische Kultur in Italien zwischen Hochrenaissance und Barock. Eine historische Anthropologie*, übers. von Wolfgang Kaiser, Berlin 1987, S. 111 ff.

Unterhaltung aber hat wiederum ihren Ort im Fest, denn mehr als alles andere lebt es
von der Brillanz der Worte.

Abb. 2.: Cesare Ripas „Conversatione"[10]

Das Fest als Therapie

Neben der des Statussymbols für eine mit Muße privilegierte Schicht hat das Fest noch
eine andere Bedeutung, die ebenfalls bei Guazzo voll zum Ausdruck gebracht ist. Die
beiden Dialogpartner der *Civile Conversation*, die sich wie Meister und Schüler zueinander verhalten, sind obendrein auch noch Arzt und Patient. Das Leiden, das sie gemeinsam im Gespräch kurieren, ist die elisabethanische Krankheit schlechthin, die Melancholie. Die Medizin der Zeit erklärte sie humoralpathologisch als eine Störung im
Haushalt der Körpersäfte. Guazzo dagegen fasst sie vorwiegend als ein soziales Leiden

---

[10] [Cesare Ripa:] *Iconologia; or, Moral Emblems by Cæsar Ripa. [...] By the care and at the
charge of P. Tempest*, London 1709, S. 18 (selbe Seite wie die gegenüberliegende S. 18),
Abb. 70. Reproduziert mit freundlicher Genehmigung der Watkinson Library, Trinity College, Hartford, Connecticut.

auf, nämlich als tödliche Sucht nach Einsamkeit. Das wirksamste Mittel gegen diese Krankheit heißt darum Geselligkeit. Der Text, der ein Intensivkurs in der Kunst des Verhaltens ist, führt zugleich eine Heilung vor. Nach drei Tagen Gesprächstherapie ist der Dialogpartner kuriert. Er hat, wie es am Schluss heißt, „den düsteren, schwarzen Mantel der Einsamkeit abgeworfen und das weiße glänzende Kleid der Konversation angelegt".[11]

Cesare Ripa hat in seiner *Iconologia* (1593) als siebzigste Abbildung auch „Conversatione" aufgeführt (vgl. Abb. 2). Ihre allegorische Gestalt wird folgendermaßen beschrieben:

> Ein junger Mann mit einem lächelnden Gesicht, grün gekleidet, ein Lorbeerkranz auf seinem Haupt, ein Merkur-Stab in seiner Hand, um den Myrten und Granatäpfel gewunden sind, mit einer menschlichen Zunge an der Spitze. Die andere Hand hält ein Schriftband, auf dem VAE SOLI steht.
>
> Seine Haltung zeigt ihn geneigt, sich mit jemandem zu unterhalten, das Schriftband bedeutet: Weh dem, der allein ist. Die beiden Zweige verbildlichen gegenseitige Freundschaft durch Konversation, die Zunge verweist auf Ausdruck des Geistes in Gesellschaft.[12]

Es ist ein verbreiteter Topos der Zeit, dass Geselligkeit und Festlichkeit das Leben verlängern, Einsamkeit und Ambitionen es dagegen aufzehren. Das Fest wird gegen sämtliche Erscheinungsformen von – heute würden wir sagen – Stress und Depression als das sicherste Heilmittel gepriesen. So steht es auch bei Robert Burton, dem großen Melancholieforscher des frühen 17. Jahrhunderts. Da nach Galenscher Methode ein Übel am besten durch sein Gegenteil kuriert wird, ist es nur konsequent, etwas, das ‚in Trübsinnigkeit beginnt, mit Heiterkeit auszutreiben'. Burton bestätigt, dass gegen die Melancholie nichts so mächtig wirkt wie „ein Becher Wein, Vergnügen, Musik und fröhliche Gesellschaft".[13] Immer wieder betont er, dass es keine angenehmere und effektivere Kur für die Melancholie gebe als ein sinnenfrohes Fest. Die Erotik spielt dabei eine wichtige Rolle: „Um Kummer zu vertreiben und Fröhlichkeit zu stimulieren, gibt es kein wirkungsvolleres Mittel als angenehme Düfte, ein gutes Menü, Berühren, Schmecken, Umarmen, Singen, Tanzen, Sport, Spiel und nicht zu vergessen: erlesene Schönheiten."[14]

Zur Bestätigung seiner These führt Burton seitenweise (vor allem römische) Autoren an, die alle die stereotype Trias von Wein, Weib und Gesang als unfehlbare Melancholie-Therapie empfehlen. In seiner stupenden Beleg-Liste taucht auch die orientalische Variante des Festes auf: Er berichtet von Türken, die sich „nach dem Mahl mit ihren Königinnen und Konkubinen verlustieren, wobei es ihnen das größte Vergnügen macht, sie singen und tanzen zu sehen".[15] Wir haben es hier offenkundig mit der altägyptischen

---

11 Guazzo: *The Civile Conversation* (Anm. 1), Bd. 1, S. 216 (Übers. A. A.).
12 Ripa: *Iconologia* (Anm. 10), S. 18 (Übers. A. A.; Kursivierungen entfernt).
13 Burton: *The Anatomy of Melancholy* (Anm. 7), S. 120 (2.2.6.4 [Übers. A. A.]).
14 Ebd. (Übers. A. A.).
15 Ebd., S. 125 (2.2.6.4 [Übers. A. A.]).

Tradition des ‚Schönen Tags' zu tun, die die Römer dem Abendland weitervermittelten. Bei Burton ist der Nexus von sinnlicher Festkultur und Suspendierung von Sorge und Angst zumindest noch als Bildungsreminiszenz erhalten.

Das Fest als schöner Schein

Ich möchte dem italienischen Fest ein englisches an die Seite stellen, das rund dreihundert Jahre später auf einem Landsitz in der Nähe von Millcote stattfand. Es beginnt drei Tage vorher mit hektischer Vorbereitung, in denen das Schloss blitzblank geputzt wird und Küche und Keller gefüllt werden. Die Gäste, es sind diesmal acht Frauen und sechs Männer, reisen mit ihren Bediensteten an und nehmen im Haus für zwei Wochen Logis. Diese Zeit wird größtenteils gemeinsam verbracht; draußen mit Jagen und Ausflügen, drinnen mit Festivitäten.

Dazu gehören aufwendige Diners, Konversation in der Bibliothek, Hausmusik, für die man nicht auf professionelle Dienstleistungen angewiesen ist, der Gastgeber singt Lieder in einem sonoren Bass und wird auf dem Klavier von einer jungen Dame begleitet. All das gehört zum Standard-Repertoire festlicher Geselligkeit. Hier kommt aber noch etwas Neues hinzu: die Charaden. Zu diesem Zweck werden alle Möbel so umgeräumt, dass eine Bühne mit Vorhang und ein Halbkreis für die Zuschauer entsteht. Die Gesellschaft teilt sich in zwei Gruppen, die sich im Vorführen und Raten abwechseln. Das Lösungswort, in Silben zerlegt und anschließend als Ganzes, wird mit einem großen Aufwand an Kostümierung und szenischer Ausstattung in Pantomime aufgeführt. Das erste Bild zum Beispiel, das eine feierliche Hochzeitszeremonie zeigt, lässt auf „Bride" schließen; das zweite Bild, eine orientalische Szene am Brunnen, die Rebecca und Eliezer darstellen soll und bei der „nichts fehlt als die Kamele", wie ausdrücklich beteuert wird, legt „well" nahe; und das Ganze wird sodann durch einen finsteren und abgerissenen Delinquenten ins Bild gesetzt, der in Abbreviatur das Londoner Gefängnis „Bridewell" darstellt.

Bei all ihren Vergnügungen bezeugen die Teilnehmer der Festgesellschaft vollendete Körperbeherrschung, Sicherheit, Superiorität, Schlagfertigkeit oder, mit den Worten derjenigen, die das Schauspiel aus der Distanz beobachtet: „hochwohlgeborene Eleganz".[16] Die Ingredienzien sind dieselben, aber das Aroma verändert sich erheblich, wenn, wie in diesem Fall, ein aristokratisches Fest durch bürgerliche Augen betrachtet wird. Auf diese Zeugin, es handelt sich um die Titelheldin in Charlotte Brontës Roman *Jane Eyre*, wirkt die Musik forciert, die Pantomime theatralisch, aber vor allem die Konversation frivol. Sie bekommt nichts als herzlosen Klatsch und hochmütiges Geplapper zu hören. Insgeheim misst sich die unscheinbare und befangene Gouvernante mit ihrer adligen Rivalin, der Gesellschaftskönigin von Thornfield, und stellt dabei ihre eigene Überlegenheit fest:

---

[16] Charlotte Brontë: *Jane Eyre*, Leipzig 1958, S. 215 (Übers. A. A.).

She was very showy, but she was not genuine: she had a fine person, many brilliant attainments; but her mind was poor, her heart barren by nature: nothing bloomed spontaneously on that soil; no unforced natural fruit delighted by its freshness. She was not good; she was not original: she used to repeat sounding phrases from books: she never offered, nor had, an opinion of her own. She advocated a high tone of sentiment: but she did not know the sensations of sympathy and pity; tenderness and truth were not in her.[17]

In diesem Vergleich stoßen adlige und bürgerliche Werte hart aufeinander. Putz und Charme mögen für den Glanz eines Festes taugen, aber fürs Leben, so räsoniert die Heldin, sind wertvollere Tugenden gefordert: Aufrichtigkeit und Einfühlung statt stilisierter Selbstinszenierung.

Im Roman siegt die Gouvernante und rückt an die Seite ihres Herren auf; in der Geschichte, so möchte man ergänzen, trägt das bürgerliche Wertsystem den Sieg davon. Es erlaubt einen neuen Blick auf die aristokratischen Werte der Geselligkeit und Festlichkeit, die in bürgerlicher Perspektive zum ‚schönen Schein‘ verkommen.

Bürgerliche Feste: Zwischen Lizenz und Verbot

Das bürgerliche Fest (ent)stand im Sicherheitsabstand zum aristokratischen wie zum volkstümlichen Fest. Luxus und Extravaganz wurden dabei ebenso ausgeschlossen wie pagane Exzesse. Die soziale Formation des Bürgertums hatte in England zwei markante Prägezentren: den Humanismus und den Puritanismus. Während die Humanisten die Allianz mit dem niederen Adel förderten, definierte sich das puritanische Bürgertum in strikter Kontradistinktion zum aristokratischen Ideal der Mußekultur. Das humanistisch geprägte liberale Bürgertum, von dem hier zunächst die Rede sein soll, war dagegen durchaus zu Kompromissen bereit. Seine Wertwelt trennte sich von der höfischen zwar nicht wie Öl und Wasser, unterzog sie aber einer tiefgreifenden Umwandlung.

Von der Mußekultur zur Freizeitkultur

Diese Umwandlung lässt sich nirgends deutlicher ablesen als an dem bereits genannten Melancholie-Werk des Oxforder Bibliothekars und Archivars Robert Burton. Er zieht dort die Linie von Muße über Müßiggang und Langeweile bis zur Melancholie. Sein Blick auf die Mußekultur ist der eines Arztes, der pathologische Symptome einer sozialen Krankheit diagnostiziert. Hierzulande, so beginnt er sein kritisches Porträt der englischen Nobilität,

---

[17] Brontë: *Jane Eyre* (Anm. 16), S. 209 f. Wie tief das bürgerliche Vorurteil gegen die aristokratische Lebensform sitzt, zeigt noch das folgende Zitat: „Eine müßige Luxusschicht von Nichtstuern bringt es nicht einmal zustande, sich schlecht und recht zu amüsieren, geschweige denn ein Fest zu feiern" (Josef Pieper: *Zustimmung zur Welt. Eine Theorie des Festes*, München 1963, S. 16).

ist das Standeszeichen des Adels der Müßiggang. Keinen Beruf zu haben, nicht zu arbeiten, weil sich das mit der hohen Geburt nicht verträgt, ein reiner Zuschauer zu sein, eine Drohne, ausschließlich zum Konsum geboren, ohne nötige Beschäftigung in Kirche oder Staat, nichts als Speisen und die Tage mit Falknerei und ähnlichen Vergnügungen verbringen – das macht gewöhnlich die alleinige Beschäftigung unseres Adels aus.[18]

Wolf Lepenies hat aus der Perspektive der französischen Moralistik ein ähnlich negatives Adelsporträt gezeichnet.[19] In diesem Fall kommt die Kritik nicht von außen, sondern von innen, aus dem Hochadel selbst. Lepenies hat für den französischen Absolutismus das „Versailles-Syndrom" sozialgeschichtlich rekonstruiert: der Leerlauf einer von relevanten Handlungsmöglichkeiten abgeschnittenen, politisch entlasteten Schicht, die zum Zeitvertreib ihre letzte Zuflucht nimmt und ihr ganzes Augenmerk auf die Etikette richtet, auf die Stilisierung des Lebens als ein ewiges Fest. So betrachtet erweist sich politische Funktionslosigkeit als das eigentliche Fundament der Mußekultur. Was einst Privileg war, erscheint nun als Stigma.

Burton hat aus bürgerlicher Perspektive den Zusammenhang von aristokratischem Müßiggang und Melancholie hergestellt. Fast jedermann, so Burton,

hat irgendetwas, was ihn beschäftigt: einen Beruf, ein Gewerbe. Sie aber lassen alles durch Dienstboten erledigen, da sie glauben – zu ihrem eigenen Verhängnis und dem der anderen – ausschließlich für den Müßiggang geboren zu sein. Nichts als Vergnügungen haben sie im Kopf; all ihr Sinnen ist darauf gerichtet, die Zeit totzuschlagen.[20]

Das ist also der Grund, warum die Melancholie nun „fast überall in Europa herrscht und unsere Großen heimsucht".[21] Burton stellt dem Adel eine bürgerliche Diagnose und verschreibt ihm eine bürgerliche Therapie: „ständige Beschäftigung (continual business)".[22]

Aber ebenso deutlich wie die Kritik am Adel als einem überflüssig gewordenen Stand, der zur Tätigkeit aufgerufen wird, ist Burtons Kritik am Bienenfleiß des Bürgers. Die Melancholie hat nämlich zwei Quellen: Langeweile und Überarbeitung. Sie erfordern gegensätzliche Therapien. Wie für den Müßiggang beständige Anspannung verordnet wird, so ist für Überarbeitung körperliche und geistige Entspannung angezeigt.[23] An dieser Stelle, und das ist nun der entscheidende Punkt für eine Archäologie des Fests, werden alle inkriminierten Variationen aristokratischen Müßiggangs durch die Hintertür wieder ins bürgerliche Leben eingelassen: Falknerei und Jagen, Fisch- und

---

[18] Burton: *The Anatomy of Melancholy* (Anm. 7), S. 70 (2.2.4 [Übers. A. A.]).
[19] Wolf Lepenies: *Melancholie und Gesellschaft*, Frankfurt a.M. 1969, passim.
[20] Burton: *The Anatomy of Melancholy* (Anm. 7), S. 70 (2.2.4 [Übers. A. A.]).
[21] Ebd. (Übers. A. A.).
[22] Ebd.
[23] Das Evangelium dieses enzyklopädischen Kompendiums der Lebensreform ist die Mitte, der Ausgleich zwischen den Extremen: „This which I aim at, is for such as are *fracti animis*, troubled in mind, to ease them: over-toiled on the one part, to refresh; over-idle on the other, to keep themselves busied" (ebd., S. 85 [2.2.4]). Die Anregung zu diesem Abschnitt verdanke ich einem Diskussionshinweis von Rainer Warning.

Vogelfang, Bogenschießen und Tennis sowie Spaziergänge und Bildungsreisen, Spiele und Lektüre. Diese Hintertür heißt ‚Freizeit'. Im bürgerlichen Milieu haben sich die Aktivitäten der Mußekultur unter der Hand doppelt verändert. Sie sind nicht mehr unbefristete Äußerungen einer bestimmten Lebensform sondern Teilzeit-Beschäftigungen im Wechsel von Arbeit und Erholung. Und sie haben ihren symbolischen Wert als Standeszeichen eingetauscht gegen einen therapeutisch-funktionalen. Die Schattenlinie zwischen Mußekultur und Freizeitkultur ist damit überschritten.

Burtons bürgerliche Aneignung aristokratischer Mußekultur (und übrigens auch volkstümlicher Festvergnügungen) war eine klare Parteinahme gegen die Puritaner. Die hatten soeben eine neue Sabbat-Regelung durchgesetzt, an der auch der König nichts ändern konnte. Er hatte eigenhändig mit seinem *Book of Sports* (1618) in die Kontroverse eingegriffen in der Absicht, die traditionellen Sonntagsvergnügungen zu rehabilitieren. Deshalb steht Burtons Lizenz für die traditionellen Festfreuden unter starkem apologetischem Druck:

> Ich für meinen Teil stimme der königlichen Erklärung zu und teile seine Meinung, dass die Mai-Spiele, Kirchweihfeste, Pfingstgelage [...] durchaus statthaft sind. Lasst die Menschen nur ruhig feiern, singen und tanzen! Lasst ihnen ihre Puppenspiele, ihre Steckenpferde, Tamburine, ihr Gedränge, ihre Dudelsäcke usw. Lasst ihnen ihre Ballspiele, ihre Bierpausen und was für Spaß ihnen sonst noch am Herzen liegen mag![24]

Im Gegensatz zu den oberen und unteren Schichten, das macht ein solches Plädoyer deutlich, hat das Bürgertum Probleme mit dem Fest. Kein Wunder, da es sein Prestige gerade aus Triebverzicht und Leistung bezieht. Luxus und Prachtentfaltung sind damit so wenig vereinbar wie pagane Sinnenfreude. Die Sorge des Bürgers war nicht die Anmut, sondern die Arbeit, die aus der Tabuzone herausrückte und zu einem sakrosankten Wert wurde. Aber selbst dort, wo statt Verbot Lizenz herrscht, wo wie bei Burton die Bereitschaft besteht, höfische und bäuerliche Festkultur in die bürgerliche Welt zu integrieren, hat ein tiefgreifender Wertewandel stattgefunden. Er zeigt sich nicht zuletzt am Legitimationsbedarf des Festes. Im bürgerlichen Horizont gibt es Kritiken und Polemiken, Begründungen und Verteidigungen, kurz: eine reiche Metadiskussion zum Thema Fest. Guazzo hatte vorgeschrieben, wie man sich bei Festen zu verhalten habe; seit Burton aber wusste man, warum man sie feiert.

Die Heiligung des Alltags

Als ein Gewährsmann für das puritanische Fest soll hier Defoes Robinson Crusoe zu Wort kommen. Am 30. September 1660, dem ersten Jahrestag seiner Landung auf der einsamen Insel, notiert er in sein Tagebuch:

---

[24] Burton: *The Anatomy of Melancholy* (Anm. 7), S. 84 (2.2.4 [Übers. A. A.]).

> I kept this day as a solemn fast, setting it apart to religious exercise, prostrating myself on the ground with the most serious humiliation, confessing my sins to God, acknowledging His righteous judgments upon me, and praying to Him to have mercy on me, through Jesus Christ; and having not tasted the least refreshment for twelve hours, even till the going down of the sun, I then ate a bisket cake and a bunch of grapes, and went to bed, finishing the day as I began it.[25]

Zugegeben, Crusoe ist in einer besonders schwierigen Lage, denn allein kann man doch per definitionem kein Fest feiern. So außergewöhnlich sein Schicksal, so typisch ist aber seine Haltung zum Fest. Der Fest-tag ist Fast-tag, Tag intensiver religiöser Andacht und Askese. Die um das Jahr 1600 erzwungene Sabbat-Heiligung war in erster Linie eine Sache der Verbote.[26] Die in den Dörfern üblichen Sonntagsvergnügungen wie Spiel, Tanz, Kartenspiel, Tierhetze, Fußball, Kegeln, Schießen und Jahrmarkttreiben wurden strengstens untersagt. Bereits Luther hatte empfohlen, die Feste abzuschaffen und nur den Sonntag beizubehalten, da der „Mißbrauch mit Saufen, Spielen, Müßiggang und allerlei Sund" dazu führe, „dass heilig Tag nit heilig, Werkeltag heilig sein".[27] Sonntags aber hatte der Vater seine Kinder, der Hausherr seine Dienstboten zu unterrichten in den Glaubensartikeln, dem Paternoster, den Geboten und der Lehre von den Todsünden. An Fasttagen stand mancher Prediger von neun bis vier Uhr auf der Kanzel, und ein gewisser John Newton war berüchtigt „for preaching people mad".[28]

Die religiöse Forderung der Puritaner, sich „in Geste, Wort und Tat" fortgesetzt so zu verhalten, „als ob Gott und seine Engel sichtbar zugegen wären", war eine Forderung nach neuen Lebensformen.[29] Weder Enklaven und Ausnahmesituationen, ja nicht einmal Atempausen konnten zugelassen werden, wo das Gebot einer stetigen Gewissensprüfung herrschte. Solcher Rigorismus der Selbstkontrolle entsprang der Überzeugung, dass Mehrung der Ehre Gottes nur durch rastloses Tätigsein, nur durch unverminderte körperliche und geistige Anspannung möglich ist. Aus Miltons Blindheits-Sonett, in dem er sich endlich zu der befreienden Zeile durchringt: „They also serve who only

---

[25] Daniel Defoe: *The Life and Strange Surprising Adventures of Robinson Crusoe* [1719], Harmondsworth 1972, S. 117. Alle folgenden Zitate aus *Robinson Crusoe* beziehen sich auf diese Ausgabe. Weitere Angaben erfolgen im Fließtext.

[26] Die neue Sabbat-Regelung war stark durch das Werk von Nicholas Bound: *True Doctrine of the Sabbath* (1595) geprägt. Für die Oberschicht hat sie ebenso wenig Bedeutung wie für die Unterschicht. Die Feste und Festlichkeiten der Armen, die sich am landwirtschaftlichen Kalender orientieren, behielten ihre beharrliche Kontinuität. Vgl. dazu Edward P. Thompson: *Plebeische Kultur und moralische Ökonomie*, Frankfurt 1980, S. 182 ff.

[27] Nach Luther nimmt der gemeine Mann am unheiligen Festtag noch weiteren Schaden: „Dass er an seiner Arbeit versäumt wird, dazu mehr verzehret dann sonst." Martin Luther: *An den christlichen Adel deutscher Nation. Von des christlichen Standes Besserung* [1520], in: ders.: *Ausgewählte Schiften*, hg. von Karin Bornkamm und Gerhard Ebeling, 6 Bde., Frankfurt 1982, Bd. 1, S. 150-237, hier: S. 208.

[28] Herbert Schöffler: *Protestantismus und Literatur* [1922], Göttingen 1958, S. 10 f.

[29] Levin L. Schücking: *Die puritanische Familie in literarsoziologiscber Sicht*, Bern 1964, S. 67. Zu den *conduct books*, die die Prinzipien der puritanischen Disziplin einschärften, vgl. Louis B. Wright: *Middle-Class Culture in Elizabethan England*, Chapel Hill 1935, S. 121 ff.

stand and wait",[30] ahnen wir, wie schwer man sich mit diesem Anspruch tat. Das ganze irdische Leben geriet in eine Zweck-Mittel-Relation, wurde „instrumentalisiert" zum Ruhme Gottes. Nichts galt dabei als so nützlich wie die Arbeit, nichts als so unnütz wie die Zerstreuung. Wo die größte Sünde die Zeitvergeudung war, genoss die Kunst der entspannten Konversation keinen guten Ruf. Sie galt mit allen anderen Tugenden der Geselligkeit als müßiges Geschwätz, nichtiges Palaver, Überflüssigkeiten, eitle Protzerei. Und selbst die vollkommenste Bildung war nur „a large stock of other peoples dreams and fables".[31]

Mit der Spiritualisierung des Werktags und der Disziplinierung des Sonntags war eine tiefgreifende Nivellierung von Arbeit und Fest eingeleitet. Die Sorge um das Seelenheil ließ keine Verschnaufpausen mehr zu. Das ganze Leben wurde in den Rahmen des göttlichen Heilsplans gerückt. Dabei kam es zu einer Homogenisierung der Zeiterfahrung. Crusoe berichtet, dass er es versäumt habe, auf seinem Kalender-Pflock die Sonntage durch eine längere Kerbe zu markieren. So wurde ihm „ein Tag wie der andere".[32] Die Sorgfalt, die er auf seine kalendarische Zeitbuchführung verwendet, steht in genauem Gegensatz zur Nachlässigkeit gegenüber dem Festkalender. Die Zeit wird zum kostbarsten Gut des Gläubigen, denn sie ist seine Heilsdimension. Es gibt keine qualitativ verschiedenen Zeiten mehr, sondern nur noch eine, und die ist knapp bemessen. Sie ist – um es in der Sprache der Epoche zu sagen – „das Ankleidezimmer für die Ewigkeit".[33]

Es ist bekannt, dass die Grundstrukturen des puritanischen Denkens, namentlich Rationalismus und Pragmatismus, ihre religiöse Motivation nicht nur überlebten, sondern im System kapitalistischer Wirtschaft erst ihr eigentliches Fundament fanden. Aus einer leichten Umhüllung ist, wie Max Weber es ausdrückte, ein eisernes Gehäuse geworden. Solange es noch ein transzendentes Ziel gab, behielten alle irdischen Investitionen noch einen hauchfeinen Geschmack von Als-ob; der rationale Pragmatismus konnte erst vollends durchbrechen, als dieser Zweck zum Selbstzweck wurde. Das bedeutet für die Geschichte des Fests, dass sich mit der Säkularisierung die bürgerliche Situation in diesem Punkt nicht wesentlich geändert hat. Die folgenden Exkurse nach Genf und Basel sollen zeigen, wie viel von den puritanischen Prämissen in veränderter Umgebung erhalten geblieben ist.

---

[30] John Milton: *Sonnet XVI*, in: ders.: *The Poems of John Milton*, hg. von John Carey und Alastair Fowler, London 1968, S. 330.

[31] Zit. nach Schöffler: *Protestantismus* (Anm. 28), S. 12; 19. Das bürgerliche Misstrauen gegenüber der Kunst der Konversation sitzt tief. Wo die Ideale der Unmittelbarkeit und der Aufrichtigkeit herrschen, ist sie so verpönt wie das mechanische Geplapper im Salon der Mme. Scherer in Tolstois Roman *Krieg und Frieden*. Adorno sah dagegen in dem zeremoniellen Moment einen kostbaren Überschuss in einer Welt reiner Zweckmäßigkeit: „Hinter dem pseudodemokratischen Abbau von Formelwesen, altmodischer Höflichkeit, nutzloser und nicht einmal zu Unrecht als Geschwätz verdächtigter Konversation [...] meldet die nackte Rohheit sich an" (Theodor W. Adorno: *Minima Moralia* [1951], Frankfurt a.M. 1985, S. 45).

[32] Defoe: *Robinson Crusoe* (Anm. 25), S. 117 (Übers. A. A.).

[33] Zit. nach Schöffler: *Protestantismus* (Anm. 28), S. 13.

In der Mitte des 18. Jahrhunderts, also auf dem Höhepunkt der Aufklärung, stoßen wir auf eine Kontroverse, die sich wie eine direkte Verlängerung der puritanischen Polemiken liest. Ich meine Rousseaus berühmten Brief an D'Alembert mit dem umständlichen Titel: „Über seinen Artikel *Genf* im VII. Band der Enzyklopädie und insbesondere über den Plan, ein Schauspielhaus in dieser Stadt zu errichten" (1758). In seinem leidenschaftlichen Plädoyer gegen solche Pläne interessierte sich Rousseau weniger für die (Un)Moralität der Stücke als für das Theater als öffentliche Einrichtung. Er sah in dieser Institution eine stillschweigende Verlängerung aristokratischer Geselligkeit in die bürgerliche Welt hinein und er bot alles auf, diese undichte Stelle zwischen adligen und bürgerlichen Lebensformen, zwischen Paris und Genf, Athen und Sparta so fest wie nur möglich zu verschließen. Es sind vor allem drei Argumente, die Rousseau gegen das Theater als soziale Institution anführt.

(1.) *Zeitvergeudung.* Rousseau schildert Genf als einen Ort „angestrengter Arbeit, Sparsamkeit und Bescheidenheit". Und er fährt fort: „Das Volk von Genf erhält sich nur kraft seiner Arbeit und hat das Notwendige nur, wenn es auf alles Überflüssige verzichtet."[34] Auf seinem imaginären Rundgang durch die verschiedenen Stadtviertel findet er alles „beschäftigt und in Bewegung, alles geht seiner Arbeit und seinen Geschäften nach". Und er fasst zusammen: „Die starken Arme, die Ausnutzung der Zeit, die Wachsamkeit und strenge Sparsamkeit, das sind die Schätze der Genfer."[35]

Diese Schätze aber, so fürchtet er, sind verloren, sobald einem Theater, Treffpunkt für Überfluss und Müßiggang, Raum gegeben wird. Sein erstes und entscheidendes Argument gegen das Theater ist, dass es

> ein Zeitvertreib ist [...] und daß aller unnütze Zeitvertreib ein Übel für ein Wesen bedeutet, dessen Leben so kurz und dessen Zeit so kostbar ist. [...] Ein Vater, ein Sohn, ein Ehemann, ein Bürger haben so kostbare Pflichten zu erfüllen, daß für Langeweile keine Zeit übrigbleibt. Gute Anwendung macht uns die Zeit noch kostbarer, und je besser man Gewinn aus ihr zieht, desto weniger Zeit will man verlieren.[36]

An anderer Stelle heißt es: „Es ist in der Politik sowohl wie in der Moral ein großes Übel, wenn man nichts Gutes tut, und jeder unnütze Bürger kann als schädlicher Mensch betrachtet werden."[37] Solche Sätze hätte er bei dem puritanischen Prediger Richard Baxter abschreiben können, der die Frage nach zulässigen Vergnügungen abschnitt mit der Gegenfrage: „ob sie ihre Zeit nicht besser hätten anwenden können?"[38]

---

[34] Jean-Jacques Rousseau: *Brief an Herrn d'Alembert über seinen Artikel „Genf" im VII. Band der Enzyklopädie und insbesondere über den Plan, ein Schauspielhaus in dieser Stadt zu errichten* [1758], in: ders.: *Schriften*, hg. von Henning Ritter, 2 Bde., Frankfurt a.M. 1981, Bd. 1, S. 333-474, hier: S. 428.

[35] Ebd., S. 429.

[36] Ebd., S. 348.

[37] Jean-Jacques Rousseau: *Abhandlung über die Frage, ob die Wiederherstellung der Wissenschaften und Künste zur Läuterung der Sitten beigetragen hat?* [1750], in: ders.: *Schriften* (Anm. 34), Bd. 1, S. 27-60, hier: S. 46.

[38] Zit. nach Schöffler: *Protestantismus* (Anm. 28), S. 11.

(2.) *Prunksucht.* „Laßt jene, die sich einbilden, Geschmack zu haben, die Größe der Paläste, die schönen Equipagen, den vortrefflichen Hausrat, den Pomp der öffentlichen Schauspiele und alles, woran Weichlichkeit und Üppigkeit gekünstelt haben, anderwärts bewundern. Zu Genf soll man nur Menschen finden."[39] Rousseaus Verurteilung des ‚demonstrativen Konsums‘, 1754 an die Genfer gerichtet, ist 25 Jahre später fast wörtlich von Pestalozzi an die Adresse der Basler wiederholt worden. In seiner Antwort auf die Preisfrage: „Inwieweit ist es schicklich, in einem kleinen Staat, dessen Wohlstand auf der Handelschaft beruht, dem Aufwand des Bürgers Schranken zu setzen?"[40] heißen die Zauberworte Gerechtigkeit, Mäßigung, Weisheit, Ordnung, Pflicht. Sie umschreiben die Tugenden des Hausvaters, der auf der Ebene der Familie ebenso segensreich wirkt wie auf der Ebene des Staates. Seine Autorität hat jedoch gelitten. Pestalozzi macht Aufklärung und Bildung, Verfeinerung der Sitten und des Geschmacks für eine „Zerrüttung des reinen Gefühls für Unschuld, Recht und Ordnung der Natur"[41] verantwortlich. Seiner Ansicht nach darf in Basel weder ein Konzert- noch ein Schauspielhaus errichtet werden, bei öffentlichen Veranstaltungen ist jeglicher Prunk zu vermeiden, denn, so wendet er sich händeringend an die „Väter des Vaterlands",

> Öffentliche Lustbarkeiten, Anlaß zu öffentlichem Pomp vergrößern den Wirkungskreis der alles aufopfernden Eitelkeit. Sie vermindern die stille Ehrbarkeit des eingezogenen Bürgers, den sie aus seinem Berufskreis in Sphären reißen, wo er dahin ist, wie der Bauer in der italienischen Oper; sie zernichten den Geist der gemeinsamen Arbeitsamkeit, der die Stütze des Staates ist; ach, sie zernichten ihn, indem sie Putztische in die Bettlerkammern und Schoßhunde auf die Kanapee's der Strumpfwäscherinnen einführen.[42]

(3.) *Öffentlichkeit.* „Die Liebhaberei öffentlicher, großer paradierender Zirkel", wie sie durch den gesellschaftlichen Umschlagplatz des Theaters entstehen, „zernichtet" noch etwas anderes. Pestalozzi nennt es „das Heiligtum der engen Kreise":

> Enge Kreise sind und bleiben ewig das Band der Sitten und der reinen häuslichen Glückseligkeit; Genuß seiner Verwandten, seiner Nachbarn, Handlungsfreunde, Handwerksfreunde, Zunftgenossen, Mitmeister, Freunde unter Erleuchteten und Weisen, diese engeren Bande der Natur, die das Herz des Menschen mit teilnehmender Liebe nähren und seinen Verstand mit Kenntnissen, die für seine Lage und für seine Bedürfnisse schicklich, nährten, waren unsern Vätern heilig.[43]

---

[39] Jean-Jacques Rousseau: *Abhandlung über den Ursprung und die Grundlagen der Ungleichheit unter den Menschen* [1755], in: ders.: *Schriften* (Anm. 34), Bd. 1, S. 165-302, hier: S. 178.

[40] Johann Heinrich Pestalozzi: *Abhandlung über die Frage: In wie fern ist es schicklich dem Aufwande der Bürger, in einem kleinen Freystaate, dessen Wohlfahrt auf die Handelschaft gegründet ist, Schranken zu setzen?* [1780], in: ders.: *Pestalozzi's Sämmtliche Werke*, hg. von Ludwig Wilhelm Seyffarth, 12 Bde., Liegnitz 1899, Bd. 1, S. 302-328, hier: S. 302.

[41] Ebd.

[42] Ebd., S. 307.

[43] Ebd., S. 304.

Hier wird genauestens festgelegt, in welchen Kreisen bürgerliche Feste gefeiert werden sollen. Die Feste, die dazu da sind, die Bande unter Verwandten und Gleichgesinnten zu stärken, haben in der Sphäre des Privaten zu verbleiben, sie dürfen nicht in die Öffentlichkeit eindringen, jene Sphäre, in der alle gewachsenen, traditionellen Sozialbeziehungen sich unweigerlich auflösen.

Rousseau hatte eine ähnliche Öffentlichkeits-Phobie. Mit diesem Begriff assoziiert er wechselseitigen Beifall, heuchlerische Einförmigkeit und die Diktatur der Frauen. Die gesellige Gemeinschaft der beiden Geschlechter, zu der auch das Theater Anlass gibt, erstickt mit dem Geist der Galanterie, so fürchtet er, jede echte Beziehung zwischen ihnen. Er kann den Sinn „jener faden, galanten Redensarten", „jener beleidigenden und spöttischen Komplimente" nicht einsehen, „denen man nicht einmal den Schein auf Aufrichtigkeit zu geben geruht".[44]

Was für Pestalozzi die „engen Kreise" sind, sind für Rousseau die „Zirkel", in denen festliche Geselligkeit am Platze ist:

> Unsere Zirkel bewahren uns ein Bild der Sitten der Alten. Die Männer sind unter sich, brauchen ihre Begriffe nicht dem geringeren Fassungsvermögen der Frauen anzupassen: brauchen die Vernunft nicht in Galanterie zu kleiden und können sich gesetzten und ernsthaften Gesprächen ohne Furcht vor Lächerlichkeit hingeben.[45]

Während die Männer sich bündisch in Clubs und an Stammtischen treffen, sportlich oder militärisch ihre Kräfte messen oder gemeinsam jagen, gehen die Frauen und Töchter auch nicht leer aus: Für sie bietet sich an: „ein kleines Gesellschaftsspiel, ein Nachmittagskaffee und, wie man sich leicht denken kann, ein unerschöpfliches Geplauder".[46] Ein Theater würde diese Ordnung in kürzester Zeit zerstören. „Täglich treffen sich beide Geschlechter am selben Ort [...] im Weggehen ergeben sich kleine Abendessen mit den Frauen ... und so haben wir bald das angenehme Leben von Paris."[47]

Das Fest als Kompensation

Bereits die Gestrengsten unter den Puritanern wussten, dass ein uneingeschränktes Verbot von Begegnungen und Sinnenfreuden kaum praktikabel ist. Während sonntags die Herrschaft „Körper und Seele in den Dienst frommer, geistlicher Übungen" zu stellen hatte, war dem Gesinde immerhin nach der Abendandacht „eine rechtschaffene Zerstreuung gegönnt, um ihren ermüdeten Leib zu erholen".[48] Auch Rousseau war sich darüber im Klaren, dass rigorose Vergnügungs-Verbote praktisch undurchführbar und politisch unklug sind. Zweierlei war zu vermeiden: ununterbrochene Anstrengung und Mühsal, die die Arbeit unerträglich macht, aber auch ständige Vergnügungsreize (wie

---

[44] Rousseau: *Brief an Herrn d'Alembert über seinen Artikel „Genf"* (Anm. 34), S. 440.
[45] Ebd., S. 441.
[46] Ebd., S. 435.
[47] Ebd., S. 447.
[48] Zit. nach Schücking: *Puritanische Familie* (Anm. 29), S. 67.

das Theater; vom Fernsehen ahnte er glücklicherweise noch nichts), die „dem Müßiggang" täglich „ein sicheres Mittel" anbieten, den Körper enervieren und ihm die Lust an der Arbeit nehmen.[49]

Wie vor ihm Burton, der Theoretiker der Lebensreform, suchte auch Rousseau nach einem Ausgleich zwischen Mühsal und Müßiggang. Das richtige Mittel (im doppelten Sinne des Wortes) waren für ihn die Feste:

> Wollt ihr ein Volk tätig und fleißig machen? Gebt ihm Feste, bietet ihm Vergnügungen, die es seinen Staat lieben lehren und es davon abhalten, sich einen milderen zu wünschen. *Die so verlorenen Tage werden den Wert der anderen steigern.* Lenkt seine Freuden, um sie zu veredeln. Das ist das richtige Mittel, um seine Arbeiten zu beleben.[50]

Diese Sätze lassen an zynischer Deutlichkeit wenig zu wünschen übrig. Feste sind das Opium des Volkes, um seinen Patriotismus und seine Arbeitswilligkeit aufrechtzuerhalten. Jedes totalitäre Regime hat diesen Rat ernst genommen, ja, das Fest in Staatsregie ist nachgerade zur Signatur totalitärer Herrschaft geworden. Diese funktionalistische Perspektive gilt ebenso für die Politisierung wie für die Privatisierung des Festes. Alle Gesellschaften sind darauf angewiesen, dass verausgabte Kraft von Mal zu Mal reproduziert wird, damit der Arbeitsprozess weiterlaufen kann. Im Rahmen der Freizeitkultur macht man sich auf die Suche nach der individuellen Entspannung. Meist werden jedoch die Entlastungsangebote, so vielfältig sie auch sein mögen, nur die Enttäuschung darüber steigern, dass „morgen schon wieder gestern weitergeht".[51]

Das Fest als Kollektiverlebnis

Was Rousseau zu feiern wünschte, war weder der Staat noch das Individuum, sondern die Gesellschaft. Am Fest hielt er fest, weil es das Wunder vollbringen sollte, eine Gesellschaft in eine Gemeinschaft zu verwandeln. Unter den vielen Argumenten gegen das Theater wog für ihn besonders schwer, dass es die Menschen isoliert und anonymisiert.

---

[49] Rousseau: *Brief an Herrn d'Alembert über seinen Artikel „Genf"* (Anm. 34), S. 392.

[50] Ebd., S. 464 (Hervorh. hinzugefügt).

[51] Adorno: *Minima Moralia* (Anm. 31), S. 231. Den (un)befriedigten Sonntag als literarisches Sujet behandelt Walter Bruno Berg: *Der literarische Sonntag*, Heidelberg 1976. Das folgende Beispiel eines biographischen Samstags zeigt einen Bürgersohn auf der Suche nach dem Fest. Thomas DeQuincey schildert in seinen Bekenntnissen, wie er Samstagabends Opium nahm und sich auf den Londoner Märkten ins Getümmel mischte. Sein Fest ist ein vom Proletariat geborgtes und mit Drogen unterstütztes: „What then was Saturday night to me more than any other night? I had no labours that I rested from; no wages to receive: what needed I to care for Saturday night? [...] Now Saturday night is the season for the chief, regular, and periodic return of rest to the poor: [...] It is a rest introductory to another rest: and divided by a whole day and two nights from the renewal of toil. On this account I feel always, on a Saturday night, as though I also were released from some yoke of labour, had some wages to receive, and some luxury of repose to enjoy." (Thomas De Quincey: *Confessions of an English Opium Eater* [1821], Harmondsworth 1971, S. 80).

Sobald es dunkel wird, löst sich das Publikum in lauter Einsiedler auf. Der Abstand zum Nachbarn wächst in dem Maße, wie sich die Identifikation mit dem Bühnengeschehen einstellt und sich der kollektive imaginäre Binnenraum weitet. Rousseau hat diesen antisozialen Effekt ästhetischer Erfahrung verurteilt: „Man glaubt, sich zum Schauspiel zu versammeln, dort aber trennt sich jeder von jedem, man vergißt seine Freunde, Nachbarn und Verwandten, um sich mit Märchen aufzuhalten, um traurige Schicksale längst Verstorbener zu beweinen oder auf Kosten der noch Lebenden zu lachen."[52] Hier kommt die Nahtstelle zwischen Fiktion und Fest deutlich in den Blick. Das Theater ist für Rousseau „das falsche Fest". Beide Erfahrungsformen unterbrechen den Alltag, aber die ästhetische tut es, indem sie trennt und individualisiert, das Fest, indem es verbindet und sozialisiert.

> Laßt uns nicht diese sich abschließenden Schauspiele übernehmen, bei denen eine kleine Zahl von Leuten in einer dunklen Höhle trübselig eingesperrt ist, furchtsam und unbewegt in Schweigen und Untätigkeit verharrend, und wo den Augen nichts als Bretterwände, Eisenspitzen, Soldaten und quälende Bilder der Knechtschaft und Ungleichheit geboten werden. Nein, glückliche Völker, nicht dies sind eure Feste! In frischer Luft und unter freiem Himmel sollt ihr euch versammeln und dem Gefühl eures Glücks euch überlassen. [...] Ihr seid es selbst, das würdigste Schauspiel, auf das die Sonne scheinen kann.[53]

Statt wie im Theater die Augen alle gemeinsam auf einen fiktiven Punkt zu richten, sollen sich im Fest die Teilnehmer gegenseitig in den Blick nehmen, „daß ein jeder sich im andern erkennt und liebt, daß alle besser miteinander verbunden sind".[54]

Die Rache des Dionysos

Das Fest markiert einen Ausnahmezustand, ein „ephemeres Jenseits im Diesseits" (Wolfgang Preisendanz). Es steht und fällt mit der Alterität zum Alltag. Das Fest hebt sich ab von einem Hintergrund anerkannter Normalität. Das archaische Fest war die Zeit, in der die Götter bei den Menschen wohnen, von denen sie für gewöhnlich

---

[52] Rousseau: *Brief an Herrn d'Alembert über seinen Artikel „Genf"* (Anm. 34), S. 348.

[53] Ebd., S. 462 (Hervorh. hinzugefügt).

[54] Ebd., S. 462 f. In einer Anmerkung schildert Rousseau die Urszene, die seine emotionale Einstellung zum Fest geprägt hat. Das Kind wird auf dem Marktplatz Zeuge einer spontanen Festivität: „Nach dem Essen versammelte sich die Mehrzahl der Kompaniemitglieder auf dem Platz von St. Gervais, wo sie alle miteinander, Offiziere und Soldaten, um den Brunnen zu tanzen begannen, auf dessen Beckenrand Trommler, Pfeifer und Fackelträger geklettert waren. Ein Tanz von Leuten, die gut gegessen haben, bietet an sich keinen sonderlich fesselnden Anblick, aber die Übereinstimmung von fünf- oder sechshundert uniformierten Männern, die einander alle bei der Hand halten und eine lange Kette bilden, die sich im Takt und ohne jede Unordnung tausendfach vor und zurück durch tausend sich verschieden entwickelnde Figuren windet, die Melodien, die dazu gespielt werden, der Lichtschein der Fackeln, der ganze militärische Verband auf dem Gipfel des Vergnügens, all dies bewirkte ein sehr lebhaftes Gefühl und konnte nicht kalt lassen." (Ebd., S. 472).

getrennt sind. Das karnevalistische Fest stellte die Sozial- und Wertordnung auf den Kopf, die außerhalb dieser Domäne ihre unerbittliche Gültigkeit besaß. Und selbst die aristokratischen Festlichkeiten, die doch Teil einer permanenten Mußekultur waren, schöpften ihre Energie aus der Distinktion zur sozialen Umwelt. Ohne diese Differenzqualität zwischen alltäglicher Regel und sorgfältig inszenierter Ausnahme ist das Fest nicht denkbar. Daraus folgt, dass es Schwellen geben muss, die das Fest von der unfestlichen Umgebung abheben. Solche Schwellen sind in der Zeit deutlich markiert: Jedes Fest ist befristet, ist eingeschlossen in eine Spanne zwischen Anfang und Ende. Alle Inszenierungsformen aktualisieren die begrenzte Gestalt des Festes: das Ein- und Auskleiden, der Rausch und die Ernüchterung, die Inversion der Ordnung und ihre Zurücknahme. Das Fest ist angewiesen auf Passage-Riten, die in es hinein- und wieder aus ihm herausführen.

Deshalb ist dem Fest nichts so abträglich wie die Nivellierung dieser Differenzqualität. Mit der Aufweichung seiner Grenzen löst es sich selbst auf. Das ist in zwei Richtungen möglich. Die eine Möglichkeit, die Spiritualisierung des Alltags, haben wir bereits erwähnt. Mit der Sakralisierung der Arbeit und der Universalisierung des pragmatischen Nutzens entstand eine homogene Zeitordnung, die kaum Gelegenheit zur befreienden Ausnahme gestattet. Entsprechend gilt: Je mehr (utopischer) Glanz auf den Werktag fällt, desto blasser wird das Fest. In geschichtsphilosophischer Perspektive wird die Selbstbefreiung des Menschen und die Vervollkommnung der Vernunft in die Dimension der Geschichte gerückt. Es gibt nicht mehr viel zu feiern, wo der Gang der Geschichte in unaufhaltsamem Fortschritt auf einen ewigen Sonntag hinausläuft.[55]

Aber auch dort, wo der utopische Glanz des Alltags getrübt ist und es nichts mehr zu hoffen gibt, verliert das Fest seinen Boden. Max Weber ist als Epiker der modernen Rationalisierung zugleich der Prophet des heroischen Alltags geworden – heroisch in der Einsicht, dass es aus ihm keinen Ausgang ins Fest mehr gibt. Die Zeichen stehen auf Versachlichung und Veralltäglichung des sozialen und politischen Lebens (wenn auch der Begriff des ‚Charismas‘ am Horizont wetterleuchtet). Dem Anwalt der Moderne blieb der zyklische, der konkrete und der kollektive Charakter des Festes gleichermaßen fremd. Es ist ein Affront gegen die modernen Grundüberzeugungen von der Geschichtlichkeit der Welt, der Rationalität der Gesellschaft und der Individualität des Menschen.

Nichts ist bezeichnender für die gegenwärtige Problematik des Festes, als dass es zwischen die Fronten der Moderne und der Anti-Moderne geraten ist. Im einen Lager ist es allmählich vergessen, im anderen ist es plötzlich totalisiert worden. Der unermüdliche Weltveränderer Prometheus weicht dabei dem orgiastischen Dionysos. Dieser kehrt im Triumph zurück und lässt sich nun nicht mehr eindämmen in befristete, ritualisierte Enklaven. Er wird vielmehr zum Fanal einer anderen Lebensform, einer endgültigen Befreiung. Eine Rückkehr in die Normalität kommt nicht mehr in Frage, denn die

---

[55] Vgl. dazu Rüdiger Safranski: *Schopenhauer und die wilden Jahre der Philosophie. Eine Biographie*, München/Wien 1987, der auf Hegels Reflexion über eine Wahrheit des „Werktags" und eine Wahrheit des „Sonntags" eingeht, um dann fortzufahren: Hegel „versucht, Sonntag und Werktag zusammenzudenken. Seine Geschichtsphilosophie ist eine Philosophie der ganzen Woche. Sein Trost: Die Werktage der Geschichte werden, da der Mensch ein ‚Werkmeister seines Glücks‘ ist, auf einen geschichtlichen Sonntag zulaufen." (S. 330 f.).

verbindet sich mit zermürbender Routine, zerstörerischer Rationalität und repressiver Moral. Ein solcher Alltag ist nicht mehr nur noch prosaisch; er ist feindlich. Ihm ist nicht mehr mit festlichen Pausen, sondern nur noch mit radikaler Erneuerung beizukommen. Der entfremdete Alltag ist auf Sehnsucht nach Erlösung angelegt. Man lechzt nach dem Augenblick, wo endlich „die Kraft des wirklichen Lebens die Kruste einer in Wiederholung erstarrten Mechanik" durchbricht.[56] Solche Erlösung verspricht das totale Fest.

Nietzsche hat es als Anbruch eines goldenen Zeitalters verherrlicht. Im Zeichen des Dionysos sind alle Leiden der Zeit mit einem Schlage behoben, der Mensch ist mit dem Menschen und mit der Natur versöhnt. Ein jeder fühlt sich – wie einst bei Rousseau – „mit seinem Nächsten nicht nur vereinigt, versöhnt, verschmolzen, sondern eins [...] Singend und tanzend äußert sich der Mensch als Mitglied einer höheren Gemeinschaft [...] Der Mensch ist nicht mehr Künstler, er ist Kunstwerk geworden."[57] Nietzsches eschatologische Vision lässt sich auf keine limitierte Lizenz und zeitliche Befristung mehr eindämmen. Wer so handgreiflich das Paradies vor Augen hat, hat ausgefeiert. Hier hat sich ein Sehnsuchtspotential aufgestaut, das mit punktuellen Entlastungen und Entschädigungen nicht mehr zu bearbeiten ist.[58]

---

[56] Carl Schmitt: *Politische Theologie. Vier Kapitel zur Lehre von der Souveränität*, Berlin 1922, S. 22.

[57] Friedrich Nietzsche: *Die Geburt der Tragödie oder Griechentum und Pessimismus*, in: ders.: *Werke in drei Bänden*, hg. von Karl Schlechta, München 1960, Bd. 1, S. 7-134, hier: S. 24 f. Nietzsches Vision hat unmittelbar auf die Jugendbewegung gewirkt, die man nach Sturm und Drang und Romantik als „dritten Stoß der deutschen Bewegung" bezeichnet hat. In seinem 1924 erschienenen Aufsatz *Die Stellung des Jugendspiels im Rahmen der gegenwärtigen allgemeinen Kulturbewegung* feierte Herman Nohl ein neues Körper- und Gemeinschaftsgefühl im Wandern, Singen, Spielen und Tanzen, vor allem aber „in den Festen dieser Jugend als der Einheit aller dieser Momente". Bei Nohl stoßen wir auf dieselbe Umbiegung ästhetischer in festliche Erfahrung, wie sie bereits das Grundanliegen des Rousseauschen Briefs an D'Alembert gewesen ist. Die Jugendbewegung erhob die Einheit von Kunst und Leben zu ihrem Programm. Gesang oder Schauspiel galt „nicht mehr als Kunstleistung des einzelnen Individuums, der die anderen staunend zuhören, wie im Konzert, sondern als Ausdruck der inneren Bindung ihrer Gemeinschaft, [...] wo Kunst nicht mehr die Ergänzung des Lebens ist, sondern eine Form des höheren Lebens selbst" (Herman Nohl: *Pädagogische Aufsätze*, 2. verm. Aufl., Berlin/Leipzig 1930, S. 92 und 96).

[58] Die Rache des Dionysos war – wie es sich für diesen Gott gehört – blutig. Für die Generation nach Nietzsche wurde der Krieg selbst zum Fest. Die Kriegsfreiwilligen, so wird berichtet, die 1914 mit Gesang die feindlichen Stellungen stürmten, zogen in ihn „wie auf eine Wandervogelfahrt, erfüllt von der Schönheit [ihrer] Heimat und der großen Liebeseinheit [ihres] Volkes" (Herman Nohl: *Vom deutschen Ideal der Geselligkeit* [1915], in: ders.: *Pädagogische Aufsätze* [Anm. 56], S. 121-134, hier: S. 133). Dieser nach dem Krieg entstandene Aufsatz über das Ideal der Geselligkeit mündet selbst in eine Apotheose des Krieges: „Alles, was [diese Jugend] erhoffte, wurde in jenen Augusttagen wahr, als unser ganzes Volk mit Gesang und schrankenloser Einmütigkeit in seinen aufgedrungenen Kampf zog. [...] und die diesen Krieg überleben, werden die heilige Aufgabe haben, ihn zu bewahren und immer mehr und mehr wahrzumachen" (ebd., S. 134).

Dionysos macht weiterhin von sich reden. Voraussetzung für seine Wiederkehr in der pluralistischen Gegenwart ist freilich seine grundsätzliche Verharmlosung. Alle bedrohend totalisierenden Züge, das Schreckliche wie das Erhabene, hat er abgelegt. Aber auch in seiner neuen Metamorphose ist er kein ganz unproblematischer Schutzpatron des Festes. Eine „neue Modulation des Dionysischen", so hören wir von Michel Maffesoli, steht an und ist im Begriff, dem „orgiastischen Lebensgefühl" zum Durchbruch zu verhelfen.[59] Eine allgemeine Verfestlichung des Lebens bahnt sich an, die sich tendenziell jeden Bereich erobern kann. Mit der Entschränkung des orgiastischen Lebensgefühls hofft man etwas zurückzugewinnen, was in der Jahrtausende währenden Geschichte moderner Rationalisierung und Weltentzauberung auf der Strecke blieb, nämlich die in der Mußekultur entwickelte Genussfähigkeit. Was bisher immer nur ein Privileg weniger gewesen ist, das scheint für Maffesoli jetzt endlich in allgemeine Reichweite gerückt.

Die schärfste Kritik an der Postmoderne stammt aus den zwanziger und dreißiger Jahren, als sie noch nicht die Sanktion des Selbstverständlichen hatte, sondern sich erst als eine konsequente Entwicklung immanenter Möglichkeiten am Zukunfts-Horizont abzeichnete. Damals glaubten Künstler wie Eliot oder Huxley und politische Denker wie Carl Schmitt oder Leo Strauß Zeuge einer weltgeschichtlichen Wende zu werden. Die geschichtlichen Mächte des Politischen und des Religiösen waren im Begriff, von den ungeschichtlichen Mächten des Ästhetischen und Ökonomischen abgelöst zu werden. Diese Wende, so wurde befürchtet, würde die moralischen Wurzeln der Gesellschaft endgültig kappen. Einer friedlich fröhlich festlichen „Kultur- und Konsumgenossenschaft" stünde dann nichts mehr im Wege.

Diese Perspektive, das müssen wir uns heute erst mühsam klarmachen, hat die Geister damals mit äußerstem Entsetzen erfüllt. Heute registriert man mit Erleichterung, dass das moralische Paradigma verloren (‚paradigm lost') und der alte Spielverderber, die Moral, ausgeschaltet ist.[60] Vielleicht stehen wir damit auch dem Festlichen näher denn je, und das Warenhaus darf wirklich als Inbegriff des permanenten Festes gelten. Sicher ist etwas dran,

> daß Nachgiebigkeit und Müßiggang, die einmal das Privileg der Boheme oder einer kleinen Schicht gewesen sind, nun anfangen, sich breitzumachen [...]. Das Genießen, auch wenn das nur eine Tendenz ist, scheint zu etwas ‚Banalem' zu werden; es scheint, da es in den Alltag Eingang findet und sich dort mit der antiken Figur der Unbestimmtheit des orgiastischen Lebensgefühls trifft.[61]

Aber diese Perspektive ist für die Idee des Festes nicht unproblematisch. Wenn das *totale* Fest ins Katastrophische umschlägt, schlägt das *permanente* Fest ins Banale um. Die extensive Verfestlichung des Alltags muss eine Veralltäglichung des Festes nach

---

59 Michel Maffesoli: *Der Schatten des Dionysos. Zu einer Soziologie des Orgiasmus*, übers. von Martin Weinmann, Frankfurt a.M. 1986, S. 22.
60 Niklas Luhmann: *Das verlorene Paradigma. Über die ethische Reflexion der Moral*, in: *FAZ* Nr. 302 (28.12.1988) N3-N4 S. 27.
61 Maffesoli: *Der Schatten des Dionysos* (Anm. 58), S. 27.

sich ziehen. Die Unbestimmtheit einer diffusen Festlichkeit nivelliert die in der Kulturgeschichte des Festes stets beobachtete Genauigkeit in „Grenzziehung, Regel und
Brauch, Anfang und Ende".[62] Wie Religionen abzusterben pflegen, wenn sie glaubwürdig werden, so könnte das Fest bedroht sein, wenn es umstandslos „in den Alltag Eingang findet".

---

[62] Christian Graf v. Krockow: *Reise nach Pommern*, Stuttgart 1985, S. 121.

KAPITEL 2

Der Sammler als Pedant. Skizzen eines Typus bei Thomas Overbury, Jean de La Bruyère, Joseph Addison

> Denn sowenig man das Neue und Junge ver-
> stehen kann, ohne in der Tradition zu Hause zu
> sein, so unecht und steril muss die Liebe zum
> Alten bleiben, wenn man sich dem Neuen ver-
> schließt, das mit geschichtlicher Notwendig-
> keit daraus hervorgegangen.
>
> Thomas Mann, *Doktor Faustus* (1947)

In dem vorangestellten Motto reflektiert der Erzähler in Thomas Manns Roman *Doktor Faustus* über ein Dauerthema der Kunstkritik: den Zusammenhang von Tradition und Innovation. Obwohl diese Begriffe oft als Antonyme verstanden werden und polemisch gegeneinander gesetzt werden, sind sie doch dialektisch aufeinander bezogen. Denn das Neue kann überhaupt erst aus einem Vergleich mit dem Alten entstehen; wer das Alte überwinden will, muss es gut kennen. So oder so kann das eine nicht auf das andere verzichten. Die Position, die Thomas Mann hier formuliert, ist harmonisch auf Ausgleich bedacht. Er gehörte ganz offensichtlich nicht zu jenen Aktivisten, die Anfang des Jahrhunderts künstlerische Innovation mit dem Brechen von Konventionen, bürgerlicher Provokation und einem radikalen Sprung in der ästhetischen Kommunikation verstanden.

Im Folgenden sollen Texte zur Sprache kommen, die an einem Spalt entstanden sind, wo sich das Alte und das Neue trennen. Ich meine damit nicht die Debatte, die als *Querelle des Anciens et des Modernes* in die Literaturgeschichte eingegangen ist. In diesem Kunststreit haben sich vor allem Autoren engagiert, die gegensätzliche Vorstellungen von der Zukunft der Literatur hatten: Sollte sie den antiken Vorbildern folgen oder dem Genie der Neuerer Raum geben? Sollte der klassizistischen Nachahmung oder der originellen Schöpfung der Vorzug gegeben werden? In diesem Kapitel werden diese Probleme aus einer anderen Perspektive und in einer anderen Gattung thematisiert. Es handelt sich um einige Beispiele einer weitgehend unbekannten literarischen Kurz-Prosa-Gattung, die im 17. Jahrhundert Konjunktur hatte: die Charakterskizze. Die Praxis dieser Gattung reicht von Theophrast bis zu Elias Canetti; ihr Thema ist eine Bestandsaufnahme wiedererkennbarer sozialer Typen, menschlicher Verhaltensweisen und charakterlicher Dispositionen. Unter diesen Typen gibt es auch das wiederkehrende Porträt des Sammlers, das im Folgenden näher betrachtet werden soll. Es wird sich dabei zeigen, dass die Figur des Sammlers im 17. und frühen 18. Jahrhundert im Spannungsfeld unterschiedlicher Strömungen und Entwicklungen stand, wobei die Textbeispiele, die hier zusammengestellt und ins Visier genommen werden, ein durchgehendes Thema haben, und das ist das Auseinanderbrechen des Alten und Neuen.

Die Figur des Sammlers tritt in den Quellen, die hier untersucht werden sollen, als Pedant, Kritiker und Antiquar hervor. Seine wechselnden Namen stigmatisieren ihn als einen Exzentriker, der einen ‚schrägen Blick' kultiviert, welcher in einen immer stärker werdenden Widerspruch zu einer als ‚richtig' empfundenen Umgangsform mit Kunstwerken tritt. Dieses Divergieren zwischen einer exzentrischen und einer dialektisch hinzuzudenkenden ‚zentrischen' Perspektive wird dabei im Zentrum der Frage stehen. Denn in Parallele mit dem Typus des Exzentrikers hat sich zugleich der des ‚Zentrikers' entwickelt, der das Absonderliche, Befremdliche, Merkwürdige erst dadurch hervorbringt, dass er ihm neue Normen der Angemessenheit und Vollkommenheit entgegenstellt. Die satirisch karikierenden Blicke auf den Sammler sind deshalb, wie ich meine, nicht verständlich ohne den normativen Hintergrund einer neuen Ästhetik. Diese Ästhetik bildet zugleich das Fundament unserer literatur- und kunstwissenschaftlichen Disziplinen, das derzeit in eine hermeneutische Krise geraten ist. In dieser Krise lohnt es sich, wieder an die Anfänge jener Ästhetik zu erinnern und insbesondere an jene Erscheinungen, die damals als exzentrisch ausgegrenzt wurden und der Kanonisierung neuer Normen zum Opfer fielen.

Sämtliche Texte, die ich für diese Untersuchung heranziehen möchte, entstammen der Gattung der ‚Charakterskizze'. Von Theophrast, dem Schöpfer dieser Gattung, sind 30 solche Charakterskizzen überliefert und immer wieder aufgelegt worden.[1] Gegen Ende des 16. Jahrhunderts wurden sie ins Englische übersetzt, was dem Genre in England eine hohe Popularität eintrug und auch eine produktive Auseinandersetzung und Weiterentwicklung anstieß. In dieser Prosagattung, die dem Essay nahe steht, werden prägnante menschliche Verhaltensweisen beschrieben, die hervorstechende Eigenschaften aufs Korn nehmen und einem bestimmten Typus zuordnen. Die literarische Kunst der Charakterskizze besteht darin, mit Beschreibungen, Bildern, kleinen Szenen und Reflexionen ein physiognomisch exaktes Wortporträt eines solchen Typus zu zeichnen, das äußerliche und innerliche Wesenszüge ebenso wie Verhaltenseigentümlichkeiten treffsicher konturiert.

Vom Charakter zur Karikatur ist es hier nur ein Schritt. Hinter dieser Gattung steht zunächst die satirisch pessimistische Anthropologie der antiken Komödie, die den Menschen als ein durch unveränderliche Kennzeichen „beschriebenes Blatt" sieht – denn Charakter heißt in erster Linie „Schriftzeichen" – und die also gänzlich von der Möglichkeit seiner Entwicklungsfähigkeit und Veränderbarkeit absieht. In der Geschichte der Gattung haben sich diese anthropologischen Voraussetzungen den sozialen und geistigen Veränderungen flexibel angepasst. Nicht nur, dass das Typeninventar auf die neue Sozialwelt umgestellt und erweitert wurde, so dass bei Thomas Overbury erstmals auch Frauenporträts und bei John Earle Altersstufenporträts hinzukamen, es konnte sich

[1]   Theophrast: *Charaktere. Dreißig Charakterskizzen*, übers. von Kurt Steinmann, Frankfurt a.M. 2000.

wie bei Joseph Hall der Schwerpunkt auch von der Sozialsatire zu einer christlich pädagogischen Sortierung von Charakterbildern nach Tugenden und Lastern verschieben.

Innerhalb der Gattung besteht ein eigentümliches Verhältnis von Übernahme und
Erneuerung, von Abschreiben und Umschreiben, wie wir es uns im Zeitalter der Autorschaft nur noch schwer vorstellen können. Die Charakterporträts stehen im nicht-
kanonischen Raum der Prosa-Skizzen, der Fingerübungen, der Proben einer verbalen
Virtuosität, die ihre Würze in der Kürze hat. Eine intertextuelle Bezugnahme auf die
Vorgänger ist dabei unverkennbar; so bildet sich in dieser Gattung, die es ja auf Typen
abgesehen hat, zusätzlich unter der Hand noch ein gewisses Repertoire an Beschrei-
bungs-Stereotypen heraus. Solche Prozesse intertextueller Verfestigung fallen auf, wenn
wir einen spezifischen Typus innerhalb der Gattung Charakterskizze über einen Zeitraum von genau hundert Jahren (1612-1712) verfolgen, und zwar den Typus des Sammlers.

Dieser Sammler-Pedant, der im Folgenden an einigen Textbeispielen vorgestellt
werden soll, weist starke Ähnlichkeiten mit dem Typus des *Virtuoso* auf, den Walter E.
Houghton im 17. Jahrhundert untersucht hat.[2] Auch diese Figur gewinnt ihr Profil im
Rahmen einer Evolution des Wissens, bei der sich neue Wissensgegenstände und Wis-
senshaltungen herausbilden. Diese Umwälzungen bringen neue Differenzierungen im
Typus des Wissenden mit sich wie die zwischen Amateur und Spezialist, zwischen
Spezialist und Generalist, zwischen Pedant und Wissenschaftler beziehungsweise Kritiker. Die Figur des Pedanten ebenso wie die des *Virtuoso* bezeugt eine Destabilisierung
der Kriterien eines als wahr und gültig anerkannten Wissensbestandes. Beide verkörpern ein marginalisiertes Wissen, dem die soziale Reputation entzogen wird. Dieser im
Aufbau neuer Wissenschaftsstandards abgewertete Wissenstyp wird durchgängig mit
fehlgeleiteter Neugier und unproduktiver Sammelleidenschaft assoziiert. Diese Sammlungen unbekannter Pflanzen, Muscheln, Insekten, aber auch alter Gemälde, Bücher,
Statuen und Münzen aus dem 17. Jahrhundert bilden, wie uns heute bewusst wird, den
Grundstock vieler naturkundlicher Museen, Bibliotheken und Galerien. Vor dem Zeitalter des Historismus wurden sie dagegen beargwöhnt als Zeugnisse fehlgeleiteter Aufmerksamkeit, als Konzentration aufs Nebensächliche und Unbedeutende, als Schließung
statt Öffnung des Wissenshorizonts.

I.

Mein erstes Textbeispiel stammt von Thomas Overbury, der wegen einer Hofintrige im
Tower eingesperrt und in der Haft auf Betreiben seiner Widersacher im Jahre 1615
vergiftet wurde. Sein Name ist aber nicht nur mit dieser jakobitischen Skandalgeschich-
te, sondern auch mit seinen Charakterskizzen verbunden, die posthum veröffentlicht
und in vielen Auflagen und Abschriften verbreitet wurden. In Overburys Sammlung
findet sich folgendes kurze Porträt des Pedanten:

---

[2] Walter E. Houghton Jr.: *The English Virtuoso in the Seventeenth Century. Part I*, in: *Journal of the History of Ideas* 3 (1942), S. 51-73; Walter E. Houghton Jr.: *The English Virtuoso in the Seventeenth Century. Part II*, in: *Journal of the History of Ideas* 3 (1942), S. 190-219.

Ein Pedant

Er schreitet in regelmäßigen Schritten, seine eine Hand skandiert Verse, während die andere sein Zepter hält. Er wagt keinen Gedanken zu denken, bei dem der Nominativ nicht das Verb regiert, und er hatte in seinem Leben nie Bedeutung, denn er kümmerte sich ausschließlich um Worte. Sein Ehrgeiz ist ‚Criticisme‘, und sein Vorbild Cicero. Er legt Sätze auf die Goldwaage und beurteilt sie nach ihrem Klang, wobei ihm die acht Aspekte der Rede zu Diensten stehen. Um es kurz zu machen: er ist ein Heteroklit, denn ihm fehlt der Plural, weil er nur eine einzige Dimension der Worte kennt.[3]

Diese Dimension, so dürfen wir hinzufügen, ist die von Schall und Rauch. Der Pedant gilt als Virtuose einer neuen Kunst der Kritik, die als ein französischer Import betrachtet wird (*criticisme*). Die damit verbundene Kompetenz diszipliniert den Menschen bis zur körperlichen und geistigen Deformation. Während er sich ausschließlich der materiellen Außenseite der Worte und Sätze zuwendet, entgeht ihm der Gehalt der Sprache. Die große Geste des Kunstrichters steht in einem grotesken Missverhältnis zum leeren Wortgeklingel, auf das er sich mit pompösem Aufwand spezialisiert hat.

Dem Kritiker ist auch ein Porträt in der Sammlung von John Earle gewidmet, die den Titel *Micro-cosmographie, or A Piece of the World Discovered* trägt (1628).

Ein Kritiker

Ist einer, der eine große Menge von Büchern durchgesehen hat, sich aber nur um die Orthographie kümmert. Er ist ein Chirurg der alten Autoren, er heilt die Wunden des Staubes und der Unkenntnis. Er kann viel mit Fragmenten und Lücken anfangen, und wenn er sie mit zwei Zeilen zusammenflickt, ist er stolzer über das Buch als der Autor. Er liest alle Wissenschaften, um sich auf die Syntax zu konzentrieren, und hält die Fähigkeit, Latein schreiben zu können, für den Gipfel allen Wissens. Er schmeckt Stile wie einige feinere Gaumen Wein, und er erklärt, was echt, was kunstfertig und was roh ist. Seine eigene Rede ist ein Sammelsurium alter Worte, die lange vor den Cäsaren gestorben sind und von Varro begraben wurden, und der modernste Mann, dem er folgt, ist Plautus. Er schreibt mit Vorliebe *omneis* und *quicquid,* und sein Gerundium ist äußerst umständlich. Er ist ein unleidlich leidiger Quäler der Toten, die nach so langer Verschonung auferstehen müssen, um sich seine Urteile anzuhören. Er ist dafür verantwortlich, dass die Bücher teurer werden, weil er sie mit seinen Kommentaren zu Folios aufschwemmt.[4]

---

3 Sir Thomas Overbury: *Characters, or, Witty Descriptions of the Properties of Sundry Persons*, in: ders.: *The Miscellaneous Works in Prose and Verse of Sir Thomas Overbury, now First Collected, edited with Notes*, hg. von Edward F. Rimbault, London 1890, S. 69 (Übers. A. A.). „A Pedant. Hee treades in a rule, and one hand scannes verses, and the other holds his scepter. Hee dares not thinke a thought, that the nominative case governs not the verbe; and he never had meaning in his life, for he travelled only for words. His ambition is *criticisme,* and his example *Tully*. Hee values phrases, and elects them by the sound, and the eight parts of speech are his servants. To bee briefe, he is a *heteroclite*, for hee wants the plurall number, having onely the single quality of words.“

4 John Earle: *Micro-cosmographie, or A Piece of the World Discovered. In Essayes and Characters*, London 1628, S. 35 (Übers. A. A.). „A criticke | Is one that has speld ouer a great many of Bookes, and his observation is the Orthographie. Hee is the Surgeon of old Authors, and heales the wounds of dust and ignorance. He conuerses much in fragments and *Desunt*

Bestimmte Kritiker-Topoi haben sich Anfang des 17. Jahrhunderts bereits festgesetzt: Diese neue Zunft interessiert sich nur für das Wie und nicht für das Was, sie konzentriert sich ausschließlich auf die nicht bedeutungstragende materielle Außenseite. Hinzu kommt die Nekrophilie, die Obsession mit der Vergangenheit, die die Wunden der Zeit heilt, jedoch keine Neuerungen zulässt, weshalb die Sprache des Kritikers aus obsoleten Worten und seine Schriften aus Archaismen bestehen. Sein Geschmacks- und Kritiker-Urteil wird mit dem jüngsten Gericht verglichen, weil auch dieses die Toten aus ihrer Ruhe aufschreckt. Mit dem Auftritt dieses Typus des Kritikers trennen sich die Funktionen der geistigen Schöpfung und Innovation des Autors auf der einen Seite von der als unproduktiv oder trivial eingeschätzten Funktion des philologischen Epigonen auf der anderen Seite, der bei aller Kenntnis und Wissenschaft niemals an die Substanz der von ihm bewunderten Autoren heranreicht.

Das Merkmal der Nekrophilie zeichnet einen weiteren der Earleschen Charaktere aus, den Antiquar. Dieser Typus fetischisiert das Alte und sammelt alles, vorausgesetzt, dass es hinreichend vergammelt und verrottet ist.

> Ein Antiquar
> Er ist ein Mann, dem die Vergangenheit teuer ist, und ein Feind des Rachens der Zeit, aus dem er allerlei birgt, was inzwischen vermodert ist und stinkt. Er ist pervers, weil er ins Alter und in Falten verliebt ist, und alle Dinge (wie der Holländer den Käse) erst dann goutiert, wenn sie vermodert und wurmzerfressen sind. Er ist ein Anhänger unserer Religion, weil es heißt, dass sie die älteste sei; allerdings macht ihn eine zerbrochene Statue zu einem Götzendiener. Er ist ein großer Bewunderer des Rosts alter Monumente, und liest nur Schriften, in denen die Zeit die Buchstaben ausradiert hat. Er geht vierzig Meilen, um eine heilige Quelle oder eine Klosterruine zu sehen; allerdings verfällt er schon beim ersten Kreuz oder Steinblock am Wege in eine so intensive Betrachtung, dass er das Ziel seiner Reise vergisst. Sein Reichtum besteht aus Schekeln und römischen Münzen, und er hat mehr Bildnisse von Caesar als von Jacob oder Elizabeth. Bettler drehen ihm allen möglichen Trödel an, den sie aus Misthaufen ausgegraben haben, und er bewahrt ihren Plunder wie kostbare Reliquien auf. Er mag nur Bibliotheken, in denen es mehr Spinnenrollen als Buchrollen gibt, und er bewundert die alte Arbeit ihrer Netze. Er verachtet gedruckte Bücher, weil sie eine Neuheit unserer Zeit sind; über eine Handschrift hingegen kann er sich ewiglich beugen, besonders wenn diese mottenzerfressen ist und der Staub eine Parenthese zwischen jede Silbe setzt. Alle Bücher seiner Bibliothek – bei denen es sich durchweg um Raritäten handelt – würde er für einen alten römischen Einband oder einen sechszeiligen Cicero-Autographen hergeben. Fremdartige Felle hängen an den Wänden seiner Zimmer, die man aufgrund der seltsamen Knochensammlungen für Beinhäuser halten könnte. Über diese kann er Vorträge halten, die um einiges länger sind als

multa's, and if he piece it up with two Lines, he is more proud of that Booke then the Authour. Hee runnes ouer all Sciences to peruse their Syntaxis, and thinkes all Learning compris'd in writing Latine. Hee tastes Styles, as some discreeter Palats doe Wine; and tels you which is Genuine, which Sophisticate and bastard. His owne Phrase is a Miscellany of old words, deceas'd long before the *Caesars*, and entoomb'd by *Varro,* and the modern'st man hee followes, is *Plautus.* Hee writes *Omneis* at length, and *quidquid*, and his Gerund is most inconformable. He is one that makes all Bookes sell dearer, whilst he swels them into Folio's with his Comments."

die Geduld seiner Zuhörer. Seine Kleidung ist verschroben, und man kann eine Kritik aus seinen Hosen herausziehen. Er selbst hält nicht viel von sich, bis er endlich grauhaarig ist, dann erfreut er sich nämlich seiner eigenen Antiquität. Das Grab schreckt ihn nicht, denn an Grabmale ist er gewöhnt, und er schätzt den Tod, weil er ihn zu seinen Vätern bringt.[5]

Zwischen dem Pedanten, dem Kritiker und dem Antiquar bestehen deutliche Verbindungen: die Fetischisierung des Vergangenen, die Innovationsfeindlichkeit, die Unnatürlichkeit, die Lebensfremdheit. Mit dem Antiquar erweitert sich das Spektrum der Sammelgegenstände von den kanonischen Autoren und alten Büchern auf alle möglichen Gegenstände, die Alter, Seltenheit und Zerstörung kostbar gemacht haben. Von Earle wird der Typus des Antiquars mit einer Perversion oder Krankheit gleichgesetzt, die dann in ihrer Symptomatik umrissen wird. Der Anachronist lebt nicht in der Gegenwart, sondern in einer vergangenen Kulturepoche, die gerade noch mit ein paar Indizien und Fragmenten in die Gegenwart hineinreicht. Diese werden von ihm als Spuren gelesen, die ihn auf eine Zeitreise in die Vergangenheit setzen. Seine spinnenverhangene Bibliothek ist eine Allegorie obsoleten Wissens, das nur wegen ihres hohen Alters Interesse findet. An die Bibliothek schließt das Naturalienkabinett an, in dem er Kuriositäten aus der Naturgeschichte verwahrt. Der Kosmos dieses Sammlers erstreckt sich auf drei Gebiete: kulturgeschichtliche Gegenstände und Monumente, Bücher und Naturalien. Seine Existenz ist nicht denkbar ohne zwei historische Brüche, die die englische Renaissance zu einer veritablen Neuzeit machten und aus ihr das Antike dialektisch hervortrieben: die Säkularisierung Heinrichs VIII. mit der gewaltsamen Beendigung päpstlich-katholischer Tradition, die das Land mit frischen Ruinen übersäte, sowie

---

5   Earle: *Micro-cosmographie* (Anm. 4), S. 7 (Übers. A. A.). „An Antiquary. | Hee is a man strangely thrifty of Time past, and an enemy indeed to his Maw, whence he fetches out many things when they are now all rotten and stinking. Hee is one that hath that unnaturall disease to bee enamour'd of old age, and wrinckles, and loues all things (as Dutchmen doe Cheese) the better for being mouldy and worme-eaten. He is of our Religion, because wee say it is most ancient; and yet a broken Statue would almost make him an idolater. A great admirer he is of the rust of old Monuments, and reads only those Characters, where time hath eaten out the letters. Hee will goe you forty miles to see a Saints Well, or ruin'd Abbey: and if there be but a Crosse or stone foot-stoole in the way, hee'l be considering it so long, till he forget his journey. His estate consists much in shekels, and Roman Coynes, and hee hath more Pictures of *Caesar*, then *Iames* or *Elizabeth*. Beggers coozen him with musty things which they haue rak't from dunghils, and he preserues their rags for precious Reliques. He loues no Library, but where there are more Spiders volumes then Authors, and lookes with great admiration on the Antique worke of Cob-webs. Printed bookes he contemnes, as a nouelty of this lauer age; but a Manuscript he pores on euerlastingly, especially if the couer be all Moth-eaten, and the dust make a Parenthesis between euery Syllable. He would giue all the Bookes in his Study (which are rarities all) for one of the old Romane binding, or sixe lines of *Tully* in his owne hand. His chamber is bung commonly with stange Beasts skins, and is a kind of Charnel-house of bones extraordinary and his discourse vpon them, if you will heare him shall last longer. His very atyre is that which is the eldest out of fashion, and you may picke a Criticism out of his Breeches. He neuer lookes vpon himself till he is gray hair'd, and then he is pleased with his owne Antiquity. His Graue do's not fright him, for he ha's been vs'd to Sepulchers, and hee likes Death the better, because it gathers him to his Fathers."

die Erfindung des Buchdrucks, die neue Technologie, die die vorangegangene Handschriftenkultur abrupt entwertete.

II.

An diesem Punkt meiner Beispielsammlung müssen wir einen historischen Sprung machen. Gegen Ende des 17. Jahrhunderts, im Jahre 1688, übersetzte der französische Dichter und Moralist La Bruyère (1645-1698) Theophrast für die Franzosen und schrieb den Klassiker auf seine Weise fort, wie dies in der Gattung üblich ist. Sein Porträt des Sammlers hat er in seinem berühmten Werk *Les Charactères* in einem Kapitel mit dem Titel *De la Mode* versteckt. Darin entwickelt La Bruyère die mentale und moralische Disposition des Typus unter ganz neuen Vorzeichen. Am Anfang seines Porträts setzt er einen Begriff ein, der in der Charakteristik des Sammlers zu einem Schlüsselbegriff avancieren sollte: „La curiosité n'est pas un gout pour ce qui est bon ou ce qui est beau, mais pour ce qui est rare, unique, pour ce qui'on a et ce que les autres n'ont point. Ce n'est pas un attachement à ce qui est parfait, mais à ce qui est couru, à ce qui est à la mode.“[6]

Die negative Bedeutung der *curiositas* geht auf Augustin zurück, der sie als eine Leidenschaft diskreditierte, die sich an sinnliche und weltliche Dinge verschwendet und damit die Seele vom Pfad des Heils ablenkt. Nach Hans Blumenberg wurde die *curiositas* an der Schwelle der Neuzeit säkularisiert und positiviert; sie wurde zur wesentlichen Antriebskraft des Geistes, der unter ihrem Druck das Wissen in Bewegung brachte und in einer rastlosen Entwicklung permanent neuen Erkenntnissen zuführte. Bei La Bruyère war dem noch nicht so. Zwar finden wir den Begriff säkularisiert, jedoch weiterhin mit dem Odium behaftet, mit dem ihn die christliche Tradition stigmatisiert hatte. Weiterhin ist *curiositas* vom Übel, sie ist der falsche Weg, weil sie zwar nicht mehr vom Pfad des Heils, aber, was nun ebenso schlimm ist, vom Weg des Guten und Schönen abführt. Ein neuer ästhetischer Wertekanon entstand, in dessen Licht sich bestimmte Dinge als falsch und abwegig darstellten. Anders als seine englischen Vorläufer, die er wohl nicht kannte, stufte La Bruyère die Sammelleidenschaft allerdings nicht mehr als obsolet und rückständig, sondern ganz im Gegenteil als ein modisches Phänomen ein. Damit war das Exzentrische von der Peripherie in die Mitte der Gesellschaft gerückt.

In seinem Essay, der die Krankheit der Neugier an mehreren Sammler-Porträts veranschaulicht, hat La Bruyère die Reihe möglicher Sammelobjekte erheblich ausgedehnt. Zu den Münzen- und Medaillensammlern sind die Briefmarkensammler hinzugekommen, ebenso wie die Blumen- und Obstzüchter, die Vogel- und Schmetterlingssammler und nicht zuletzt: die Touristen. Von letzteren heißt es, dass sie auf lange Reisen aufbrechen, von denen sie weder Erinnerungen noch Erzählungen („ni mémoires ni relations") zurückbringen, denn sie können nicht anders als mit leeren Augen schauen: „qui

---

6   Jean de La Bruyère: *Les Charactères ou les Mœurs de ce siècle* [1688], Paris 1975, S. 311.

ne voient pas, ou qui oublient ce qu'ils ont vu".[7] Ein anderer von ihm beschriebener Sammler rühmt sich des Besitzes einer Bibliothek. Der Besucher bricht allerdings schon auf der Treppe aufgrund des beißenden Marroquin-Ledergeruchs bewusstlos zusammen.

> Um mich wieder zur Besinnung zu bringen, brüllt mir der Sammler in die Ohren, dass die Bände mit Goldschnitt ausgestattet und durchweg erlesene Ausgaben seien, zählt mir einen raren Titel nach dem anderen auf und erklärt, dass einige Winkel der Bibliothek mit Malereien versehen sind, die täuschend ähnlich echte Bücher auf Regalen darstellen. Er fügt noch hinzu, dass er selbst niemals liest und keinen Fuß auf die Galerie setzt, die er mir aber gerne zeigen möchte, wofür ich mich herzlich bedanke, der ich, ebensowenig wie er, seine Gerberei besichtigen möchte, die er eine Bibliothek nennt.[8]

Anders als die Typen des englischen Kritikers und Pedanten vom Anfang des 17. Jahrhunderts, die ein leidenschaftliches, wenn auch fehlgeleitetes Interesse an Texten und Handschriften hegten, führt der französische Bibliotheksbesitzer am Ende des Jahrhunderts seine Sammlung als ein modisches Prestigeobjekt vor, zu dem er selbst keinerlei Verhältnis mehr hat. Die Bücher sind auf ihren rein materiellen Sammlerwert reduziert, über Fragen der Ausstattung und der Rarität hat er die des Inhalts gänzlich aus dem Blick verloren. Auf das Porträt des Büchersammlers folgen die Karikaturen des Vielwissers und des Orientalisten. Die Vielwisser kranken an einer

> Maßlosigkeit des Wissens (intemperance de savoir) und an der Unfähigkeit, auf irgendeine Kenntnis verzichten zu können, weshalb sie alles umfangen und nichts behalten. Weil es ihnen lieber ist, viel zu wissen, als gut zu wissen, dilettieren sie schwach und oberflächlich auf verschiedenen Wissensgebieten, anstatt es auf einem einzigen zu echter Sicherheit und Tiefe zu bringen. [...]
> Wieder andere besitzen die Schlüssel zu fremden Wissensgebieten, ohne jemals in diese einzudringen. Sie verbringen ihr Leben mit dem Entziffern orientalischer und nördlicher Sprachen, sowie der der beiden Indien, der beiden Pole und des Mondes. Die nutzlosesten Sprachen mit den bizarrsten und magischsten Schriften haben es ihnen angetan, und ihnen opfern sie ihren Schweiß. Sie beklagen diejenigen, die sich auf ihre eigene Sprache und allenfalls noch Griechisch und Latein beschränken. Diese Menschen lesen alle Geschichten und kennen die Geschichte nicht (‚Ces gens lisent toutes les histoires et ignorent l'histoire'), sie durchforsten alle Bücher und profitieren von keinem einzigen. Trotz reicher Ernte und gleißendem Wortreichtum könnte die Sterilität ihrer Fakten und Prinzipien nicht größer sein. Sie beugen sich unter der Wissensbürde, die ihr Gedächtnis erdrückt, während ihr Geist leer bleibt (ils plient sous les faits, leur mémoire en est accablée, pendant que leur esprit demeure vide).[9]

---

[7] La Bruyère: *Les Charactères* (Anm. 6), S. 312.
[8] Ebd., S. 312 f. (Übers. A. A.).
[9] Ebd., S. 313 f. (Übers. A. A.). Die polemische Konfrontation von Geist und Gedächtnis geht auf Montaigne zurückgeht, der einen beweglichen Geist einem vollgestopften Kopf vorzog: „la tête bien faite que bien pleine" (Harald Weinrich: *Lethe. Kunst und Kritik des Vergessens*, München 1997, S. 65).

La Bruyère hat für die Sammler einen neuen Sammelbegriff erfunden – es sind die Narren ihrer eigenen Neugier, „les dupes de leur curiosité". Mit dieser Kennzeichnung reaktiviert er einen Begriff, der eine lange Geschichte in der Diskreditierung falscher Wissensformen hat. Die traditionellen christlichen Formeln scheinen noch durch, wenn von einer Unmäßigkeit des Wissens („intemperance du savoir") die Rede ist. Die alte Rhetorik wird zu einem Zeitpunkt wieder aufgerufen, wo sich historisch neue Alternativen auftun. Deshalb verknüpft La Bruyère etymologisch etwas gewagt das Wort *curiositas* mit *currere* („couru" und „cours"[10]) und setzt es in Beziehung zur Mode. Die modischen Exzentrismen, die er unter dem Typus des Sammlers zusammenfasst, werden von ihm als ‚kuriose' Abweichungen eines ‚richtigen' Umgangs mit Objekten und Wissen dargestellt. Diese neue Norm des ‚richtigen' Umgangs wird in der Polemik gegen den Sammler jedoch überhaupt erst diskursiv geschaffen. Der Typus des Sammlers wird deshalb gegen Ende des 17. Jahrhunderts als Negativfolie für die Konstruktion neuer Wissens- und Kunstnormen wichtig. Von nun an wird die sammelnde Neugier und Materialbegeisterung gegen das Gute, Schöne und Vollkommene ausgespielt und das abwegige Interesse an Mannigfaltigkeit und Fremdheit mit den Werten der Einheit und des Eigenen konfrontiert. Hier zeichnen sich die Konturen und Schlüsselbegriffe einer neuen klassizistischen Ästhetik ab, die ähnlich wie der Diskurs über Bildung ein Jahrhundert später gegen Fremdheit, Vielfalt und Zerstreuung die Werte des Eigenen und Einheitlichen setzt.

La Bruyères *Charactères* wurden 1699 ins Englische übersetzt. Die Übersetzung besorgte ein Mitarbeiter der Journalisten Richard Steele und Joseph Addison. Und so ist es nicht weiter verwunderlich, dass sich in der 158. Nummer vom 13. April 1710 der von Steele und Addison herausgegebenen Wochenschrift *The Tatler* das Porträt eines Büchersammlers findet, das deutlich Impulse aus der französischen Vorlage aufnimmt. Es sieht dabei ganz so aus, als wäre die heimische Tradition der Charakterskizze erloschen und erst durch die französische Vermittlung wieder neu entzündet worden. Addisons Porträt trägt den fiktiven Namen Tom Folio, der durch eine Anmerkung der Edition als Deckname einer historischen Person kenntlich gemacht wird. Dort heißt es: „The original of Tom Folio is supposed to be Thomas Rawlinson, a great book-collector, who lived in Gray's Inn, and afterwards in London House, Aldersgate Street, where he died, August 6, 1725, aged 44. His library and Mss. were sold between 1722 and 1734."[11]

Addison führt in sein Porträt des Büchersammlers zwei neue Elemente ein: Geld und Zeit. Tom Folio ist ein Spekulant in Dingen des Wissens, der in Bücher investiert und mit ihnen Geschäfte macht. Bei Bücherverkäufen und Auktionen ist er stets zur Stelle, und zwar genau dann, wenn der entscheidende Posten unter den Hammer kommt. Obwohl er kein Auge für die moderne Buchproduktion hat und sich ausschließlich auf antike Trouvaillen spezialisiert, ist er ganz und gar nicht von gestern, sondern hat einen kommerziellen Sinn für den durch die Zeit gesteigerten Wert seiner Sammlungsgegenstände. Tom Folio verkörpert den neuen Typ des Bibliophilen, der ständig in Katalogen auf der Suche nach Raritäten ist und der Texte nur von ihrer materiellen Seite her kennt.

---

[10] De La Bruyère: *Les Charactères* (Anm. 6), S. 314.
[11] Joseph Addison: *Tom Folio* [1710], in: *The Tatler*, hg. von George A. Aitken, 4 Bde., London 1899, Bd. 3, S. 234-237, hier: S. 234.

Der Autor des jeweiligen Buches wird bei dieser Fetischisierung der materiellen Außenseite zur quantité négligeable. Die Verlegernamen Aldus und Elzevier verdrängen die Autorennamen Vergil und Horaz; weit wichtiger als Herodot und Vergil sind ihre Herausgeber und Kommentatoren Henricus Stephanus und Daniel Heinsius. Addisons Büchersammler ist ebenso wenig wie der von La Bruyère ein Leser. Der bibliophile *Connoisseur* konzentriert sich ganz aufs Titelblatt, auf die Papierqualität und auf die Schrifttypen und wenn er liest, dann höchstens, um (wertsteigernde?) typographische Fehler der Zeichensetzung zu entdecken. Von Problemen des Verstehens dagegen weiß er nichts; nie käme es ihm zum Beispiel in den Sinn zu fragen, warum Aeneas nach seinem Besuch in der Unterwelt ausgerechnet durch das lügnerische Elfenbeintor heraustrat. Sein größter Wunsch wäre ein Handschriftenfragment mit einem epischen Vergleich Vergils, wobei es ihm egal wäre, um welches literarische Bild es sich dabei handelt.

Der Typus des Bibliophilen rückt bei Addison in eine Gruppe zusammen mit den Herausgebern, Kommentatoren, Interpreten und Kritikern, die er alle als „Pedanten"[12] zusammenfasst. Ein Pedant wird als „gelehrter Idiot" beziehungsweise als „Mensch von großem Wissen ohne common sense" definiert.[13] Ihnen allen wird vorgeworfen, dass sie mit ihrer Geschäftigkeit und Expertise den Autor verdrängen und den Text unter einer Masse nutzlosen Wissens begraben. An dieser Stelle nimmt Addison einen Punkt von La Bruyère fast wörtlich auf: „These persons set a greater value on themselves for having found out the meaning of a passage in Greek, than upon the author for having written it; nay, will allow the passage itself not to have any beauty in it, at the same time that they would be considered as the greatest men of the age for having interpreted it."[14]

In der Konfrontation mit dem Bibliophilen enthüllen sich die ästhetischen Werte der Schönheit, Bedeutung und emotionalen Wirkung als Leitbegriffe einer neuen Ästhetik und entfalten ihr kämpferisches Potential. Auch Addison setzt den Bücherpedanten als Negativfolie ein, wenn es darum geht, sein eigenes Projekt einer neuen Literaturkritik durchzusetzen. In sein Porträt des Bibliomanen Tom Folio hat er ein Selbstporträt eingeschlossen, das sein eigenes ästhetisches Projekt in der verzerrten Perspektive des Pedanten zusammenfasst: „As for those who talk of the fineness of style, and the justness of thought, or describe the brightness of any particular passages; nay, though they write themselves in the genius and spirit of the author they admire, Tom looks upon them as men of superficial learning, and flashy parts."[15] Steht die schlechte Bibliomanie im Zeichen reiner Selbstsucht und einer sich abstrus vereinseitigenden Gelehrsamkeit, so steht die gute neue Literaturkritik im Zeichen echter Bildung und richtigen Geschmacks. „All that can be said in excuse for them, is, that their works sufficiently show they have no taste of their authors; and that what they do in this kind, is out of their great learning, and not out of any levity or lasciviousness of temper."[16]

---

[12] Addison: *Tom Folio* (Anm. 11), S. 234.
[13] Ebd., S. 235.
[14] Ebd., S. 237.
[15] Ebd., S. 235.
[16] Ebd., S. 237.

Die Zitate und Textbeispiele, die in diesem Kapitel zusammengestellt wurden, können als Symptom einer tiefgreifenden Wissensrevolution verstanden werden. An dieser historischen Wasserscheide verkörpert die Gestalt des Büchersammlers eine neue Form von Gelehrsamkeit, für die es vorerst noch keine kulturelle Verwendung und Institution gibt. Im traditionellen Kosmos des Wissens trat der Büchersammler als ein exzentrischer Zeitgenosse auf; nach dem Umbau dieses geschlossenen Wissenskosmos in das offene Universum einer sich nach allen Seiten ausbreitenden Gelehrsamkeit wurde er zum Vorreiter und Pionier einer neuen Ära. Ihre bedeutende historische Rolle wurde nachträglich gewürdigt, als man erkannte, dass den neuen Bibliotheken und Museen persönliche Sammlungen vorausgingen, die den Grundstock für diese Institutionen gelegt haben. Erst im 19. Jahrhundert wurde jene neue Form historischen Wissens institutionell verankert, die uns als ‚Geisteswissenschaften' vertraut sind. Zu ihnen gehört die Sammlung von Handschriften und Büchern in Bibliotheken, die Sicherung historischer Dokumente in Archiven, die Sammlung und Ausstellung von materiellen Objekten in Museen sowie die beständige Erweiterung historischen Wissens in neugeschaffenen philologischen Disziplinen.

Der Abscheu vor dem Pedanten und seiner Gelehrsamkeit hatte aber auch im 19. Jahrhundert noch eine prominente Stimme. Friedrich Nietzsche zog eine entschiedene Wertgrenze, die eine rapide anwachsende Gelehrsamkeit von dem guten und lebensdienlichen Wissen abtrennte. Die Träger dieser Gelehrsamkeit waren für Nietzsches Zeiten nicht mehr vereinzelte Exzentriker, sondern die neue Zunft von Universitätsprofessoren (zu denen er ja selbst gehörte). In seiner tiefen Aversion gegen diese Zunft klingen sämtliche Topoi des Pedanten-Bashing nach, deren Tradition hier anhand einiger Beispiele rekonstruiert wurde: „Die antiquarische Historie", so schrieb Nietzsche,

> entartet selbst in dem Augenblicke, in dem das frische Leben der Gegenwart sie nicht mehr beseelt und begeistert. Jetzt dorrt die Pietät ab, die gelehrtenhafte Gewöhnung besteht ohne sie fort und dreht sich egoistisch-selbstgefällig um ihren eigenen Mittelpunkt. Dann erblickt man wohl das widrige Schauspiel einer blinden Sammelwuth, eines rastlosen Zusammenscharrens alles einmal Dagewesenen. Der Mensch hüllt sich in Moderduft; es gelingt ihm selbst eine bedeutendere Anlage, ein edleres Bedürfniss durch die antiquarische Manier zur unersättlicher Neugier, richtiger Alt- und Allbegier herabzustimmen; oftmals sinkt er so tief, dass er zuletzt mit jeder Kost zufrieden ist und mit Lust selbst den Staub bibliographischer Quisquilien frisst.[17]

Wir haben einige Sammlerporträts des 17. und frühen 18. Jahrhunderts besichtigt, die in dieser Tradition stehen. Sie alle begleiten das Auseinanderbrechen des Alten und Neuen, wobei sie diesen Bruch zugleich zum Ausdruck bringen und damit forcieren. An dieser historischen Wende, wo es darum ging, ein neues Paradigma ästhetischer Kritik zu etablieren, traten die Begriffe *Gelehrsamkeit* und *Geschmack* in einen polemischen Gegensatz. Der Gelehrte, der sich ausschließlich ans antiquarische Alte hält, hat kein

---

[17] Friedrich Nietzsche: *Unzeitgemäße Betrachtungen II*, in: ders.: *Kritische Studienausgabe*, hg. von Giorgio Colli und Mazzino Montinari, 15 Bde., München 1988, Bd. 1, S. 243-334, hier: S. 262.

Auge mehr für die neue literarische Produktion, außerdem ist sein Auge auf äußere Merkwürdigkeiten fixiert und blind für die Schönheit und innere Einheit des Kunstwerks. Aus diesen Beschränkungen ergeben sich *ex negativo* die Schwerpunkte einer neuen Ästhetik, die Autoren kanonisiert und sich in ihrer Betrachtung auf das Schöne konzentriert. Der Historismus hat die Konkurrenzsituation zwischen Kunst und Gelehrsamkeit überwunden, indem er der Pflege des Kanons und der Arbeit am Archiv ihren Ort zuwies. Seither wissen wir, dass im kulturellen Gedächtnis der Künstler und Pedant beide Platz haben und sich gegenseitig stützen.

KAPITEL 3

„Opting in" und „opting out". Konformität und Individualität in poetologischen Debatten der englischen Aufklärung

> Wir glauben eigentlich erst dann die Dinge zu verstehen, wenn wir sie auf dasjenige zurückgeführt haben, was wir nicht verstehen und nicht verstehen können – auf die Kausalität, auf Axiome, auf Gott, auf den Charakter.
>
> Georg Simmel, *Aus dem nachgelassenen Tagebuche*

Stil ist ein Mittel zur Steigerung sozialer Sichtbarkeit. Unter dieser Perspektive, die aus dem reichen Spektrum der Stil-Bedeutungen nur eine mögliche akzentuiert, soll im Folgenden ein Kapitel neuzeitlicher Literaturgeschichte erzählt werden. Worum es dabei geht, ist die soziale Dimension des Stils unter kommunikativem Aspekt. Stil kann als Mitteilung, als bewusste Artikulation aufgefasst werden. Mit dem Instrument Stil formulieren wir für andere eine erkennbare Identität.[1] Nicht jede Zeit, nicht jede soziale Situation ist in gleicher Weise disponiert für die Erzeugung dieses Stilphänomens. In einer Kultur, wo die Lebensform ihrer Träger bis ins Detail festgelegt ist, sieht man sich mit Kanon, nicht mit Stil konfrontiert. In einer Gesellschaft mit einer festen Standeshierarchie und geschlossenen Positionen, wo die Lebensformen in alternativenloser Selbstverständlichkeit bestehen, regiert Tradition, nicht Stil. Während Kanon bewusst

---

[1] Erving Goffman, der die dramaturgische Metapher des Als-Ob-Handelns, des Theaterspielens zu einer primären Kategorie der Erforschung der Routinen sozialen Verkehrs gemacht hat, spricht in einem vergleichbaren Sinn von „expressive identifiability" (vgl. Alois Hahn: *Soziologische Relevanzen des Stilbegriffs*, in: *Stil. Geschichten und Funktionen eines kulturwissenschaftlichen Diskurselements*, hg. von Hans Ulrich Gumbrecht und Karl Ludwig Pfeiffer, Frankfurt a. M. 1986, S. 603-611). In dieser Wendung scheinen sich mir zwei Stil-Bedeutungen zu kreuzen, die ich als *Sichtbarkeit* und *Lesbarkeit* voneinander absetzen möchte. Sichtbarkeit deutet auf die expressive und kommunikative Stilfunktion, auf Stil als primäres Interaktionsinstrument; Lesbarkeit dagegen auf den metasprachlichen Status, den identifizierenden und klassifizierenden Bezug auf Kulturphänomene. In dieser Perspektive erscheint Stil als eine anthropologische Universalie; in der ersten Alternative dagegen als ein historisch höchst voraussetzungsreiches Unternehmen. Der folgende Beitrag bewegt sich ausschließlich auf dem Boden dieses emphatischen und eingeschränkten Stil-Prinzips.

und Tradition unbewusst auf die invariante Reproduktion vorgegebener Handlungsmuster und Sinnfiguren angelegt sind, scheint Stil auf die Möglichkeit einer Option angewiesen zu sein. Solche Bedingungen sind in einer Zeit sozialen Wandels und sozialer Mobilität gegeben; hier kann Stil zu einer Nachfolgeinstitution von Tradition werden. Eine Gesellschaft, die in die Dimension historischer Zeit und kultureller Evolution eintritt, muss ihren kollektiven Sinn dynamisieren. Diese Metamorphose der Tradition könnte Stil heißen.

Ein Beispiel: Im frühen 18. Jahrhundert erwirbt ein erfolgreicher Londoner Kaufmann ein Landhaus und legt sich dazu einen symmetrischen Park an. Indem er dieses tut, übernimmt er aristokratische Prestigewerte und Statussymbole als Stilelemente. Gewiss geht es dabei nicht um die Zurschaustellung eines individuellen Geschmacks, sondern um die Modellierung einer Gruppenidentität. Haben oder nicht haben ist die Frage. Es kann jedoch der Zeitpunkt kommen, wo dieser Aufwand seinen distinktiven Charakter wieder verliert. Dann nämlich, wenn allzu viele zu Geld gekommenen Bürger sich auf Landsitzen eingerichtet haben. Unter solchen Umständen droht der Informationswert dieses Verhaltens verloren zu gehen und Stil zur Schablone zu degenerieren. Um weiterhin Aufsehen zu erregen, könnte unser Londoner Geschäftsmann sich jetzt seinen Garten nach einem ganz neuartigen, unregelmäßigen Plan gestalten lassen. Aber auch diese Kraft zur Erneuerung im Rahmen einer Logik der Abweichung kann sich erschöpfen. Dann wird ein radikalerer Bruch erforderlich. Dann wird man etwa alle Parks verlassen und die Grenze in eine Natur hinein überschreiten, die von Menschenhand unberührt ist.

Dieses auf unsere Fragestellung ‚stilisierte‘ Beispiel kann zwei Gesetzmäßigkeiten illustrieren, die das Phänomen Stil begleiten. Zum einen: Soziale Sichtbarkeit lässt sich auf unterschiedlichen Wegen erreichen, sowohl durch Anschluss an eine Gruppe (*opting in*) als auch durch Austritt aus einer Gruppe (*opting out*).[2] Beides sind stilträchtige Strategien. Beim Anschluss bedeutet Stil einen Prestigewert, der eine soziale Identität profiliert, beim Austritt bedeutet Stil einen Persönlichkeitswert, der eine individuelle Identität profiliert. – Das andere ist, dass sich die Bedingungen der Sichtbarkeit ständig ändern. Wo wir uns auf dem Boden von Stil befinden, herrscht ein beständiger Zwang zur Erneuerung, Überbietung, Überholung. Die Dialektik von Stil und Schablone, aber auch von Kollektivität und Individualität führt zu immer neuem Ringen um soziale Sichtbarkeit.

Unser Beispiel ist nicht ganz ohne Grund ins England des 18. Jahrhunderts verlegt. Denn auch aus der Perspektive der Literatur lässt sich der Eindruck einer neuartigen Mobilisierung der Tradition bestätigen. Das hängt sicher auch damit zusammen, dass England mit diesem Jahrhundert in eine neue Phase der Literalität eintrat. Die Alphabetisierung schritt fort, die Sprache wurde ihres dialektalen Variantenreichtums entkleidet und auf dem Fundament einer obligatorischen Grammatik stabilisiert. Seit Abschaffung der Zensur im Jahre 1695 war ein neuer literarischer Markt im Entstehen: Die Masse

---

[2] Den Terminus *opting* habe ich etwas eigenwillig einem klugen Vortrag entlehnt, den Edna Ullmann-Margalit unter dem Titel: *Opting – the Case of Big Decisions* im Frühjahr 1985 im Wissenschaftskolleg zu Berlin gehalten hat. Ihre handlungstheoretischen Überlegungen haben nachhaltig stimulierend gewirkt.

des religiösen Schrifttums wurde immer mehr durch ein neuartiges profanes Genre verdrängt. Dies waren die täglichen und wöchentlichen Journale, die sich mit der umfassenden Bildung des Bürgertums befassten. Es war auch die Zeit, in der in Oxford der erste Lehrstuhl für Dichtung eingerichtet wurde; der Umgang mit Literatur begann, reflexiv zu werden. In der Tat erlebte diese Epoche einen einzigartigen Aufschwung der Literaturkritik. Die englischen Theoretiker standen dabei noch weitgehend unter dem Eindruck der Franzosen, die ihrerseits antike Poetiken elaboriert und systematisiert hatten. Was uns hier aber besonders interessiert: im Laufe dieses Jahrhunderts spezialisierte und verselbständigte sich der Diskurs über Literatur und trat gleichzeitig in den Sog einer evolutiven Dynamik ein. Besonders auffälliges Symptom dieser Entwicklung war die vollständige Umformung des Stilbegriffs.

Die Stil-Revolution des 18. Jahrhunderts steht im übergeordneten Zusammenhang sozialgeschichtlichen Wandels und kultureller Evolution. In diesem weiten Feld wollen wir uns auf einen Aspekt konzentrieren, nämlich auf *Stil als Schnittpunkt zwischen Gesellschaft und Literatur.* Wir müssen deshalb die Stil-Debatte in beiden Dimensionen verfolgen. In der sozialgeschichtlichen Dimension stellt sich die Stil-Revolution als die Umwandlung von einer sozialen in eine personale Identität dar; in der poetologischen Dimension wird sie als Transformation eines rhetorisch-handwerklichen in ein werkbezogenes Konzept fassbar.

Das Stil-Paradox

Wenn wir nach einem *locus classicus* suchen, der die wesentlichen Punkte des traditionellen Stilbegriffs vereinigt, brauchen wir uns nur an den Abschnitt über Sprache in Alexander Popes berühmtem *Essay on Criticism* (1711)[3] zu halten. In diesem Text ist eine Sammlung konziser Vorschriften und gnomischer Weisheit in die verdichtete Form sogenannter *heroic couplets* (paarweise gereimte jambische Pentameter) gebracht. Den scholastischen Jargon der Renaissance-Poetiken hat Pope dabei in einen pointierten, urbanen Ton übersetzt, der traditionelle Gemeinplätze in neuem Gewand präsentierte. „Richtiger Ausdruck", diese Sentenz lässt sich auf den Dichter Pope selbst anwenden, „vergoldet alles, doch verändert nichts". Dichtung ist im traditionellen Verstand ein Kompositgebilde aus unterschiedlichen Elementen, die der Dichter zusammenfügt und die der Kritiker wieder auseinander nimmt. Stil ist ein solches Element, und es erscheint stets im Verbund mit anderen; zum Beispiel in der Trias von Inhalt – Stil – Metrik (*thoughts – style – numbers*) oder in der Tetrade von Handlung – Charaktere – Gefühle – Sprache, wobei dann Stil mit *language, eloquence* oder *diction* zusammenfällt. Stil ist also immer nur ein Element neben anderen. Dieses Element Stil wiederum existiert nur im Plural, als Repertoire, als eine neben anderen Möglichkeiten. Das in solchem Pluralismus angelegte Spiel der Möglichkeiten wird aber sofort durch entsprechende Regeln wieder begrenzt. Das ist mit dem Begriff *Dekorum* gemeint, der eine enge

---

3   Alexander Pope: *Essay on Criticism* [1711], in: ders.: *The Poems of Alexander Pope*, hg. von John Butt, 11 Bde., London/New Haven 1969, Bd. 1, S. 237-326, hier: S. 274-276 (vv. 305-336).

Funktionsbindung von Stilen an Themen und Gattungen vorschreibt. Charakteristisch für diesen traditionellen Stilbegriff ist zweierlei: seine *Isolierbarkeit* (auf der syntagmatischen wie auf der paradigmatischen Achse) und seine *Normativität.*

Pope selbst hat den normativen Charakter bereits leicht gemildert, als er in seinem *Essay* verbindliche Regeln in verbindlichem Tonfall artikulierte. Vielen war das aber nicht genug. Bereits im Jahre 1725 wurde er von Leonard Welsted scharf attackiert. Den störten vor allem der autoritative Ton und der normative Gestus, mit dem Pope die Probleme der Literatur abhandelte. Ihm erscheint ein solcher Zugang zur Dichtung doppelt illegitim. Erstens waren Alter und Hoheit für ihn kein unfehlbares Signal mehr für Wahrheit. Er mokierte sich über „all die erhabenen Wahrheiten, die von Generation zu Generation mit so viel Pomp, Autorität und Aufwand an Gelehrsamkeit weitergereicht worden sind".[4] Zweitens trafen die Regeln nur Äußerlichkeiten, ein Symptom dafür war ihre inflationäre Wucherung. Hundert äußerliche Gesetze können jedoch durch ein einziges inneres Prinzip aufgewogen werden. Er hielt den ganzen Regelapparat für überflüssig, denn nur diejenigen könnten davon profitieren, die ihn bereits kannten. Mit der Summe solch pedantischer und mechanischer Vorschriften hielt man sich seiner Meinung nach mit Äußerlichkeiten auf; von hier aus führte kein Weg zu dem, was Welsted in wechselnden Umschreibungen den „Geist", die „Tiefenschichten", das „Geheimnis" oder die „Seele" des Kunstwerks nannte.[5]

Welsted spricht in diesem Zusammenhang von „good writing", und wir kommen seinen Intentionen wohl am nächsten, wenn wir dies mit ‚Stil' wiedergeben. Ihm selbst hat sich die Möglichkeit freilich nicht geboten, sein neues Schreib-Ideal mit dem Terminus ‚Stil' zu assoziieren, da dieser noch mit eben jenen ‚mechanischen' Konnotationen besetzt war, von denen loszukommen Welsted sich bemühte. Der neue Stilbegriff schien *unter strategischer Vermeidung* des Wortes ‚Stil' in Paraphrasen und Umschreibungen auf, und erst nachdem der Paradigmenwechsel vollzogen, also die Ablösung vom traditionellen rhetorischen Stil-Schema erreicht war, wurde der obsolete Terminus frei, um sich mit der neuen Sache zu verbinden. Wenn wir darauf gefasst sind, die Vorboten des neuen Stilbegriffs auch und gerade dort zu suchen, wo wir keinen Beleg für das Wort ‚Stil' finden, wird sich unser Bild von den literargeschichtlichen Entwicklungen im England des 18. Jahrhunderts ändern. Dann kann man in der ersten Hälfte dieses Jahrhunderts Phänomene entdecken, die man erst am Ende des Jahrhunderts für möglich hielt.

Machen wir die Probe aufs Exempel gleich mit A. Pope, dem autoritativen Gewährsmann für traditionelles Stil-Denken. Ausgerechnet bei ihm finden wir die moderne Stil-Konzeption bereits mit aller Klarheit und Eindringlichkeit formuliert. In den

---

[4] Leonard Welsted: *A Dissertation Concerning the Perfection of the English Language, the State of Poetry, etc.* [1724], in: *Eighteenth-Century Critical Essays,* hg. von Scott Elledge, 2 Bde., Ithaca 1961, Bd. 1, S. 320-348, hier: S. 331 (Übers. A. A.).

[5] „Die Wahrheit ist, dass sie nur das Äußere oder die Form des Gegenstandes berühren, ohne in seinen Geist einzudringen; sie bewegen sich an der Oberfläche der Dichtung, tauchen aber nie in ihre Tiefen hinab; das Geheimnis, die Seele guten Schreibens ist mit solchen mechanischen Gesetzen nicht zu haben; Anmut und Schönheit dieser bezaubernden Kunst liegen zu tief im Schoße der Natur [...]" (ebd., S. 327 [Übers. A. A.]).

Vorworten zu seinen beiden großen Homer-Übersetzungen beispielsweise gibt es nur noch wenig, was an den magisterialen Ton des *Essay* gemahnt. An die Stelle der selbstgewissen Pose tritt wiederholt das Geständnis, er sei „gänzlich unfähig, Homer gerecht zu werden".[6] Diese Texte bieten einen interessanten Schauplatz für etwas, das man verkürzt das *Stil-Paradox* nennen könnte. Damit ist das unverbundene und unbewältigte Nebeneinander von Regelpoetik und Wirkungsästhetik gemeint, das unentschlossene Oszillieren der literarischen Kritik zwischen schulmeisterlichem Ethos und mystischem Pathos. Wenn der Schulmeister spricht, klingt das etwa so: „Um in der vorliegenden Übersetzung den wahren Charakter von Homers Stil zu treffen, wurde große Mühe darangewendet, schlicht und natürlich zu erscheinen."[7]

Wenn dagegen der Mystiker spricht, heißt es, es sei das dringendste Anliegen des Übersetzers gewesen, „den Geist und das Feuer am Leben zu erhalten, die Homers besonderen Charakter ausmachen".[8] An solchen Stellen entfernt sich die Beschreibungssprache von der kühlen Distanz rhetorischer Präzision und schwelgt in poetischen Bildern. Beispiele dafür sind der mächtige Baum, der aus einem kraftvollen Samen gewachsen ist, das alles verzehrende Feuer, der strahlende Stern, die innere Seele – sie stehen wechselweise für die neue Idee einer organischen Werk-Einheit.

Diese Bilder sind Indiz für einen tiefgreifenden geschmacksgeschichtlichen Wandel, den man gemeinhin ins spätere 18. Jahrhundert datiert. Unter besonderen Voraussetzungen, von denen noch zu sprechen sein wird, finden wir seine Symptomatik bereits in den ersten Jahrzehnten dieses Jahrhunderts bei Pope voll entfaltet. Es gibt viele Ansichten auf dieses Phänomen, einige davon wollen wir kurz hervorheben. Da ist die Wendung *vom Teil zum Ganzen*. Was bei Pope als Stil-Paradox, als ein Dilemma des betroffenen Lesers dramatisiert wird, finden wir säuberlich in Für und Wider zerlegt in Joseph Spences *Essay über Popes Odyssee* (1726). Von den Dialogpartnern vertritt der eine die Position der Alten, der andere die der Modernen. Letzterer plädiert temperamentvoll für das Ganze und protestiert gegen alle Maßnahmen, die die Werke in ihre Bestandteile zerlegen: „Du raubst ihnen damit ihre Ordnung und ihren Zusammenhang, bis sie schließlich all die Schönheit verlieren, die sie als Ganzes besaßen!"[9]

Sein Widerpart bleibt kühl und distanziert. Er hält wenig von einer „beim Lesen erzeugten Wärme", die den Leser „in falschen Genuss" hineinsteigert: „Und aus diesem Grunde bleibe ich bei der soliden Methode, mein Urteil auf Einzelheiten zu gründen, die ich der Reihe nach betrachte".[10] Die Grundfrage, ob das Werk mehr ist als die Summe seiner Teile, verbindet sich mit einer Verlagerung *von der Norm zur Wirkung*. In Popes Vorwort zu seiner *Ilias*-Übersetzung (1715) finden wir ein authentisches Zeugnis für das Stil-Paradox; ihm gelingt es gerade nicht, traditionelles Wissen darüber,

---

6   Alexander Pope: *Preface* [zu seiner *Ilias*-Übersetzung 1715], in: ders.: *The Poems of Alexander Pope* (Anm. 3), Bd. 7, S. 21 (Übers. A. A.).

7   Alexander Pope: *Postscript* [zu seiner *Odyssee*-Übersetzung 1726], in: ders.: *The Poems of Alexander Pope* (Anm. 3), Bd. 10, S. 391 (Übers. A. A.).

8   Pope: *Preface* (Anm. 6), S. 22 (Übers. A. A.).

9   Joseph Spence: *An Essay on Pope's Odyssey* [1726], in: Elledge (Hg.): *Eighteenth-Century Critical Essays* (Anm. 4), Bd. 1, S. 387-405, hier: S. 393 (Übers. A. A.).

10   Ebd., S. 393 f. (Übers. A. A.).

wie Dichtung zu komponieren sei, mit seinen persönlichen Erfahrungen, die er an einem bestimmten Text gemacht hat, in ruhiger Ausgewogenheit zu balancieren. Pope schildert die Psychomachia des Lesers, in dessen Brust die kritische Vernunft und die berauschte Faszination einen ungleichen Kampf austragen. Von der poetischen Kraft Homers ist da die Rede, die nicht von vornherein voll entfaltet ist, sondern die

> im Fortgang bei ihm selbst wie beim Leser wächst und Feuer fängt wie das Wagenrad durch seine eigene Geschwindigkeit. Säuberliche Disposition, rechte Gedanken, korrekte Sprache und poliertes Versmaß mag man bei Tausenden finden; doch dieses poetische Feuer, diese *vivida vis animi* ist eine Rarität. Selbst in Werken, wo alle jene Gesichtspunkte unvollkommen oder vernachlässigt sind, kann diese Kraft die Kritik überwältigen und uns dazu bringen, zu bewundern, was wir eigentlich missbilligen. Ja, wo sie erscheint – und sie mag noch so sehr von Unsinn umgeben sein –, da durchstrahlt sie allen Plunder, bis wir ganz von ihrem Glanz geblendet sind.[11]

Diese dynamische Gewalt des Riesen Homer macht alle Schulweisheit der Rhetorikspezialisten zunichte; sie sprengt den Rahmen aller Kompositionsgesetze, und wer in den Bannkreis ihrer Wirkung gerät, wird alles vergessen, was er über Dichtung gelernt hat.

Aber sowenig Homer ein gewöhnlicher Dichter ist, sowenig ist Pope ein gewöhnlicher Leser. Ein Funken von der Einzigartigkeit springt auf den Leser über, denn wäre dessen Auge nicht sonnenhaft, könnte er die Sonne Homer niemals schauen. Dieser neue Sinn für eine besondere Rezeptionsfähigkeit lässt alles hinter sich, was bislang als lehr- und lernbar galt. Hier macht sich ein neuer *Geschmacksbegriff* geltend. Im Horizont des traditionellen Stil-Denkens bedeutete Geschmack eine diskriminierende Fähigkeit. Es galt gemeinhin, das Werk auf seine Qualitäten und Mängel hin zu untersuchen und „unter den vielen schlechten Stilen den wahren und natürlichen herauszufinden". Dieser Geschmack war Ergebnis einer soliden Erziehung und Bildung; der neue dagegen ist eine rezeptive Fähigkeit und eine Gabe der Natur, die man hat oder nicht hat. Welsted erläutert, was neuerdings dazugehört, Geschmack zu haben: Es erfordert „gewissermaßen einen neuen Sinn, der zu den gewöhnlichen Sinnen hinzukommen muss und das Privileg eines edlen Geistes ist".[12] Wo diese natürliche Anlage fehlt, wird auch der hartnäckigste pädagogische Eifer nichts fruchten.

Stil im traditionellen Sinne beruht auf Äußerlichkeit, Ablösbarkeit, Vielfalt, der moderne Stilbegriff bricht mit sämtlichen Implikationen und setzt Innerlichkeit, Integration und Einheit an ihre Stelle. Der alte Stil existierte nur im Plural; der neue Stil ist singularisch: ehemals verfügte man über Stile, jetzt hat man Stil. Konnte sich der Dichter bisher die Natur zum Beispiel nehmen, „die das große Gedicht der Welt mit Frühling und Sommer variiert",[13] so bleibt ihm jetzt nur noch das distinkt hörbare individuelle Idiom,

---

[11] Pope: *Preface* (Anm. 6), S. 4 (Übers. A. A.).
[12] Welsted: *A Dissertation* (Anm. 4), S. 327 (Übers. A. A.).
[13] Die Formulierung stammt von Joseph Trapp (jenem ersten Inhaber des Oxforder Lehrstuhls für Dichtung), der anhand dieses Beispiels das Prinzip der Stil-Variation empfiehlt: „It is impossible for a writer, from the nature of his subject, to be upon the sublime from one end to

die eigene Handschrift. Die Schichten des Werks ebenso wie die Schichten der Persönlichkeit wachsen zu einer neuen Einheit zusammen. Der Autor wird zum einzig kontinuierlichen Bezugspunkt seines Textes und Stil im neuen Sinne zu dem Band, das einen
bestimmten Menschen mit einem bestimmten Werk verknüpft. Diese emphatische und
labile Liaison schneidet das Werk von seinen traditionellen Bezügen los; denn zuvor
war es stets ein sichtbarer Ausschnitt aus einer unsichtbaren, aber mitgehörten Tradition. Die Stillehre war einer von vielen Fäden, mit denen das einzelne Werk in die solide
Kontinuität der Tradition eingebunden war. Mit dem neuen Stil dagegen wird das Werk
aus der Serie künstlerischer Produktion herausgesprengt. Es steht für sich und umschließt eine eigene Totalität. Zum alten Stilbegriff gehört die Ablösbarkeit der Elemente als Voraussetzung für ihre Übertragbarkeit; hat aber ein Werk Stil im Sinne der
komplexen Integration sämtlicher Aspekte, dann wird mit der mangelnden Ablösbarkeit
auch die Übertragbarkeit unmöglich. „Wertsachen, die zu schwer sind, um einfach da-
vongetragen zu werden, fallen keinem Dieb anheim.“[14] Mit dem neuen Stilbegriff wird
das Werk zu einer solchen massiven Wertsache. Was nicht mehr übertragbar ist, muss
ersetzt werden. Stil, vormals ein Prinzip der Kontinuität, ist damit zu einem Prinzip der
Diskontinuität künstlerischen Schaffens geworden.

Stil als soziale Identität

Bisher hatten wir es mit der rein poetologischen Seite von Stil zu tun. Wollen wir den
Anschluss an unsere Ausgangsthese wiedergewinnen, die Stil mit der Präsentation einer
Identität verband, dann müssen wir den Problemhorizont jetzt in Richtung auf die sozialgeschichtliche Dimension erweitern. Als Einstieg bietet sich wiederum Popes *Essay
on Criticism* an, besonders der Passus, der von der rechten Zuordnung von Ausdruck
und Inhalt handelt.

> Expression is the dress of thought, and still
> Appears more decent, as more suitable;
> A vile conceit in pompous words express'd,
> Is like a clown in regal purple dress'd:
> For diff'rent styles with diff'rent subjects sort,
> As several garbs with country, town, and court.[15]

---

the other: some things must occur that require the common style" (Joseph Trapp: *Lectures on
Poetry Read in the Schools of Natural Philosophy at Oxford* [1742], in: Elledge [Hg.]: *Eighteenth-Century Critical Essays* [Anm. 4], Bd. 1, S. 229-250, hier: S. 239 [Übers. A. A.]).

[14] Das Bild stammt von Edward Young: „Valuables too massy for easy carriage are not liable to
the thief" (Edward Young: *On Lyric Poetry* [1728], in: Elledge [Hg.]: *Eighteenth-Century
Critical Essays* [Anm. 4], Bd. 1, S. 410-415, hier: S. 414 [Übers. A. A.]).

[15] Pope: *Essay on Criticism* (Anm. 3), S. 274-275 (vv. 318-323 [Übers. A. A.]).

Der Ausdruck ist das Kleid des Gedankens, und
ist je dezenter, desto passender.
Ein gemeiner Inhalt in aufgeblasener Diktion
ist wie ein Bauerntölpel in einer Königsrobe.
Zu verschiedenen Stilen gehören eben verschiedene Gegenstände,
wie zu Land, Stadt und Hof die entsprechenden Kostüme gehören.

Mit diesem sartorischen Bild hat Pope den traditionellen Stilbegriff berühmt gemacht. Dabei stellt er eine interessante Verbindung her zwischen Stil als äußerlichem Gewand des inneren Gedankens und Stil als sozialem Indikator. Bei der Transposition gelehrter poetologischer Normen in die soziale Sphäre wird aus *Dekorum*, jener altmodischen Vokabel für pedantische Regeltreue, Anstand, ein neues Stichwort für gesellschaftliches Wohlverhalten. Zu diesem Wohlverhalten gehört offensichtlich die peinliche Beachtung der Standesgrenzen, die die ländliche von der städtischen Bevölkerung und beide vom Hof und der Aristokratie trennen. Der intime Zusammenhang von Stil, Kleidungs-Code und Standeshierarchie wird sofort evident, wenn wir einen Engländer des späten 18. Jahrhunderts und Zeitzeugen der französischen Revolution vernehmen. Es ist Edmund Burke, der 1790 beklagt, dass die Revolution „die ganze schmückende Umhüllung brutal weggerissen hat"[16] und nun die Vertreter des Ancien Régime nackt dastehen; „entehrt, degradiert und verwandelt, ungefiederte Zweibeiner, die wir nicht mehr wiedererkennen".[17] Ohne Kleidung und Stil gibt es keine sozialen Unterschiede mehr, es herrscht die totale Anarchie: „alle Stände, Ränge und Distinktionen sind über den Haufen geworfen".[18]

Der Bruch mit der Tradition, in Frankreich mit Gewalt und Vehemenz inszeniert, fand in England stillschweigend als ein schleichender Wandel statt. Auch dafür gibt Pope bereits einen Hinweis. Einige Verse weiter heißt es bei ihm:

In words, as fashions, the same rule will hold;
Alike fantastic, if too new, or old:
Be not the first by whom the new are try'd,
Nor yet the last to lay the old aside.[19]

In Worten wie in der Mode gilt dieselbe Regel:
Das zu Neue und das zu Alte sind gleichermaßen absurd.
Sei nicht der Erste, der neue ausprobiert,
aber sei auch nicht der Letzte, der die alten beiseite legt.

---

[16] Edmund Burke: *Reflections on the Revolution in France*, hg. von A. J. Grieve, London 1967, S. 220 (Übers. A. A.). Im Rahmen des chevaleresk-feudalen Systems, so betont er, waren die manifesten Ungleichheiten harmonisch balanciert: „It obliged sovereigns to submit to the soft collar of social esteem, compelled stern authority to submit to elegance [...] But now all is to be changed. All the pleasing illusions which made power gentle and obedience liberal [...] are to be dissolved by this new conquering empire of light and reason".

[17] Ebd. (Übers. A. A.).

[18] Ebd. (Übers. A. A.).

[19] Pope: *Essay on Criticism* (Anm. 3), S. 276 (vv. 333-336 [Übers. A. A.]).

Pope vollzieht hier den konsequenten Schritt von Stil zum Kleid zur Mode. Damit hat er aber zugleich einen folgenschweren Rahmenwechsel vorgenommen, denn Kleidung im Kontext *ständischer* Differenzierung ist etwas grundsätzlich anderes als Kleidung im Kontext *zeitlicher* Differenzierung. Der Stil, der auf einer festen Welt- und Sozialordnung gründete, erscheint jetzt als zeitanfällig und abhängig von einem sozialen Konsens. Damit waren die historischen Voraussetzungen geschaffen für Stil als ein Mittel zur Steigerung sozialer Sichtbarkeit. Stil ist das Prädikat dessen, der den richtigen Anschluss gefunden hat und sich im Schutze akkreditierter Normen und Konventionen aufhält (= *opting in*). Vor allem muss man Sorge tragen, dass man stets richtig im Mittelfeld liegt. „Sei weder der Erste noch der Letzte!", warnt Pope, denn an den Rändern ist man peinlich exponiert. Das Wahre ist zwar fortan zeitgebunden, aber es besteht noch als das Allgemeine; sein Gegenbild ist die Einmaligkeit. Wer statt des sozialen Konsenses sein einsames Selbst ausstellt, den trifft darum die Ächtung der Gesellschaft: Er wird ausgelacht. Wer aus der Reihe tanzt, wird stigmatisiert. Wo Wahrheit mit Allgemeinheit gleichgesetzt wird, ist Stil ein Schutzschild, der vor peinlichen und lächerlichen Bloßstellungen abschirmt.

Mit dem Konzept einer sozialen Identität hat sich ein Zeitgenosse Popes besonders beschäftigt, den man wohl den ersten großen Soziologen Englands nennen darf. Es handelt sich um den berühmten (dritten) Earl of Shaftesbury. Sein Thema ist, um es mit den Worten des zweihundert Jahre jüngeren George Herbert Mead zu sagen, „die Genesis des sozialen Selbst und die soziale Kontrolle".[20] In seiner eigenen Terminologie hieß das: ‚die Modellierung des Gentleman'. Das Problem, das Shaftesbury bewegte, lautet: Wie gelangt man als Mitglied der urbanen Gesellschaft zu einer verlässlichen Identität, so dass man „als dieselbe Person heute wie gestern, und morgen so wie heute gelten kann?"[21] Seine Antwort auf dieses Problem war die Forderung nach einem gründlichen Sozialisationsprozess. Sämtliche Züge der Besonderheit wie Leidenschaften und Träume, Launen und Ambitionen müssen sorgfältig abgeschliffen werden. Was übrig bleibt, ist der soziale Mensch, der die Forderungen der Gesellschaft umfassend internalisiert hat. Jeder, der dieses Ideal einer sozialen Identität erreichen will, muss in sich selbst einen Gerichtshof aufbauen, der nicht weniger streng als die Inquisition ist. Nur auf diesem Wege beständiger Selbst-Zensur kann er „Anspruch erheben auf jene Uniformität der Meinung, die nötig ist, um uns an einen Willen zu binden und in derselben Gesinnung von Tag zu Tag zu bewahren".[22] Sozialität hat bei Shaftesbury ebenso wie bei Pope den Status einer Norm, von der aus gesehen alle Zeichen der Besonderung als exzentrisch geächtet werden. Beide propagieren als wirksamste Therapie gegen sämtliche Deformationen die Satire: Sie stellt bloß, was fortan als partikular und abseitig gilt, und schwört die Gesellschaft umso fester auf ihren Konsens ein. Mit dieser Ver-

---

[20] George Herbert Mead: *Die Genesis des sozialen Selbst und die soziale Kontrolle* [1924], in: ders.: *Philosophie der Sozialität. Aufsätze zur Erkenntnisanthropologie*, hg. von Hansfried Keller, Frankfurt a.M. 1969, S. 69-101.

[21] Anthony Earl of Shaftesbury: *Soliloquy or Advice to an Author* [1710], in: ders.: *Characteristics of Men, Manners, Opinions, Times*, hg. von John M. Robertson, 2 Bde., London 1900, Bd. 1, S. 103-234, hier: S. 123 (Übers. A. A.).

[22] Ebd., S. 122 (Übers. A. A.).

pflichtung auf soziale Normen, die keine religiöse Grundlage mehr haben, entsteht das neue Kulturphänomen, das wir ‚Stil' nennen.

Stil als personale Identität

Von diesem Ideal einer allgemein verpflichtenden gesellschaftlichen Norm aus gesehen bedurfte es schon eines umfassenden Wertwandels, bevor das Besondere sein Stigma verlor und die Konnotation der Einzigartigkeit annehmen konnte. Diese Umwertung vom Kanon des Allgemeinen zum Kanon des Besonderen vollzog sich in einem langfristigen und tentativen Prozess. Er lässt sich wiederum auf zwei Ebenen rekonstruieren, in der Sprache der Dichtungstheorie einerseits und in der Sprache der Gesellschaftstheorie andererseits.

Eine mögliche Bedingung für den Kanon des Besonderen und die Wertschätzung der Einzigartigkeit hat uns Pope bereits vor Augen geführt. Seine rhapsodische Verklärung Homers stand quer zu seiner literarischen Vernunft; er pries den Dichter – wie wir gesehen haben – in einer Sprache, die er von den Mystikern entlehnte. Aber es war der Riese Homer, und nicht ein beliebiger Dichter, der das Privileg genoss, die Regeln der Poetik außer Kraft zu setzen. Der Sonderstatus dieses größten Dichters gründet auf der Negation der normativen Regelpoetik, das Exzeptionelle blieb auf die Folie des Normalen angewiesen. Popes exaltierte Sprache sprengte nicht die traditionellen Begriffe und Gesetze, sie suspendierte sie nur in diesem einen Fall. Der Rahmen, in dem bei Pope das Einmalige zur Einzigartigkeit gesteigert wurde, war der Klassizismus. Darunter dürfen wir die Bereitschaft verstehen, bestimmte einzelne Werke mit der Aura des Heiligen zu versehen. In dieser Aura, die Gattungsnormen und soziale Konventionen außer Kraft setzt, strahlen individuelle Werke, für deren Beschreibung man ein ganz neues Register braucht. Wir konnten beobachten, wie in diesem Rahmen ein neuer Stilbegriff aufflackerte, ohne damit einen allgemeinen Geschmacks- und Gesinnungswandel einzuleiten.

Es ist aufschlussreich, Popes Homer-Bild mit einem anderen Homer-Bild vor der Mitte des 18. Jahrhunderts zu vergleichen. Wenn Pope ‚Homer' sagte, dachte er an den Komplizen der Natur und den ewigen Brunnen universaler Regeln; wenn Thomas Blackwell, Griechisch-Professor in Aberdeen, ‚Homer' sagte, dachte er an den Dichter einer bestimmten barbarischen Epoche. Homer war für ihn nicht die Bibel der klassizistischen Doktrin, sondern der Spiegel einer frühen Kultur, in dem sich eine spätere betrachtete. An die Stelle des absoluten Maßstabs, von den Klassizisten ‚Natur' genannt, trat bei ihm eine vergleichende Würdigung der Kulturen und Epochen. Homers Welt war reich an Wundern und Abenteuern, aber es fehlte ihr die Disziplin; Blackwells Welt hatte Ordnung und Frieden verwirklicht, aber die poetische Qualität war ihr dabei abhanden gekommen. Mit Aufgabe der absolutistischen Norm der Klassik wurde der ästhetische Blick frei für das Besondere in seiner Relativität und Historizität.

Hieraus ergab sich für Blackwell zweierlei: zum einen die radikale Diskreditierung von Äußerlichkeiten, wozu der ganze Aufwand sozialer Distinktionen und Kostümierungen zählt:

Wir trachten danach, alles zu verkleiden, aber am liebsten uns selbst. All unsere Titel und Auszeichnungen sind Verhüllungen und Verklärungen des einen Grundstocks, den die Natur uns verliehen hat.[23]

Und zum anderen die grundsätzliche Anerkennung der tiefen Prägekraft der Lebensumstände:

Der Umgang, den wir pflegen, unsere Erziehung, unsere Lebensumstände hinterlassen tiefe Spuren und prägen unseren Charakter, von dem wir uns später schwerlich lösen können. Nicht allein die Sitten unserer Zeit und Nation, auch die unserer Stadt und Familie bleiben uns treu und enthüllen unser wahres Selbst, wie sehr wir auch versuchen mögen, uns zu verstellen und für etwas anderes zu gelten.[24]

Unter solchen Voraussetzungen erscheint sozialer Konsens und die Norm der Generalität als eine oberflächliche Verkleidung und unaufrichtige Absprache, die die eigentlichen Prägekräfte des Lebens negiert. Entsprechend schlecht kommt bei Blackwell die Kategorie ‚Stil' weg, eine Attitüde, die er als Fehlverhalten geißelte, weil sie den Geschmack der Fremdbestimmung angenommen hatte. Mit der Übernahme von Musterlösungen war menschlich wie literarisch nichts mehr zu gewinnen: „Wer seiner natürlichen Art treu bleibt, der hat weit bessere Aussicht auf Erfolg, als jener, der sich bemüht, die Art eines Anderen nachzuahmen, und mag sie seiner eigenen in Sprache und Gestik noch so überlegen sein."[25]

Dies sind Zeugnisse, die auf eine tiefgreifende Umwandlung des kulturellen Wertsystems aufmerksam machen. Während das Konzept von Stil als sozialer Identität (im Sinne von Pope und Shaftesbury) immer mehr die Konnotationen von Heteronomie und Affektation annahm, entstand ein neues Konzept von Stil als personaler Identität mit Konnotationen der Autonomie und Authentizität. Erst nachdem sich in der Wertstruktur der Gesellschaft diese Wende vollzogen hatte, konnte sich der neue Stilbegriff als sozial akkreditiertes Ideal durchsetzen, das den Austritt aus der sozialen Gemeinschaft forderte (= *opting out*).

Wir müssen einen weiteren Zeitsprung von etwa einem Jahrhundert machen, bevor wir den Wertwandel vom Kanon des Allgemeinen zum Kanon des Individuellen auch in der Gesellschaftstheorie bestätigt finden. Um die Mitte des 19. Jahrhunderts war es J. S. Mill, den „eine wachsende Ähnlichkeit unter den Menschen"[26] beängstigte. Zu diesem Zeitpunkt hatte sich das Institutionengefüge der Gesellschaft erheblich verlagert, ein Prozess, der abgekürzt als ‚Demokratisierung der Kultur' beschrieben wird. Bei Mill finden wir die alte Konfrontation zwischen Allgemeinem und Besonderem, Gesellschaft und Individuum wieder, nur jetzt mit umgekehrten Vorzeichen. Aus dem sozialen Kon-

---

23 Thomas Blackwell: *An Inquiry into the Life and Writings of Homer* [1735], in: Elledge (Hg.): *Eighteenth-Century Critical Essays* (Anm. 4), Bd. 1, S. 432-447, hier: S. 442 (Übers. A. A.).
24 Ebd., S. 446 (Übers. A. A.)
25 Ebd., S. 444 (Übers. A. A.).
26 John Stuart Mill: *On Liberty* [1859], in: ders.: *John Stuart Mill. Essays on Politics and Society*, hg. von John M. Robson, Toronto 1977, S. 213-310, hier: S. 266 (Übers. A. A.).

sens (*common sense*) ist bei ihm „die überwältigende Mehrheit der Mittelmäßigkeit"
geworden, und was als Idiosynkrasie in Verruf war, wurde jetzt als Genialität und Originalität gerühmt. „Zu viel", so versichert uns Mill, „ist erreicht worden durch wachsende Verhaltensregulierung und den Abbau von Übermaß"; mit dem Erfolg, dass
„überall die öffentliche Meinung bloßer Durchschnittsbürger zur herrschenden Macht
geworden ist". Was nottat, war ein neues Differenzprinzip, denn „Meinungseinheit ist
nicht wünschenswert, und Unterscheidung ist kein Übel, sondern heilsam." Was Mill
„das Rohmaterial menschlicher Natur" nennt, durfte deshalb nicht gezähmt, es musste
im Gegenteil stimuliert werden. Und er setzt hinzu: Was heute „die menschliche Natur
bedroht, ist nicht das Übermaß, es ist der Mangel persönlicher Impulse und Aspirationen."[27]

Dies war der sozialgeschichtliche Rahmen, in dem der neue Stilbegriff seine gesellschaftliche Funktion und damit seine soziale Akzeptanz erhielt. Gemeint sind die Prämissen der bürgerlichen Kultur: Liberalismus, Individualismus und Fortschrittsdenken.
Es nimmt darum kaum wunder, dass wir bei Mill, dem brillanten Verfechter dieser
Prämissen, die folgende pointierte Paraphrase des modernen Stilbegriffs finden:

> Menschen, die es vermeiden, ihre Eigenheit in der allgemeinen Gleichförmigkeit einzueb-
> nen, denen es vielmehr gelingt, diese Eigenheit zu kultivieren und zu steigern, solche
> Menschen werden zu edlen und schönen Gegenständen der Betrachtung, und [...] die
> Werke spiegeln den Charakter derer, die sie geschaffen haben.[28]

Die Manifestation von Eigenheit war im Rahmen klassizistischer Ästhetik ein Ausnahmezustand und das Privileg der kanonischen Autoren. Mill dagegen erhob diesen Sonderstatus zu einer neuen Norm und zu einem neuen Stilprinzip.

Ist aber nicht mit dieser Verknüpfung von Stil und Eigenheit ein Minimalkonsens
unterschritten und der Stilbegriff selbst hinfällig geworden? Wenn Stil zum Prinzip der
Besonderung und permanenten Erneuerung künstlerischer Produktion wird, was ist
dann aus der entscheidenden Stil-Implikation, der Nachahmung, geworden? Mill gibt
uns dazu zwei aufschlussreiche Hinweise. Erstens: Der Künstler kultiviert und steigert
seine Eigenheit. Zweitens: Stil kommt dadurch zustande, dass sich der Mensch treu
bleibt, er besteht in der Selbst-Imitation. Von dieser Minimaleinheit Stil, die die gesteigerte Eigenheit ist, führt ein Weg zurück zur gesellschaftlichen Verbreiterung. „Solche

---

[27] Mill: *On Liberty* (Anm. 26), S. 261 (Übers. A. A.).

[28] Ebd., S. 266 (Übers. A. A.). Wir dürfen hier allerdings nicht den tiefgreifenden Funktions-
wandel der Literatur übersehen, der mit dem Wandel des Stilbegriffs zusammenhängt. Mill
präzisiert: „es ist zu wünschen, dass Individualität besonders in solchen Bereichen zur Geltung kommt, die andere nicht vorrangig angehen" (ebd., S. 261 [Übers. A. A.]). Hier haben
wir ein Signal für die Verlagerung vom Öffentlichen zum Privaten, für die Koppelung von
Individualität und Intimität. Die Literatur wird in dem Maße frei und selbstherrlich, wie sie
ihre unmittelbare gesellschaftliche Funktion einbüßt. Für Pope und Shaftesbury war die Dichtung Vorschule der Gesellschaft; man konnte sie deshalb nicht sich selbst überlassen, sondern
musste sie mit Vorschriften regulieren. Im Kontext der bürgerlichen Kultur darf sie sich dagegen ihre eigenen und immer neuen Gesetze geben, denn sie ist nicht mehr das Fundament,
sie ist das Wunsch- oder Ebenbild der Gesellschaft.

Menschen werden zu edlen und schönen Gegenständen der Betrachtung",[29] sagt Mill. In der andachtsbezogenen Hinwendung, die eine neue Kunst der Betrachtung voraussetzte, wurden auch neue Normimpulse erschlossen. Verehrung schloss Nachahmung ein, personaler Stil konnte zum neuen Produktions- und Handlungsmuster werden. Die Engführung des Stilbegriffs, seine Reduktion aufs Individuum, markiert das Ende der alten und den Anfang einer neuen Stil-Geschichte.

Uns kam es darauf an, einige wichtige Stationen dieser Geschichte hervorzuheben. Dazu gehört als erste Station: die Vorstellung von Stil als Element der antiken Rhetorik, die eine hierarchische Gattungspoetik mit traditionellen ständischen Identitäten koppelte. In einem zweiten Schritt wurde Stil das Produkt einer sozialen Identität, die nicht mehr vorgegeben, sondern bewusst auszubilden war, wobei Stil mit seiner Zwillingsschwester, der Mode, in die Dimension der Zeit einrückte. Die dritte Station war erreicht mit dem Begriff von Stil als personale Identität, als gesteigerte Eigenheit und damit in gewissem Sinne von Stil als Negation von Stil. An diesen Stationen ist ablesbar, wie normative Residuen der Gesellschaft schrittweise aufgelöst und verschoben wurden. Nachdem der Boden einmal zu schwanken begonnen hat, vollzieht sich die zeitliche Dynamik des Stilwandels von äußeren Faktoren unbehindert im Rhythmus von Ausbrechen und Nachziehen, von Alterität und Usurpation dieser Alterität, durch *opting in* und *opting out*. Im Horizont der Vielfalt und Beweglichkeit von Normen und Konventionen ist allerdings *eines* entscheidend: Stil bleibt angewiesen auf soziale Akzeptanz. Viele sprengen das lebensweltliche Normengefüge, ohne es dadurch je zu Stil zu bringen wie Heilige und Charismatiker, Wilde und Wahnsinnige, Asoziale und Einsiedler. Stilrelevant werden solche Sonderwege erst durch Imitation, durch Übertragung des Kontingenten in neue soziale Kontexte. Wenn Werthers Schicksal kopiert wird, aber auch wenn abgetragene Arbeitskleidung in preziösen Boutiquen feilgeboten wird, haben wir es mit solchen nachahmenden Rückgriffen und also mit Stilbildung zu tun. In Enklaven, Freiräumen und Gettos wird das Andere abgespalten und auf Distanz gehalten; in Imitationen wird es assimiliert und integriert. Stil ist der Modus dieser Assimilation von Fremdartigem und Neuem. Durch ihn werden in einer nivellierenden und anonymen Massenkultur immer neue Chancen der Sichtbarkeit, Zugehörigkeit und Identität eröffnet.

---

[29] Mill: *On Liberty* (Anm. 26), S. 261 (Übers. A. A.).

KAPITEL 4

Wordsworth und die romantische Krise.
Das Kind als Vater

> Der wahrscheinliche Verfall von Generation
> zu Generation sollte den Vätern den Vorzug
> vor ihren Kindern geben.
> René le Bossu (1675)
>
> Das Kind ist der Vater des Mannes.
> William Wordsworth (1802)

Vater und Kind bilden eine komplementäre Konstellation, sowohl in biologischer Hinsicht, wo sie durch den Generationsabstand definiert sind, als auch in sozialer Hinsicht, wo ein korrelatives Rollenverhältnis diesem Abstand Sinn verleiht: Der Vater ist Repräsentant einer kulturellen Ordnung für das zur Unterweisung und Einweihung bestimmte Kind. Die Autorität der Väter über ihre Kinder und die Überlegenheit des Erwachsenen über den Unmündigen sind in unserer westlichen Kulturgeschichte über Jahrtausende stabile Normen gewesen. Es hat jedoch seit der christlichen und heidnischen Spätantike immer schon Gegenstimmen in diesem Unisono gegeben, die das orientierende Vorbild nicht beim Vater und Erwachsenen, sondern im Kind fanden. Diese unorthodoxe Alternative hat Wordsworth in seinem Vers „The Child is father of the Man" programmatisch auf den Punkt gebracht. Wie er auf diesen Gedanken kam und was er damit gemeint haben könnte, soll Gegenstand der folgenden Ausführungen sein.

Wordsworth und seine Väter: Geistige Tendenzen und Strömungen im 18. Jahrhundert

Rationalismus und Irrationalismus

Wordsworth formuliert in seinem Vers ein Paradox und provoziert damit bewusst den gesunden Menschenverstand. Angesichts des orakelhaften Verses vom Kind als Vater des Mannes wäre jener Renaissancebiograph ratlos gewesen, der Sir Philip Sidney eine Huldigung erweisen wollte, als er schrieb: „obwohl ich mit ihm aufwuchs und ihn von

Kind auf kannte, kannte ich ihn doch von jeher nur als einen Mann."[1] Mehr Verständnis hätte Wordsworth bei Rousseau gefunden, der im Vorwort zu seinem *Emile* beklagte, dass „selbst die klügsten Autoren immer nach dem Mann im Kinde suchen, ohne je zu bedenken, was es selber ist, bevor es zum Manne wird".[2] Dennoch bleibt der Vers, der das Kind, Inbegriff des Noch-Nicht, der Durchgangsstufe zum Erwachsenwerden, als bleibende Instanz für die Erwachsenenwelt hypostasiert, ein Skandalon. Ähnlich ist bei Wordsworth die natürliche Reihen- und Rangfolge auf den Kopf gestellt: Das Kind wird zum Mann nicht über den Vater, sondern dieser wird zum Menschen nur über das Kind.

Neben dem gesunden Menschenverstand im Allgemeinen provoziert Wordsworth den Rationalismus seiner geistigen Väter im Besonderen. Die englische Literatur war seit der Wiederherstellung der Stuart-Monarchie eine dominant satirische und damit bei allem beißenden Spott und Pessimismus von den Normen des Verstandes und dem Bewusstsein luzider Rationalität geprägt. Die selbstquälerischen Meditationen des metaphysischen Geistes und die Gewissenstortur eines Milton wurden überlagert von der Selbstgewissheit der Aufklärung, die in der Gründung der *Royal Society* eine glänzende Selbstdarstellung gefunden hat. Um Wordsworths geistiges Klima von dem Selbstverständnis der Aufklärung abzugrenzen, genügt es, ein Zitat von ihm neben eines von Thomas Sprat zu stellen, Gründungsmitglied und erster Historiker der königlichen Akademie der Wissenschaften. Ein Grundproblem in Wordsworths dichterischem Werk ist die Gefahr der Ernüchterung, die schmerzliche Erfahrung einer entzauberten Welt, wenn Wiese, Hain und Fluss plötzlich ihren Nimbus für ihn verloren haben: „Ein Zauber ist gewichen von der Erde", dieses Bekenntnis bereitet ihm Qual, und ungeduldig fragt er: „Wohin entfloh der visionäre Schein? Wo sind sie hin, der Zauber und der Traum?"[3] Sprat dagegen konstatierte diese Entwicklung mit Genugtuung. Die kindischen Zeiten sind Gott sei Dank vorbei, so schrieb er 1667 in seiner *History of the Royal Society*, wo die Dichter noch Gehör fanden, die die Welt verklärten und mit Gestalten ihrer Phantasie beseelten, wo auf jedem Feld, in jedem Fluss, in jedem Hain und jeder Höhle ein imaginäres Gespenst vorgestellt wurde: „Keinen rühren heute mehr die Märchen, die unsere Vorväter noch erzittern ließen; die Dinge nehmen einen ruhigen Verlauf auf ihrem geregelten Wege natürlicher Ursachen und Wirkungen."[4]

Generation und Tradition

Wir haben festgestellt, dass Wordsworth mit seiner Maxime vom Kind als Vater die gewissermaßen ‚natürliche' Vater-Kind-Beziehung umkehrt. Wir müssen uns jetzt

---

[1] Fulke G. Brooke: *Life of Sir Philip Sidney* [1652], Folcroft 1971, S. 6 (Übers. A. A.).

[2] Jean Jacques Rousseau: *Emile oder über die Erziehung* [1762], hg. von Martin Rang, übers. von Eleonore Sckommodau, Stuttgart 2012, S. 102.

[3] William Wordsworth: *Ode: Intimations of Immortality from Recollections of Early Childhood* [1807], in: *The Oxford Book of English Verse*, hg. von Christopher Ricks, Oxford 1999, S. 351 (Übers. A. A.).

[4] Thomas Sprat: *History of the Royal Society* [1667], hg. von Jackson I. Cope und Harold Whitmore Jones, Washington 1966, S. 340.

beeilen, hinzuzufügen, dass diese Beziehung abgesehen von der genetischen Verbindung nichts Natürliches hat, sondern – das hat Wordsworth mit seiner radikalen Infragestellung deutlich gemacht – auf Kultur beruht; ja, man könnte weiter gehen und sagen, dass die Kultur auf dieser Beziehung beruht. Der Bestand der Kultur ist virtuell gefährdet mit jeder neuen Generation. Jede neue Generation bedeutet einen ‚Einbruch der Barbaren in die Zivilisation'. Kinder sind jedoch sozialisierbare Barbaren, die mit dem Erbe der Väter, der Tradition oder dem kollektiven Bewusstsein, akkulturiert werden können. Das Kind wird zum Menschen über den Vater, die Symbolfigur der kulturellen Sozialisation; es ist ein noch unbeschriebenes Blatt, das der Beschriftung durch die Tradition harrt. Joseph Glanvill, ebenfalls Mitglied der *Royal Society*, hat dies so zur Sprache gebracht:

> Unser frühstes Alter ist wie geschmolzenes Wachs für das Siegel, bereit, jeglichen Eindruck von den Zeugnissen unserer Lehrer anzunehmen. Wir kamen in die Welt als formloses Jungtier, Erziehung ist unsere Formung. Die alten Weisen leben in uns wieder, und in Gedanken gibt es eine Seelenwanderung. Wir sind unsere wiederbelebten Vorfahren, lange vor ihrer Auferweckung.[5]

Ein Jahrhundert später entwickelte Edmund Burke einen ähnlichen Gedanken. Der Mensch als Individuum vermag wenig, als Gattung dagegen umso mehr: „Der Vernunftvorrat jedes einzelnen ist gering, und die Menschen täten gut daran, sich bei der allgemeinen Bank vom Kapital der Nationen und Epochen zu bedienen."[6] Der Staat, ein dauerhaftes Ganzes aus transitorischen Teilen, kann nur dann organisch wachsen, wenn die Wurzeln in der Vergangenheit begründet sind; das Kontinuum der Kultur kann nur bestehen, wenn der Kontakt zu den Vätern erhalten bleibt. Die Gesellschaft muss sich deshalb die wunderbare Ordnung der Natur zum Vorbild wählen, die selbst nie altert: „Wenn wir diese Methode der Natur in der Staatsführung beherzigen, so sind wir in dem, was wir verbessern, niemals vollkommen neu und in dem, was wir erhalten, niemals vollkommen veraltet."[7] Was dem Menschen als Einzelnem verwehrt ist, ist ihm als Kollektiv möglich.

Burke sah an die Stelle des 5. Aktes eines überalterten Europa den 1. Akt einer hoffnungsvollen nordamerikanischen Republik treten. Wordsworth hatte jedoch nicht den gleichgewichtigen Generationszusammenhang, sondern das Los der Individuen im Auge, nicht den Fortschritt der Kultur, sondern die Rechte derer, die hier als formloses Jungvieh und sozialisierbare Barbaren erscheinen.

---

[5] Joseph Glanvill: *Scepsis Scientifica, or, The Vanity of Dogmatizing* [1661], in: ders.: *The Vanity of Dogmatizing: The Three Versions*, hg. von Gamini Salgado, Sussex 1970, S. 95 (Übers. A. A.).

[6] Edmund Burke: *Reflections on the Revolution in France* [1790], hg. von J. C. D. Clark, Stanford 2001, S. 251 (Übers. A. A.).

[7] Ebd., S. 184 f. (Übers. A. A.).

Erziehung

Die Vorstellung eines organischen, natürlichen Wachstums, wie es Burke für das Kollektiv der menschlichen Gesellschaft gegeben sah, beanspruchten die liberalen Moralisten und Psychologen des 18. Jahrhunderts für den Menschen als Individuum. Der Fortschrittsoptimismus ruhte hier nicht auf der Gattung, sondern auf dem Einzelnen. Shaftesbury vertrat gegenüber Hobbes und Locke die Theorie von der ursprünglichen Würde des Menschen aufgrund des ihm angeborenen moralischen Empfindens. Seine Begeisterung für die (nicht nur menschliche) Natur nahm dabei schon etwas von Wordsworths Enthusiasmus vorweg: „Ich wehre mich künftig nicht mehr gegen meine wachsende Leidenschaft für wahrhaft natürliche Dinge, deren echte Ordnung weder Kunst, noch Laune oder Eigensinn des Menschen durch Eingriffe in ihren ursprünglichen Zustand auf den Kopf gestellt hat."[8]

Da der Mensch von der Natur mit so günstigen Qualitäten ausgestattet ist, ist seine positive Entwicklung am ehesten dann gewährleistet, wenn er sich selbst überlassen bleibt und durch keinerlei Versuche einer äußeren Intervention beirrt wird. Die Natur bildet sich selber aus und sie gedeiht dort am besten, wo sie dem Zugriff menschlicher Kunst entzogen ist. Die Vaterrolle der Erziehung wurde damit von der gesellschaftlichen Tradition auf die Natur übertragen. Demselben Grundsatz verschrieben sich auch jene Psychologen, die dem Menschen alle angeborenen Fähigkeiten absprachen. Eine ‚weise Passivität‘, so postulierte David Hartley, und Unterordnung unter die universale Lehrmeisterin Natur garantiert Vervollkommnung des Menschen im automatischen Wachstum gemäß dem ökonomischen Plan einer wohlwollenden Vorsehung. Das Vertrauen in die Gesetzmäßigkeit des Kosmos, wo sich „partielles Übel" früher oder später als „universales Heil" (Pope) erweist, legitimierte das liberale *laissez-faire*-Prinzip auch für die Erziehung der Kinder: „Es ist eine allgemeine Einsicht, dass alles, was im Wachsen ist, desto vollkommener wird, je mehr Freiheit ihm gegeben wird."[9] Die Vaterfigur wurde bedeutungslos, wo ein wohltätiger Automatismus am Werke ist. Wordsworth, dessen Naturverständnis von den liberalen Philosophen mitbeeinflusst ist, konnte jedoch ihren Optimismus nicht teilen. Das von Shaftesbury so gepriesene unverfälschte Walten der Natur war für ihn nicht die treibende Kraft der menschlichen Entwicklung. In seiner Beurteilung der Erziehung stand er deshalb Milton näher, der von einem Automatismus nicht der Perfektion, sondern der Depravation ausging. Aufgabe der Erziehung war für Milton, „den Schaden unserer ersten Eltern dadurch zu beheben, dass wir die rechte Kenntnis Gottes wiedergewinnen".[10] Der Sündenfall, der nicht rückgängig zu machen ist, konnte immerhin durch Erziehung behoben werden. Mit den Worten Kleists: „Das Paradies ist verriegelt und der Cherub hinter uns; wir müssen die Reise

---

[8] Anthony Ashley Cooper, Earl of Shaftesbury: *Die Moralisten. Eine philosophische Rhapsodie* [1709], übers. und eingel. von Karl Wolf, Jena 1910, S. 131.

[9] Joseph Priestley: *An Essay on the First Principles of Government* [1768], in: ders.: *The Theological and Miscellaneous Works*, hg. von J. T. Rutt, 25 Bde., New York 1972, Bd. 22, S. 1-144, hier: S. 123 (Übers. A. A.).

[10] John Milton: *Of Education* [1644], in: ders.: *Milton's Prose*, hg. von Malcolm W. Wallace, London 1963, S. 145-158, hier: S. 146 (Übers. A. A.).

um die Welt machen, und sehen, ob es vielleicht von hinten irgendwo wieder offen ist."[11] Was für Milton das Paradies war, war für Wordsworth die Kindheit. Wir können nicht zu ihr zurückkehren; wo wir uns jedoch das Kind zum Vater wählen, können wir an einer geistigen Kindheit teilhaben. Swedenborg sah die Lebensbewegung des Einzelnen als einen zyklischen Ablauf von einer Kindheit in eine Kindheit: „Der Mensch wurde darum so geschaffen, daß er als Kind in der Unschuld, wenn auch in einer äußeren ist, später aber als Greis zur inneren Unschuld gelangt, damit er durch jene in diese und durch diese in jene gelange."[12]

Natur und Kultur

In der Gegenüberstellung von Kind und Vater ist virtuell eine Polarisierung von Natur und Kultur enthalten. Das Kind kann zur Verkörperung der Natur, der Vater zur Verkörperung der Kultur werden. Das Kind- beziehungsweise Vaterbild wird deshalb entscheidend mitgeprägt von der Bewertung, mit der diese beiden Begriffe zu einem gegebenen Zeitpunkt verbunden sind. Der Renaissancehumanismus zum Beispiel stellte die Kultur über die Natur; Natur bildete den Rohstoff, der erst durch die Formung der Kultur zu seiner eigentlichen Bestimmung gelangt. Es war das Bildungsprinzip des Höflings wie des Gentleman, dass die Kunst die Natur vervollkommnet. Milton und Hobbes hatten ihre eigenen Gründe, die Kunst der Natur vorzuziehen, beide verband aber ihre pessimistische Beurteilung der menschlichen Konstitution. Der christliche Dichter erklärte sie mit dem Dogma der Erbsünde: „Wahrhaftig, wir bringen nicht Unschuld mit in die Welt, sondern Unreinheit; was uns läutert, sind Prüfungen, und Prüfungen erfolgen durch Widerstände."[13] Hobbes setzte an die Stelle der ethischen Prüfungen den Staatsvertrag: „Durch Kunst wird jener große *Leviathan* geschaffen, genannt *Gemeinwesen* oder *Staat*, auf lateinisch *civitas*, der nichts anderes ist als ein künstlicher Mensch."[14] Ohne diesen künstlichen Menschen müsste die Menschheit in den Naturzustand eines Kriegs aller gegen alle zurückfallen. Die Wilden in einigen Teilen Amerikas „[leben] bis zum heutigen Tag auf jene tierische Weise".[15] Die Primitivisten des 18. Jahrhunderts waren hier jedoch ganz anderer Meinung. Unter ihnen brach in der Folge einer Vulgarisierung rousseauschen Erbes eine schrankenlose Verehrung der Natur an. Dieses Naturbild stellte allenthalben das Einfache über das Raffinierte, das Land über die Stadt, die Hütte über den Palast, den Findling über den Edelmann. Der Weg zur Einsicht, dass die Wilden doch bessere Menschen sind, war kein ganz gradliniger. Drydens Vorstellung von den Indianern war eher noch durch die pastorale Tradition als

---

[11] Heinrich von Kleist: *Über das Marionettentheater* [1810], Wiesbaden 1982, S. 12.

[12] Emanuel Swedenborg: *Himmel und Hölle* [1758], übers. von Friedemann Horn, Zürich 1977, S. 180.

[13] John Milton: *Areopagitica* [1644], in: ders.: *Milton's Prose*, hg. von Malcolm W. Wallace, London 1963, S. 275-324, hier: S. 290 (Übers. A. A.).

[14] Thomas Hobbes: *Leviathan* [1651], hg. von Iring Fetscher und übers. von Walter Euchner, Frankfurt a.M. 1996, S. 5.

[15] Ebd., S. 97.

durch die empirische Evidenz der Ethnologen geprägt: „Schuldlose Menschen, die ihre Zeit vertanzten, | Frisch wie ihre Haine und glücklich wie ihr Klima."[16] Defoes *Robinson Crusoe*, der Lieblingsheld Rousseaus, wusste Authentischeres über die Wilden zu berichten. Auf der einsamen Insel in der karibischen See (über deren Naturschönheit er übrigens in seinem Tagebuch kein Wort verlor) lernte er eher die Vorzüge der Zivilisation kennen als die des Naturzustandes. Er kehrte deshalb in die Heimat zurück und nahm auch den Gefährten Freitag dorthin mit, den er erfolgreich umschulen konnte: Bei aller historischen Toleranz und inneren Bereitschaft zur Relativität blieb Robinson Missionar und Kolonialherr. Die uneingeschränkte Verherrlichung des Naturzustandes propagierte erst die populäre Romanliteratur der frühindustriellen Ära, die den Weg zurück in ein vorzivilisatorisches Paradies wies. Was dem einen die Wilden sind, sind dem anderen die Kinder. Wordsworth, der mehr an der ontogenetischen als an der phylogenetischen Entwicklung interessiert war, fand den heilsamen Naturzustand innerhalb der Biographie eines jeden Individuums.

Geschichte

Es bleibt uns, die Geschichtsmodelle zu befragen, die der Polarität zwischen ‚Naturgeneration' des Kindes und ‚Kulturgeneration' des Vaters eine Richtung geben. Liegt das Heil der menschlichen Gesellschaft in der Zukunft oder in der Vergangenheit? Es war die Entdeckung der evolutionistischen Anthropologen des 18. Jahrhunderts, dass der Vater des Menschen der Orang-Utan ist. Da die Natur, verdichtet zur ‚Kette des Seienden', keinen Sprung zulässt, bedeutete diese Entdeckung eines *missing link* zwischen Mensch und Tierwelt keine Ernüchterung, sondern bekräftigte die Bewunderung für die Ordnung der Natur. Herder freilich fand diese Entdeckung „eben so unwahrscheinlich als entehrend":[17] „Die Angrenzung der Menschen an die Affen wünschte ich nie so weit getrieben, daß indem man eine Leiter der Dinge sucht, man die wirklichen Sprossen und Zwischenräume verkenne, ohne die keine Leiter statt findet."[18]

Differentia specifica des Menschen gegenüber seinem Urahn ist nicht ein konstatierbares geistiges Attribut, sondern allein seine Anlage, sich aus dem Naturzustand herauszuentwickeln. Der rousseausche Terminus für dieses latente Entwicklungsvermögen aus einem animalischen und wilden in einen rationalen und sozialen Zustand hieß *perfectibilité*. Die uneingeschränkte Glorifizierung des Naturzustandes war mit diesem Evolutionsbegriff unvereinbar; der Schotte Lord Monboddo, der einige Ideen Rousseaus aufgegriffen und ausgearbeitet hat, erklärte dazu: „Das stumme und blöde Vieh (mutum ac turpe pecus) des Horaz ist mein Begriff vom Menschen in seinem natürlichen und

---

[16] John Dryden: *To Dr. Charleton* [1662], in: ders.: *The Poems of John Dryden*, hg. von Paul Hammond, London 1995, S. 70-75, hier: S. 72 (Übers. A. A.): „And guiltless men who danced away their time, | fresh as their groves, and happy as their climes."

[17] Johann Gottfried Herder: *Ideen zur Philosophie der Geschichte der Menschheit*, 4 Bde., Riga/Leipzig 1785, Bd. 2, S. 79.

[18] Ebd., S. 78.

ursprünglichen Zustand."[19] Die Geringschätzung des Evolutionisten für den Vorfahren der Spezies dehnte sich auch auf die Frühform der individuellen Existenz, das Kind, aus: „All die Tugenden, die die menschliche Natur krönen [Monboddo denkt hier besonders an den rationalen und den politischen Aspekt menschlichen Wesens], können wir im bloßen Wilden ebenso wenig wie im Rohling oder Kind zu finden hoffen."[20]

Andererseits garantiert die Perfektibilität des Menschen auch den Fortschritt der Menschheit als ganzer; das Heil liegt in der Zukunft der Kultur, denn „den höchsten Vorzug unserer menschlichen Natur, die vernünftige Seele, müssen wir uns selbst erwerben; sie ist die Frucht des Fleißes, wie jede Kunst und Wissenschaft, und nicht ein Geschenk der Natur".[21]

Die Primärerfahrung der Evolutionisten war, dass die Dinge im Fluss sind, und sie machten sich stark, Evidenz dafür beizubringen, dass sie sich stetig zu ihren Gunsten entwickeln. Die Tendenz des Primitivismus war die umgekehrte: Hier lag das Heil in der Vergangenheit der Natur. Die erste Stufe menschlichen Bewusstseins galt nicht als erster Schritt auf dem Weg zur Perfektion des Menschen, sondern war die verhängnisvolle Entfernung von den allein heilsamen und förderlichen Quellen der natürlichen Existenz. Diderot resümiert die Menschheitsgeschichte aus dieser Sicht: „Wollen Sie die kurzgefasste Geschichte fast unseres ganzen Elends hören? Hier ist sie: Es war einmal ein natürlicher Mensch, in diesen hat man einen künstlichen Menschen eingepflanzt, und seither wütet im Innern ein Krieg, der das ganze Leben dauert."[22]

Wäre dieser künstliche Mensch nie entstanden, so lebten wir noch heute in glücklichstem Frieden, so wie es nach primitivistischer Mutmaßung die natürlichen Menschen, die Wilden, tun. Der Naturzustand hatte in dieser Perspektive nicht nur die affektive Bedeutung eines Goldenen Zeitalters, sondern auch die des Verlorenen Paradieses, an dessen Stelle es in der Zeit eines aufgeklärten Deismus trat: „Der Naturzustand war die Herrschaft Gottes", heißt es in Popes *Essay on Man*.[23] Mit den Primitivisten teilte Wordsworth den Regressionswunsch, zu einer früheren Existenzform zurückzukehren. „Mancher liebt voranzuschreiten | Doch ich will rückwärts meine Schritte leiten" – dies bekannte 150 Jahre vor ihm der Dichter Henry Vaughan.[24] Auch Wordsworth wählte die Rückzugsbewegung, die ihm das verlorene Paradies der Kindheit verhieß.

Mit dem Einblick in Tendenzen und Strömungen des 18. Jahrhunderts ist ein Stück des geistesgeschichtlichen Horizonts erhellt, aus dem Wordsworth herausgewachsen ist.

---

[19] James Burnett, Lord Monboddo: *Origin and Progress of Language* [1773], in: *Philosophy and Science in the Scottish Enlightenment*, hg. von Peter Jones, Edinburgh 1988, S. 150-151, hier: S. 150 (Übers. A. A.).

[20] Ebd. (Übers. A. A.).

[21] Ebd. (Übers. A. A.).

[22] Denis Diderot: *Supplément au Voyage de Bougainville ou dialogue entre A et B sur l'inconvénient d'attacher des ideés morales à certaines actions qui n'en comportent pas* [1796], in: ders.: *Oeuvres*, hg. von André Billy, Paris 1969, S. 963-1002, hier: S. 998 (Übers. A. A.).

[23] Alexander Pope: *Essay on Man* [1734], in: ders.: *The Poems of Alexander Pope*, hg. von John Butt, 11 Bde., London/New Haven 1964, Bd. 3.1, S. 107 (Übers. A. A.).

[24] Henry Vaughan: *The Retreate*, in: ders.: *The Complete Poetry of Henry Vaughan*, hg. von French Fogle, New York 1969, S. 169-170, hier: S. 170 (vv. 29-30 [Übers. A. A.]).

Der eigentliche Sinn der Maxime vom Kind als Vater lässt sich allerdings erst erschließen, wenn wir sie auch noch in den Kontext seines dichterischen Werks stellen. Den Rahmen dafür sollen drei Texte bilden, die alle im Zeitraum von ca. 1800-1805 entstanden sind: 1. ein kleines Gedicht mit dem Titel *The Rainbow*;[25] hier taucht der Vers vom Kind als Vater zum ersten Mal auf; 2. die *Immortality Ode*,[26] der Wordsworth den Vers vom Kind als Vater als Motto vorangestellt hat, und 3. das *Prelude*,[27] ein introspektives Epos und von Wordsworth als „langes Gedicht über die Bildung meines Geistes"[28] bezeichnet, das Aufschluss über die zentralen Themen seiner Dichtung gibt.

Wordsworth und das Kind: ein zentrales Thema seiner Dichtung

Die romantische Krise und das Kind als Erlöser

Das Kind hat im wordsworthschen Universum einen bevorzugten Ort, der sich nur aus seinem allgemeinen Weltbild erklären lässt. Er hielt es nicht mit jenen Philosophen und Psychologen, die die Welterfahrung aus einer mechanistischen Verkettung elementarer Sinnesdaten aufbauen, vielmehr bestand er mit dem Lichtmetaphysiker Plotin, aber auch mit den neueren Idealisten darauf, dass Wahrnehmung ein aktiver, ja kreativer Vorgang ist. Die Welt war nicht als ‚objektive Wirklichkeit' ein für alle mal stabilisiert, sie war ein labiler Entwurf, abhängig von der bildenden Geisteskraft des wahrnehmenden Individuums. Der einzelne sah sich fortan allein mit der Verantwortung beladen, die Vision eines kosmischen Sinnzusammenhangs über der in chaotische Vielfalt zergliederten Erscheinungswelt aufzurichten. Die Dichter, die diese Verantwortung einer Sinngebung vor allen anderen tragen, sahen sich in einer Krise. Das Fundament einer verbindlichen Tradition hielt nicht mehr stand; ein jeder trug die Last des Atlas und musste seinen eigenen Mythos stützen. In Wordsworths Ideenkosmos war das Kind Inbegriff solcher gestaltender Kraft. Die lebendige, lichte Welt des Kindes und die tote, trübe Welt des Erwachsenen waren für ihn die Antipoden der Erfahrungswirklichkeit. Während das Kind in ungebrochenem Kontakt mit einer transzendenten Welt lebt – „der Himmel umgibt uns in unserer Kindheit!"[29] –, hat der Erwachsene in „lärmenden Jahren" verlernt, auf „die ewige Stille"[30] zu hören. Wordsworth sah den erwachsenen

---

[25] William Wordsworth: *The Rainbow*, in: ders.: *Poems 1800-1807*, hg. von Jared R. Curtis, Ithaca 1983, S. 206.

[26] Wordsworth: *Intimations of Immortality* (Anm. 3), S. 349-355.

[27] William Wordsworth: *The Prelude 1799, 1805, 1850. Authoritative Texts, Context and Reception, Recent Critical Essays*, hg. von Jonathan Wordsworth, M. H. Abrams und Stephen Gill, New York/London 1979.

[28] „[A] long poem upon the formation of my own mind". So William Wordsworth in einem Brief an Thomas Noon Talfourd vom 11. April 1839, in: *The Letters of William and Dorothy Wordsworth. Second Edition. Vol. VI: The Later Years, Part 3, 1835-1839*, hg. von Alan G. Hill, Oxford 1982, S. 679-680, hier: S. 680.

[29] Wordsworth: *Intimations of Immortality* (Anm. 3), S. 351 (Übers. A. A.).

[30] Ebd., S. 353 (Übers. A. A.).

Menschen als einen, der tief unter die ursprüngliche Vollkommenheit des Kindes gefallen ist. Der ungefallene Paradieszustand der Menschheit war für ihn integraler Bestandteil jeder Lebenskurve. Entsprechend bedurfte es für die Erlösung auch keiner göttlich-heilsgeschichtlichen Intervention, sondern eines Besinnens auf die eigene Grundsubstanz. Die Erinnerung an die Kindheit versprach Erneuerung und Unsterblichkeit. Im wordsworthschen Mythos, der ohne Heiland und Erlöser auskommt, wird das Kind zum Vater des Menschen.

Die Identität des Individuums

Die Kindheit sah Wordsworth nicht als nostalgische Wunschlandschaft und fand in ihr auch nicht das Utopia der Primitivisten. Er verband mit der Hypostasierung des Kindes ein psychologisches Regenerationsprogramm: Es ging ihm um die Kontinuität der seelischen Entwicklung im körperlichen Wachstum. Die Krise des Individuums bestand in der Entfernung und Entfremdung von der eigenen Kindheit. Wer nicht – wie Coleridge es ausgedrückt hat – „die Vergangenheit in der Gegenwart bedenken"[31] kann, existiert fragmentarisch. Wo der Erwachsene nicht mit der gradlinigen Unbeirrbarkeit organischen Wachstums aus der Kindheit hervorgegangen ist, wird er zum verlorenen Sohn des Kindes. Die Fragmentierung des Ich war für Wordsworth ablesbar an der Responsivität gegenüber der Natur. Das Verstummen und Glanzloswerden der Natur galt ihm als Alarmsignal für menschlichen Substanzverlust. So konnte das Wunder eines Regenbogens für ihn zum Prüfstein und Garanten für Lebenskontinuität aus Naturintimität werden:

> My heart leaps up when I behold
> A rainbow in the sky:
> So was it when my life began;
> So is it now I am a man;
> So be it when I shall grow old,
> Or let me die!
> The Child is father of the Man;
> And I could wish my days to be
> Bound each to each by natural piety.

---

[31] Samuel Taylor Coleridge: *The Friend. A Series of Essays, To Aid in the Formation of Fixed Principles in Politics, Morals, and Religion, with Literary Amusements Interspersed*, in: ders.: *The Works of Samuel Taylor Coleridge, Prose and Verse. Complete in One Volume*, Philadelphia 1845, S. 364-400, hier: S. 374 (Übers. A. A.): „to contemplate the past in the present".

> Mein Herz schlägt höher, wenn ich
> Einen Regenbogen am Himmel seh:
> So war es als mein Leben begann;
> So ist es nun, da ich ein Mann;
> So sei es auch im Alter,
> Sonst will ich sterben!
> Das Kind ist der Vater des Mannes;
> Und ich wünschte meine Tage einander
> In Naturfrömmigkeit verknüpft.[32]

Diese Verse der Selbstversicherung sind aus einem tiefen Krisenbewusstsein heraus gesprochen. Der performative Charakter des Gedichts, das im Ton eines Manifests die Einheit der Person beschwört, legt zugleich Zeugnis ab von der beständig drohenden Gefahr eines Ich-Verlusts. Allein die Solidarität von Kind und Mann, die Bewahrung der Kindheit in die Jahre der Reife und des Alters hinein, vermag dieser Gefahr zu wehren.

Ich und Welt

Die romantische Krise war für Wordsworth die Erfahrung der Isolation. Es ist die Isolation des sinngebenden Subjekts, die Isolation des von einem früheren Ich Getrennten, und vor allem die Isolation des Menschen in der kosmischen und gesellschaftlichen Welt. Mit der Entfremdung vom Ich der Kindheit geht eine Entfremdung von der Um- und Mitwelt einher. Die Gesellschaftswirklichkeit ist weit davon entfernt, die ganze Menschheit zu einer Bruderschaft zu vereinigen: „Die äußern Standesunterschiede und | Die Merkmale, durch welche die Gesellschaft | Den einen Menschen von dem andern sondert" üben Verrat an der Solidarität der Menschheit.[33] Im romantischen Bewusstsein ist die soziale Dimension eng mit der kosmischen verknüpft. Die Entfremdung der Menschen voneinander ist eine Folge ihrer kosmischen Desintegration, ihrer Isolierung im Universum. Durch einen Prozess der Individuation ist der Erwachsene aus dem Weltzusammenhang ausgebürgert, in dem das Kind auf einzigartige Weise beheimatet ist:

> Blessed the infant babe –
> [...]
> No outcast he, bewildered and depressed;
> Along his infant veins are interfused
> The gravitation and the filial bond
> Of Nature that connect him with the world.

---

[32] Wordsworth: *The Rainbow* (Anm. 25), S. 206 (Übers. A. A.).

[33] William Wordsworth: *The Prelude of 1850, in Fourteen Books*, in: ders.: *The Prelude* (Anm. 27), S. 29-483, hier: S. 449 (XIII, 218-220): „Extrinsic differences, the outward marks | Whereby society has parted man | From man, neglect the universal heart."

> Selig das Kind –
> [...]
> So ist es nicht verstoßen in der Welt,
> Verwirrt, bedrückt von zuviel Fremdem: Nein
> In seinen Adern strömt das brüderliche
> Einander-zugeneigt-Sein der Natur,
> Wo jeder Teil am Ganzen hängt und wirkt:
> Das wird zum Band, das es der Welt verbindet.[34]

Im plotinischen Denken bedeutet allenthalben Gesamtheit und Verbindung mit der All-seele kosmische Kraft und Leben, Geschiedenheit und Vereinzelung – Folgen der Ver-körperung der Seele und Verbannung aus ihrer himmlischen Heimat – dagegen Krank-heit und Tod. Ein spätantiker Text des *Corpus Hermeticum* schreibt der kindlichen Seele noch etwas von der Vollkommenheit der körperlosen Seele zu: „[Sie hängt] bei-nahe noch an der Weltseele", weil „der Körper, in dem sie weilt, noch klein an Masse und noch nicht ganz ausgewachsen ist."[35] Es gibt deutliche Anzeichen dafür, dass Wor-dsworth für seinen privaten Mythos bei diesen antiken Quellen Anleihen machte. Dem vom Solipsismus bedrohten und in Isolation verbannten Individuum wird das Kind so zum Inbegriff dafür, was es bedeutet, „Eines zu Seyn, mit Allem, was lebt."[36]

Das Kind als Archetyp des Dichters

Mit der Vorbildlichkeit des Kindes ist ein Erziehungsprogramm für den Menschen ent-worfen, das in besonderer Weise den Dichter betrifft. Er ist in besonderer Weise auf die Identität mit sich selbst wie auf die Solidarität mit allem Lebendigen existentiell ange-wiesen. Maßstab für die allgemeine Integrität des Menschen – das hat das Regenbogen-gedicht gezeigt – ist die Responsivität gegenüber der Natur, das aktive geistige Gestal-tungsvermögen der Einbildungskraft. Viele Romantiker haben diese visionäre Potenz im Kind gefunden. Wordsworth erkannte diese Potenz bereits im Säugling, der auf der Mutter Arm dämmert:

> Doth like an agent of the one great Mind
> Create, creator and receiver both,
> Working but in alliance with the works
> Which it beholds. – Such, verily, is the first
> Poetic spirit of our human life

---

34 William Wordsworth: *The Prelude of 1805, in Thirteen Books*, in: ders.: *The Prelude* (Anm. 27), S. 28-482, hier: S. 78 (II, 237, 261-264 [Übers. A. A.]).

35 *Das Corpus Hermeticum Deutsch*, übers. und eingel. von Jens Holzhausen, Stuttgart/Bad Cannstatt 1997, S. 108.

36 Friedrich Hölderlin: *Hyperion*, in: ders.: *Sämtliche Werke* [Kleine Stuttgarter Ausgabe], hg. von Friedrich Beissner, 3 Bde., Stuttgart 1958, Bd. 3, S. 236 f.

Wie in Amtsvertretung des einen
Großen Weltengeists, zu schaffen
Als Schöpfer und zugleich Empfänger, wirkend
Im Bunde mit den Werken, die es sieht.
Dies ist fürwahr poetische Vernunft,
Der erste Dichtergeist in unserm Leben[37]

Die großen schöpferischen Augenblicke im Leben, wenn der Geist als Herr und Meister den Sinnen als gehorsamen Dienern gebietet, sind in unserer Kindheit vielleicht am ausgeprägtesten. Dank solcher Überlegenheit der schöpferischen über die bloß rezeptive Fähigkeit kann das Kind zum Archetyp des Dichters werden. Es besitzt die Kraft, zwischen Innerem und Äußerem, Ich und Welt, Himmel und Erde unbehindert zu vermitteln und als ‚Priester der Natur' oder ‚mächtiger Prophet' das Ewige im Vergänglichen, das Heilige im Profanen zu sehen. Genau darin besteht die Mission des romantischen Dichters: „zu irgendeinem dunstigen Jenseits hinanzuführen" oder „ein unendliches Wesen irgendwie hereinzuziehen",[38] wie sich ein militanter Antiromantiker des frühen 20. Jahrhunderts, T. E. Hulme, respektlos ausgedrückt hat; oder: „in den alltäglichen Erscheinungen des Lebens eine neue Welt zu gewahren" und „würdige Zwiesprache mit der übersinnlichen Welt zu halten",[39] wie Wordsworth es genannt hat. Diese sublime Elevation von Irdischem zu Himmlischem, von Menschlichem zu Göttlichem kann nur im Anschluss an das kindliche Urvermögen und in beständigem Kampf gegen wachsende Abstumpfung aufrechterhalten werden.

Das Kind als Mystagoge

Die Gefährdung des Dichters liegt demnach bereits im natürlichen Prozess des Alterns, in der unabdingbaren Entfernung von der eigenen Kindheit. Die biographische Krise ist gleichzeitig eine künstlerische Krise, weil sie Entfernung von den Quellen der Inspiration bedeutet. Der romantische Dichter verfügt nicht mehr über die drei Flügel, die der Renaissancepoetologe Sidney dem Genius empfahl: Kunst, Nachahmung und Übung („art", „imitation", „exercise"). Nicht Selbstdisziplin, sondern unkontrollierbare Momente der Vision rechtfertigen seine Berufung. Er ist in bisher ungekannter Weise auf sich gestellt. Die Unsterblichkeits-Ode, aus der hier wiederholt zitiert wurde, lässt sich als eine symbolische Bewältigung dieser Krise deuten. Elf Strophen in fließendem Duktus und von ungleicher Länge schließen sich thematisch zu drei Gruppen zusammen. Sie beginnt mit vier Anfangsstrophen, die mit ungeduldigem Schmerz den Verlust himmlischer Strahlkraft in irdischer Naturschönheit beklagen:

[37] Wordsworth: *The Prelude of 1850* (Anm. 33), S. 79-81 (II, 257-260 [Übers. A. A.]).

[38] T. E. Hulme: *Romanticism and Classicism*, in: ders.: *Speculations. Essays on Humanism and the Philosophy of Art*, London 1924, S. 113-140, hier: S. 128.

[39] Wordsworth: *Intimations of Immortality* (Anm. 3), S. 353 (Übers. A. A.).

Wither is fled the visionary gleam?
Where is it now, the glory and the dream?

Wohin entfloh der visionäre Schein?
Wo sind sie hin, der Zauber und der Traum?[40]

Es folgen vier Mittelstrophen mit dem Mythos vom Kind als Verwalter himmlischer Weisheit auf dem Gipfelpunkt menschlichen Seins:

Thou little Child, yet glorious in the might
Of heaven-born freedom on thy being's height

Du kleines Kind, doch groß in deiner Macht
Himmlischer Freiheit auf der Höhe deiner Kraft[41]

und drei Schlussstrophen, die mit neuer, nüchterner Zuversicht die Möglichkeit einer Wiederherstellung ursprünglicher Kräfte bestätigen:

We will grieve not, rather find
Strength in what remains behind;
In the primal sympathy
Which having been must ever be

Wir wollen nicht trauern, sondern lieber
Kräfte schöpfen aus dem, was uns bleibt;
Aus der frühsten Sympathie
Die einst bestand und fortbesteht[42]

In diesem Gedicht erscheint der natürliche Altersprozess als eine Reise vom Osten, der Quelle des lebendigen Lichts, in den Westen, das Reich der Schatten und des Todes. Es ist die Tragik des Menschen, dass er mit dem Älterwerden aus der Freiheit der Einbildungskraft in die Knechtschaft diffuser Sinnesroutine gerät. Seit Platons Phaidros-mythos gilt die körperliche Beschwerung als eine Fessel der freien Seele; der hermetische Text, so haben wir gesehen, bezog diesen Gedanken auf das unterschiedliche Körpervolumen von Mann und Kind. Auch Wordsworth bedient sich der Gewichtsmetaphorik:

Full soon thy Soul shall have her earthly freight

Schon bald wird deine Seele ihre irdische Fracht haben[43]

---

[40] Wordsworth: *Intimations of Immortality* (Anm. 3), S. 351 (Übers. A. A.).
[41] Ebd., S. 352 (Übers. A. A.).
[42] Ebd., S. 353 f. (Übers. A. A.).
[43] Ebd., S. 352 (Übers. A. A.).

– das prophezeit er dem noch schwerelosen Kind; er deutet Gewicht jedoch um in Gewohnheit, wie die anschließenden Verse erläutern:

> And custom lie upon thee with a weight,
> Heavy as frost, and deep almost as life!

> Und Gewohnheit wird dich drücken mit Gewicht
> Schwer wie der Frost und tief wie nur das Leben![44]

Mit der Gewohnheit des Menschen wird die Welt zur Gewöhnlichkeit degradiert, und dies wiederum markiert den Sündenfall in Wordsworths romantischem Universum. Nicht in einem bewussten moralischen Verstoß, sondern in der gedankenlosen Trivialität des Alltags sieht er die *conditio humana*, den gefallenen und erlösungsbedürftigen Zustand des Menschen begründet. „Gewöhnliche Geschäfte" und „Begegnungen, wie sie der Alltag bringt" bedrohen ihn mit „lebensfeindlichem Gewicht", und er beklagt an anderer Stelle:

> The tendency [...]
> Of use and custom to bow down the soul
> Under a growing weight of vulgar sense,
> And substitute a universe of death
> For that which moves with light and life informed,
> Actual, divine, and true.

> Die Neigung [...] zur Gewohnheit
> Und zum gedankenlosen Übernehmen
> Um unter einem wachsenden Gewicht
> Von platter Materialität die Seele
> Niederzubeugen und ein Universum
> Aus toter Stofflichkeit für jenes andre
> Unterzuschieben, das, mit Licht und Leben
> Beseelt, real und wahr und göttlich ist.[45]

Der Zustand der Unschuld und Schwerelosigkeit ist ebenso der Zustand der idealen künstlerischen Disposition, jener ‚negativen Fähigkeit' (Keats), die ein Charakteristikum des Kindes, des Dichters und des Mystikers ist. Allein in der Verfassung des „Ich bin nichts, ich sehe alles"[46] wird es möglich, die engen Grenzen des Selbst zu transzendieren und – um noch einmal Hölderlin zu zitieren – „in seeliger Selbstvergessenheit wiederzukehren in's All der Natur".[47]

---

[44] Wordsworth: *Intimations of Immortality* (Anm. 25), S. 352 (Übers. A. A.).
[45] Wordsworth: *The Prelude of 1850* (Anm. 33), S: 467 (XIV, 157-162 [Übers. A. A.]).
[46] Ralph Waldo Emerson: *Die Natur. Ausgewählte Essays*, hg. von Manfred Pütz, Stuttgart 1982, S. 89.
[47] Hölderlin: *Hyperion* (Anm. 36), S. 236.

Das wiedergefundene Paradies

In der romantischen Krise, die ebenso eine biographische wie eine künstlerische ist, wird das Kind zum Vater des Menschen im Allgemeinen und des Dichters im Besonderen. Ihm ist es als einer säkularen Erlöserfigur übertragen, zwischen Menschlichem und Göttlichem, Zeit und Ewigkeit, Tod und Leben zu vermitteln. Die geistige Wiedergeburt des Menschen, so lautet Wordsworths wiederholtes Credo, liegt im Bereich seiner eigenen Fähigkeiten. Die Rückbesinnung auf die eigene Kindheit vermag den Funken in der verlöschenden Glut neu zu entfachen und die verlorene Solidarität mit allem Lebendigen wiederherzustellen. „Wenn wir nur einmal stark gewesen sind", ist der Anschluss an die elementaren Kräfte der Kindheit jederzeit wieder möglich:

> This feeling, which howe'er impaired or damped,
> Yet having been once born can never die –

> Wenn dies Gefühl, wie sehr geschwächt auch und gedämpft,
> Einmal geboren, kann es niemals sterben.[48]

Anderthalb Jahrhunderte vor Wordsworth hat der Epiker John Milton sein komplexes Werk vom Verlorenen Paradies mit dem Ausblick auf ein ‚inneres Paradies' beschlossen, das im Vergleich zum verlassenen Eden weit glücklicher zu sein verspricht. Milton hat mit diesem ‚inneren Paradies' noch die christliche Heilsgewissheit gemeint, mit der das Menschenpaar in die neue Welt entlassen wird. Zwei Zeitgenossen Miltons, die Dichter Henry Vaughan und Thomas Traherne, sind einen Schritt weitergegangen: Sie haben das individuelle Paradies mit der Kindheit gleichgesetzt und in ihrer persönlichen Vergangenheit den ungefallenen Adam wiedergefunden. An solche wichtigen Daten einer Geschichte der Innerlichkeit konnte Wordsworth mit seiner These vom Kind als Vater anknüpfen. Neben dem Geist des Renaissancehumanismus, der eine göttliche Substanz im Menschen entdeckt hat, konnte er sich auch auf die Autorität der christlichen Mystiker und ihre Erfahrung einer Identität von Göttlichem und Menschlichem berufen. „Wo willst du Gott suchen?", fragt Jakob Boehme, „In der Tiefe über den Sternen? Da wirst du ihn nicht finden. Suche ihn in deinem Herzen, im Zentrum deines Lebens Geburt, da wirst du ihn finden."[49] William Blake hat in der englischen Romantik diese Spur weitergezogen und die „Göttlichkeit des Menschen" („the human form divine")[50] zum Gravitationspunkt seiner Dichtung gemacht. Wordsworth teilt diese zuversichtliche Perspektive, wenn er die Erlösung des Menschen in der menschlichen Substanz selbst begründet. In post-christlicher Zeit wird die introspektive Versenkung der Weg zum Heil, das besagt wohl der umständliche Titel der Ode: *Ahnungen von Unsterblichkeit aufgrund von Erinnerungen an die frühe Kindheit* (*Intimations of*

---

[48] Wordsworth: *The Prelude of 1805* (Anm. 34), S. 420 (XI 106-107 [Übers. A. A.]).

[49] Jakob Boehme: *Eine Gedankenreihe über das im Leben der Menschheit sich gestaltende religiöse Moment*, Heidelberg 1835, S. 76.

[50] William Blake: *The Divine Image*, in: *Songs of Innocence*, in: ders.: *The Complete Poems*, hg. von Alice Ostriker, Harmondsworth 1977, S. 104-117, hier: S. 111.

Immortality from Recollections of Early Childhood). Es geht hier um Andeutungen und um Anzeichen eher als um sichere Gewissheit. Im Gegensatz zur militanten Radikalität seines Zeitgenossen Blake verbleiben diese Vorstellungen bei Wordsworth in einer Aura der Vagheit: „Diese Gedanken liegen oft zu tief für Tränen".[51] Das Regenerationsprogramm, das in der Ode entworfen wird, bleibt letztlich ein Mysterium:

> Oh! mystery of man, from what a depth
> Proceed thy honours. I am lost, but see
> In simple childhood something of the base
> On which thy greatness stands [...].

> Mysterium des Menschen!
> Aus welchen Tiefen erwächst deine Würde?
> Ich bin verlorn, doch seh ich
> in unserer schlichten Kindheit etwas
> vom Fundament, das Deiner Größe Halt gibt.[52]

---

[51] Wordsworth: *Intimations of Immortality* (Anm. 3), S. 352 (Übers. A. A.).
[52] Wordsworth: *The Prelude of 1850* (Anm. 33), S. 433 (XII, 272-275 [Übers. A. A.]).

KAPITEL 5

Römische Ruinen in der englischen Romantik

Für die Engländer ist Italien über fünf Jahrhunderte normative Orientierung, Sehnsuchtsort und kulturelles *alter ego* gewesen. In der Renaissance war es die italienische Literatur, die der englischen als ein Vorbild diente, das diese nachzuahmen und möglichst zu überbieten hatte, um selbst einen Anspruch auf kulturelle Exzellenz erheben zu können. In diesem Sinne eiferten Sidney und Spenser Autoren wie Petrarca, Sannazaro und Tasso nach. Im Zeitalter des Klassizismus und der Romantik verlagerte sich das Interesse von den Texten aufs Visuelle und richtete sich auf Architektur, Kunst und Landschaft. Italien wurde scharenweise von reisenden englischen Künstlern heimgesucht, die an den Kunstschätzen des Landes die Grundlagen ihres Handwerks erlernten und die Kriterien des Geschmacks neu eichten.[1] Anfang des 20. Jahrhunderts verschob sich der Fokus von den künstlerischen Traditionen auf die südliche Landschaft samt den Spuren seiner verlorenen paganen Kultur. E. M. Forster beschrieb englische Touristen mit *Baedeker* in der Hand, die südlich der Alpen statt eines bürgerlichen Bildungserlebnisses die vitalen Energien ihrer verdrängten Seelenschichten zu spüren bekamen. Er inszenierte italienische Landschaften als Orte, an denen heidnische Götter im Versteck von Hainen und Grotten überlebten und wo die aus nördlichen Regionen Anreisenden Schrecken und Chance der Begegnung mit ihrem eigenen Unbewussten erwartete. Kurz: Italien war der Spiegel, in dem die Engländer über Epochen hinweg immer das fanden, was sie gerade suchten und brauchten: im 16. Jahrhundert eine Dichtungsnorm, im 18. Jahrhundert eine Kunstnorm und im frühen 20. Jahrhundert die anthropologische Norm eines vitalistisch paganen Gegenbilds zum viktorianisch verkrampften Menschen.

Dabei ist das Verhältnis der Engländer zu Italien seit der elisabethanischen Zeit durchaus ambivalent gewesen, weil das katholische Italien zwar kulturelles Vorbild, aber auch politisches Feindbild protestantischer und republikanischer Ideale war. So war es zum Beispiel die Architektur des Petersdoms, die den Dichter John Milton zur Beschreibung der Residenz des Höllenfürsten Satan in seinem Epos *Paradise Lost* inspiriert hat; Rom war für die Puritaner des 17. Jahrhunderts vorrangig Sitz des Papstes als Anti-Christ und historischer Ort der Inquisition mit Giordano Bruno als ihrem

---

[1] Zur Italienbegeisterung prominenter englischer Reisender vgl. Charles Peter Brand: *Italy and the English Romantics. The Italianate Fashion in Early Nineteenth Century England*, Cambridge 1957; Michael Liversidge und Catherine Edwards (Hg.): *Imagining Rome. British Artists and Rome in the Nineteenth Century. Exhibition Held at the Bristol City Museum and Art Gallery*, London 1996.

prominentesten Opfer. Die negative Besetzung Italiens zieht sich, wenn auch mit dem neuen Akzent der Faszination des Verdrängten, noch durch die Topoi der sogenannten *gothic novel*. In Ann Radcliffes Roman *The Italian* verkörpert der dunkelhaarige und laszive Titelheld all jene Laster, die das dialektische Gegenstück zu den nordischen Tugenden von Zucht und Anstand darstellen.

Im Folgenden kann nur ein kleiner Ausschnitt aus dieser langen und wechselhaften Geschichte zur Sprache kommen. Es wird um die englische Rom-Rezeption um 1800 gehen, dargestellt am Verhältnis zweier englischer Dichter, Percy B. Shelley und Lord Byron, zu den römischen Ruinen. Dabei werde ich mich auf zwei Monumente beschränken: die Cestius-Pyramide mit angrenzendem protestantischem Friedhof einerseits und das Kolosseum andererseits. Beides sind römische *lieux de mémoire* von sehr unterschiedlicher Art; der eine enthält das Grab von Keats und ist ein persönlicher Gedächtnisort der Pietät und intimen Trauer, der andere ist für Byron zur Bühne seiner epischen historischen Imagination geworden.

Rom als Friedhof: Shelleys *Adonais*

Kurz vor Mitternacht, am 23. Februar 1821, ist John Keats in Rom seiner Tuberkulose erlegen. Drei Tage später fand er seine letzte Ruhestätte auf dem Protestantischen Friedhof im Schatten der Cestius-Pyramide, auf dem Angehörige der nicht-katholischen Minderheit aus Sicherheitsgründen nur in den Nachtstunden beerdigt werden durften.

Auf seinem Grabstein, der nicht einmal seinen Namen nennt, stehen die von Keats selbst formulierten Worte: „Here lies One | Whose Name was writ in Water." Schon bald hatten die Friedhofsgärtner Mühe, die auf Keats' Grab gepflanzten Gänseblümchen und Veilchen nachzupflanzen, die als Erinnerungstrophäen und Reliquien unter Romreisenden höchst begehrt waren. Der Kult, der am Grab dieses 25-jährigen englischen Dichters entstand und bis in die Gegenwart anhält, ist einzigartig und wäre eine eigene Studie wert.[2]

Als Percy Bysshe Shelley drei Monate später – und nur dreizehn Monate vor seinem eigenen Tod – sein Gedicht mit dem Titel *Adonais. An Elegy on the Death of John Keats, Author of Endymion, Hyperion, etc.* in Pisa verfasste, konnte freilich von Ruhm und Kult noch keine Rede sein. Im Gegenteil stellt Shelley seiner Elegie ein längeres Vorwort voran, in dem er den frühen Tod des Dichters mit den bissigen und verständnislosen Rezensionen englischer Kritiker von dessen Hauptwerk *Endymion* zusammenbringt. Dieser bittere Ton taucht auch in der 37. Strophe noch einmal auf, wobei man wissen muss, dass in dieser schwächsten Strophe des Gedichts wohl auch eigene Gewissensbisse mit verarbeitet wurden.[3] Shelley selbst hatte sich einmal in einem Brief kritisch über Keats' *Hyperion* geäußert, was zu einer merklichen Abkühlung der Freund-

---

2   Über Keats' Grab in Literatur und Kunst vgl. Neville Rogers (Hg.): *Keats, Shelley and Rome. An Illustrated Miscellany* [Nachdruck der Ausgabe von 1949], New York 1975.

3   Harold Bloom: *The Visionary Company. A Reading of English Romantic Poetry*, Garden City, NY 1961, S. 337.

schaft geführt hat.[4] Die Kanonisierung von Keats beginnt mit Shelleys Elegie über den Freund, die allerdings weniger ein Porträt des Verstorbenen zeichnet, als zur Bewältigung von Shelleys eigenen künstlerischen und metaphysischen Ängsten und Obsessionen beitrug.

Abb. 3: *Keats' Grab im protestantischen Friedhof in Rom*,
Gemälde von William Bell Scott (1873)[5]

---

[4] Shelley hat den Freund zuletzt 1818 in England gesehen und ihn dann 1822 zu sich nach Italien eingeladen, als er um seine Gesundheit bangte und ihm einen englischen Winter ersparen wollte. Keats wurde nach Rom von seinem Freund, dem Maler Joseph Severn, begleitet, der ihn bis zu seinem Tode gepflegt und ihm seinen Grabstein gesetzt hat.

[5] William Bell Scott: *Keats's Grave*, 1873. Abgedruckt mit freundlicher Genehmigung des Ashmolean Museum. © Ashmolean Museum, University of Oxford.

Der poetische Kern der Elegie ist bereits in einem kleinen Fragment enthalten, das zwei Jahre zuvor entstand. Es baut eine klare Opposition zwischen Kultur und Natur auf. Kultur steht dabei für Vielheit, Zerfall und Ruine, Natur dagegen für ein einheitliches und dauerndes Lebensprinzip. Während in den Gemälden des 18. und 19. Jahrhunderts die Verschmelzung von Ruine und Natur zu einem Topos geworden war, insistierte Shelley auf deren Gegensatz:

> Rome has fallen, ye see it lying
> Heaped in undistinguished ruin
> Nature is alone undying.[6]

Abb. 4: Die Gräber von Keats und Joseph Severn im protestantischen Friedhof in Rom[7]

Shelley schrieb sein Gedicht in die lange Tradition der pastoralen Elegie ein, die von der hellenistischen Dichtung eines Bion oder Moschus über Spenser und Milton in die englische Romantik führt. Der Name ‚Adonis‘ geht auf ein hellenistisches Gedicht zurück, das Shelley selbst übersetzt hat, ruft aber auch die mythologische Assoziation des Liebhabers der Venus auf, dem Keats in seinem lyrischen Epos *Endymion* ein Denkmal gesetzt hat. Shelley machte Adonais (möglicherweise eine Kontraktion von ‚Adonis‘ und ‚Adonai‘) zu einem Archetyp des Dichters und konnte sich dabei auf eine Etymologie des Namens stützen, die auf ‚Singen‘ und ‚Nachtigall‘ verweist. Der Name verweist aber auch auf Venus/Aphrodite, die in der platonischen Mythologie in irdischer und

---

6   Percy Bysshe Shelley: *Fragment. Rome and Nature*, in: ders.: *The Complete Poetical Works of Percy Bysshe Shelley. Including Materials Never Before Printed in Any Edition of the Poems*, hg. von Thomas Hutchinson, London u.a. 1909, S. 582.
7   Fotografie von Jimmy Renzi / CC BY-SA 3.0.

himmlischer Gestalt erscheint. Die himmlische Venus trägt den Namen Urania; sie war von Milton zur Muse des visionären Dichters erhoben worden.[8] In Shelleys Gedicht tritt sie dem trauernden Dichter an die Seite. Sein Gedicht besteht aus 55 sogenannten ‚Spenserschen Strophen', in denen jeweils 8 jambische Verse in einen Alexandriner münden. Es gliedert sich in drei Teile: Die ersten 21 Strophen führen von der persönlichen Trauer des Dichters zu einer allgemeinen Totenklage, in die alle Dichter und Künstler einstimmen sollen und die in eine traditionelle pastorale Szenerie eingebettet ist. Das Fazit dieses Teils ist die verzweiflungsvolle Einsicht, dass die Natur unsterblich ist, während ausgerechnet der, der die ätherische Flamme des Genius in sich trägt, sterben muss. Die folgenden 16 Strophen (22-37) enthalten die Totenklage der Muse Urania, der kinderlosen Mutter der Dichter, die bereits in der 2. Strophe angerufen wurde und die sich erst jetzt aus dem Paradies der Dichtung meldet, um die Dichter-Freunde zum Trauerzug zusammenzurufen (unter ihnen Byron, Thomas Moore, Leigh Hunt, Shelley selbst und Severn). Mit Strophe 38 beginnt der dritte und letzte Teil, der die entscheidende Wende des Gedichts mit der fundamentalen Umwertung von Tod und Leben einleitet. Mit dieser Wende ist der Wandel von der poetisch-mythologischen zu einer kosmisch-philosophischen Sprache verbunden. Eine solche Umwertung ist an sich in der elegischen Poesie nichts Neues; wir kennen sie von John Donnes Sonett, in dessen letzter Zeile es triumphierend heißt: „Death thou shalt die!"[9] Shelleys Umwertung ist jedoch keiner christlichen Perspektive geschuldet, sondern verdankt sich seiner eigenen, im Gedicht selbst beschworenen Poeto-Theologie. Nach diesem Credo liegt der Grund für die Unsterblichkeit des Dichters nicht in seinen Schöpfungen, denn über die entscheiden die verblendeten Kritiker und mittelmäßigen Leser, sondern allein in seinem schöpferischen Genius, der ein Teil jener Schöpfungskraft ist, die die Welt erschaffen hat. Mit dieser Urkraft vermählt sich der künstlerische Geist nach dem Tode des Künstlers und kehrt in die Natur zurück, mit der er wieder eins wird. Die letzten 18 Strophen entrücken die Seele des Toten in eine Transzendenz, in die ihm die Trauernden nicht folgen können:

> Thou canst not soar where he is sitting now. –
> Dust to the dust! but the pure spirit shall flow
> Back to the burning fountain whence it came,
> A portion of the Eternal[10]

An diesem Punkt vollzieht sich eine radikale Umdeutung des Verhältnisses zwischen Lebenden und Toten: Jetzt sind plötzlich die Trauernden die Toten, weil sie im Reich des Todes weilen und seiner Macht noch ausgesetzt sind, während der Verstorbene

---

8   Edwin B. Silverman: *Poetic Synthesis in Shelley's Adonais*, Den Haag/Paris 1972, S. 87-91.
9   John Donne: *Holy Sonnet 6 „Death be not proud, though some have called thee"*, in: ders.: *John Donne. The Major Works*, hg. von John Carey, Oxford 2000 [1990], S. 175-176, hier: S. 176.
10 Percy Bysshe Shelley: *Adonais. An Elegy on the Death of John Keats, Author of Endymion, Hyperion, Etc*, in: ders.: *The Complete Poetical Works of Percy Bysshe Shelley* (Anm. 6), S. 425-440, hier: S. 435. Alle folgenden Zitate aus der *Adonais* beziehen sich auf diese Ausgabe. Seitenangaben erfolgen im Fließtext.

dieses Reich verlassen hat und damit zum Inbegriff des emphatisch Lebendigen geworden ist: „He lives, he wakes – 'tis Death is dead, not he" (S. 435).

Shelley beschreibt die Verklärung des toten Dichters in reinen Geist (the pure spirit), der sich mit der ewigen Flamme (the burning fountain) des Lebens vermählt. Durch Auflösung seiner materiellen Gestalt hat er teil am Lebendigen schlechthin: „He is made one with Nature" (S. 436) und kann fortan aus jedem Donner und jedem Vogelgesang, aus jedem Blatt und Stein erfahren werden: „He is a presence to be felt and known | In darkness and in light" (ebd.). Große Dichter wie Chatterton, Sidney oder Lukan sind unsterblich, nicht weil ihre Werke von der Nachwelt kanonisiert wurden, sondern weil ihre Kraft Teil der ewigen Schöpfungskraft der Natur ist, in die sie zurückgekehrt ist. Die letzten vier Strophen der Elegie beginnen mit der berühmten Zeile „The One remains, the many change and pass" (S. 438) und münden in die Apotheose von Shelleys pantheistischer Poeto-Theologie.

Abb. 5: *Shelley in den Bädern von Caracalla*, Gemälde von Joseph Severn (1845)[11]

Unmittelbar vorangegangen sind vier Strophen, die uns hier besonders interessieren. Sie handeln von Rom und seinen Ruinen. Der in der Welt des Todes zurückgebliebene

---

[11] Joseph Severn: *Shelley Composing "Prometheus Unbound" in the Baths of Caracalla*, 1845, Öl auf Leinwand. Abgedruckt mit freundlicher Genehmigung des Keats-Shelley House, Rom.

Trauernde wird zunächst auf die Grabstätte des Dichters verwiesen, die in einer pauschalen Geste gleichgesetzt wird mit Rom als dem Friedhof der Kulturen:

> Or go to Rome, which is the sepulchre,
> Oh, not of him, but of our joy: 'tis nought
> That ages, empires, and religions there
> Lie buried in the ravage they have wrought (S. 437)

Rom wird hier zum Inbegriff des Vergangenen und Ruinösen, von dem sich der reine Geist des verstorbenen Dichters wirkungsvoll abhebt. Er ist das Andere jener Monumente, die von der Gier nach dauerndem Ruhm zeugen, in Wirklichkeit jedoch nur Zeugen eines vergangenen Lebens sind, die in hartnäckiger Intranszendenz verharren. Sie sind in der Vergangenheit eingekerkert, weil sie sich nicht in einen anderen Zustand verwandelt haben: „And of the past are all that cannot pass away" (ebd.). Es folgen zwei Strophen, in denen die Lage des Keatsgrabs auf dem Protestantischen Friedhof in der Nachbarschaft der Cestius-Pyramide ausführlich beschrieben wird.

> Go thou to Rome, – at once the Paradise,
> The grave, the city, and the wilderness;
> And where its wrecks like shattered mountains rise,
> And flowering weeds, and fragrant copses dress
> The bones of Desolation's nakedness
> Pass, till the spirit of the spot shall lead
> Thy footsteps to a slope of green access
> Where, like an infant's smile, over the dead
> A light of laughing flowers along the grass is spread;
>
> And gray walls moulder round, on which dull Time
> Feeds, like slow fire upon a hoary brand;
> And one keen pyramid with wedge sublime,
> Pavilioning the dust of him who planned
> This refuge for his memory, doth stand
> Like flame transformed to marble; and beneath,
> A field is spread, on which a newer band
> Have pitched in Heaven's smile their camp of death,
> Welcoming him we lose with scarce extinguished breath. (Ebd.)

Der *genius loci* („the spirit of the spot") führt über die Trümmer und Wahrzeichen einer Vergangenheit, die von üppiger Vegetation überwuchert werden. Die ägyptische Grabesform der Pyramide beansprucht etwas, das sie nicht einlöst: Die in Marmor verwandelte Flamme ist nun mal aus Stein und hat in ihrer geschlossenen Materialität keinen Zugang zum feurigen Quell, mit dem sich nur der reine Geist verbinden kann. Rom mit all seinen erhabenen Zeichen und seinem Pomp steht für das Festhalten, während es doch ganz und gar auf das Loslassen ankommt. Auch die kulturellen Reize und die landschaftliche Anmut von Rom gehören auf die Seite von Vielheit und Tod, nicht von Einheit und Leben; Rom mit allem, was dazu gehört – blauer Himmel, Blumen, Ruinen, Kunst, Musik und Literatur –, türmt sich auf und steht dem Trauernden im Wege, weil es den wahren Weg zur Transzendenz verstellt. Dieser Weg führt nicht über das Festhalten, sondern das Loslassen; er erfordert keine Anstrengung zur Überwindung des Todes, sondern die Annahme des Todes:

> Die,
> If thou wouldst be with that which thou dost seek!
> Fellow where all is fled! – Rome's azure sky,
> Flowers, ruins, statues, music, words, are weak
> The glory they transfuse with fitting truth to speak. [...]
> The soft sky smiles, – the low wind whispers near:
> 'Tis Adonais calls! oh, hasten thither,
> No more let Life divide what Death can join together. (S. 438)

Das Bild, das am Ende der Elegie steht, ist die einsame Barke, die aufs unbegrenzte Meer hinausfährt. Mit ihr tritt die Seele des trauernden Dichters eine Fahrt an, auf der sie nur die Sterne geleiten. Die Barke, die ins offene Meer ausläuft, ist das Gegenbild zur Pyramide: hier Festhalten am Vergangenen, dort Offenheit gegenüber der Zukunft; hier heroische Selbstbehauptung und anmaßender menschlicher Wille, dort Loslassen und völlige Selbstaufgabe. Die Barke wird aber nicht nur vom Wind gesteuert. Am Himmel glänzen Sterne, die im Unwegsamen eine Richtung und Orientierung erlauben. Anders als Ovid verwandelt Shelley Adonis nicht in eine rote Blume, sondern in den Abend- und Morgenstern. Damit setzt er dem verstorbenen Freund ein Denkmal, das nicht materiell fassbar und räumlich zugänglich ist. Er entwickelt vielmehr eine kosmische Symbolik, die einen deutlichen Kontrapunkt zur Immanenz der Welt und zur kulturellen Symbolik Roms setzt mit seinen materiellen Monumenten, den Pyramiden, Ruinen und Statuen.

Das Kolosseum als phantastische Kulisse: Byrons Inszenierung der Imagination

Mein zweites Beispiel romantisch-römischer Ruinen-Poesie stammt aus der Feder Lord Byrons und ist vier Jahre zuvor entstanden. Die Verse finden sich in dem Gedicht *Childe Harold's Pilgrimage, A Romaunt*. Was sich hier in archaisierendem Ton als eine Pilgerreise gibt, ist die unterhaltsame Beschreibung des Europa-Tourismus eines englischen Edelmannes im frühen 19. Jahrhundert. Das Gedicht beschreibt in denselben Spenser-Strophen, die auch Shelley für seine Elegie verwendet, herausragende europäische *lieux de mémoire*, die durchsetzt sind mit kritisch-satirischen Bemerkungen zur politischen Situation der jeweiligen Länder sowie eingestreuten Meditationen über so allgemeine Themen wie Leben und Tod, Kunst und Imagination. Die Reise des vierten und letzten Gesangs, in dem die fiktive Persona namens Childe Harold gänzlich einem nicht weiter gekennzeichneten autobiographisch-lyrischen Ich gewichen ist, führt an die historischen Stätten Italiens. Die Ruinenbegeisterung erreichte um 1800 einen europäischen Höhepunkt. Bezeichnenderweise waren es gerade die Engländer, also die Bürger jener Nation, die es in der Industrialisierung am weitesten gebracht hatte, die sich dieser Faszination hemmungslos hingaben. Byrons Blick auf die Ruinen unterscheidet sich markant von der Ruinen-Allegorese des Barockzeitalters. Damals blickte man auf

Ruinen, um sich auf das zu besinnen, was jenseits von Zeit und Verfall anzusetzen ist. Shelleys Elegie, die sich gänzlich von den christlichen Implikationen dieses Musters gelöst hat, hat gleichwohl noch teil an dieser allegorischen Lektüre der Ruinen als Monumente der Vergeblichkeit. Ganz anders Byron, der den Ruinen nicht wie einem Bild *gegenübertritt*, sondern der selbst in den Raum der Ruinen *eintritt*. Bei dieser räumlichen Ruinenbegehung bricht die Distanz zwischen Subjekt und Objekt zusammen und die traditionelle Ruinen-Meditation weicht einer entgrenzenden historischen Vision:

> But my soul wanders; I demand it back
> To meditate amongst decay, and stand
> A ruin amidst ruins[12]

Dies ist nicht mehr der moralisierende Blick auf die Vergänglichkeit von Macht und Pomp; hier schließt sich der Betrachter durch Pronomina der ersten Person (Singular und Plural) emphatisch in das Gesehene mit ein. In der Analogisierung von Betrachter und Betrachtetem wird die Grenze zwischen Innen und Außen systematisch aufgelöst.

> Oh Rome! My country! City of the soul!
> The orphans of the heart must turn to thee,
> Lone mother of dead Empires! And control
> In their shut breasts their petty misery.
> What are our woes and sufferance? Come and see
> Thy cypress – hear the owl – and plod your way
> O'er steps of broken thrones and temples – Ye!
> Whose agonies are evils of a day –
> A world is at our feet as fragile as our clay. (S. 224)

Byron ist weit entfernt von jeglicher Moralisierung der Ruinen, ja, er stellt das alte Ruinen-Meditations-Schema auf den Kopf: Es geht nicht mehr darum, dass die scheinbar soliden Monumente als Abbild menschlicher Unsterblichkeit zu lesen sind, jetzt geht es darum, dass die Erfahrung menschlicher Sterblichkeit eine neue und gänzlich subjektive Affinität mit den Ruinen herstellt. Was der Mensch im Kleinen erleidet, das erleidet Rom im Großen!

Byron ist jedoch nicht nur der Dichter der Psychologisierung der Ruinen, sondern auch der ihrer Ästhetisierung. Er entwickelte seine Ruinen-Ästhetik im Zeitalter eines beginnenden Historismus. In den Jahren 1776-88 hatte Edward Gibbon sein monumentales Werk *The Decline and Fall of the Roman Empire* veröffentlicht, das durch das 19. Jahrhundert hindurch seinen Platz im englischen Bildungskanon behauptete. Neben dieser Meistererzählung der römischen Geschichte entstanden neue Ansichten der Vergangenheit, die nicht mehr nur aus Text-Quellen, sondern zunehmend auch aus Objekten und Bauwerken rekonstruiert wurden. Archäologen, Antiquare, Numismatiker traten

---

[12] George Gordon Byron: *Childe Harold's Pilgrimage*, in: ders.: *The Poetical Works of Lord Byron. The Only Complete and Copyright Text in One Volume*, hg. von Ernest Hartley Coleridge, London 1958, S. 141-241, hier: S. 214. Alle folgenden Zitate aus *Childe Harold's Pilgrimage* beziehen sich auf diese Ausgabe. Seitenangaben erfolgen im Fließtext.

neben den Historiker und ergänzten seine Rekonstruktion aus Texten durch ihre Rekonstruktion aus Resten. Die sprechenden Zeugnisse wurden durch stumme Zeugnisse ergänzt, womit neue Züge ins Bild der Vergangenheit eingetragen wurden. Von all dem neu gewonnenen Wissen über die Vergangenheit wollte Byron jedoch nichts wissen. In einer Zeit, in der Geschichte und Archäologie als Wissenschaften entstanden, die Anspruch auf ein materiell fundiertes und empirisch überprüfbares Wissen von der Vergangenheit machten, kultivierte er einen radikalen Geschichts-Agnostizismus. Er wandte sich von dem neuen historischen Wissen ab und insistierte auf der grundsätzlichen Unzugänglichkeit der Vergangenheit. Dieser Agnostizismus war gewissermaßen die Leinwand, auf die er die Bilder seiner Imagination projizieren konnte. Je weniger er über die Vergangenheit wusste, die ihn an den historischen Stätten anwehte, desto ungehemmter konnte er seinen inneren Bildern freien Lauf lassen. Seine Psychologisierung und Ästhetisierung der römischen Ruinen entstanden in Ko-Evolution mit deren wissenschaftlicher Historisierung.

Zu den Topoi der römischen Ruinen-Romantik hat Byron zwei wichtige Motivkomplexe beigesteuert, die eng miteinander zusammenhängen: ‚Rom als Wüste' und ‚das Kolosseum im Mondlicht'.

Rom als Wüste

Die soeben zitierte Strophe 78 eröffnet eine Sequenz von vier Strophen, die das Thema ‚Rom als Wüste' entwickeln. In der folgenden Strophe wird Rom als „Niobe of nations!" angeredet, „Childless and crownless, in her voiceless woe" (S. 224). Diese imaginäre Personifikation Roms hält eine Urne in der Hand, deren heilige Asche längst ausgeleert und verstreut ist. Dasselbe gilt für die Gräber: Die Reste ihrer ehemaligen Besitzer (beziehungsweise Belieger) sind verschwunden. Bewegung und Leben geht allein noch vom Fluss Tiber aus, der durch eine marmorne Wildnis fließt. Das „Rise", mit dem die letzte Zeile der Strophe anhebt, enthält keinen Aufruf zu irgendeiner Art von Wiederauferstehung, sondern bezieht sich auf die gelben Fluten des Flusses, die diese Leere verdecken sollen. Strophe 80 rekapituliert den Untergang Roms und stellt in der ersten Zeile eine Liste der Sieger zusammen: „The Goth, the Christian – Time – War – | Flood, and Fire" (ebd.). Das Ergebnis dieser vielfältigen Angriffe auf die ‚ewige Stadt' ist ein

> Chaos of ruins! Who shall trace the void,
> O'er the dim fragments cast a lunar light,
> And say, "here was, or is," where all is doubly night? (Ebd.)

An dieser Schädelstätte des Geistes lässt sich nicht nur nichts wiederbeleben, im Dunkel dieser Vergangenheit lassen sich auch keine historischen Informationen und Orientierungen mehr gewinnen.[13] Auf Rom wie auf alle menschliche Geschichte ist der Schleier des Vergessens gefallen.

> The double night of ages, and of her,
> Night's daughter, Ignorance, hath wrapt and wrap
> All round us; we but feel our way to err:
> The Ocean hath his chart, the stars their map,
> And Knowledge spreads them on her ample lap;
> But Rome is as the desert – where we steer
> Stumbling o'er recollections; now we clap
> Our hands, and cry "Eureka!" it is clear –
> When but some false mirage of ruin rises near. (S. 225)

Die Vergangenheit ist für den Dichter eine unwegbare Wüste, in der es keine sichere Markierung und Orientierungen gibt. Was immer als ein klares Indiz der historischen Suche festen Halt geben soll, erweist sich bald als eine Fata Morgana. Ruinen sind stumm; sie verweigern sich dem Suchenden und lassen ihn in der Gegenwart allein, die von der Vergangenheit gänzlich abgeschnitten ist. Hier tut sich ein historistischer Abgrund auf, der, wie wir im folgenden Abschnitt sehen werden, dialektisch aufs Engste mit der romantischen Imagination verbunden ist. Paradoxerweise stellt der Dichter der weglosen Dimension der Vergangenheit das Meer und den Himmel als klar strukturierte Regionen gegenüber.[14] Hier, so versichert er, gibt es verlässliches Wissen, das es erlaubt, durch diese scheinbar unwegsamen Zonen zu navigieren, während wir für die Vergangenheit, als deren Inbegriff die Wüste Roms erscheint, keine entsprechenden Anhaltspunkte haben.

Das Kolosseum im Mondlicht[15]

Was in Byrons Gedicht dem Historiker und Archäologen abgesprochen wird, das beansprucht der Dichter für sich: im Chaos der Ruinen eine lebendige Spur und im Dunkel des Vergangenen den Umriss einer Gestalt zu entdecken. Der Erinnerung des Histori-

---

[13] Zur Vorgeschichte dieses romantisch-melancholischen Blicks in der 2. Hälfte des 18. Jahrhunderts vgl. das ausgezeichnete Kapitel über John Dyer in Laurence Goldstein: *Ruins and Empire. The Evolution of a Theme in Augustan and Romantic Literature*, Pittsburgh 1977, S. 25-42.

[14] Über Meer und Wüste als zwei parallele Regionen der Weglosigkeit vgl. W. H. Auden: *The Enchafèd Flood. Three Critical Essays on the Romantic Spirit; or The Romantic Iconography of the Sea*, New York 1950.

[15] Das Kolosseum im Mondlicht ist ein literarisches Motiv, das vor Byron von Goethe und nach ihm von unzähligen englischen und amerikanischen Autoren, unter ihnen E. A. Poe und Henry James, variiert wurde. Vgl. Catharine Edwards: *Writing Rome. Textual Approaches to the City*, Cambridge 1996, S. 132; William L. Vance: *The Colosseum. American Uses of an Imperial Image*, in: *Roman Images*, hg. von Annabel M. Patterson, Baltimore/London 1984, S. 105-140.

242

kers stellt Byron die Imagination des Dichters gegenüber. Seine Imagination hat eine besondere Affinität zum Mondlicht, das den verwüsteten Stätten noch einmal ein halluzinatorisches Leben einzuhauchen vermag.

‚Animation' – dieser Begriff bezieht sich heute auf ein technisches Verfahren, mit dem in digitale Bilder und Landkarten Bewegungen eingebaut werden. Der belebende Atem, der einst mit dem Geist (*ruach*) des göttlichen Schöpfers verbunden war und zum Inbegriff menschlicher Belebung und Beseelung geworden ist, lebt heute in der Trickkiste der *special effects* fort. Um 1800 bedeutete Animation scheinbare, Fata-Morgana-hafte Wiederbelebung einer toten Vergangenheit im inneren Auge poetischer Imagination. In einer Welt, in der immer mehr Gegenstände als ‚tot' klassifiziert wurden – von den Ruinen der Vergangenheit bis zu den Objekten der technischen Zivilisation –, gewann die Imagination eine neue Bedeutung. Der romantische Dichter legitimierte sich primär über diese seherische Kraft, die in der Epoche der Romantik von einer anthropologischen Grundausstattung zu einer exklusiven Gabe des poetischen Genies avancierte. Autoren wie Blake, Wordsworth und Coleridge, Shelley und Byron bauten ihre Dichter-Existenzen auf dieser neuen poetischen Grundkraft auf, die dazu bestimmt war, Bereiche, die sich dem Menschen immer mehr entzogen, erneut zu beleben und auf diese Weise zu humanisieren.

Abb. 6: *Das Kolosseum im Mondlicht*, Gemälde von J. M. W. Turner (1819)[16]

Nach einer Folge poetologischer Strophen, die der neuen Muse der Imagination gewidmet sind (Strophen 120-127), betritt der Reisende in Strophe 128 des Gedichts das Kolosseum bei Mondlicht.

> The moonbeams shine
> As 'twere its natural torches – for divine
> Should be the light which streams here – to illume
> This long-explored but still exhaustless mine
> Of Contemplation (S. 233)

In der folgenden Strophe ist zum ersten Mal von Magie die Rede („there is a power |
And magic in the ruined battlement" [ebd.]) und in der darauffolgenden Strophe wird
die Zeit in einer ganz neuen Gestalt vorgestellt, nicht mehr als Zerstörer, als Macht über
den Mächtigen und Tyrann über den Tyrannen, sondern als Dämpfer, Verschönerer und
Heiler von Wunden:

> O Time! The Beautifier of the dead,
> Adorner of the ruin – Comforter
> And only Healer when the heart hath bled; –
> Time! The Corrector where our judgments err (ebd.)

In dieser Strophe wird zusammen mit einem neuen Verhältnis zur Zeit eine neue kulturgeschichtliche Empfindung beschrieben: die Nostalgie. Sie gibt einen neuen, ästhetisie-
renden Blick auf Ruinen frei, der es nicht mehr so ernst nimmt mit der alten Aufgabe,
moralische Imperative zu beherzigen und die Fragen der Vergangenheit zu enträtseln.
An diese Zeit, die nicht nur entreißt, sondern auch zurückgibt, wendet sich der Sprecher
mit der Bitte um Unsterblichkeit für sich selbst sowie um Ergänzung für das Fragment
seines Lebens und seines literarischen Werks.
    Dann ist er schließlich so weit, sich ab Strophe 138 ganz der unheimlichen Macht
des Genius loci des Kolosseums zu überlassen. Ohne Vorbehalt öffnet er dieser Macht
die Sensoren seiner Imagination:

> the solemn scene
> Derives from thee a sense so deep and clear
> That we become a part of what has been,
> And grow unto the spot, all-seeing but unseen. (S. 234)

Hier wird noch einmal die Verschmelzung von Subjekt und Objekt vollzogen, mit der
der Dichter in die Ruinenwelt eingetreten war. Die eigenartige Wendung: „all-seeing
and unseen" beschreibt sehr präzise die Position vormals Gottes, später der Agenturen
der Überwachung (Panoptikum) und nachmals die des Kamera-Auges. Hier signalisiert
sie die Erfahrung einer radikalen Entkörperung und Entgrenzung. In den Strophen 139-
145 folgt nun die imaginative Animation – fast in der Manier eines Hollywoodfilms –
des antiken Kolosseums mit seinen Arkaden, Treppen und Tribünen, seinen mörderi-
schen Spielen, den Gladiatoren und ihrem Martyrium, den hohen Mauern, die zum Gegenstand von Raubzügen wurden und nun, Stein für Stein abgetragen, als ein
„enormous skeleton" (S. 235) übriggeblieben sind. Über dieser Szene geht der Mond

auf, der das Schauspiel der Imagination inszeniert und für einen kurzen Moment die Gegenwart – die Ruine, die mit Pflanzen und Efeu bewachsen ist – mit der Vergangenheit und ihrem ehemaligen Leben überblendet. Die Gladiatoren als Opfer willkürlicher Macht, die keine Spuren hinterlassen haben, leben in der Imagination noch einmal auf. An dieser Stelle taucht das Schlüsselwort ‚Magie‘ als Gegenkraft zum Vernichtungswerk der Zeit noch einmal auf:

> But when the rising moon begins to climb
> Its topmost arch, and gently pauses there – [...]
> When the light shines serene but doth not glare –
> Then in this magic circle raise the dead; –
> Heroes have trod this spot – 'tis on their dust ye tread. (S. 235)

„Raise the dead“ ist ein Appell an den Leser, der den Akt der Belebung für sich mitvollziehen muss, wenn das Schauspiel wirklich sichtbar werden soll. In der Abschlussstrophe dieser Sequenz hat Byron das Kolosseum zum Inbegriff Roms und Rom zum Inbegriff der Welt gemacht (Strophe 145, ebd.).

Im selben Jahr, als er diese Zeilen schrieb, ist auch Byrons dramatisches Gedicht *Manfred* entstanden. In dessen letztem Monolog, der in einer Mondnacht stattfindet, überkommt den Helden eine letzte Erinnerung an eine andere Mondnacht, die er einst im Kolosseum verbracht hat. Diesmal wird die Szene, anders als in den eher deklarativen oder meditativen Strophen des *Childe Harold*, mit großer Detailfreude ausgemalt und ein sinnlicher Eindruck der Situation evoziert. Die Erinnerung mündet in eine Anrede an den Mond, der als Mitgestalter der Imagination wie schon in Keats' *Endymion* zur Muse des romantischen Dichters erhoben wird:

> And thou didst shine, thou rolling moon, upon
> All this, and cast a wide and tender light,
> Which soften'd down the hoar austerity
> Of rugged desolation, and fill'd up,
> As 'twere, anew, the gaps of centuries;
> Leaving that beautiful which still was so,
> And making that which was not, till the place
> Became religion, and the heart ran o'er
> With silent worship of the great of old!
> The dead, but sceptered sovereigns, who still rule
> Our spirits from their urns. –[17]

Für Byron sind die Ruinen eloquenter als alle Texte, die aus der Antike überliefert sind. Sein Verhältnis zu den antiken Texten ist ein gebrochenes. Er gibt zu, dass er mit Horaz

---

[17] George Gordon Byron: *Manfred*, in: ders.: *Lord Byron. The Major Works*, hg. von Jerome J. McGann, Oxford/New York 1986, S. 274-314, hier: S. 310 (III, 31-41). Zur Unterschiedlichkeit des Kolosseum-Motivs in *Childe Harold* und *Manfred* vgl. Peter Cochran: *‚A Higher and More Extended Comprehension'. Byron's Three Weeks in Rome*, in: *The Keats – Shelley Review* 15 (2001), S. 49-63.

in der Schule seine Mühe hatte, weil ihm die lateinische Grammatik im Wege stand. Er vollzieht eine Wende von Texten und Traditionen zum Visuellen und Visionären. Nostalgie und Ästhetisierung der Ruinen entspringen bei Byron einem neuen Blick, der sich von allen Überlieferungskanälen losgesagt hat: von der christlichen Tradition der Ruinen-Allegorese, der humanistischen Tradition und der historischen Wissenschaft. Je weniger die kulturelle Erinnerung in ihm mitspricht, desto phantastischer und eindrucksvoller kann das Mondlicht der Imagination scheinen.

Wie Shelleys Elegie auf den verstorbenen Freund endet auch *Childe Harold's Pilgrimage* am Meer. Das Meer ist das Ende menschlicher Kultur und Ambitionen. Wie Rom selbst ist es eine Art von Wüste, aber eine, in der die Menschen über Jahrhunderte und Jahrtausende hinweg keinerlei Spuren hinterlassen haben. Hier gibt es keine Gräber und keine Markierung von Siegen und Niederlagen; die Oberfläche des Wassers schließt sich sofort wieder und spottet den Umschwüngen menschlicher Geschichte. Der Ozean ist für Byron ein Spiegel göttlicher Macht und Verkörperung des Erhabenen: „boundless, endless, and sublime – | The image of Eternity" (S. 241). Die Imperien der Assyrer, der Griechen, der Karthager und Römer steigen auf und zerfallen wieder; auch die Menschen verändern sich irreversibel: „I am not now | That which I have been" (ebd.), muss der Dichter von sich selbst bekennen. Allein der Ozean ist ewig, er kennt keine Ruinen, hat keine Geschichte und ist so herrlich wie am ersten Schöpfungstag:

> Not so thou,
> Unchangeable save to thy wild waves' play;
> Time writes no wrinkle on thine azure brow –
> Such as Creation's dawn beheld, thou rollest now. (ebd.)

Die römischen Ruinen erscheinen in den betrachteten Gedichten in einem sehr unterschiedlichen Licht, was nicht zuletzt mit der jeweiligen literarischen Gattung zusammenhängt. Shelley schrieb eine Elegie auf den Freund Keats, in der er mit der Frage nach Ruhm und dichterischer Unsterblichkeit rang. An eine Kanonisierung der romantischen Dichter durch die Nachwelt konnte er im italienischen Exil noch nicht glauben. Im Angesicht des Todes des Freundes verwarf er deshalb diese Hoffnung als eine Illusion und konzentrierte sich mit seiner Sehnsucht nach Weiterleben ganz auf die Transzendenz der unsterblichen Seele, genauer: auf den schöpferischen Genius des Dichters, den er als integralen Teil der ewigen Naturkraft erkannte und dessen Rückkehr zu seinem Ursprungselement er in seiner Elegie besang.

Während Shelley in der Zeit nur den Motor einer unerbittlich vernichtenden Energie sah, setzte Byron auf die Zeit als eine konstruktive, verbessernde und vor allem auch verschönernde Kraft. Diese ästhetische Wirkung der Zeit zeigt sich besonders in der Faszination der Ruinen, die von der historischen Imagination reanimiert werden können. Während sich Shelley abwandte von der Vergangenheit als der Summe alles dessen, was kraft seiner Materialität in störrischer Immanenz verharrt und sich nicht auflöst in den ätherischen Strom des Lebens, ist Byron von dieser Vergangenheit angezogen, in deren magischen Kreis er als Betrachter selbst mit eintritt. Im Schein des Mondlichts und seiner freien Imagination kann er und können seine Leser die Vergegenwärtigung der Vergangenheit als *special effect* einer dichterischen Inszenierung genießen.

KAPITEL 6

Weltende und Spätzeit in Texten von
Thomas Browne und Walter Pater

In der Formel ‚Fin de Siècle' ist das Wort ‚Saeculum' enthalten. Dieses komplexe Wort trägt vier verschiedene Bedeutungen in sich, die ihrerseits auf verschiedene kulturelle Kontexte und historische Ursprünge verweisen. Die erste und älteste Bedeutung geht auf die Vorstellung von zehn ‚etruskischen Saecula' zurück, die nach römischer Überlieferung die etruskische Welt ausmachten.[1] Da die genaue Dauer dieser Saecula nicht feststand, es aber überaus wichtig war, die Einschnitte wahrzunehmen, haben sich Generationen von Wahrsagern darauf spezialisiert, die Vorzeichen und Signale zu erkennen, die den Übergang des einen in das nächste Saeculum anzeigten. Dieses Saeculum, das von seinem mesopotamischen Vorfahren, dem ‚Con', abstammt, bezieht sich auf eine Zeiteinheit, die als organische Ganzheit und lebender Organismus vorgestellt wurde, der sich über einen Zyklus des Entstehens und Vergehens vollzog. Eine solche Vorstellung von zyklischen Zeiteinheiten, die entstehen und wieder vergehen, ist in vielen Kulturen bekannt. Nach dieser Ansicht ist die Zeit mal jung und mal alt, was zur Folge hat, dass sie nicht einfach aus sich selbst heraus fließt, sondern immer wieder erneuert werden muss. Diese Erneuerung ist die Aufgabe von Riten, die den Übergang vom alten zum neuen Jahr oder von einer Regierungszeit zur nächsten flankieren, um die Zeit selbst in solchen Festen wiederherzustellen, zu verjüngen, zu reproduzieren. Ohne diesen kulturellen Einsatz für die künstliche Herstellung von Kontinuität, so wurde befürchtet, würde die Zeit immer wieder von sich aus verschwinden und in einem kosmischen Nichts enden. Jedes neue Saeculum hatte nicht nur sein Quantum an Zeit, das irgendwann auslief wie ein Benzintank, sondern auch eine eigene Qualität und Ordnung, der man sich anzupassen suchte. Es gab zwischen den Saecula keine glatten Übergänge. Diese stellte man sich im Gegenteil als Phasen hochgefährlicher Kontingenz und chaotischer Unregelmäßigkeit vor, in denen die natürliche und kulturelle Ordnung ausgehebelt war. Um diese Risiken und Bedrohungen zu mindern, musste das neue Saeculum mit entsprechenden Zeremonien förmlich eröffnet und in Gang gesetzt werde. In dieser Verwendung bedeutete ‚Saeculum' also eine organische Zeiteinheit, die wie ein lebendiges Wesen mit einer beschränkten zeitlichen Ausdehnung existierte.

---

[1] Vgl. Burkhard Gladigow: *Aetas, aevum und saeculorum ordo. Zur Struktur zeitlicher Deutungssysteme*, in: *Apocalypticism in the Mediterranean World and the Near East. Proceedings of the International Colloquium on Apocalypticism, Uppsala, August 12-17, 1979*, hg. von David Hellholm, Tübingen 1983, S. 255-271, hier: S. 261-265.

Eine zweite Wurzel des Wortes geht auf die römischen ‚saecula civilia' zurück und hat eine ganz andere Bedeutung. Mit dem Wandel von der etruskischen Welt zum augusteischen Rom hat sich der Zugang zur Zeit radikal gewandelt. An die Stelle einer von Angst und Sorge bestimmten Divination trat ein selbstbewusstes Rechnen und eine sichere Kontrolle der Zeit.[2] In der römischen Welt fand dieses Zeitmanagement noch immer in einem religiösen Rahmen statt, in dem Zeit und Kult in einem direkten Verhältnis standen zur Macht und Herrschaft des Reichs. In dieser Zeit wurde die Dauer eines Saeculums auf ca. 100 Jahre festgelegt. In diesem Intervall wurde das Fest der ‚ludi saeculares', der säkularen Spiele, offiziell angesetzt und wiederholt. Mit der Einrichtung dieses Kults hat Augustus zugleich einen weiten Zukunftshorizont für sein Reich festgelegt.

Die dritte Bedeutung des Wortes ‚Saeculum' ist von christlichen Autoren erfunden worden, die es mit dem griechischen ‚eon' und dem hebräischen ‚olam' verbanden, das die Komponenten von Zeit und Welt umfasst.[3] Diese zeitliche Welt des Saeculum verstanden die frühen christlichen Autoren als ‚diese Welt' des irdischen Lebens, des Wandels und Chaos und stellten sie der entfristeten Dauer ‚jener Welt' himmlischer Ordnung und ewiger Dauer gegenüber. Die Zwei-Welten-Theorie mit ihrer Gegenüberstellung von diesseitiger und jenseitiger Welt ist in unsere Verwendung des Begriffs ‚säkular' im Gegensatz zu ‚religiös' mit eingegangen.

Eine vierte Bedeutung erhielt das Wort schließlich durch die Renaissance-Humanisten, die die römische Definition des Saeculum als Spanne von 100 Jahren wiederaufgriffen und den Begriff in ihrer Historiographie verwendeten. Sie ersetzten dabei die ältere jüdische und christliche Vorstellung von den vier oder sechs Weltaltern durch eine sehr viel abstraktere, auf Zahlen gegründete Zeitordnung. In den Schriften der Humanisten wurde aus dem Saeculum das ‚Jahrhundert', an das wir uns längst als eine ‚natürliche' Form der Einteilung und des Erlebens historischer Zeitspannen gewöhnt haben.

Die Bedeutungsgeschichte des Wortes ‚Saeculum' hat die Struktur eines Palimpsests: Jede neue Bedeutung baute auf Aspekten der älteren Bedeutungen auf und nahm sie mit in sich auf. Frühere und vergessene Elemente leben in den späten Wortbedeutungen fort und können wieder freigelegt und reaktiviert werden. Der Begriff oszilliert zwischen zwei Formen der Zeitmessung, einer qualitativen und einer quantitativen. Wir können noch nachvollziehen, dass ein Saeculum mehr ist als nur eine numerische Zeitspanne und dass er auch die Bedeutung einer distinkten Zeitgestalt und Physiognomie mit einschließt. Nur ist diese Gestalt heute nicht mehr organisch, sondern historisch definiert. Außerdem haben wir in unserem unbewussten zeitlichen Imaginären die Vorstellung geerbt, dass das Saeculum selbst alt wird und sich erschöpft, wobei prekäre Lücken auftreten, die als gefährliche, ominöse Übergänge zwischen altem und neuem Saeculum Gegenstand lebhafter Diskussionen und Ängste sind. Unsere moderne Zeitordnung, die auf einem linearen und rein quantitativen Zahlensystem beruht, enthält also noch immer Spuren älterer kultureller Schichten, die uns wie Geister aus der

---

[2] Vgl. Gladigow: *Aetas, aevum und saeculorum ordo* (Anm. 1), S. 265-269.

[3] Vgl. Günter Lanczkowski: *Saeculum*, in: *Die Religion in Geschichte und Gegenwart. Handwörterbuch für Theologie und Religionswissenschaft*, Bd. 5: P-Se, hg. von Kurt Galling u.a., 3. neubearb. Aufl., Tübingen 1961, S. 1279-1280.

Vergangenheit heimsuchen oder foppen. An der letzten Millenniumswende potenzierten sich diese Sorgen noch einmal und artikulierten sich in einem Phantasma auf dem neuen technologischen Stand der aktuellen Medienkultur: Man befürchtete einen digitalen GAU durch das automatische Zurückfahren aller Rechner auf die Zahlenkombination ‚000000'.

In diesem Kapitel soll es um zwei Texte gehen, die sich mit der Erwartung eines zeitlichen Endes auseinandersetzen: Sir Thomas Brownes *Urnen-Begräbnis* aus dem 17. Jahrhundert und Walter Paters *Marius der Epikureer* aus dem 19. Jahrhundert. Der erste Text ist in der Erwartung des nahenden Weltendes entstanden, der zweite ist 1885 erschienen und ein künstlerisches Manifest des Fin de Siècle. Beide Autoren verbindet ihr lebhaftes Interesse an den Themen Endzeit, Untergang und Tod, das im ersten Text auf die Weltzeit bezogen wird und im zweiten auf eine absterbende Kultur und historische Epoche. Die Zusammenstellung beider Autoren gewinnt ferner dadurch an Plausibilität, dass Pater ein beeindruckter Leser von Browne war. In seine Sammlung mit dem Titel *Appreciations* schloss er eine Würdigung von Sir Thomas Browne ein, die zum Comeback des schon fast vergessenen Autors beigetragen und den Grund gelegt hat für seine moderne Kanonisierung im 20. Jahrhundert als ‚Meister englischer Prosa'. Trotz seines barocken Stils und seiner obsoleten Gelehrsamkeit hat Pater Brownes Werk wiederholt als ‚klassisch' bezeichnet. Mit großem Enthusiasmus erkannte er den Texten des Doktors aus Norwich einen klassischen Status zu: „Aus einer Atmosphäre des Fremden und Seltsamen stammend ist hier ein reiches und wirklich bedeutendes, ja ein klassisches Werk herausgewachsen, das die Kraft hat, einen neuen Literaturtyp zu schaffen."[4] Das Prädikat ‚klassisch' verwies in diesem Fall nicht auf Stilmerkmale, sondern auf höchste Wertschätzung und einen bleibenden Platz im literaturgeschichtlichen Kanon.[5]

Eine Untersuchung der zentralen Themen beider Texte macht Paters tiefe Verbundenheit zu diesem Autor des 17. Jahrhunderts sichtbar. Deshalb soll der Text Brownes hier noch einmal in einer neuen Konstellation aufgenommen werden. Nach der Gegenüberstellung von Browne und Milton als zwei gegensätzlichen Verkörperungen des Humanismus in Kapitel 7 wird im Folgenden Brownes Affinität zu einem anderen Denker der Spätzeit im Mittelpunkt stehen. In dieser Konstellation erscheinen Brownes Themen noch einmal in einem neuen Licht. Browne und Pater haben beide ein obsessives Verhältnis zu Formen des Endes, sei es das Ende der Welt, der paganen römischen Kultur oder des 19. Jahrhunderts. Beide hegen darüber hinaus ein etwas morbides Interesse an Tod und Verfall, aber auch eine Faszination für die Vergeistigung des Materiellen, sei es durch eine religiöse, sei es durch eine ästhetische Perspektive.

---

[4] Walter Pater: *Sir Thomas Browne*, in: ders.: *Appreciations. With an Essay on Style*, London 1910, S. 124-160, hier: S. 154 und S. 156 (Übers. A. A.).

[5] Pater war nicht der Erste, der die literarische Bedeutung von Sir Thomas Browne erkannte. Nach Samuel Johnson, der uns eine Lebensbeschreibung von Browne geschenkt hat, wurde er von Kritikern der Romantik wie Charles Lamb, Samuel Taylor Coleridge, William Hazlitt und Thomas De Quincey hoch geschätzt. Vgl. Michael Levey: *The Case of Walter Pater*, London 1978. Zu den Gegenwartsautoren, die ein enges Verhältnis zu Thomas Browne entwickelt haben, gehört W. G. Sebald, der ihm in seinem literarischen Reisebericht *Die Ringe des Saturn. Eine englische Wallfahrt*, Frankfurt 1992, ein Denkmal gesetzt hat.

Sir Thomas Browne

Die Texte von Sir Thomas Browne entstanden in der ersten Hälfte des 17. Jahrhunderts, weshalb er nicht als ein Autor des Fin de Siècle angesprochen werden kann. Die Texte, die in den 80er- und 90er-Jahren dieses Jahrhunderts entstanden, wie zum Beispiel diejenigen Lockes oder Drydens, waren keineswegs von Endzeitstimmungen geprägt. Im Gegenteil drückten sie die Zuversicht einer neuen Zeit aus, die die Monarchie wiederhergestellt, die neuen Wissenschaften begründet und neue Entwicklungen in der Kultur und den Künsten eingeleitet hatte. Endzeittexte entstanden nicht in der zweiten, sondern in der ersten Hälfte des 17. Jahrhunderts. Zu ihnen gehören etwa die *Anatomy of Melancholy* (1618) und, nicht zu vergessen, *Hamlet* (ca. 1601). Brownes *Urnenbegräbnis* (1658) dagegen stammt aus der Mitte des Jahrhunderts, aus der Zeit nach dem englischen Bürgerkrieg. Er entstand in großer zeitlicher Nähe zum Jahr 1666, in dem viele religiös gestimmte Menschen aufgrund apokrypher Kalkulationen mit dem Weltende rechneten. Browne, der sicher kein säkularer Geist im Sinne der modernen Aufklärung war, mag von diesen Gedanken beeinflusst gewesen sein, was den tief pessimistischen Tonfall erklären könnte, in dem er über hohe menschliche Zielsetzungen und kulturelle Institutionen spricht. Als Späthumanist und christlicher Metaphysiker entwickelte er seinen eigenen Historismus, der davon ausging, „dass die Zeit selbst alt geworden war". Er rechnete mit ihrem Niedergang und bereitete sich auf das Ende der Welt in ihrer diesseitigen Form vor. Die Welt, in der er lebte, brach für Browne in den 1660er Jahren nicht zusammen, wie sie für etwa für Milton zusammenbrach, für den nach seinem großen republikanischen Engagement im englischen Bürgerkrieg die Gesellschaft keinen Platz mehr hatte. Im Gegenteil dazu standen nach der Restoration der Monarchie und der Anglikanischen Kirche Brownes Name und Werk in Ehren.

Brownes Text über das Urnenbegräbnis, der den gelehrten Titel *Ilydriotaphia* trägt, ist ein herausragendes Beispiel antiquarischer Gelehrsamkeit des 17. Jahrhunderts. Seit der Kanonisierung des Autors als Meister englischer Prosa ist der Stil von Brownes Werken immer wieder beschrieben und gepriesen worden. Mit Ausnahme einiger berühmter Zitate ist aber die Dimension seiner Themen und Ideen sehr viel seltener zum Gegenstand einer aufmerksamen Lektüre gemacht worden. Das ist nicht weiter verwunderlich, denn dem modernen Leser bieten sich diese Ideen in einem befremdlichen Gewand dar, das aus einer idiosynkratischen Mischung aus Büchergelehrsamkeit, empirischen Beobachtungen, religiöser Stimmung und subjektiven Einsichten besteht.

Seinen unverwechselbar eigenen Ton schlägt Browne bereits im Prolog an. Er eröffnet seinen Text mit einem umfassenden Blick über die Geschichte menschlicher Kultur und ihre Epochen. Ein derart inklusiver Blick ist nur aus einer hohen Warte und späten Position möglich:

> Wir haben alle Hände voll zu tun, nach gegenwärtigen und vergangenen Vorbildern unser eigenes Selbst zu formen, und dazu reicht kaum das ganze Welttheater zu unserer Belehrung. Ein vollständiges Idealbild der Tugend kann nur aus dem Cento (patchwork) aller

Zeiten zusammengesetzt sein, so wie es aller Schönheiten Griechenlands bedarf, eine einzige Venus in ihrer Schönheit zu gestalten.[6]

Das Wort ‚Cento' ruft gelehrtes philologisches Spezialwissen auf. Es bezieht sich auf eine Textgattung der römischen Spätzeit, die in der frühen christlichen Kultur produktiv aufgenommen wurde und damit ein wichtiges Scharnier zwischen ‚paganer' und christlicher Kultur darstellt. Das Kompositionsprinzip dieser Gattung besteht in der Sammlung von Zitaten und Fragmenten antiker Autoren unterschiedlicher Epochen, die aus ihren früheren Kontexten herausgelöst und in einem anderen Kontext neu montiert werden. Die Gattung ‚Cento' beschränkt also den Spielraum des Autors auf die Arbeit mit vorgefertigten Versatzstücken. In dem Browne-Zitat ist noch ein weiterer gelehrter Verweis enthalten. Es geht dabei um die von Cicero (in *De Inventione*, II, 1) überlieferte Anekdote des griechischen Malers Zeuxis, der den Auftrag erhielt, ein Bild der Göttin Venus zu malen. Für dieses Bild wählte er sich nicht ein einzelnes Modell, sondern erbat sich gleich fünf schöne Jungfrauen der Stadt Kroton. Aus diesem Fundus wählte er die jeweils besonders schönen Köperteile aus, um sie in seinem Bild als vollendete weibliche Schönheit zusammenzufassen. Es ist genau diese inklusive Form der Zusammenschau der Errungenschaften aller früheren Epochen und Zeitalter, die Browne so faszinierte und die ihn zu seinen antiquarischen Suchbewegungen antrieb. Er steht damit für eine typisch spätzeitliche Form historischer Sensibilität, die auch im posthistorischen Bewusstsein von der Gegenwärtigkeit aller Vergangenheit wiederkehrt. Brownes Perspektive ist folglich weder auf eine Tradition eingeschränkt noch in einer Epoche verankert, sondern ist auf der Suche dessen, was den Menschen zu dem gemacht hat, was er geworden ist, ausgedehnt, beweglich, freischweifend und inklusiv. Dabei ist sein historisches Wissen nicht mehr allein von Buchgelehrsamkeit geleitet, sondern auch von nicht textlichen archäologischen Befunden inspiriert, wie der rezenten Freilegung römischer Urnen bei Zufallsgrabungen in der Nähe von Norwich. Diese materielle Überlieferung aus der Antike erforderte einen ganz anderen antiquarisch-ethnographischen Blick, der bei Browne neue menschheitsgeschichtliche Reflexionen stimulierte. Dieser Blick ist zugleich von dem Bewusstsein geleitet, dass die Überlieferung niemals vollendet und geschlossen wie ein gesammelter und sortierter Bibliotheksbestand zur Verfügung steht, sondern wir immer auch mit völligem Vergessen sowie mit Zufallsfunden rechnen müssen. Auch dafür steht das Bild von der Urne: So wie die Kontinente vor ihrer Entdeckung zwar existierten, aber nicht Teil des westlichen Wissensuniversums waren, so ist für Browne noch sehr viel Vergangenheit „in der Urne begraben" und es ist eine Frage der Zeit oder des Zufalls, ob und wann diese vergange-

---

6   Sir Thomas Browne: *Hydriotaphia, Urne-Burial, or, A Brief Discourse of the Sepulchrall Urnes lately found in Norfolk*, in: ders.: *The Prose of Sir Thomas Browne*, hg. von Norman Endicott, New York/London 1968, S. 241-286, hier: S. 246. Dieses und alle folgenden Zitate aus Brownes Text folgen der neuen Übersetzung von Manfred Pfister: Sir Thomas Browne: *Hydriotaphia – Urnenbestattung und andere Schriften*, hg., übersetzt und kommentiert von Manfred Pfister, Regensburg 2014, S. 181-183. Die weiteren Seitenangaben erfolgen im Fließtext.

nen Welten noch einmal in den Fokus und das Bewusstsein einer neuen Gegenwart geraten.

Im letzten Kapitel von Brownes Urnenbegräbnis ist von solchen Zukunftserwartungen allerdings nichts mehr zu spüren. Im Mittelpunkt steht ein sich immer weiter ausbreitendes Spätzeitgefühl, verbunden mit dem Orientierungswechsel von einer diesseitigen zu einer jenseitigen Zukunft. Es beginnt mit der überraschenden Beobachtung, dass die Knochen selbst, die in den Urnen begraben sind und „ungestört unter den Trommeln und dem Getrampel dreier Eroberungen geruht" haben, die dauerhaftesten Monumente sind (S. 295). Doch wem sie einmal gehört haben und welche Körper sie einst gehabt haben, sei eine Frage, die keine historische Forschung jemals aufklären kann. Diese Lektion der Urnen wendet Browne auf seine eigene Zeit an und führt sie gleichzeitig gegen den Ehrgeiz und die Eitelkeit seiner Zeitgenossen ins Feld, die für sich ein langes Nachleben in der Erinnerung zukünftiger Generationen erträumen:

> Daher ist es eine kaum mehr zeitgemäße Eitelkeit und ein überaltertes Stück Torheit, wenn man sich unter diesen gegenwärtigen Umständen noch tief beunruhigte Gedanken um sein fortlebendes Angedenken macht. Wir können nicht erwarten, so lange in unseren Namen weiterzuleben, wie andere es *in persona* getan haben. Eine Gesichtshälfte des *Janus* [die Zeit unseres Erdenlebens] steht hier in keinem Verhältnis zur anderen [der Zeit unseres Nachlebens]. (S. 301)

An diese Verweigerung irdischer Zukunftserwartung schließt Browne folgende Beschreibung seines Zeitalters in der letzten Phase der Welt und im fünften und letzten Akt der Geschichte an:

> Zu spät ist es schon, noch ehrgeizig zu sein. Die großen Umwälzungen der Weltgeschichte sind schon vollbracht, und für unsere eigenen Absichten und Ziele ist die Zeit wohl schon zu kurz. [...] Uns, deren Generationen es vorherbestimmt ist, in den Sonnenuntergang der Zeit hineingeboren zu sein, hat die Vorsehung solche Wunschträume entzogen. (S. 301, 303)

Zu diesen Wunschträumen gehören das Errichten von Denkmälern und andere Anstrengungen um ein Überleben in der Nachwelt – aus dem einfachen Grunde, dass es schon ganz bald gar keine Nachwelt mehr geben wird. Browne konnte sich bei diesen Überlegungen über die Kürze des kulturellen Gedächtnisses auf eigene intergenerationelle Anschauung stützen, wenn er schrieb:

> Unsere Väter finden in unserem flüchtigen Gedächtnis ihr Grab und bedeuten uns traurig, wie kurz nur unseres in dem der Nachfahren überdauern wird. Grabsteine künden von nicht länger als vierzig Jahre. Generationen kommen und gehen im Schatten derselben Bäume, und selbst alte Familien haben keine drei Generationen von Eichen überlebt. (S. 303)

Browne entwickelt diese erstaunlichen Gedanken über die Unzuverlässigkeit des kulturellen Gedächtnisses in der ihm eigenen Rhetorik. Einige Sätze sind besonders prägnant: „Es gibt kein Gegengift gegen das Opium der Zeit" (S. 303). Oder: „Die Arglist des Vergessens schüttelt blind ihren Mohnsamen aus, ohne Rücksicht auf verdienten Nachruhm" (S. 307). Diese Sätze mögen bitter klingen, dennoch enthalten sie keinen Ton von Verzweiflung oder Resignation. Der Ton ist im Gegenteil der einer religiösen Einsicht, die die menschlichen Techniken der Selbstverewigung im kulturellen Gedächtnis im Namen eines göttlichen Gedächtnisses verwirft. Vergessen kann man nicht kontrollieren oder in Dienst nehmen; hier endet alle menschliche Spekulation. „Der Großteil der Menschheit muss sich damit bescheiden, gelebt zu haben, als hätte er nie existiert, und allein im göttlichen Register, nicht in den Aufzeichnungen der Menschen, verewigt zu sein" (S. 307).

Browne wechselt in seinem Text von einem Zeitbegriff zum anderen. Er beginnt mit Senecas Zeitvorstellung von der Natur als einem großen Eleusinischen Mysterium (*Naturales Quaestiones*, VI, 30) und beschreibt eine Welt, die immer wieder neue Wunder und Offenbarungen für nachfolgende Generationen bereithält, und er endet mit dem noch älteren Konzept von Zeit als einem Äon oder Saeculum, in dem die Zeit selbst altert und stirbt: Da „die Zeit, die immer älter wird, uns lehrt, auf keinerlei lange Weile zu vertrauen, ist Dauer ein Traum und eine Hoffnung, die uns narrt" (S. 309).

Walter Pater

Walter Paters *Marius der Epikureer* ist ein typischer Fin-de-Siècle-Text, nicht nur weil er 1885 geschrieben und 1892 überarbeitet wurde, sondern auch weil er im 2. Jahrhundert A.D. und somit in einer paradigmatischen Spätzeit spielt, in der sich Paters Spätzeit spiegelt.[7] Der Roman zeigt ein ähnlich obsessives Interesse am Thema Tod und kultureller Niedergang wie der Text von Browne. Beide Texte sind in einer liminalen Phase zwischen einer alten und einer neuen Welt angesiedelt, sie stehen zwischen Vergangenheit und Zukunft und, im Fall von Pater, zwischen heidnischer Antike und christlicher Moderne.

Die persönliche Erfahrung des Todes und die Bedeutung kultureller Riten steht im Mittelpunkt von Paters Roman. Am Anfang (Kapitel 2) steht ein ausführlicher Bericht der paganen Begräbnisriten und Erinnerungspraktiken seiner Mutter nach dem Tod seines Vaters; am Ende (Kapitel 21) steht die Beschreibung christlicher Begräbnisriten und Erinnerungspraktiken der Caecilia, einer anderen weiblichen Figur, die aus einer kleinen christlichen Gemeinde stammt. Weitere Verweise auf Tod und Sterben betreffen den Bestattungskult der römischen Kaiser, Friedhöfe, Grabinschriften und Urnen. Und ebenso wie Thomas Browne breitet Walter Pater seine historistische Gelehrsamkeit aus und schreibt als ein Kulturanthropologe *avant la lettre*, der im Detail die kulturellen Praktiken einer fernen Vergangenheit in ihren gelebten Kontexten rekonstruiert.

Pater verknüpft dabei das Thema des Todes mit einer Physiognomie der Spätzeit, der er sich mit der Gestalt des Marius annähert. Browne hatte den bemerkenswerten Satz geschrieben, dass die Zeit selbst alt geworden sei; Pater spricht etwas weniger

---

[7] Walter Pater: *Marius the Epicurean. His Sensations and Ideas*, hg. von Michael Levy, Harmondsworth 1985.

radikal von der Spätzeit als einer „prosaischen und ausgetretenen Zeit".[8] In einer mythischen Sprache beschreibt er diese Spätzeit auch als ein eisernes Zeitalter, das sich nostalgisch an ein goldenes Zeitalter erinnert (Bd. 2, S. 174). Pater übernimmt jedoch nicht den nostalgischen Ton Brownes. Er ist ein beredter Anwalt der Errungenschaften einer Spätzeit, für die er selbst als ein herausragender Vertreter gelten kann. Das folgende Porträt Roms ist ein Beispiel für diese Wertschätzung. ‚Spätzeit' wird hier nicht im Sinne von ‚kultureller Niedergang', sondern von ‚kultureller Reife' verstanden. Marius kommt an dieser Stelle zum ersten Mal nach Rom, der Stadt, in der er das Herz und den Geist seiner Epoche erfahren kann:

> Er hatte sicherlich Glück mit seiner Ankunft in Rom. Jene alte heidnische Welt, deren Blüte Rom war, hatte ihre Vollkommenheit in den Dingen der Kunst und Dichtung erreicht – eine Vollkommenheit, die nur zu sicher schon den Vorabend des Verfalls andeutete. Wie in einem ungeheuren Museum des Geistes standen all ihre mannigfaltigen Erzeugnisse noch unverletzt an ihren Plätzen und hatten auch noch ihre Kustoden, die gebührend befähigt waren, sie zu würdigen und zu erklären. (Bd. 1, S. 169)

Das Bild des Museums ist signifikant. In Rom betritt Marius die Abfolge der historischen Epochen im Chronotopos einer simultanen raumzeitlichen Einheit: „Das vielfache Werk vieler Jahrhunderte lag hier noch harmonisch zusammen, unberührt außer von der Zeit, die seinem verschlungenen Ausdruck die letzte Anmut reicher Weichheit gab" (ebd.).

Diese Beschreibung der Stadt enthält viele Züge, die ebenso typisch für die Spätantike wie für Paters Fin de Siècle sind: die Verbindung von Niedergang und Vollkommenheit, das kulturelle Archiv als ein reicher Speicher, der von professionellen Wächtern organisiert, erhalten und interpretiert wird, die Gleichzeitigkeit historischer Epochen und die Ästhetisierung der Geschichte.[9] Die Beschreibung von Rom zeigt aber nicht nur eine besondere Affinität mit dem Historismus des späten 19. Jahrhunderts, den Nietzsche so verabscheute, sondern auch zur Posthistorie des späten 20. Jahrhunderts, einer weiteren Spätzeit, die den Nerv der linearen Fortschrittsgeschichte mit ihrem utopischen Drang in eine immer neue Zukunft durchgeschnitten hatte und sich als Archiv einer reichen und komplexen Vergangenheit verstand, in dem alles museal gegenwärtig und eklektisch verfügbar geworden war. Indem er den alexandrinischen Geist Roms hervorhob, hat Pater zugleich einige wichtige allgemeine Merkmale von Spätzeiten markiert: die Ausdifferenzierung eines kulturellen Wissens, das in den Händen von

---

[8]   Walter Pater: *Marius der Epikureer*, übers. von Felix Paul Greve, 2 Bde., Leipzig 1908, Bd. 1, S. 100. Alle nachfolgenden Zitate beziehen sich auf diese Ausgabe. Seitenangaben erfolgen im Fließtext.

[9]   Paters Konstruktion der Geschichte hat auf die Autoren des Modernismus einen nachhaltigen Einfluss gehabt, der von diesen nicht immer angemessen anerkannt worden ist. „Es gibt ein gemeinsames Vokabular zu den Themen Geschichte, Entwicklung, Gedächtnis und Tradition, das sich von Pater und Wilde über Yeats bis zu Eliot verfolgen lässt" (P. G. Ellis: *The Development of T. S. Eliot's Historical Sense*, in: *Review of English Studies* 23:91 [1972], S. 290-301, hier: S. 291 [Übers. A. A.]). Vgl. auch Carolyn Williams: *Transfigured World. Walter Pater's Aesthetic Historicism*, Ithaca/London 1989.

professionellen Spezialisten liegt, aber auch die damit verbundene Distanz und Entfremdung der Kultur von den vitalen Bedürfnissen und spontanen Regungen des menschlichen Herzens.

Dieser Ton der Entfremdung wird noch deutlicher in einer weiteren wichtigen Manifestation römischer Spätkultur. Es geht um eine lange öffentliche Rede des Intellektuellen auf dem Kaiserthron, Mark Aurel. In dieser Rede, in der der Kaiser die wichtigen Grundsätze stoischer Philosophie entwickelt, stimmt er auch das traditionelle Thema der Weltverachtung an und offenbart dabei einen philosophischen Habitus, der eine überraschende Ähnlichkeit mit Brownes christlichen Gedanken zeigt. In diesem stoischen Kontext begegnen wir derselben düsteren Antizipation des Todes, der Allgegenwart von Ruinen und einem Protest gegen „die Eitelkeit jedes äußeren Erfolges" (Bd. 1, S. 194) und, verbunden damit, auch der Absage an alle Anstrengungen des kulturellen Gedächtnisses, individuelle Namen vor dem Vergessen retten zu können. Die Erinnerung ist solchen Aufgaben gar nicht gewachsen, weil sie selbst beweglich und flüchtig ist. Denn wer von Ruhm nach dem Tode träumt, macht sich nicht klar, „dass von allen, deren Gedächtnis er füllen will, ein jeder gleichfalls schnell von hinnen geht, bis das Gedächtnis selbst erlischt, weil es durch solche reist, die auch nur eine Weile auf der Schwinge schweben und dann erlöschen" (Bd. 1, S. 197-198). Die weiteren Sätze der Rede des Kaisers klingen, als hätte Pater sie direkt aus einem Buch von Thomas Browne abgeschrieben:

> Wie viele haben nie eure Namen gehört oder meinen, oder sie werden ihn bald vergessen! Wie bald mögen, die heute meinen Namen jubeln, beginnen, ihn zu schmähen, weil Ruhm und das Gedächtnis der Menschen und alle Dinge sonst nichts sind als Eitelkeit – ein Sandhaufe unter den fühllosen Winden, das Bellen von Hunden, ein Streit von Kindern, die unmäßig weinen nach ihrem Lachen. (Bd. 1, S. 200)

Obwohl die Botschaft sehr ähnlich klingt und die Rhetorik der Eitelkeit ebenso stark wirkt, gibt es doch einen wichtigen Unterschied zwischen dem Text von Browne und der Rede des Mark Aurel. Während Browne die diesseitige Welt verwirft, um sich für eine bessere zu rüsten, sagt sich der Römer ohne jegliche Erwartung einer anderen, transzendenten Welt von der diesseitigen Welt los. Der entscheidende Unterschied zwischen der stoischen und der christlichen Perspektive besteht darin, dass der Stoiker jegliche Form von Zukunft verwirft und mit ihr die Hoffnung auf Wiederauferstehung und Erlösung. Marius, der später die christlichen Praktiken des Begräbnisses als Alternative zur Verbrennung der Leiche kennenlernt, ist tief beeindruckt von dieser Kultur einer frommen, systematischen Erinnerung der Toten. Er studiert und bewundert ihre Epitaphe, in denen er Symbole und Anzeichen einer kulturellen Erneuerung erkennt. Oft ist bei diesen Grabsteinen aus einem älteren Marmor „die Inschrift bisweilen ein ‚Palimpsest' und das neue Epitaph in die verblassten Buchstaben eines älteren verwoben" (Bd. 2, S. 98).

In dem Maße, wie Paters Protagonist Marius älter wird und sein Geist an Volumen zunimmt, erkennt er zunehmend die Sterilität der römischen Kultur-Vision und ist fasziniert von den Versprechen, die in den christlichen Mysterien enthalten sind. Es dämmert ihm, dass Mark Aurels Gleichgültigkeit nicht eine positive moralische Tugend, sondern die Toleranz eines Übels ist, und er entdeckt in dessen philosophischer Position eine Kälte des Herzens, die die Wege der Sympathie abschneidet. Marius gelangt dabei zu dem Bewusstsein, „der Letzte seines Geschlechtes" zu sein (Bd. 2, S. 201). Mit dieser Einsicht wird er zu einem ‚go-between' zwischen den Saecula, einem Wanderer zwischen den Welten, der wie der römische Gott Janus sowohl in die Vergangenheit als auch in die Zukunft sehen kann. Auf diese Weise macht Pater seinen Marius zum Zeugen des Verlöschens einer alten und der Heraufkunft einer neuen Ära. Er ist eine liminale Figur, die die Schwelle zwischen der alten und der neuen Welt markiert und in Gegenüberstellungen wie der von paganer und christlicher Kultur, Klassizismus und Moderne, Süden und Norden, äußerlich und innerlich, objektiv und subjektiv reflektiert. Durch seine Position am Rande beider Kulturen ist er ein teilnehmender Beobachter nicht nur des epochalen Übergangs selbst, sondern auch der fundamentalen Metamorphose des menschlichen Geistes, die dabei stattfand: Er „meinte, das Auftauchen eines neuen veränderten Geistes in der Welt zu entdecken, eines mystischen, nach innen gewandten Geistes, der sich schwerlich mit jener vollkommen äußeren und objektiven Art zu leben begnügen würde, die der alten klassischen Seele genug getan hatte" (Bd. 2, S. 46). Als paradigmatische Figur eines Fin de Siècle wird Marius zum Propheten eines neuen Saeculums, ein Deuter der Geschichtszeichen der Vergangenheit und Zukunft, der in der Lage ist, intuitiv das Gesicht der Epochen in der Situation des Übergangs zu entschlüsseln.

In Paters Roman wird der Niedergang der alten Welt mit der Ankunft einer neuen Welt verknüpft. Sein Text umgreift in seiner Perspektive sowohl eine alte und abgelegte als auch eine neue, erst im Entstehen begriffene Kultur der Zukunft, die, indem sie die Tore zu einem ewigen Nachleben hin öffnet, eine ganz neue, ‚demokratische' Auffassung von Unsterblichkeit in die Welt bringt. Das macht Paters Text über die Spätantike zugleich zu einem eminent modernen Text. Erst vor dem Hintergrund eines Verständnisses der spezifischen Sensibilität der antiken Welt kann das spezifisch Neue und Revolutionäre der christlichen Kultur herausgearbeitet werden. Der Übergang von der alten zur neuen Welt findet in diesem besonderen ‚Bildungsroman' seine Entsprechung in der Entwicklung des Protagonisten von der Jugend zum Erwachsenwerden. Dabei kommt es zu einer interessanten Verwerfung der Begriffe: ‚Alt' und ‚jung' wechseln ihre Positionen. Der Protagonist ist in der besonderen Lage, seine eigene, die materialistisch-sensualistische Philosophie der Epikureer, von außen zu sehen. Dabei entdeckt er an dieser Philosophie, die sich der Vermeidung von Unlust verschrieben hat und zu diesem Zweck eine Lebenspraxis der Selbstregulierung und Selbstgenügsamkeit ausgebildet hat, Züge von mangelnder Reife. Die ‚junge', ausschließlich auf körperliche Empfindungen ausgerichtete Philosophie kann nicht mehr seinem Anspruch auf die Spiritualität einer reiferen Seele entsprechen. Indem er älter wird, werden Marius die Grenzen einer rein sensualistischen ästhetischen Erziehung, die ausschließlich im Erlebnis gesteigerter Augenblicke besteht, schmerzlich bewusst. Er erkennt, dass er nicht leben und schon gar nicht sterben kann mit einer Philosophie der exquisiten isolierten Augenblicke erfüllter Schönheit. Deshalb macht er sich auf die Suche nach etwas Dauerhafterem, woran er sich halten kann, nach einem komplexeren System, das auch Gefühle des Schmerzes in sich aufnehmen kann. Auf dieser Suche überwindet er den Eigensinn der stoischen Philosophie und entdeckt die Bedeutung des Selbst-Mitleids und die Macht der Sympathie als eine menschliche Möglichkeit und ein menschliches Grundbedürfnis, das keinen Platz in seinem alten Weltbild hatte. Im Kapitel 25 mit der bezeichnenden Überschrift „Sunt Lacrimae Rereum" gelangt er vom Selbstmitleid zur Empathie: „Heute stimmte mich meine eigene Empfindung der Ermüdung, das Mitleid, das ich mit mir selber fühlte, stark zu einer Zärtlichkeit für andere" (Bd. 2, S. 169-170), wobei er seine Empathie nicht nur auf Menschen, sondern (wie einst Lawrence Sterne und die Sentimentalisten des ausgehenden 18. Jahrhunderts) auf die Solidarität alles Lebendigen und damit auch auf die Tiere ausdehnt. Mithilfe des Gefühls des Mitleids überwindet Marius die epikureische Autarkie und entwickelt ein neues Verhältnis zum Tod, den er den autobiographischen Reflexionen seines Bildungsromans als einen unvermeidlichen und integralen Teil der *conditio humana* anzunehmen lernt (Bd. 2, S. 274).

* * *

In seinem Buch *Der Herbst des Mittelalters* hat der Kulturhistoriker Johan Huizinga das Porträt einer paradigmatischen Spätzeit gezeichnet:

> Tiefer Pessimismus überzog das ganze Leben mit Düsternis. In der Kunst herrschte das gotische Prinzip vor. Aber all diese Formen und Modalitäten waren am Verschwinden. Eine hohe und starke Kultur erlebt ihren Niedergang, und im gleichen Augenblick und im selben Raum werden neue Dinge geboren. Die Zeiten wechseln, der Ton des Lebens ändert sich.[10]

Ähnliche Topoi durchziehen Texte über das Ende einer Ära oder eines Jahrhunderts, von denen wir zwei miteinander verglichen haben. Abschließend möchte ich drei Themen nennen, die hier besonderen Vorrang haben. Diese Themen, die sich in der Geschichte verändern, können dabei zugleich als eine Matrix für den Vergleich dienen. Ich werde sie der Reihe nach kurz erläutern: die Konstruktion einer Grenze, das Altern der Zeit und die Rolle des Gedächtnisses.

 1. *Die Konstruktion einer Zeitgrenze.* Jedes Fin de Siècle markiert eine Grenze im kontinuierlichen Fluss der Zeit. Diese Grenze kann dann mit unterschiedlicher Bedeutung beladen werden. Die Funktion dieser Grenze besteht aber zunächst einmal darin, eine fundamentale semantische Opposition aufzubauen. Dabei verleiht die Grenze einem Wandel Gewicht, Profil und Sichtbarkeit, der sonst nicht so ohne weiteres beobachtbar und greifbar gewesen wäre. Der Janus-Charakter des Fin de Siècle verbindet immer ein Bild der Zeit, die geht, mit einer Vision der Zeit, die kommt. Das Bild der vergangenen Zeit entsteht erst in der Rekonstruktion einer sich schließenden Epoche. Die Leit-Opposition von Sir Thomas Browne war die zwischen einer diesseitigen und vergänglichen sowie einer jenseitigen und ewigen Welt; für Pater war es die Opposition von paganer und christlicher Welt. Indem er diese Opposition zum Gegenstand eines Romans machte, untersuchte Pater die Probleme, Sehnsucht und Widersprüche seines

---

[10]   Johan Huizinga: *The Waning of the Middle Ages. A Study of the Forms of Life, Thought and Art in France and the Netherlands in the XIVth and XVth Centuries* [1919], übers. von Federik Jan Hopman, London 1990 [1924], S. 335 (Übers. A. A.).

eigenen Saeculums. Browne war für Pater ein Vorbild, und er hoffte, etwas von dessen geistiger Disposition in ein wissenschaftliches Zeitalter zu retten. Er bewunderte Brownes Fähigkeit, „immer offen für die Überraschungen der Natur" zu sein und die Resonanz einer Welt zu erfahren, in der „alle kleinen und großen Dinge eindeutig mit der Signatur des (göttlichen) ‚Wortes' gezeichnet waren".[11]

2. *Das Altern der Zeit.* Die Vorstellung, dass die Zeit selbst altert und auf ihren Niedergang zugeht, ist ein weiteres dominantes Thema der Fin-de-Siècle-Literatur. Brownes und Paters Texte bezeugen beide ein spätzeitliches Bewusstsein, das den Blick weitet für große historische Epochen und deren kulturelle Besonderheiten. Das ‚Cento' aller Zeiten, von dem Browne spricht, und noch spezifischer Paters Wahrnehmung Roms als ein riesiges intellektuelles Museum, sind Ausdruck eines späten, verfeinerten Geistes, der sich intellektuell inspirieren und ästhetisch stimulieren lässt, der aus dieser grandiosen Zusammenschau jedoch wenig Orientierung für konkrete Lebensfragen und noch weniger zu persönlichen Sterbensfragen ziehen kann. Bei beiden Autoren geht die Endzeitstimmung jedoch in das Bewusstsein einer neuen Zukunft über. In der Bewertung dieser Zukunft trennten sich die Geister von Browne und Pater. „In einer Zeit, in der die intellektuellen Kräfte sich in Richtung Agnostik entwickelten", gehörte Browne für Pater „jener Klasse von Köpfen an, für die eine übernatürliche Sicht der Welt noch glaubwürdig war."[12] Brownes Religion hatte nichts mit Kirche, Dogma oder einem kontroversen Bekenntnis zu tun; sie war „keine Sache des Glaubens, sondern der Frömmigkeit." Pater bewunderte Browne für etwas, das er selbst am Ende seines eigenen Saeculums anstrebte, nämlich „die Bewahrung einer religiösen Stimmung in einer Zeit säkularer Interessen".[13]

3. *Die Rolle des Gedächtnisses.* Ausgehend von den Beispielen von Browne und Pater können wir vielleicht verallgemeinern, dass die Fin-de-Siècle-Texte Symptome einer Gedächtniskrise sind. Diese Krise des Gedächtnisses, die sich an der Schwelle zwischen alter und neuer Welt offenbart, ist zugleich der Anstoß für tiefergehende Reflexionen über Wesen, Funktion und Tragweite kulturellen Erinnerns. Der radikale Wertewandel, der mit diesem Übergang verbunden ist, stellt die Relevanz akkumulierten kulturellen Wissens plötzlich in Frage und zwingt zu einer Überprüfung seiner Substanz. Was soll über die Schwelle weitergetragen werden, was kann zurückgelassen und vergessen werden? Bleiben die Gedächtnisinhalte gültig und nötig oder sind sie überflüssig und wertlos? Welche Riten, Monumente und Praktiken erfüllen ihre Funktion als effektive Gedächtnisstützen und zuverlässige Träger von Erinnerung? Brownes und Paters Texte befassen sich beide mit Begräbnis- und Erinnerungsriten als anthropologischem Kernbereich des kulturellen Gedächtnisses. Dabei zeigen sich zugleich zwei unterschiedliche Zugänge zu diesem Thema. Für Browne gibt es nur ein wahres Monument, und das sind die menschlichen Knochen selbst. Sie gemahnen (‚Monument' kommt ja von ‚monere') die Menschen an ihre Sterblichkeit und die Unmöglichkeit einer prospektiven Dauer. Brownes Spott ergießt sich über die müßigen Selbstverewigungs-Anstrengungen der Menschen und verweist von der menschlichen Buchhaltung auf das Buch Gottes. Pater,

---

[11] Pater: *Sir Thomas Browne* (Anm. 4), S. 138 (Übers. A. A.).
[12] Ebd., S. 159 (Übers. A. A.).
[13] Ebd., S. 138 (Übers. A. A.).

der Brownes diesseitige Resignation und die Erwartung einer anderen Welt nicht teilt, entwickelt ein sehr viel optimistischeres Bild des kulturellen Gedächtnisses. Als ein Prophet der Künste hegt Pater eine große Verehrung für kulturelle Artefakte. Deshalb hat er sich darauf spezialisiert, Bilder und Texte zu sammeln, zu kommentieren und ihren Wert damit persönlich zu bestätigen – einschließlich der Werke Thomas Brownes. Indem er diese Kunstwerke durch seine Würdigung adelte, verlieh er ihnen eine semi-religiöse Aura und weihte sie als ‚Kultgegenstände‘ im ‚House Beautiful‘ seines kulturellen Gedächtnisses.

KAPITEL 7

Fluchten aus der Geschichte. Die Wiedererfindung von Tradition vom 18. bis zum 20. Jahrhundert

> History [...] is a nightmare from which I am trying to awake.
>
> Stephen Dedalus in James Joyces *Ulysses* (1922)

Einleitung: Was ist Tradition?

„Die Tradition besteht nicht aus Relikten, sondern aus Testaten und Legaten."[1] Dieser Satz von Hans Blumenberg macht auf den von Haus aus rechtlichen Charakter des Traditionsbegriffs aufmerksam. Tradition besteht nicht aus Relikten. Das heißt zuallererst: Sie entsteht nicht von selbst, sie steht nicht naturwüchsig an. Von selbst bauen sich geologische Strukturen auf, wenn sich eine Schicht über die andere lagert. Dabei bildet sich über Jahrtausende hinweg ein Profil, das im Querschnitt die Tiefe der Zeit lesbar macht. Mit solcher Naturwüchsigkeit hat Tradition nach dem Verständnis von Blumenberg offenbar nichts zu tun. Nicht, dass es nicht auch im Raum der Kultur „Zeitschichten"[2] und Überlagerungen gäbe. Denn kulturelle Zeichen können, sobald sie in verhältnismäßig dauerhafte materielle Medien eingraviert werden, eine Zeitresistenz gewinnen, die ihren aktuellen Gebrauchswert in einer bestimmten Epoche übersteigt. Der ‚Kulturschutt' vergangener Zeiten bleibt in materiellen Spuren sichtbar und geht ein in Bibliotheken, Archive und Museen als ein ‚Speichergedächtnis', das sich um den jeweils aktuell bewohnten Sinnhorizont einer Gesellschaft ausbreitet.

Wenn die Assoziationen von Vergangensein und Fremdwerdung, die in dem Wort ‚Relikt' konnotiert sind, hier den Gegensatz zu Tradition bilden, dann bedeutet Tradition umgekehrt so etwas wie ein Versicherungssystem gegen die Zeit in ihrer Eigenschaft als Beförderung von Verfall, Verlust, Abbruch und Vergessen. Naturwüchsig ist allein das Vergessen, nicht die Tradition. Diese bedarf spezifischer Vorkehrungen und

---

[1] Hans Blumenberg: *Die Lesbarkeit der Welt*, Frankfurt a.M. 1981, S. 375.
[2] Reinhart Koselleck: *Zeitschichten. Studien zur Historik*, Frankfurt a.M. 2000.

Anstrengungen, um eine Kontinuität zu erzeugen und zu stabilisieren, die von sich aus immer unwahrscheinlich ist.[3]

Anders als bei den Rückständen oder ‚Relikten' handelt es sich bei ‚Legaten' und ‚Testaten' um Urkunden, von denen rechtliche Ansprüche abgeleitet werden. Wo die Geschichte als ein „Repositorium von Urkunden betrachtet wird, von denen die Rechte der Regierungen und Völker abhängen", kann diese nicht als vergangen eingestuft werden.[4] Der Begriff *traditio* stammt aus dem römischen Erbrecht. Gemeint ist die Übergabe einer beweglichen Sache aus einer Hand in die andere. Tradition ist eine juristische Transaktion zwischen Gebendem und Nehmendem. Die Übertragung von Rechten und Pflichten, Autorität und Macht, Besitz und Eigentum muss über die Todesschwelle hinweg geregelt sein, damit Gesellschaften fortbestehen können. Im Testament haben wir die Urszene der Tradition vor uns.[5]

Die Schwundstufe dieser Leitmetapher von Tradition ist mit der Rede vom ‚abendländischen Erbe' erreicht, das ‚auf uns gekommen ist'. In solcher Rede sind Relikte und Erbe fast gleichbedeutend geworden. Von den früheren Verwendungen des Traditionsbegriffs unterscheidet sie die wachsende Unverbindlichkeit. Zwischen Erblasser und Erben besteht kein mutuelles Verpflichtungsverhältnis mehr. Im Erbvertrag wird paradigmatisch zwischen Vater und Sohn und allgemeiner zwischen Toten und Lebenden ein Bündnis geschlossen, das Kontinuität über den Generationenwechsel hinweg verbürgt.

Eine andere ins Bedeutungsfeld von Tradition eingegangene Rechtsfigur ist das *depositum*. Darunter wird im römischen Recht das In-Verwahrung-Nehmen einer beweglichen Sache verstanden. Hier wird nichts endgültig weitergegeben oder übertragen, es kommt zu keinem Wechsel des rechtmäßigen Besitzers. Worum es vielmehr geht, ist Sorgfaltspflicht gegenüber dem Anvertrauten. Es darf nicht angegriffen, geschmälert, verändert, aufgezehrt werden; es ist in der ganzen Integrität seines Bestandes zu erhalten und, wenn der Augenblick gekommen ist, weiterzugeben oder rückzuerstatten. Das *depositum fidei* ist in der katholischen Lehre der Bestand geoffenbarter Glaubenswahrheiten, der der Kirche zur Verwahrung anvertraut ist. Aber das Institut des Depositum ist weit älter als das römische Recht und die römische Kirche. Es taucht auch als Motiv im Märchen auf, wo die Verletzung des Anvertrauten durch Verfälschung, Schmälerung, Verschleuderung usw. dann narrativ ergiebige Konsequenzen hat.

---

[3] Um naheliegende Missverständnisse zu vermeiden, sei darauf hingewiesen, dass es einen *starken* und einen *schwachen* Traditionsbegriff gibt. Der schwache Traditionsbegriff ist deskriptiv und retrospektiv. In diesem Sinn spricht man überall, wo sich nachträglich eine Kontinuität von Motiven, Ideen, Topoi feststellen lässt, von ‚Traditionen'. Der starke Traditionsbegriff bezieht sich dagegen auf die Herstellung von Kontinuität gegen die Erosion der Zeit, des Verfalls, des Vergessens. Von ihm allein ist hier die Rede.

[4] David Macaulay betrachtete die Französische Revolution als eine Zäsur, die die Geschichte mit einem Streich von ihren Beglaubigungsfunktionen entlastete. Vgl. Reinhart Koselleck: *Vergangene Zukunft. Zur Semantik geschichtlicher Zeiten*, Frankfurt a.M. 1979, S. 61.

[5] Für Belehrung und Hinweise danke ich Walter Magaß.

Tradition und Mode: Swifts *A Tale of a Tub* (1704)

Es gibt ein Märchen von Jonathan Swift, in dem er das Wesen der Tradition bestimmt sowie ihre Verfallsformen gegeißelt hat. In *A Tale of a Tub* hat der anglikanische Geistliche eine satirische Allegorie auf die Spaltung der Konfessionen verschlüsselt.[6] In diesem Text verschränken sich die rechtlichen Aspekte von *traditio* und *depositum*. Die Geschichte ist schnell nacherzählt. Ein Vater fühlt sein Ende nahen und ruft seine drei Söhne zu sich. Anstelle von Geld und Gütern hat er ihnen etwas Besonderes zu vermachen: drei Röcke, die ganz besondere Eigenschaften haben; wenn man sie gut pflegt, werden sie anders als gewöhnliche Kleider nicht zerschlissen und obendrein haben sie die Beschaffenheit, mit den Körpern mitzuwachsen und stets ideal zu passen. Zusammen mit den Röcken hinterlässt er ihnen ein Testament, das genaue Anweisungen enthält, wie mit den ungewöhnlichen Kleidern umzugehen ist. Der Vater empfiehlt den Söhnen, seine Anweisungen peinlich genau einzuhalten, im Falle der Nichtbeachtung wäre Schlimmes zu erwarten. Damit stirbt er.

Die Probleme mit diesen schlichten Anweisungen bleiben nicht lange aus. Das väterliche Testament gerät nämlich bald in Konflikt mit einer anderen Weisungsinstanz, dem Diktat der Mode, dem sich die Söhne als karrierefreudige Stadtmenschen ebenso verpflichtet sehen. Es kommt also zu einem Konflikt zwischen den Normen der Vergangenheit und denen der Gegenwart. Während das Testament des Vaters, Sprachrohr der Tradition, die Unveränderbarkeit der Kleidungsstücke befiehlt, stellt jede Saison neue Forderungen der Dekoration. Das Problem der Söhne lautet: Wie lassen sich nacheinander Schulterklappen, Goldborte, flammenfarbener Futterstoff und Silberfransen mit dem rigiden und eindeutigen väterlichen Text vereinbaren? Da das Testament derartige Zusätze nicht nur nicht vorsieht, sondern zum Teil auch noch explizit verbietet, muss ein neues Mittel erfunden werden, mit dem die dilemmatische Situation überwunden werden kann. Dieses Zaubermittel heißt *Hermeneutik*. Hermeneutik wird verstanden als eine Kunst der Lektüre, die den Wortlaut kanonisierter Texte mit den jeweiligen Interessen der Gegenwart kompatibel macht. Aber auch dieses Verfahren, so elastisch es ist, wird schließlich lästig. Das Geschäft der Deutungsakrobatik wird immer aufwendiger und steht der ungezügelten Entfaltung des Willens zur Mode beziehungsweise Macht entgegen. Deshalb wird das leidige Testament schließlich kurzerhand in einer schweren Truhe verschlossen und so auf diskrete Weise aus dem Weg geschafft.

Swifts Märchen ist eine durchsichtige Allegorie auf die Geschichte der christlichen Religion, die aus einer gemeinsamen, verbindenden Heilserfahrung über die Willkür der Priester zu Tyrannei, Schisma und Bürgerkrieg führt. Swift zeichnet zugleich eine pessimistische Genealogie der Moderne, deren verschiedene Etappen für ihn durch ein sich veränderndes Verhältnis zur Tradition markiert sind. Die erste Phase ist bestimmt durch den *Naturzustand der Tradition*. Traditionen sind, so Swift, ursprünglich zeitlos-überzeitlich und wie die wunderbaren Anzüge auf den Menschen und seine Bedürfnisse zugeschnitten. Sie sind keine rigide Rüstung, sondern ein flexibles und

---

[6] Jonathan Swift: *A Tale of a Tub. Written for the Universal Improvement of Mankind* [1704], hg. von Lewis Melville, London 1968.

anpassungsfähiges Gewand, das größer und weiter wird, wie es das Wachstum erfordert. Sie sind ebenso wenig alte Klamotten, die den Index des Vorgestrigen tragen, sondern zeitlose Hüllen, die sich der fortschreitenden Gegenwart geschmeidig anzupassen vermögen.

Gegen die Folie dieses Idealzustands stellt Swift die nun folgenden Varianten des Traditionsverfalls, die nach seiner Sicht den Fortgang der Menschheitsgeschichte bestimmen. Eine erste Erstarrung tritt bereits durch das *Explizitwerden der Tradition* ein, das heißt durch das Testament. Die Programmierung im Medium der Schrift macht die Tradition reflexiv und legt sie fest. Die Normen verlieren den Charakter unbewusster Orientierungen und erhalten die Gestalt von verbindlichen Anweisungen. Die nächste Stufe charakterisiert er als *Vergewaltigung der Tradition* im Medium der Interpretation. Die Deutung ist ein Weg, der von der Gegenwart zur Vergangenheit führt und letztere rigoros den Imperativen der aktuellen Interessenlage unterordnet. Darauf folgt die Entfernung der Tradition aus der Lebenswelt durch das Mittel der Tabuisierung. Mit dieser Methode wird sie aus dem Feld tagespolitischer Interessen geräumt. Sie wird kanonisiert und sakralisiert, womit gleichzeitig ihr Orientierungspotential für die Lebenswelt verlorengeht. Der logische Endzustand dieser Entwicklung ist die uneingeschränkte, von keiner Bindung mehr gezügelte Herrschaft des Menschen über den Menschen, die in Gewalt und Kriege mündet.

Swift schildert die Geschichte zur Moderne hin nicht nostalgisch als einen unheilvollen Ablösungsprozess des Menschen von der Tradition; vielmehr sieht er die unheilvolle Dynamik als bereits im Potential der Tradition selbst begründet. Modernisierung ist für ihn nicht einfach Abwendung von Tradition, sondern Veränderung des Umgangs mit ihr. Dabei hat er durchaus auch die Auszehrung der Tradition im Milieu der modernen Großstadt im Auge. Die Bedeutung gegenseitiger Beobachtung und Zur-Schau-Stellung sowie der rasche und flüchtige Akzent greller Signale konstituieren das neue soziale Phänomen der Mode, dem Swift zwei Jahrhunderte vor dem Soziologen Georg Simmel seine hellsichtige Aufmerksamkeit gewidmet hat. Traditionen wandeln ihre Gestalt mit dem Eintritt in die Moderne; sie verändern ihren Charakter von elastischen Lebensformen zu starren Monumenten, die dem Brauch entzogen werden, in die Verfügungsgewalt weniger geraten und zu Herrschaftsinstrumenten verkommen.

Die Wiedererfindung der Tradition unter dem Namen ‚Natur‘: Popes *Essay on Criticism* (1711)

Ein Zeitgenosse Swifts, Alexander Pope, hat sich ebenfalls über Tradition unter den Bedingungen der Moderne Gedanken gemacht. ‚Moderne‘ heißt in diesem Zusammenhang vor allem dreierlei: Demokratisierung, Markt-Rationalität und Wandlungsbeschleunigung. Das bedeutet im Einzelnen: Jeder kann schreiben und lesen, was und wie er/sie will; über die Frage der Qualität entscheidet das zahlungswillige Publikum; Werte sind nicht mehr stabil, sondern werden von einem rasch veränderlichen Geschmackswandel, genannt Mode, diktiert. Dieses Syndrom der Moderne wird von Pope mit einem umfassenden Gegenbegriff beantwortet, der das Autoritative, Werthafte und Zeitbeständige in sich zusammenfasst. Dieser Begriff heißt bei Pope nicht mehr Tradition, denn Tradition wird in dieser Generation ja gerade als verloren erkannt. Der Begriff, der die verlorene Tradition unter den Bedingungen der Modernisierung von Gesellschaft und Literatur ersetzen soll, heißt bei Pope ‚Natur'.

> First follow Nature, and your Judgment frame
> By her just Standard, which is still the same:
> *Unerring Nature*, still divinely bright,
> One *clear*, *unchang'd*, and *Universal* Light,
> Life, Force, and Beauty, must to all impart,
> At once the *Source*, and *End*, and *Test* of *Art*.[7]

Das Surrogat, das Pope entdeckt, ist weit umfassender als die verlorene Tradition. In der Folge des Verlusts von Traditionen, die stets vielfältig und partikular sind, wird der einheitliche Universalbegriff der Natur geschaffen, dem der Universalbegriff der Menschheit entspricht. Natur steht fortan für eine Form von Normativität, der sich niemand mehr entziehen kann; sie wird als das Stabile und Zuverlässige schlechthin zum Legitimationshintergrund für den Bestand von Klassikern.

‚Klassiker' und ‚Natur' stabilisieren sich dabei gegenseitig. Um seinem weiten und unspezifischen Naturbegriff die Form von Tradition zu geben, füllt Pope ihn auf mit den als exemplarisch begriffenen Werken der griechischen und lateinischen Literatur. Homer, Vergil und Horaz bilden für ihn den Kanon, der zur verbindlichen Orientierung literarischen Schreibens avanciert. Um den Autoren diese universelle, zeitübergreifende Autorität übertragen zu können, müssen sie zuvor enthistorisiert und ‚naturalisiert' werden. Sie sind, wie Pope betont, keinen geschichtlich kontingenten Normen unterworfen, sondern haben sich selbst die Quelle der Natur zur Inspiration gewählt; daher können sie nun beanspruchen, selbst als Natur zu gelten.

> But when t'examine ev'ry Part he came,
> *Nature* and *Homer* were, he found, the *same*:
> [...]
> Learn hence for Ancient *Rules* a just Esteem;
> To copy *Nature* is to copy *Them*.[8]

Popes ‚Naturalisierung' der Tradition lässt sich begreifen als Versuch einer Wiedererfindung von Tradition unter den Bedingungen ihres Verlusts. Die Traditionen, die es gab, hielten dem Druck des sozialen Wandels nicht stand; erfunden werden musste also eine Tradition, die von sich aus wandlungsresistent und unhintergehbar ist und die sich obendrein gegen den neuen kategorischen Imperativ der neuzeitlichen Kultur, die ‚Innovation', zu behaupten weiß. Diese zeitbeständige und innovationsresistente Tradition heißt bei Pope und anderen klassizistisch orientierten Autoren ‚Natur'. Natur

---

[7]   Alexander Pope: *Essay on Criticism* [1711], in: ders.: *The Poems of Alexander Pope*, hg. von John Butt, 11 Bde., London/New Haven 1969, Bd. 1, S. 237-326, hier: S. 246 f. (vv. 68-73).

[8]   Ebd., S. 254 f. (vv. 134-140). Diese Gleichstellung von Antike und Natur, die 1755 von Winckelmann ausgesprochen wurde, stammt bereits aus der Renaissance; vgl. Erwin Panofsky: *Selbstbezeichnung oder Selbsttäuschung?*, in: ders.: *Die Renaissancen der Europäischen Kunst*, Frankfurt a.M. 1979, S. 15-54.

konnotiert für sie nicht wie für Spätere das Regellose, sondern das Regelgebende, nicht die Einzigartigkeit (Originalität), sondern die Allgemeinheit, nicht den überwältigenden Reiz des Erhabenen, sondern die zuverlässige Beständigkeit der Wahrheit.[9]

Pope macht explizit deutlich, dass der Verlust der Tradition aufs engste mit dem beschleunigten Wandel der Lebenswelt verbunden ist. Es gibt für ihn keinen generationenübergreifenden Nexus mehr, der dem Wissen und den Werten ihre dauernde Geltung sichert:

> *We* think our *Fathers* Fools, so *wise* we grow;
> Our *wiser Sons*, no doubt, will think *us* so.[10]

Heute dauert Berühmtheit, wie Andy Warhol bemerkte, gerade noch 15 Minuten; Pope machte sich Anfang des 18. Jahrhunderts seine Gedanken über die immer rascheren Verfallsdaten der Fama:

> No longer now that Golden Age appears,
> When *Patriarch-Wits* surviv'd a *thousand Years*;
> Now length of *Fame* (our *second* Life) is lost,
> And bare threescore is all ev'n That can boast:
> Our Sons their Fathers' *failing Language* see,
> And such as *Chaucer* is, shall *Dryden* be.[11]

Wie Chaucer zum gegenwärtigen Zeitpunkt ist, so wird Dryden in absehbarer Zukunft sein: in der Sprache unverständlich, obsolet. Pope glaubt nicht mehr wie die Dichter vor ihm an die ewige Dauer der dichterischen Werke; er erwartet sich von der materiellen Schrift keine Gewähr mehr für einen substantiellen Bestand der Kunst. Im Zeichen eines neuen Historismus glaubt er auch nicht mehr an die Wiederbelebungskraft späterer Zeiten, die die Funken vergangener Zeit wiederentfachen können. Deshalb muss er eine neue Kraft erfinden, die die Kontinuität großer Werke jenseits der Zeit stellt und die Kontinuität der Kunst über die Zeit hinweg garantiert. Dieser unter den Bedingungen der Zeitbeschleunigung und der Historisierung wiedererfundenen Tradition gibt Pope den Namen ‚Natur'. Sie wird konstruiert als eine Kraft, die die Funktion der

---

[9] Als ein weiteres Beispiel für diesen Naturbegriff wäre Samuel Johnson zu nennen, der eine Generation nach Pope ebenfalls ‚nature' zum Inbegriff dessen machte, was über die geschichtliche Zeit triumphiert. Die Kanonisierung Shakespeares, sein Einrücken in eine verbindliche Tradition, erfolgte unter dem Siegel: ‚Shakespeare als Dichter der Natur'. Über die Charaktere dieses Dramatikers schrieb Johnson: „they are natural, and therefore durable; the adventitious particularities of personal habits are only superficial dyes, bright and pleasing for a little while, yet soon fading to a dim tinct, without any remains of former lustre. [...] The sand heaped by one flood is scattered by another, but the rock always continues in its place." (Samuel Johnson: *Preface to Shakespeare*, in: *English Critical Texts. 16th Century to 20th Century*, hg. von D. J. Enright und Ernest de Chickera, London 1968, S. 131-161, hier: S. 139)

[10] Pope: *Essay on Criticism* (Anm. 7), S. 288 (vv. 438-439).

[11] Ebd., S. 293 (vv. 478-483).

Tradition erneuert und diese resistent machen soll gegen die erosiven Kräfte der Zeit, der Innovation, der Mode und Geschichte.

Welche Karriere ein Jahrhundert später dieser Naturbegriff gemacht hat, den wir (im Anschluss an Eric Hobsbawm und Terence Ranger) als ‚erfundene Tradition' bezeichnen können, kann am besten ein längeres Zitat bezeugen. Es stammt aus einem Brief, den Schiller im Revolutionsjahr an zwei Frauen geschrieben hat. Er schreibt dort über die Natur, die so wenig „für sich selbst zu geben im Stande ist, und alles alles von der Seele empfängt. Nur durch das, was wir ihr leyhen, reizt und entzückt uns die Natur."[12]

Die Rollenverteilung ist strikt: Der Mensch gibt, die Natur nimmt. Doch damit ist das Verhältnis Mensch-Natur noch nicht ausreichend beschrieben, denn die Natur nimmt nicht nur, sie gibt auch zurück. Deshalb heißt es im folgenden Absatz des Briefes:

> Und wie wohltätig ist doch wieder diese Identität dieses gleichförmige Beharren der Natur. Wenn uns Leidenschaft, innrer und äussrer Tumult lang genug hin und her geworfen, wenn wir uns selbst verloren haben, so finden wir *sie* immer als die nehmliche wieder, und *uns in ihr*. Auf unserer Flucht durch das Leben legen wir jede genossene Lust, jede Gestalt unsers wandelbaren Wesens in ihre treue Hand nieder, und wohlbehalten gibt sie uns die anvertrauten Güter zurück, wenn wir kommen und sie wieder fordern.[13]

Hier wird die eingangs erwähnte Vorstellung von der Tradition als ‚Treuhand' aufgerufen, die ein Depositum verwaltet. Es besteht ein unverbrüchliches Vertrauen, dass das, was man in diesen Gewahrsam übergibt, nicht veruntreut, verschleudert wird oder verlorengehen kann. Der Mensch, der immer beweglicher, veränderlicher und verändernder wird, weist unter dem Eindruck der Revolution der Natur die Rolle eines beständigen, unwandelbaren Partners zu. Unter den Bedingungen des Traditionsverlusts in einer dynamisierten Kultur, die den freien Geist und die belebende Seele zu ihrem zentralen Motor erhoben hat, erscheint die Natur einerseits als negatives Komplement des Menschen, gekennzeichnet durch „ewiges Einerlei ihrer Erscheinungen", „ewige Nachahmung ihrer selbst" und „todte Ruhe", und andererseits als positives Komplement des Menschen, als durch die Zeit mit sich identisch und darin als Garant menschlicher Identität. Natur, wie Schiller sie beschreibt, übernimmt damit eine Aufgabe, die vormals der stabilisierenden Tradition vorbehalten gewesen war.

> Wie unglücklich wären wir, wir, die es so nöthig haben, auch die Freuden der Vergangenheit haushälterisch zu unserm Eigenthum zu schlagen, wenn wir diese fliehenden Schätze nicht bey dieser unveränderlichen Freundinn in Sicherheit bringen könnten. Unsre ganze Persönlichkeit haben wir ihr zu danken, denn würde *sie* morgen umgeschaffen vor uns stehn, so würden wir umsonst unser gestriges Selbst wieder suchen.[14]

---

[12] Friedrich Schiller: *An Caroline von Beulwitz und Charlotte von Lengefeld, Jena am 12.9.1789*, in: ders.: *Schillers Werke. Nationalausgabe*, Bd. 25: *Briefwechsel. Schillers Briefe 1.1.1788-28.2.1790*, hg. von Eberhard Haufe, Weimar 1979, S. 291-295, hier: S. 291 f.
[13] Ebd., S. 292.
[14] Ebd.

Die Vertreibung des Dämons Chronologie:
zum Traditionsbegriff der Moderne

Der Sturz in das Außerzeitliche: Kierkegaard, Overbeck und der Begriff der ‚Existenz'

Aus diesen Beispielen vom Anfang und Ende des 18. Jahrhunderts wird die Logik der Dynamik von Tradition in der Moderne deutlich: Der Begriff der Tradition wird erodiert durch eine forcierte Erfahrung von Zeitlichkeit und Veränderlichkeit in der Kultur. Während die einen Tradition durch Innovation ersetzen und damit die neue Energie des Wandels auf ihre Fahnen schreiben, richten die anderen die Natur als eine überzeitliche Größe auf, der die Zeit nichts anhaben kann, weil sie im Gegenteil durch die Zeit hindurch erst eigentlich gefestigt und erwiesen wird. Tradition – Geschichte – Natur stehen also in einem Bedingungszusammenhang. Das Problem der Tradition, so können wir festhalten, wird unter den Bedingungen der Moderne nicht obsolet, sondern nötigt zur Wiederherstellung unter den veränderten Gegebenheiten.

Die Suche nach einem Überbietungsmoment, das das Syndrom der Moderne in die Schranken zu weisen verspricht, hält am Anfang des 20. Jahrhunderts unvermindert an. Die große Klammer der Kontinuität, die Hegel um Geschichte und Christentum, um Gott und Welt mit seiner Zauberformel Geist gespannt hatte, war bereits im letzten Jahrhundert aufgebrochen. Was seine Kritiker in den Mittelpunkt rückten, waren Brüche, Unverträglichkeiten, Widersprüche, Paradoxien. Diese betrafen auch die Unvereinbarkeit von Sinn und Zeit, Geist und Geschichte. Eine Generation bevor Nietzsche seine berühmte und aus der Retrospektive durchaus „zeitgemäße" Betrachtung über den elementaren Gegensatz von „Historie" und „Leben" schrieb, die in ein Plädoyer für das Vergessen mündet, hatte bereits Kierkegaard entsprechende Oppositionen konstruiert. Die Fragen, die später Nietzsche und andere zum Verhältnis von Wissen und Bildung stellten, haben ihren Vorlauf in dieser Reflexion über das Verhältnis von Christentum und Moderne.

Auch hier geht die Reflexion über Zeit von einem Traditionsbruch aus.[15] Gebrochen wird mit dem Christentum und seiner Geschichte als weltlicher Institution. Seit der Reformation war das Christentum ‚modernitätsfähig' geworden, es war imstande, Schritt zu halten mit dem progressiven Gang der Weltgeschichte. Seine Kompromissfähigkeit war grenzenlos: Es ließ sich ebenso gut vereinbaren mit dem Geist des Kapitalismus wie mit dem des Historismus. Im Zeichen eines liberalen Protestantismus entwickelte sich eine von historisch-kritischem Denken gezeichnete Theologie. Solche Entwicklungen in Richtung auf eine Versöhnung von Glauben und Wissen sind freilich immer wieder mit großer Wucht durchkreuzt worden.

Kierkegaard ließ es an Radikalität nicht fehlen, als er das Dilemma des modernen Christentums auf die Formel von Zeit oder Ewigkeit brachte. In Hegels Verweltlichung des Christentums, mit seiner Immanentisierung und Gleichsetzung mit Humanität

---

[15] Karl Löwith gibt seinem 1941 erschienenen Pionierwerk *Von Hegel zu Nietzsche* in der 2. Auflage von 1950 den Untertitel: *Der revolutionäre Bruch im Denken des 19. Jahrhunderts* (in: ders.: *Sämtliche Schriften*, 9 Bde., hg. von Klaus Stichweh u.a., Bd. 4, Stuttgart 1988).

und Fortschritt, fand er das Christentum entstellt, zeitgemäß und heidnisch geworden. Das wahre Christentum liege unter dem Schutt der Geschichte verborgen. Das positive Gewordensein des Christentums sei seine Entfremdung, die endlose Langeweile der Geschichte seine Unwahrheit. Der falschen Objektivität der Geschichte stellt Kierkegaard die radikale Innerlichkeit der Subjektivität, den Akt existentiell persönlicher Aneignung entgegen. Das „existenzielle Experiment" Kierkegaards besteht – so Karl Löwith – darin, dass er „den historischen Abstand in der inneren ‚Gleichzeitigkeit' tilgen und das ursprüngliche Christentum am Ende seines Verfalls in die je eigene Existenz zurückholen will".[16] Das Christentum als geschichtliche Wirklichkeit steht seiner je eigenen Möglichkeit im Wege; deshalb gilt es wenigstens innerlich gleichzeitig zu werden und nach Kierkegaards kategorischem Imperativ „die 1800 Jahre wegzuschaffen, als habe sie es gar nicht gegeben".[17]

Das Dilemma des Zur-Vergangenheit-Gewordenseins der christlichen Wahrheit hat auch den Theologen und Nietzsche-Freund Franz Overbeck beschäftigt. Er konstatiert am Ende des Jahrhunderts, „daß uns die älteste Geschichte des Christentums [...] Vergangenheit geworden ist".[18] Nach 2000 Jahren ist das Christentum alt geworden. Ein alter Mensch sieht seinem Jugendbildnis kaum mehr ähnlich, dasselbe gilt fürs Christentum. Zwischen weltentsagendem, auf die Parusie wartendem Urchristentum einerseits, dem weltlichen Machtausbau in der Institution Kirche und ihrer bildungsbürgerlichen Seichtheit in der Gegenwart andererseits sind keinerlei Ähnlichkeiten mehr festzustellen. Das ursprüngliche Christentum ist für Overbeck in jeder Beziehung das Gegenteil von dem, was es in der Geschichte geworden ist. Als Negation von Geschichte und als Affirmation von Ohnmacht trat es in die Welt, als Todesweisheit, nicht als Lebensweisheit. „Das Christentum, das so lange gelebt hat, kann gar nicht mehr in der Welt so stehen, wie es am Anfang darin stand, nach allen Erfahrungen, die es damals noch vor sich hatte und jetzt hinter sich hat!"[19] Da „eine Jahrhunderte alte und sehr verwickelte Erfahrung sich zwischen das Christenthum und uns alle schiebt", kann es nicht mehr möglich sein, „sich ohne Weiteres damit zu identifizieren".[20] Wer sich an das durch die Akkommodationen der Geschichte gegangene Christentum einfach anhängen zu können glaubt, der hat nichts vom wahren Christentum verstanden, denn, so lautet der programmatische Leitsatz: „Geschichte und Christentum werden nach dem eigenen Willen des Christentums nie zusammenkommen."[21] Overbeck geht sogar so weit, die christliche Zeitrechnung als Verblendung zu verwerfen. Die unmittelbare Erwartung des Endes der Zeit ist zur Permanenz des Kalenders verkommen; die gedankenlose Dauer des Christentums ist seine Unwahrheit.

Von Overbeck stammt die einflussreiche Trennung von ‚unhistorischem Ursprung' und ‚Verfallsgeschichte'. Dieses Denkmodell wurde – bildlich gesprochen – zur

---

[16] Löwith: *Von Hegel zu Nietzsche* (Anm. 15), S. 451.

[17] Ebd.

[18] Franz Overbeck: *Christentum und Kultur* [1919], aus dem Nachl. hg. von Carl Albrecht Bernoulli, Darmstadt 1963, S. 11.

[19] Ebd., S. 268 f.

[20] Franz Overbeck: *Studien zur Geschichte der alten Kirche* [1875], Darmstadt 1965, S. vii.

[21] Overbeck: *Christentum und Kultur* (Anm. 18), S. 9.

Bombe, die Hegels Entwicklungsoptimismus mit seinem Insistieren auf Einheit und Ganzheit sprengte. Die zuversichtliche Auffassung von historischer Entwicklung als verinnerlichte Aufhebung des Vergangenen wich einer pessimistischen Auffassung von Geschichte als Verfallsprozess, Vergessen und Verfälschung. Wie Overbeck die Geschichte des Christentums, so hat später Heidegger die Geschichte der abendländischen Philosophie *in toto* eingeklammert und ist zum reinen Ursprung, zu den dunklen Fragmenten der Vorsokratiker zurückgekehrt.

Ähnliches gilt für Overbecks Exodus aus der Geschichte. Geschichte ist für Overbeck nicht einfach allmählicher, unaufhaltsamer Verfall, sondern das Produkt einer absichtsvollen kulturellen Veranstaltung, einer systematischen Verfälschung. Was uns vom Ursprung trennt, ist weniger die schiere Zeit als vielmehr die „Tradition, die in Kanon und Exegese sich verfestigt hat" und einen „Schleier der Amnesie über die Anfänge breitet".[22] Es gilt deshalb, aus der in Tradition erhärteten Geschichte auszuscheren, wenn etwas vom überzeitlichen Gehalt des Christentums gerettet werden soll. Allein in asketischer Lebensführung könne die „Seele" des Christentums, „nämlich die Weltverneinung" bewahrt werden. Das Christentum liefere selbst das markanteste Beispiel für einen Exodus aus der Geschichte, das Overbeck als ein „sich in die Luft stellen" beschreibt. Es war seine feste Überzeugung, „daß wir Menschen überhaupt nur vorwärts kommen, indem wir uns von Zeit zu Zeit in die Luft stellen".[23]

Der tragische Existentialismus Kierkegaards, der Leidenschaft und Verzweiflung als Sprengkräfte gegen Vernunft und Geschichte aufbot, hat auf Künstler und Denker gewirkt, besonders auf jene, die eine Neigung zur heroischen Einsamkeit und Stimmgewalt des Propheten hegten. Einer von ihnen war Miguel de Unamuno, dem Ernst Robert Curtius zum 70. Geburtstag ein Porträt widmete. Darin heißt es:

> Der Tragicismus Unamunos (in dem auch Motive von Kierkegaard und Nietzsche mitschwingen) ist unserer heutigen Situation insofern näher als dem Vorkriegs-Europa, als er von der konkreten Existenz des Einzelnen ausgeht, der sich bedroht weiß von Vergänglichkeit, Not, Schicksal. Aber es ist nun wieder der tausendjährige Genius Spaniens, der diese metaphysische Existenznot umbiegt in einen glühenden Verewigungsdrang. Nicht Nihilismus ist das letzte Wort, [...] sondern Aeternismus, der Sturz in das Außerzeitliche. Das Menschentum Unamunos verzehrt sich in einem brennenden Durst nach Unsterblichkeit.[24]

In solchen Zeilen steigert sich der Überdruss an Geschichte und Vernunft zu einer wahrhaft titanischen Energie. Heroische Energien werden erzeugt, um die Dimension der Geschichtlichkeit zu überwinden und mit ihr Errungenschaften des 19. Jahrhunderts, Wissenschaft und Humanismus. Der Sturz in das Außerzeitliche ist ungleich wuchtiger und apokalyptischer, als es der Übertritt der Renaissance-Humanisten in den synchro-

---

[22] Overbeck: *Christentum und Kultur* (Anm. 18), S. 10.

[23] Ebd., S. 77.

[24] Ernst Robert Curtius: *Alkaloid Spaniens. Zu Miguel de Unamunos 70. Geburtstag am 29. September*, in: *Berliner Tageblatt* (30.09.1934). Für den Hinweis danke ich Hans-Ulrich Gumbrecht.

nen Raum des gelehrten Geistergesprächs war.[25] Diese konnten sich mit Indignation von ihrer Zeit abwenden und in einen Traditionsraum eintreten, dessen Fundament durch ebenso sorgfältiges wie liebevolles Studium befestigt war. Aus dem Rückzug aus der Zeit ist ein „Sturz" geworden, die „neue Gewissheit" wird „am Abgrund der Verzweiflung" geboren. Die ins Katastrophische gesteigerten Bilder verweisen nicht mehr auf „Refugien der Sicherheit, Räume der Evasion", sondern umgekehrt auf ein Gewaltpotential, mit dem die Festung der Geschichte zu brechen ist. Unamuno ist kein Gegenwartsflüchtiger, der sich in eine andere Zeitgenossenschaft stellt, er ist ein Prophet, der sich als „Erwecker der nationalen Kräfte Spaniens" versteht und „den Willen zu neuer Zukunft bekundet". Diese Vision steht nicht außerhalb und neben der Geschichte, sie will die Geschichte selbst sprengen.

Vom Bestand zum System: T. S. Eliots Traditionsbegriff

Der um 1900 zu verzeichnende gesamteuropäische Exodus aus dem Historismus betrifft auch die Künste. Man suchte allenthalben nach Ausgängen aus der (Literatur-) Geschichte. Die Konstruktion chronologisch-kausaler Ereignisketten wurde als Verschüttung von etwas Wesentlichem empfunden, das es wieder aufzuspüren galt. Das Interesse an neuer Unmittelbarkeit wurde wach. Man wollte die Werke früherer Epochen in neuer Nähe, ungebrochen durch den immer längeren zeitlichen Abstand und unbelastet vom Wust akademischer (Pseudo-)Gelehrsamkeit wahrnehmen.

Das war, grob skizziert, die Stimmung, in der der englische Romancier E. M. Forster im Frühjahr 1927 am Trinity College Cambridge zu seiner berühmten Vortragsreihe unter dem Titel *Aspects of the Novel* antrat. Das Wort „Aspekt" war mit Bedacht gewählt als ein Begriff ohne jeglichen Zeitgehalt. Gleich im Einleitungsvortrag warnte Forster seine Zuhörer, dass bei ihm von „Einflüssen", „Perioden", „Strömungen" und „Richtungen" nicht die Rede sein würde. Mehr noch: Er trifft Anstalten, den Dämon Chronologie zu bannen.

> Time, all the way through, is to be our enemy. We are to visualize the English novelists [...] as seated together in a room, a circular room, a sort of British Museum reading-room-all writing their novels simultaneously. [...] They come from different ages and ranks, they have different temperaments and aims, but they all hold pens in their hands, and are in the process of creation. Let us look over their shoulders for a moment and see what they are writing. It may exorcise that demon of chronology.[26]

---

[25] Dieser Zusammenhang wird in meinem Buch *Zeit und Tradition. Kulturelle Strategien der Dauer*, Köln/Weimar/Wien 1999, S. 124 f. entfaltet.

[26] E. M. Forster: *Aspects of the Novel*, London 1964, S. 16 u. S. 21. Eine wichtige Nuancierung ist hier angebracht: Forster schafft die Zeitdimension für den Kritiker ab, nicht für den Romanschriftsteller: „It is never possible for a novelist to deny time inside the fabric of his novel: he must cling, however lightly, to the thread of his story [...] otherwise he becomes unintelligible" (S. 37). Er führt als Beispiel Gertrude Stein an, die die Uhr in ihren Romanen zerbrochen und pulverisiert hat, „um der Tyrannei der Zeit zu entgehen". Das Ergebnis bezeichnet der innovationsscheue Forster als „lehrreichen Fehlschlag" (S. 48 [Übers. A. A.]).

Mit seinem Motto „History develops, Art stands" still stellt sich Forster gegen den Historismus der Literaturgeschichten und die Last eines in der Institution Literaturwissenschaft angesammelten Wissens, das, wie er meinte, zu nichts anderem nütze sei, als Akademiker ins Brot zu setzen. Er wirbt für eine neue Naivität, die den Texten mit der Frische persönlicher Neugier begegnet und sie in eine vorbehaltlose Zeitgenossenschaft stellt.

Ein Jahr vor Forster hatte T. S. Eliot am Trinity College die *Clark Lectures* gehalten. Wie kein anderer hat er eine Stimmung geprägt, die wir heute als Posthistoire bezeichnen würden. Es ist das Spätzeit-Gefühl, am Ende der Geschichte angekommen zu sein, an einem Punkt zu stehen, von dem aus alles überschaubar wird. Diesen in der Retrospektive übersichtlichen Zusammenhang nannte Eliot Tradition. Geschichte ist zeithaltig und darin kontingent, beliebig, fragmentarisch. Tradition ist zeitlos und darin sinnvoll, geordnet und ganz. Das entscheidende Wort bei ihm heißt „whole", und es kehrt mit der Insistenz einer Beschwörungsformel wieder. Ganzheit wird durch Gleichzeitigkeit möglich; von der fragmentierenden und distanzierenden Zeitlichkeit geht Eliot zur relationalen und geordneten Räumlichkeit über. Den synchronistischen Blick, der die Gleichzeitigkeit des Ungleichzeitigen erfasst („the sense of everything happening at once"), nannte Eliot nicht ganz unmissverständlich den „historischen Sinn":

> The historical sense involves a perception, not only of the pastness of the past, but of its presence; the historical sense compels a man to write not merely with his own generation in his bones, but with a feeling that the whole of the literature of Europe from Homer and within it the whole literature of his own country has a simultaneous existence and composes a simultaneous order.[27]

Eliots Konstruktion von Tradition ist ein Versicherungssystem, das von der Angst vor Vergänglichkeit, Fragmentierung, Vergessen grundiert ist. Bei dem Begriff von Ganzheit, der dabei im Mittelpunkt steht, lohnt es zu verweilen. Sie zeigt sich sowohl als *Ganzheit des Kanons*, der die Summe „eminenter Texte" (Hans-Georg Gadamer) umschließt, als auch als *Ganzheit eines Organismus*. Nach der einen Seite hin suggeriert Ganzheit festen Bestand und normative Vorbildlichkeit in der Vergangenheit, nach der anderen produktive Erneuerung in der Zukunft.

Die traditionelle Form, Einheit zu denken, ist der Organismus. De Quincey zum Beispiel verstand unter einer „organischen Wissenschaft" (wie der Ökonomie) eine, die die dialektische Beziehung von Teilen und Ganzem erforscht: „no part, that is to say, but what acts on the whole, as the whole again reacts on each part."[28] Eliots Konzept

---

[27] T. S. Eliot: *Tradition and the Individual Talent* [1919], in: ders.: *The Sacred Wood. Essays on Poetry and Criticism*, London 1969, S. 47-59, hier: S. 49. Den historischen Sinn verlangt Eliot auch vom Kritiker. Zu dessen Aufgabe gehöre es, „to see literature steadily and to see it whole; and this is eminently to see it not as consecrated by time, but to see it beyond time; to see the best work of our time and the best work of twenty-five hundred years ago with the same eyes".

[28] Thomas de Quincey: *Confessions of an English Opium-Eater* [1821], Harmondsworth 1971, S. 99.

von Ganzheit würden wir heute als Ganzheit des Systems bezeichnen. Sein Traditionsbegriff ist systemisch. Ohne den Begriff dafür zu haben, wird Tradition beschrieben als ein System, das mit jeder Veränderung und Neuerung seine innere Ökonomie umbaut. Historische Kategorien wie ‚Entwicklung‘ oder ‚Verursachung‘ werden ersetzt durch Kategorien der Tradition wie ‚Ganzheit‘ und ‚Geschlossenheit‘. Sie ist ein Ganzes, in dem sich Altes und Neues in der ständigen Bewegung gegenseitiger Anpassung befinden.

> What happens when a new work of art is created is something that happens simultaneously to all the works of art which preceded it. The existing monuments form an ideal order among themselves, which is modified by the introduction of the new (the really new) work of art among them. The existing order is complete before the new work arrives; for the order to persist after the supervention of novelty, the whole existing order must be, if ever so slightly, altered; and so the relations, proportions, values of each work of art toward the whole are readjusted; and this is conformity between the old and the new.[29]

Die Grundzüge solchen systemischen Denkens hat bereits Nietzsche in einem Aphorismus herausgestellt: „Gesetzt, die Welt verfügte über ein Quantum von Kraft, so liegt auf der Hand, dass jede Machtverschiebung an irgendeiner Stelle das ganze System bedingt – also neben Kausalität *hinter*einander wäre die Abhängigkeit neben- und *miteinander* gegeben."[30] Aus diesem Querverweis wird deutlich, was Eliot mit seinem systemischen Traditionsbegriff gewinnt: Er kann Bewegung und Veränderung unabhängig von kausalen und chronologischen Modellen denken. Wie Forster durchbricht Eliot die Schallmauer der Chronologie. Aber er tut dies nicht, indem er Zeit einfach abstrahiert und seinen Gegenstand synchron stillstellt, sondern indem er die innere Bewegung des Systems, die Ko-Evolution von Altem und Neuem denkt.

Dass Eliot zum systemischen Denken gerade bei der Reflexion über Tradition gelangt, ist nicht völlig überraschend. Meine Vermutung ist, dass Eliot seinen Begriff von Tradition als einem Prozess permanenter innerer Umstrukturierung am Modell des Gedächtnisses entwickelt hat. Das wird durch einen Blick auf die zeitgenössische Gedächtnistheorie bestätigt. 1925, sechs Jahre nach Eliots Traditionsaufsatz, hat Maurice Halbwachs die Gesetzmäßigkeiten des Gedächtnisses in ähnlich systemischer Begrifflichkeit dargestellt. Dabei hat er sich des Begriffs des „Rahmens" bedient. Halbwachs schreibt in *Les cadres sociaux de la mémoire*:

> Jedesmal, wenn wir einen unserer Eindrücke in den Rahmen unserer gegenwärtigen Vorstellung einordnen, verändert der Rahmen den Eindruck, aber der Eindruck seinerseits modifiziert auch den Rahmen. [...] Daher ergibt sich eine ständige Anpassungsarbeit, die uns bei jedem Ereignis nötigt, auf alle unsere Begriffe zurückzukommen, die wir aus Anlaß der vorausgegangenen Ereignisse erarbeitet haben. Wenn es sich darum handelte, einfach von einem vorausgehenden zu einem folgenden Faktum überzugehen, so könnten wir

---

[29] Eliot: *Tradition and the Individual Talent* (Anm. 27), S. 49-50.
[30] Friedrich Nietzsche: *Aus dem Nachlass der Achtzigerjahre*, in: ders.: *Werke in drei Bänden*, hg. von Karl Schlechta, München 1962, Bd. 3, S. 415-925, hier: S. 490.

ständig im gegenwärtigen Augenblick, und in ihm allein, bleiben. In Wirklichkeit müssen wir jedoch unaufhörlich von einem zum nächsten Rahmen überwechseln, der sich zweifellos nur sehr wenig von jenem unterscheidet, aber jedenfalls unterscheidet.[31]

Der letzte Teil dieses Absatzes klingt geradezu wie eine Übersetzung von Eliots „the whole existing order must be, if ever so slightly, altered".[32] Eliots Tradition ist entzeitlicht, aber nicht stillgestellt; er beschwört keine Apokatastasis, kein ‚Alles in Allem‘, kein ‚total recall‘. Sie ist vollständig zitierfähig, aber mit der wichtigen Einschränkung, dass sie in jeder Gegenwart („if ever so slightly") *neu* und *anders* zitiert wird.

Es ist hier noch ein Hinweis auf den angebracht, der eine dynamische Konzeption des literarischen Prozesses entwickelt und diese in den 20er Jahren unter dem Begriff „System" veröffentlicht hat. In seinem Essay *Über literarische Evolution* (1927) hat Jurij Tynjanow System als ein Ganzes definiert, dessen Zusammenhang durch die Wechselbeziehungen der einzelnen Komponenten bestimmt ist. Ein solches System ist alles andere als eine gleichmäßige und gleichgültige Ordnung: „Ein System bedeutet nicht die Koexistenz von Komponenten auf gleichberechtigter Grundlage; es setzt vielmehr den Vorrang einer bestimmten Gruppe von Elementen und die sich daraus ergebende Deformierung anderer Elemente voraus."[33]

Die Geschichte der Literatur ist in dieser Sicht kein neutrales Kontinuum, sondern, wie auch das Gedächtnis selbst, ein Prozess von Umschreibungen und Deformationen, wie sie durch die Wahrnehmungsbedingungen und Dominantsetzungen der jeweiligen Gegenwart entstehen.

„Deformation" hat keinen pejorativen Beigeschmack, weil es keinen Standard einer überhistorisch verbindlichen Norm gibt. Was es gibt, sind kontinuierliche Aneignungen, Perspektivierungen, Umschreibungen von einem jeweiligen historischen Standpunkt aus. Eliots Anliegen als Literarkritiker war ebendiese Deformation; das Bestreben, sich vom Diktat überkommener und steril gewordener Urteile zu befreien und die erstarrte Literaturgeschichte dadurch wieder produktiv zu machen, dass er sie kongenial auf seine eigenen innovatorischen Impulse hin ausrichtete. Im Lichte seines Systembegriffs konnte Eliot ‚Tradition‘ und ‚Innovation‘ auf diese Weise bruchlos miteinander verbinden.

Seit es ein verschärftes, und das heißt: wissenschaftlich methodisiertes Geschichtsbewusstsein gibt, gibt es auch Probleme damit. Diese Probleme stellen sich besonders im Rahmen von Kunst und Religion, die in der modernisierten Gesellschaft Sachwalter

---

[31] Maurice Halbwachs: *Das Gedächtnis und seine sozialen Bedingungen* [1925], Frankfurt a.M. 1985, S. 189. Ich habe Halbwachs hier so ausführlich zu Wort kommen lassen, weil in dieser Auffassung vom Gedächtnis als Rahmen oder immanentem Beziehungsgefüge mir die These der neuen, systemischen Gedächtnistheorie vorweggenommen zu sein scheint. Vgl. Gerhard Rusch: *Erkenntnis, Wissenschaft, Geschichte. Von einem konstruktivistischen Standpunkt*, Frankfurt a.M. 1987, und Siegried J. Schmidt: *Gedächtnis – Erzählen – Identität*, in: *Mnemosyne. Formen und Funktionen der kulturellen Erinnerung*, hg. von Aleida Assmann und Dietrich Harth, Frankfurt a.M. 1991, S. 378-397.

[32] Eliot: *Tradition and the Individual Talent* (Anm. 27), S. 50.

[33] Victor Erlich: *Russischer Formalismus*, Frankfurt a.M. 1973, S. 220 f.

von Traditionen und kanonisierten Texten sind. Einen radikalen Ausdruck haben diese Probleme in dem berühmten Satz von James Joyce gefunden, den er im *Ulysses* seiner Figur Stephen Dedalus in den Mund legt, der damit zugleich den Geist einer ganzen Epoche artikuliert: „History [...] is a nightmare from which I am trying to awake."[34] Vor dem Alptraum einer katastrophischen Geschichte, wie sie Joyce mit dem Ersten Weltkrieg erlebte, kam im 18. Jahrhundert die Erfindung des Fortschritts mit immer neuen Anpassungsforderungen und im 19. Jahrhundert die Entdeckung der Geschichtlichkeit aller kulturellen Phänomene. So oder so wurde der verändernde Charakter der Zeit manifest. „Alles Ständische und Stehende verdampft, alles Heilige wird entweiht", hieß es bereits in Karl Marx' *Kommunistischem Manifest*.[35] Der Soziologe Zygmunt Bauman hat diese Erfahrung auf den Begriff der „liquid modernity" gebracht.[36]

Während im 18. Jahrhundert gegen die manifeste Beschleunigung der Geschichte noch die ‚Natur' vertrauensvoll als eine veränderungs- und zeitbeständige Ressource aufgerufen werden konnte, forcierten antiliberale protestantische Theologen des 19. Jahrhunderts die subjektive Existenz als einen geschichtstranszendenten, dem Strom der Zeit entrückten Ort. T. S. Eliot wiederum lastete der Geschichte nicht Verlust, Vergessen, Zerstörung und Verfälschung an, sondern Fragmentierung, Distanzierung und Trennung. Seine Bemerkungen zum Begriff der Tradition kreisen darum auch nicht um zeitbeständige Dauer, sondern um die dynamische Integration und Geordnetheit des Bestandes in der Erneuerung durch die Zeit. Die Fluchten aus der Geschichte führen also in unterschiedliche Richtungen, aber wir können, wenn wir uns dieses historische Kapitel vergegenwärtigen, nicht umhin hinzuzufügen, dass diese Fluchten alle *in* der Geschichte stattfanden.

---

[34] James Joyce: *Ulysses* [1922], Harmondsworth 1969, S. 40.
[35] Karl Marx und Friedrich Engels: *Manifest der Kommunistischen Partei* [1848], Berlin 1964, S. 465.
[36] Zygmunt Bauman: *Liquid Modernity*, Cambridge 2000.

TEIL III:

MODERNE

KAPITEL 1

Pan, Paganismus und Jugendstil

> Da die Götter menschlicher noch waren,
> waren Menschen göttlicher.
>
> Friedrich Schiller, *Die Götter Griechenlands*
> (1788)

Die Panomania der Jahrhundertwende

Abb. 7; links: Franz Stuck, *Pan* (1895); rechts: Aubrey Beardsley, *A Footnote* (1896)[1]

---

[1] Links: Franz Stuck: Umschlaggestaltung für die Zeitschrift *Pan*, Heft I (April/Mai 1895), http://digi.ub.uni-heidelberg.de/diglit/pan1895_96_1/0004. Rechts: Aubrey Beardsley: *A Footnote*, in: *The Savoy: An Illustrated Quarterly* No. 2 (April 1896), S. 185 f.; hier nach *Best Works of Aubrey Beardsley with 170 Illustrations*, New York 1990, S. 88.

Es ist ein kurioses aber unumstößliches Faktum, dass Pan um 1900 die Künste heimgesucht hat. Das Flair seines Bocksgeruchs durchzieht gleichermaßen die Malerei wie die Literatur und Musik dieser Zeit.[2] Zur Einstimmung sollen hier einige Beispiele aus der Malerei angeführt werden. Das große Comeback des Pan hat maßgeblich Arnold Böcklin inszeniert, der unter dem Eindruck der wiedergefundenen pompejanischen Fresken das hellenistische Idyll und seine Zentralfigur mit derber Frische neu belebte. Von nun an stieß man immer häufiger auf diese seltsame Erscheinung.

Abb. 8: Titelblätter der *Jugend* Nr. 8 und 12 (1908) von Paul Rieth[3]

In den 90er-Jahren begegnet uns Pan als Symbolfigur für ein neues künstlerisches Programm. Ein Beispiel ist Franz Stucks zottiger Pankopf, der auf dem Titelblatt der 1895 von Julius Meier-Graefe und Otto Julius Bierbaum in Berlin gegründeten Zeitschrift *Pan* zum Signet einer neuen Stilgründung wurde (Abb. 7 links). Ein anderes Beispiel ist Aubrey Beardsleys Selbstporträt mit dem enigmatischen Titel *A Footnote* aus der 2. Nummer der 1896 von ihm mitbegründeten Zeitschrift *The Savoy* (Abb. 7 rechts). Es zeigt den Künstler an den Fußknöcheln locker an eine im linken Hintergrund waldwärts blickende Panherme gefesselt. Diese ‚Fußnote' könnte man als ein Bekenntnis zu „der

---

[2] Musikalische Reminiszenzen des Pan-Kults der Jahrhundertwende findet man in Débussys *Prélude à l'après-midi d'un faune* oder seinem Flötensolo *Syrinx*. Gustav Mahler hat die Einleitung zu seiner 3. Symphonie mit den Worten „Pan erwacht" überschrieben.

[3] Links: Paul Rieth: Titelblatt der *Jugend* Band I, Nr. 8 (1908), http://digi.ub.uni-heidelberg.de/ diglit/jugend1908_1/0175. Rechts: Paul Rieth: Titelblatt der *Jugend* Band I, Nr. 12 (1908), http://digi.ub.uni-heidelberg.de/diglit/jugend1908_1/0279.

Freude leichtem Gängelband"[4] lesen, mit dem nach Schiller die Götter Griechenlands im gleichnamigen Gedicht die Welt regierten – sinnfälliges Emblem einer persönlichen re-ligio. Pan hielt es aber nicht nur mit der künstlerischen Avantgarde. Im ersten Jahrzehnt des neuen Jahrhunderts wurde er zum Publikumsliebling bürgerlicher Unterhaltungskultur. Als solcher erscheint er gleich zweimal im Jahrgang 1908 auf den plakativen Titelblättern der illustrierten Münchner *Jugend* (Abb. 8 links und rechts): immer mit entsprechendem weiblichen Pendant mal teuflisch lasziv, mal naturhaft kindlich (möglicherweise als Verkörperung des neuen Äon).

Vom Titelhelden der Illustrierten ist es nur noch ein Schritt zum Zugpferd der Werbung: im Anzeigenteil desselben *Jugend*-Jahrgangs empfiehlt kein Geringerer als der griechische Bocksgott Seife und Champagner (Abb. 9 links und rechts).

Abb. 9: Anzeigen in der *Jugend* (1908)[5]

Aus diesem wahllos zusammengestellten Pan-Optikum geht zweierlei mit aller Deutlichkeit hervor: zum einen die vielseitige Faszination des Pan, seine Absorptionskraft für unterschiedlichste Inhalte sowie seine Suggestivkraft für diverseste Adressaten; zum anderen die Kurzlebigkeit der Panbegeisterung und die Verflachung des künstlerisch provokativen Potentials dieser Kultfigur. Eine Untersuchung der Panomania der Jahrhundertwende muss beides im Blick haben, denn wir haben es nicht nur mit einem künstlerischen Motiv zu tun, sondern auch mit einem kulturgeschichtlichen Symptom, das zwei Jahrzehnte lang die Gemüter bewegt hat.

---

[4]   Friedrich Schiller: *Die Götter Griechenlandes*, in: ders.: *Sämtliche Werke. Bd. 1: Gedichte. Dramen 1*, hg. von Albert Maier, München 2004, S. 163-173, hier: S. 163.

[5]   Links: viertelseitige Anzeige in der *Jugend* Band I, Nr. 3 (1908), S. 65, Universitätsbibliothek Heidelberg: http://digi.ub.uni-heidelberg.de/diglit/jugend1908_1/0069; rechts: ganzseitige Anzeige in der *Jugend* Band II, Nr. 42 (1908), S. 997, Universitätsbibliothek Heidelberg: http://digi.ub.uni-heidelberg.de/diglit/jugend1908_2/0370.

Pan – seine Gestalt und Geschichte

Wer ist dieser Gott Pan, der eine solch eruptive Wiederbelebung erfuhr und die Phantasie der Jahrhundertwende so stark beschäftigte? Im griechischen Pantheon steht er am Rande und gehört zu den erratischen und skurrilen Figuren. Der homerische Hymnus erzählt, wie seine Mutter, die Nymphe Dryope, beim ersten Anblick ihres Schößlings – ganz im Gegensatz zur stolzen deutschen Mutter von 1908 – in wildem Schrecken die Flucht ergriff. Sie sah ein monströses Wesen, lärmend und zottig, halb mensch- halb ziegengestaltig. Auf dem Olymp dagegen – so wird weitererzählt – haben alle Götter, und ganz besonders Dionysos, mit befreiendem Lachen auf diese sonderbare Erscheinung reagiert. In dieser von ·der Geburtslegende überlieferten doppelten Reaktion des Grauens und des Lachens offenbart sich etwas von der psychologischen Wirkung des *Grotesken.* Wenn es (nach Bachtin) das Wesen des Grotesken ist, „die widersprüchliche und doppeldeutige Fülle des Lebens darzustellen",[6] dann ist Pan seine sinnfällige Verkörperung. Die fantastische Kombination heterogener kreatürlicher Elemente betont in der Übergänglichkeit zwischen Mensch und Tier die Unkontrollierbarkeit der Affekte; Pan ist als wuchernder Wildwuchs die radikale Infragestellung aller Grenzen und Konturen. Seinen Widerpart hat er in der Gestalt des Apoll, des „griechischste[n] aller Götter",[7] der gänzlich von den Schlacken „der menschlichen Notdurft"[8] geläutert ist und den klassischen Kanon in Reinkultur verkörpert.

So verwirrend und divers wie seine Gestalt ist auch das Rezeptionsschicksal des Gottes Pan, das man kaum einem einheitlichen Subjekt zuzurechnen vermag. Seine älteste Manifestation ist gewiss die des „dunkelverbrannten borstigen Freiluftwesens" der wildwachsenden Natur,[9] das von Jägern und Kleinviehhirten Arkadiens als Patron der Herden·und Fruchtbarkeitsgarant in Grotten und Hainen verehrt wurde. Seine domestizierte Erscheinungsform begegnet uns in der römischen Bukolik, die den Akzent von der freischweifenden Triebgier auf die musischen Künste verlagert. Die Spätzeit hat aus ihm einen komischen Liebhaber gemacht, der unentwegt Nymphen und Hirten nachstellt und dabei gelegentlich den Kürzeren zieht. Der zufällige Anklang seines Namens an das griechische Wort für ‚All' (die wahrscheinlichere Etymologie weist in die Richtung ‚gräsen') hat ihm obendrein die Ehre eines ranghöchsten pantheistischen Allgotts eingebracht, der das gesamte Universum umspannt. Für den allegorisierenden und systematisierenden Verstand der hellenistischen Mythologen waren hier weder Bockshörner noch Ziegenfüße ein Hindernis.

Es ist fast unmöglich, die verschiedenen Linien, die Jäger und Hirten, Dichter und Künstler, Mystiker und Theoretiker in das Antlitz des Gottes gezeichnet haben, zu *einer*

---

[6]   Michail M. Bachtin: *Rabelais und seine Welt. Volkskultur als Gegenkultur*, übers. von Gabriele Leupold, Frankfurt a.M. 1987, S. 113.

[7]   Walter F. Otto: *Die Götter Griechenlands. Das Bild des Göttlichen im Spiegel des griechischen Geistes*, Frankfurt a.M. 1987, S. 99.

[8]   Johann Joachim Winckelmann: *Geschichte der Kunst des Altertums* [1764], München 1987, S. 171.

[9]   Reinhard Herbig: *Pan. Der griechische Bocksgott. Versuch einer Monographie*, Frankfurt a.M. 1949, S. 32.

Physiognomie zu verbinden. Dabei habe ich die krasseste Ambivalenz in der Deutung des Pan noch nicht einmal erwähnt. Wenn dieser Gott auch noch für Mythologen und Theologen zum faszinierend janusköpfigen Rätsel werden konnte, so ist Plutarch daran schuld, der in seiner Schrift *Über den Verfall der Orakel*[10] folgendes berichtet hat: Zur Zeit des Tiberius wird auf einem Schiff vor der nordwestlichen Küste Griechenlands eine Gruppe von Reisenden Zeuge eines Auftrags, den ein anonymer Rufer an den Steuermann richtet. Dieser soll auf der Höhe von Palodes ausrufen: „Der Große Pan ist tot!" Die Botschaft wird am bezeichneten Ort mit einem vielstimmigen aber unsichtbaren Klagen aufgenommen. Da die griechischen Götter unsterblich sind, ist die Botschaft vom Tod eines Gottes absolut befremdlich. Während die Vegetationsgottheiten im naturzyklischen Ritual vergehen und wiederauferstehen, wird der Tod des Großen Pan in Plutarchs Bericht im zweiten nachchristlichen Jahrhundert als einmaliges historisches Ereignis besiegelt. Hierfür gibt es einen berühmten Präzedenzfall, der noch dazu ins 19. Regierungsjahr des Tiberius datiert. Die geheimnisvolle Kongruenz vom Tod des Großen Pan und dem Tod Christi ist zu einem beliebten Spekulationsobjekt der Mythographen geworden, die diese Erzählung als bedeutenden Verknüpfungspunkt zwischen paganer und christlicher Welt gelesen haben.

Pans Einlass in die christliche Welt hat sich dabei höchst ambivalent gestaltet. Die frühchristlichen Allegoriker haben in Pan, dem guten und allmächtigen Hirten, eine typologische Präfiguration Christi gesehen; im Mittelalter dagegen hat man in ihm den Teufel entdeckt. Beide Lesarten sind aufschlussreich, weil sie dokumentieren, wie sich die christliche Kultur mit der heidnischen Welt auseinandergesetzt hat. Die Pan-Christus-Synthese geht den bewussten Weg des Intellekts, der das widerständige Substrat durch allegorische Überschreibung entschärft; die Pan-Teufel-Synthese geht den unbewussten Weg der Seele, die die vitale Widerständigkeit dieser Figur mit den Techniken der Verdrängung und Entstellung bearbeitet. Heine gehört zu den ersten, die scharfsichtig erkannt haben, dass in die Herrschaft des Christentums das Palimpsest paganer Naturverehrung eingeschrieben ist. Der Sieg des Christentums bedeutete Anerkennung der Existenz heidnischer Mächte unter umgekehrtem Vorzeichen:

> Der Nationalglaube in Europa, im Norden noch viel mehr als im Süden, war pantheistisch, seine Mysterien und Symbole bezogen sich auf einen Naturdienst, in jedem Elemente verehrte man wunderbare Wesen, in jedem Baume atmete eine Gottheit, die ganze Erscheinungswelt war durchgöttert; das Christentum verkehrte diese Ansicht, und an die Stelle einer durchgötterten Natur trat eine durchteufelte.[11]

Diese christliche Verdrängungsgeschichte erklärt vielleicht das Nachholbedürfnis und die Vehemenz, mit dem sich eine viel spätere Epoche der Gestalt des Pan annehmen konnte.

---

[10] Plutarch: *Über den Verfall der Orakel*, in: ders.: *Werke. Bd. 29: Moralische Schriften 10*, übers. von Johann Christian Felix Bähr, Stuttgart 1935, S. 1279-1359, hier: S. 1306 f.

[11] Heinrich Heine: *Zur Geschichte der Religion und Philosophie in Deutschland* [1834], in: ders.: *Sämtliche Schriften*, hg. von Klaus Briegleb, 6 Bde., München 1968-76, Bd. 3, S. 505-641, hier: S. 522 f.

Wenn, wie eingangs geschehen, von eruptiver Wiederbelebung oder wie soeben vom Nachholbedürfnis im späten 19. Jahrhundert die Rede war, so muss das nicht heißen, dass der totgesagte Pan bis dahin wirklich tot war. Die Wiederbegegnung mit der Antike verhalf ihm bereits bei den Humanisten zu einer respektablen Existenz im pastoralen Renaissance-Arkadien. Bis ins 19. Jahrhundert hinein erlebten seine von Ovid besungenen Aventüren unzählige Neubearbeitungen. Für Pan als Allgott haben sich Neuplatoniker und Transzendentalisten interessiert und den Satz vom Tod des Großen Pan wählten – in Affirmation oder Negation – Pietisten und Paganisten zur Losung ihrer Kontroversen. Dennoch ist unverkennbar, dass mit dem Ende des 19. Jahrhunderts in der Arbeit am Mythos des Pan ein neuer Ton angeschlagen wurde. Die Züge seiner antiken Ausstattung, der narrativen wie der spekulativen Tradition, verblasst zu einer Leerform, die mit neuem Gehalt aufgefüllt wurde. Pan war plötzlich frei verfügbar für die individuelle künstlerische Phantasie. Dabei schließen sich die verschiedenen Impulse auch zu einem Porträt des Zeitgeistes zusammen. In dieser erstaunlichen neuen Metamorphose war Pan dazu bestimmt, zum Wunsch- und Zerrbild einer repressiven und zivilisationsmüden Kultur zu werden.

E. M. Forster: *The Story of a Panic*

Es ist Zeit für eine Begegnung mit dem Pan dieses Milieus. Lassen wir ihn uns von E. M. Forster vorstellen, der mit seinem ersten literarischen Versuch sogleich ins Magnetfeld des Pan geraten ist. Bezeichnenderweise hat der Autor das Thema der Erzählung *The Story of a Panic* nicht bewusst gewählt, es hat sich seiner bemächtigt. Das Inspirationserlebnis widerfuhr ihm im Mai 1902 in den Wäldern über Ravello am Golf von Salerno: „sitting down on a theme as if it were an anthill".[12] Dieselben Kastanienwälder sind Schauplatz der Erzählung. Eine bunt zusammengewürfelte Gruppe englischer Touristen hat hierher vom gemeinsamen Hotel aus eine Wanderung unternommen. Während der Mittagsrast auf einer hochgelegenen Lichtung wird die Gesellschaft plötzlich durch die Erscheinung einer unerklärlichen Windspur in Panik versetzt und in eine wilde Flucht geschlagen. Wieder zur Besinnung gekommen, stellt man das Fehlen von Eustace, dem jüngsten Mitglied der Gruppe, fest. Als einziger hat der sich nämlich nicht von der Stelle begeben und wird von seinen Begleitern am Ort des Schreckens unverletzt, aber in den Kern seines Wesens hinein verändert wiedergefunden. Aus dem launisch-verwöhnten *enfant terrible* ist ein unberechenbarer Kobold geworden. Sein abnormes Verhalten sorgt während der Rückkehr zum Hotel für Peinlichkeiten, in der folgenden Nacht steigert es sich zum Wahnsinn. Nach einer dramatischen Verfolgungsjagd entkommt der Pan-Besessene seinen Beschützern und verschwindet über die hohe Gartenmauer in die Freiheit.

Es ist frappierend, wie viele Elemente traditioneller ‚Pan-lore' in die Erzählung eingewoben sind. Dabei werden deutlich zwei Überlieferungsstränge getrennt: ein toter,

---

[12] E. M. Forster: *Introduction*, in: ders.: *Collected Short Stories*, London 1947, S. v–viii, hier: S. vi.

literarischer, der sich in Bildungsreminiszenzen artikuliert, und ein lebendig anima-
lischer, der den Handlungsverlauf motiviert. „The woods no longer give shelter to
Pan!"[13] – mit diesem Seufzer trauert ein drittrangiger Künstler inmitten der atembe-
raubenden Szenerie dem nostalgischen Zauber artifizieller Pastorallandschaft nach.
„The great God Pan is dead!"[14] – dieses Diktum aus dem Munde eines anglikanischen
Geistlichen markiert die Überlegenheit des aufgeklärten Christen über das abergläu-
bische Heidentum. (In besonderen Notfällen ist allerdings auch er noch zu Exorzismen
gezwungen.) Das Motiv der Panik bildet den dramatischen Kern der Erzählung und
gliedert sich in vier Phasen. 1. Die Stunde des Pan, in der Pan schläft, ist die überir-
dische Ruhe, die von der gesamten Natur in der flirrenden Mittagshitze Besitz ergreift.
Der Mittag birgt in mediterranen und orientalischen Kulturen die Ambivalenz einer
heiligen und gefährlichen Stunde: der arkadische Hirte achtete die Tabus, weil er den
unberechenbaren Gott Pan kannte, und der Psalmist erflehte sich Schutz vor dem Mit-
tagsdämon, dem *daemonus meridianus*. 2. Die Störung dieser heiligen Ruhe ist ein
Sakrileg. Eustace, der Held unserer Erzählung, wird zum Frevler gegen dieses Gesetz
der Natur. Er hat sich eine Pfeife geschnitzt, mit der er einen schrillen, unerträglich
misstönenden Pfiff ausstößt. 3. Die gedankenlose Verletzung des Tabus hat den reiz-
baren Pan in seiner Ruhe gestört. Der Schrecken, den der so plötzlich mobilisierte Gott
verbreitet, geht von einer isolierten Windspur aus, die sich nur im Kastanienlaub abzeichnet und rasant nähert. Der begleitende Schock erfasst alle – paradoxerweise mit
Ausnahme des eigentlichen Frevlers. Er ergreift vom ganzen Menschen Besitz und
blockiert „sämtliche Kanäle der Sinne und des Verstandes".[15] Übrig bleibt ein auf sein
animalisches Substrat reduziertes Wesen, das schlagartig der schützenden Hüllen von
Zivilisation und Kommunikation beraubt ist. 4. Physische Konsequenz solchen Schreckens ist die kollektive Flucht; Flucht ohne Woher und Wohin, Flucht als ein brutaler,
instinktiver Reflex. „I had been afraid, not as a man, but as a beast."[16] Mit diesem Satz
beendet der Erzähler das Erlebnis der Panik und den ersten Abschnitt der Geschichte.

Mit den seltsamen Begebenheiten auf der Waldlichtung nimmt ein Thema seinen
Anfang, das die beiden ersten Worte des Textes als „Eustace's career"[17] anstimmen. Um
die Erziehung des trägen Jungen hatte man sich bereits erfolglos bemüht. Ein Triumvi-
rat war damit beschäftigt, ihm die Segnungen der britischen Kultur nahezubringen:
Leyland das Artifiziell-Ästhetische, Sandbach das Christlich-Moralistische, Tytler die
physische Disziplin. Die Karriere des Jungen beginnt nun aber nicht mit der Initiation in
die Sinnwelt der Erwachsenen, sondern mit dem Ausbruch aus deren konformistischem
Sog. Eustace ist der einzige, der der göttlichen Begegnung standhält. Die zutiefst verun-
sicherten Begleiter erkennen ihn nach ihrer Rückkehr nicht wieder. Der neue Adept des
Pan überschreitet alle orientierenden Grenzen und schützenden Barrieren. Als ein Stück
Wildnis nimmt er es mit Hasen und Eidechsen auf. Er umarmt ein altes Weib, in der er

---

[13] E. M. Forster: *The Story of a Panic*, in: ders.: *Collected Short Stories* (Anm. 12), S. 1-29, hier:
      S. 6.
[14] Ebd.
[15] Ebd., S. 8 (Übers. A. A.).
[16] Ebd.
[17] Ebd., S. 1.

eine verwandte Seele erkennt. Mit dem Diener der Pension, dem abgerissenen und linkischen Fischerjungen Gennaro, schließt er einen Bruderbund. Nachts drängt er ins Freie, weil sich eine so lebendige Seele nicht einkerkern lässt, schon gar nicht in einem „Zimmer ohne Aussicht"[18]. Die Anstrengungen, ihn für die Gesellschaft als gezähmtes Herdenwesen zurückzuerobern, schlagen fehl. Es ist eine Frage von Leben und Tod. Der käufliche Kollaborateur Gennaro muss dabei sein Leben lassen, der treue Jünger des Pan kann seines durch einen Sprung in die Freiheit retten.

Ich sehe in diesem Erstlingswerk einen Schlüsseltext für Forsters literarisches Schaffen. Dafür gibt es zunächst einen äußerlichen aber doch signifikanten biographischen Anhaltspunkt. Die Karriere des Eustace läuft zu der Karriere Forsters eigentümlich parallel. Das Erweckungserlebnis des Vierzehnjährigen wird in einer Retrospektive erzählt, deren zeitlicher Abstand zum Geschehen genau beziffert wird: acht Jahre. Damit war zum Zeitpunkt der Niederschrift der 22-jährige Autor mit seinem Held gleichaltrig. Was der Einleitungsparagraph für den Helden andeutet, gilt ebenso für den Autor: bei beiden setzt eine Begegnung mit Pan literarische Kreativität frei. Darüber hinaus finden sich in der Geschichte von der Panik charakteristische Lieblingsmotive, die Forster in seinem weiteren Erzählwerk immer neu variiert hat. Ein solches ist die Begegnung Englands mit einer fremden, archaischeren Kultur. In den frühen Erzählungen wird Italien zu einem Testgelände, auf dem englische Touristen ihr wahres Wesen offenbaren. Mit Baedeker und Verdauungspillen bewaffnet finden sie entweder vorprogrammierte Bildungserlebnisse oder aber – die eigene Seele. Die Italienreise hat eine besondere englische Tradition. Seit der Zeit der Renaissance gehört sie zum obligatorischen Erziehungsprogramm des gebildeten Engländers. Dabei hat es auch an warnenden Stimmen nicht gefehlt. „Ich weiß von manch wackerem Edelmann", so schrieb 1570 Roger Ascham, protestantischer Tutor der Königin Elizabeth, „der England als ein treuer Anhänger christlicher Lehre mit Gottesfurcht wohlgerüstet verließ und von Italien schlimmer verwandelt zurückkehrte als irgendeiner in Circes Reich."[19] Forster hätte diesen Befund wohl als eine gelungene Bekehrung akklamiert. Denn ihn interessierte Italien nicht als Schauplatz der Heroen abendländischer Kultur, sondern als das Klima, in dem die paganen Götter überleben konnten. Ihre Präsenz ist vielfältig: sie reicht von plötzlichen Epiphanien und mystischen Träumen bis zu spielerischen Verkörperungen in der schlichten Dorfjugend und dem magischen Zauber lokaler Folklore. Wo immer sie erscheinen fordern sie eine Transformation des ganzen Menschen. Mit solchen Epiphanien – Forster nennt sie ‚symbolische‘ oder ‚ewige Augenblicke‘ – ist ein weiteres Lieblingsmotiv angedeutet. Folgendes Erzählmuster kehrt nämlich in seinem Werk beharrlich wieder: dem Protagonisten öffnet sich überraschend eine das Leben von Grund auf verändernde Weitsicht. Alles hängt nun davon ab, wie er die Chance dieser mystischen Erfahrung nutzt: ob er sich zu einem oberflächlichen Herdenwesen resozialisieren lässt oder Kraft und Mut hat, unter dem Schutz antiker Gottheiten den Weg des Exils aus einer repressiven bürgerlichen Existenz zu wählen.

---

[18] Forster: *The Story of a Panic* (Anm. 13), S. 20 (Übers. A. A.).

[19] Roger Ascham: *The Schoolmaster* [1570], hg. von Lawrence V. Ryan, Ithaca/New York 1967, S. 63 (Übers. A. A.).

Es ist plausibel, dass dieses wiederkehrende narrative Grundmuster einen besonderen Akzent durch das biographische Schicksal des Autors gewann, denn die Alternative eines naturhaften Daseins gegen die Barrieren der Gesellschaft durchzusetzen war auch das Lebensproblem des in einer fremden und feindlichen Umwelt eingeschlossenen Homosexuellen. Obwohl es für die Verbindung von Pan und Homosexualität sowohl im Werk Forsters als auch allgemein aus dieser Zeit schlüssige Belege gibt, wäre es voreilig, das Evangelium des Pan auf diese Botschaft festzulegen.[20] Dem Moralisten Forster geht es allgemein darum, die Tabus einer körperfeindlichen Zivilisation zu brechen, deren zweitausendjähriges Reglement die Seelen verkrüppelt und sie gelehrt hat, sich mit einer freud- und lieblosen Welt abzufinden, in der es nichts Befriedigendes gibt und deren höchste Werte Pflicht, Askese und Selbstverleugnung heißen. Seine spezifische Färbung erhält Forsters Panmythos durch das, was Ernst Bloch „den Zug nach unten" genannt hat.[21] Damit ist die Flucht aus einer fragwürdig gewordenen bürgerlichen Identität in schlichtere und vitalere Lebensformen gemeint. Diesem Zug nach unten war Forster in direkter Weise ausgesetzt und er hat ihn auf unterschiedliche Weise thematisiert: als Absage an die mittelalterlich chivalresken Geschlechterrollen, als Überwindung von Klassenbarrieren, die er zwar für unverrückbar, „aber nicht besonders hoch" hielt, und als Demontage kolonialherrschaftlichen Superioritätsbewusstseins. Wo immer im Zeichen des Pan die Natur bedingungslos über die Kultur gestellt wird, finden Geschlechter, Klassen und Völker wieder in Eintracht zusammen.

Zur Tradition des Paganismus

Wir wissen bereits, dass der junge E. M. Forster mit seinem Pan, seiner Sehnsucht nach der Antike und seinem Leiden an der zeitgenössischen Kultur nicht allein stand. Er ist einem Zeitgeist verfallen, der von anderen geprägt wurde. Der Pankult, der sich literarisch und künstlerisch offen manifestiert, hat auch eine verdeckte ideengeschichtliche Wurzel, die es herauszupräparieren lohnt, will man des Phänomens in seiner weiteren

---

[20] Kaum verschlüsselt tritt die homosexuelle Konnotation in einer anderen Erzählung, *The Curate's Friend* (in: Forster: *Collected Short Stories* [Anm. 12], S. 90-99.), hervor. Auch hier führt ein geselliges Picknick zur panischen Begegnung. Für das Glück, das ihm der Faun verheißt, opfert der junge Geistliche seine Verlobte. Das Glück erweist sich als beständig, wenn auch die Nation ihm dafür Verschwiegenheit auferlegt. Ein bildliches Korrelat zu dieser Erzählung könnte man in dem erwähnten Selbstporträt Beardsleys sehen, das Hildegard Cancik-Lindemaier in diesem Sinne deutet (*Aubrey Beardsley, Mädchen und Satyr. Eine Bildbetrachtung als Präludium zur Untersuchung der gesellschaftlichen Bedingungen der römischen Erotik*, in: *Gegenwart der Antike. Zur Kritik bürgerlicher Auffassungen von Natur und Gesellschaft*, hg. von Lutz Hieber und Rudolf Wolfgang Müller, Frankfurt a.M./New York 1982, S. 17-28, hier: S. 23). Ein wichtiger Ableger dieses Zweigs der Pan-Rezeption ist die 1907 von Aleister Crowley in Cambridge gegründete okkulte „Pan-Society".

[21] Vgl. dazu Adolf Holl: *Der Zug nach unten – das Beispiel des Augustinus*, in: Hieber und Müller (Hg.); *Gegenwart der Antike* (Anm. 29), S. 55-63. Forsters deutlichste erotische Artikulation dieses Themas ist die Erzählung *Dr Woolacott*, in: ders.: *The Life to Come and Other Stories*, hg. von Oliver Stallybrass, Harmondsworth 1975, S. 113-127.

kulturgeschichtlichen Dimension ansichtig werden. Der Trendsetter für die europäische Pan-Begeisterung im späten 19. Jahrhundert ist ein Text, der den ziegenhufigen Gott kein einziges Mal erwähnt: Nietzsches *Geburt der Tragödie* von 1870. Dieses wichtige Manifest des Neopaganismus, das sein Autor rückblickend „ein Jugendwerk voller Jugendmut und Jugend-Schwermut"[22] nannte, richtet seine polemische Wucht gegen die Hauptarterien der abendländischen Kultur: Wissenschaft und Christentum. Die erstere hat die Lehre von der Ergründlichkeit und Beherrschbarkeit der Welt und den Fortschrittsoptimismus erfunden, das letztere hat „das Jenseits erfunden, um das Diesseits besser verleumden zu können".[23] Das Bündnis beider Kräfte hat in einen Zustand geführt, der nur noch in die Bildlichkeit einer *wasteland*-Apokalypse zu fassen ist: „Überall Staub, Sand, Erstarrung, Verschmachten."[24] Die Hoffnung einer Regeneration, „so voll und grün, so üppig lebendig, so sehnsuchtsvoll unermeßlich", richtet sich auf den „dionysische[n] Zauber" und die Kunst.[25] Allein diese heilenden Gegenkräfte vermögen es, nach dem Überdruss an wissenschaftlicher Wahrheit die Weisheit der Instinkte zu rehabilitieren, dieser Welt mit Schönheit und Sinnlichkeit ihre göttliche Würde jenseits von Gut und Böse zurückzugeben, und in mythenbildender Vision dem individuellen Dasein Ausblicke auf eine tiefere Einheit alles Lebendigen zu öffnen. Die Synthesis von Gott und Bock im Satyr (und – fügen wir ruhig hinzu – in der Gestalt des Pan) verkörpert das Urbild des nicht entfremdeten Menschen. Sie ist

> der Ausdruck seiner höchsten und stärksten Regungen [...] als Sinnbild der geschlechtlichen Allgewalt der Natur. Hier war die Illusion der Kultur von dem Urbilde des Menschen weggewischt, [...] vor ihm schrumpfte der Kulturmensch zur lügenhaften Karrikatur zusammen.[26]

Die magische Formel des Dionysischen wurde zum gewaltigen Grundakkord einer romantisch-revolutionären Jugend:[27]

> Unter dem Zauber des Dionysischen schließt sich nicht nur der Bund zwischen Mensch und Mensch wieder zusammen: auch die entfremdete, feindliche oder unterjochte Natur feiert wieder ihr Versöhnungsfest mit ihrem verlorenen Sohne, dem Menschen. Jetzt ist der Sklave freier Mann, jetzt zerbrechen alle die starren, feindseligen Abgrenzungen, die Not, Willkür oder „freche Mode" zwischen den Menschen festgesetzt haben.[28]

---

[22] Friedrich Nietzsche: *Die Geburt der Tragödie aus dem Geiste der Musik,* in: ders.: *Werke,* hg. von Karl Schlechta, 3 Bde., München 1960, Bd. 1, S. 7-134, hier: S. 11.

[23] Ebd., S. 15.

[24] Ebd., S. 113.

[25] Ebd.

[26] Ebd., S. 49.

[27] Seine engste Parallele hat dieser Text in Shelleys Vision von der befreiten Menschheit in *Prometheus Unbound.* Vgl. dazu Horst Meller: *Prometheus im romantischen Heiligen-Kalender,* in: *Antike Tradition und neuere Philologien. Symposium zu Ehren des 75. Geburtstages von Rudolf Sühnel,* hg. von Hans-Joachim Zimmermann, Heidelberg 1984, S. 151-176, hier: S. 172.

[28] Nietzsche: *Die Geburt der Tragödie* (Anm. 22), S. 24 f.

Solche Gedanken fanden zur Zeit der Jahrhundertwende noch einmal eine enorme Resonanz und Nietzsches Stimme schwoll zur allgemeinen Stimmung an. Sowohl die Gegenüberstellung vom Urbild des Menschen und der Illusion der Kultur als auch das Egalitäts- und Entgrenzungspathos lassen sich im Frühwerk Forsters wiederfinden.

Aber Nietzsche war nicht der Erste und Einzige, der den Paganismus als Waffe gegen den herrschenden Zeitgeist einsetzte. Wir wollen hier deshalb an zwei Stimmen der englischen Paganismus Tradition, eine aus dem späten 18., eine aus dem frühen 17. Jahrhundert, erinnern. Der „Heide [Thomas] Taylor",[29] wie Coleridge ihn mit Sympathie genannt hat, war für die englischen Romantiker, was Creuzer für die deutschen Romantiker und Nietzsche für die Künstler des späten 19. Jahrhunderts war: willkommene Autorität für einen neuen, unakademischen, zeitkritischen Hellenismus. Taylor bemühte sich in seinen zahlreichen Übersetzungen griechischer Autoren um ein genuines Verständnis innerhalb der ungebrochenen neuplatonischen Tradition. Mit seiner Forderung nach einer neuen Geltung antiker Weisheit musste er dem herrschenden Geist der Anpassung archaischer Bilder an die moderne Vernunft und hier ganz besonders den „frostigen und oberflächlichen Deutungen Bacons und anderer moderner Mythologen" entschieden widersprechen.[30] Im Abseits des Selbstbewusstseins der Aufklärung stehend sah er mit wachsender Sorge das tiefe Missverhältnis zwischen den Errungenschaften der Technik und Zivilisation einerseits und der wirklichen geistigen Verfassung des Landes andererseits. England als kapitalistische und imperialistische Weltmacht erlebte er als Alptraum, wo der Dämon des Handels sich auf die letzten freien Geister stürzt, um sie mit brutalem Arm zu erdrücken: „Rise then, ye liberal few, and vindicate the dignity of ancient wisdom!"[31] Mit Taylor hat Henry Reynolds den Widerpart gemein, auch er stellte sich gegen Francis Bacon, den Heros der neuen Wissenschaft. Gewissermaßen noch im Zuge der Weichenstellung der Renaissancekultur entwarf Reynolds ein alternatives mythisch-paganes Konzept. Die Zusammenstellung eines so obskuren Namens wie Reynolds mit einem so illustren wie Bacon sagt bereits alles über die historische Durchschlagskraft der jeweiligen Positionen. Wie später sein Gesinnungsgenosse Taylor war auch der aufklärungskritische Partisan Reynolds von der Missachtung des „Schatzes uralter [kosmologischer] Weisheit"[32] alarmiert. Seine Schrift *Mythomystes* (1632) polemisiert gegen die moderne Dichtung, der er zweierlei vorzuwerfen hatte. Zu ihrem Schaden hat sie sich *inhaltlich* vom universalen Thema, der in antiken Mythen verankerten einheitlichen philosophisch-theologischen Vision,

---

29 Samuel Taylor Coleridge: *To John Thelwall, November 19* [1796], in: ders.: *Letters of Samuel Coleridge*, hg. von Ernest Hartley Coleridge, Boston/New York 1895, S. 181 (Übers. A. A.).

30 Thomas Taylor: *A Dissertation on the Eulesinian and Bacchic Mysteries* [1790/91], in: ders.: *Thomas Taylor the Platonist. Selected Writings*, hg. von Kathleen Raine und George Mills Harper, Princeton 1969, S. 343-426, hier: S. 365 f. (Übers. A. A.).

31 Thomas Taylor: *The Hymns of Orpheus* [1792], in: ders.: *Thomas Taylor the Platonist* (Anm. 30), S. 161-293, hier: S. 292.

32 Henry Reynolds: *Mythomystes, Wherein a Short Svrvay Is Taken of the Natvre and Valve of Trve Poesy and Depth of the Ancients above our Moderne Poets* [1632], in: ders.: *Critical Essays of the Seventeenth Century*, hg. von Joel E. Spingarn, 3 Bde., Oxford 1908, Bd. 1, S. 141-179, hier: S. 177 (Übers. A. A.).

abgekehrt und ganz auf die sinnliche Oberfläche und soziale Außenseite spezialisiert. Dichter, die nicht mehr in die geheimen Kräfte und Mysterien der Natur eingeweiht sind, und sich nur noch um Fragen gesellschaftlicher Etikette („book of Manners") und die faden Blitze ihrer zügellosen Phantasie kümmern („slight flashes of ungrounded fancy"), haben ihren Anspruch auf den Titel eines Propheten und Geheimrates der Götter („the name of Prophets and Privy-Counsellors of the Gods") verwirkt.[33] Reynolds diagnostizierte dabei sehr scharfsichtig, dass sich die Dichtung damit aus ihrer zentralen kulturellen Verantwortung in ein belangloses Abseits herausmanövriert hat. Der zweite Vorwurf trifft den *Ausdruck,* und er ist als Symptom des ersten zu verstehen. Solange die Dichtung noch etwas zu sagen hatte, war sie hermetisch. Um in der ausschließlichen Verfügung seiner wahren Erben zu bleiben, war der Schatz der Weisheit sorgfältig in esoterische Hieroglyphen versiegelt. Sobald die Dichtung *oberflächlich* wird, wird sie *öffentlich.* Die neuen Dichter prostituieren ihr Wissen und liefern es jedem unkundigen Leser aus („they prostitute all they know to the rape and spoile of every illiterate reader").[34] Auch Reynolds appelliert an die Heilkräfte der paganen Tradition: „Wir müssen versuchen, in dieser Zeit des Verfalls unsere krumme Linie an jener vollkommenen zu begradigen."[35]

Pan als heidnisches Mysterium

Es hat den Anschein, als hätten wir uns zeitlich wie thematisch weit von unserem Gegenstand entfernt. Um so mehr muss es nun überraschen, wenn wir den Polemiken eines Reynolds in exakter Entsprechung um 1900 wiederbegegnen, noch dazu beim Verfasser einer Novelle mit dem Titel *The Great God Pan* (1894). In seiner Schrift *Hieroglyphics: A Note upon Ecstasy in Literature* (1902) hat Arthur Machen die Grundzüge einer antirealistischen Ästhetik skizziert. Der Ire, der wenig von *Reform Bill* und demokratischer Öffentlichkeit aber sehr viel von den Eleusinischen Mysterien hielt, machte der zeitgenössischen Literatur dieselben Vorwürfe der Trivialisierung und Profanierung. Nach bald drei Jahrhunderten waren die Gewichtungen der Argumentation nur geringfügig verschoben. Als Widerpart verkörpert nun statt Bacon Macaulay den wissenschaftlichen Fortschritt der utilitaristischen Vernunft; der Schatz uralter Weisheit ist jetzt nicht nur in der Vergangenheit antiker Mythen sondern auch in den unerforschten kollektiven Wurzelgründen der Persönlichkeit vergraben. Reynolds hatte beklagt, dass die Dichter sich auf die Äußerlichkeit und Geschäftigkeit der Welt beschränken („the body and businesse of the world"), anstatt ekstatische Höhenflüge („extaticke eleuations") zu wagen.[36] Das war auch der Kern von Machens These. Er sah in der gegenwärtigen Literatur vor allem zwei Irrwege: den *photographischen,* der in akribischer Detaillierung die gesellschaftliche Außenseite des Lebens dokumentiert, und den *propagandistischen,* der

---

[33] Reynolds: *Mythomystes* (Anm. 32), S. 162, 154 und 149.
[34] Ebd., S. 155.
[35] Ebd., S. 149 (Übers. A. A.).
[36] Ebd., S. 152.

für eine moralisch bessere Welt wirbt. Machens Standpunkt tritt schon aus wenigen Aphorismen deutlich hervor:

> Es gibt – ganz allgemein gesprochen – zwei Lösungen des Existenzproblems: eine materialistisch-rationalistische und eine sprirituell-mystische.

> Wurde denn je irgend etwas von wirklicher Bedeutung auf einem logischen Grund errichtet?

> Die literarischen Meisterleistungen sind alle aus dem Unbewußten oder Unterbewußten hervorgegangen.

> Die Meinungen eines Schriftstellers sind auf dem Forum der Literatur keinen Heller wert; was allein zählt, ist das Unterbewußtsein.[37]

Was für Nietzsche das Dionysische ist, heißt bei Machen „ecstasy".[38] Dieses Zauberwort umschließt das Außergewöhnliche, dem gemeinen Verstand Entrückte und nur in Rausch oder mystischer Versenkung Erreichbare. Das einzig legitime Thema der Literatur ist die Erforschung dieser Tiefenschicht, die Kunde von jenem „geheimnisvollen schattenhaften Doppelgänger, der jeden von uns begleitet, und dessen Schritte in einer unbekannten Welt verhallen".[39] Im neugotischen Schauerklima spielt Machens Pan (ein spätviktorianischer Abdruck verdrängter erotischer Obsessionen) diese Rolle des geheimnisvollen Doppelgängers vorzüglich.

Die antirealistische Ästhetik gründet sich (um es mit Schiller zu sagen) auf eine Bevorzugung des Ideals und der Kunst gegenüber der Wirklichkeit. Zu dieser Option hat sich auch Forster bekannt, seine Wendung dafür lautet: Poesie, nicht Prosa trifft den Kern („poetry, not prose lies at the core").[40] Auch der Erzähler kann sich im poetischen Genre artikulieren, wenn er sich an die Fantasie oder Prophetie hält. Beide erzählerischen Tonarten setzen sich über die Schranken des Commonsense hinweg, um in der Durchbrechung erstarrter Konventionen Begegnungen mit dem Übernatürlichen oder, wie Forster es auch nennt, „punktuelle Kontakte mit der Wirklichkeit"[41] zu inszenieren. Seine Vorliebe galt eindeutig der ersten Variante, der spielerischen und verschmitzten Fantasie mit ihrer halboffiziellen Mythologie und „allen Wesen der niederen Regionen, der seichten Gewässer und kleineren Hügel, allen Faunen und Dryaden und Gedächtnislücken, allen Versprechern und Panen und puns".[42] „Pans and puns" – auch bei Forster kreuzen sich die Figuren der Mythologie mit denen des Unbewussten. Forster mit seinem fantastischen wie Machen mit seinem ekstatischen Idiom haben im spätbürgerlichen Milieu eine Plattform für die Auftritte Pans geschaffen.

---

[37] Arthur Machen: *Hieroglyphics. A Note upon Ecstasy in Literature* [1902], London 1960, S. 71, 144, 80 und 177f. (Übers. A. A.).

[38] Ebd., S. 21.

[39] Ebd., S. 47 (Übers. A. A.).

[40] E. M. Forster: *The Longest Journey* [1907], Harmondsworth 1960, S. 178.

[41] Ebd., S. 226 (Übers. A. A.).

[42] E. M. Forster: *Aspects of the Novel*, Harmondsworth 1962, S. 115 (Übers. A. A.).

Jugendstil – auf der Suche nach der verlorenen Vitalität

Das Epochenbewusstsein, das wir unter dem Begriff Jugendstil zusammenfassen, hat gewissermaßen eine Tag- und eine Nachtseite. Es verlangt nämlich mit gleicher Inbrunst nach einer Ästhetisierung wie Barbarisierung des Lebens.[43] Die Entdeckung der Wildnis barg in einer dekadenten und kulturmüden Zeit die faszinierende Verheißung des wiederholbaren Uranfangs und voraussetzungslosen Neubeginns. Mitten im Überschuss und Überdruss wuchs die Sehnsucht „aus dem weiten wüsten Wissensmeere nach einer Küste".[44] Der gründerzeitliche Verlegenheitshistorismus hatte die Ort- und Bindungslosigkeit des modernen Menschen nur schlecht bemänteln können. Mit der Idee der Wildnis – und Pan als ihrem Gott – waren auf einen Hieb solche zweifelhaften Bande zerschlagen. Die Therapie der Rebarbarisierung sollte zur Entschlackung von den Sedimenten einer überalterten und obsolet gewordenen Kultur verhelfen. Regression und Atavismus wiesen den Weg auf der Suche nach der verlorenen Vitalität. Allenthalben sollten die versteinerten Normen der Tradition durch jugendlichen *élan vital* erschüttert werden.

Auch die Hochschätzung von Kindheit und Jugend hatte in diesem Kontext ihren Ort. Sie war für Forsters „frühe panbesessene Erzählungen"[45] (wie sie der Freund Leonard Woolf mit mildem Spott genannt hat) charakteristisch. „Seit Jahren spreche ich nur zu Kindern, aber die verlieren mich aus dem Blick, sobald sie erwachsen werden"[46], verrät der Faun in einer anderen Erzählung. Eustace steht mit seinen vierzehn Jahren an der kritischen Schwelle der Pubertät, aber mit Pan im Bunde kann seine Kindheit lebenslänglich währen. Dem jugendlichen Übermut huldigt der junge Forster mit der Inbrunst des schmächtigen Intellektuellen. Launige Raufereien, ausgelassene Badefreuden, hitzige Verfolgungsjagden, alberne Spiele wie „bumble-puppy", absurde Spiele, wo sich alle verstecken und keiner sucht, geschweige denn weiß, zu welcher Partei er gehört – das sind heilige Momente der Wildnis, die ein Licht hinter der Fassade der Zivilisation aufleuchten lassen. Die mystische Kraft solch besinnungslos rauschhafter Momente liegt in der vorübergehenden Entlastung vom Druck der Sprache, der Geschichte, des Bewusstseins, der Individualität. Der Geist des Pan ist in solchen Momenten gegenwärtig, allerdings nur in seiner spielerischen und domestizierten Form, denn über den anarchischen Terror, in dem Pan die Instinkte zu entfesseln und in den Strudel

---

[43] In Aubrey Beardsleys phantastischer Novelle *Under the Hill* (*Unter dem Hügel. Eine romantische Erzählung mit fünf Illustrationen des Autors* [1896], übers. von Rudolf Alexander Schröder, Wiesbaden o. J.) treffen sich einige Dandys zum Tanz mit einfachem Hirtenvolk und einer Gruppe von Satyrn. Der besondere Frisson dieses imaginären Bacchanals besteht in dem „pêle-mêle von kalbsledernen Strümpfen und zottigen Beinen, von reichgestickten Corsagen und einfachen Kitteln, von barocken Haartrachten und losen, ungekämmten Locken" (S. 45).

[44] Nietzsche: *Die Geburt der Tragödie* (Anm. 22), hier: S. 100.

[45] Leonard Woolf: *Sowing: An Autobiography of the Years 1880 to 1904*, New York 1960, S. 187 (Übers. A. A.).

[46] Forster: *The Curate's Friend*, in: ders.: *Collected Short Stories* (Anm. 12), S. 95 (Übers. A. A.).

brutaler Massenhysterie zu reißen vermag, hat sich auch Forster keine Illusionen gemacht.[47]

Die kurze Karriere des Pan

Tatsächlich war die Gefahr einer Sentimentalisierung der zutiefst prekären und gefährlichen Macht des Pan Forster von Anfang an bewusst.[48] Sentimentalisierung deutet immer auch auf Simplifizierung, und in der Tat liegt hier das Problem der kurzen Karriere des Pan. So plötzlich er in den neunziger Jahren aufgetaucht ist, bis 1914 war er – von einigen isolierten Spätzündungen abgesehen – auch schon wieder verschwunden. Nicht unbedingt der Große Pan, aber der von 1900 war mit Kriegsbeginn tot. So üppig er im Klima des Jugendstils gedieh, so schlecht ist ihm die Großwetterlage des neuen Jahrhunderts bekommen. Das heißt, dass seine Faszination an bestimmte Prämissen gebunden war, die sich nicht als tragfähig erwiesen haben. Drei davon verdienen hier besondere Beachtung. 1. Das Unbewusste als verdrängte, und in dieser Verdrängung gerade die spätviktorianische Phantasie mächtig beflügelnde Triebschicht wurde durch die neue wissenschaftliche Disziplin der Psychoanalyse entdämonisiert, die Botschaften des Unbewussten sind in einer therapeutischen Praxis des Deutens entschlüsselbar geworden. 2. Die europazentrische Perspektive ist durch die traumatische Erfahrung des Weltkriegs, aber auch durch die Öffnung neuer Horizonte in der Ethnologie ruckartig relativiert worden. Winckelmann hatte in der griechischen Kunst vollbracht gesehen, „was bei allen anderen Völkern nur Versuch blieb". Denn „vieles, was wir uns als idealisch vorstellen, war bei den Griechen Natur".[49] Die neopagane Bewegung hat sich weiterhin mit guten Gründen auf die Griechen bezogen, aber sie konnte dieser Kultur nicht mehr so selbstverständlich absolute Priorität einräumen, geschweige denn sie als ‚Natur' universalisieren. 3. Die Natur als dämonisch belebte Landschaft ist im Zuge expansionistischer Beherrschungs- und Ausbeutungsstrategien entzaubert worden. Die Wildnis, die der Zivilisation immer entgegenstand und ihr das Gepräge gab, hatte immer weniger den Charakter eines grünen regenerativen Refugiums, in das man aus den oppressiven Verhältnissen der Gesellschaft hätte flüchten können. Die Natur war nicht mehr die Große Mutter, sie ist immer mehr zu einem schutzbedürftigen Findelkind geworden.

Diese Erfahrungen der Modere – die bewusste Aneignung des Unbewussten, die Relativierung der ethnozentrischen Perspektive und die als endlich erlebten natürlichen

---

[47] Z.B. Forster: *The Longest Journey* (Anm. 40), S. 123 und 189.

[48] Bereits in dem autobiographisch geprägten Roman *The Longest Journey* (1907) lässt er seine *persona*, den jungen Schriftsteller Rickie Elliot, auf der Pan-Welle schwimmen und scheitern. Dessen Erzählungen nämlich „ritten alle auf der lächerlichen Idee herum, es gälte mit der Natur in Berührung zu kommen" (Forster: *The Longest Journey* [Anm. 40], S. 77 [Übers. A. A.]). Schon weil er „Pan ovium custos" übersetzen und Vergils *Bucolica* mit Vergnügen lesen kann, steht er hoffnungslos außerhalb des wirklichen Bannkreises des Pan.

[49] Johann Joachim Winckelmann, zit. nach Rudolf Sühnel: *Die Götter Griechenlands und die deutsche Klassik,* Würzburg 1935, S. 9 und 12.

Ressourcen – weisen in dieselbe Richtung: die Natur, in der Pan florierte (oder vielmehr faunierte), gab es nicht mehr, weder in ihrer psychologischen, noch in ihrer historischen oder topographischen Verortung. ‚Natur' ist stets ein tendenziöser Begriff, denn er ist ein sich wandelnder Ausdruck fortgesetzter Kulturkritik. Sobald die Normen der Kultur ins Bewusstsein und damit in die Distanz rücken, werden sie als künstliche Konventionen wahrgenommen, von denen man sich zu befreien sucht. In dieser Situation richtet sich der Blick auf die Natur als Befreiung von der defizitären Kultur, wo weder Willkür noch Begrenztheit herrschen. Wenn die Natur diesen polemischen Akzent verliert, so zeigt dies, dass Wildnis akkulturiert worden ist und sich das Zeichensystem der Kultur wieder einmal verschoben hat.

In diesem Sinne hat es auch die Natur des Pan nie gegeben. Denn Natur ist nicht nur ‚kulturrelativ', sondern auch „kulturell durchimprägniert",[50] wie Gehlen es ausgedrückt hat. Nietzsches Polarisierung vom „Urbilde des Menschen" einerseits und der „Illusion der Kultur"[51] andererseits erwies sich als eine hartnäckige intellektuelle Versuchung, der manche Irrationalisten des beginnenden Jahrhunderts (wie zum Beispiel Klages mit seiner Spaltung von ‚Leben' und ‚Geist') erlagen. Bloch hat sie als gefährliche Ideologie bekämpft, als „bloßes Negativ zum heutigen Verstand, selber vom Verstand entworfen (und vielleicht nicht vom besten)".[52] Für ihn ist „der Mensch jedes geschichtlichen Anfangs selber ein Züchtungsprodukt".[53] In der Tat macht es der Aufweis eines Kontinuums zwischen Bewusstem und Unbewusstem, zwischen Wildnis und Zivilisation schwer, Kulturen schlechterdings als Triebhemmung zu qualifizieren. Sie sind – noch einmal mit Bloch – „keine Verluste sondern umgekehrt lauter Färbungsversuche des ‚echten' Menschen, Bestimmungsversuche des ‚wirklichen' *neuen Adam*".[54] Die Künstler haben es jedenfalls bald gemerkt, dass dem Dilemma der europäischen Rationalität mit Pan als bloßem Negativ nicht beizukommen ist. Wo immer für Pan eine neue Rolle bereitstehen mag, sie wird sich kaum im Dämmer des Bewusstseins und im Abseits der Geschichte spielen lassen.

Der Pankomplex ruht in der Überlieferung wie ein Sprengsatz im Schließfach. Dieses Skandalon kann über weite Strecken ohne Eklat behutsam tradiert werden, es kann aber auch unversehens zünden und dabei den Kanon des Selbstverständlichen und Geheiligten zertrümmern. Das Potential dieser Bombe ist doppelt explosiv: es liegt zum einen in der prekären Virulenz dieses Konfusionsgottes, der als revolutionäre Ganzheitsformel alle sinngebenden Grenzen und Tabus jeglicher Kultur in Frage stellt; es liegt zum anderen in der Dämonisierung der ins Exil verdrängten Natur des Menschen, die die Alpträume einer besonderen Kultur heimgesucht hat. Das besondere, in spezifischer historischer Konstellation entstandene Potential hat sich in der Situation der Jahrhundertwende entladen; das allgemeine dagegen, die im Pan-Komplex enthaltene

---

50   Arnold Gehlen: *Anthropologische Forschung*, Reinbek 1961, S. 82.
51   Nietzsche: *Die Geburt der Tragödie* (Anm. 22), S. 49.
52   Ernst Bloch: *Die Felstaube, das Neandertal und der wirkliche Mensch*, in: ders.: *Literarische Aufsätze*, Frankfurt a.M. 1965, S. 462-470, hier: S. 463.
53   Ebd., S. 466.
54   Ebd., S. 468.

„explosive, augenblickhafte und diskontinuierliche Energie",[55] verharrt in universaler Latenz und lässt sich zwar unvermindert bearbeiten, aber wohl niemals wirklich entschärfen.

---

[55] Michel Foucault: *Mikrophysik der Macht. Michel Foucault über Strafjustiz, Psychiatrie und Medizin*, Berlin 1976, S. 102.

KAPITEL 2

Die Bedeutung der Zeit in der englischen Moderne

Vorspiel: auf dem Bahnhof

Die Kulturgeschichte ist eine Geschichte wechselnder Zeitrhythmen. Die mechanische Uhr wurde an mehreren Stätten im Europa des 13. Jahrhunderts entwickelt; in ihrem neuen Takt wurde menschliches Handeln weiträumig aufeinander abstimmbar, in gleiche Bestandteile zerlegt und durchgängig vermessen.[1] Einen ähnlich wichtigen Einschnitt in der Zeiterfahrung brachte die industrielle Revolution mit sich. Insbesondere war es die Einführung der Eisenbahn, die ein neues Zeitdispositiv einführte und neue Formen der Wahrnehmung erzwang. Nach Ansicht Golo Manns hat der Eisenbahnbau Deutschland „tiefer, unwiderstehlicher [verändert] als alle Revolutionen, Kriege, Staatsränke zusammengenommen."[2] Die erste deutsche Eisenbahnstrecke wurde 1835, zehn Jahre nach englischem Vorlauf, zwischen Nürnberg und Fürth gebaut; 1855 gab es in Deutschland bereits 8000 km Schienenstränge. Der Dichter Joseph von Eichendorff hat diese Neuerung mit Sorge beobachtet:

> Diese Dampfbahnen rütteln die Welt, die eigentlich nur noch aus Bahnhöfen besteht, unermüdlich durcheinander wie ein Kaleidoskop, wo die vorüberjagenden Landschaften, ehe man noch irgend eine Physiognomie gefasst, immer neue Gesichter schneiden, der fliegende Salon immer andere Sozietäten bildet, bevor man noch die alten recht überwunden.[3]

Wenige Jahre zuvor hatte Heine, der 1843 bei der Eröffnung der Linien von Paris nach Orleans und nach Rouen dabei war, von einem neuen Abschnitt der Weltgeschichte

---

[1] Vgl. Gerhard Dohrn van Rossum: *Die Geschichte der Stunden. Uhren und Moderne Zeitordnung*, München/Wien 1992.

[2] Golo Mann: *Deutsche Geschichte des 19. und 20. Jahrhunderts*, Frankfurt a.M. 1979, S. 141.

[3] Joseph Freiherr von Eichendorff: *Vorwort zu: Erlebtes* [1850], in: ders.: *Neue Gesamtausgabe der Werke und Schriften*, hg. von Gerhard Baumann, 4 Bde., Stuttgart 1978, Bd. 2, S. 1019-1022, hier: S. 1019. Ich danke Satoshi Kuwahara, der mich auf diese Passage aufmerksam gemacht hat. Vgl. ders.: *Eichendorff und die Eisenbahn. Seine Einstellung zur Eisenbahn als Auseinandersetzung mit der ‚Moderne'*, in: *Literarische Problematisierung der Moderne. Deutsche Aufklärung und Romantik in der japanischen Germanistik. Beiträge der Tateshina-Symposien 1990 und 1991*, hg. von Satoshi Kuwahara und Teruaki Takahashi, München 1992, S. 59-72.

gesprochen, in dem sich unsere Anschauungsweise und Vorstellungen ändern und „die Elementarbegriffe von Raum und Zeit" ins Wanken geraten sind. Ähnlich wie wir heute auf die Globalisierung reagieren, deren weit gespanntes Netz der Kommunikations-, Verkehrs- und Transportmedien zu einer überstürzten Schrumpfung der Welt geführt hat, so reagierte damals Heine auf die neue Geschwindigkeit, die die Abstände schrumpfen ließ und ein neues Raumgefühl hervorbrachte: „Mir ist als kämen die Berge und Wälder aller Länder auf Paris angerückt. Ich rieche schon den Duft der deutschen Linden; vor meiner Türe brandet die Nordsee."[4] Wo die Bewunderer von Technik und Fortschritt eine zunehmende Herrschaft des Menschen über Raum und Zeit sahen, sahen die Kritiker eine „Vernichtung von Raum und Zeit".[5] Im Blick aus dem „fliegenden Salon" heraus lösten sich die Konturen der „vorüberjagenden Landschaften" auf.

Diese recht allgemein gehaltenen Beobachtungen werden durch eine kleine Szene konkretisiert, die Eichendorff im Vorwort zu einer autobiographischen Schrift niedergelegt hat. Als er einmal aus dem Abteil der Eisenbahn heraus eine Ruine im Wald erblickte, erkundigte er sich bei den Mitreisenden nach diesem Gebäude. Auskunft erhielt er von einer Berliner Dame mit Zigarre, die vermutete, dass das „ohne Zweifel der letzte Romantiker (sei), der sich vor dem Fortschritt der wachsenden Bildung in den mittelalterlichen Urwald geflüchtet" habe. Von solcher Belehrung wenig überzeugt stieg Eichendorffs Ich-Erzähler daraufhin an der nächsten Station aus, um sich aus berufenerem Mund beim dortigen Bahnhofspersonal zu erkundigen.

> Das war aber nicht so leicht, wie ich's vorgestellt hatte. In den Bahnhöfen ist eine so große Eilfertigkeit, dass man vor lauter Eile mit nichts fertig werden kann. Die Leute wussten genau, in welcher Stunde und Minute ich in Paris oder Triest oder Königsberg, wohin ich nicht wollte, sein könne. Über Zugang [...] und Entfernung des geheimnisvollen Waldes aber, wohin ich eben wollte, konnte ich nichts Gewisses erfahren; ja der Befragte blickte verwundert nach der bezeichneten Richtung hin, ich glaube, er hat die Ruine bisher noch gar nicht bemerkt.[6]

Diese kleine Szene im Abteil und auf dem Bahnsteig kann geradezu als ein Denkbild des Zeitproblems im 19. Jahrhundert gelesen werden. Mitten in der vorüberjagenden Landschaft fällt dem Erzähler eine Ruine auf. Ruinen entstehen durch Traditionsbruch; sie sind eine Folge der Modernisierung, die die Menschen vom Land in die Stadt treibt. Sie werden allerdings erst unter den Bedingungen der Beschleunigung, sowohl der Eisenbahn wie der Geschichte, als solche wahrgenommen. Die Ruinenromantik entsteht in Ko-Evolution mit der Industrialisierung, und sie ist, wie die abschätzige Bemerkung der Berliner Mitreisenden zeigt, bereits zu einem Klischee geronnen. Noch prägnanter erfährt der Ich-Erzähler die Kollision der zwei Zeiten auf dem Bahnhof. Dort weiß der

---

4   Heinrich Heine: *Zur Literatur*, in: ders.: *Sämtliche Schriften in 12 Bänden*, hg. von Klaus Briegleb, 12 Bde., München 1976, Bd. 9, S. 397-456, hier: S. 448 f.

5   Wolfgang Schivelbusch hat die zeitgenössischen Reaktionen auf diese Schwelle der Kulturgeschichte bearbeitet in: *Geschichte der Eisenbahnreise. Zur Industrialisierung von Raum und Zeit im 19. Jahrhundert*, München 1977, S. 35 f.

6   Eichendorff: *Vorwort zu: Erlebtes* (Anm. 3), S. 1019.

Beamte, der den Fahrplan im Kopf hat, für alle möglichen Reiseziele die genauen Abfahrts- und Ankunftszeiten mitzuteilen, aber über die Geschichte des Ortes und seiner Umgebung kann er keine Auskunft mehr geben. Die Meister des Fahrplans und damit die Verwalter der Uhr und des synchronen Ordnens der Zeit sind nicht zuständig für die Zeit der Geschichte. Das Zeitregime des Fahrplans und der Bahnhofsuhr verdrängt das lokale Herkunftswissen, die Zeit historischer Erinnerung und Erzählung. Der Bahnhofsvorsteher ist ein Beispiel für die Beherrschung des *Raumes* – er lebt im Geiste mit in Triest und Königsberg, aber er ist auch ein Beispiel für das Verblassen des *Ortes* und seiner Nähe-Verhältnisse im sozialen Gedächtnis. Die Szene zeigt allerdings auch, dass dieses Vergessen zugleich der Ausgangspunkt für ein neu entfachtes Interesse an Ruinen, und das heißt, an abgebrochener Geschichte ist. Die Ruine wird wichtig, nicht nur als ein Monument von Traditionsbruch und Vergessen, sondern auch als ein Haltepunkt in der Situation wachsender Zeitbeschleunigung. Denn während im industriellen Zeitalter immer mehr in immer schnelleren Rhythmen veraltet, bleibt die Ruine, die ja Verfall und Vergessen bereits hinter sich hat, von der Zeit unberührt. So kann paradoxerweise gerade die Ruine, die der Blick des Eisenbahnreisenden für einen flüchtigen Moment lang festhält, im doppelten Sinne zum ‚Fluchtpunkt‘ seiner Zeiterfahrung werden.

Das Zersprengen der Zeit

Zeitfragmente – Virginia Woolf

Die Gewöhnung an die neuen Geschwindigkeiten und den fragmentierten Blick hat zu neuen ästhetischen Wahrnehmungsformen wie dem panoramatischen Blick geführt. Während das technische Arrangement des Panoramas des 19. Jahrhunderts dem Betrachter das positive Gefühl der Herrschaft über den Raum und die Zeit vermittelte, haben die Künstler des frühen 20. Jahrhunderts im entgegengesetzten Gefühl der Fragmentierung die Signatur ihrer Epoche erkannt und es in der Schnittstelle zwischen psychischer Wahrnehmungsdisposition und künstlerischer Gestaltung erforscht.[7]

In ihrem Roman *Orlando* erzählt Virginia Woolf die Geschichte einer Figur, die im dritten von sechs Kapiteln ihr Geschlecht wechselt und von einem Mann zur Frau wird. Durch die Verwandlung hindurch ist diese Figur künstlerisch tätig; sie schreibt an einem großen Gedicht. Ihr Gegenspieler ist eine Figur, die ihre Erscheinung noch weit öfter wechselt; es ist der jeweilige Zeitgeist („the spirit of the age"), mit dem Orlando, Dichter und Dichterin zugleich, ins richtige Verhältnis treten muss,

> for the transaction between a writer and the spirit of the age is one of infinite delicacy, and upon a nice arrangement between the two the whole fortune of his work depends. Orlando had so ordered it that she was in an extremely happy position; she need neither fight her age, nor submit to it; she was of it, yet remained herself.[8]

---

[7] David Frisby: *Fragments of Modernity. Theories of Modernity in the Work of Simmel, Kracauer and Benjamin*, Cambridge 1985.

[8] Virginia Woolf: *Orlando. A Biography* [1928], Harmondsworth 1975, S. 188. Alle

In Woolfs Roman wird der jeweilige Epochenwechsel von der elisabethanischen Zeit bis ins 20. Jahrhundert mit großer Sorgfalt und Detailfreude aus alltäglichen Gegenständen, Praktiken und Stimmungen evoziert. Uns interessieren hier vor allem die beiden letzten Stationen dieser Zeitreise. Im letzten Kapitel des Romans reist Orlando zunächst mit der Eisenbahn in die viktorianische Epoche und später mit dem Auto in die Zwanzigerjahre des 20. Jahrhunderts. Sie ruft nach einer Kutsche und man teilt ihr mit, dass sie den 11.45 Zug nach London nehmen müsse. Sie setzt sich in ein Abteil, ohne sich dabei große Gedanken über die neue technische Erfindung zu machen,

> without giving a thought to "that stupendous invention, which had (the historians say) completely changed the face of Europe in the past twenty years" (as, indeed, happens much more frequently than historians suppose). (S. 193)

Nach Beendigung ihrer viktorianischen Episode bringen zehn Schläge einer Uhr die Heldin unvermittelt in die Gegenwart der Schreibenden: „It was 11 October. It was 1928. It was the present moment." (S. 211) Dieser Moment, an dem sich erzählte Zeit und Erzählzeit kreuzen, markiert einen prekären Grenzwert zwischen Literatur und Leben. Kein Wunder, dass Orlando erbleicht.

> For what more terrifying revelation can there be than that it is the present moment? That we survive the shock at all is only possible because the past shelters us on one side and the future on another. (S. 211)

In der Gegenwart angekommen, setzt sich Orlando in ein Auto und fährt los. Sie muss sich ihren Weg durch dichten Verkehr bahnen, dabei nimmt sie zerstreut isolierte Bilder wahr:

> [S]he noticed sponges, bird-cages, boxes of green American cloth. But she did not allow these sights to sink into her mind even the fraction of an inch as she crossed the narrow plank of the present, lest she should fall into the raging torrent beneath. (S. 211)

Die Gegenstände, die für einen flüchtigen Augenblick in ihr Wahrnehmungsfeld treten, sind völlig beziehungslos: Schwämme, Vogelkäfige, grüne Kisten – sie sind so unverbunden wie die ausgestellten Waren in den Schaufenstern. Während sie im Auto die Straße entlangfährt, hat Orlando instinktiv den Wahrnehmungsmodus des neuen Zeitalters gelernt: Sie hält die Bilder an der Oberfläche und lässt sie nicht ins Bewusstsein eindringen. Das Auge gräbt nicht in die Tiefe, sondern hält sich an die Oberfläche, schreibt Woolf in einer anderen Erzählung.[9] Damit reagiert sie auf einen Zustand, den die Soziologen der Zeit als ‚Reizüberflutung' beschrieben haben. Indem alles auf sie

---

folgenden Zitate aus *Orlando* beziehen sich auf diese Ausgabe. Seitenangaben erfolgen im Fließtext.

[9] Virginia Woolf: *Street Haunting. A London Adventure* [1927], in: dies.: *The Essays of Virginia Woolf*, hg. von Andrew McNeillie, 5 Bde., London 1994, Bd. 4, S. 480-490, hier: S. 482.

eindringt und gleichzeitig nichts wirklich in sie eindringt, reduziert sich das, was wir Gegenwart nennen, auf einen schmalen Grat, auf dem man mit einem leichten Schwindelgefühl über den Abgrund der Zeitlosigkeit balanciert.

Unter der Oberfläche der flüchtigen Wahrnehmung haben sich jedoch die Schichten der nachhaltigeren Erinnerungen sedimentiert. In diese Schichten taucht Orlando immer wieder hinab; dabei vervielfältigt sie sich mit den vergangenen Erfahrungen, die sich über die Zeit in ihrem Körper abgelagert haben. Wem es gelingt, so philosophiert die Erzählerin und fasst dabei ihren Weg der Suche nach der verlorenen Zeit zusammen, wem es gelingt, sich mit den sukzessiven Schichten des Selbst zu verbinden, sie zu synchronisieren und in einen Gesamtakkord zu bringen, für den ist die Gegenwart weder ein gewaltsamer Bruch noch wird sie in der Vergangenheit untergehen. Aus ihren Erinnerungen und Gedanken in die Gegenwart zurückgekehrt, lässt sie abermals die zerstückelte Welt auf sich einstürmen.

> Here was a market. Here a funeral. Here a procession with banners upon which was written "Ra- Un", but what else? [...] Amor Vin- that was over a porch. A woman looked out of a bedroom window, profoundly contemplative, and very still. Applejohn and Applebed, Undert. (S. 216)

An diese Sequenz von isolierten und zerstückelten Bildern schließt die Erzählerin eine Reflexion an, die den Kern moderner Zeiterfahrung zusammenfasst:

> Nothing could be seen whole or read from start to finish. What was seen begun – like two friends starting to meet each other across the street – was never seen ended. After twenty minutes the body and mind were like scraps of torn paper tumbling from a sack, and, indeed, the process of motoring fast out of London so much resembles the chopping up small of identity which precedes unconsciousness and perhaps death itself that it is an open question in what sense Orlando can be said to have to have existed at the present moment. (S. 217)

Die Zersplitterung der Wahrnehmung im Augenblick der Gegenwart, der durch die Zeitbeschleunigung immer kürzer wird, führt bei Virginia Woolf zum Bewusstsein der Auflösung des Selbst in eine Vielfalt von Identitäten. Die Fiktion einer homogenen sozialen Identität löst sich auf, und darunter kommen viele erratische Variationen des Selbst zum Vorschein. Woolf benutzt dafür das Bild eines großen Stapels von Tellern; jeder dieser Teller ist eine Manifestation des Selbst, die nur unter ganz bestimmten Bedingungen angesprochen werden kann. Im Zustand passiver Reizüberflutung verwandelt sich das menschliche Bewusstsein in einen reinen Rezeptor, vergleichbar mit dem technischen Apparat einer Foto-Kamera. Unbewusstheit und Todesnähe sind Beschreibungen für die geistige Annäherung des modernen Menschen an ein technisches Gerät. Nach Zuständen solcher Auflösung ist die Rückholung der Wahrnehmung unter die Kontrolle des Bewusstseins ein Akt mühsamer Anstrengung und Disziplin. Die Welt muss sorgfältig rekomponiert werden, indem die zerstreuten Schnipsel, von denen die Rede war, auf grünen Tafeln rechts und links wieder zusammengesetzt werden. Eingepasst zwischen solche Arrangements „kann der Geist die Illusion wiedergewinnen, dass er Dinge in sich hält": „green screens were held continuously on either side, so that her mind regained the illusion of holding things within itself and she saw a cottage, a farm-yard, and four cows, all precisely life-size" (S. 217). Die Erfahrung der Fragmentierung der Welt führt zu einem geschärften Bewusstsein für soziale Konventionen und die Konstruktionen des Bewusstseins.

Apotheosen des Augenblicks – Ezra Pound und der Imagismus

Der Sinn jeder tieferen Begegnung, so hat Hofmannsthal einmal geschrieben, ist es, auseinander genommen zu werden. Dieser Satz fasst zugleich auch das poetische Pro-gramm einer Gruppe von englischsprachigen Dichtern zusammen, die in den ersten Jahrzehnten unseres ausgehenden Jahrhunderts auf der Grundlage eines neuen Begriffs des Bildes die Sprache der Lyrik zu erneuern suchten. Das neue Bild, das sie suchten, nannten sie mit einem leicht französischen Akzent *image*, womit sie zugleich ihre Reve-renz vor den französischen Symbolisten bezeugten und sich von der einheimischen Tradition abwendeten. Hinter der Lyrik-Bewegung der Imagisten steht die von T. E. Hulme formulierte These, dass das Material der Dichtung das Bild sei und nicht der Klang, was eine Verstärkung ihrer visuellen und eine Schwächung ihrer auditiven Qua-lität bedeutete.[10] Es ist leichter zu beschreiben, was dieses Bild, um das es geht, nicht ist; es ist keine Metapher, hat keinen illustrativen Charakter und ist nicht Träger eines subjektiven Gefühlswerts. Der Weg von der Metapher zum Image und von der Subjek-tivität zur Objektivität führt über die Verfremdung, das heißt über ein Zerbrechen sprachlicher Konventionen und Wahrnehmungsstereotypen. Gesucht wird die sinnliche Wucht des Konkreten, die von allen eingefleischten Konnotationen und Spuren der Expressivität geläutert ist. Es geht um die absolute Reinheit des Bildes, seine „reine Sichtbarkeit"[11], die vollständig von der Herrschaft der Sprache emanzipiert ist. Dieses Ringen um die Reinheit des Bildes verbindet die amerikanischen Lyriker des Imagismus mit anderen Künstlern der Moderne, die auf der Suche nach einer reinen Form in Male-rei und Skulptur oder nach reiner Musik sind. Ein reines Bild ist für sie eine Form reiner Energie. Die Spannung eines solchen Bildes darf sich beim Lesen nicht in Erschütte-rung und Katharsis auflösen, sondern muss durch die Fügung gegensätzlicher Bilder aufrechterhalten werden. Erst dadurch gewinnt das Bild die Qualität objektivierter Ge-genständlichkeit; es hört auf zu bedeuten und fängt an zu sein. Ezra Pound, der 1912 in Bezug auf den befreundeten Philosophen und Kunsttheoretiker T. E. Hulme den Rich-tungsbegriff des „Imagisten" prägte, spricht in der Beschreibung seiner neuen Sprache der Lyrik immer wieder von Härte: „it will be as much like granite as it can be, its force will lie in its truth."[12]

---

[10] Thomas E. Hulme: *A Lecture on Modern Poetry* [1908], in: ders.: *Further Speculations*, hg. von Sam Hynes, Lincoln 1955, S. 67-76, hier: S. 73.

[11] Lambert Wiesing: *Die Sichtbarkeit des Bildes. Geschichte und Perspektiven der formalen Ästhetik*, Reinbek 1997, S. 163.

[12] Ezra Pound: *A Retrospect*, in: ders.: *Literary Essays of Ezra Pound*, New York 1968, S. 3-14, hier: S. 12. („The first use of the word ‚Imagiste' was in my note to T. E. Hulme's five po-ems, printed at the end of my Ripostes in the autumn of 1912.")

Ein Beispiel für ein „one image poem" ist ein berühmtes Gedicht von Pound, das auf eine Erfahrung in Paris zurückgeht. Als er einmal die Metro an der Station La Concorde verließ, traf ihn die Schönheit einzelner Gesichter, eine Empfindung, die er in einem Gedicht festzuhalten suchte. Das Resultat war zunächst ein 30-zeiliges Gedicht, das er nach einem halben Jahr auf die Hälfte reduzierte und nach einem weiteren Jahr in folgende kompakte Form gebracht hat:

> IN A STATION OF THE METRO
> The apparition of these faces in the crowd;
> Petals on a wet, black bough.[13]

Der Schauplatz des Gedichts ist ein unsinnlicher Ort dunkler Schächte und Tunnels, pulsiert von Geschwindigkeit und Hektik. An einem solchen Ort reduzieren sich die Wahrnehmungsbilder auf flüchtige und zusammenhanglose Erscheinungen. Diese Großstadterfahrung wird in der ersten Zeile verdichtet: „The apparition of these faces in the crowd"[14] – wir erfahren nicht, um was für Gesichter es sich handelt, bevor sie vom Blick fixiert werden konnten, sind sie schon wieder vorüber. Das Wort für Erscheinung, „apparition", wird in der Regel auf Geister angewandt, was die Flüchtigkeit und Substanzlosigkeit der Gesichter steigert und den U-Bahn-Schacht mit der Unterwelt in Verbindung bringt. Aber erst das Bild der zweiten Zeile stellt die Spannung des Gedichts her: ein Bild der Natur, das auf das erste Bild aufgestockt wird, „superimposed" nennt es Pound, erzeugt eine Überblendung, die für einen Moment eine überraschende Ähnlichkeit zwischen zwei konträren Welten freigibt. Überraschung und Plötzlichkeit sind die Schlüsselemotionen imagistischer Lyrik; die harte Montage der Bilder soll herausreißen aus der Lethargie der Wahrnehmung und in der großstädtischen Reizüberflutung die Sinne wieder schärfen.[15] Dichtung ist ebenso sehr Wortkunst wie Sinnesschärfung und Wahrnehmungssteigerung. Doch die Prägnanz der Bilder geht immer auf Kosten größerer Zusammenhänge. Die Wahrnehmung zieht sich auf die kürzesten Impulse zurück. Das imagistische Gedicht forciert einen Pointilismus der Aufmerksamkeit. 1913, im selben Jahr, in dem das Gedicht entstand, hat Pound in der Zeitschrift *Poetry* seine Definition des *image* niedergelegt:

> An "image" is that which presents an intellectual and emotional complex in an instant of time. I use the term "complex" rather in the technical sense employed by the newer psychologists, such as Hart, though we might not agree absolutely in our application. It is the presentation of such a "complex" instantaneously which gives that sense of sudden liberation; that sense of freedom from time limits and space limits; that sense of sudden growth, which we experience in the presence of the greatest works of art.[16]

---

[13] Ezra Pound: *In a Station of the Metro*, in: *Poetry* 2.1 (1913), S. 12.
[14] Ebd.
[15] Zum Stichwort ‚Plötzlichkeit' vgl. die grundlegende Studie von Karl Heinz Bohrer: *Plötzlichkeit. Zum Augenblick des ästhetischen Scheins*, Frankfurt a.M. 1981.
[16] Pound: *A Retrospect* (Anm. 12), S. 4.

Das Stichwort ‚Komplex' ist mit einem technischen, neurowissenschaftlichen Akzent versehen, denn diese Poetik strebt nicht nur an, neue Sprachmuster zu entwerfen, sondern auch die Grenzen der Wahrnehmung zu erweitern. ‚Komplex' meint sowohl die Konjunktion des Inkommensurablen (Intellekt und Gefühl), als auch die Überblendung gegenstrebiger Elemente, die eine neue Spannung freisetzen. Die Poetik des Imagismus präsentiert sich als eine Psycho-Energetik. Vor allem aber wird aus dieser Definition die enge Beziehung von Bild und Zeit deutlich. Das *image* isoliert einen Augenblick, einen „instant of time" ohne früher oder später; es zertrümmert die monotone Verkettung der Zeit, ihre lineare Stromförmigkeit, und schneidet einen Moment heraus, in dem die Zeit eingefroren, stillgestellt wird. Das Bild, das das Kontinuum der Zeit zerbricht, ermöglicht zugleich einen Ausbruch aus der Zeit, jene Zeittranszendenz, welche das Ziel und der Test großer Kunst ist.

Epiphanien – Marcel Proust und James Joyce

Flüchtige Ewigkeiten (Marcel Proust)

Ähnliche Strategien und Ziele wie die der imagistischen Lyriker wurden gleichzeitig auch in der Gattung der erzählenden Prosa entwickelt. Im letzten Band seines Romans, der mit *Die wiedergefundene Zeit* überschrieben ist, hat Proust das Projekt der Suche nach der verlorenen Zeit zum Gegenstand seiner Reflexionen gemacht. Dieses Projekt ist aufs Engste mit zwei anderen Themenkomplexen verbunden, seiner Erinnerungstheorie und seiner Romantheorie. Er übt Kritik an einer angeblich realistischen Kunst, die beständig Verrat übt an unserem wahren Leben, an der „Wirklichkeit, wie wir sie verspürt haben".[17] Diese realistische Kunst, die lediglich eine Anzahl neuer Darstellungskonventionen erfand, hat sich an die Stelle der Wirklichkeit gesetzt. Wir haben uns daran gewöhnt, die Fiktion für die Wirklichkeit zu halten, und deshalb ist zugleich mit der wahren Wirklichkeit auch noch das Gefühl für ihren Verlust verloren gegangen. Diese auf Gewöhnung und Übereinkunft beruhende Wirklichkeit hat die Konsistenz einer gehärteten Oberfläche angenommen, die, das ist die säkulare Verheißung von Prousts Roman, durch punktuelle Eruptionen aufgebrochen werden kann. Die Energie für solche, die falsche Wirklichkeit durchschlagenden Eruptionen kommt von der unwillkürlichen Erinnerung, die mit der Plötzlichkeit eines Blitzes einschlägt und das Subjekt zur sensiblen, aber passiven Schreibfläche ihrer Regungen macht.

Wirklichkeit wird bei Proust wie von anderen Autoren um 1900 also nicht als das Offenbare, sondern als das schlechthin Verborgene verstanden, wobei die Literatur zu ihrem vorzüglichen Offenbarungsmedium avanciert. Proust hat teil an einer Mystik der Moderne, die sich angesichts dieser Verborgenheit der Wirklichkeit auf revelatorische Augenblicke konzentriert, in denen – ähnlich wie bei den Imagisten – punktuell und

---

[17] Marcel Proust: *Auf der Suche nach der verlorenen Zeit. Die wiedergefundene Zeit*, hg. und übers. von Eva Reichel-Mertens, 13 Bde., Frankfurt a.M. 1969, Bd. 13, S. 265-518, hier: S. 288. Alle folgenden Zitate aus *Auf der Suche nach der verlorenen Zeit* beziehen sich auf diese Ausgabe. Seitenangaben erfolgen im Fließtext.

instantan etwas von der Essenz der Dinge freigelegt wird. Essenz, das ist ihre kürzeste Definition, ist das Andere der Zeit; um zu ihr zu gelangen, muss das Kontinuum der Zeit gesprengt werden. Ebenso wie der realistische Roman die Wirklichkeit überschreibt, verstellt die Imagination die Erinnerung. Ein authentischer Moment, der frei wäre von den Fabrikationen der Imagination, kann nicht gesucht und gefunden, sondern nur unerwartet und plötzlich erfahren werden. Stets ist es eine triviale sinnliche Wahrnehmung, die „für die Dauer eines Blitzes [...] ein kleines Quantum zusatzloser Zeit" freisetzt (S. 276); zum Beispiel das Geräusch eines Löffels, der Anblick eines Kirchturms, der Geschmack eines eingeweichten Teegebäcks, die Berührung zweier ungleich hoher Pflastersteine. In solchen Augenblicken sprengt die unwillkürliche Erinnerung das Subjekt aus der Zeit heraus, indem sie zwei verschiedene Zeitmomente, einen vergangenen und einen gegenwärtigen, in eine synchrone Verbindung zwingt. Marcel schreibt von solchen Eindrücken, dass er sie „zugleich im gegenwärtigen Augenblick und in einem entfernten erlebte, bis schließlich die Vergangenheit auf die Gegenwart übergriff" (S. 271), beziehungsweise dass er in solchen Augenblicken „Wiederauferstehungen der Vergangenheit" für die Dauer eines Schwindels erfuhr (S. 279 f.). Die unwillkürliche Erinnerung ist das Gegenteil der üblichen Erinnerung; sie ist nicht eine Rückholung der Vergangenheit, sondern ihre selbsttätige „Wiederauferstehung". Marcel kommt zu dem Schluss, dass das, „was es an Gemeinsamem zwischen einem Tage von ehemals und dem heutigen gab, [...] außerhalb der Zeit gelegen" ist (S. 274). In Augenblicken, in denen sich durch eine plötzliche Entdeckung von Symmetrie im Chaos des Erfahrungsschatzes solche Synchronie herstellt, wird der Mangel an Existenz überwunden, der aus einer Zerstreuung – Augustin sprach von einer „distentio animi" – des Menschen in die Dimensionen der Gegenwart, Vergangenheit und Zukunft resultiert. Indem das Subjekt für einen Augenblick eine Identität von Gegenwart und Vergangenheit erfährt, steht es selbst „außerhalb der Zeit" und kann, weil es die Sorge um seinen Tod überwunden hat, „die Essenz der Dinge genießen" (ebd.):

> Sobald aber ein bereits gehörtes Geräusch, ein schon vormals eingeatmeter Duft von neuem wahrgenommen wird, und zwar als ein gleichzeitig Gegenwärtiges und Vergangenes, ein Wirkliches, das gleichwohl nicht dem Augenblick angehört, ein Ideelles, das deswegen dennoch nichts Abstraktes bleibt, wird auf der Stelle die ständig vorhandene, aber gewöhnlich verborgene Wesenssubstanz aller Dinge frei, und unser wahres Ich, das manchmal seit langem tot schien, aber es doch nicht völlig war, erwacht und gewinnt neues Leben aus der göttlichen Speise, die ihm zugeführt wird. Eine aus der Ordnung der Zeit herausgehobene Minute hat in uns, damit er sie erlebe, den von der Ordnung der Zeit freigewordenen Menschen wieder neu erschaffen. (S. 276 f.)

Die „göttliche Speise" lässt an den Baum des Lebens im Paradies denken, von dem Adam und Eva nicht haben kosten können. Solche Anklänge weisen auf einen Erlösungsmythos, der dem großen Such-Projekt von Proust unterliegt.

Epiphane Augenblicke (James Joyce)

Von der Verborgenheit der Wirklichkeit geht auch James Joyce aus, bei dem der Begriff der ,Essenz' ebenfalls eine zentrale Rolle spielt. Und wie Proust davon überzeugt war, „dass das Kunstwerk das einzige Mittel ist, die verlorene Zeit wiederzufinden" (S. 313), ist es auch für Joyce die Sache der Literatur, die verborgene Seite der Wirklichkeit zu offenbaren und das Wesen der Dinge freizulegen, das, wenn es überhaupt in Erscheinung tritt, in subjektiven Erfahrungen eingekapselt und nicht mitteilbar ist. Dieser Essenz der Dinge kann sich nur nähern, wer die Dimension der Zeit verlassen hat. Während es bei Proust die kleine Pforte der unwillkürlichen Erinnerung ist, durch die Marcel aus der Zeit herauszutreten vermag, sind es bei Joyce die epiphanen Augenblicke, die das Zeitkontinuum sprengen und plötzlich und unvermittelt die Wirklichkeit zur Erscheinung bringen. Wie bei Proust sind diese Augenblicke bei Joyce sinnlich konkret und alltäglich trivial; auch seine Ästhetik beruht wie die von Proust auf einer mystischen „Andacht zum Unbedeutenden" (Aby Warburg), die den lieben Gott im Detail entdeckt und das Wesentliche im Beiläufigen entziffert.

Mit *Epiphanies* hat Joyce eine Sammlung von Notizen überschrieben, die zwischen 1900 und 1903 entstanden, aber erst zwischen 1956 und 1965 entdeckt und von den Herausgebern als Textbausteine zu seinem autobiographischen Roman *Stephen Hero* identifiziert wurden. Dabei handelt es sich um kleine Szenen, Erzählfragmente und Gesprächsprotokolle, die aus ihren Kontexten herausgelöst sind und den Charakter spontaner Transkriptionen von Realität haben. Wir können auch von einer Art ,photographischem Realismus' sprechen: So unvermittelt, wie sich die Wirklichkeit selbst einschreibt in die Silbersalze der photographischen Platte, so unvermittelt soll sie sich im epiphanen Augenblick manifestieren. In konzentrierter Gestalt hat Joyce die meisten dieser Skizzen in seine Prosa eingearbeitet. Um die Bedeutung dieser Aufzeichnungen für sein Schaffen zu erfassen, ist eine Passage aus dem frühen autobiographischen Roman *Stephen Hero* von Interesse, die vom verborgenen Charakter der Wirklichkeit handelt. Für Joyce sind es nicht nur Gewohnheit und Konvention, sondern vor allem kulturelle Deutungsmuster, die die Wirklichkeit verstellen:

> Die alte Methode untersuchte das Recht mit der Laterne der Gerechtigkeit, Moral mit der Laterne der Offenbarung und Kunst mit der Laterne der Tradition. Aber alle diese Laternen haben magische Eigenschaften: sie verformen und entstellen. Die moderne Methode dagegen führt ihre Untersuchungen bei Tageslicht aus.[18]

Die moderne Methode, von Joyce auch „Vivisektion" genannt, verbindet das Ethos der Kunst mit dem der Wissenschaft. Beiden ist das Projekt gemein, durch mitleid- und kategorienlose Verfahren eine unverstellte, reine, authentische und das heißt: unvermittelte Wirklichkeit bloßzulegen.

Im Rahmen dieses Projekts hat Joyce den religiösen Begriff der ,Epiphanie' säkularisiert und als Pendant zum naturwissenschaftlichen Experiment konzipiert. Entscheidend ist der diskontinuierliche und fragmentarische Charakter der Epiphanie; sie ent-

---

[18] James Joyce: *Stephen Hero*, London 1977, S. 167 (Übers. A. A.).

steht durch das Herausbrechen einer minimalistischen Szene aus einer Folge von Ereignissen und Wahrnehmungen, das heißt durch Herauslösen aus dem Strom der Zeit. In ihrer Isolation gewinnt die triviale oder vulgäre, aber immer alltägliche Szene eine neue Bedeutung, die von Joyce in religiöser Terminologie als „Offenbarung", „Illumination" und „spirituelle Manifestation" beschrieben worden ist. Das damit verbundene künstlerische Projekt wird von seinem Helden Stephen folgendermaßen entwickelt:

> Er dachte daran, viele solcher Augenblicke in einem Buch der Epiphanien zu sammeln. Unter einer Epiphanie verstand er eine plötzliche spirituelle Erscheinung, sei es in der Vulgarität der Sprache oder einer Geste oder einer erinnerungswürdigen Wendung des Geistes. Er war überzeugt, dass es die Aufgabe des Künstlers sei, mit größter Sorgfalt über diese Epiphanien Buch zu führen in dem Wissen, dass es sich dabei um die empfindlichsten und flüchtigsten Augenblicke handelte.[19]

Genau wie bei Proust werden von Joyce Flüchtigkeit und Ewigkeit in einer paradoxen Ästhetik zusammengebracht. Joyce spricht in diesem Zusammenhang nicht von Ewigkeit, sondern von „stasis". Dieser Begriff hat für ihn allerdings nicht die negativen Konnotationen, die er für uns gewonnen hat. Die negative Bedeutung von ‚Stillstand' ist für ihn in dem Wort „Paralyse" konzentriert. Stasis jedoch hat nichts mit Erstarrung zu tun; der Begriff meint vielmehr jenen produktiven Moment des Stillstands, der dem Fluss der Zeit abgetrotzt und in die Struktur des Kunstwerks überführt worden ist. In dieser ästhetischen Struktur ist die Gegen-Zeitlichkeit, die Heterochronie, die Eigenzeit des Kunstwerks begründet. Während Proust, um die Heterochronie des Kunstwerks zu begründen, eine Erinnerungstheorie entwirft, die verlorene Zeit restituiert, indem sie die Vergangenheit mit der Gegenwart zusammenzwingt, macht der irische Katholik Joyce für seine ästhetische Theorie Anleihen bei der scholastischen Tradition. Auch bei ihm steht der Zusammenhang von Zeitlosigkeit und ‚Essenz' im Zentrum seiner Reflexionen. In *Stephen Hero* hat er die drei Schritte ästhetischer Wahrnehmung systematisch zusammengefasst:

> Zunächst erkennen wir einen Gegenstand als *einen,* das heißt als ein ganzheitliches Ding, dann erkennen wir seine aus Teilen zusammengesetzte Struktur, das *Ding,* und schließlich, wenn das Verhältnis der Teile zueinander vollkommen ist, wenn sie auf einen bestimmten Punkt hin geordnet sind, erkennen wir, dass es *das* Ding und kein anderes ist. Seine Seele, seine Weisheit, springt uns durch die Hülle seiner Erscheinung an. Wir erfahren die Seele auch des gemeinsten Dings, dessen Struktur entsprechend geordnet ist, als ein Leuchten. Dann ist das Ding zu seiner Epiphanie gelangt.[20]

Der Dreischritt der ästhetischen Wahrnehmung gliedert sich in die Stufen *integritas, consonantia* und *claritas.* Auf der dritten und letzten Stufe, wo Ordnung und Leuchten zusammenkommen, tritt die verborgene Essenz der Dinge in Erscheinung; Joyce hat sie mit wechselnden Begriffen wie „claritas", „quidditas" und „epiphany" umschrieben.

---

[19] Joyce: *Stephen Hero* (Anm. 18), S. 188 (Übers. A. A.).
[20] Ebd., S. 190 (Übers. A. A.). Vgl. auch James Joyce: *A Portrait of the Artist as a Young Man,* New York 1962, S. 213.

Immer geht es dabei um ein aus dem Strom der Zeit gehobenes, in plötzlichen, unwill-kürlichen Augenblicken offenbartes Wesen, um eine tiefere Wahrnehmung und gültige-re ästhetische Gestaltung von Wirklichkeit.

Das Ordnen der Zeit

Der Schrecken der Geschichte

Im zweiten Kapitel von James Joyces *Ulysses* erleben wir den Helden Stephen Daedalus beim Unterrichten einer Geschichtsstunde. Er müht sich redlich, seinen Zöglingen eini-ge Namen und Zahlen einzutrichtern, doch die Anstrengungen sind vergeblich, einer-seits, weil die Schüler zu dem trockenen Schulbuchwissen keinerlei Beziehung haben, andererseits, und das wiegt noch schwerer, weil der Lehrer selbst nichts von einer Ge-schichte hält, die nur aus militärischen Siegen und Niederlagen besteht. Im zweiten Teil desselben Kapitels ändert sich die Konstellation der Akteure; der Lehrer steht jetzt nicht mehr den Schülern, sondern seinem Vorgesetzten gegenüber. Nachdem ihm sein Lohn ausbezahlt worden ist, kommt es zu einem Gespräch über Geschichte aus einer anderen Perspektive. Der Anglo-Ire Mr Deasy entwickelt im Verlauf dieses Gesprächs seine Verschwörungstheorie: Die Juden seien Schuld am Niedergang des britischen Empires. Joyce registriert hier, wie mit dem Niedergang des Empire der Antisemitismus sprung-haft ansteigt. Stephen, der sich in diesem Moment den Jahrtausende währenden Lei-densdruck der in der Geschichte unter immer neuen Vorwänden verfolgten Juden vor Augen hält, reagiert mit einer Abwehr. Und nun folgt ein Satz, der im Roman noch öfters wiederholt werden wird: „History, Stephen said, is a nightmare from which I am trying to awake."[21] Ganz im Gegensatz dazu der fanatische Mr Deasy, der sich am Pro-zess der Geschichte beteiligen möchte. „I am a struggler now at the end of my days. But I will fight for the right till the end."[22] Deasy formuliert hier eine ‚Armageddon‘-Mentalität‘, die ihn dazu zwingt, in die Geschichte einzutreten, das heißt zu kämpfen und sich dabei auf der richtigen Seite zu wissen. Dazu braucht man ein Narrativ, mit dem man seine Erzfeinde benennen und die Schuldigen bestimmen kann. Für Mr Deasy sind das die Juden und die Frauen. Geschichte ist für ihn eine religiöse Offenbarung mit einer eschatologischen Dynamik: „The ways of the Creator are not our ways, Mr Deasy said. All history moves towards one great goal, the manifestation of God." Stephen reagiert auf dieses Bekenntnis auf eine zunächst völlig unverständliche Art und Weise. Statt einer Antwort zeigt er mit dem Finger aufs Fenster; draußen sieht und hört man seine Schüler, die in ihrer Turnstunde gerade Hockey spielen.

> That is God.
> Hooray! Ay! Whrrwhee!
> – What? Mr Deasy asked.

---

[21]   James Joyce: *Ulysses* [1922], Harmondsworth 1969, S. 40.
[22]   Ebd., S. 40 f.

– A shout in the street, Stephen answered, shrugging his shoulders.[23]

Gegen die ‚Manifestation' Gottes in der Geschichte setzt Stephen seine ‚Epiphanie' Gottes in den unscheinbaren Dingen der Alltagswelt. Der eine beharrt auf einer theologischen Sinngebung von Geschichte, die die eigene Macht sakralisiert, der andere ist ein Agnostiker solcher Sinnkonstruktionen und erkennt die Zeichen Gottes unabhängig von eigenen Bedürfnissen und Zielsetzungen.

Joyce veröffentlichte seinen Roman im Jahre 1922; sein Geschichtspessimismus steht in unverkennbarem Zusammenhang mit der Erfahrung des Ersten Weltkriegs. Die Aufrüstung nationaler Ideologien war, was er hellsichtig diagnostizierte, von einer neuen Welle von Antisemitismus getragen. Nach dem Zweiten Weltkrieg hat sich diese Erfahrung aufs Ungeheuerlichste verschärft. Speziell die deutsche Form des Nationalismus, die sich mit einer rassistischen Ideologie verband, brachte die historisch neue Form des eliminatorischen Antisemitismus hervor. Nach dem Zweiten Weltkrieg gab es viele, die wie Stephen fühlten und die Geschichte als einen Alptraum erlebten, aus dem sie zu erwachen suchten. Nachdem in der Geschichte Schuld und Leiden unermesslich gesteigert worden waren, gab es nach dem Zweiten Weltkrieg nicht wenige, die aus ihr aussteigen wollten. *Abschied von der bisherigen Geschichte* heißt der Titel eines Buches von Alfred Weber aus dem Jahre 1947, 1948 erschien von Karl Jaspers *Vom Ursprung und Ziel der Geschichte,* kurz darauf folgten Karl Löwiths *Meaning and History* und Mircea Eliades *Kosmos und Geschichte.* Die wichtigste Strategie für einen Ausstieg aus der Geschichte wurde für diese Generation des Nachkriegs-‚Posthistoire' eine Neuordnung der Zeit. Weber und Jaspers stellten die abendländische Geschichte in einen großen weltgeschichtlichen Horizont; Weber sprach vom „synchronistischen Weltzeitalter", Jaspers von der „Achsenzeit". Beide entwickelten einen Kultur vergleichenden Blick, in dem die Besonderheiten abendländischer Traditionen eingebettet wurden in ein welthistorisch-universalistisches Panorama. Löwith und Eliade konfrontierten die lineare Form jüdisch-christlicher Geschichte mit Formen kultureller Zeitordnung, die ihre Rhythmen der zyklischen Natur entliehen. Allenthalben wurden neue Ordnungen von Zeit entworfen, wobei es vor allem darum ging, die Spirale chaotischer Zeitbeschleunigung und destruktiver Gewalt mit Hilfe von Ordnungsmustern zurückzudrehen und dem Menschen ein Zeitgefühl der Erwartbarkeit, Beständigkeit und Sicherheit zurückzugeben.

Besonders explizit wird dieses Projekt einer Neuordnung von Zeit nach dem Zweiten Weltkrieg im 4. Kapitel von Eliades Buch, das den vielsagenden Titel „Der Schrecken der Geschichte" trägt. In diesem Kapitel stellt er zwei Formen von Zeiterleben gegenüber, eine archaische, die sich an die Zyklen der Natur anschließt und auf rituelle Wiederholung und rhythmische Erneuerung eingestellt ist, und eine moderne, in der sich der Mensch zum Schöpfer der Geschichte macht. Während der archaische Modus darauf ausgerichtet ist, Geschichte periodisch zu vernichten und ihren Schrecken in exemplarischen oder mythischen Wiederholungsmustern zu bannen, besteht der moderne Modus im Entfesseln von Geschichte in ihrer irreversiblen Einmaligkeit und Neuig-

---

[23] Joyce: *Ulysses*, S. 40.

keit. Den Höhepunkt des Kapitels bildet die Stelle, an der Eliade den archaischen mit dem modernen Menschen in einen imaginären Dialog treten lässt. Das gibt dem Autor die Gelegenheit, beide Modi von Zeit mit den Augen des jeweils anderen zu betrachten. Der moderne Mensch erkennt in der Anhänglichkeit an Archetypen und der Neigung zur Wiederholung eine frühzeitige Müdigkeit, Furcht vor der Bewegung und Spontaneität, Schuldgefühl, schöpferische Ohnmacht und die Unfähigkeit, die Risiken anzunehmen, die jede schöpferische Handlung einschließt. Der archaische Mensch weiß sich gegen solche Urteile jedoch glänzend zu verteidigen und entzieht seinerseits der Geschichtsverfallenheit ihre Rechtfertigung. Bemerkenswert ist bereits seine Definition von Moderne: Je moderner der Mensch wird, desto „weniger Verteidigungsmöglichkeit" besitzt er „gegenüber dem Schrecken der Geschichte".[24] Die Fähigkeit zur freien Gestaltung von Geschichte - so die Gegenthese von Eliades archaischem Menschen – reduziere sich am Ende der modernen Epoche auf wenige Einzelne und kulminiere im Typus des Führers, während alle anderen „zum Ertragen der Konsequenzen dieser Geschichte" gezwungen seien und „also unmittelbar und ohne Pause im Schrecken der Geschichte" leben müssen.[25] Von einer Freiheit der geschichtlichen Existenz könne keine Rede mehr sein, wo die Möglichkeiten, sich der Geschichte entgegenzustellen, auf die Wahl zwischen Selbstmord und Deportation, beziehungsweise „eine untermenschliche Existenz oder die Emigration" beschränkt seien. Dieses Argument gegen die geschichtliche Lebensform wird noch durch ein weiteres überboten, welches darin besteht, dass über die *Freiheit zur Geschichte* die *Freiheit von der Geschichte* gestellt wird. Der Mensch, der sich von der Geschichte ab- und der archaischen Existenzform zuwendet,

> ist frei, nicht mehr zu sein, was er gewesen ist, und frei auch, seine eigene ‚Geschichte' durch die periodische Vernichtung der Zeit und die kollektive Regeneration zu vernichten. Diese Freiheit gegenüber seiner eigenen ‚Geschichte' ist dem modernen Menschen, der geschichtlicher Mensch sein will, völlig unzugänglich - für ihn ist die Geschichte ja nicht nur unumstößlich, sondern konstituiert erst eigentlich die menschliche Existenz. Wir wissen, dass die archaischen und überlieferungsgebundenen Gesellschaften die Freiheit zugestanden, jedes Jahr eine neue, ‚reine' Existenz mit jungfräulichen Eigenschaften zu beginnen.[26]

Der archaische, oder besser gesagt: der im strengen Sinne ‚post-moderne' Mensch vermag „die profane Zeit endgültig zu vernichten" und in der Ewigkeit zu leben. Seine Freiheit besteht schließlich darin, „die Erinnerung an seinen ‚Fall in die Geschichte' auszulöschen".[27]

Hier liegt die Schnittstelle, an der Biographie und Theorie aneinander stoßen, entblößt an der Oberfläche: Eliade, der als junger Mann Mitglied der ‚Eisernen Garde',

---

[24] Mircea Eliade: *Kosmos und Geschichte. Der Mythos der ewigen Wiederkehr*, Frankfurt a.M. 1984, S. 169.

[25] Ebd.

[26] Ebd., S. 170.

[27] Ebd., S. 171.

einer Gruppierung des rumänischen Faschismus, war, hat später eine Theorie entwickelt, in der er die Therapie zu seinem Problem gefunden und mittels derer er sich selbst die Absolution erteilt hat. In direktem Widerspruch zur Geschichtsphilosophie Hegels hat Eliade bei seiner Neuordnung der Zeit ein Drei-Stufen-Modell entworfen, das von der 1. Stufe, der Archaik der Archetypen über die 2. Stufe, die Moderne der entfesselten Geschichte, wieder zurückführt zur 3. Stufe jenes zweiten Paradieses, in dem Geschichte nicht mehr gemacht, sondern nur noch nachgemacht wird im wiederholenden Vollzug ewiger Urmuster. Es ist eine Dialektik nicht des Fortschritts, sondern des programmatischen Rückschritts, im Exodus aus der Geschichte nach ihrem vollständigen Kreditverlust und eine Abwehr ihres Schreckens, der in Eliades Fall nicht zuletzt der Schrecken der eigenen Verstrickung war.

Das Bannen des Schreckens in der Kunst: T. S. Eliots Four Quartets

Im Zusammenhang seiner These von der Diskreditierung der Geschichte und der Rückkehr in eine kosmische Zeitordnung findet Eliade bemerkenswert, „dass sich durch das ganze Werk von zwei der bedeutendsten Schriftsteller unserer Zeit – T. S. Eliot und James Joyce – in seiner Tiefe das Verlangen nach dem Mythos von der ewigen Wiederholung und, letztlich, der *Vernichtung der Zeit* hindurchzieht".[28] Auf T. S. Eliot, einen weiteren Heros der englischen klassischen Moderne wollen wir im letzten Abschnitt unserer Untersuchung noch eingehen, der ebenfalls im Jahr 1922, gleichzeitig mit Joyces *Ulysses,* sein epochengeprägtes und epochemachendes Gedicht *The Waste Land* publizierte. In diesem Gedicht ist sowohl die Fragmentierung als auch die Neuordnung der Zeit das beherrschende Thema.[29] Doch nicht von diesem Text soll hier die Rede sein, sondern von den *Four Quartets,* einer Gruppe von vier langen Gedichten, die zwischen 1935 und 1943 entstanden sind. Der volle Schrecken der Geschichte war zu diesem Zeitpunkt für den Dichter noch nicht absehbar. Eliots Freund Ezra Pound, der während des Krieges pro-faschistische Rundfunkansprachen für das Regime Mussolinis gehalten hatte, wurde von den Amerikanern nach dem Krieg als Kollaborateur eingestuft und in Pisa einige Monate lang in einen kleinen Drahtkäfig eingesperrt, in dem er Kommunikationsverbot hatte und der Sonne und Witterung ausgesetzt war. Hier entstanden seine Pisaner Gesänge, die die Situation der äußersten Demütigung in das Thema einer selbstauferlegten Demut verwandeln: „Pull down thy vanity, I say, pull down."[30] Ganz anders erging es Eliot, der 1948 den Nobelpreis für Literatur erhielt.

---

[28] Eliade: *Kosmos und Geschichte* (Anm. 24), S. 166.

[29] Conrad Aiken hat folgende treffende Kurzbeschreibung des langen Gedichts, auf das wir hier nicht näher eingehen können, geliefert: „The poem must be taken as a brilliant and kaleidoscopic confusion; a series of sharp, discrete, slightly related perceptions and feelings, dramatically and lyrically presented, and violently juxtaposed (for effect of dissonance), so as to give us an impression of an intensely modern, intensely literary consciousness which perceives itself to be not a unit but a chance correlation or conglomerate of mutually discolorative fragments." (Alan Tate: *T. S. Eliot. The Man and the Work*, Harmondsworth 1971, S. 203.)

[30] Ezra Pound: *LXXXI*, in: ders.: *The Cantos of Ezra Pound*, London 1968, S. 552-557, hier:

Aber auch für ihn, der beständig von Schuldbewusstsein und inneren Anfechtungen heimgesucht war, blieben Demut, Desillusionierung und Askese die bestimmenden Themen seiner Dichtung: „The only wisdom we can hope to acquire | is the wisdom of humility: humility is endless."[31]

Es ist wohl keine Übertreibung zu sagen, dass die Vier Quartette, die heute kaum noch jemand liest, zur bedeutendsten Dichtung der 50er Jahre wurden. Die vier Gedichte sind mit den Namen von Orten überschrieben, die – worauf hier nicht näher eingegangen werden kann – einen besonderen biographischen oder historischen Bezug haben. Aus unbekannten und unscheinbaren Orten macht Eliot mit seinem Gedicht prägnante ‚lieux de mémoire' der eigenen und der anglo-amerikanischen Geschichte. In jedem dieser Quartette wird aber nicht nur über einen bestimmten Ort, sondern auch über Zeit in einer je anderen Tonart reflektiert. Das durchgängige Thema ist die Suche nicht nach der verlorenen Zeit, sondern die Suche nach der Überwindung von Zeit. Diese Überwindung kann für Eliot nicht über Fluchtwege aus der Gegenwart, sondern allein in einer neuen Konfiguration von Gegenwart erreicht werden. Erinnerung ist dafür kein passabler Weg, ebenso wenig das Begehren; *memory* und *desire* sind im Gegenteil die Formen, die uns in Vergangenheit und Zukunft verstricken und damit immer fester im Netz der Zeit gefangen halten. Eingekeilt zwischen Vergangenheit und Zukunft schrumpft die Gegenwart und mit ihr das Bewusstsein: „Time past and time future | Allow but a little consciousness" (S. 10), heißt es im ersten Quartett und: „the world moves | In appetency, on its metalled ways | Of time past and time future." (S. 11) Es liegt nahe, hier wieder an die Schienenstränge des Eisenbahnzeitalters zu denken, die zum Rückgrat moderner Zeitrechnung geworden sind. Zeit-Verfallenheit ist aber nicht nur eine Folge der Technik, sondern auch des Körpers, denn es ist unser sinnlicher und vergänglicher Körper, der uns im Netz der Zeit gefangen hält: „the enchainment of past and future | Woven in the weakness of the changing body." (S. 10) In seinem Gedicht sondiert Eliot verschiedene Wege zu einer Überwindung der Zeit: den Weg der Mystik, den des Rituals und den der Kunst.

Auf dem Weg der Mystik verbindet Eliot christliche und östliche Traditionen in der Überwindung von Illusionen und der Entleerung des Bewusstseins. Beiden geht es um eine Überwindung der Zeit durch Überwindung des Körpers in einem Zustand spiritueller Schwebe:

> The inner freedom from the practical desire,
> The release from action and suffering, release from the inner
> And outer compulsion, yet surrounded
> By a grace of sense, a white light still and moving,
> Erhebung without motion, concentration
> Without elimination (S. 9)

S. 557.

[31] T. S. Eliot: *East Coker*, in: ders.: *Four Quartets*, London 1963, S. 15–23, hier: S. 18. Alle folgenden Zitate aus *Four Quartets* beziehen sich auf diese Ausgabe. Seitenangaben erfolgen im Fließtext.

Der dritte Satz des ersten Quartetts liest sich wie die konkrete Anweisung zu einer Yoga-Übung: „Emptying the sensual with deprivation | Cleansing affection from the temporal." (S. 10) Der hohe Anteil an Fremdworten und technischen Ausdrücken trägt mit zur Entsinnlichung der Sprache bei:

> Descend lower, descend only
> Into the world of perpetual solitude,
> World not world, but that which is not world,
> Internal darkness, deprivation
> And destitution of all property,
> Desiccation of the world of sense,
> Evacuation of the world of fancy.
> Inoperancy of the world of spirit (S. 11)

Das, wovon das Bewusstsein geleert werden soll, sind die chaotischen Sinneseindrücke, Bilderfetzen und Erinnerungssplitter, die das Material der imagistischen Lyrik und des literarischen Bewusstseinsstromes waren. Die ephemeren Wahrnehmungsbilder und das „Gezwitscher" der Großstadt, die Virginia Woolf in ihrem Roman registrierte und Pound in sein Gedicht übersetzte, sind für den Weltflüchtigen nur noch Abfall und Symptome einer kranken, kalten, bedeutungslosen und im Doppelsinn ‚zerstreuten' Welt:

> Only a flicker
> Over the strained time-ridden faces
> Distracted from distraction by distraction
> Filled with fancies and empty of meaning
> Tumid apathy with no concentration
> Men and bits of paper, whirled by the cold wind
> That blows before and after time,
> Wind in and out of unwholesome lungs
> Time before and time after. (S. 10-11)

Eliots Therapie dieser Zeit-Krankheit der Zerstreuung und Fragmentierung heißt Konzentration und Sammlung. Sammlung wird möglich im Ritual des christlichen Sakraments und im Gebet, „and prayer is more | Than an order of words, the conscious occupation | Of the praying mind, or the sound of the voice praying." (S. 36) Konzentration und Sammlung sind aber auch Gaben der Kunst und ein Effekt der Ordnung von Worten. Die verbale Ordnung und Neuordnung der Zeitbegriffe durchzieht alle Quartette:

> Time present and time past
> Are both perhaps present in time future,
> And time future contained in time past. (S. 7)
> Or say that the end precedes the beginning,
> And the end and the beginning were always there
> Before the beginning and after the end.
> And all is always now. (S. 12)
> In my beginning is my end. (S. 15)

In my end is my beginning. (S. 23)
What we call the beginning is often the end
And to make an end is to make a beginning. (S. 42)

Man kann sich vorstellen, dass nach dem Schrecken der Geschichte des Zweiten Weltkrieges solche Verse auf die benommenen Leser wie eine Droge gewirkt haben. In ihrer syntaktischen Schlichtheit und litaneiartigen Redundanz elementarer Grundworte entwickeln sie eine schon fast hypnotische Sprachmagie und wiegen die erschütterte Seele zur Ruhe. Eliades Botschaft von der Umkehrbarkeit der Zeit und der Chance eines neuen Anfangs ist in Eliots Versen vorweggenommen, die das Überzeitliche anzielen und einen Ausstieg aus der linearen Geschichte zelebrieren. Die wichtigste künstlerische Strategie gegen die lineare Zeit ist die Ordnung, um nicht zu sagen: das Ornament. Dichtung ist ebenso wie Musik eine Zeitkunst, und beide verfolgen dasselbe Ziel der Aufhebung von Zeit durch die künstlerische Gestalt.

Words move, music moves
Only in time; but that which is only living
Can only die. Words, after speech, reach
Into the silence. Only by the form, the pattern,
Can words or music reach
The stillness, as a Chinese jar still
Moves perpetually in its stillness. (S. 12)

Eliots Begriff der „stillness" erinnert an Joyces Begriff der „stasis", von der wir festgestellt haben, dass sie nichts mit Statik zu tun hat. In der Tat reicht der gedankliche Gehalt dieser Verse weit zurück in die Phase von Eliots poetischen Lehrjahren um 1913, als sich die Imagisten als eine Gruppe definierten und der autodidaktische Philosoph T. E. Hulme am theoretischen und ideologischen Konzept dieser Richtung bastelte. Dieser hatte 1910 auf dem Kunsthistorikertag in Hamburg einen Vortrag von Wilhelm Worringer über „Abstraktion und Einfühlung" gehört, der ihn stark beeindruckte. Aus diesen kunsttheoretischen Anregungen entstand Hulmes polemische Gegensatzkonstruktion von vitalistisch-romantischer und transzendent-klassischer Kunst, die wiederum Eliot stark beeindruckt hat. Die Verse „But that which is only living | Can only die" (S. 12) bewahren noch den frühen anti-vitalistischen Affekt. Worte wie „form", „pattern" und „stillness" gehören auf die andere Seite der Abstraktion und damit der zeittranszendenten klassischen Kunst. Doch anders als Worringer und Hulme ist Eliot nicht von Gegensatzkonstruktionen fasziniert, sondern von Paradoxien. Für ihn ist „movement" nicht das Gegenteil von „arrest", sondern ein integraler Teil davon: „at the still point, there the dance is, | But neither arrest nor movement" (S. 9); „The detail of the pattern is movement" (S. 12).

An zwei Stellen im Gedicht wirft der inzwischen über 50jährige Dichter einen ironischen Blick zurück auf seine literarischen Anfänge: „These things have served their purpose: let them be" (S. 39); und wenige Zeilen später heißt es: „Since our concern was speech, and speech impelled us | To purify the dialect of the tribe."[32] (S. 39) Ironisch ist der Blick aber auch, weil er sich zugleich mit der Linearität der Geschichte auch von jeglichem Entwicklungsdenken in seiner eigenen Künstler-Biographie distanziert. In der Mitte seiner Jahre muss er nicht nur feststellen, dass er die 20 Jahre zwischen den Kriegen weitgehend verschwendet hat, er erkennt auch, dass er immer wieder von vorne anfangen muss: „And so each venture | Is a new beginning, a raid on the inarticulate" (S. 22). Nicht um Neuheit und Kreativität, Eliades beiden Merkmale der geschichtlichen Zeit, geht es ihm, sondern um ein Wiederholen im Wortsinne: „There is only the fight to recover what has been lost | And found and lost again and again" (S. 22). In diesem entlinearisierten Zeithorizont gibt es keinen Fortschritt und noch nicht einmal stabile Leistungen und Errungenschaften, sondern nur den wiederholten Versuch. Dieser Versuch hat wenig mit spielerischem Experiment zu tun; er ist von Bitterkeit, Disziplin und vor allem von Anstrengung gekennzeichnet, worauf nicht zuletzt die militaristische Metaphorik hindeutet, in der diese Kunsttheorie artikuliert ist.

Nach dem Schrecken der Geschichte, nach dem nationalistischen Fanatismus der Kriegsjahre kam in den 1950er Jahren die Abkühlung aller zum unbedingten Einsatz mobilisierenden Leidenschaften. Gelassenheit wurde damals auch von dem deutschen Philosophen Heidegger zu einer neuen, zur letzten großen Tugend stilisiert. Entscheidend ist aber, dass Eliot Techniken der Abkühlung nicht wie Heidegger erst nach dem Krieg, sondern bereits im Krieg entwickelt hat. Er nennt diese Haltung „death in Love, | Ardour and selflessness and self-surrender" (S. 32). Das ist die Haltung, die einem Heiligen zukommt. Eliots Wort für Gelassenheit ist ‚Indifferenz'; seine Vorbilder hierfür sind nicht nur christliche Mystiker und östliche Zen-Meister, sondern auch Heraklit, dessen vom inneren Widerspruch durchkreuzte Sentenzen er als ein Antidot gegen inflammatorische Rhetorik wie die von Joyces Mr Deasy und alle fanatisch einseitigen Impulse einsetzt. Indifferenz ist für Eliot ein Zustand zwischen Bindung und Lösung, der in die Freiheit weist. Er kultiviert systematisch die Kälte und Distanz eines abgeklärten Blicks, der erkennt, dass man nichts festhalten kann und dass alles, man selbst eingeschlossen, in permanenter Bewegung ist. Mit diesem distanzierten Blick, der wie bei Eliade eine Lizenz zum Vergessen einschließt, hat sich Eliot gegen den Schrecken der Geschichte gewappnet:

History may be servitude,
History may be freedom. See, now they vanish,
The faces and places, with the self which, as it could, loved them,
To become renewed, transfigured, into another pattern. (S. 40 f.)

---

[32] Verglichen mit dem *Waste Land*, einem Gedicht der vielfältigen Stimmen, haben *The Four Quartets* einen eher monologischen Duktus. Diese Zeile jedoch bringt ausnahmsweise eine andere Stimme zu Wort; sie ist einem früheren Mitstreiter (Ezra Pound?) in den Mund gelegt, mit dem der Sprecher des Gedichts wie in den Danteschen Hölle eine geisterhafte Begegnung hat.

Nachspiel: im Zug der Zeit

Ich habe meine Überlegungen zur Bedeutung der Zeit in der Literatur der englischen Moderne mit einer kleinen Szene eröffnet, die in einem Eisenbahnabteil spielt. Ich beende sie mit einer weiteren Eisenbahnszene, die Eliot in die Mitte seines dritten Quartetts eingefügt hat. In diesem Textausschnitt wird die Zugreise zu einem Emblem der Zeitreise des menschlichen Lebens aus der Vergangenheit in die Zukunft. Es geht bei diesem Bild darum, dass die, die abgefahren sind, nicht mehr dieselben sind, wie die, die ankommen werden, dass die Vergangenheit nicht hinter und Zukunft nicht vor den Reisenden liegt, wie die Station der Abfahrt und der Zielbahnhof. Liest man die folgende Passage mit größerer Sorgfalt, so fällt zunächst auf, dass die Eisenbahnfahrt bei Eliot im Gegensatz zu Eichendorff jeglichen traumatischen Charakter verloren hat. Aus der ehemals tief beunruhigenden technischen Neuerung ist eine routinemäßige, ja geradezu beschauliche Einrichtung geworden. Der ‚fliegende Salon‘, das Eisenbahnabteil, ist hundert Jahre nach seiner Erfindung zum Teil der Normalität des Alltags geworden. In diesem herrscht nicht mehr die Übererregung durch eine nicht mehr vom Bewusstsein zu verarbeitende Reizüberflutung vor, sondern breitet sich umgekehrt eine durch den einlullenden Rhythmus der Fahrgeräusche bewirkte Ruhe aus. Das Paradoxe an Eliots Bild ist, dass er das in rasender Geschwindigkeit bewegte Eisenbahnabteil als einen Ort der Ruhe, der Besinnung und des Innehaltens imaginiert. Das Abteil ist ein Nicht-Ort, ein Zwischenraum in der Zeit, der die räumlichen und zeitlichen Fixierungen und Bindungen lockert, die an den Abfahrts- und Ankunftsort, aber auch an die Vergangenheit und Zukunft geknüpft sind. An diesem Nicht-Ort und in dieser Nicht-Zeit wird das Netz solcher Bezüge, in die das individuelle Leben eingespannt ist, für eine begrenzte Zeitspanne entkoppelt. Damit bietet sich die Chance einer neuen Konfiguration von Vergangenheit und Zukunft. Das Eisenbahnabteil steht bei Eliot für einen Ort außerhalb von Zeit und Raum, an dem sich fixierte Identitäten auflösen und der Blick frei werden kann für eine Überkreuzung, eine neue Balance zwischen Vergangenheit und Zukunft. Es geht um den Moment des Innehaltens, der dem Fluxus und der einsinnigen Pfeilrichtung des Zeitstroms abzutrotzen ist, um den Moment, in dem sich Vergangenheit und Zukunft auf eine neue und überraschende Weise kreuzen. Joyce hatte diesen Moment der Erleuchtung „stasis“ genannt. Und es entbehrt nicht der Ironie, dass Eliot die Chance für einen solchen Moment der Stasis in den fliegenden Salon des Eisenbahnabteils verlegt hat.

> When the train starts, and the passengers are settled
> To fruit, periodicals and business letters
> (And those who saw them off have left the platform)
> Their faces relax from grief into relief,
> To the sleepy rhythm of a hundred hours.
> Fare forward, travellers! not escaping from the past
> Into different lives, or into any future;
> You are not the same people who left that station
> Or who will arrive at any terminus
> [...]
> You shall not think "the past is finished"
> Or, "the future is before us".

[...]
Fare forward you who think that you are voyaging;
You are not those who saw the harbour
Receding, or those who will disembark.
Here between the hither and the farther shore
While time is withdrawn, consider the future
And the past with an equal mind. (S. 30 f.)

KAPITEL 3

Das Gedächtnis der Moderne am Beispiel von T. S. Eliots *The Waste Land*

Die Fragen, mit denen es dieses Kapitel zu tun hat, finden sich gebündelt in einem Satz von T. S. Eliot im Vorwort zur Neuauflage seiner ersten Sammlung kritischer Essays (*The Sacred Wood*, 1928). Er lautet: „[P]oetry [...] certainly has something to do with morals, and with religion, and even with politics perhaps, though we cannot say what."[1] Dieser Satz steht überdies am Wendepunkt von Eliots Biographie. Er schlägt einen Ton an, der mit dem Jahre 1927 dominant wurde, als Eliot die britische Staatsbürgerschaft übernahm und gemäß seinem berühmten Bekenntnis zu einem Klassizisten in der Literatur, Anglikaner in der Religion und Royalisten in der Politik ‚konvertierte‘. Mit knapp 40 Jahren überwand er auf diese Weise seine auszehrenden *early*- und *midlife*-Krisen dezisionistisch durch eine selbstbindende Grundsatz-Entscheidung. Er überschritt damit als Künstler die Schattenlinie vom pulsierenden Ton des spielerisch gewitzten Experiments zum hohen Ton des Bestimmens und Bewahrens. Die – man möchte sagen – methodische Vagheit der eingangs zitierten Formulierung („certainly has", aber „we cannot say what") öffnet dagegen ein Terrain, das wir im Folgenden etwas näher explorieren wollen. Der Text, auf den wir uns dabei insbesondere beziehen, Eliots *The Waste Land*, erschien im Jahre 1922 und wurde von seinen Zeitgenossen als Monument der literarischen Moderne gefeiert. Damals waren Eliots Loyalitäten noch nicht explizit gehärtet und die Fragen wogen noch schwerer als die Antworten. Aber die zentrale Ausgangsfrage nach dem Verhältnis der Kunst zu Moral, Religion und vielleicht sogar Politik kann bereits an das frühe Werk gestellt werden.

Nachzeitigkeit und Antiliberalismus

Die psychohistorische Gestimmtheit des jungen Eliot, mit der er die literarische Bühne betrat, war die des Spätlings. Die Geschichte schien an ihr Ende gekommen, die Zukunft ließ nicht mehr viel zu erwarten übrig. Eine in seinem Frühwerk obsessiv wiederkehrende Figur ist die Litanei von Adverbialphrasen, die Vers für Vers mit „after" eingeleitet werden, zum Beispiel:

---

[1] T. S. Eliot: *Preface to the 1928 Edition*, in: ders.: *The Sacred Wood. Essays on Poetry and Criticism*, London 1950, S. vii-x, hier: S. x. Die Erstausgabe von *The Sacred Wood* erschien 1920.

After the sunsets and the dooryards and the sprinkled streets,
After the novels, after the teacups, after the skirts that trail along the floor – [2]

Nach diesem, jenem und alledem – was gab es da noch zu tun und zu sagen? Die stilisierte Melancholie schillerte um die Jahrhundertwende in verschiedenen Farben. Baudelaires *ennui* und Nietzsches Credo von der Ewigen Wiederkehr des Gleichen sind ebenso Manifestationen dieses Syndroms wie die morbide Müdigkeit des Fin de Siècle. In diesen Dunstkreis traten auch jene jungen Literaten und Künstler, die sich im zweiten Jahrzehnt dieses Jahrhunderts um Eliot und Pound scharten.[3] Diese junge Generation, die nach dem Großen Krieg bereits alles Wesentliche hinter sich hatte, schmachtete aber keineswegs in spätzeitlicher Apathie. Ambitiös gelehrt war man und las schwierige Texte, lernte alte Sprachen, studierte eigene und fremde Traditionen, und das alles mit wahrhaft heiligem Ernst. Je weniger man von der Zukunft zu erwarten hatte, desto bedeutungsvoller wurden Texte der Vergangenheit, die sich als ein unerschöpfliches Ausgrabungsgelände darstellte. Es war gewiss nicht bloße historische Neugier, die solche Erkundungszüge beflügelte. Es war die Suche nach frischen Quellen, zu denen man sich aus dem *wasteland* der Gegenwarts-Kultur aufmachte.

Die Gegenwart als kulturelles Ödland zu sehen lag in den Jahren um den ersten Weltkrieg nicht eben fern. Das Krisen-Denken im antiliberalen Stil erhielt reichlich Auftrieb. Eliot kam in diesen Krisenjahren Europas, wo die liberalen Werte rapide verfielen, zu seiner poetischen Sendung. Er, der früh seiner Heimat Amerika den Rücken gekehrt hatte, hat sich damit nicht zuletzt vom amerikanischen Liberalismus losgesagt. So verschieden die antiliberalen Orientierungen im Einzelnen auch sein mochten, man schwamm gemeinsam gegen den Strom des Liberalismus, der im 19. Jahrhundert sein Flussbett beständig erweitert und verfestigt hatte. Mit Liberalismus sind hier jene treibenden Kräfte der neueren Geschichte gemeint, die vor allem aus der Aufklärung stammen und die Werte des Humanismus, des Fortschritts und der Säkularisierung befördert haben. Antiliberalismus bezeichnet demgegenüber eine pessimistische Haltung, die ein tiefes Misstrauen in die menschliche Natur hegt und wenig Sympathien für ein universales Beglückungsprogramm übrig hat.

Die These dieses Kapitels ist, dass nicht erst der konvertierte, sondern bereits der frühe Eliot sowie die spezifische Form der Moderne,[4] die er vertritt, im Horizont dieser

---

[2] T. S. Eliot: *The Love Song of J. Alfred Prufrock*, in: ders.: *Selected Poems*, London 1963, S. 11-16, hier: S. 15. Weitere Belege: T. S. Eliot: *The Waste Land*, in: ebd., S. 51-74, hier: S. 64, und besonders penetrant unter den unveröffentlichten Fragmenten, abgedruckt im Anhang zu: T. S. Eliot: *The Waste Land. A Facsimile and Transcript of the Original Drafts*, hg. von Valerie Eliot, London 1971, S. 109.

[3] Es ist auffällig, dass gerade deren Frühwerke den Stempel der Erschöpfung und Verausgabung tragen. *A Lume Spento* nannte Ezra Pound seinen ersten Gedichtband (1909), und Eliots erster literarischer Erfolg, *The Love Song of J. Alfred Prufrock* (geschrieben mit 23 Jahren), zeichnet das Psychogramm einer *midlife crisis* mit übergewichtig werdender Resignation.

[4] Einen wichtigen Beitrag zur Binnen-Differenzierung des Begriffs der Moderne leistet Nike Wagner: *Zur Ästhetik der Moderne. Karl Kraus mit Leo Popper gegen Georg Simmel*, in: *Lettre International* 2 (1988), S. 61-63. Sie macht das „geistige Schisma des ‚großen Projekts'" sichtbar und weist auf zwei rivalisierende Lager, das der positiv säkularisierten ‚impressionis-

antiliberalen Wende gesehen werden müssen. Mit der antiliberalen Wende hängt das moderne Projekt einer Reorganisation des kulturellen Gedächtnisses eng zusammen. Eliots Werk ist emphatisch modern in der Abkehr von den bürgerlich-liberalen Werten und Traditionen des 19. Jahrhunderts. Die wichtigsten Pfeiler dieser Tradition hießen: Affirmation des Subjekts, Affirmation des Fortschritts in der Geschichte und Affirmation der Säkularisierung. Sie waren erschüttert, und Eliots Veto richtete sich gegen die optimistische Zuversicht des Menschen angesichts der Geschichte. Damit wurden schlagartig all die Risse und Brüche im Welt- und Menschenbild wieder bloßgelegt, die von der Aufklärung vorübergehend geglättet worden waren.

Eliots Post-Individualismus und sein Begriff des Mediums

Das liberale Menschenbild beruht auf einer positiven Anthropologie. Der Mensch ist von Grund auf wenn nicht vernünftig, so doch vernunftbegabt und kann sein eigenes Schicksal formen. Rousseaus einflussreiche Idee der Selbstvervollkommnung impliziert Autonomie und Individualität. Jede Person ist besonders, jedes Leben unvergleichlich. Mit der Neuzeit wurde die Kunst zur entscheidenden Trägerin der Subjektivierung und Individualisierung des Menschen. Während der Mensch als Individuum in der Massengesellschaft faktisch immer unscheinbarer und bedeutungsloser wurde, wurde er in der Kunst umso entschiedener aufgebaut. Die Moderne der zwanziger Jahre brach mit dieser Entwicklung. Sie löste die festen Konturen eines einheitlichen Menschenbildes auf. Eliot hat seinen Anteil daran mit folgenden, wiederum tentativen Worten formuliert: „The point of view which I am struggling to attack is perhaps related to the metaphysical theory of the substantial unity of the soul."[5] In Frage gestellt wurde von ihm das Individuum, das in einem Prozess der freien Selbstbildung zu seiner Identität gelangt. Sein pessimistischer Blick penetriert die Fassade der Identität oder Persönlichkeit, um dahinter die ewiggleichen Kräfte bloßzulegen, die die Menschen in Gang halten: Triebe und Ängste, Gewohnheiten und Laster, Sehnsüchte und Hoffnungen. Dieser entzaubernde Blick regiert Eliots Gedichte. Im *Waste Land* ist er assoziiert mit der transzendierenden Perspektive des Tiresias, des Sehers, der in diesem Gedicht gerade keine bedeutungsvollen individuellen Schicksale voraussieht, sondern zum überdrüssigen Propheten der ewigen Wiederkehr des Gleichen geworden ist:

> I Tiresias, old man with wrinkled dugs
> Perceived the scene, and foretold the rest[6]

---

tischen Moderne' einerseits und das der ‚fundamentalistischen Moderne' andererseits, das der Säkularisierung widersteht und u.a. eine neue Metaphysik der Materie entwickelt" (ebd.).

[5] T. S. Eliot: *Tradition and the Individual Talent*, in: ders.: *Selected Prose*, hg. von John Hayward, Harmondsworth 1953, S. 21-30, hier: S. 28.

[6] Eliot: *The Waste Land* (Anm. 2), S. 60.

Was am Beispiel sexueller Begegnungen zum Vorschein kommt, ist ihre ermüdende Routine, ihre perfunktorische Mechanik. Tiresias als transsexuelle(r) Zeuge/Zeugin dieses Geschehens verkörpert diese transindividuelle Perspektive.

Die Auflösung der Konturen eines substantiellen Menschenbildes hat wichtige künstlerische Konsequenzen. Sie kulminieren im Dogma von der Trennung von Kunst und Leben, mit dem sich die emphatische Moderne von den Strömungen des 19. Jahrhunderts absetzte. Die neuzeitliche Integrationsfigur des Subjekts, die ‚Persönlichkeit‘, wird von Eliot ersetzt durch die des ‚Mediums‘. Der Dichter, so heißt es in *Tradition and the Individual Talent* (1919), Eliots einflussreichem Essay, der zu einem Manifest der Moderne wurde, „has, not a ‚personality‘ to express, but a particular medium [...] in which impressions and experiences combine in peculiar and unexpected ways“.[7] Die unerwarteten Verbindungen seiner kubistischen Text-Collage entstehen aus der Zertrümmerung psychologischer Perspektiven und sozialer Einheitsfiktionen. Sie ersetzt Kontinuität durch Kontiguität, narrativen oder thematischen Zusammenhang durch das Prinzip der Montage. Im Gewirr der Stimmen und Zitate stoßen Sublimes und Triviales, Archaisches und Gegenwärtiges hart aneinander. Die Kunst entledigt sich ihrer mimetischen Fesseln und bricht die Brücken zum Leben ab.[8] Nachdem die Kunst sich von den psychologischen Banden gelöst hat, kann sie neue Bande knüpfen: zur Tiefenpsychologie, zur Anthropologie, zur Religionsgeschichte.

Eliot konfrontiert die soziale Fiktion der Person („to prepare a face to meet the faces that you meet“[9]) mit der poetologischen Maxime des Mediums. Der Künstler genießt das Privileg, die Forderungen und Regeln des Systems Gesellschaft gegen die des Systems Kunst einzutauschen. An die Stelle der mit biographischer Identität verbundenen Funktionen wie fokussierende Subjektivität, Willen und Intentionalität, Gedächtnis, Schuld und Verantwortung tritt das freie Spiel unwillkürlicher Assoziationen. Das poetische Genie beruht nicht mehr wie in der Romantik auf der idealistischen, *projektiven* *Kraft* einer Persönlichkeit, sondern auf der *konnektiven Kraft* einer außergewöhnlichen Sensibilität. Henry James verglich die künstlerische Sensibilität mit einem Spinnennetz und nahm damit einen Zentralbegriff der Elektronik und Neurophysiologie vorweg, nämlich den des ‚Netzwerks‘:

> Experience is never limited, and it is never complete; it is an immense sensibility, a kind of huge spider-web, of the finest silken threads suspended in the chamber of consciousness and catching every air-borne particle in its tissue. It is the very atmosphere of the

---

[7] Eliot: *Tradition and Individual Talent* (Anm. 5), S. 28.

[8] Von Flaubert und den Symbolisten haben Eliot und seine Freunde (allen voran Ezra Pound, Thomas E. Hulme, Wyndham Lewis) den Ekel vor dem psychologischen Element in der Dichtung geerbt. Subjektivität war für sie entscheidend *nicht* der Stoff, aus dem die Dichtung gewirkt ist. Das erste Gebot an den Dichter lautete: Du sollst dich nicht selber aussprechen! Nur wer in der Lage war, seine expressive Inkontinenz zu überwinden und in einem alchemistischen Läuterungs-Prozess die weiche Substanz des Erlebens in das harte Metall der Kunst umzuschmieden, konnte als „aufrichtig“ gelten und hoffen, seine Zeit in Worte zu fassen und ihr einen gültigen Ausdruck zu geben.

[9] Eliot: *The Love Song of J. Alfred Prufrock* (Anm. 2), S. 12.

mind; and when the mind is imaginative – much more when it happens to be that of a man of genius – it takes to itself the faintest hints of life, it converts the very pulses of the air into revelations.[10]

Für James bestand das Spezifische der künstlerischen Sensibilität in der latenten, alerten Bereitschaft zur Signifikanz; wo andere unberührt bleiben, wird der Künstler von Offenbarungen getroffen. Die religiöse Sprache ist hier aufschlussreich: In religionsloser Zeit wird die Kunst zur Bewahrerin der versprengten Funken religiösen Feuers. Für Eliot war es eher die Herstellung von Ordnung, das heißt die konstruktive Fähigkeit, das Disparate und Nächste zusammen zu zwingen, welche das poetische Genie auszeichnet. Der Geist des Künstlers wird damit zur letzten Instanz für Ordnung in einer ordnungslosen Welt. Besitzerlos gewordene Traditionsbestände und freigesetzte Emotionen bedürfen des poetischen Genies, um sie in einer neuen Form zu binden. Hier liegen die Voraussetzungen der Poetik der Juxtaposition und der Technik der Montage, für die Eliot seine Vorbilder in früheren Epochen fand.[11]

Eliots Post-Historismus und sein Begriff der Tradition

Ein weiteres Axiom des Liberalismus war die Auffassung von der Geschichte als Evolution, als Achse kontinuierlichen Fortschritts. Die Fortschrittsgeschichte ist die bürgerlich säkularisierte Version der Heilsgeschichte, die die endzeitlich messianische Erlösung in kleine Schritte aufgelöst und verdiesseitigt hat. Das geschichtsphilosophische Denken schreibt dem Faktor Zeit selbst eine steigernde, transformierende Kraft zu, was die Bedeutung eines Messias gänzlich aushöhlte. Im Laufe des 19. Jahrhunderts wurde die von Kontinuität und Fortschritt getragene Geschichtsvision ergänzt durch den Historismus, womit das wissenschaftliche Studium der Vergangenheit unter der Bedingung seiner radikalen Ablösung von der Gegenwart zu verstehen ist.

Beide Orientierungen, Fortschrittsglaube und Historismus, standen dem antiliberalen Geschichtsdenken gleichermaßen fern. Die um die letzte Jahrhundertwende verbreitetste Reaktion gegen historische Kontinuitätsmodelle war die Entdeckung des Augenblicks. Die Plötzlichkeit und Punktualität des Augenblicks erschüttert alle Vorstellungen von allmählichem Wachsen und Werden und der Substantialität einer zuverlässigen Zeitachse und Chronologie.[12] Die Emphase des Augenblicks ist aber nur eine mögliche

---

[10] Henry James: *The Art of Fiction* [1884], in: *The Portable Henry James*, hg. von Morton Dauwen Zabel, New York 1951, S. 391-418, hier: S. 401.

[11] An den „Metaphysical Poets" faszinierte ihn diese erstaunliche Fähigkeit des Amalgamierens: „they possessed a mechanism of sensibility which could devour any kind of experience." (T. S. Eliot: *The Metaphysical Poets*, in: ders.: *Selected Prose* [Anm. 5], S. 111-120, hier: S. 117.) Wobei es sich weniger um eine Kraft handelt, als um eine Empfänglichkeit, um eine negative „Potenz", wie sie Keats mit seinem Begriff der „negative capability" und Proust mit seinem Begriff der „mémoire involontaire" beschrieben hat.

[12] Literarische Beispiele für die Mythologie des Augenblicks sind (aus Eliots Umgebung) James Joyce („epiphany"), Ezra Pound („imagistic vision") oder E. M. Forster („eternal moment").

Abkehr vom liberalen Geschichtsdenken. Eliot wählte ein weniger anarchisches und existentielles und dafür sehr viel ordentlicheres und distanzierteres Modell. Nicht mit explosiver Aufladung des Augenblicks, sondern mit radikaler Entzeitlichung der Vergangenheit überwand Eliot traditionelles geschichtsphilosophisches und historisches Denken. Nachdem die Kunst nach der Jahrhundertwende die Perspektive als räumliche Ordnungsfigur verabschiedet hatte, lag es nahe, sie auch aus der Zeitdimension zu eliminieren. Die Vorstellung eines linearen Zeitstrahles ersetzte Eliot durch ein synchronistisches Tableau. In diesem großflächigen Panorama konnten freibewegliche Elemente die so ersehnten „neuen, unerwarteten Verbindungen eingehen".

Eliots bereits erwähntes Gedicht *The Love Song of J. Alfred Prufrock* beginnt mit den berühmten Versen:

> Let us go then, you and I,
> When the evening is spread out against the sky
> Like a patient etherized upon a table[13]

Was hier vom Abend gesagt ist, kann mit gleicher Prägnanz von Eliots Umgang mit der Vergangenheit gesagt werden. Anästhesiert ist auch die Vergangenheit, aus der die Zeit und mit ihr das Wollen, Fürchten, Warten und Hoffen geschwunden sind. Sie liegt ausgestreckt und bloßgelegt vor dem Auge des Betrachters wie der Patient vor dem Chirurgen. Geschichte ist nicht mehr pulsiert von den Ambitionen und Leidenschaften handelnder Personen, sie ist nicht mehr das Geflecht von Intrigen, Projekten, Siegen, Niederlagen, Verschuldungen und Zusammenbrüchen. Sie wird in ihrer Totalität sichtbar um den Preis der Stillstellung und hat „alle Vorzüge eines meisterhaften anatomischen Präparats".[14] Durch Anästhesierung des Zeitnervs kommt es auf der Ebene der Geschichte zu einer ähnlichen Implosion wie auf der Ebene der Individuen:

> What is the city over the mountains
> Cracks and reforms and bursts in the violet air
> Falling towers
> Jerusalem Athens Alexandria
> Vienna London
> Unreal[15]

Eliot hat hier die Namen von Städten zusammengestellt, die einst europäische, ja globale Zentren der Kultur gewesen waren. Eine Stadt fehlt hier offensichtlich, und das ist Rom, das als Orientierungspunkt des europäischen Abendlands und Christentums nicht dem Verdikt ‚unreal' verfällt, weil es noch gebraucht wird. Alle anderen Tempel sind zerfallen und die Türme zerbrochen. Aus der Zeit gefallen und stillgestellt unter der

---

[13] Eliot: *The Love Song of J. Alfred Prufrock* (Anm. 2), S. 11.
[14] Die Formulierung stammt aus einem Brief von Ernst Robert Curtius an Dolf Sternberger und nimmt Bezug auf dessen erste Studie über den Jugendstil (*Jugendstil. Begriff und Physiognomik*, September 1934); *FAZ* (11. Mai 1988), S. 35.
[15] Eliot: *The Waste Land* (Anm. 2), S. 65.

Glaskuppel der Gleichzeitigkeit, werden die Rückstände der 2500-jährigen Geschichte des Abendlands vorwärts und rückwärts zitierbar. Und nicht nur diese. Der moderne Mensch, der keine bestimmte Vergangenheit mehr *hinter sich* hat, hat nun alle Vergangenheiten *vor sich*. Das Entfernteste lässt sich mit dem Nächsten verknüpfen, vorausgesetzt man besitzt jenen synchronen Sinn „of everything happening at once", den Eliot auch den „historischen Sinn" nennt.

> The historical sense involves a perception, not only of the pastness of the past, but of its presence; the historical sense compels a man to write not merely with his own generation in his bones, but with a feeling that the whole of the literature of Europe from Homer and within it the whole of the literature of his own country has a simultaneous existence and composes a simultaneous order.[16]

Diesen historischen Sinn verlangt Eliot auch vom Kritiker. Zu dessen Aufgaben gehört es, „to see literature steadily and to see it whole; and this is eminently to see it *not* as consecrated by time, but to see it beyond time; to see the best work of our time and the best work of twenty-five hundred years ago with the same eyes".[17]

Die durch Entzeitlichung bewirkte Totenstarre ist die Bedingung der Möglichkeit eines neuen Ordnungsmusters. Die Suspendierung temporaler Denkmuster wie Sukzessivität und Kausalität ermöglicht den Durchbruch zu einer systemischen Denkweise. Das System ist eine gesetzte Ganzheit, die den Blick auf Prozesse immanenter Beziehungen und Verschiebungen lenkt. Saussure mit seiner Entdeckung linguistischer Gesetzmäßigkeiten und Freud mit seiner Analyse der Traumsprache haben zu Beginn dieses Jahrhunderts den Schritt zum systemischen Denken vollzogen. Vorgezeichnet ist er bereits in einem späten Aphorismus Nietzsches: „Gesetzt, die Welt verfügte über ein Quantum von Kraft, so liegt auf der Hand, dass jede Machtverschiebung an irgendeiner Stelle das ganze System bedingt – also neben Kausalität *hinter* einander wäre eine Abhängigkeit *neben-* und *miteinander* gegeben."[18]

Nietzsches Bestimmung des systemischen Denkens bietet die engste Parallele zu Eliots posthistorischer Dynamik der Tradition, wo jedes neue Werk eine Verschiebung im ganzen System auslöst.[19] Eliots Post-Historismus durchlief verschiedene Stadien; er begann mit der Entzeitlichung der Vergangenheit und endete mit der Kanonisierung

---

[16] Eliot: *Tradition and the Individual Talent* (Anm. 5), S. 23.

[17] T. S. Eliot: *Introduction*, in ders.: *The Sacred Wood. Essays on Poetry and Criticism* (Anm. 1), S. xi-xvii, hier: S. xv f.

[18] Friedrich Nietzsche: *Aus dem Nachlass der Achtzigerjahre*, in: ders.: *Werke in drei Bänden*, hg. von Karl Schlechta, 3 Bde., München 1962, Bd. 3, S. 415-926, hier: S. 490.

[19] „What happens when a network of art is created is something that happens simultaneously to all the works of art which preceded it. The existing monuments form an ideal order among themselves, which is modified by the introduction of the new (the really new) work of art among them. The existing order is complete before the new work arrives; for the order to persist after the supervention of novelty, the whole existing order must be, if ever so slightly, altered; and so the relations, proportions, values of each work of art toward the whole are readjusted; and this is conformity between the old and the new." (Eliot: *Tradition and the Individual Talent* [Anm. 5], S. 23 f.)

einer bestimmten Tradition. Dem Traditionskult der späteren Jahre ging die halluzinatorische Kopräsenz aller Kulturen und Epochen voran. Genau das ist die Grundstimmung von Eliots *Waste Land*: die gewachsenen Traditionen sind aufgelöst, die Texte haben ihre Kontexte verloren, Epochen und Kulturen mischen sich im Zettelkasten der Religionsphänomenologen und verbinden sich überraschend im geistigen Magnetfeld poetischer Sensibilität.

Wie auf der Ebene des Psychologischen die Grenzen des Bewusstseins, wurden auf der Ebene des Historischen die Grenzen der Geschichte gesprengt, wiederum mit dem Ziel, nachdem alles erschöpfend gesagt, getan, bekannt ist, Dimensionen für das Unerwartete, Unbekannte, für neue Erfahrungen und Einsichten zu erschließen. Ein Vergleich Eliots mit Walter Benjamin ist hier aufschlussreich, der gleichzeitig in der Geschichte nach dem Unerwarteten und Neuen suchte. Beiden ging es um eine Aktualisierung des Vergangenen durch Überwindung chronologisch-kausaler Erklärungsmuster. In seinen geschichtsphilosophischen Thesen notierte Benjamin:

> Der Historismus begnügt sich damit, einen Kausalnexus von verschiedenen Momenten der Geschichte zu etablieren. Aber kein Tatbestand ist als Ursache eben darum bereits ein historischer. Er ward das, posthum durch Begebenheiten, die durch Jahrtausende von ihm getrennt sein mögen. Der Historiker, der davon ausgeht, hört auf, sich die Abfolge von Begebenheiten durch die Finger laufen zu lassen wie einen Rosenkranz. Er erfaßt die Konstellation, in die seine eigene Epoche mit einer ganz bestimmten früheren getreten ist. Er begründet so einen Begriff der Gegenwart als der „Jetztzeit", in welcher Splitter der messianischen Zeit eingesprengt sind.[20]

Benjamins Begriff der Konstellation, mit dem dieser sich über den trägen Strom der Zeit hinwegsetzt und das Entfernteste mit dem Gegenwärtigen auf überraschende Weise zusammenzwingt ist auch für Eliot erhellend. Auch sein Projekt als Kritiker bestand vorwiegend im Herstellen von Konstellationen zwischen „seiner eigenen Epoche und einer ganz bestimmten früheren". Beide huldigten der innovativen Technik der Collage „in which expressions and experiences combine in peculiar and unexpected ways". Freilich ist der Hintergrund solcher Operationen gänzlich verschieden. Dem Geist eines unmittelbar in die Geschichte einbrechenden messianischen Funkens stand Eliot denkbar fern. Benjamins Fusion von Vergangenheit und Gegenwart – „worin das Gewesene mit dem Jetzt blitzhaft zu einer Konstellation zusammentritt"[21] – ist geladen mit diesem eschatologischen Funken. Durch die Aufsprengung scheinhafter Kontinuität wird emphatisch Geschichte freigesetzt, sowohl in dem Aspekt der Flüchtigkeit als auch in dem der Dringlichkeit. Eliot umgekehrt setzte alles daran, diese Bewegung, die Benjamin forcieren wollte, stillzustellen. Seine Strategie gegen den Druck der Endzeitlichkeit heißt Entzeitlichung. An Stelle drängender Bewegung tritt bei ihm die ewige Kopräsenz

---

[20] Walter Benjamin: *Geschichtsphilosophische Thesen. Anhang A*, in: ders.: *Illuminationen. Ausgewählte Schriften*, hg. von Siegfried Unseld, Frankfurt 1969, S. 268-279, hier: S. 279.

[21] Walter Benjamin: *Erkenntnistheoretisches, Theorie des Fortschritts*, in: ders.: *Gesammelte Schriften. Das Passagen-Werk*, hg. von Rolf Tiedemann, 7 Bde., Frankfurt a.M. 1982, Bd. 5.1, S. 9-654, hier: S. 576.

und Verfügbarkeit unterschiedlicher Epochen im Rahmen jenes stillgestellten Mosaiks, das er „Tradition" nannte. Die Aktualität dessen, was er in diesem Reservoir auffand und wiederbelebte, liegt gerade nicht wie bei Benjamin in einer im konkreten historischen Augenblick freigesetzten visionären politischen Energie, sondern in der Allgemeinheit und überzeitlichen Gültigkeit eines poetischen Gehalts.

Eliots Post-Säkularismus

Eliots wohl entscheidendste Kritik am Liberalismus betrifft dessen Tendenz zur Immanenz, zur Säkularisierung. Diese erscheint von außen gesehen als ein Menschheits-Beglückungs-Programm, das die fortschreitende Verbesserung der Lebensbedingungen mit Sinnverlust bezahlt und unweigerlich über kurz oder lang die religiösen Quellen der Existenz austrocknet. Max Weber hat die neuzeitlich treibenden Geschichtskräfte als Rationalisierung, Technisierung und Universalisierung beschrieben und dieses Syndrom mit dem schlagkräftigen Namen „Entzauberung" benannt.

Während Weber sich auf die Beschreibung des Vorgangs beschränkte, gingen andere zur Bewertung über. Man begnügte sich nicht mehr damit, die Kosten der Modernisierung zu *kritisieren,* indem man pathologische Symptome der industrialisierten Lebenswelt wie Entfremdung, Vereinsamung oder Brutalisierung herausstellte, man ging dazu über, das gesamte Projekt zu *perhorreszieren* und es nicht nur in seinen Schattenseiten sondern gerade auch in seinem Erfolg zu verdammen. Diese Art von Kulturkritik stellte die Säkularisierung an den Pranger. Das neue Feindbild war die post-industrielle Gesellschaft, die ihren Frieden mit sich und der Welt gemacht hatte, in der alle Bedürfnisse befriedigt und die Menschen befriedet sind. Das Bild eines solchen aus der Geschichte herausgetretenen und in einem Zustand der „Beweglichkeit auf stationärer Basis"[22] arretierten Wohlfahrts-Staats zeichnete Aldous Huxley in seinem Roman *Brave New World* (1932). Die Utopie der Zivilisation kehrt sich darin um in den Alptraum vom Status quo des Komforts und Behagens in einer „Kultur- und Konsumgenossenschaft".[23] Darunter wird eine Welt verstanden, in der „die Menschen die volle Sicherheit ihres diesseitigen Lebensgenusses" erreicht haben, in der es alles mögliche wie Weltanschauung, Zivilisation, Wirtschaft, Kunst und Unterhaltung gibt[24] – aber nicht mehr jene drei von Eliot angesprochenen Bereiche der Moral, der Religion und der Politik. Der Zivilisationsprozess sozialer Evolution, so die anti-liberalen Kritiker, löst früher oder später diese Bereiche auf und verwischt damit die Grenze zwischen Natur und Kultur. Betrachtet aus dieser Perspektive, führt der zivilisatorische Prozess zu einer ‚Reanimalisierung' des Menschen. Die Ausgänge aus dieser schönen neuen Welt der Zivilisation führen durch die Tore der Moral, Religion und Politik. Durch die eine oder andere Tür

---

[22] Arnold Gehlen: *Ende der Geschichte?*, in: ders.: *Einblicke*, Frankfurt a.M. 1975, S. 115-135, hier: S. 122.

[23] Carl Schmitt, zit. nach Heinrich Meier: *Carl Schmitt, Leo Strauss und „Der Begriff des Politischen"*, Stuttgart 1988, S. 44; vgl. Lutz Niethammer: *Posthistoire. Ist die Geschichte zu Ende?*, Reinbek bei Hamburg 1989, S. 108 f.

[24] Meier: *Carl Schmitt, Leo Strauss und „Der Begriff des Politischen"* (Anm. 23), S. 52.

versuchten alle antiliberalen Intellektuellen der Beglückungswelt der Zivilisation zu entkommen. Eliot hat alle drei Not-Ausgänge ausprobiert. Folgen wir ihm der Reihe nach auf diesen Wegen.

Kunst und Moral

Der erste Grundsatz *liberaler Moral* ist die Vernunftfähigkeit und Autonomie des Menschen, der erste Grundsatz *antiliberaler Moral* ist die Schuldhaftigkeit und Heteronomie des Menschen. Moral ist folglich nicht gleich Moral, die entscheidende Frage ist, ob eine positive oder negative Anthropologie zugrunde liegt. Im ersten Falle zielt Moral auf die Verantwortung des Menschen, im zweiten auf seine Erlösung. Es besteht kein Zweifel darüber, welcher Form von Moral Eliot anhing. In einem Essay über Baudelaire von 1930 pries er diesen über seine artistischen Innovationen hinaus für seine radikale Erneuerung der Einstellung zum Leben. Baudelaire war für ihn ein Muster an heroischer Aufrichtigkeit, weil er gegen den Fortschritts-Optimismus seines Jahrhunderts, gegen die Idealisierung und effektive Trivialisierung des Menschen die absoluten Werte wieder aufrichtete. Für Eliot bedeutete die (Wieder-)Entdeckung absoluter Werte zugleich auch deren Wieder-Belebung:

> The recognition of the reality of Sin is a New Life; and the possibility of damnation is so immense a relief in a world of electoral reform, plebiscits, sex reform, and dress reform, that the damnation itself is an immediate form of salvation – of salvation from the ennui of modern life, because it at last gives some significance to living.[25]

Mit diesen Sätzen, obwohl acht Jahre später geschrieben, befinden wir uns mitten in der Thematik des *Waste Land*. Das Gedicht dramatisiert „the ennui of modern life" und das Warten auf Erlösung, deren Anfang darin besteht, die Welt als gefallene zu erkennen. Denn Verdammnis und Erlösung gehören derselben Heilsökonomie an, das zweite ist ohne das erste nicht zu haben. Nicht Freiheit, Verantwortung und Autonomie, sondern Verschuldung, Nicht-Autonomie und existentielle Abhängigkeit bilden den Horizont von Eliots Moral. Für Eliot ist Moral ein Pfeil in Richtung Religion. Es geht ihm um Schuld, Opfer und Sühne; Begriffe, die im säkularen Wortschatz nicht mehr vorkommen. Im Gegensatz zur progressiv fortlaufenden Zeit ist die Zeit der Schuld und Erlösung rhythmisch skandiert; sie vollzieht sich im Ritual von Schuld und Sühne, Opfer und Erlösung, Tod und Wiedergeburt.

---

[25] T. S. Eliot: *Baudelaire* [1930], in: ders.: *Selected Prose* (Anm. 5), S. 185-195, hier: S. 193. Eliots Parteinahme für absolute Werte muss unbedingt unterschieden werden von dem Dezisionismus eines antiliberalen Denkers wie Carl Schmitt, für den die Pathologie des modernen Lebens ebenfalls in der herrschenden Indifferenz greifbar wurde. Das Aufreißen unüberwindlicher Gegensätze war bei ihm dazu bestimmt, zwingende Loyalitäten zu forcieren. Schmitts Kategorie der „Entscheidung" (wo grau war, soll schwarz oder weiß werden) transportiert Moral auf die politische Ebene, Eliots Bekenntnis zu absoluten Werten transportiert Moral auf die religiöse Ebene.

Im *Waste Land* kommt die Erlösung als Wort, das am Ende die spirituelle Dürre tränkt.[26] Es sind drei Imperative in Sanskrit, die alle von der indoeuropäischen Wurzel ‚Da-‘, abgeleitet sind, nämlich ‚Hingabe‘, ‚Mitleid‘ und ‚Steuerung‘, die als Weisheitsdroge gegen Egoismus, Solipsismus und Autonomie verschrieben werden. Das *Waste Land* akzentuiert bereits Eliots Begriff von religiöser Moral, affirmiert aber zugleich in Exzentrik und Eklektizismus noch seine ästhetische Freiheit. Nach der Konversion wurden seine Aussagen eindeutiger und verbindlicher. Die Wahrheiten waren nicht mehr so weit hergeholt. Eliot beließ es nicht bei selbstgezimmerten *rites de passage* und einem selbstverabreichten vedischen Segen. Er hat die Grenzen von Kunst als Autotherapie erkannt und seine Zuflucht im Schoße der Kirche und bei echten Ritualen der Absolution gefunden.

Kunst und Religion

Bevor es so weit war, träumte Eliot wie andere Modernisten von einer Verschmelzung von Kunst und Religion, von einer Aufbewahrung der Religion in der Kunst. Aufklärung und Wissenschaft hatten die Konturen gelebter religiöser Traditionen gesprengt. Dabei entstand ein neuer Begriff von „Religion" als Forschungsgegenstand der Religionswissenschaft. Distanz von der eigenen Tradition gab den staunenden Blick auf das Fernste und Fremdeste frei: Abkehr von der eigenen Religion ermöglichte Hinwendung zum Panorama der Menschheitsreligionen. In der genetischen und komparatistischen Perspektive der Religionswissenschaft schrumpfte das Christentum zu einem Zweig „des großen Religionsbaumes der Menschheit".[27]

Dass Eliot stark beeindruckt war von der Öffnung des religionswissenschaftlichen Horizonts steht außer Frage. In einer Notiz, die er seinen Anmerkungen zum *Waste Land* vorangestellt hat, nennt er Jessie L. Westons *From Ritual to Romance* als wichtigste Quelle für sein Gedicht. Dieses Buch, das um 1920 ein Bestseller war, verdankt heute seinen Ruhm nur noch Eliots Begeisterung. Worin bestand diese? Um diese Frage beantworten zu können, müssen wir es uns genauer vornehmen. Der Titel zeigt ein religionsgeschichtliches Programm an: *From Ritual to Romance*. Durch die Rekonstruktion spektakulärer *missing links* werden lange Verbindungslinien hergestellt, so zum Beispiel „the golden chain which connects Ancient Ritual with Medieval Romance".[28] Noch wichtiger als die direkten Filiationen dürfte aber für Eliot die metahistorische Permanenz und Familienähnlichkeit religiöser Phänomene zwischen Vorgeschichte und Gegenwart gewesen sein, die die Autorin durch Einbeziehung apokrypher Traditionen wie Freimaurer-Riten, Tarot-Karten und anderer folkloristischer Elemente suggerierte.

---

[26] Vgl. *Deut.* 32, 1-2: „Die Erde höre die Worte meines Mundes | Meine Lehre riesle wie der Regen | Meine Rede träufle wie der Tau, | Wie Regenschauer auf das junge Grün | Und wie Tropfen auf die Flur."

[27] Ulrich Berner: *Religionswissenschaft und Theologie. Das Programm der Religionsgeschichtlichen Schule*, in: *Religionswissenschaft. Eine Einführung*, hg. von Hartmut Zinser, Berlin 1988, S. 216-238, hier: S. 217.

[28] Jessie Laidlay Weston: *From Ritual to Romance* [1920], Garden City 1957, S. 174.

Das Stichwort „Ritual" platziert die Studie im Umkreis der „Cambridge Ritual School", auf deren Arbeiten Weston sich durchgehend stützt. Interesse und Verdienst dieser Schule war es, den durch traditionelle Wertbindungen gehärteten Horizont der Klassischen Philologie auf der Suche nach Vorformen zu überschreiten. Der epochemachende Schritt von der Kunst zum Ritual war der von der Geschichte zur Vorgeschichte, von der Philologie zur Anthropologie und Ethnologie, von der patriarchalischen Zivilisation zur Archaik matriarchalischer Gesellschaften. In genau dieser Richtung führte auch Westons anthropologische Studie an verbindlichen Traditionen vorbei zu unbewussten Kontinuitäten. Um ein schmales Korpus mittelalterlicher Grallegenden zu deuten, fuhr die enthusiastische Mediävistin den gesamten Horizont damaliger religionswissenschaftlicher Forschungen auf: alt-arische Sakraldramen (von Schröder), vorderorientalische Toten- und Fruchtbarkeitskulte (Frazer), vergleichende Folklore (Mannhardt), hellenistische Vegetationsrituale (Harrison, Cornford), jüdische Mystik und Mithrasmysterien (Cumont) sowie Naassenertexte (Mead).

Offensichtlich besteht eine Wahlverwandtschaft zwischen Westons entgrenzender Religionswissenschaft und Eliots künstlerischem Impuls, durch Nebeneinanderrücken von Disparatem Neues und Unerwartetes sichtbar zu machen. Die Affinität zwischen Kunst und Religion, die die Moderne der beiden ersten Jahrzehnte des 20. Jahrhunderts kennzeichnet, ist bei Licht besehen die zwischen Kunst und Religionswissenschaft, insbesondere phänomenologischer Prägung. Eliot hatte großen Respekt für die kompendiösen Sammelarbeiten eines Sir James Frazer. Das kommt auch in folgendem Zitat zum Ausdruck, in dem Eliot explizit die Brücke zwischen Kunst und Religion schlägt. Diese Brücke heißt „the mythical method". Die einschlägigen Sätze finden sich in einer Rezension von Joyces *Ulysses*, ein Jahr nach Erscheinen des *Waste Land*:

> In using myth, in manipulating a continuous parallel between contemporaneity and antiquity, Mr. Joyce is pursuing a method which others must pursue after him. [...] It is simply a way of controlling, of ordering, of giving a shape and a significance to the immense panorama of futility and anarchy which is contemporary history. [...] It is a method for which the horoscope is auspicious. Psychology [...], ethnology, and *The Golden Bough* have concurred to make possible what was impossible even a few years ago. Instead of narrative method, we may now use the mythical method.[29]

Hinter diesen wichtigen Sätzen stehen die folgenden Gedankenschritte:

1. Die Religion regiert nicht mehr das Leben, sie hat in der Moderne ihre Rolle der Sinngebung verloren. Das Ergebnis ist die Ordnungslosigkeit, „futility and anarchy" der Gegenwart.
2. Aus der Ordnungslosigkeit erwächst Angst und die Sehnsucht nach Ordnung und Orientierung, die Suche nach „shape and significance".

---

[29] T. S. Eliot: *Ulysses, Order and Myth* [1923], in: ders.: *Selected Prose of T. S. Eliot*, hg. von Frank Kermode, London 1975, S. 175-178, hier: S. 177.

3. Die traditionellen Ordnungsfiguren („narrative method") sind nicht mehr angemessen, sie haben sich als Fiktionen erwiesen und besitzen keine Integrations- und Bindungskraft mehr.

4. Die neue Ordnungsfigur der „mythical method" fingiert keine illusionären temporalen Kontinuitäten, sie manipuliert Gleichzeitigkeit von Archaik und Moderne im Labor der neuen Geisteswissenschaften ebenso wie in den Werkstätten experimentierender Künstler.

In religionsloser Zeit wurde Anfang des 20. Jahrhunderts Kunst zum Statthalter von Religion, zur Instanz, die allein der form- und bedeutungslosen Welt noch Ordnung und Sinn verleihen kann. Für dieses ehrgeizige Projekt fand Eliot Rückhalt in den neuen anthropologischen Wissenschaften. Aufschlussreich ist hier der Seitenblick auf andere künstlerische Impulse, die Eliot stark beeindruckt haben. In Paris machte er früh Bekanntschaft mit Strawinskys Musik und dem Russischen Ballett, eine Kunstrichtung, an der er die ordnende und verwandelnde Kraft rühmte: „a simplification of life into something rich and strange". *Sacre du Printemps* war 1913 in Paris uraufgeführt worden, als Eliot noch in seinen Harvarder Seminaren saß.[30] Dieses Werk ist ebenso wie später Eliots *Waste Land* als Inbegriff der modernistischen Bewegung gefeiert worden. Cocteau, der die skandalträchtige Premiere miterlebte, schrieb von „kleinen Melodien, die aus dem Urgrund der Jahrhunderte herauftönen". Diese Wendung hat später Adorno wiederaufgenommen, als er den revolutionären Charakter dieses Werks analysierte:

> Durch die Absage ans neuromantische Melodisieren [...], gegen das die sensibleren Künstler um 1900 aufs heftigste aufbegehrt haben müssen, verfällt alle ausgesponnene Melodie, und bald genug alles musikalisch sich entfaltende subjektive Wesen, dem Tabu. [...] Versprengte, winzige Reste sollen herren-und subjektloses Gut der Urzeit, phylogenetische Erinnerungsspuren vorstellen, „petites melodies qui arrivent du fond des siècles."[31]

Eliot und Strawinsky haben etliches miteinander gemein, und diese Gemeinsamkeiten betreffen charakteristische Aspekte des Modernismus der Zwanzigerjahre. Dazu gehört:

– *die Überschreitung von „Traditionen" in Richtung auf ein überzeitliches anthropologisches Menschheitsgedächtnis.* Dieses Gedächtnis ist eine Schöpfung der zum

---

[30] In einem Aufsatz über die Epochenschwelle um 1912 hat Hans Robert Jauß diese neue Ästhetik der Simultaneität, die mit einer Krise der Subjektivität und der „Erfahrung der Zerstückelung des Ich in Raum und Zeit" einhergeht, präzise beschrieben. Er spricht dabei von einer „ästhetische(n) Idee der Welt, die im absolut Neuen ein unvordenkliches Altes wieder erkennen lässt." (Hans Robert Jauß: *Die Epochenschwelle von 1912. Guillaume Apollinaire: „Zone" und „Lundi Rue Christine"* [Sitzungsberichte der Heidelberger Akademie der Wissenschaften], Heidelberg 1986, S. 10-12, hier S. 11 f.) Zu Strawinsky vgl. Jan Assmann: *The Cultural Memory of Le Sacre du Printemps*, in: *Avatar of Modernism. The Rite of Spring Reconsidered*, hg. von Hermann Danuser und Heidy Zimmermann, London 2013, S. 319-335.

[31] Theodor W. Adorno: *Über Le Sacre du Printemps*, in: *Igor Strawinsky. Aufsätze, Kritiken, Erinnerungen*, hg. von Heinrich Lindlar, Frankfurt a.M. 1982, S. 28-43, hier: S. 28 f.

Teil mit der Jahrhundertwende neu begründeten Wissenschaften wie Tiefenpsychologie, Ethnologie und Religionswissenschaft. Die Künstler bemühten sich um eine Aneignung dieses Gedächtnisses. So wollte man die Stammeskunst aus der „Zwangsjacke der Völkerkundemuseen" befreien und in das Pantheon der Weltkultur aufnehmen. René Char hat diese grundsätzlich neue Situation des modernen Künstlers auf die Formel gebracht, als er sagte: „Unserer Erbschaft ist keinerlei Testament vorausgegangen."[32] Statt Testament frei flottierende Elemente, „herren- und subjektloses Gut der Urzeit, phylogenetische Erinnerungsspuren" auf der Suche nach neuen Kontexten.

- *die Tabuisierung und Verleugnung des Subjektiven, die Auflösung des Subjekts als Instanz der Sinngebung.* Das Missverhältnis zwischen dem einzelnen Menschen und dem Apparat der technischen Zivilisation hatte sich in der Spätepoche der Industrialisierung dramatisch gesteigert; die künstlerische Reaktion auf diese Diagnose war die Abkehr von individualistischen Narrativen, die den einzelnen Menschen in den Mittelpunkt stellten.
- *die Suche nach kollektiven Ordnungsformen.* Auf dieser Suche stießen die Künstler auf eine archaische Grundschicht menschlicher Erfahrung, das Ritual. In modernistischen Kunstwerken werden archaisch religiöse Ordnungsformen wiedererweckt in der Absicht, der konturlosen und chaotischen Gegenwart Halt und Gestalt zu geben. Kunst und Religion gehen eine neuartige Verbindung ein, die Künstler avancieren zu Hohepriestern eines selbstgestifteten Kults.

Kunst und Politik

Der für uns heute schwer zugängliche Flirt zwischen Kunst und Religion oder zwischen Moderne und Archaik, der so charakteristisch ist für Eliot, Strawinsky und die Avantgarde der Zwanzigerjahre, hatte ein klares Motiv. Es ging darum, nach Diskreditierung des Subjekts und individualistischer Erfahrungsformen einen Weg zu kollektiven Erfahrungsformen zu bahnen. Hier berührte sich das Allerneuste mit dem Allerältesten, hier lag der Sinn „in manipulating a continuous parallel between contemporaneity and antiquity".[33] Obwohl Eliots Lyrik, insbesondere *The Waste Land*, tatsächlich gewisse kultische Rezeptionsformen generiert hat,[34] muss dieses Projekt heute als gescheitert gelten. Die Kunst lässt sich trotz gesteigerter Anstrengungen nicht so leicht von der Subjektivität ablösen. Eliot, der die Probleme einer kollektivistischen, neu-kultischen Lyrik ein-

---

[32] Adorno: *Über Le Sacre du Printemps* (Anm. 31), S. 36.

[33] Eliot: *Ulysses, Order and Myth* (Anm. 29), S. 177 f.

[34] Robert Alter erzählt: „In my immediate undergraduate circle we actually made an impromptu ritual out of it, for a brief period reading the whole poem out loud every year on an evening in the first week of April – a celebration through performance not readily conceivable for any other modern poet." (Robert Alter: *What Was T. S. Eliot?*, in: *Commentary Magazine* 1989, Web, letzter Zugriff 11.05.2015.) Zwi Werblowsky erzählt mir Ähnliches mündlich aus seiner Studentenzeit Ende der 40er-Jahre in Genf, als er, kooptiert von Vertretern des *Students' Christian Movement*, an entsprechenden *Waste-Land*-Liturgien teilnahm.

sah, verlagerte deshalb seine Interessen immer mehr dahin, wohin sie gehörten: in die Sphäre der Religion und der Politik.

Ebenso wie Moral und Religion lagen für Eliot Religion und Politik dicht beieinander. Sein persönliches Evangelium, die Emanzipation des Individuums rückgängig zu machen und die existenzielle Heteronomie des Menschen zu affirmieren, praktizierte er als Konvertit und predigte er als Politiker. Eine politische Seite seines Wesens trat schon früh zutage in der Faszination durch Autorität. Als Kritiker baute er sich zielstrebig eine zentralistische Position mit bis dahin ungekannter kulturpolitischer Machtfülle auf. Nicht im subjektiv tastenden Essay, sondern im apodiktischen und zugleich höchstpersönlichen Urteil fand er die ihm kongeniale Form literarischer Kritik. Seine unbestrittene Autorität beruhte vordringlich auf einer ungewöhnlich breiten, gründlichen und existenziell gefärbten Kenntnis der Texte, zu der sich dann Elemente wie Ehrgeiz, Arroganz oder Bluff noch verstärkend hinzumischten. An seine Mutter schrieb der gerade einmal 30-jährige mit Genugtuung: „There is a small and select public which regards me as the best living critic, as well as the best living poet, in England. [...] I can have more than enough power to satisfy me. I really think that I have far more influence on English letters than any other American has ever had."[35]

Man kann diesem jungen Intellektuellen noch nicht einmal Größenwahn nachsagen, denn was um 1920 als elitärer Zirkel in London („small and select public") begann, war um 1950 in breitem Stil akademisch etabliert; Eliots Werke und Maßstäbe regierten außer Konkurrenz und bestimmten Kanon und Diskurs angelsächsischer Universitäten. Sein politisches Programm hieß: Re-Christianisierung der Gesellschaft und Re-Europäisierung der Kultur. Dieses Programm war nach der Katastrophe des zweiten Weltkrieges konsensfähig; man hatte die Schrecken eines ungezügelten Säkularismus und Nationalismus in den Knochen, man sah an dem apokalyptisch gefallenen Nazi-Deutschland, was Selbstübersteigerung und Gottlosigkeit im Verbund vermochten. In dieser historischen Situation erhielten Eliots Werte der Askese und Heteronomie, der Ordnung und Unterordnung, der Tradition und Integration ein aktuelles Gewicht, und es ist kaum zu bestreiten, dass es *dieser* Eliot war, der 1948 den Nobelpreis erhielt.[36]

Die Geschichte jedoch lässt sich nicht so einfach diktieren wie der literarische Geschmack einer Elite. Deshalb stehen wir diesem Eliot, seinen Werten und seiner autoritätsbezogenen politischen Option heute extrem fern. Durch diesen Abstand werden wir aber auch hellhörig für die Untertöne seiner autoritativen Stimme. Es sind Töne der Angst. Angst vor Chaos und metaphysischer Leere, vor Bewegung und Veränderung, vor Entfremdung und Einsamkeit, vor Sinnlosigkeit und Sinnlichkeit. Im kritischen und erst recht im politischen Diskurs war seine Stimme apotropäisch; gegen innere und äußere Anfechtungen beschwor sie eindringlich einen Kosmos der Ordnung und

---

[35] T. S. Eliot: *To His Mother*, in: *The Letters of T. S. Eliot*, hg. von Valerie Eliot, 5 Bde., London 1988-1922, Bd. 1, S. 330-332, hier: S. 331.

[36] Der spätere Eliot hing ähnlich wie Ernst Robert Curtius einem dogmatischen europäischen urbs-aeterna-Rom-Mythos an; er zog staatstragende Dichter (wie Dante) den individualistischen (wie Blake) vor und affirmierte die imperiale Klassik Vergils. Über diesen Zweig der „Abendland-Substanz-Literatur" siehe Richard Faber: *Abendland. Ein politischer Kampfbegriff*, Hildesheim 1979.

Geschlossenheit, der Sicherheit und Abgeklärtheit. Mit der Kunst steht es aber ganz anders; ihre Form der Bewältigung ist wesentlich komplexer, denn sie zitiert und exponiert ja gerade die Schrecken in dem Maße, wie sie sie zu bannen sucht. Je schwieriger und unpersönlicher die artistischen Mittel der Verhüllung, desto tiefer und persönlicher auch der Drang zur Enthüllung. So kommt die Angst, die in den politischen Texten dezisionistisch übertönt wird, in Eliots Gedichten durch Strategien der Indirektion zu Wort. Und dieses Potenzial wird noch viele Generationen von Lesern faszinieren und beschäftigen.

*   *   *

Blicken wir noch einmal auf unseren Weg zurück. Am Anfang stand Eliots Gefühl der Nachzeitigkeit, seine ‚Post-Stimmung' nach dem ersten Weltkrieg. Aus dieser Lähmung befreite er sich durch den Imperativ einer historisch orientierten Moderne, welcher lautet: „Make it new!" Seine Erneuerungsarbeit fand im Felde des kulturellen Gedächtnisses statt. In einer Welt, die vom Sinnverlust im Zeichen der ewigen Wiederkehr des Gleichen bedroht war, sollte Neuheit Erlösung bedeuten und Kunst, die Vergangenes zurückholte, heilskräftig werden. Im Laufe seines Lebens unterbaute er seine ästhetische Heilslehre mit einer religiösen. Die biographischen und historischen Krisen der Zwischen- und Nachkriegszeit machten ihn dann zum christlichen Fundamentalisten. Aus den Fragmenten, mit denen er sich notdürftig vor dem Untergang schützte – „these fragments I have shored against my ruin",[37] heißt es am Ende des *Waste Land* –, ist im Laufe seines Lebens eine Festung geworden. Den Wendepunkt von Eliots Konversion einklammernd entdecken wir heute gewisse Verbindungen zwischen seinem christlichen und seinem künstlerischen Fundamentalismus: der apodiktische Ton im Programmatischen und Dogmatischen, die asketische Überwindung des gefallenen Menschen und vor allem der pessimistische Blick auf seine Geschichtsepoche. Auf solche Tendenzen und Axiome beziehen wir uns inzwischen selbst mit einem deutlichen Post-Gefühl. Der hohe Ton der Menschen- und Weltverachtung hatte der effektiven Zerstörung von Menschen und Welten nichts entgegenzusetzen; während absolute Werte forciert wurden, verkamen die unscheinbareren Werte der Toleranz, der Menschenwürde und des friedlichen Zusammenlebens. Das, was man treffend „the negative thrust of modernism" („die negative Wucht des Modernismus") genannt hat, liegt heute hinter uns und qualifiziert unsere eigene Post-Stimmung. Das Ziel kann heute weder Weltflucht noch Weltüberwindung sein, sondern Weltzuwendung und Weltverantwortung. Eine der Schattierungen des gegenwärtigen „Post" ist eindrucksvoll bestimmt in einer Strophe des polnischen Dichters Rózewicz:

> After the end of the world
> after my death
> I found myself in the middle of life
> I created myself

---

[37] Eliot: *The Waste Land* (Anm. 2), S. 67.

constructed life
people animals landscapes.[38]

[38] Zit. nach Charles Taylor: *Sources of the Self. The Making of the Modern Identity*, Cambridge, MA 1989, S. 484.

KAPITEL 4

Verhaltenslehren der Kälte in T. S. Eliots Drama *The Cocktail Party*

Einleitung

Zwischen Literatur und Psychoanalyse besteht eine uralte Affinität. Freud hat einst bekannt, dass nicht er das Unbewusste entdeckt habe, das hätten die Dichter lange vor ihm getan; er sei nur auf ihren Spuren gewandelt. Während das antike Drama, wie wir von Aristoteles wissen, selbst eine Form kollektiver Therapie war, beschränkte sich das moderne Drama eher darauf, die Symptomatik der Leiden der Gesellschaft auszustellen, beziehungsweise Wege der Veränderung anzuzeigen. Die rituelle und therapeutische Funktion des Dramas wurde dabei immer mehr durch eine kritische Funktion ersetzt. Das Ergebnis war genau das umgekehrte: Spannungen wurden nicht mehr ausagiert und abgeführt, sondern aufgebaut und weitergegeben. Die Aufgabe, über den individuellen Seelenhaushalt zu wachen, ging von den Dichtern an die Psychotherapeuten über. Kunst und Therapie machen sich heute in der Regel keine Konkurrenz; die Katharsis ist ins Behandlungszimmer verlegt. Sie ist privatisiert und findet unter Ausschluss der Öffentlichkeit statt.

Im Jahre 1940 schrieb T. S. Eliot ein Theaterstück mit dem Titel *The Cocktail Party*.[1] Es hat unter Therapeuten ein gewisses Renommee erlangt, weil einer von drei Akten in einer psychotherapeutischen Praxis spielt.[2] Eliot hatte sein erstes Theaterstück, *Murder in the Cathedral*, in der Zwischenkriegszeit geschrieben, als sich überall in Europa das geistige Klima verschärfte. Dieses geistige Milieu hat Norbert Bolz treffend mit einem Buchtitel als *Auszug aus der entzauberten Welt* charakterisiert und näherhin analysiert, wie man sich im Interbellum von rechts und links, von christlicher und neopaganer Seite in der Überzeugung traf, dass die Moderne ein galoppierender Zivilisationsschaden sei, der nur mit absoluten Werten zu überwinden sei.[3] Es formte sich dabei im Rücken der entgegengesetzten politischen und geistigen Lager von Faschismus und

---

[1]   T. S. Eliot: *The Cocktail Party* [1940], London 1969. Alle folgenden Zitate aus *The Cocktail Party* beziehen sich auf diese Ausgabe. Seitenangaben erfolgen im Fließtext.

[2]   Eliots *Cocktail Party* wird z.B. von Norman L. Paul und Betty Byfield Paul zitiert: *Puzzle einer Ehe. Verlauf einer Paartherapie*, Stuttgart 1977, S. 30. Ich danke Helm Stierlin für diesen Hinweis.

[3]   Norbert Bolz: *Auszug aus der entzauberten Welt. Philosophischer Extremismus zwischen den Welten*, München 1989.

christlicher Orthodoxie der Konsens, dass die Epoche des liberalen Humanismus beendet sei. Modernität wurde

> als katastrophischer Zusammenbruch einer ganzen Welt erlebt, als finaler Ordnungs-
> schwund [... und] quer durch die politischen Lager ging es darum, eine neue Wirklichkeit
> zu finden, zu konstruieren, zu stiften oder kurzerhand zu setzen – eine neue Wirklichkeit,
> die der sozialen und wissenschaftlichen ‚Wirklichkeitszertrümmerung' ein definitives En-
> de bereiten sollte.[4]

An diesem antiliberalen Klima partizipierte auch Eliot, der nach Werten suchte, die den allgemeinen Sinn- und Orientierungsverlust der modernen westlichen Zivilisation überwinden sollten. Auf dieser Suche entdeckte er das Martyrium als höchsten Wert gegen eine von Trivialisierung, Verflachung und Ich-Obsessionen beherrschte Welt. Er stellte liberaler Subjektivität und Beliebigkeit eine absolute Wertbindung gegenüber, deren höchste Praxisform das Selbstopfer ist. Den Opfertod, der im Ersten und Zweiten Weltkrieg bekanntlich massenhaft von den wehrfähigen Mitgliedern vieler europäischer Nationen eingefordert wurde, versetzte Eliot dabei aus einem kollektiven und nationalen in einen individuellen und spirituellen Kontext. So zeitgemäß 1940 der militärische Opfertod war, so unzeitgemäß war das christliche Martyrium, das er vor dem Krieg in einer männlichen historischen Figur –Thomas Becket von Canterbury – und im Krieg in einer fiktiven weiblichen Figur – Celia Copplestone in der *Cocktail Party* – auf die Bühne brachte.

Eliots *The Cocktail Party* wurde 1949 beim Edinburgh Festival zum ersten Mal aufgeführt. Das Stück entfaltete seine Wirkung in der restaurativen Periode der Nachkriegszeit. In den 1950er- und frühen 1960er-Jahren wurde die *Cocktail Party* auf internationalen Bühnen viel gespielt; seit den 1970er-Jahren ist sie von den Spielplänen verschwunden. Das hängt mit dem moralischen Rigorismus des Stücks zusammen, der im postmodernen Klima schlechterdings unverständlich, wo nicht gar anstößig geworden war. Denn in einer Zeit, die sich an jegliche Zurschaustellung von Sex und Gewalt gewöhnt hat, ist das religiös motivierte Martyrium zu einer Obszönität geworden. (Im gegenwärtigen Zeitalter des religiösen Terrors kann es nur noch mit Feindbildern assoziiert werden).

Wer den Text heute wieder aufschlägt, findet in ihm aber durchaus auch Elemente, die für die Frage nach „Psychoanalyse und Literatur" bedenkenswert sind. Die Leser sind konfrontiert mit drei ungleichen Textschichten, die im Drama recht unvermittelt nebeneinander stehen:

(1.) Da ist die mimetische Ebene einer leichtläufigen Sozialkomödie, die an der Oberfläche der Trivia des Alltagslebens entlangtändelt und den Unterhaltungswert des Stücks sicherstellt;

---

[4] Michael Makropoulos: *Plessners Fremdheit in der klassischen Moderne*, in: *Unter offenem Horizont. Anthropologie nach Helmuth Plessner*, hg. von Jürgen Friedrich und Bernd Westermann, Frankfurt a.M. u.a. 1995, S. 95-100, hier: S. 95.

(2.) Da ist die psychologische Ebene einer scharfsichtigen Analyse der Pathologie zwischenmenschlicher Beziehungen; und das ist

(3.) die nicht mimetische Ebene einer ‚göttlichen Komödie‘, die mythische wie rituelle Elemente einbezieht und eine Therapie für eine Überwindung der Leiden an der Kultur anbietet.

Jede Ebene wird dabei durch die nächst höhere ‚verfremdet‘; der Wechsel von einer zur anderen Sprachebene – vom Konversationston zum psychologischen Dialog und vom therapeutischen Gespräch zum rituellen Vollzug – zwingt zu einer neuen Einstellung des Blicks.

Ich möchte mich im Folgenden vorwiegend auf die mittlere Ebene des Stücks beziehen. Eliots Darstellung von Beziehungskonflikten und ihren Lösungsmöglichkeiten geschieht weitgehend im Lichte von Begriffen wie ‚Rolle‘, ‚Projektion‘ und ‚Fremdheit‘, die nach wie vor in der therapeutischen Praxis leitende Kategorien darstellen. Eliots höchst eigenwilliger Gebrauch dieses Analyse-Instrumentariums soll hier herausgearbeitet und mit dem gegenwärtigen Reflexionsstand zu diesen Problemen verglichen werden. Eliots Drama beansprucht unser Interesse nach mehr als einem halben Jahrhundert also vor allem aus zwei Gründen: erstens, weil es den Vollzug einer therapeutischen Handlung darstellt, der zugleich eine Kritik gängiger therapeutischer Praxis formuliert und zweitens, weil es ein Konzept der Fremdheit entwickelt, das im Lichte gegenwärtigen Problembewusstseins neu besichtigt zu werden lohnt. Die Untersuchung gliedert sich in die Abschnitte, die bei Eliot die einzelnen Schritte der Therapie ausmachen:

1. Das Zerbrechen der sozialen Rollen
2. Das Zerbrechen der Projektionen
3. Entblößung
4. Re-Investitionen
5. Transhumanisation

Das Zerbrechen der sozialen Rollen

Das Stück bedient sich der Gattung Gesellschaftskomödie. Sein Personarium rekrutiert sich aus der weißen gehobenen Mittelschicht des britischen Imperiums, das seinen kolonialen Glanz noch nicht ganz verloren hat. Im Mittelpunkt der Handlung steht eine klassische Beziehungskiste, die so symmetrisch organisiert ist, dass sie offensichtlich auf dem Reißbrett konstruiert ist. Bei der Komposition der Handlung scheint dem Dramatiker an der Herausbildung paradigmatischer Strukturen mehr gelegen gewesen zu sein als an der Vermittlung eines Eindrucks von Lebensechtheit. Die zentralen Figuren des Dramas sind Edward und Lavinia Chamberlayne, deren Ehe nach fünf Jahren in eine Krise geraten ist. Diesen zugeordnet sind zwei jüngere Personen, Peter und Celia.

Diese vier Figuren sind in einer ‚Liebeskette'[5] miteinander verwoben: Lavinia liebt Peter, Peter liebt Celia, Celia liebt Edward.

$$
\begin{array}{ccc}
L & \infty & E \\
\downarrow & & \uparrow \\
P & \rightarrow & C
\end{array}
$$

Um dieses magische Quadrat herum sind drei ältere Figuren gruppiert: eine schwatzhafte Dame (Julia), ein Kolonialoffizier mit weltmännischer Erfahrung (Alex) und ein geheimnisvoller Unbekannter, der sich im Laufe des Stücks als ein praktizierender Psychotherapeut herausstellt (Reilly).

Das Stück beginnt an dem Punkt, an dem die Ehekrise von Edward und Lavinia manifest geworden ist. Dieser Punkt ist eine Cocktail Party, zu der Lavinia selbst noch eingeladen, der sie sich dann aber selbst durch plötzliches Verschwinden entzogen hat. Ihr Ehemann versucht recht und schlecht, den Schein der Normalität zu wahren und sich gegenüber den neugierigen Freunden mit Notlügen aus der Affäre zu ziehen. Unter den Gästen befindet sich ein Unbekannter, dem Edward, nachdem die Freunde gegangen sind, nicht nur Gin mit Wasser, sondern auch reinen Wein einschenkt. Was vor der Party-Gesellschaft verborgen werden musste, kann im Gegenüber mit Fremden offen zur Sprache kommen. Im Laufe dieser Unterredung nimmt der Fremde die Rolle eines (Seelen-)Doktors an, der seinem Gegenüber knappe Direktiven erteilt und ihn mit zynisch anmutenden Deutungen konfrontiert. Statt Zeichen der Einfühlung zu zeigen, stellt er das Verschwinden der Ehefrau als einen Glücksfall dar, der allein durch die Aussicht getrübt ist, dass sie vielleicht doch wieder zurückkehren könnte. Der Fremde verhält sich also in hohem Maße befremdlich. Wenn er über Fremdheit spricht, nehmen seine Worte sogar Züge des Unheimlichen an:

> I knew that all you wanted was the luxury
> Of an intimate disclosure to a stranger.
> Let me, therefore, remain the stranger.
> But let me tell you, that to approach the stranger
> Is to invite the unexpected, release a new force,
> Or let the genie out of the bottle.
> It is to start a train of events
> Beyond your control. (S. 29)

In der Tat ist dies der Anfang einer Kette von Ereignissen, in die die Beteiligten nur sehr begrenzt Einsicht und über die sie noch weniger Kontrolle haben. Im Zentrum der Handlung verdichtet sich ein Geheimnis, von dem man nicht so recht weiß, ob es zu einem modernen Kriminalstück oder zu einem antiken Drama gehört. Der geheimnisvolle Fremde, der die Position eines allwissenden Beobachters einnimmt, der von einer anderen Ebene aus spricht und Deutungen und Verhaltensmaßnahmen offeriert, tut

---

[5] Vgl. Harald Weinrich: *Variationen der Liebeskette*, in: ders.: *Literatur für Leser. Essays und Aufsätze zur Literaturwissenschaft*, Stuttgart 1971, S. 45-46.

genau das, was ein Therapeut tut. Doch tut er auch noch mehr: er tritt als mythischer Seelenführer, als Psychopompos auf, der wie Herakles dem Admet verspricht, die verlorene Ehefrau Alcestis „von den Toten zurückzuholen". Der mythische Subtext steigert allerdings nicht die Bedeutung von Eliots Dramen-Handlung, sondern er enthüllt, wie sich am Ende des ersten Akts zeigen wird, deren Trivialität.

Die Cocktail Party geht im 1. Akt also unvermittelt in eine Therapie-Sitzung über. Gegenstand dieser Sitzung ist das Zerbrechen der sozialen Rolle. Die Identitätskrise, in die der von seiner Frau verlassene Edward geraten ist, wird vom Fremden als ein schmerzhafter aber heilsamer „Verlust der Person" interpretiert. Er entwickelt eine Lehre, nach der der Mensch aus zwei Komponenten besteht, einem Subjekt und einem Objekt. Das wird an Beispielen illustriert: beim Stolpern am Fuße einer Treppe oder ausgestreckt auf einem Operationstisch verflüchtigt sich vorübergehend die Subjekt-Komponente: „All there is of you is your body | And the ‚you' is withdrawn"[6] (S. 31). Solche Reduktion auf den Objekt-Status geschieht aber auch, wenn – wie im Falle der manifest gewordenen Ehekrise – die Routinen des Alltagslebens zusammenbrechen und die Person gezwungen ist, aus der vertrauten Rolle zu fallen. „You are nothing but a set | Of obsolete responses" (S. 31), muss sich Edward vom Fremden sagen lassen. In diesem Zustand ist die Person von ihrer Intentionalität getrennt. Sie muss lernen, einen neuen Zustand zu ertragen: den Fall in die Passivität. Der Fremde befiehlt dem nervösen Edward, nichts zu tun und abzuwarten. Die erniedrigende Erfahrung, nicht klar zu sehen und nichts tun zu können wird als heilsame Chance bewertet: „You will find that you survive humiliation. | And that's an experience of incalculable value" (S. 32).

Das Zerbrechen der Projektionen

Bevor der erste Akt zu Ende geht, kommen nach Edward noch zwei weitere Figuren mit ihren Beziehungsproblemen zur Sprache, wobei Edward zunächst die Rolle des Beraters, dann die des Partners zufällt. Peter und Celia leiden beide an der grassierenden Zivilisationskrankheit des frühen 20. Jahrhunderts: dem Realitätsverlust.[7] Beide hoffen, das Gefühl einer metaphysischen Leere durch die Präsenz einer/eines Geliebten zu überwinden, die/den sie zum Garanten von Wirklichkeit machen.

---

[6] Bekanntlich hat Eliot diesen Zustand der Ich-Auflösung 25 Jahre zuvor am Anfang seines Gedichts *The Love Song of J. Alfred Prufrock* in einem berühmt gewordenen Bild zum Ausdruck gebracht: „Let us go then, you and I, | When the evening is spread out against the sky | Like a patient etherized upon a table" (T. S. Eliot: *Selected Poems*, London 1967, S. 11-16, hier: S. 11).

[7] Während das Syndrom ‚Realitätsverlust' in der 2. Hälfte des 20. Jahrhunderts durch das Problem der Medien forciert wurde, die eine Welt der Simulakren produzieren, aus der es kein Entkommen gibt, war dieses Syndrom in der ersten Hälfte des Jahrhunderts stärker vor dem Hintergrund des Todes Gottes und der metaphysischen Leere zu sehen. Vgl. dazu Aleida Assmann: *Fiktion als Differenz*, in: *Poetica* 21 (1989), S. 239-260, hier: S. 256 ff.

Unter ‚Wirklichkeit' wird eine Erfahrungsintensität verstanden, die in der modernen Welt immer rarer zu werden droht und nur noch in Ausnahmesituationen zu haben ist. Beide, Peter wie Celia, fixieren sich auf die geliebte Person, die ihnen Wirklichkeit garantiert und damit als Schutzschirm gegen den drohenden Erfahrungsverlust dient. Die andere/der andere wird nicht um ihrer/seiner selbst willen geliebt, sondern als metaphysischer Haltepunkt in einer haltlosen Welt.

Von dieser metaphysischen Überhöhung der Liebe hält Eliot ebenso wenig wie die gegenwärtige Therapie, wenn auch aus anderen Gründen. Sein Argument besteht nicht darin, dass eine solche Projektion die zwischenmenschliche Beziehung überfordert und deshalb der hohe Erwartungsdruck abzubauen ist, sondern darin, dass solche Übersteigerung der Liebe Idolatrie bedeutet und diese Stelle offenzuhalten ist für Gott. Während Peter die gesuchte Wirklichkeitsgarantie in bestimmten Erinnerungen und also in einer Vergangenheit ohne Gegenwart fixieren wollte, will Celia sie in einer Gegenwart ohne Zukunft finden. Beides erweist sich gleichermaßen als ein Irrweg. Peter muss sich sagen lassen, dass sich Erinnerungen nicht als ein sicheres Kapital anlegen lassen:

> There's no memory you can wrap in camphor
> But the moths will get in. (S. 49)

und Celia erfährt nach ihrer Desillusionierung, dass Traum und Wirklichkeit ununterscheidbar geworden sind:

> I suddenly discovered
> That the dream was not enough; that I wanted something more
> And I waited, and wanted to run to tell you.
> Perhaps the dream was better. It seemed the real reality,
> And if this is reality, it is very like a dream. (S. 63)

Celia sieht ihren Geliebten Edward mit anderen Augen, nachdem dieser ihr klar gemacht hat, dass er Lavinia und sein unspektakuläres Leben nicht wirklich loslassen kann. Ihr wird bewusst, dass sie sich ein Bild von ihm zurechtgemacht hatte, das der veränderten Situation nicht mehr standhält. Indem sie diesen Aspektwechsel durchmacht, sieht sie den Geliebten mit anderen Augen. Dieselben Augen, die zuvor das Bild konstruiert hatten, destruieren es nun. In der Rede, in der Celia Edward diese ihre Blickveränderung mitteilt, nimmt die Bildlichkeit der Sprache eine geradezu expressionistische Qualität an:

> Twice you have changed since I have been looking at you.
> I looked at your face and I thought that I knew
> And loved every contour; and as I looked
> It withered, as if I had unwrapped a mummy.
> I listened to your voice, that had always thrilled me,
> And it became another voice – no, not a voice:
> What I heard was only the noise of an insect,
> Dry, endless, meaningless, inhuman –
> You might have made it by scraping your legs together –
> Or however grasshoppers do it. I looked,

And listened for your heart, your blood;
And saw only a beetle the size of a man
With nothing more inside it than what comes out
When you tread on a beetle. (S. 67)

Hier wird Auge in Auge die Dekomposition einer Person vollzogen: zuerst visuell, dafür steht das Bild von der ausgewickelten Mumie, die im Augenblick, da sie der Lichtstrahl trifft, zu Staub zerfällt; sodann akustisch, dafür steht die Transformation des Menschen in einen Käfer. Nachdem sich für Celia die äußere Erscheinung Edwards so plötzlich verflüchtigt hat, will sie sehend und hörend in sein Inneres dringen, doch statt auf Herz und Blut stößt sie auf ein Monstrum: „a beetle the size of a man" (ebd.). In atemberaubender Geschwindigkeit verwandelt sich in dieser kurzen Rede der Geliebte in etwas Unheimliches und Abstoßendes, das man schließlich wie ein Ungeziefer in instinktiver Abwehr zertreten möchte. Eliot schrieb diese Zeilen 1940, also noch vor dem Holocaust. Heutige Leser können jedoch nach Auschwitz eine solche Dekomposition der menschlichen Person nicht mehr unbefangen zur Kenntnis nehmen; wissen wir doch nur zu genau, was wir uns dabei vorzustellen haben, wenn es heißt, dass man den anderen zunächst in die Kategorie des Fremden presst, ihm dann die Zugehörigkeit zur menschlichen Spezies abspricht und ihn schließlich physisch vernichtet.

Hier ist freilich sofort zu präzisieren, dass es an dieser Stelle nicht um Vernichtungsphantasien geht, sondern ausschließlich um die symbolische Destruktion eines Phantasmas. Nicht Edward als Person wird in dieser Rede demontiert, sondern die Projektion dieser Person in der Psyche von Celia. Sie beeilt sich deshalb auch, hinzuzufügen: „That is not what you are. It is only what was left | Of what I had thought you were" (S. 68). Der schockierende Vollzug der Destruktion des anderen erweist sich bei näherem Hinsehen als sein Gegenteil, als die Freisetzung des anderen aus den Banden, mit denen die eigennützige Projektion ihn gefesselt hatte: „Edward I see that I was simply making use of you. | And I ask you to forgive me" (ebd.). Und wenig später heißt es: „I've learnt a lot in twenty-four hours. [...] I can see you at last as a human being" (S. 77). Der andere als menschliches Wesen wird erst sichtbar, wenn er aus den Hüllen der sozialen Rollen und imaginären Projektionen befreit ist. Dieser Prozess der Entblößung ist für die Beteiligten eine ebenso unangenehme wie heilsame Erfahrung.

Was Celia bereits durchgemacht hat, steht Edward und Lavinia noch bevor. Ihnen verhilft dazu eine veritable Therapiesitzung, die die Mitte des Stücks bildet. Doch bevor es so weit ist, wird noch eine Wiederbegegnung zwischen den Ehepartnern arrangiert. Der Psychopompos, immer noch in der Rolle des unbekannten Gastes, bereitet Edward durch genaue Verhaltensanweisungen auf diese Szene vor. Seine Verhaltenslehre lässt sich mit Helmut Lethen als eine „Verhaltenslehre der Kälte" beschreiben.[8] Den Kern dieser Lehre bildet, was man einen „intersubjektiven Agnostizismus" nennen könnte. Damit ist die Überzeugung gemeint, dass die Menschen bei noch so großer Nähe und Intimität einander grundsätzlich opak bleiben. Das Gelingen zwischenmenschlicher Beziehungen hängt für den unbekannten Gast von der Anerkennung dieser Einsicht ab;

---

[8] Helmut Lethen: *Verhaltenslehren der Kälte. Lebensversuche zwischen den Kriegen*, Frankfurt a.M. 1994.

gut miteinander zu leben verstehen nur diejenigen, die sich mit dieser unhintergehbaren wechselseitigen Fremdheit abgefunden haben. Diese Lehre wird im Stück nicht ohne ein gewisses Pathos formuliert:

> [...] we die to each other daily.
> What we know of other people
> Is only our memory of the moments
> During which we knew them. And they have changed since then.
> To pretend that they and we are the same
> Is a useful and convenient social convention
> Which must sometimes be broken. We must also remember
> That at every meeting we are meeting a stranger. (S. 72 f.)

Dem anderen als Fremden zu begegnen heißt nicht, ihm als einer unbekannten Person entgegenzutreten. Fremdheit heißt vielmehr, dass man darauf verzichtet, das Bild vom anderen, das man sich gemacht hat, totalisierend an seine Stelle zu setzen. Denn in der Regel geht man gar nicht mit dem anderen Menschen um, sondern nur mit dem Träger jener Vorurteile, die man an diese Person geheftet hat. Der andere wird durch Konstruktionen verdeckt, die aus dem Stoff von Erinnerungen und Wünschen gewirkt sind.

Entblößung

Vor Lavinias Erscheinen hatte der unbekannte Gast Edward noch eine Warnung mitgegeben: „Don't strangle each other with knotted memories" (S. 74). Genau das passiert bei der Wiederbegegnung zwischen Edward und Lavinia. Diese Szene schließt an eine zweite Cocktail Party an, die durch das plötzliche Auftauchen Lavinias ebenso gestört ist wie die erste am Vortag durch ihr plötzliches Verschwinden. In dieser Szene glauben die Ehepartner einander zum ersten Mal wahrhaftig gegenüber zu treten; doch was sie für Wahrheit halten, ist nichts anderes als die Enthemmung gegenseitiger Vorwürfe. Es kommt zu einem Schlagabtausch, bei dem jeder dem anderen das Rollenbild zurückgibt, das der für ihn entworfen hatte: Edward ist der Ehe müde und überdrüssig, Lavinia ist frustriert, weil sich ihre Träume nicht verwirklicht haben. *Er* beklagt sich über eine Ehefrau, die sein Leben bevormundend in ihren Griff genommen hat; *sie* beklagt sich über einen Ehemann, der alle Zeichen einer eigenständigen Persönlichkeit vermissen lässt. Die Trennung sollte aus diesem Dickicht der Illusionen herausführen und einen Weg zurück zur Wirklichkeit anzeigen. Aber statt der erhofften Wirklichkeit haben die Ehepartner nur den Wiederholungszwang entdeckt; aus dem Clinch wechselseitiger Bezichtigungen führt kein Weg heraus:

> So here we are again. Back in the trap,
> With only one difference, perhaps - we can fight each other,
> Instead of each taking his corner of the cage. (S. 97)

Mit dieser Stufe der Desillusionierung ist der absolute Nullpunkt der Beziehung noch nicht einmal erreicht. Das Bild, das Edward an diesem Punkt verwendet, taucht in Eliots Werk wiederholt auf: das Bild von der in einem Raum eingesperrten Person, die nicht in der Lage ist, die Tür zu öffnen.

> And I could not open it. I could not touch the handle.
> Why could I not walk out of my prison?
> What is hell? Hell is oneself,
> Hell is alone, the other figures in it
> Merely projections. There is nothing to escape from
> And nothing to escape to. One is always alone. (S. 99)

Diese metaphysische Kälte ist charakteristisch für die klassische Moderne, die im Kern ihres Wesens von einem gnostischen Pathos bestimmt ist. Der metaphysische Schrecken nimmt bei Edward mythische Züge an. Er nennt seine Frau „angel of destruction"; in einem Augenblick äußerster Entfremdung wird sie zu einer Medusa-Figur. Sie verliert alle menschlichen Züge und verwandelt sich in ein alptraumhaftes Monster: „In a moment, at your touch, there is nothing but ruin. | O God, what have I done? The python. The octopus." (S. 102)

Die Entblößung der Figuren führt in der ersten Wiederbegegnungsszene geradewegs in einen Abgrund mythischen Schreckens. Diese Entblößung, die unter vier Augen schiere Destruktivität ist, muss unter Anwesenheit und Anleitung eines Dritten, des Therapeuten, noch einmal durchgespielt werden. Im therapeutischen Szenario sind gegenüber der unmittelbaren Interaktion zwei Bedingungen grundsätzlich verändert: 1. die Konfrontation geschieht auf eine Weise, die auch die letzten geheimen Reserven der Partner der schonungslosen gegenseitigen Inspektion preisgibt und 2. wird der Blick aus der Desillusionierung herausgeführt in Perspektiven der Heilung.

Der unbekannte Gast, der sich im 2. Akt des Stücks als ein bekannter Psychotherapeut entpuppt, behandelt das Ehepaar einige Wochen darauf in einer gemeinsamen Therapie-Sitzung. Durch diese Zusammenführung seiner Klienten verhindert er, dass diese die Sitzung dazu benutzen, um sich in neuen Illusionen zu verschanzen. Eliots Inszenierung einer Therapiesitzung bringt zusätzlich eine Meta-Kritik an der psychotherapeutischen Praxis mit auf die Bühne. Diese Sitzungen, so vermutet Eliot, sind von gegenseitiger Manipulation geprägt. Der Klient, der in der Regel psychoanalytisch geschult ist, bringt sein Knowhow in die Sitzung mit und beschreibt selbst seinen Zustand in der einschlägigen Terminologie. Edward ist ein solcher Klient: er identifiziert seinen Zustand, er erläutert ihn, und er will die Therapie erwartungskonform mit Kindheitserinnerungen beginnen. Eliots Therapeut durchkreuzt jedoch alle diese Strategien:

> I always begin from the immediate situation
> And then go back as far as I find necessary.
> You see, your memories of childhood –
> I mean, in your present state of mind –
> Would be largely fictitious; and as for your dreams,
> You would produce amazing dreams, to oblige me. (S. 111)

Wenn Eliots Therapie andere Strategien einsetzt, so deshalb, weil sie ein ganz anderes Programm verfolgt als die gängige Therapie. Zielt die gängige Therapie, auf die sich Edward eingestellt hat, auf eine Stärkung des Ich, dann zielt Reillys Therapie auf eine Schwächung des Ich. Er tut damit das genaue Gegenteil dessen, was man von einem Therapeuten erwartet: er versucht, seinen Klienten von der Bedeutungslosigkeit seiner Person zu überzeugen. Sich wichtig zu nehmen beschreibt hier das Grundübel der Menschen, das dieser Therapeut ihnen aberziehen will. Statt einfühlsam auf die Gesprächsangebote seines Klienten einzugehen, hält er diesen auf Distanz; kein Wunder, dass Edward an seinem Gegenüber Einfühlung und Verstehensbereitschaft vermisst.

> EDWARD
> I wonder
> If you have understood a word of what I have been saying.
>
> REILLY
> You must have patience with me, Mr. Chamberlayne:
> I learn a good deal by merely observing you,
> And letting you talk as long as you please,
> And taking note of what you do not say. (S. 113)

Mit diesen Worten stellt sich Reilly als ein Typus dar, den Helmut Lethen als ‚kalte persona‘ beschrieben und in seiner geschichtlichen Genealogie rekonstruiert hat. Das ist die Zwischenkriegszeit des 20. Jahrhunderts und somit die Zeit, in der Eliot seine formative Phase erlebte.[9] Vor diesem Hintergrund können wir präzisieren: Eliot ersetzt den professionellen Therapeuten durch die ‚kalte persona‘. Reilly ist sich völlig darüber im Klaren, dass er von der ‚professionellen Etikette‘ der Psychotherapeutenzunft abweicht. Zu den markanten Abweichungen von der gängigen psychotherapeutischen Praxis gehört auch, dass er die Ehepartner in gegenseitiger Anwesenheit behandelt.[10] Zu diesen Abweichungen gehört weiter, dass er die Grundlagen der therapeutischen Arbeit verändert. An die Stelle eines kommunikativen Vertrags, auf dessen Basis der Klient mit Hilfe des Therapeuten instand gesetzt wird, seine Probleme zu entwickeln und zu Gesicht zu bekommen, setzt Eliot ein strategisches Verhältnis des Misstrauens, des Ausspionierens und des Durchleuchtens. Reilly hält nämlich wenig von den Aussagen seiner Klienten; stattdessen verschafft er sich Hintergrundinformationen aus externen Quellen und konfrontiert dann die Betroffenen mit dem Schock solcher Enthüllungen.

> I do not trouble myself with the common cheat,
> Or with the insuperably, innocently dull;
> My patients such as you are the self-deceivers
> Taking infinite pains, exhausting their energy,

---

[9] Lethen: *Verhaltenslehren der Kälte* (Anm. 8), S. 40 ff.
[10] Paartherapien haben sich zusammen mit der Familientherapie erst nach dem 2. Weltkrieg durchzusetzen begonnen. Man kann diesen Sachverhalt auf zwei Weisen deuten: Eliot war seiner Zeit voraus, oder er entwarf das Konzept einer Anti-Therapie. Ich bevorzuge die zweite Deutung.

Yet never quite successful. You have both of you pretended
To be consulting me; both tried to impose upon me
Your own diagnosis, and prescribe your own cure. (S. 119)

Re-Investitionen

Das Ergebnis seiner Enthüllungen ist ein vernichtendes Urteil, das dieser Therapeut über seine Klienten fällt. Statt diese aufzubauen und ihnen ihr Selbstwertgefühl zurückzugeben, wird eiskalt konstatiert, dass Edward nicht lieben und Lavinia nicht geliebt werden kann. Mit dieser niederschmetternden Diagnose ist der absolute Nullpunkt der Beziehung erreicht. An diesem Nullpunkt wird die Ehe jedoch nicht aufgelöst, sondern neu gebunden, denn die Partner ergänzen sich in idealer Weise in ihren Mängeln. Die neue Phase der Ehe wird auf diesen Nullpunkt nicht nur der gegenseitigen Desillusionierung, sondern auch der gegenseitigen Defekte gegründet. Nicht auf eine positive Ressource wie Liebe und Sympathie wird dabei zurückgegriffen, sondern auf die schonungslose Anerkennung mutueller Defizienz. Damit beansprucht diese Therapie, aus der Unfreiheit in die Freiheit zu führen. Was damit gemeint ist, wird in der Sprache der Kleider-Metaphorik so beschrieben:

And now, when they are stripped naked to their souls
And can choose, whether to put on proper costumes
Or huddle quickly into new disguises,
They have, for the first time, somewhere to start from. (S. 146)

Der positive Effekt dieser Therapie wird auch etwas rätselhafter als „Versöhnung mit der conditio humana" beschrieben. Damit ist ein Zustand emotionaler und spiritueller Abstinenz gemeint, in dem die Menschen lernen, auf große Wünsche zu verzichten, um sich nicht gegenseitig zu überfordern, und ihre Sehnsüchte und Erwartungen klein zu halten. Darin gibt sich diese Einstellung als eine Verhaltenslehre der Kälte zu erkennen, deren Kern ein intersubjektiver Agnostizismus ist. Diejenigen, die dieser Verhaltenslehre folgen,

Learn to avoid excessive expectation,
Become tolerant of themselves and others,
Giving and taking, in the usual actions
What there is to give and take. [...]
Two people who do not understand each other,
Breeding children whom they do not understand
And who will never understand them. (S. 139)

Das ist das Maximum, das nach Eliot für eine gute Ehe zu erhoffen ist. Mehr ist nicht drin; mehr darf auch nicht drin sein, denn über die Ehe setzt er etwas anderes, und das ist die Kommunion mit Gott. Was er in die Beziehung Mensch – Gott verlegt, muss er der Beziehung Mensch – Mensch entziehen. Irdische Visionen von Glück und Liebe müssen zugunsten der himmlischen Vision von Glück und Liebe beschnitten werden.

Transhumanisation

Es gibt für Eliot zwei Sorten von Menschen; solche, die gut leben, indem sie ihre Visionen überwinden – das ist der Fall von Edward und Lavinia – und solche, die noch besser leben, weil sie ihre Visionen bewahren und steigern – das ist der Fall von Celia.

> Both ways avoid the final desolation
> Of solitude in the phantasmal world
> Of imagination, shuffling memories and desires. (S. 141)

Im ersten Fall betreffen die Visionen die phantasmatische Welt der Imagination, in die die Menschen verstrickt sind. Aus diesen müssen sie sich lösen, weil sie von ihnen in einer Hölle der Unwirklichkeit festgehalten werden.[11] Im zweiten Fall erlöst eine höhere Art von Vision von den phantasmatischen Visionen; die Vision selbst wird zum wirkungsvollsten Mittel, die Illusion dieser Welt zu überwinden. Beide Therapien sind von sehr unterschiedlicher Art; die erste kann von weisen Menschen gelernt und vermittelt werden, die zweite schießt über das hinaus, was zwischenmenschlich vermittelt und verantwortet werden kann: „You and I don't know the process by which the human is | Transhumanised" (S. 147). Die erste Therapie markiert den Weg der Heilung, die zweite den des Heils. Celia, die sich für den zweiten Weg, den Weg der Weltüberwindung und des Martyriums entscheidet, überwindet damit zugleich die conditio humana, die für Eliot ein defizitärer, gefallener Zustand ist. Diesen Zustand durch „Transhumanisierung" zu übersteigen ist Sache weniger religiöser Virtuosen, die in einer Welt der Entwirklichung deren spirituelle Ressourcen erneuern. Diese Virtuosen sollten die spirituelle Aristokratie in Eliots Vision einer ‚christlichen Gesellschaft' bilden. Wie er sich diese Gesellschaft vorstellte, hat er kurz nach dem Ende des Zweiten Weltkriegs in einem Interview einem Journalisten anvertraut:

> I should speak of a greater spiritual consciousness, which is not asking that everybody should rise to the same conscious level, but that everybody should have some awareness of the depths of spiritual development and some appreciation and respect for those more exceptional people who can proceed further in spiritual knowledge than most of us can.[12]

A Comedy hat Eliot sein Stück im Untertitel genannt, ein zweideutiger Titel, denn was er darstellt, ist sowohl eine therapeutische Heilungsgeschichte mit gutem Ausgang als auch eine ‚divina comedia', eine religiöse Heilsgeschichte.

---

[11] „Memory and desire" sind Schlüsselbegriffe aus Eliots berühmtem Gedicht *The Waste Land* [1922]. Der Text beginnt mit den Versen: „April is the cruellest month, breeding | Lilacs out of the dead land, mixing | Memory and desire, stirring | Dull roots with spring rain." (T. S. Eliot: *The Waste Land. A Facsimile and Transcript of the Original Drafts Including the Annotations of Ezra Pound*, hg. von Valerie Eliot, London 1971, S. 7).

[12] J. P. Hodin: *The Condition of Man Today. An Interview with T. S. Eliot*, in: *Horizon* 12.68 (August 1945), S. 83-88, hier: S. 88. Im selben Jahr wie die *Cocktail Party* erschien von T. S. Eliot: *The Idea of a Christian Society*, London 1940.

Eliots Theorie der Fremdheit

Wer mehr als ein halbes Jahrhundert nach Entstehung des Werkes Eliots *Cocktail Party* wiederliest, wird dabei Eliots Theorie der Fremdheit als besonders aktuell empfinden. In einer Zeit, in der man das Axiom von der „Unwahrscheinlichkeit der Kommunikation"[13] im Munde führt und die Fremdheit als irreduzibles Element in zwischenmenschlichen Beziehungen entdeckt, kann Eliots Beitrag zu diesem Thema neue Aufmerksamkeit beanspruchen.

Um diesen Stand der Reflexion an einem Beispiel zu belegen: für den Soziologen Alois Hahn basiert Gesellschaft als Kommunikation auf „intersubjektiver Ignoranz". Er fügt zur Erläuterung den paradoxen Satz hinzu: „Das, was an Verstehen möglich ist, gründet auf Nicht-Wissen und insofern Nicht-Verstehen."[14] Hahn geht in seinen Untersuchungen über gegenseitiges Verstehen in Partnerbeziehungen ähnlich wie Eliot von der irreduziblen Fremdheit des anderen aus:

> Nur in höchst eingeschränktem Maße sind wir füreinander durchschaubar und einander bekannt. Wir bleiben einander unverfügbar. Man ist vor Überraschungen nicht sicher. „Die Hölle, das sind die anderen", hat Sartre einmal geschrieben. Alle können zu Fremden werden, weil sie es in gewisser Weise immer schon sind und immer bleiben.[15]

Hahn spricht von der Unmöglichkeit völligen Fremdverstehens und stützt diese Position mit Zitaten von Husserl und Simmel ab, die beide die prinzipielle Intransparenz fremden Bewusstseins hervorgehoben haben. Allerdings führen Hahn diese Reflexionen nicht zu einem intersubjektiven Agnostizismus, weil diese intersubjektive Ignoranz als solche keineswegs unser alltägliches Bewusstsein bestimmt. Fremdheit und Divergenzen bleiben nämlich in der Regel latent und werden durch „Verstehensfiktionen", das heißt unterstellte Gemeinsamkeiten ersetzt, die die Kommunikation sichern. Kommunikation funktioniert nach Hahn also so lange, bis unsere Verstehensfiktionen falsifiziert werden. Das Ergebnis einer empirischen Studie über „Konsensfiktionen" am Beispiel junger Ehen hat er so zusammengefasst:

> Auch Ehepartner bleiben einander also fremd, wenn man als Kriterium objektiv gegebenes Unwissen voneinander ansetzt, bzw. daß die Beteiligten sich falsche Vorstellungen voneinander machen. Aber sie wissen oft nichts davon. Die Fremdheit zwischen ihnen wird gleichsam aufgehoben durch die Unkenntnis über ihre Unkenntnis.[16]

---

[13] Niklas Luhmann: *Die Unwahrscheinlichkeit der Kommunikation*, in: ders.: *Soziologische Aufklärung. Bd. 3: Soziales System, Gesellschaft, Organisation*, Opladen 1981, S. 25-34.

[14] Alois Hahn: *Soziologie des Fremden*, Ms. der erweiterten Fassung eines Vortrages, gehalten am 4. Mai 1992 im Rahmen des Studium Generale der Universität Heidelberg. Eine kürzere publizierte Variante findet sich in: Alois Hahn: *Überlegungen zu einer Soziologie des Fremden*, in: *Simmel Newsletter* 2.1 (1992), S. 54-60.

[15] Ebd., S. 4.

[16] Ebd., S. 7; vgl. dazu auch Alois Hahn: *Konsensfiktionen in Kleingruppen. Dargestellt am Beispiel von jungen Ehen*, in: *Gruppensoziologie. Perspektiven und Materialien*, hg. von Friedhelm Neidhardt, Opladen 1982, S. 210-232.

Eliots Reflexionen gehen ebenfalls von Fremdheit als irreduzibler zwischenmenschlicher Beziehungsqualität aus, doch werden bei ihm keine Verstehensfiktionen zugelassen. Im Gegenteil zielt das ganze Arrangement seiner Dramenkomposition auf die Er-
schütterung sämtlicher impliziter und expliziter Verstehensannahmen. In seinem Stück
wird auf allen Ebenen Fremdheit (re-)induziert. Das beginnt mit dem Fremdwerden des
eigenen Ichs. Am Beginn des Dramas verhilft ein Fremder dem Protagonisten zu einer
auf sich selbst gerichteten Fremderfahrung. Er wird auf eine Verdoppelung seiner Person in zwei ungleiche Komponenten, ein Subjekt-Ich und ein Objekt-Ich verwiesen, von
denen der unbedeutendere Teil vom Willen gesteuert ist, während der andere, wesentli-
chere Teil eigener Kontrolle entzogen und von unbekannten Mächten bestimmt wird.
Mit der Erfahrung und Anerkennung dieses anderen Teils seiner Person gerät das Ich in
Distanz zu sich selbst, was eine wichtige Vorbedingung dafür ist, auch gegenüber Anderen Distanz wahren zu können. Distanzwahrung wird von Eliot in seinem Drama als
wichtigste zwischenmenschliche Verhaltensregel bestimmt. Nur durch sie können Menschen der naheliegenden Versuchung widerstehen, die Welt und den anderen als Konstruktionen ihres eigenen Willens und ihrer eigenen Vorstellung zu erfahren und zu
ertragen. Eliot, der mit Schopenhauer und dem Buddhismus die starke Abneigung gegen
die konstruktive Kraft der Imagination teilt, verordnet Fremdheit als ein Antidot gegen
die Verstrickungen in die imaginären Machinationen der alles überformenden Phantasie.

Fremdheit ist für Eliot auch das wichtigste Ingredienz einer gelingenden Paarbeziehung; sie ist eine unverzichtbare Ressource, weil sie einen Schutzschirm gegen gegen-
seitige Vereinnahmungen, Projektionen, Deutungen bildet. Fremderfahrung ist für Eliot
eine Form der geistigen und körperlichen Disziplinierung, die mühsam erlernt und aufrechterhalten werden muss. Sein Stück ist selbst ein Schulungsgang in dieser Lektion.
Am Beispiel eines Ehepaars wird dargestellt, wie Fremdheit in der schrittweisen Zer-
schlagung von Projektionen und Habitualisierungen erfahren und erlernt werden kann.
Die Therapie führt die Ehegatten zum Nullpunkt der Beziehung, an dem die Partner
schonungslos voreinander entblößt werden.[17] Diese erniedrigende, ja vernichtende Erfahrung ist für Eliot jedoch nicht das Ende der Beziehung, sondern die Voraussetzung
ihres Neubeginns. Die vollständige Entfremdung – das ist das große Risiko dieser Therapie – soll nicht zu Mord oder Totschlag und auch nicht in die Depression führen,
sondern zu Freiheit und Toleranz. Die Erneuerung des Ehevertrags geschieht unter
diesem Gebot der Anerkennung und Aufrechterhaltung von Fremdheit in den Routinen
des Alltags und in der Intimität der Beziehung. Aus den wechselseitigen Fixierungen
und Konstruktionen führt der Weg der Therapie zur Fremdheit im Modus gegenseitiger
Toleranz.

---

[17] Wir würden heute kritisch einwenden, dass Eliot mit seinem wechselseitigen Enthüllungs-
und Entblößungs-Pathos gegen seine eigene Maxime, die Aufrechterhaltung von Fremdheit,
verstößt. Hier ist Fremdheit offenbar in zweifacher Bedeutung im Spiel: einmal als Entzug
von Sympathie, das andere Mal als Entzug von Wissen. Indem Eliot mit absoluter
Offenlegung die Zerstörung von Geheimnis betreibt, baut er damit zugleich Voraussetzungen
einer ihm so wichtigen Kultur der Fremdheit ab.

Dass solche Toleranz auch durch ein gehöriges Maß an intersubjektiver Indifferenz gestützt ist, lässt sich kaum bestreiten. Diese Qualität erklärt sich aus Eliots eher antisozialem und offensichtlich misogynem Temperament. Die aktiven Frauen-Figuren dieses Stücks, Lavinia und Celia, spalten das Weibliche in die bekannten schizophrenen Kategorien des Unterlegenen bis Bösen (‚angel of destruction‘) und des Überlegenen bis Heiligen auf. Fremdheit, Toleranz und Indifferenz münden in eine Verhaltenslehre der Kälte, die für Eliot in zwischenmenschlichen Beziehungen das Nonplusultra ist. Der Psychotherapeut Reilly praktiziert sie, um den Strategemen seiner Klienten zu entgehen; seine als geheilt entlassenen Klienten Edward und Lavinia praktizieren sie, um sich gegen die eigene Bereitschaft zur Konstruktion phantasmatischer Trugbilder zu immunisieren. Diese Verhaltenslehre der Kälte, die dem Mitmenschen gegenüber gefordert ist, ist allerdings keine mögliche Beziehungsform zwischen Mensch und Gott. Auf dieser Ebene wird nun all das zugelassen, was aus zwischenmenschlichen Beziehungen ausgespart und ausgesperrt werden muss: Vision, Liebe, Sehnsucht und ihre Erfüllung in absoluter *communio*. Indem all dies den irdischen Beziehungen entzogen wird, kann es als Verdrängtes mit umso größerer Wucht zurückkehren und seine Kraft in der Transzendenz-Beziehung entfalten. Mit seinen beiden Therapie-Modellen, der *Heilung* und dem *Heil*, zeigt Eliot, was es heißt, sich in der entzauberten Welt einzurichten, beziehungsweise aus dieser entzauberten Welt auszuziehen. In der entzauberten Welt ist eine Verhaltenslehre der Kälte angemessen, beziehungsweise die emotionale Askese als Lebensform, wie Marianne und Max Weber sie praktizierten. In der Religion darf dieses Sparprogramm aber endlich überschritten werden, indem von der Entfremdung zur Ent-Entfremdung fortgeschritten wird. Zwischen beiden Wegen der Kultur und der Religion besteht, wie Helmuth Plessner es ausgedrückt hat, „absolute Feindschaft". Mit seiner Analyse dieser fundamentalen Aporie der Klassischen Moderne wollen wir die Deutung von Eliots sperrigem Stück abschließen:

> Letzte Bindung und Einordnung, den Ort seines Lebens und seines Todes, Geborgenheit, Versöhnung mit dem Schicksal, Deutung der Wirklichkeit, Heimat schenkt nur Religion. Zwischen ihr und der Kultur besteht daher trotz aller geschichtlichen Friedensschlüsse und der selten aufrichtigen Beteuerungen, wie sie z.B. heute so beliebt sind, absolute Feindschaft. Wer nach Hause will, in die Heimat, in die Geborgenheit, muß sich dem Glauben zum Opfer bringen. Wer es aber mit dem Geist hält, kehrt nicht zurück.[18]

---

[18] Helmuth Plessner: *Die Stufen des Organischen und der Mensch. Einleitung in die philosophische Anthropologie* [1928], 3. Aufl., Berlin/New York 1975, S. 342.

KAPITEL 5

Der Sturz vom Parnass: Die De-Kanonisierung Ezra Pounds

Am Ende seiner Biographie, in der er 1910, zwei Jahre vor dem Tod des Dichters, die Höhe- und Tiefpunkte des Lebens und der Karriere von Ezra Pound nachgezeichnet hat, schreibt Noel Stock:

> Die Welt wird ihn vor allem als das seltene Ding, als Dichter in Erinnerung behalten. Wenn die Rundfunksendungen und die Verrücktheiten und der Sinn für Gerechtigkeit nur noch Fußnoten in einem gelehrten Geschichtsbuch sein werden, dann wird man sich an Pound erinnern als einen, der die seltene Gabe besaß, das in Worte zu fassen, was jenseits der Worte liegt.[1]

Man kann sagen, dass genau das Gegenteil dieser Prophezeiung eingetreten ist. Ezra Pound, der Dichter, der zum Kern der literarischen Moderne gehört und eine besonders markante, treibende Kraft dieser Bewegung gewesen ist, ist heute weitgehend vergessen. In Erinnerung hat man genau das behalten, wovon Stock glaubte, dass es in die Fußnoten verschwinden würde: seine ideologischen Entgleisungen, seine Obsessionen, seine Verrücktheiten. Der Sinn für Gerechtigkeit, die moralische Bewertung des Menschen Pound, steht heute dem Genie des Dichters entgegen und hat seine Züge verdunkelt – bis hin zum völligen Vergessen. Ich selbst kann mich noch gut daran erinnern, dass der Name Pounds in den 60er- und frühen 70er-Jahren im Zenit seines Ruhms und im Zentrum des literarischen Kanons stand. Der von Eva Hesse besorgten englisch-deutschen Ausgabe einer Auswahl der Cantos, die 1964 erschien, waren einige superlativische Stellungnahmen von zeitgenössischen Autoren vorangestellt, zum Beispiel diese von William Carlos Williams: „Die Zeit, ehe man Pound kennenlernte, ist wie die Zeit ‚vor Christi Geburt' und ‚nach Christi Geburt'"; oder Archibald MacLeish: „Wenn Millionen Tonnen Druckerschwärze den Weg allen Kehrichts gegangen sind, wird eine Handvoll Namen übrigbleiben, einer davon ist mit Sicherheit ‚Ezra Pound'."[2] Doch es

---

[1]   Noel Stock: *The Life of Ezra Pound*, London 1970, S. 460 (Übers. A. A.).

[2]   Zit. nach Ezra Pound: *Cantos 1916-1962. Eine Auswahl, englisch-deutsch*, hg. und übers. von Eva Hesse, München 1964, o.S. Vor kurzem erschien eine Neuausgabe der Pisaner Gesänge mit neuem Nachwort von Eva Hesse (Ezra Pound: *Pisaner Cantos LXXIV-LXXXIV*, hg. von Eva Hesse, Zürich/Hamburg 2002). Diese Neuausgabe könnte ein Beleg gegen meine These vom völligen Vergessen des Dichters sein, vielleicht ist sie gar Beleg für eine reduzierte Re-Kanonisierung Pounds, die auf den Dichter der *Pisan Cantos* ausgerichtet ist. Von einem völligen Vergessensein kann natürlich sowieso nicht ernsthaft die Rede sein. Die Google-

kam anders. Was für alle Ewigkeit fest verankert schien, war nach weiteren zwei Dekaden aus dem Speicher des literarischen Gedächtnisses gelöscht. Pounds Cantos liegen auf keinen Nachttischen mehr und sind von den Lehrplänen der anglistischen Seminare verschwunden. Der Fall Pound (im doppelten Sinne), der Sturz dieses Titanen vom literarischen Parnass in die Obskurität, ist das wohl drastischste Rezeptionsschicksal der englischen Literatur im 20. Jahrhundert.

Abb. 10: Pound in Sant' Ambrogio, April 1969 (Fotografie von Ferdinando Carpanini)[3]

Als ich Ende der 1960er-Jahre zu studieren anfing, galt Pound unbezweifelt als wichtigster Dichter der englischen Moderne. Yeats und Joyce waren schon lange tot und Eliot war eben erst, 1965, gestorben; Pound lebte noch als letzter Vertreter einer Bewegung, die die literarische Welt von Grund auf umgekrempelt hatte. Während er selbst alt und hinfällig geworden war, galt sein Werk als so jung, aufregend und kühn wie eh und je. Der Zugang zu seinen Texten war außerordentlich schwer, was den Reiz der Beschäftigung jedoch nur erhöhte. Denn wer es auf sich nahm, sich in seine esoterische

Recherche im Internet weist nicht nur Bild- und Textmaterial auf, sondern auch noch eine O-Ton Lesung des ersten Cantos. Fleißige Poundianer der University of North Carolina, Greensboro, haben den 81. Canto in Form eines Hypertexts beigesteuert (http://www.uncg. edu/engl/pound/canto/html). In der Tat wünscht man sich die ganze Canto-Edition in dieses komfortabel informative Format gebracht. Dennoch halte ich fest an meiner These von Pound als vergessenem Autor. Das gegenwärtige Pound-Bild ist ein denkbar reduziertes, und seine Texte spielen im Veranstaltungsprogramm der Universitäten derzeit so gut wie keine Rolle.

3   Stock: *The Life of Ezra Pound* (Anm. 1), o.S., Abb. 20. Reproduziert mit freundlicher Genehmigung von Taylor & Francis Books UK.

Sprache initiieren zu lassen und bereit war, seine schwierigen Cantos mühsam buchstabieren zu lernen, der durfte sich zu einer kleinen exklusiven Gruppe von Eingeweihten zählen.

In den 1960er-Jahren war die Kanonisierung Pounds abgeschlossen; sein umfangreiches Werk lag in Einzel- sowie Gesamtausgaben vor, seine Briefe waren ediert und eine Biographie war in Vorbereitung. Daneben war eine unabsehbare Fülle von Sekundärliteratur im Entstehen: die Pound-Philologie blühte. An den Universitäten hatten Pound-Seminare Konjunktur, aus denen Dissertationen und Habilitationsschriften hervorgingen. Wer es im Fach Anglistik zu etwas bringen wollte, kam am polyglotten Geheimcode von Pound nicht vorbei. Mit Begeisterung und Ausdauer machte man sich auf die Spuren dieses idiosynkratischen Autors und drang tief in das labyrinthische Wissensuniversum ein, aus dem die Cantos gespeist sind.

Anfang der 80er-Jahre stieg ich für eine Weile aus der Anglistik aus, um mich meiner wachsenden Familie und ganz anderen, wie wir heute sagen würden: kulturwissenschaftlichen Themen zu widmen. Als ich zehn Jahre später an die Universität zurückkehrte, hatte das Fach nur noch wenig Ähnlichkeit mit dem, das ich in den 60er- und 70er-Jahren studiert hatte. Die ehemalig großen Autoren waren plötzlich von der Bildfläche verschwunden: John Milton war out, T. S. Eliot war out, Ezra Pound war mega out. Mit dem, was ich gelernt hatte, konnte ich nichts mehr anfangen; zum Glück gab es da noch einen gewissen Shakespeare, der die Stürme des Geschmacks- und Gesinnungswandels unbeschadet überstanden hat. Ich selbst wurde Zeuge, um nicht zu sagen: Opfer eines tiefgreifenden Paradigmenwechsels in meinem Fach. Im Mittelpunkt standen fortan vor allem weibliche Autorinnen, Vertreter ethnischer Minderheiten und postkoloniale Autoren. Alles hatte Bedeutung, sofern es nur gegen den Kanon weißer Männer und die westliche Tradition angeschrieben war. Damals hatte ich das Gefühl, noch einmal von Null anfangen zu müssen. Heute frage ich mich: Wie konnte ein kanonisierter Heiliger wie Pound nach so kurzer Zeit wieder in der Versenkung verschwinden? Dieser Frage möchte ich in drei Schritten nachgehen und mich dabei zunächst Pounds Leben, dann seinem Werk und schließlich einzelnen Cantos zuwenden.

Pounds Leben

Ezra Weston Loomis Pound, der am 30. Oktober 1885 in einer kleinen Stadt in Idaho geboren wurde, hat Romanistik an der Universität von Pennsylvania studiert. Seine erste Stelle als Lecturer endete nach vier Monaten, weil er eine Not leidende Künstlerin in sein Quartier aufgenommen hatte und dafür im puritanischen Amerika der Unzucht angeklagt wurde. 1908 kam der Bohemien nach London, wo er Teil eines Künstler-Kreises wurde, dem auch Philosophen, Maler und Bildhauer angehörten.

Pound verdiente sich sein Geld als Herausgeber einer literarischen Zeitschrift und als Sekretär des irischen Dichters William Butler Yeats. 1917 veröffentlichte er seine ersten drei Cantos in der von ihm herausgegebenen Zeitschrift *Poetry*. Von 1920 bis 1924 lebte er in Paris und verkehrte mit Künstlern wie Joyce, Hemingway und Jean Cocteau. 1925 zog er nach Rapallo, wo er den größten Teil seines Lebens verbrachte. Soweit klingt seine Biographie noch wie die eines normalen Literaten des 20. Jahrhunderts. Mit Beginn des zweiten Weltkrigs weicht Pounds Biographie allerdings vom idealtypischen ‚Portrait of the Artist' ab und nimmt nachgerade die Form einer antiken Tragödie an, die von Eigensinn, Größenwahn, Verblendung, Strafe, physischer Qual, Skandal und öffentlicher Erniedrigung handelt.

Abb. 11; links: Pound im Jahre 1916;[4]
rechts: *Ezra Pound*, Zeichnung von Henri Gaudier-Brzeska
(Privatbesitz; Fotografie von Aleida Assmann)

Die Chronik dieses Lebensstrangs beginne ich mit dem 30. Januar 1933, dem Tag von Hitlers Machtergreifung in Deutschland. An diesem Tag hatte Pound ein Treffen mit Mussolini in Rom. Er hatte dem Duce zuvor einen Band mit 30 Cantos zugesandt. Dieser blätterte bei der Zusammenkunft oberflächlich in dem Buch herum und fand es „divertente", also unterhaltsam, nicht gerade ein besonders passendes Wort für den sperrigen Text. In narzisstischer Verblendung nahm Pound dies jedoch als Bestätigung dafür, dass Mussolini sein komplexes Werk intuitiv mit einem Blick erfasst hatte und dass überhaupt große Staatsmänner die wirklich kompetenten Leser seiner Cantos seien. Pound erläuterte Mussolini in der Audienz seine wirtschaftlich-politischen Grundsätze und fügte hinzu, dass er beabsichtige, alle seine Gedanken in eine Ordnung zu bringen. „Warum wollen Sie alle Ihre Gedanken in eine Ordnung bringen?", soll Mussolini gefragt haben. „Um meines Gedichtes willen", war Pounds Antwort, womit er die *Cantos*

---

4 Stock: *The Life of Ezra Pound* (Anm. 1), o.S., Abb. 8. Reproduziert mit freundlicher Genehmigung von Taylor & Francis Books UK.

meinte. Dieses kurze Treffen vertiefte Pounds Überzeugung, dass Mussolini über einen großen Geist und eine pfeilschnelle Auffassungsgabe verfügte.[5]

Abb. 12: Pound als Kriegsgefangener[6]

Anfang Mai 1945 kamen zwei antifaschistische Partisanen an seine Tür und nahmen den Kollaborateur fest. Den Partisanen entkam er, indem er sich den Amerikanern stellte. Von diesen wurde er in Genua in Verwahrung genommen und bald darauf, auf Anweisung von Washington, in ein Gefangenenlager bei Pisa gebracht, in dem unter den härtesten Bedingungen die schwersten Kriegsverbrecher interniert waren. Die winzigen Einzelzellen glichen Raubtierkäfigen; sie boten keinen Schutz vor Sonne, Regen und Kälte. Anfangs schlief er mit einer Decke auf der Erde; sprechen durfte er mit niemandem, aber er bekam einige Bücher – Konfuzius und die Bibel – sowie etwas Schreibzeug. Nach drei Wochen erlitt er einen Nervenzusammenbruch und musste in den Krankenblock überführt werden.[7] Sobald er wieder zu sich kam, hielt er den Ärzten Volksreden über Wucher und die amerikanische Verfassung. Er propagierte den Konfuzianismus als einzig vernünftige Staatsform des Nachkriegs-Europa und wollte mit seinen Übersetzungen und Schriften zu dessen allgemeiner Verbreitung beitragen. „Es

---

[5] Vgl. Stock: *The Life of Ezra Pound* (Anm. 1), S. 306 f.

[6] Ezra Pound und Dorothy Pound: *Letters in Captivity 1945-1946*, hg. von Omar Pound und Robert Spoo, New York 1999, o.S., Abb. 1.

[7] Über diese Zeit gibt ein inzwischen veröffentlichter Briefwechsel zwischen Ezra und Dorothy Pound Aufschluss. Vgl. Ezra Pound und Dorothy Pound: *Letters in Captivity* (Anm. 6).

klingt vielleicht großspurig", erklärte er, „aber wir sind ja auch aus einem großen Krieg herausgekommen. Und irgendjemand muss seinen erwachsenen Kopf anstrengen, um mit dem Welt-Problem fertig zu werden!"[8] Sein Rezept wollte er unbedingt dem Präsidenten Truman mitteilen. Die Situation könnte grotesker nicht sein: Während Pound objektiv wegen Hochverrats verurteilt und eingesperrt war, glaubte er subjektiv weiter an seine große Aufgabe, die höchste Politik in Sachen Nachkriegs-Ordnung beraten zu müssen. Für ihn gab es keinen Zweifel, dass man mithilfe seiner neuen Konfuzius-Übersetzung die anstehenden Weltprobleme würde lösen können.

Abb. 13: Die Käfige in Pisa; ganz links Pounds verstärkter Käfig
(National Archives 111-SC-250735)[9]

In Pisa hat er seine Erfahrungen in elf Gesängen verarbeitet, die im allgemeinen Urteil zu seinen besten gehören. Auf diese will ich abschließend näher eingehen. Hier nur ein schnelles Resümee seiner weiteren Lebensgeschichte. Im November wurde er nach Washington gebracht, um ihm als Staatsfeind den Prozess zu machen. Seine Freunde konnten erwirken, dass er einer Gruppe von Psychiatern vorgestellt wurde, die einstimmig zu dem Urteil kamen, dass er „verrückt und nicht vernehmungsfähig" sei. Im medizinischen Gutachten steht unter anderem:

---

[8] Zit. nach Stock: *The Life of Ezra Pound* (Anm. 1), S. 410 (Übers. A. A.).
[9] Ezra Pound und Dorothy Pound: *Letters in Captivity* (Anm. 6), o.S., Abb. 30.

Er beharrt darauf, dass seine Rundfunkbotschaften keinen Verrat enthielten und aus seiner selbstgewählten Mission entsprangen, die amerikanische Verfassung zu retten. Er ist völlig größenwahnsinnig, übersteigert und exuberant in seinem Verhalten, er steht unter einem starken Rededruck, der sprunghaft und fahrig ist.[10]

Pound wurde daraufhin ins St. Elizabeth Hospital für Geisteskranke in Washington eingewiesen, wo er von November 1945 bis April 1958 zwölfeinhalb Jahre hinter Schloss und Riegel verbrachte. Seine Freunde taten für ihn, was sie konnten und besuchten ihn regelmäßig im Irrenhaus, wo er Hof hielt und den jungen Talenten gute Ratschläge mit auf den Weg gab. Während dieser Zeit setzte die Pound-Rezeption ein; seine Gedichte, Übersetzungen und Artikel erschienen zuhauf in englischen und amerikanischen Zeitschriften und Verlagen. 1949 wurde Pound der mit 1000 Dollar dotierte prestigiöse Bollingen-Preis verliehen. Die Entscheidung war damals keineswegs unumstritten; ein Mitglied des Preis-Komitees, Karl Shapiro, Herausgeber der *Partisan Review*, erklärte, dass er als Jude keinen Antisemiten ehren könne. Die Fürsprecher vertraten dagegen die Ansicht, dass literarischer Wert unabhängig von menschlichen und politischen Faktoren zu beurteilen sei. Skandale und Meinungsverschiedenheiten konnten die Kanonisierung des Dichters Pound nicht mehr aufhalten, die in den 1950er-Jahren mit Riesenschritten voranging. Seine Werke erschienen gesammelt in renommierten Verlagen, darunter eine Ausgabe der Briefe, eine anspruchsvolle Sekundärliteratur entwickelte sich und eine *Ezra Pound Society* wurde ins Leben gerufen. 1955, als er seinen 70. Geburtstag feierte, hatte er den Höhepunkt seines Ruhms erreicht. Aus Umfragen, die von Verlagen angestoßen wurden, ergab sich, dass er der bei Weitem gefragteste amerikanische Dichter sei. Als Hemingway 1954 den Nobel-Preis erhielt, war auch Pound unter den Nominierten gewesen. In seiner Dankesrede in Stockholm erklärte Hemingway, dass der Preis eigentlich Pound gebühre und er fügte hinzu, dass dies ein Anlass wäre, ihm endlich seine Freiheit zurückzugeben. Auch Eliot, der den Nobel-Preis bereits 1948 erhalten hatte, rühmte Pound, wo immer er konnte, als den bedeutendsten Gegenwartsdichter englischer Sprache.

Bis zur Entlassung dauerte es jedoch noch einmal drei Jahre. Man einigte sich schließlich darauf, dass Pound „weder vernünftig noch verrückt" war und keine Aussicht darauf bestand, dass er die für eine Gerichtsverhandlung notwendige Zurechnungsfähigkeit zurückerlangen würde. Er kehrte mit seiner Frau nach Italien zurück und bezog zunächst ein Zimmer auf der Brunnenburg, dem Wohnsitz seiner Tochter in Tirol, bis er nach Rapallo umzog. Weitere Preise und Editionen folgten. Pound lebte als Berühmtheit und Bezugsfigur jüngerer Autoren und Intellektueller, bis er 1972 im Alter von 87 Jahren in Venedig starb.

---

[10] Stock: *The Life of Ezra Pound* (Anm. 1), S. 419 (Übers. A. A.).

Pounds Werk

Als junger Dichter kam Pound in London mit anderen Künstlern zusammen, mit denen er sich zu einer ästhetischen Bewegung zusammenschloss. Deren Ziel war nichts weniger, als die englische Dichtung auf eine völlig neue Grundlage zu stellen. Zu den Forderungen dieser Gruppe gehörte

(1) der radikale Bruch mit der gefühligen und metrisch monotonen englischen Dichtung des 19. Jahrhunderts einschließlich all ihrer sprachlichen und bildlichen Klischees
(2) der Anschluss an Baudelaire und die Tradition der französischen Symbolisten
(3) die Wiederbelebung antiker oder mittelalterlicher Poesie; bei Pound spielten dabei die provenzalischen Troubadours eine besondere Rolle
(4) die Erneuerung der dichterischen Sprache, die ganz auf Klarheit, Direktheit, Präzision und visuelle Anschaulichkeit ausgerichtet sein sollte.

Die Bedeutung des poetischen Bildes, das Pound als „Pigment des Dichters" bezeichnete, hat für sein Frühwerk eine so große Bedeutung, dass wir bei diesem Begriff noch ein wenig verweilen müssen. Dieser Schlüsselbegriff, „Image" steckt in der ersten Richtungsbezeichnung, die sich seine Gruppe gab: „Imagism", mit einem hörbar französischen Akzent. Diese Richtung verstand sich als Teil einer weitreichenden Kunstbewegung der klassischen Moderne in Wort, Bild und Skulptur. „Image" ist das Gegenteil von Symbol, wenn man unter letzterem ein Bild mit einer esoterischen oder festgelegten Bedeutung versteht. Das Bild der Imagisten sollte demgegenüber eine konkrete visuelle Vorstellung in Form eines unmittelbaren sinnlichen Eindrucks hervorrufen. Es durfte keinen ornamentalen Charakter haben, sondern wurde selbst zum wichtigsten Bedeutungsträger. Dieses Bild fügte sich keiner sprachlichen Rhetorik. Es stand quer zur vorfabrizierten Sprache mit ihren eingerasteten Metaphern, weil es nicht präexistierte, sondern erst im Rahmen des Gedichts zur Erscheinung kam. Die Bedeutung eines solchen Bildes steht nicht fest, man kann sie erst aus dem literarischen Arrangement erschließen.

Die Wirkungsweise seines poetischen Verfahrens hat Pound an einer eigenen Erfahrung illustriert, die er 1911 in Paris gemacht hat.[11] Er kam mit der Metro bei der Station La Concorde an und entdeckte in der Menschenmenge plötzlich ein schönes Gesicht nach dem anderen. Den ganzen Tag suchte er nach einem Ausdruck für diese Erfahrung und fand keine passenden Worte, die die Schönheit und Zartheit der Empfindung hätten vermitteln können. Am Abend des Tages hatte er eine Erleuchtung; er sah Farben und ein bestimmtes Muster. Seine visuelle Erfahrung hätte er am liebsten in einem nichtfigürlichen, abstrakten Bild ausgedrückt, das Farbe in Formen gießt. Da er aber ein Dichter und kein Maler war, vertextete Pound seine Metro-Erfahrung in einem Gedicht

---

[11] Vgl. Ezra Pound: *Vorticism* [1914], in: ders.: *Ezra Pound*, hg. von John Patrick Sullivan, Harmondsworth 1970, S. 51-54.

von 30 Zeilen. Ein halbes Jahr später kürzte er das Gedicht auf die Hälfte und nach einem weiteren Jahr entstand aus den Vorfassungen der berühmte Zweizeiler:

IN A STATION OF THE METRO
The apparition of these faces in the crowd;
Petals on a wet, black bough.

Abb. 14: Plakat in einer New Yorker Untergrundbahn (Fotografie von Aleida Assmann)

Pound machte hier Anleihen bei der Versform des japanischen Haiku, das in 17 Silben zwei Bilder und zwei unterschiedliche Stimmungen gegeneinander führt oder übereinander blendet. Das traditionelle Kompositionsprinzip des japanischen Haiku passt ausgezeichnet in die Welt der modernen Metropole und ihres neuen Mediums, des Films. Was beim Haiku die strikte Parataxe ist – es gibt keine verknüpfenden Elemente zwischen den beiden Bildern – ist beim Film der Schnitt. Die gesamte Poetik Ezra Pounds beruht auf dem Schnitt, auf den harten Fügungen, den unvermittelt zusammenstoßenden Bildern, Emotionen, Gedanken. Durch die Technik der Montage kam er zu einer Schreibweise der Verknappung und Verkürzung; das Ausgelassene ist ebenso wichtig wie das Ausgesprochene. An dem Gedicht *The Waste Land* seines Freundes T. S. Eliot hat Pound als besserer Schmied, als „miglior fabbro", wie es in der Widmung heißt, mitgewirkt, indem er den Rotstift ansetzte und den Text um ein Drittel zusammenstrich. Pounds Ästhetik ist eine Ästhetik der Schere oder des Meißels: „Schneide allen Stein weg, den Du nicht willst!" war eine seiner Maximen.[12] Er hat Dichten mit Verdichten gleichgesetzt und auf lat. *condensare* zurückgeführt. Durch Verdichtung entsteht nicht nur Intensität, sondern auch Verdunklung, die bis zur völligen Unzugänglichkeit führen kann. Damit sind auch schon die Probleme von Pounds Ästhetik mit angesprochen.

Von den kleinen Formen ist Pound bald zur größtmöglichen Form übergegangen, die in der Dichtung zu haben ist. An seinen Cantos, an denen er 1914 zu schreiben begann, und von denen er 1917 erste Stücke veröffentlichte, hat er lebenslänglich gearbeitet. Meine 1975 erschienene Ausgabe der Cantos umfasst 802 Seiten und zählt durch bis zur Nummer 117, von der nur noch Fragmente vorliegen; das Gesamtwerk der Cantos ist Fragment geblieben. Die in den Gesängen (nichts anderes heißt ja das Wort) angestrebte Gattung ist das Epos, die welthaltigste Form des Gedichts. Pound definierte das Epos als ein Gedicht, das Geschichte enthält. Und, so fuhr er fort, „niemand außer einem Dummkopf kann heutzutage beanspruchen, etwas über Geschichte zu wissen, ohne etwas von Ökonomie zu verstehen".[13] Deshalb sind die Cantos vollgestopft mit ökonomischer Theorie, und zwar einer, die sich gegen die Prinzipien des modernen Kapitalismus stemmt. Darauf werden wir noch ausführlicher zurückkommen. Eines seiner literarischen Vorbilder ist der Epiker Homer. Wie James Joyce hat sich auch Pound die *Odyssee* zum Vorbild erwählt, doch anders als sein irischer Freund hat er nicht die Gesamt-Struktur der Vorlage übernommen, sondern einzelne Verse reanimiert. Daneben hat er bei einem weiteren Epos, Dantes *Divina Commedia*, Maß genommen. An Dante hat ihn die Persona des Dichter-Propheten und Welt-Richters beeindruckt, die sich das Recht nimmt, die Akteure der Weltgeschichte in Verdammte und Selige einzuteilen. Eben dieses Recht hatte auch Pound sich genommen. Mit Dantes christlichem Weltbild konnte der überzeugte Heide Pound zwar nichts anfangen; er interessierte sich nicht für individuelle Schuld und Sühne, was ihn auch von seinem christlich orientierten Freund T. S. Eliot grundlegend unterschied.[14] Sein eigener Maßstab für die Scheidung zwischen Gerechten und Ungerechten war seine ökonomische Doktrin.

Nach dieser Doktrin haben Geld und Zinswirtschaft das Übel in die Welt gebracht. Ein Zins, der auf Kapital und nicht auf Arbeit und Wert beruht, bedeutet Wucher, und Wucher, lat. *usura*, war für Pound das Krebsgeschwür der modernen Gesellschaft. Geld darf sich nicht aus sich selbst vermehren, weil dadurch die Reichen noch reicher und die Armen noch ärmer werden. Pound war jedoch kein Utilitarist oder Marxist, denn ihm war weder an einer allgemeinen Beglückung der Massen noch an einer Revolution des Proletariats gelegen. Heute würden wir sagen: Er war ein fundamentalistischer Globalisierungsgegner und bekämpfte die abstrakte, weltumspannende und vernetzende Macht des Geldes. Sein Ideal war die vormoderne Subsistenzwirtschaft, in der Arbeit und Wert noch eng beieinander lagen. Gegen die Globalisierung der Wirtschaft plädierte er für

[12] Ezra Pound: Brief an Iris Barry, 27. Juli 1916, in: *Ezra Pound* (Anm. 11), S. 61-64, hier: S. 64 (Übers. A. A.).
[13] Ezra Pound: *From „Date Line"*, in: ders.: *Ezra Pound* (Anm. 11), S. 174-176, hier: S. 176 (Übers. A. A.).
[14] T. S. Eliots Kritik in *After Strange Gods* (1934) ist abgedruckt in: Pound: *Ezra Pound* (Anm. 11), S. 181-182.

eine lokale und staatliche Kontrolle des Geldes, die ständig die Entwicklung von Produktion und Kaufkraft in Balance zu halten hat. Er kämpfte für Staatskapitalismus und Volkseigentum (*social credit*) und gegen Privatkapitalismus, Kreditwesen, Zinswirtschaft und Staatsverschuldung.

Pounds Anti-Usura-Lehre verband sich mit einer hierarchisch elitären Gesellschaftsstruktur. Gegenüber der Massendemokratie favorisierte er das autoritäre Führerprinzip, wobei er an das Ideal des weisen Lehrers oder Künstlers an der Spitze der Gesellschaft dachte. Der chinesische Philosoph Konfuzius war für ihn eine solche Leitfigur, aber auch der italienische Diktator Mussolini, in dem Pound einen Retter Europas und Patron der Künste sah. Was er nicht sah, war die politische Realität des Führerprinzips als totalitäre Konzentration von Macht in der Spitze, die im 20. Jahrhundert, mit Unterstützung einer willfährigen Bürokratie, zu menschenverachtenden Verbrechen und zum ungeheuerlichsten Völkermord geführt hat. Wie viele seiner Zeitgenossen sah Pound in jüdischen Bankiers Vertreter einer „Usurocracy", die nach dem Fall Napoleons Europa beherrschte,[15] und machte den jüdisch internationalen Privatkapitalismus verantwortlich für Kriege und Kulturzerstörung. Was er nicht sah und als Zeitgenosse auch weiterhin nicht sehen wollte, war der reale Prozess der Geschichte, dem Millionen von Juden in Europa zum Opfer fielen.

Lektüre einiger Cantos

Die Cantos sind ein gigantisches Patchwork, in dem eine Vielfalt von Sprachen und Zeichen in unorthodoxer Orthographie, mündlicher Rede, schriftlichen Zitaten hart aneinander stößt. Sie sind ein verbales Universum aus Hohem und Niedrigem, sowie Abbild eines idiosynkratischen Geistes und eigenwilligen Gedächtnisses.

Canto I

Pounds Cantos sind in die homerische Tradition hineingeschrieben. Der erste Gesang beginnt mit einer Variation des 11. Buches der *Odyssee,* das davon erzählt, wie Odysseus und seine Kameraden sich von Circe lösen und ihre Reise wieder aufnehmen. Nach den erforderlichen rituellen Vorkehrungen tritt Odysseus seinen Abstieg in die Unterwelt an, um von den Toten etwas über sein zukünftiges Schicksal zu erfahren. Pounds Epos setzt weder mit einem förmlichen Musenanruf noch mit einer allgemeinen Zusammenfassung seines Themas ein, sondern mit einem unvermittelten „And". Das Gedicht ist im weitesten Sinne ein Reisegedicht; seine Protagonisten sind die großen Wanderer zwischen den Welten: neben Odysseus tauchen u.a. Gilgamesch, Aeneas, Herodot, Appolonius von Tyra, Vasco da Gama und Marco Polo auf. Das Epos handelt aber nicht nur von geografischen Abenteuern, es ist auch ein Logbuch von Pounds Lektüren, Erfahrungen, Einsichten und eine unvollendete und unvollendbare Suche nach Wissen.

15 Stock: *The Life of Ezra Pound* (Anm. 1), S. 384.

364

Von Anfang an arbeitet Pound intertextuell; sein modernistisches Verfahren überblendet ständig verschiedene Referenztexte wie in einem Palimpsest, einer mehrfach ausradierten und immer wieder überschriebenen Pergamenthandschrift. Im Fall des ersten Cantos sind es Homers *Odyssee,* das angelsächsische Gedicht „The Seafarer" aus dem 8. Jahrhundert und die lateinische Übersetzung der Unterweltreise des Odysseus durch einen gewissen Andreas Divus aus dem 16. Jahrhundert. Die Texte, so lernen wir von Anfang an, sind keine stabilen, überzeitlichen Größen, sondern haben ihre eigenen abenteuerlichen Reisen durch die Jahrhunderte hinter sich, wozu auch Übersetzungen, Umschreibungen und Druckausgaben gehören sowie die Zufallsfunde von alten Büchern in Buch-Antiquariaten. Genauso wie Pound sie in seinen Cantos verwebt, so existieren die Texte auch im menschlichen Gedächtnis – in unvollständigen Spuren, in assoziativen Clustern und verformenden Überblendungen. Pound geht im Folgenden noch einen entscheidenden Schritt weiter und vermischt ganz systematisch unterschiedliche Traditionen, Dimensionen und Kulturen miteinander, wie sein Freund Eliot dies auch in seinem 1922 erschienenen Gedicht *The Waste Land* tat: Christliches und Heidnisches, Westliches und Östliches, Archaisches und Modernes, Traditionelles und Individuelles, Ewiges und Ephemeres stoßen hier aufeinander.

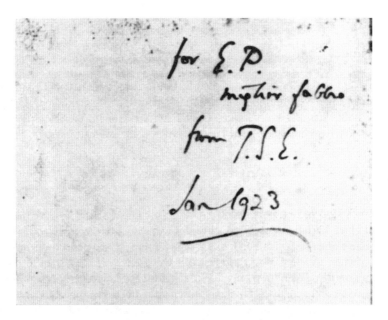

Abb. 15: T. S. Eliots an Pound gerichtete Widmungsinschrift im Manuskript des *Waste Land*[16]

---

[16] Stock: *The Life of Ezra Pound* (Anm. 1), o.S., Abb. 10. Reproduziert mit freundlicher Genehmigung von Taylor & Francis Books UK.

Das Metrum ist nahe am Blankvers gehalten, jedoch vermeidet es jegliche rhythmische Monotonie und verbindet sich fugenlos mit freien Versen. Der Aufbau des Cantos wird durch die wiederholten ‚Ands‘ strukturiert, die einen kunstlosen, mündlichen Erzählgestus suggerieren. Die Sprache ist leicht archaisierend in der Wortwahl (anstelle von „black" steht bei ihm „swart"[17]) und modelliert ihren Gegenstand plastisch in eigenwilligem Satzbau; besonders eindrücklich ist die Bilderkraft der Sprache und die konkrete Präzision des Ausdrucks (anstelle von „sail" steht „bellying canvas").[18]

Wie sein anderes großes Vorbild Dante eröffnet Pound sein Gedicht in der Hölle. Am Anfang stehen die Hypotheken der Vergangenheit, verkörpert durch des toten Gefährten Elpenors Bitte um ein Grab, die unschwer als Verweis auf die toten Freunde des Ersten Weltkriegs, darunter der junge Kunsttheoretiker T. E. Hulme und der Bildhauer Gaudier-Brzeska, gelesen werden kann. Dann folgt die Weissagung des Tiresias, der ihm die Rückkehr in die Heimat in Aussicht stellt. Der Satz „Lose all companions"[19] sollte sich für Pound 30 Jahre später in Genua und Pisa verwirklichen. Als Widerpart zu Circe wird am Ende des ersten Cantos Aphrodite als eine Lichtgestalt eingeführt, die aus der Dunkelheit der Unterwelt heraus bereits einen ersten Blick auf ein helles Paradies freigibt. Diese letzten fünf Verse, die wiederum nicht das Produkt von Pounds eigener Erfindung sind, sondern einem homerischen Hymnus nachgebildet sind, enthalten Anspielungen auf spätere Themen der Cantos. Ihre dominierende Farbe ist Gold, womit das Metall ihrer Krone und ihres Schmucks, aber auch die Zauberqualität des Wege öffnenden Hermes-Zweigs bezeichnet ist.

Canto 45

Dieser Gesang, der in einer biblisch archaisierenden Sprache geschrieben ist („usura rusteth the chisel, it gnaweth the thread in the loom [...]"[20]) steht in der Tradition mittelalterlicher Klagelieder und allegorischer Dramen. Hier wird das beschrieben, was in Pounds polito-poetischem Universum die Stelle des Bösen einnimmt. Es ist kein persönlicher Widersacher oder eine mythische Gestalt wie Satan, sondern das ökonomische Prinzip des Wuchers. Diese schlichten und bündigen Verse zeigen, dass der literarische Modernist Pound in Sachen Gesellschaftssystem und Ökonomie dezidiert antimodern denkt und das klassische Zeitalter der Kultur in der Vormoderne verortet. Der Gesang handelt von der Einführung von Geld und Marktwirtschaft, in der Pound einen Sündenfall der Menschheitsgeschichte erkannte. Er schildert eine Welt, die bis ins 15. Jahrhundert hinein noch in Ordnung ist; die Künste florieren in Musik, Architektur, Malerei und Dichtung. Aber nicht nur die Künste verkommen mit Usura, auch das Leben der Menschen wird schal, das Brot schmeckt nicht mehr, Arbeitslosigkeit herrscht, und die, die arbeiten, verdienen nichts. Die großen Maler des 13. bis 15. Jahrhunderts sind in einer kapitalistischen Welt undenkbar. Pounds Metaphern für das kapitalistische System sind

---

[17] Ezra Pound: *Canto I*, in: ders.: *The Cantos of Ezra Pound*, London 1975, S. 3-5, hier: S. 3.
[18] Ebd.
[19] Ebd., S. 5.
[20] Ezra Pound: *Canto XLV*, in: ders.: *The Cantos* (Anm. 17), S. 229-230, hier: S. 230.

solche der Krankheit: Viehseuche und Mehltau, die Tiere und Pflanzen befallen. Die Usura-Krankheit befällt nicht nur die Künste, die Pflanzen und die Tiere, sondern auch die Menschen: sie legt sich lähmend zwischen Mann und Frau und verwandelt das Mysterium der Liebe in eine käufliche Ware. Im Gegensatz zu Autoren wie Dante oder T. S. Eliot kommt Pounds moralisches Universum ganz ohne theologische Referenzen aus; der Sündenfall, gegen den er anschreibt, ist kein Abfall von Gott, sondern von der Natur: „usura, sin against nature ... CONTRA NATURA(M)".[21] Hier gewinnt die Anklage des Gedichts eine doppelte Spitze, die sowohl gegen den Kapitalismus als auch die christliche Religion gerichtet ist. Denn nicht erst der Kapitalismus hat den Eros entweiht, das hat bereits das sinnenfeindliche Christentum getan, das an die Stelle des hellenischen Kults der körperlichen Liebe und Ekstase die Hochschätzung von Reinheit und Askese gesetzt hatte.

Canto 81

Canto 81 ist einer der sogenannten *Pisaner Gesänge*, die in Pounds Haft entstanden sind und diese autobiographische Grenzsituation verarbeiten. Ich konzentriere mich auf die letzten 40 Verse dieses Textes, die für Pounds Verhältnisse erstaunlich dicht und zusammenhängend sind und als eine eindrucksvoll schlichte und hellsichtige Summe seiner Lebenserfahrung gelesen werden können.

> [...]
> What thou lov'st well remains,
>   the rest is dross
> What thou lov'st well shall not be reft from thee
> What thou lov'st well is thy true heritage
> Whose world, or mine or theirs
>   or is it of none?
> First came the seen, then thus the palpable
>   Elysium, though it were in the halls of hell,
> What thou lov'st well shall not be reft from thee
>
> The ant's a centaur in his dragon world.
> Pull down thy vanity, it is not man
> Made courage, or made order, or made grace,
> Pull down thy vanity, I say pull down.
> Learn of the green world what can be thy place
> In scaled invention or true artistry,
> Pull down thy vanity,
>   Paquin pull down!
> The green casque has outdone your elegance.

---

[21] Pound: *Canto XLV* (Anm. 20), S. 230.

"Master thyself, then others shall thee beare"
     Pull down thy vanity
Thou art a beaten dog beneath the hail,
A swollen magpie in a fitful sun,
Half black half white
Nor knowst'ou wing from tail
Pull down thy vanity
        How mean thy hates
Fostered in falsity,
        Pull down thy vanity,
Rathe to destroy, niggard in charity,
Pull down thy vanity,
        I say pull down.
But to have done instead of not doing
        this is not vanity
To have, with decency, knocked
That a Blunt should open
      To have gathered from the air a live tradition
or from a fine old eye the unconquered flame
This is not vanity.
     Here error is all in the not done,
all in the diffidence that faltered.[22]

Hier legt sich ein Sprecher Rechenschaft ab über die letzten Werte kultureller Kreativität und menschlicher Existenz. Die Form ist die einer inneren Zwiesprache, des Selbstgesprächs, welches die einzige Form von Kommunikation ist, die dem in Einzelhaft Gefangenen verbleibt. Das *alter ego* wird nicht mit „you" sondern mit „thou" angesprochen; wo immer Grundsätzliches artikuliert wird, verfällt der Dichter in die Sprache Shakespeares oder der Bibel. Die empathische Geformtheit und Solemnität der Sprache kommt auch im regelmäßigen Rhythmus des Blankverses und in der insistierenden Wiederholung einzelner Zeilen zum Ausdruck. Hier spricht nicht nur jemand in mahnendem Ton zu sich selber, hier hämmert sich zugleich jemand mit großer Energie etwas in sein Gedächtnis ein.

In diesen Versen spricht der Dichter vom äußersten Nullpunkt seiner Existenz aus. Die ganze weite Welt ist auf den Umfang des Pisaner Eisenkäfigs reduziert und muss von diesem Standpunkt aus neu vermessen und bewertet werden. Die erste Einsicht lautet:

What thou lov'st well remains,
          the rest is dross
What thou lov'st well shall not be reft from thee[23]

Der hier auf seine nackte Existenz Reduzierte entdeckt das, was unveräußerlich ist: den kulturellen Schatz seines Gedächtnisses. Im Stahlbad dieser Grenzsituation scheidet

---

[22]   Ezra Pound: *Canto LXXXI*, in: ders.: *The Cantos* (Anm. 17), S. 517–522, hier: S. 520 f.
[23]   Ebd., S. 521.

sich das Wesentliche vom Unwesentlichen; das, was geliebt wird, läutert sich zu Gold, der Rest fällt ab wie Schlacke. Je radikaler die Reduktion seines Lebens, desto wertvoller wird der kleine Teil der Überlieferung, der sich als letztes Überlebensmittel erweist. Die zweite Einsicht lautet:

> Pull down thy vanity, I say pull down[24]

Hier geht es um eine Relativierung der Perspektiven – die Ameise ist ein Centauer in ihrer kleinen Welt – sowie um die Überwindung von Hochmut und Größenwahn. Die Verse schwören aller Eitelkeit ab und sind eine Einübung in Bescheidenheit, eine Tugend, für die Pound bisher wenig mitbrachte. Schlichtheit und Echtheit setzt er gegen Anmaßung, Großspurigkeit, Affektiertheit. Der Mensch erhält seine Norm von den Proportionen und Formen der Natur. Der an die Grenze seiner Existenz versetzte Mensch erlebt sich als Tier: als geprügelter Hund und aufgeschwollene Elster, beide der Witterung in Kälte und Hitze erbarmungslos ausgesetzt. Im Bild des Hundes sieht sich der Gefangene als Opfer und Objekt gewalttätiger Züchtigung: „Thou art a beaten dog beneath the hail".[25] Das Bild der Elster kehrt dagegen andere Seiten hervor:

> A swollen magpie in a fitful sun,
> Half black half white
> Nor knowst'ou wing from tail[26]

Die Geschwollenheit der Elster kann sowohl auf die schädliche Einwirkung der Sonnenhitze zurückgeführt werden als auch auf eigenen Hochmut hindeuten. Die Zeile „halb schwarz, halb weiß" nimmt das konkrete visuelle Bild der Elster auf, doch wird der Farbcode zugleich auch durchsichtig auf das aus diesen Zeilen verdrängte Problem der Schuld. Der Gefangene, der hier spricht, revidiert sein Leben ja nicht in den Kategorien von Schuld oder Unschuld, sondern von Tugenden und Lastern. Während er von der Außenwelt nach den rechtlich-kriminalistischen Kategorien von Schuld und Unschuld verurteilt wird, verarbeitet er seine Situation intern auf einer rein moralischen Ebene. Die Formel „Halb schwarz, halb weiß" ist ambivalent; sie lässt eine gewisse Einsicht in die eigene Verfehlung erkennen, doch relativiert sie sie zugleich wieder durch die Balance, die hier hergestellt wird. Die Zeile „Nor knowst'ou wing from tail" ist ebenso ambivalent; sie spricht das Thema der geistigen Verwirrung an, die entweder als Folge der Haftbedingungen oder als Zugeständnis eigener Unzulänglichkeit gelesen werden kann. Einen noch deutlicheren Akzent setzen die folgenden Zeilen, in denen der Sprecher nicht nur seinen Eitelkeiten, sondern auch seinen Leidenschaften abschwört; er distanziert sich von seinem Hass, seiner Rechthaberei, seiner Gewalttätigkeit und beklagt den eigenen Mangel an Mitgefühl. Diese Verse enthalten Pounds explizitteste Selbstkritik, die hier fast als Auftakt einer Konversion erscheint. Diese Verse entwickeln eine geradezu hypnotische Kraft. Man kann sich ihrer Sprach-Melodie kaum

---

[24] Pound: *Canto LXXXI* (Anm. 22), S. 521.
[25] Ebd.
[26] Ebd.

entziehen; sie besitzen eine archaische Wucht, die der äußersten sprachlichen Reduktion und Selbstzurücknahme geschuldet ist.

Am Schluss des Gedichts folgt noch eine dritte Einsicht, und die lautet:

> But to have done instead of not doing
> this is not vanity[27]

Handeln ist also besser als Nichthandeln. Unter dem Strich verbleibt damit eine minimalistische Anerkennung der eigenen Lebensleistung – der Dichter als Wegbereiter einer neuen Denkart, als Bewahrer einer lebendigen Tradition und eines vergessenen Feuers. Er betont nicht das eigene Genie und Schöpfertum, sondern die dienende Funktion seiner künstlerischen Aktivität: es geht ihm um das Entdecken und Ermöglichen, das Einsammeln und das Erhalten der Leistungen anderer. So übereilt und destruktiv sein politischer Eifer gewesen sein mag, so positiv und konstruktiv ist insgesamt sein künstlerischer Eifer zu bewerten.

Zusammenfassung

Die Cantos sind das Gedicht einer Reise um die Welt – in die Geschichte, durch die Kulturen, ins kulturelle und individuelle Gedächtnis und in die unsortierten Wirbel der eigenen Gedanken, Ideen, Erfahrungen und Assoziationen. In diesem Sinne sind sie, anders als Dantes *Divina Commedia,* eine Fahrt mit ungewissem Ausgang und also – gut homerisch – auch eine Irrfahrt sowie, zu einem gewissen Teil, die Fahrt eines Irren. Was soll man – so möchte ich abschließend fragen – von diesem Werk und seinem Schöpfer halten? Das Urteil kann in beiden Fällen nicht anders als widersprüchlich ausfallen.

Zunächst zur *Person.* Seine Freunde und Frauen (er lebte mit zweien zusammen, von beiden hatte er Kinder) faszinierte Pound durch seine pittoreske, bohemehafte Vitalität und seinen bulligen Esprit. Für Freunde und junge Künstler war er eine unerschöpfliche Ressource an physischer Unterstützung und geistiger Herausforderung. Als *Dichter* war er ein Sprach-Genie und hatte ein untrügliches Gespür für die Dynamik der Sprache und die Musik von Lauten und rhythmischen Kadenzen. Mit seinem Kampf gegen Konventionen und Floskeln hat er die Sprache der angloamerikanischen Dichtung von Grund auf erneuert, elastisch gemacht und in alle Richtungen erweitert – durch Verknappung und Konzentration, aber auch durch Interjektionen, Flüche, Alltagssprache und die Einschlüsse anderer Sprachen. Ohne Pound sind die Beat Poets nicht zu denken.

Als *politischer Theoretiker* war Pound ein von bestimmten Ideen besessener Weltverbesserer. Er war Heide, Enthusiast, Autodidakt, Aktivist, Eklektiker und vor allem ein Prediger, der sich im Vollbesitz der Wahrheit und der Lösungen für alle drängenden Weltprobleme wähnte. Von dieser seiner Mission war er so überzeugt, dass er in erschreckender Verblendung an seiner Zeit vorbei lebte. Er war, so drückt es sein Bio-

---

[27] Pound: *Canto LXXXI* (Anm. 22), S. 521.

graph aus, ein Ignorant, „der in seine eigenen Träume von einer besseren Welt eingekerkert war".[28] Mit dem galoppierenden Verlust an Realitätssinn steigerte sich sein
Größenwahn. Er adorierte politische Führerpersönlichkeiten wie Mussolini, auf die er
mit größter Naivität seine eigenen Narzissmen, Wünsche und Fantasien projizierte. Wie
viele seiner Zeitgenossen war er außerordentlich empfänglich für schlichte und handfes-
te Lösungen für die komplexen Probleme der modernen Gesellschaft. Was ihm an Dif-
ferenziertheit des Denkens abging, ersetzte er durch missionarischen Eifer und die un-
belehrbare Hartnäckigkeit seiner Überzeugungen. Er philosophierte mit dem Hammer;
sein Medium der politischen Kommunikation war das Manifest, die Parole, die In-
doktrination, nicht die Analyse, die Kritik, die Auseinandersetzung.

Zu seinen *Cantos*. In früheren Erläuterungen hat Pound immer die Verständlichkeit
der Cantos gegen ihre Schwierigkeit und Unzugänglichkeit, sowie die große Struktur
gegen ihren fragmentarischen Splittercharakter verteidigt. So schrieb er zum Beispiel:

> Vierzig Jahre lang habe ich mich darauf vorbereitet nicht eine Wirtschaftsgeschichte der
> Vereinigten Staaten oder irgendeines anderen Landes zu schreiben, sondern ein episches
> Gedicht, das „Im Dunkel des Waldes" beginnt, das Purgatorium menschlicher Irrtümer
> durchquert und „im Licht der weisen Meister" endet.[29]

Zwanzig Jahre später, als Pound über 80 war, soll sich folgende kleine Szene in seiner
letzten Wohnung in Venedig abgespielt haben. Man sprach über die Cantos und die
kontroversen Urteile, die sie hervorgerufen hatten. Mit bestimmtem Ton erklärte Pound
das Werk als Flickwerk oder Pfusch („a botch"). Auf die Frage, ob er damit meine, dass
es nicht funktioniere, antwortete er: „Natürlich funktioniert es nicht. Das meine ich ja
mit Pfusch." Daraufhin beschrieb er die Auslagen eines Schaufensters und fuhr fort:
„Ich hab mir dies und das herausgepickt, was mich interessiert hat, und alles zusammen
in einen Sack gesteckt. So entsteht aber noch kein Kunstwerk."[30] Die Fülle der Fetzen,
die Pound in seinem Werk zusammengeflickt hat, wird durch den Magnet seines Geistes
zusammengehalten. Das ist jedoch noch keine objektive poetische Struktur, die allgemein und dauerhaft rezipiert werden könnte. Seine Freunde konnten noch an seinem
lebendigen geistigen Magnetfeld partizipieren und mithelfen, die Leser in Pounds literarisches Universum zu initiieren.

Nachdem diese Kette einer stützenden mündlichen Pound-Tradition abgerissen ist,
fällt die Einweihung für nachgeborene Leser in dieses obskure und teilweise auch obs-
kurantistische Werk immer schwerer. Diesen ist schwer zu vermitteln, dass man sich
erst durch diverse Lexika und Geschichtsbücher hindurcharbeiten muss, bevor man
zehn zusammenhängende Pound-Verse lesen und genießen kann. Diese Schwerarbeit
und die Unsicherheit des Ertrags ist dafür verantwortlich, dass die Cantos inzwischen zu
einem vergessenen Text geworden sind. Sie sind aber nicht nur ein vergessener, sie sind

---

28 Stock: *The Life of Ezra Pound* (Anm. 1), S. 336 (Übers. A. A.).
29 Ezra Pound: *An Introduction to the Economic Nature of the United States*, in: ders.: *Impact.
    Essays on Ignorance and the Decline of American Civilization*, hg. von Noel Stock, Chicago
    1960, S. 15-40, hier: S. 15 (Übers. A. A.).
30 Zit. nach Stock: *The Life of Ezra Pound* (Anm. 1), S. 547 f. (Übers. A. A.).

auch ein verworfener Text. Schon den Namen Pounds zu nennen, ist heute politisch höchst inkorrekt, ja fast tabu; aufgrund seiner faschistischen Neigungen und antisemitischen Äußerungen ist ein moralischer Bann über Person und Werk verhängt. Es ist zu hoffen, dass dieser Bann wieder einmal einem kritischen Interesse Platz machen wird. Mit kritischem Interesse meine ich: den Dichter anzuerkennen, „der die seltene Gabe besaß, das in Worte zu fassen, was jenseits der Worte liegt".[31] Diese Anerkennung kann freilich nicht vom Autor als historischer Person absehen, sondern muss sich auch mit ihren Verirrungen und den politischen Katastrophen des 20. Jahrhunderts auseinandersetzen. Gewiss ist die hohe Zeit der Pound-Kanonisierung ein für alle Mal vorbei. An seinem Fall kann man jedoch viel über die komplexe Dialektik der Moderne lernen. „Die ‚logische' Reduktion", schreibt Eva Hesse, virtuose Übersetzerin und vormals enthusiastische Anhängerin des Dichters, „mit der Pound den Krieg auf den Wucher, den Wucher auf den Juden zurückführte, ist ein Musterbeispiel für jene monokausale Fixierung, die in Gegensatz zu dem ‚multilinearen' Denken seines modernistischen dichterischen Programms steht."[32] Sein Beispiel zeigt, wie eng sich ästhetische Avantgarde mit reaktionärer Politik verbinden kann.

---

[31] Stock: *The Life of Ezra Pound* (Anm. 1), S. 460 (Übers. A. A.).
[32] Eva Hesse: *Die literarische Reproduktion des Führerprinzips. Anhänger und Rivalen des Faschismus*, in: *Funkkolleg. Literarische Moderne. Europäische Literatur im 19. und 20. Jahrhundert*, hg. von Rolf Grimminger u.a., Hemsbach 1994, S. 1-45, hier: S. 39.

Kapitel 6

Joyces Dublin

Im April 2001 hielt Wim Wenders einen Vortrag in Princeton, in dem er in anderthalb Stunden nicht mehr und nicht weniger erläuterte als den geistigen Motor, der hinter seinem gesamten filmischen Schaffen steht. Dabei setzte er sich von der Hollywood-Industrie ab, deren Erfolg für ihn eindeutig auf das Prinzip der *story* gegründet sei. Bei ihm dagegen komme immer der Ort vor der Geschichte. Während im Hollywoodfilm die Handlung alles ist und die Schauplätze in der Regel beliebig austauschbar sind, gehen bei Wenders Personen und Geschichten aus Orten hervor und bleiben an sie gebunden. Er hat mehrere solcher Orte unvergesslich gemacht, man denke nur an *Paris, Texas* oder *Himmel über Berlin*.

James Joyce teilt mit Wenders das Prinzip, dass Geschichten aus Orten emanieren. Doch im Gegensatz zu Wenders gibt es für Joyce nicht mehrere und immer neue Orte der Faszination, sondern nur einen einzigen, und das ist Dublin. Dublin – das bei Joyce auch in Variationen als „Doubling" oder „Dyoublong?" erscheint – ist der einzige und einmalige Schicksalsort, das literarische Gravitationszentrum aller seiner Schriften. Die Stadt Dublin ist der kontinuierliche Held seiner Werke. Joyce wurde 1882 in dieser Stadt geboren und lebte hier die ersten 22 Jahre seines Lebens; 1904 verließ er sie mit seiner Lebensgefährtin Nora Barnacle. Zwei Drittel seines Lebens hat er im freiwilligen Exil verbracht und dabei andere europäische Städte kennengelernt: Triest, Zürich, Paris und auch Rom, aber keine davon spielt in seinen Texten eine Rolle. Wie erklärt sich diese überaus zähe Bindung an den Ort seiner Herkunft? Ich möchte drei Erklärungen versuchen, die sich nicht ausschließen.

Erste Antwort: Joyce hat seine ersten entscheidenden Jahre in dieser Stadt gelebt. Sie ist der Schauplatz seiner familiären Lebensgeschichte, seiner Kindheit, Jugend und Reife. Die Psychologen gehen davon aus, dass wir für das, was wir in diesem biographischen Zeitraum erleben, besonders sensibel sind und dass es uns lebenslänglich prägt. Der in dieser Stadt erworbene Erfahrungs- und Wissensschatz ist in der Tat das literarische Kapital, mit dem Joyce zeit seines Lebens gewuchert hat. Der Schriftsteller ist der Ausbeuter seiner eigenen Lebensgeschichte. Was Günter Grass vom Schriftsteller im Allgemeinen gesagt hat, nämlich dass „wiedergekäute Erinnerungen [...] sein Hauptnahrungsmittel"[1] sind, trifft in besonderer Weise auf *Joyce* zu. Bei Günter Grass heißt es: „Der Schriftsteller erinnert sich professionell. Als Erzähler ist er in dieser Disziplin trainiert. [...] [Er beutet] seine Erinnerung aus und notfalls die Erinnerung frei

---

[1] Günter Grass: *Die Zukunft der Erinnerung*, hg. von Martin Wälde, Göttingen 2001, S. 29.

erfundener Personen. Erinnerung ist ihm Fundgrube, Müllhalde, Archiv. Er pflegt sie, wie man nachwachsenden Schnittlauch pflegt."[2]

Zweite Antwort: Irland ist ein Auswanderungsland, und Joyce ist ein Exilautor. Er gehört zu jenen vielen, die dieses Land verlassen haben. Aber im Gegensatz zu anderen Auswanderern hat Joyce sich von diesem Land geistig und emotional keinen Schritt weit entfernt. Er konnte in dieser Stadt aus vielen Gründen (die wichtigsten sind seine Familie, der Provinzialismus, der Katholizismus, der Nationalismus und die Supermacht des British Empire) nicht leben, aber er konnte auch nicht wirklich woanders leben. Sogar dem irischen Klima trauerte er nach in der „verdammten albernen Sonne" von Triest. „The damned monotonous summer was over and the rain and soft air made me think of the beautiful (I am serious) climate of Ireland. I hate a damn silly sun that makes men into butter."[3] Sein Exil bot ihm einen Sicherheitsabstand von dem, was ihn in Irland bedrohte, aber wirklich entfernen von seiner Heimat konnte und wollte er sich nicht. Joyces Hassliebe zu Irland drückt sich in diesem ambivalenten Verhältnis von räumlicher Ferne und emotionaler Nähe aus. Er musste gewissermaßen zurücktreten, um schärfer sehen zu können. Was er hinter sich ließ, das baute er, Haus für Haus, Straße für Straße, Kneipe für Kneipe, Kirche für Kirche, mit Tinte auf weißem Papier noch einmal auf. Der Exilautor ersetzte dabei die wirkliche durch die erschriebene Stadt, ähnlich wie es Grass unter anderen Bedingungen für den Umgang mit seiner Heimatstadt Danzig beschrieben hat:

> So ist mir die verlorene Heimat zum andauernden Anlass für zwanghaftes Erinnern, das heißt für das Schreiben aus Obsession geworden. Etwas, das endgültig verloren und ein Vakuum hinterlassen hat, das mit dem Surrogat der einen oder anderen Ersatzheimat nicht aufgefüllt werden konnte, sollte auf weißem Papier Blatt für Blatt erinnert, beschworen, gebannt werden, und sei es verzerrt, wie auf Spiegelscherben eingefangen.[4]

Dritte Antwort: Wie bereits angedeutet, verbindet Joyces Dublin als imaginäre, literarische Stadt die Qualitäten des örtlich Spezifischen mit kosmopolitischer Universalität. Von der Überblendung von *local* und *global* möchte ich hier nicht sprechen, auch nicht von Dublin als Omphalos, als Nabel der Welt oder ir(d)ischem Jerusalem. Die provinzielle Hauptstadt Irlands mit ihrer exakten Topographie ist ganz und gar kein Weltmittelpunkt, sondern bleibt ein dezentraler Ort irgendwo an der Peripherie. Diese Stadt ist kein Zentrum, wohl aber ein Mikrokosmos, der die große Welt im Kleinen abbildet. In Joyces Werken zieht sich die ganze Welt auf diesem Flecken zusammen, sie reduziert sich auf eine Stadt, und diese Stadt wird transformiert in ein Buch. Joyce war der Überzeugung, dass der Weg zum Universalen über das Lokale führt. Er hat einmal gesagt: „Was mich anbetrifft, ich schreibe immer über Dublin, denn wenn ich zum Herzen von

---

[2] Grass: *Die Zukunft der Erinnerung* (Anm. 1), S. 29.

[3] James Joyce: Brief an Stanislaus Joyce vom 24. September 1905, in: ders.: *Letters of James Joyce*, hg. von Richard Ellmann, 3 Bde., New York 1966, Bd. 2, S. 109-112, hier: S. 109.

[4] Grass: *Die Zukunft der Erinnerung* (Anm. 1), S. 29-30.

Dublin vordringen kann, kann ich zum Herzen aller Städte der Welt vordringen. Im Besonderen ist das Allgemeine enthalten."[5]

Im Folgenden möchte ich genauer untersuchen, wie Joyces Dublin in seinen Texten noch einmal aufersteht. Ich werde mich dabei auf Bemerkungen zu den *Dubliners* und dem berühmten *Ulysses* beschränken. Abschließend möchte ich von Joyces Dublin zu Dublins Joyce übergehen und fragen, in welchen Formen diese Stadt heute ihres berühmten Sohnes gedenkt.

Dubliners

Die Sammlung von Kurzgeschichten, die Joyce unter dem Titel *Dubliners* zusammengefasst hat, bestätigt vollauf das von Wenders beschriebene Orts-Prinzip, aus dem Geschichten emanieren. Es gibt keinen narrativen Zusammenhalt dieses Bandes, wohl aber einen topographischen, weil alle Geschichten sich an Personen heften, die gleichzeitig aber unabhängig in dieser Stadt leben. Es sind weniger Lebens*geschichten* als punktuelle Einblicke in diverse Lebens*situationen*, die uns in der naturalistischen Manier einer ausgeschnittenen Lebensscheibe, einer *slice of life*, präsentiert werden. Die Geschichten produzieren einen Querschnitt durch die Bevölkerung der Stadt um 1900, zusammengewürfelt aus Personen beiderlei Geschlechts und unterschiedlicher Altersstufen aus höheren und niederen Schichten und diversen Berufen. Zusätzlich zur Einheit des Ortes kommt eine atmosphärische Einheit hinzu, die alle dargestellten Individuen miteinander verbindet. Es ist dies die Grundstimmung der Vergeblichkeit und Hoffnungslosigkeit, der Schwäche, der Kleinmütigkeit und des Verrats der großen Ideale, die sich wie ein Schleier über die Bewohner dieser Stadt legt und sie in ihrem Lebensnerv lähmt. Joyces berühmter Begriff für diese Stimmung heißt „paralysis", Lähmung, den er als spirituelle Diagnose seiner Geburtsstadt erfand. Seinem Verleger Grant Richards gegenüber, mit dem er Geschichte für Geschichte einen zermürbenden Kampf um die Publikation kämpfte, hat Joyce dieses Projekt der *Dubliners* mit folgenden Worten umrissen: „Es war meine Absicht, ein Kapitel der Sittengeschichte meines Landes zu schreiben, und ich wählte Dublin als Schauplatz, weil mir diese Stadt das Zentrum der Paralyse zu sein scheint."[6] Einen Monat später fügte er mahnend hinzu:

> Es ist nicht meine Schuld, daß meinen Erzählungen der Geruch von Müllgruben und alten Witwenkleidern und Abfällen anhängt. Ich glaube allen Ernstes, daß Sie den Fortgang der Zivilisation in Irland verzögern, wenn Sie das irische Volk daran hindern, sich selbst in meinem blankgeputzten Spiegel gründlich zu betrachten.[7]

---

[5]   Richard Ellmann: *James Joyce*, revidierte und ergänzte Ausgabe [1982], übers. von Albert W. Hess, Klaus Reichert und Karl H. Reichert, Frankfurt a.M. 1999, S. 750.

[6]   Zit. n. Klaus Reichert, Fritz Senn und Dieter E. Zimmer (Hg.): *Materialien zu James Joyces „Dubliner"*, Frankfurt a.M. 1969, S. 40.

[7]   Zit. n. ebd., S. 61. Ein Jahr zuvor hatte Joyce seine Erzählungen einem anderen Verlag angeboten: „The book is not a collection of tourist impressions but an attempt to represent certain aspects of the life of one of the European capitals. I am an Irishman, as you will see by the name." Brief an William Heinemann vom 23. September 1905 (Joyce: *Letters* [Anm. 3], Bd.

Natürlich hatten die Dubliner nichts weniger im Sinn, als dieses Angebot anzunehmen. Vielleicht ist *Dubliners* auch weniger eine soziale Studie als eine künstlerische Selbstdiagnose; wir können unschwer in diesem Spiegel auch Joyces eigene Ängste, Enttäuschungen, Sehnsüchte und Hoffnungen erkennen. Das Zitat sagt vor allem etwas über den hochfahrenden Anspruch des gerade mal 24-jährigen Autors aus, der tatsächlich gehofft haben mag, ein ganzes Volk – noch dazu aus der Ferne – mit seiner Literatur zu therapieren. Der Ernst seines Projekts geht nicht zuletzt aus der Akribie hervor, mit der Joyce diese kleinen Erzählungen, die wenig Narration und viel dichte Beschreibung enthalten, komponiert hat. Für Joyce, wie gleichzeitig für den Kunsthistoriker Aby Warburg steckt der liebe Gott im Detail, und wie Warburg befleißigte sich Joyce einer „Andacht zum Unbedeutenden".[8] Man hat in diesem Zusammenhang auch von einer „Heiligung des Alltäglichen" gesprochen.[9] Diese Sorgfalt im Detail stellte ihn vor eine mühsame Aufgabe, die im fernen Triest nicht immer leicht einzulösen war. Von dieser Sorgfalt zeugen die Briefe, die James 1905 an seinen Bruder Stanislaus Joyce schrieb und in denen er lange Listen von Fragen zusammengestellt hat. Zum Beispiel wollte er wissen, ob im Falle eines Unfalls ein staatlicher Krankenwagen an die Sydney Parade gerufen würde und ob verunglückte Personen von dort aus ins Vincentius-Krankenhaus eingeliefert würden?[10]

Die Rolle, die die Topographie in der Kurzgeschichtensammlung spielt, soll hier an zwei Beispielen illustriert werden. Die ersten drei Erzählungen kreisen um Kindheitsgeschichten, sie sind alle im Norden der Stadt Dublin, genauer: in einer Straße situiert. Eine dieser Geschichten mit dem Titel „Araby" beginnt mit einer exakten Lokalisierung: „North Richmond Street, being blind, was a quiet street except at the hour when the Christian Brothers' School set the boys free."[11] In die North Richmond Street Nr. 17 ist die Familie Joyce 1895 umgezogen. Es war bereits die achte Wohnung für den 12-jährigen Joyce.

Sein sehr viel stattlicheres Geburtshaus lag im Stadtteil Rathgar, drei Meilen südlich vom Stadtkern. Dort konnte die Familie jedoch nicht lange bleiben, weil der finanzielle Verfall der Familie nicht mehr aufzuhalten war. Durch Unvermögen, Haltlosigkeit und Trunksucht hatte der Vater ein beachtliches Familienvermögen durchgebracht, was den ständigen Umzug in billigere Wohnungen im Norden der Stadt notwendig machte. Dieser für den Knaben James beschämende soziale Abstieg („he was [...] angry also with the change of fortune which was reshaping the world about him into a vision of squalor and insincerity", heißt es im autobiographischen Roman *A Portrait of the Artist as a Young Man*[12]) schlug sich in einer Bewegung vom wohlhabenden Süden zum ärmlichen

---

2, S. 108-109, hier: S. 109). Die Joyces gehören zu den ältesten Familien in Irland.

[8]   Vgl. Roland Kany: *Mnemosyne als Programm. Geschichte, Erinnerung und die Andacht zum Unbedeutenden im Werk von Usener, Warburg und Benjamin*, Tübingen 1987. Mit dieser Formel lässt sich beispielsweise Joyces Epiphanien-Projekt hervorragend beschreiben, auf das ich hier leider nicht näher eingehen kann.

[9]   Anthony Burgess: *Ein Mann in Dublin namens Joyce* [1965], übers. von Gisela und Manfred Triesch, Bad Homburg/Berlin/Zürich 1968, S. 20.

[10]   Vgl. Joyce: Brief an Stanislaus Joyce (Anm. 3), S. 109.

[11]   James Joyce: *Dubliners* [1914], Harmondsworth 1976, S. 27.

[12]   James Joyce: *A Portrait of the Artist as a Young Man* [1912], Harmondsworth 1974, S. 67.

Norden der Stadt nieder. In der North Richmond Street verbrachte James vier Jahre seiner Kindheit. Die drei autobiographisch eingefärbten Kindheitsgeschichten, die am Anfang der Sammlung *Dubliners* stehen, haben eines gemein: in jeder gibt es eine sehnsuchtsvolle Orientierung in Richtung Osten. Mit dieser Himmelsrichtung – der Osten steht für den Welthafen und das offene Meer – verknüpfen sich Ausbruchphantasien und Wunschträume, die jedoch sämtlich vereitelt und enttäuscht werden. Die Abenteuer und Eskapaden der drei Erzählungen enden alle unbarmherzig in der sprichwörtlichen Sackgasse der North Richmond Street.

Diesem Anfang steht die letzte Erzählung mit dem Titel „The Dead" kontrapunktisch gegenüber. Auch diese Geschichte hat eine exakte Adresse. Sie spielt in einem dreistöckigen Backsteinhaus in Usher's Island Nr. 15 am südlichen Ufer der Liffey. Dieses Haus wurde Ende des 19. Jahrhunderts von Joyces Großtanten mütterlicherseits bewohnt, die dort Gesang- und Klavierstunden gaben. (In den letzten 30 Jahren war dieses Haus völlig heruntergekommen; es hatte keine Fenster und Türen mehr, viele Räume waren rußgeschwärzt. Erst 2001 ist das Haus von einem Rechtsanwalt gekauft worden, der sich unten eine Praxis einrichten und die oberen Räume für Besucher und Veranstaltungen öffnete.) Der Name Usher's Island geht auf das mittelalterliche Stadtbild zurück, als die Liffey diesen Ort vom Süden der Stadt abschnitt. Der Name ‚Island' passt gut für eine Geschichte, in der es um die Erkenntnis von Isolation und Kommunikationslosigkeit geht. Wie in den ersten Geschichten die Bewegung der Sehnsucht nach Osten geht, geht in dieser letzten Geschichte die Bewegung der Erinnerung nach Westen, nach Galway, Oughterard und die Arran Isles. Während der Osten Freiheit und kosmopolitische Hoffnungen konnotiert, verbinden sich mit dem Westen Ländlichkeit, Armut, Einfachheit und Authentizität. Im Westen ist die Vergangenheit noch Gegenwart; hier liegen für die Anhänger der irischen Renaissance die Wurzeln der gälischen Kultur. Je weiter man nach Westen vorstößt, desto mehr verlieren sich die Einflüsse Englands und Europas, desto stärker tritt das Wunschbild einer authentisch irischen Kultur hervor. Diese nationale Symbolik der Himmelsrichtung wird in Joyces Erzählung allerdings durch eine weitere Symbolik überschrieben: der Westen als Ort des Sonnenuntergangs und damit des Todes, verbunden mit dem Bild des Schnees, der sich über alles legt und damit sämtliche Spuren menschlicher Kultur und menschlicher Erinnerung auslöscht. Die *Dubliner* Erzählungen mit ihren naturalistisch peinlich genau lokalisierten Handlungen sind eingespannt in dieses weitreichende symbolische Panorama von Osten und Westen.

Eine Weile lang plagte Joyce der Zweifel, das Dublin seiner Erzählungen als zu unerbittlich trist und negativ dargestellt zu haben. Als Stil hatte er sich einer skrupulösen Bosheit („scrupulous meanness")[13] befleißigt, der die Stimmung des nostalgisch verbitterten Exilanten sehr genau traf. Er hatte der Stadt den Rücken gekehrt, sich von ihr jedoch zugleich auch verlassen gefühlt. An seinen Bruder schrieb er:

[13] James Joyce: Brief an Grant Richards vom 5. Mai 1906, in: ders.: *Letters* (Anm. 3), Bd. 2, S. 132-135, hier: S. 134.

Wenn ich manchmal an Irland denke, scheint mir, dass ich doch unnötigerweise hart gewesen bin. Ich habe keinen der Reize der Stadt dargestellt, denn ich habe mich nie in einer Stadt wohlgefühlt, seit ich Irland verließ, außer in Paris. Ich habe die Stadt nicht in ihrer arglosen insularen Beschränktheit und ihrer Gastfreundlichkeit dargestellt. Diese letztere „Tugend" gibt es, soweit ich sehe, nirgendwo sonst in Europa. Auch bin ich ihrer Schönheit nicht gerecht geworden, denn sie ist an Natur schöner, als was ich von England, der Schweiz, Frankreich, Italien oder Österreich gesehen habe.[14]

Ulysses

In seinem nächsten Roman hat Joyce noch einmal nachgefasst und ganz neue Seiten der Stadt zur Erscheinung gebracht, nämlich ihr pulsierendes Leben in einer Atmosphäre von „Sympathie und Exuberanz".[15] Der exuberant-anarchische Roman *Ulysses* ist nach den strengen, (pseudo-)aristotelischen Gesetzen der Einheit des Ortes und der Zeit komponiert. In diesem Fall ist die strenge Ökonomie von Raum und Zeit Voraussetzung für die maximalistische Entropie und Welthaltigkeit dieses Romans. Ging es Joyce mit seinen *Dubliner*-Geschichten noch um die Stadt, die er mit ihren Bewohnern in ein Buch hereinholen wollte, so geht es ihm im *Ulysses* noch viel unbescheidener um die ganze Welt. *Ulysses* ist Weltliteratur nicht nur im Sinne eines lobenden Prädikats, sondern ganz präzis im Sinne des Anspruchs, die ganze Welt in ihrer Vielfalt und Widersprüchlichkeit, in ihrer Leidenschaft und Trivialität in einem Text zu umfassen. Dieses Großprojekt stellt noch einmal eine barocke Korrespondenz von Buch und Welt her, die augenscheinlich mit der realistischen Erzähltradition des 19. Jahrhunderts und auch dem naturalistischen Impressionismus seiner früheren Erzählungen bricht. Topographische Grundlage war nach wie vor die Stadt Dublin, doch nun wurde sie zur Stadt schlechthin, auf deren Basis ein gigantisches verbales Universum aufgebaut wird. Durch seine katholische Erziehung, die eine gründliche Schulung im scholastischen Denken einschloss, war Joyce von früh an mit geistigen Ordnungssystemen und Korrespondenzstrukturen vertraut. Von den Jesuiten, so hat er später bekannt, habe er gelernt, „die Dinge so zu ordnen, daß es leichtfällt, sie zu überblicken und zu beurteilen".[16] Die strenge Systematik des Ordnungsprinzips, das er für seinen Roman erfand, entband ihn von der üblichen Grundstruktur eines linearen Handlungsverlaufs. Jedem Kapitel ist nicht nur ein bestimmter Ort, eine bestimmte Zeit und eine homerische Episode zugeordnet, sondern auch ein Körperteil, ein dominantes Symbol und nicht zuletzt: ein spezifisches Schreibverfahren.

Diese Innovation, die in der Abschaffung einer linearen Erzählform bestand, war in den 20er-Jahren nicht unumstritten. Als E. M. Forster 1928 seine vielbeachteten Vorle-

---

[14] James Joyce: Brief an Stanislaus Joyce vom 15. September 1906, in: ders.: *Letters* (Anm. 3), Bd. 2, S. 164-168, hier: S. 166 (Übers. A. A.). Am 19. Juli 1905 hatte er an seinen Bruder geschrieben: „The Dublin papers will object to my stories as to a caricature of Dublin life. Do you think there is any truth in this?" (Ebd., S. 98-100, hier: S. 99).

[15] James Joyce Centre, North Great George Street (Hg.): *Dublin Guide*, Dublin o.J. (Übers. A. A.).

[16] Zit. n. Ellmann: *James Joyce* (Anm. 5), S. 56.

sungen über *Aspects of the Novel* hielt, begann er seine Reihe mit den Kategorien „story" und „plot". Seine nachdenkliche Antwort auf die Frage, was ein Roman tut, lautete: „O dear yes, the novel tells a story."[17] Es ist ein Ja mit einem Seufzer, der besagt, dass es inzwischen wohl andere Experimente, einschließlich des *Ulysses,* gibt, doch dass diese Experimente die Grundlage des Romans, die Handlung, nicht wirklich in Frage zu stellen vermochten. T. S. Eliot sah das damals anders. In einer Rezension des *Ulysses* im Erscheinungsjahr 1922 rühmte er die Kühnheit des Autors, das narrative Gerüst verabschiedet und durch etwas Neues ersetzt zu haben. Dieses Neue, das an die Stelle des narrativen Prinzips trat, nannte Eliot die „mythische Methode": „Indem er von einem Mythos Gebrauch machte, indem er eine durchgehende Parallele zwischen Gegenwart und Antike konstruierte, hat Mr. Joyce eine Methode erfunden, die andere nach ihm anwenden müssen."[18] Joyce konnte diese gewaltige, ja gigantomane Einschließung von Welt in seinen Texten nur bewerkstelligen, indem er die moderne Gattung Roman veränderte und sich zu dessen Urahn, dem Epos, zurückarbeitete. An diesem Punkt wird einmal mehr deutlich, dass Innovation in der Klassischen Moderne den Weg über das Alte nimmt. Die Erfindung des gänzlich Neuen kommt nicht ohne Rücksprache mit dem Archaischen aus. Der Rückgriff auf Altes bedeutete im 20. Jahrhundert jedoch nicht Selbstbindung an bestimmte Normen und Werte wie im neoklassischen Zeitalter Alexander Popes oder Winckelmanns, sondern wurde zu einer künstlerischen Strategie des Durchbruchs zu neuen Themen und Ausdrucksformen. Es ist kein konservativer, sondern ein avantgardistisch revolutionärer Impuls, der mit solchen Rückgriffen verbunden ist. Mit dem Rückgriff auf die *Odyssee* erschloss Joyce sich nicht nur die Möglichkeit einer ganz neuen Präsentationsform, er markierte damit zugleich auch den kulturellen Rang, den er für sein eigenes Werk beanspruchte. In der ihm gewohnten Bescheidenheit inszenierte sich Joyce als moderner Homer, der den Grundmythos der abendländischen Welt überschreibt und ‚updatet' für die neue Welt des 20. Jahrhunderts.

Joyce, der seinen *Ulysses* im Kriegsjahr 1914 zu schreiben begann, suchte sich mit Bedacht nicht die *Ilias,* sondern die *Odyssee* als Prätext für sein Werk aus. Joyce schloss an die weltgeschichtliche Bedeutung der Gattung Epos an unter – und das ist wichtig – expliziter Absage an die in diese Gattung eingeschriebene Tradition des kämpferisch Heroischen. Seine Figuren sind prototypisch, aber nicht überlebensgroß; sie haben nichts Martialisches, sondern leiden an der Geschichte und ihrem sich ewig erneuernden Hass- und Zerstörungspotenzial. „History [...] is a nightmare from which I am trying to awake",[19] wiederholt der junge Stephen Dedalus, und der rassistisch angepöbelte Bloom muss sich in einer Kneipe ducken, um einer blechernen Keksbüchse, dem einzigen Geschoss, das durch das Buch fliegt, auszuweichen. Joyce war fasziniert von der wenig zielstrebigen, umwegigen Geschichte des Kriegsheimkehrers Odysseus mit ihren vielen Abenteuern, Verzögerungen, Gefahren, Verlockungen, Ablenkungen

---

[17] Edward Morgan Forster: *Aspects of the Novel* [1927], Harmondsworth 1964, S. 34.

[18] T. S. Eliot: *Ulysses, Order, and Myth* [1923], in: ders.: *Selected Prose of T. S. Eliot,* hg. von Frank Kermode, London 1975, S. 175-178, hier: S. 177 (Übers. A. A.). Vgl. dazu Werner Frick: *Die mythische Methode. Komparatistische Studien zur Transformation der griechischen Tragödie im Drama der klassischen Moderne,* Tübingen 1998.

[19] James Joyce: *Ulysses* [1922], Harmondsworth 1969, S. 40. Vgl. S. 308 im vorliegenden Band.

und Abwegen, die er in einem einzigen 18-Stunden-Tag, dem 16. Juni 1904 und inzwischen so genannten „Bloomsday", komprimierte. Den mäandernden Helden Odysseus hat Joyce mit dem wandernden Juden Leopold Bloom überschrieben, der nicht Herr ist in seinem eigenen Hause und nirgendwo ganz dazugehört. Die heroischen Züge des Odysseus, die in der Bogenschuss-Episode und der Vernichtung der Freier gefeiert werden, finden bei Joyce keine Parallelen. Im Gegenteil ist sein Ulysses ein gehörnter Ehemann und ein sozial Randständiger. Was diesem an Festlegungen abgeht, gewinnt er an allgemeiner Humanität. Ähnlich wie Freud den Ödipus, hat Joyce diesen Odysseus in den Rang eines archetypischen Urmusters der *conditio humana* erhoben. *Ulysses* ist damit auch der Entwurf einer literarischen Anthropologie.

Die Bewegung im Raum ist das Grundmotiv dieses Romans. Sie gilt für die beiden männlichen Protagonisten, Odysseus/Leopold Bloom sowie seinen spirituellen Sohn, Telemach/Stephen Dedalus. Im Gegensatz zu diesen bewegten Figuren ist die Dritte im Bunde, die Ehefrau Molly, keine ambulierende, sondern eine stationäre Figur. Ihre Domäne ist die Horizontale. Ihr Bett ist Ausgangs- und Endpunkt des Romans. Sie ist auch eine Muse des Romans, deren Inspiration sich allerdings nicht am Anfang, sondern am Ende des Textes findet. Die Stadt Dublin und ihre Umgebung ist das labyrinthische Spielfeld, auf dem die Nebenfiguren und die beiden Hauptfiguren des Romans hin und her gewürfelt werden, ihre Kreise ziehen, bis sich ihre Wege schließlich kreuzen und vereinigen. Sie alle bewegen sich nicht nur in einer realistischen, sondern auch in einer mythischen Topographie, denn anders als das Dublin der *Dubliners* ist das Dublin des *Ulysses* eine Stadt mit doppeltem Boden. Durch den mythischen Subtext sind nicht nur die Figuren und die ‚Handlung' mit ihren 18 Episoden, sondern auch die Schauplätze des Romans durchweg doppelt kodiert. Glasnevin Cemetery, der Dubliner Friedhof, ist zugleich Hades, die Unterwelt, die Nationalbibliothek ist auch Skylla und Charybdis, die Bar im Ormond Hotel ist zugleich die Insel der Sirenen, Barney Kierman's Kneipe ist zugleich die Höhle des Zyklopen, Bella Cohen's Bordell in der Mabbot Street ist die Insel der Kirke usw. Das Lokale berührt sich mit dem Mythischen, das Spezifische mit dem Universalen. Joyce hat seine beiden Helden durch die Stadt wandern lassen wie Homer seinen Odysseus durch die Aegeis. (Im Joyce Center in der North George Street sind zwei Tafeln aufgestellt, auf denen die Wanderbewegungen von Odysseus und Bloom nebeneinander überschaut werden können.)

Der Roman beginnt vor den Toren der Stadt auf einem der martialischen Befestigungstürme, die die Engländer 1804 gegen eine napoleonische Invasion errichtet haben, dem sogenannten Martello-Turm, in dem Joyce im September 1904 eine Woche gewohnt hat und der seit 1962 ein Joyce-Museum beherbergt. Von diesem peripheren Punkt aus beginnt Stephen Dedalus seine Reise ins Innere der Stadt, die schließlich in der No. 7 Eccles Street, im Hause der Blooms endet. Von diesem Haus aus macht sich Leopold Bloom am selben Morgen auf den Weg.

Die Präsenz der Stadt Dublin, die dem Roman durchgängig als eine Art Matrix unterlegt ist, verdichtet sich noch einmal in einem der 18 Kapitel. Es ist das 10. Kapitel in der Mitte des Romans, das Joyce mit einem Stadtplan und einer Stoppuhr auf dem Tisch geschrieben hat. Dieses Kapitel fällt in mehrerer Hinsicht aus dem Rahmen. Es fällt erstens auf durch Überschreitung der mythischen Grundstruktur. Die Irrfelsen, die „wandering rocks", werden in der *Odyssee* zwar kurz erwähnt, bilden aber keinen Schauplatz im Homerischen Epos. Joyce hat sie sich aus der Argonautensage geholt, wo sie als ein gefährlicher Engpass und Ort der Täuschungen beschrieben werden. Das Kapitel fällt zweitens auf durch seine in 18 Episoden und einen Schlussabsatz eingeteilte Struktur. In diesem Kapitel spiegelt sich nicht nur Dublin, sondern auch der ganze Roman, es bildet also genau das, was in der Kunsttheorie als *mise en abyme* bezeichnet wird: eine selbstreflexive Spiegelung des ganzen Werks in einem seiner Teile. In diesem Kapitel zeigt Joyce, was es heißt, nicht eine hochselektive, personenorientierte Geschichte, sondern eine ganze komplexe und konfuse Stadt zu erzählen, an einem Juninachmittag zwischen 3 und 4 Uhr.

Wie aber kann eine Stadt mit ihrem brodelnden Leben, ihrer Diversität und Vielfalt, ihrer Zusammenhanglosigkeit und Anonymität, ihrer Trivialität und Kontingenz in die Struktur eines Textes überführt werden? Das Kapitel beginnt mit dem Spaziergang eines jesuitischen Priesters, der sein Pfarrhaus verlässt und sich auf einen längeren Weg in Richtung Norden macht. Wir begleiten ihn durch einige Straßen und folgen dabei seinen Wahrnehmungen, Begegnungen, Gedanken und Gebeten. Das Kapitel endet mit einer Kavalkade des irischen Vizekönigs, der in seiner Kutsche von Westen nach Osten durch die Mitte Dublins zu einem Wohltätigkeitsbasar gefahren wird. Der eine verkörpert die irische Kultur und Religion mit ihrer Spiritualität und Menschlichkeit, der andere die imperiale englische Kultur mit den pompösen Insignien ihrer Macht. Zwischen diesen beiden Polen treten in Momentaufnahmen die Neben- und Hauptfiguren des Romans auf und wieder ab, die wir nur ein paar Schritte lang begleiten, bevor wir sie wieder aus den Augen verlieren. Unter ihnen ist ein auf der Straße singender einbeiniger Seemann, dem Molly Bloom von ihrem Fenster ein Geldstück herunterwirft, der Liebhaber von Molly Bloom, der für sie in einem Geschäft einen Obstgeschenkkorb zusammenstellen lässt, jemand, der als Fremdenführer einen historischen Ort der Stadt Dublin erläutert, Leute, die über die Wetten der Pferderennen reden und einigen Klatsch austauschen, die Familie Dedalus mit ihren notorischen Geldproblemen, zwei Freunde, die sich im DBC-Café niedersetzen (DBC steht übrigens für „damn bad cakes"), ein junger Mann, der seinen Freunden den Mechanismus eines Plattenspielers erklärt, ein kleiner Junge mit fettigen Schweineschnitzelfingern, der heimlich auf dem Weg zu einem Boxkampf ist und der sich seiner Trauerkleidung schämt, die er am Morgen für die Beerdigung seines Vaters anziehen musste. Eingewoben in dieses verwirrende Muster sind die Monogramme der Hauptfiguren Stephen Dedalus und Leopold Bloom. Beide sind mit Büchern beschäftigt; der eine ersteht einen Softporno mit dem Titel *The Sweets of Sin*, der andere fahndet auf einem Karren verramschter Bücher nach seinem ehemaligen Besitz, darunter Schulpreise, die von der verarmten Familie verpfändet wurden. Beide werden zusätzlich durch ihre Liebe zu den Sternen miteinander verknüpft. Die heterogenen Passagen sind durch interne Wiederholungen von Sätzen miteinander verwoben sowie durch die Militärparade, die an den verstreuten Passanten vorbeizieht und für einen kurzen Moment ihrer aller Aufmerksamkeit auf sich zieht. Als ein weiteres Bindeglied fungiert ein zusammengeknülltes Papier, das Bloom auf S. 152 in die Liffey geworfen hat und das die Leser am Ende der 4., 12. und 16. Episode auf seiner kreisenden Fahrt flussabwärts in Richtung offenes Meer verfolgen können.

Aus den separaten einzelnen Ansichten und Ausschnitten, die räumlich nebeneinander herlaufen und sich ab und zu oberflächlich berühren oder zufällig überschneiden, entsteht so etwas wie das Bild des Großorganismus der Stadt. Jeder Abschnitt (im wahrsten Sinne dieses Wortes) verfolgt kurzfristig eine oder mehrere Personen auf ihren

Wegen, alle sind eingeschlossen in die kleinteiligen Welten ihrer Gedanken und Wünsche, Perspektiven und Lebensgeschichten. Das Kapitel lebt von dem Kontrast zwischen der Ameisenperspektive der Kurzwegstrecken einerseits und dem adlerartig allwissenden Blick von oben, der die Einzelperspektiven zu einer Gesamtschau zusammenführt.

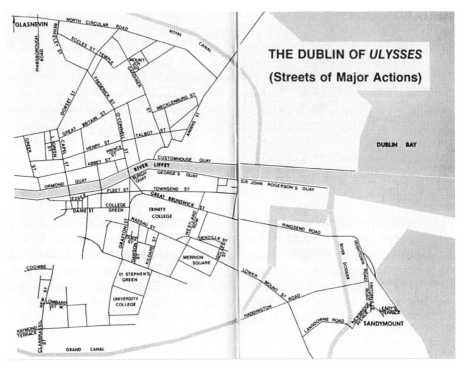

Abb. 16: „The Dublin of *Ulysses*", Karte von Thomas Crawford[20]

Dublins Joyce

In einem Brief an seinen Bruder Stanislaus schrieb James Joyce: „Wenn man bedenkt, dass Dublin seit Jahrtausenden eine Hauptstadt ist und dass es die zweite Stadt des Britischen Imperiums ist, und dass diese Stadt fast dreimal so groß ist wie Venedig – dann wundert man sich allerdings, dass noch kein Künstler sie der Welt gegeben hat."[21] Keine Frage: Joyce hat Dublin der Welt geschenkt. Wie aber steht diese Stadt zu ihrem

---

[20] Michael Seidel: *Epic Geography: James Joyce's "Ulysses"*, Maps drawn by Thomas Crawford, Princeton, NJ: Princeton University Press, 1976, S. 132 f. Abgedruckt mit freundlicher Genehmigung von Princeton University Press. © 1976, 2004 Princeton University Press.

[21] Stanislaus Joyce: Brief an James Joyce vom 10. Oktober 1905, in: James Joyce: *Letters* (Anm. 3), Bd. 2, S. 114-119, hier: S. 116 (Übers. A. A.).

abtrünnig-treuen Sohn? Zum Schluss möchte ich fragen, wie die Dubliner mit Joyce umgingen. Die Antwort lautet: Zunächst gar nicht. Erst seit einigen Jahrzehnten ist der Abstand, den Joyce zwischen sich und die Stadt gelegt hat, allmählich abgetragen worden. Es hat tatsächlich bis in die 1980er-Jahre gedauert, bis diese Stadt sich daranmachte, ihren unerbittlichen Kritiker und Ketzer heimzuholen. Seine Heimholung nach Irland ist die letzte Station von Joyces bewegter Rezeptionsgeschichte. Die Kanonisierung des Klassikers begann in den 1920er-Jahren und setzte sich über Skandale und Gerichtsprozesse fort. Dabei weitete sich der Zirkel der Freunde, Künstler und Autoren stetig und nahm immer mehr Wissenschaftler und internationale Leser auf. Während Joyce, der Exilautor, es bald zu weltliterarischem Ruhm (aber im Gegensatz zu seinem Landsmann Beckett zu keinem Nobelpreis) brachte, nahm man daheim von ihm wenig Notiz. Als 1941 nach seinem Tod die Nachrufe auf den berühmten Autor in der Presse erschienen, fürchteten seine Schwestern in Dublin um Aufdeckung der Verwandtschaft und ihren guten Ruf. Wie lange es dauerte, bis man sich in Dublin für Joyce zu interessieren begann, zeigt die Tatsache, dass in den 1970er-Jahren das Haus Nr. 7 Eccles Street ohne öffentliche Resonanz abgerissen werden konnte. Die Tür dieses Hauses wurde immerhin gerettet und ist später auf Betreiben des Senators, Joyce-Forschers und Chairman des Bloomsbury Festivals David Norris in das James Joyce Center, ein restauriertes Gebäude an der North Great George's Street eingebaut worden. Dieses Joyce Center wurde erst im Juni 1996 – elf Jahre nach der ‚Joyce Foundation' in Zürich! – eröffnet. Dabei kam es zu einem Zusammenschluss von Familie und Wirtschaft: Ken Monaghan, ein Neffe von Joyce, wurde der erste kulturelle Direktor des Hauses, das von der Firma Guinness gesponsert wird.

Inzwischen ist der langanhaltende Bann gebrochen. Joyce wird nicht nur als zweiter Homer, sondern auch – etwas geschmacklos, wenn man weiß, wie große Probleme er zeitlebens mit seinen Augen hatte – als „blinder Barde Irlands" vermarktet. Statuen des Dichters bevölkern das Stadtbild, Plaketten sind an den vielen ehemaligen Wohnungen der Familie Joyce befestigt. Dublin präsentiert sich aber nicht nur als ein Ort der Joyce-Biographie. Auch die topographische Struktur, die dem überbordenden und aus allen Nähten platzenden Roman als Orientierungsrahmen unterlegt ist, ist inzwischen von der Stadt angenommen worden. Dublin inszeniert sich zunehmend als eine Gedächtnisbühne des Romans, auf der die Touristen die Routen der Hauptfiguren abschreiten und parallele Erfahrungen machen können. 1988 wurden 14 Bronzetafeln in den Boden eingelassen, die die Stationen des Weges markieren, den Leopold Bloom zwischen 12 und 2 Uhr zurückgelegt hat.

Der Bloomsday wurde von Joyce und seinen Freunden zum ersten Mal in Paris 1929 mit einer ausschweifenden Kneipentour gefeiert und 1954 von irischen Schriftstellern in Dublin wiederholt. Die erste offizielle Feier der Stadt Dublin fand 1992 statt. Seit der Millenniumswende ist der Bloomsday zu einem transnationalen, ja globalen Feiertag geworden. Die Aktivitäten dieses Tages werden immer bunter und dichter. Die Bloomsday Event-Kultur des Jahres 2001 umfasste u.a. ein Frühstück mit Nieren und Guinness in verschiedenen Restaurants, Lesungen vor Ort, Pilgerpfade entlang der *landmarks* des Romans, Inszenierungen des Textes an historischen Schauplätzen, Vorträge über die Joyce-Familie, deren lebende Angehörige sich den neugierigen Besuchern zur Schau stellen (es heißt in einer Broschüre, man könne sich ihnen gefahrlos nähern). Es haben sich inzwischen feste Riten, Aufführungen und Angebote etabliert, die zum verbindlichen Bloomsday-Pensum gehören, einschließlich einer Marathon-Lesung in Echtzeit. Dieses Fest-Muster, das noch relativ jung ist, hat sich zu einem beliebten Exportartikel entwickelt. So wurde der Bloomsday, dieser einzige Feiertag, der einer Romanfigur gewidmet ist, im Jahre 2001 nicht nur in Zürich, Triest und Bologna gefeiert, sondern auch in Philadelphia, Buffalo, Los Angeles, Toronto, Tokyo, Auckland, Sydney, Prag und Glasgow sowie in vier Städten Brasiliens. 2004 und 2014 erlebte der Bloom-Boom auch außerhalb Irlands neue Höhepunkte mit T-Shirt-Kampagnen und Stadt-Marathons für die Bevölkerung. In Dublin blüht die Joyce-Industrie. Seit 2001 verkehrt die neuste und größte Autofähre zweimal am Tag zwischen Dublin Hafen und Hoyhead. Das Schiff heißt *Ulysses*, alles an Bord ist nach Joyce-Figuren benannt. Keine Frage, der verlorene Sohn der Stadt ist längst voll repatriiert. Aus einem Stein des Anstoßes ist inzwischen ein Touristenmagnet und Goldklumpen geworden. Die Corporation Street (und vormalige Mabbot Street) wurde inzwischen in ‚James Joyce Street' umbenannt.

Aus der Retrospektive können wir erkennen, dass Joyces Dublin drei sehr unterschiedliche Ansichten hat. Das erste Dublin ist das Dublin der *Dubliners*. Es markiert Joyces Abschied von dieser Auswanderungsstadt, einen Abschied, der in einer der Erzählungen, „A Little Cloud", sehr explizit wird. Vom Protagonisten dieser Geschichte heißt es: „his soul revolted against the dull inelegance of Capel Street. There was no doubt about it: if you wanted to succeed you had to go away. You could do nothing in Dublin."[22]

Das zweite Dublin ist die ewige Stadt, die der Autor des *Ulysses* nach seinem Abschied von Dublin auf dem Papier wiederaufgebaut hat. In diese virtuelle Stadt ist Joyce zurückgekehrt und hat sich in ihr eingerichtet. Dieses Dublin ist keine Auswanderungsstadt wie das von Paralyse bedrohte Dublin der *Dubliners*, sondern eine quicklebendige Einwanderungsstadt für Leser und Leserinnen aus aller Welt, einschließlich derer kommender Generationen.

Das dritte Dublin ist die von Joyce verlassene Stadt, die ihren Helden inzwischen zurückerobert hat. Sie holt die literarisch virtuelle Stadt auf den Boden der realen Stadt zurück und inszeniert diese Rückkoppelungen mit großem Einsatz. Wer den *Ulysses* im Kopf und in der Hand hat, wird eingeladen, ihn sich auch wieder mit den Füßen zu erwandern. In Analogie zum US-amerikanischen Begriff und der dazugehörigen Institution der ‚Living History' darf man hier wohl von ‚Living Literature' sprechen.

Wir wissen aus seinen Briefen, dass sich der junge Joyce ernste Sorgen um seinen Nachruhm gemacht hat. An seinen Bruder schrieb er, es scheine ihm unwahrscheinlich, dass man über einen Dichter wie Thomas Hardy noch in 200 Jahren sprechen wird. Und er äußerte die Sorge: „Es könnte ja sein, dass auch Literaten nicht mehr sind als Unterhaltungskünstler?" („Is it possible that, after all, men of letters are no more than entertainers?")[23] Joyce ist ein wunderbares Beispiel dafür, dass sich Nachruhm und Unterhaltungskunst nicht unbedingt ausschließen müssen.

---

[22] Joyce: *Dubliners* (Anm. 11), S. 70.
[23] James Joyce: Ausschnitt eines Briefes an Stanislaus Joyce vom 19. Juli 1905, in: ders.: *Letters* (Anm. 3), Bd. 2, S. 98-100, hier: S. 99 (Übers. A. A.).

Nachwort von Aleida Assmann

Nachdem ich in meinem Studium die Fächer Anglistik und Ägyptologie kombiniert hatte, war ich immer freudig überrascht, wenn sich in meinen Lektüren diese beiden Fächer unerwartet kreuzten. Ein Beispiel dafür ist eine Rede, die John Milton 1644 vor dem Englischen Parlament gehalten hat und in der er auf den altägyptischen Mythos von Osiris und Isis zu sprechen kommt. Diese Geschichte erzählt von Osiris, einem mythischen Herrscher, der einem Brudermord zum Opfer fällt. Sein Widersacher tötet ihn nicht nur, sondern schändet auch seinen Leichnam, indem er ihn zerreißt und die Körperteile in alle Himmelsrichtungen zerstreut. Darauf machte sich die treue Gattin Isis in ganz Ägypten auf die Suche, um die Teile wieder einzusammeln. Tatsächlich gelang es ihr, den Körper des Osiris wieder zusammenzusetzen, sodass er fortan als Gott der Unterwelt eine neue Rolle spielen konnte.

Diese Erzählung kommt mir angesichts des Projekts wieder in den Sinn, das den vorliegenden Band hervorgebracht hat. In diesem Fall geht es um ein Team von drei Mitarbeitern, die sich die schwere Aufgabe der Isis zum Vorbild genommen haben. Anstelle einer Festschrift hatten sie die wunderbare Idee, verstreute Texte und Aufsätze zur englischen und amerikanischen Literatur aus meiner Feder einzusammeln und zwischen zwei Buchdeckeln festzuhalten. Die mühsame Arbeit, die hinter diesem Buch steckt, ist sehr akkurat mit Miltons Worten beschrieben: „Imitating the careful search of Isis [...] they went up and down, gathering up limb by limb still as they could find them."

Mit dem Auffinden war es aber noch keineswegs getan; im Editionsprozess taten sich weitere Hürden auf. Eine hatte etwas mit dem beschleunigten Technikwandel unserer Speichermedien zu tun. Die Texte, die hier zusammengefasst sind, entstammen einem Zeitraum von fast 40 Jahren. Um sie wieder lesbar zu machen, mussten die Daten unterschiedlicher Zeitschichten in mühsamer Kleinarbeit digitalisiert oder in aktuelle Dateiformate umkopiert werden. Eine weitere Herausforderung bestand darin, dass das Herausgeberteam, das sich in Konstanz zusammengefunden hatte, durch die Kontingenzen wissenschaftlicher Arbeitsmigration selbst zerstreut wurde, und das Editionsprojekt von drei unterschiedlichen Standorten aus koordiniert werden musste. Das Aktionsbündnis hat auch diese Herausforderung überstanden und die selbstgestellte Aufgabe mit bewundernswertem Einsatz und unerschütterlicher Konsequenz solidarisch zu Ende gebracht.

Eine Festschrift zu meinem 60. Geburtstag erschien unter dem Titel *Arbeit am Gedächtnis*; die aktuelle Publikation könnte auch mit dem Titel *Dem Vergessen entrissen* überschrieben sein. Der Band holt Verstreutes und Entlegenes in die Sichtbarkeit und Lesbarkeit zurück. Mit dieser selbstlosen ‚labour of love' haben meine Mitarbeiterinnen und Mitarbeiter nachgeholt, was ich selbst versäumte und über die Jahre aus den Augen verlor: die Einsammlung, Abrundung und Veröffentlichung der in viele Richtungen zerstreuten *membra disjecta.* Ich bin dem Herausgebertrio und allen, die an diesem translokalen Kollektiv-Projekt mitgewirkt haben, darunter auch Janine Firges, Eva Mendez, Janine Quinger, Olga Sachartschuk, Lia Techand, Jasmin Bieber (Uni Konstanz), Michiel von Gulpen (Uni Zürich), Denise Schlichting und last but not least Kristina Mundt (Uni Düsseldorf), die mir auf der letzten Korrektur-Strecke eine unschätzbare Stütze gewesen ist, von Herzen dankbar. Mit dieser liebevollen Gabe haben sie etliches vor dem Vergessen bewahrt und auch dazu beitragen, mein wissenschaftliches Profil etwas zu korrigieren. Nachdem die Gedächtnis-bezogenen Forschungen im Begriff sind, meine literaturwissenschaftlichen Arbeiten zu überdecken, trägt diese kundig zusammengestellte und sorgfältig überarbeitete ,Nach-Lese' dazu bei, die Gewichte wieder etwas zurecht zu rücken. Der Band dokumentiert die Auseinandersetzung mit Themen und Fragestellungen, die mich über Jahrzehnte lang beschäftigt, begleitet, begeistert haben. Ich kann mir kein größeres Geschenk, aber auch keine größere Mühe vorstellen, als diese treue Isis-Arbeit. Ob sie sich gelohnt hat, das können nun die Leserinnen und Leser entscheiden.

Nachweise

TEIL I

This blessed plot, this earth, this realm, this England. Zur Entstehung des englischen Nationalbewusstseins in der Tudorzeit, im Original erschienen in: *Nation und Literatur im Europa der frühen Neuzeit. Akten des I. Internationalen Osnabrücker Kongresses zur Kulturgeschichte der Frühen Neuzeit,* hg. von Klaus Garber, Tübingen 1989, S. 429-452.

Let it be. Kontingenz und Ordnung in Schicksalsvorstellungen bei Chaucer, Boethius und Shakespeare, im Original erschienen in: *Kontingenz* (Poetik und Hermeneutik XVII), hg. von Gerhard von Graevenitz und Odo Marquard, München 1998, S. 225-244.

Der Eigenkommentar als Mittel literarischer Traditionsstiftung. Zu Edmund Spensers „The Shepheardes Calender", im Original erschienen in: *Text und Kommentar* (Archäologie der literarischen Kommunikation IV), hg. von Jan Assmann und Burkhard Gladigow, München 1994, S. 355-373.

Die bessere Muse. Zur Ästhetik des Inneren bei Sir Philip Sidney, im Original erschienen in: *Innovation und Originalität,* hg. von Walter Haug und Burghart Wachinger, Tübingen 1993, S. 175-195.

Erinnerung und Erwählung. Zwei Modelle von Nationsbildung im England des 16. und 17. Jahrhunderts, im Original erschienen in: *Muster und Funktionen kultureller Selbst- und Fremdwahrnehmung. Beiträge zur internationalen Geschichte der sprachlichen und literarischen Emanzipation,* hg. von Ulrike-Christine Sander und Fritz Paul, Göttingen 2000, S. 319-334.

Vom vormodernen zum modernen Zeitregime: Shakespeare und Milton, Originalbeitrag, basierend auf dem gleichnamigen Beitrag zur Konferenz *Ästhetische Eigenzeiten. Zeit und Darstellung in der polychronen Moderne,* Hannover 16.-18.01.2014.

Geister, Gespenster, Dämonen bei Shakespeare und Milton, im Original erschienen in englischer Sprache als *Spirits, Ghosts, Demons in Shakespeare and Milton,* in: *Renaissance Go-Betweens. Cultural Exchange in Early Modern Europe,* hg. von Andreas Höfele und Werner von Koppenfels, Berlin/New York 2005, S. 200-213. Übersetzt von Aleida Assmann für den vorliegenden Band.

Späthumanismus im Zeitalter der Konfessionalisierung. John Milton und Thomas Browne, im Original erschienen in: *Späthumanismus. Studien über das Ende einer kulturhistorischen Epoche*, hg. von Notker Hammerstein und Gerrit Walther, Göttingen 2000, S. 148-159.

Die Träume von Adam und Eva im Paradies, im Original erschienen in: *Geschlechterdifferenz. Texte, Theorien, Positionen. Kolloquium des Interdisziplinären Zentrums für Frauen- und Geschlechterstudien der Ernst-Moritz-Arndt-Universität Greifswald*, hg. von Doris Ruhe, Würzburg 2000, S. 173-186.

Teil II

Festen und Fasten. Zur Kulturgeschichte und Krise des bürgerlichen Festes, im Original erschienen in: *Das Fest* (Poetik und Hermeneutik XIV), hg. von Walter Haug und Rainer Warning, München 1989, S. 227-246.

Der Sammler als Pedant. Skizzen eines Typus' bei Thomas Overbury, Jean de La Bruyère, Joseph Addison, im Original erschienen als *Der Sammler als Pedant*, in: *Sammler-Bibliophile-Exzentriker*, hg. von Aleida Assman, Monika Gomille und Gabriele Rippl, Tübingen 1998, S. 261-274.

„Opting in" und „Opting out". Konformität und Individualität in den poetologischen Debatten der englischen Aufklärung, im Original erschienen in: *Stil. Geschichten und Funktionen eines kulturwissenschaftlichen Diskurselements*, hg. von Hans Ulrich Gumbrecht und K. Ludwig Pfeiffer, Frankfurt a.M. 1986, S. 127-143.

Wordsworth und die romantische Krise. Das Kind als Vater, im Original erschienen in: *Das Vaterbild im Abendland. 2. Literatur und Dichtung Europas*, hg. von Hubertus Tellenbach, Stuttgart 1978, S. 48-61.

Römische Ruinen in der englischen Romantik, im Original erschienen in: *Rom-Europa. Treffpunkt der Kulturen: 1780-1820*, hg. von Paolo Chiarini und Walter Hinderer, Würzburg 2006, S. 257-271.

Weltende und Spätzeit in Texten von Thomas Browne und Walter Pater, im Original erschienen in englischer Sprache als *From the End of the World to the „Fin de Siècle". Obsession with Endings in Texts of Sir Thomas Browne and Walter Pater*, in: *Anglistentag 2000 Berlin. Proceedings of the Conference of the German Association of University Teachers of English*, hg. von Peter Lucko und Jürgen Schlaeger, Trier 2001, S. 205-215. Übersetzt von Aleida Assmann für den vorliegenden Band.

Fluchten aus der Geschichte. Die Wiedererfindung von Tradition vom 18. bis zum 20. Jahrhundert (Jonathan Swift, Alexander Pope, T. S. Eliot), im Original erschienen in: *Historische Sinnbildung. Problemstellungen, Zeitkonzepte, Wahrnehmungshori-*

zonte, Darstellungsstrategien, hg. von Klaus E. Müller und Jörn Rüsen, Reinbek bei Hamburg 1997, S. 608-625.

TEIL III

Pan, Paganismus und Jugendstil, im Original erschienen in: *Antike Tradition und Neuere Philologien. Symposium zu Ehren des 75. Geburtstages von Rudolf Sühnel* (Supplemente zu den Sitzungsberichten der Heidelberger Akademie der Wissenschaften. Philosophisch-historische Klasse, Band I, Jahrgang 1983), hg. von Hans-Joachim Zimmermann, Heidelberg 1984, S. 177-195.

Die Obsession der Zeit in der englischen Moderne, im Original erschienen in: *Zeit und Roman. Zeiterfahrung im historischen Wandel und ästhetischer Paradigmenwechsel vom sechzehnten Jahrhundert bis zur Postmoderne*, hg. von Martin Middeke, Würzburg 2002, S. 253-273.

Das Gedächtnis der Moderne am Beispiel von T. S. Eliots „The Waste Land", im Original erschienen in: *Religionswissenschaft und Kulturkritik. Beiträge zur Konferenz „The History of Religions and Critique of Culture in the Days of Gerardus von der Leeuw (1890-1950)"*, hg. von Hans G. Kippenberg und Brigitte Luchesi, Marburg 1991, S. 373-392.

Verhaltenslehre der Kälte in T. S. Eliots Drama „The Cocktail Party", im Original erschienen in: *Familiendynamik. Zeitschrift für systemorientierte Praxis und Forschung* 19 (1994), S. 323-341.

Der Sturz vom Parnass. Die De-Kanonisierung Ezra Pounds, im Original erschienen in: *Vergessene Texte* (Texte zur Weltliteratur, Bd. 5), hg. von Aleida Assmann und Michael C. Frank, Konstanz 2004, S. 287-310.

Joyces Dublin, im Original erschienen in: *Orte der Literatur*, hg. von Werner Frick, Göttingen 2002, S. 294-309.

Personen- und Werkregister